GÓRGIAS

DE PLATÃO

Coleção Textos

Dirigida por:

João Alexandre Barbosa (1937-2006)
Roberto Romano
Celso Lafer
Trajano Vieira
João Roberto Faria
J. Guinsburg (1921-2018)

Equipe de realização – Preparação de texto: Jonathan Busato; Revisão: Marcio Honorio de Godoy; Ilustração: Sergio Kon; Projeto de capa: Adriana Garcia; Produção: Ricardo W. Neves, Sergio Kon e Luiz Henrique Soares.

GÓRGIAS
DE PLATÃO
❧
OBRAS II

DANIEL R. N. LOPES
TRADUÇÃO, ENSAIO INTRODUTÓRIO E NOTAS

CIP-Brasil. Catalogação na Fonte
Sindicato Nacional dos Editores de Livros, RJ

P777g

Platão, 427-347 a.C.
    Górgias / Platão; Daniel R. N. Lopes tradução, ensaio introdutório e notas. – São Paulo: Perspeciva, 2016.
    (Textos; 19)

    2. reimp. da 1 ed. revista de 2011
    Inclui bibliografia e apêndice
    ISBN 978-85-273-0910-3

    1. Ética – Obras anteriores a 1800. 2. Ciência política – Obras anteriores a 1800. I. Lopes, Daniel R. N. II. Título.

11-1979.   CDD: 170
                     CDU: 17

08.04.11   11.04.11   025655

1ª edição revista – 2ª reimpressão
[PPD]

Direitos reservados à

EDITORA PERSPECTIVA LTDA.

Av. Brigadeiro Luís Antônio, 3025
01401-000 São Paulo SP Brasil
Telefax: (11) 3885-8388
www.editoraperspectiva.com.br

2020

SUMÁRIO

Apresentação 9

Ensaio Introdutório:
Tragédia e Comédia no *Górgias* de Platão
       Introdução: Platão e o Teatro. 19
       A Comédia no *Diálogo*: o Caso Polo. 41
       A Tragédia no *Diálogo*: o Caso Cálicles 81
       A Tragicidade do Discurso Socrático. 117
       As Causas da Recalcitrância de Cálicles. 139
       Sócrates: Aquiles ou Odisseu? 149

Górgias, de Platão. 164

Bibliografia 461

Anexo 1: Anônimo Jâmblico 470
Anexo 2: Antifonte Sofista 472

APRESENTAÇÃO

O presente trabalho, que a editora Perspectiva traz agora ao público, é fruto parcial da minha pesquisa de doutorado realizada entre 2003 e 2007, junto ao Programa de Pós-graduação em Linguística (área de Letras Clássicas) do Instituto de Estudos da Linguagem (IEL) da Universidade Estadual de Campinas (Unicamp), com estágio no exterior, junto à Università di Pisa e à Scuola Normale Superiore di Pisa, entre novembro de 2005 e outubro de 2006. Trata-se de um "resultado parcial", porque este livro não corresponde exatamente à tese final submetida à apreciação da banca de defesa. O Ensaio Introdutório que apresento neste livro consiste numa adaptação do terceiro capítulo de minha tese, com acréscimos, correções e supressões de certas partes, a fim de adequá-lo a um público mais amplo. Os outros dois capítulos, bem como a Introdução e a Conclusão, foram suprimidos. Também foram acrescidas a esta edição as notas à tradução, que não fizeram parte de minha tese final. Esse trabalho foi desenvolvido em 2008 e durante o primeiro semestre de 2009, com o intuito de oferecer ao leitor informações básicas sobre o texto, bem como análises filosóficas e literárias que possam remetê-lo a outros diálogos de Platão e a outros autores da Antiguidade Clássica.

O texto grego utilizado na tradução é o da edição de John Burnet (*Platonis Opera*, Tomus III, Oxford University Press, 1968), reproduzido integralmente nesta edição bilíngue.

Aproveito a ocasião para agradecer a professores e amigos que contribuíram, de uma forma ou de outra, para o resultado final deste trabalho:

Agradeço, primeiramente, ao meu orientador prof. dr. Trajano A. R. Vieira, que desde a graduação incentivou-me aos estudos helênicos, e que durante os oitos anos de mestrado e doutorado sempre se mostrou um interlocutor generoso e aberto ao diálogo;

ao prof. dr. Paulo Butti de Lima, da Università di Bari, que possibilitou meu estágio de doutorado na Università di Pisa e na Scuola Normale Superiore di Pisa, além de ter acompanhado minha pesquisa e de ter feito sugestões que foram de grande valia para a consecução do meu trabalho;

à profa. dra. Maria Michela Sassi e à profa. dra. Alessandra Fussi, que gentilmente me receberam na Università di Pisa e me ofereceram todas as condições necessárias para o bom rendimento desse estágio na Itália;

ao prof. dr. Giuseppe Cambiano, da Scuola Normale Superiore di Pisa, pela gentileza e cordialidade com que me acolheu em seu curso sobre o *Sofista* de Platão, absolutamente relevante para os objetivos de minha pesquisa;

ao prof. dr. Marco Zingano, da FFLCH-USP, e ao prof. dr. Flávio Ribeiro de Oliveira, do IEL-Unicamp, que participaram da banca de qualificação da minha tese, com observações muito valiosas e sugestões decisivas para seu término;

à profa. dra. Adriane Duarte, da FFLCH-USP, à profa. dra. Maria Cecília de Miranda Coelho, da FAFICH-UFMG, ao prof. dr.

Adriano Machado Ribeiro, da FFLCH-USP, e ao prof. dr. Roberto Bolzani Filho, da FFLCH-USP, que aceitaram gentilmente o convite para participarem da banca de defesa, e que fizeram diversas críticas, sugestões e observações que foram extremamente relevantes para o aprimoramento deste presente trabalho;

ao prof. Sidney Calheiros de Lima, da FFLCH-USP, que, além de grande amigo, sempre manteve comigo uma interlocução bastante profícua sobre temas relativos à pesquisa que desenvolvi;

em especial, à minha mulher e companheira Bianca Fanelli Morganti, que indubitavelmente participou de todas as etapas deste trabalho e que está, de uma forma ou de outra, presente em toda a sua extensão;

à Capes, pela bolsa de estágio no exterior (PDEE) que me foi concedida, sem a qual este livro não teria sido realizado da forma como foi; ao Instituto de Estudos da Linguagem da Unicamp, no qual realizei toda a minha pós-graduação; à Università di Pisa e à Scuola Normale Superiore di Pisa, que concederam-me a permissão para que eu pudesse usufruir de toda a sua estrutura durante meu estágio na Itália;

e, por fim, a Jacó Guinsburg, que acolheu-me gentilmente em sua editora e ofereceu-me todas as condições para que esta edição viesse a público.

Agradeço à Fapesp, pela concessão do auxílio à publicação, e à Capes, que me concedeu uma bolsa de pesquisa (PDEE) para a realização de parte deste trabalho junto à Università di Pisa e à Scuola Normale Superiore di Pisa (Itália).

ENSAIO INTRODUTÓRIO

TRAGÉDIA E COMÉDIA NO *GÓRGIAS* DE PLATÃO*

---

* As traduções de todos os textos gregos e latinos citados no capítulo são de minha autoria, exceto a de Homero (H. de Campos, *Homero. Ilíada*).

Essa foi a morte, Equécrates, de nosso amigo [Sócrates], o homem que, diríamos nós, foi, dentre os que outrora conhecemos, o melhor e distintamente o mais sábio e o mais justo.

Ἥδε ἡ τελευτή, ὦ Ἐχέκρατες, τοῦ ἑταίρου ἡμῖν ἐγένετο, ἀνδρός, ὡς ἡμεῖς φαῖμεν ἄν, τῶν τότε ὧν ἐπειράθημεν ἀρίστου καὶ ἄλλως φρονιμωτάτου καὶ δικαιοτάτου.

PLATÃO, *Fédon*, 118a15-17

Vós, Atenienses, condenastes à morte Sócrates, o sofista, porque ficou evidente que ele havia educado Crítias, um dos Trinta que destituíram a democracia [...].

Ἔπειθ' ὑμεῖς, ὦ Ἀθηναῖοι, Σωκράτην μὲν τὸν σοφιστὴν ἀπεκτείνατε, ὅτι Κριτίαν ἐφάνη πεπαιδευκώς, ἕνα τῶν τριάκοντα τῶν τὸν δῆμον καταλυσάντων [...]

ÉSQUINES, *Contra Timarco*, 173

INTRODUÇÃO:
PLATÃO E O TEATRO

I

É notória a censura de Platão aos poetas trágicos e cômicos, sobretudo na reforma moral e educacional proposta pela personagem Sócrates nos Livros II e III da *República*, e na análise dos efeitos psicológicos da experiência poética no Livro X[1]. Quando Platão se refere à "antiga querela entre filosofia e poesia" (παλαιὰ τις διαφορὰ φιλοσοφίᾳ τε καὶ ποιητικῇ, X, 607b5-6), os exem-

1. Nos Livros II e III, a preocupação precípua de Platão é mostrar como não há na poesia canônica, seja em Homero, em Hesíodo ou nos poetas trágicos, o discernimento entre bem e mal, justiça e injustiça, temperança e intemperança, na representação das ações de deuses e heróis. Como a "educação" grega (παιδεία) se baseava eminentemente na poesia, isso teria uma consequência perniciosa do ponto de vista moral, pois é essa representação que serve de modelo de conduta moral para as ações particulares dos homens. Já no Livro X, Platão busca, primeiro (595a-602c), fundamentar ontologicamente essa censura de cunho teológico-moral empreendida anteriormente nos Livros II e III, definindo a poesia em si como μίμησις: enquanto "imitação", a poesia está três graus afastada do "ser" (597e, 599a, 602c). No segundo momento (602c-608b), ele analisa os efeitos psicológicos causados pela experiência poética, mostrando como a poesia incita na alma humana seus elementos irracionais (as ἐπιθυμίαι e o θυμός), de modo a obscurecer as prescrições do que a razão compreende como o melhor a se fazer nas situações particulares.

plos por ele escolhidos se referem antes a ataques da poesia à filosofia do que da filosofia à poesia (como seriam elucidativos, por exemplo, os casos de Heráclito[2] e Xenófanes[3]). Segundo Halliwell em seu comentário à obra, dos quatro exemplos citados por Platão, os dois primeiros, embora de origem incerta, são provavelmente oriundos de versos líricos, enquanto os outros dois, da comédia ática, que já havia adotado como *topos* a sátira aos filósofos[4].

2. Heráclito, frs. DK 22 B40, B56 e B42, respectivamente:

i. Muita instrução não ensina a ter inteligência; pois teria ensinado Hesíodo, e depois Pitágoras, Xenófanes e Hecateu.

i. πολυμαθίη νόον ἔχειν οὐ διδάσκει· Ἡσίοδον γὰρ ἂν ἐδίδαξε καὶ Πυθαγόρην αὖτίς τε Ξενοφάνεά τε καὶ Ἑκαταῖον.

ii. Estão enganados os homens quanto ao conhecimento das coisas visíveis, semelhantes a Homero, que tornou-se o mais sábio dentre todos os Helenos. Pois as crianças, matando piolhos, enganaram-no ao dizer: "tudo quanto vimos e pegamos, dispensamos, mas tudo quanto não vimos nem pegamos, carregamos".

ii. ἐξηπάτηνται, φησίν, οἱ ἄνθρωποι πρὸς τὴν γνῶσιν τῶν φανερῶν παραπλησίως Ὁμήρωι, ὃς ἐγένετο τῶν Ἑλλήνων σοφώτερος πάντων. ἐκεῖνόν τε γὰρ παῖδες φθεῖρας κατακτείνοντες ἐξηπάτησαν εἰπόντες· ὅσα εἴδομεν καὶ ἐλάβομεν, ταῦτα ἀπολείπομεν, ὅσα δὲ οὔτε εἴδομεν οὔτ' ἐλάβομεν, ταῦτα φέρομεν.

iii. [...] Homero é digno de ser expulso das competições e de ser açoitado, e Arquíloco igualmente.

iii. τόν τε Ὅμηρον ἔφασκεν ἄξιον ἐκ τῶν ἀγώνων ἐκβάλλεσθαι καὶ ῥαπίζεσθαι καὶ Ἀρχίλοχον ὁμοίως.

3. Xenófanes, frs. DK 21 B11, B14 e B15, respectivamente (em D. Lopes, *Xenófanes. Fragmentos*, p. 22-25):

i. Aos deuses, Homero e Hesíodo atribuíram tudo o que entre os homens é injurioso e censurável, roubar, cometer adultério e enganar uns aos outros.

i. πάντα θεοῖσ' ἀνέθηκαν Ὅμηρός θ' Ἡσίοδός τε / ὅσσα παρ' ἀνθρώποισιν ὀνείδεα καὶ ψόγος ἐστίν / κλέπτειν μοιχεύειν τε καὶ ἀλλήλους ἀπατεύειν.

ii. Mas os mortais acham que os deuses foram gerados, e que, como eles, possuem vestes, fala e corpo.

ii. ἀλλ' οἱ βροτοὶ δοκέουσι γεννᾶσθαι θεούς, τὴν σφετέρην δ' ἐσθῆτα ἔχειν φωνήν τε δέμας τε.

iii. Mas se mãos tivessem os bois, os cavalos ou os leões, / ou se com elas desenhassem e obras compusessem como / os homens, os cavalos desenhariam as formas dos deuses / iguais a cavalos, e os bois iguais a bois, e os corpos fariam / tais quais o corpo que cada um deles tem.

iii. ἀλλ' εἰ χεῖρας ἔχον βόες <ἵπποι τ'> ἠὲ λέοντες / ἢ γράψαι χείρεσσι καὶ ἔργα τελεῖν ἅπερ ἄνδρες, / ἵπποι μέν θ' ἵπποισι, βόες δέ τε βουσὶν ὁμοίας / καί <κε> θεῶν ἰδέας ἔγραφον καὶ σώματ' ἐποίουν / τοιαῦθ', οἷόν περ καὐτοὶ δέμας εἶχον <ἕκαστοι>.

4. S. Halliwell, *Plato. Republic 10*, p. 154-155. Para uma discussão pormenorizada sobre o assunto, ver J. Adam, *The Republic of Plato*, v. II, p. 418-419.

Nesse sentido, o caso de Aristófanes é paradigmático: na comédia *As Nuvens*, apresentada em Atenas pela primeira vez em 423 a.C.[5], Sócrates é representado na cena dependurado num cesto suspenso para observar mais próximo os fenômenos celestes (vv. 223-234); além de ser representado como filósofo da natureza, Sócrates é associado diretamente aos sofistas quando a personagem Estrepsíades diz ao filho que, ingressando no "pensatório" (φροντιστήριον, v. 94), ele poderia aprender o discurso fraco que "vence em defesa das causas mais injustas" (νικᾶν λέγοντά φασι τἀδικώτερα, v. 115). "Tornar forte o discurso fraco" (τὸν ἥττω λόγον κρείττω ποιῶν, 19b5c1), como Platão sublinha na *Apologia*, era uma das antigas acusações imputadas a Sócrates, a qual atribuía-lhe o título de "mestre" [*didaskalos*][6], o mesmo arrogado pelos chamados "sofistas". Essa expressão se refere precisamente à função proeminente do ensino da retórica no *curriculum* desses mestres itinerantes, embora ele variasse de acordo com os interesses particulares de cada um deles, como depreendemos do *Protágoras*[7]. Na *Apologia*, Platão atribui a Aris-

---

5. Sobre as duas versões da peça *As Nuvens*, ver J. Dover, *Aristophanes' Clouds*, p. lxxx-xcviii.
6. Platão, *Apologia*, 33a5-b3:
    Jamais fui mestre de quem quer que seja. Se alguém almejava ouvir-me quando falava ou fazia as minhas coisas, seja ele jovem ou velho, eu jamais o impedia; tampouco dialogo por dinheiro, como se sem dinheiro eu não dialogasse, mas sem discriminação entre o rico e o pobre, estou pronto para interrogá-lo, caso ele queira, respondendo as perguntas, ouvir o que digo.
    ἐγὼ δὲ διδάσκαλος μὲν οὐδενὸς πώποτ' ἐγενόμην· εἰ δέ τίς μου λέγοντος καὶ τὰ ἐμαυτοῦ πράττοντος ἐπιθυμοῖ ἀκούειν, εἴτε νεώτερος εἴτε πρεσβύτερος, οὐδενὶ πώποτε ἐφθόνησα, οὐδὲ χρήματα μὲν λαμβάνων διαλέγομαι μὴ λαμβάνων δὲ οὔ, ἀλλ' ὁμοίως καὶ πλουσίῳ καὶ πένητι παρέχω ἐμαυτὸν ἐρωτᾶν, καὶ ἐάν τις βούληται ἀποκρινόμενος ἀκούειν ὧν ἂν λέγω.
    Xenofonte recorre a um argumento semelhante nas *Memoráveis*:
    Além disso, Sócrates jamais professou ser mestre disso [i.e., de virtude], mas, por ser manifesto que tipo de homem era, ele fazia com que seus companheiros tivessem a esperança de, imitando-o, tornarem-se como ele. (1.2.3)
    καίτοι γε οὐδεπώποτε ὑπέσχετο διδάσκαλος εἶναι τούτου, ἀλλὰ τῷ φανερὸς εἶναι τοιοῦτος ὢν ἐλπίζειν ἐποίει τοὺς συνδιατρίβοντας ἑαυτῷ μιμουμένους ἐκεῖνον τοιούτους γενήσεσθαι.
7. Ver Platão, *Protágoras*, 318d5-319a2. Na *Retórica*, Aristóteles atribui tal formulação a Protágoras, como vemos no trecho abaixo: →

tófanes, e, em específico, à representação de Sócrates na comédia *As Nuvens*, uma das causas que concorreram decisivamente para a difamação de Sócrates, que culminaria, enfim, com sua condenação à morte[8].

Mas a relação de Sócrates com a comédia não se restringe ao caso emblemático de Aristófanes: Sócrates aparece também como personagem em outras peças da chamada Comédia Antiga[9], contemporâneas às aristofânicas, que se conservaram apenas em fragmentos, compostas por Êupolis (Frs. 386 e 395 κα), Amípsias (Fr. 9 κα), Cálias (Fr. 15 κα) e Teleclides (Frs. 39-40 κ)[10]. Portanto, antes do surgimento do novo gênero literário que Aristóteles alcunhou posteriormente de Σωκρατικοὶ λόγοι

→ A *Arte* composta por Córax parte desse tópico: se a culpa por um assalto não recair sobre alguém porque é fraco, ele escapará da acusação, pois é inverossímil que ele seja culpado; e se a culpa recair sobre alguém porque é forte, também ele escapará da acusação, pois é inverossímil que ele seja culpado, na medida em que seria verossímil que ele parecesse ser o culpado. E o mesmo vale também para os demais casos, pois é necessário que a culpa recaia ou não recaia sobre alguém. Ambos os casos então parecem verossímeis, mas o primeiro é o verossímil, ao passo que o segundo não o é diretamente, mas como foi enunciado. Isso é tornar forte o discurso fraco e a razão pela qual os homens se indispuseram de modo justo contra o dito de Protágoras; pois é uma falsidade e não é verdadeiro, porém aparentemente verossímil, próprio de nenhuma outra arte senão da retórica e da erística. (II, 1402a17-28)

ἔστι δ' ἐκ τούτου τοῦ τόπου ἡ Κόρακος τέχνη συγκειμένη· "ἄν τε γὰρ μὴ ἔνοχος ᾖ τῇ αἰτίᾳ, οἷον ἀσθενὴς ὢν αἰκίας φεύγει (οὐ γὰρ εἰκός), κἂν ἔνοχος ᾖ, οἷον ἰσχυρὸς ὤν (οὐ γὰρ εἰκός, ὅτι εἰκὸς ἔμελλε δόξειν)". ὁμοίως δὲ καὶ ἐπὶ τῶν ἄλλων· ἢ γὰρ ἔνοχον ἀνάγκη ἢ μὴ ἔνοχον εἶναι τῇ αἰτίᾳ. φαίνεται μὲν οὖν ἀμφότερα εἰκότα, ἔστι δὲ τὸ μὲν εἰκός, τὸ δὲ οὐχ ἁπλῶς ἀλλ' ὥσπερ εἴρηται· καὶ τὸ τὸν ἥττω δὲ λόγον κρείττω ποιεῖν τοῦτ' ἔστιν. καὶ ἐντεῦθεν δικαίως ἐδυσχέραινον οἱ ἄνθρωποι τὸ Πρωταγόρου ἐπάγγελμα· ψεῦδός τε γάρ ἐστιν, καὶ οὐκ ἀληθὲς ἀλλὰ φαινόμενον εἰκός, καὶ ἐν οὐδεμιᾷ τέχνῃ ἀλλ' <ἢ> ἐν ῥητορικῇ καὶ ἐριστικῇ.

8. Platão, *Apologia*, 19a8-c5.
9. M. Silk, *Aristophanes and the Definition of Comedy*, p. 6-7: "'Comédia Antiga' é um termo antigo mas impreciso, que cobre grosso modo o drama cômico do séc. V a.C., e, mais especificamente, a produção cômica dos oitenta e poucos anos a partir da institucionalização da comédia em Atenas (tradicionalmente datada em 486) até o fim da guerra do Peloponeso (404). As últimas duas das onze peças conservadas de Aristófanes estão fora desse período. As primeiras nove (de *Os Acarnenses*, 425, até *As Rãs*, 405) pertencem ao final daquela fase, assim como as suas primeiras peças perdidas (427/6)".
10. Ver R. Brock, Plato and Comedy, em E. M. Craik (org.), *Owls to Athens*, p. 40.

[*Sōkratikoi logoi*]¹¹, antes de Sócrates ser construído por Platão como a figura do *filósofo* por excelência nos diálogos, Sócrates comparecia com certa frequência nos palcos dos teatros, como alvo de sátiras dos poetas cômicos de sua época: uma personagem cômica, antes de tudo. Veremos, na sequência da argumentação, como esse elemento cômico também está presente na representação platônica da figura de Sócrates.

Mas o outro lado daquela "querela entre filosofia e poesia" aludida por Platão (ou seja, os ataques da filosofia à poesia) também é referido, em contrapartida, por Aristófanes em sua comédia *As Rãs*, encenada em Atenas em 405 a.C. Nela, o Coro da peça zomba da aversão de Sócrates à tragédia:

> Agradável não é tagarelar
> sentado ao lado de Sócrates,
> desprezando a poesia
> e recusando os cânones
> da arte trágica.
> Gastar o tempo ocioso
> com discursos solenes
> e subterfúgios fúteis
> é coisa de gente desvairada. (vv. 1491-9)

> Χαρίεν οὖν μὴ Σωκράτει
> παρακαθήμενον λαλεῖν,
> ἀποβαλόντα μουσικὴν
> τά τε μέγιστα παραλιπόντα
> τῆς τραγῳδικῆς τέχνης.
> Τὸ δ' ἐπὶ σεμνοῖσιν λόγοισι
> καὶ σκαριφησμοῖσι λήρων

---

11. Aristóteles, *Poética*, 1447b9-13:
    Pois não possuímos uma denominação comum para os mimos de Sófron e Xenarco e para os discursos socráticos, tampouco quando a imitação é feita mediante trímetros, versos elegíacos ou outros versos semelhantes.
    οὐδὲν γὰρ ἂν ἔχοιμεν ὀνομάσαι κοινὸν τοὺς Σώφρονος καὶ Ξενάρχου μίμους καὶ τοὺς Σωκρατικοὺς λόγους οὐδὲ εἴ τις διὰ τριμέτρων ἢ ἐλεγείων ἢ τῶν ἄλλων τινῶν τῶν τοιούτων ποιοῖτο τὴν μίμησιν.

διατριβὴν ἀργὸν ποεῖσθαι,
παραφρονοῦντος ἀνδρός.

Não apenas Sócrates, mas também Platão e a Academia foram alvos das sátiras da chamada Comédia Média[12]. Segundo R. Brock, nos exíguos fragmentos conservados desses autores do séc. IV a.C., os Acadêmicos são representados como homens de vulto elegante (Antífanes, Fr. 33K; Efipo, Fr. 14 KA) e distintos pelas belas barbas (*Adespota Papyracea*, Fr. 796 K). Além desses elementos *ad hominem*, as teorias platônicas não raras vezes aparecem também como motivo de sátira: a imortalidade da alma (Alexis, Fr. 152; cf. Ânfis, Fr. 6 K), a dificuldade de definir unidades (Teopompo, Fr. 15 K; cf. *Fédon* 96e), a diferença entre crença e conhecimento (Cratino Jun., Fr. 10 KA), a técnica da "divisão" [διαίρεσις] (Epícrates, Fr. 10 KA), e um de seus livros (Ofélion, Fr. 3 K). Outros fragmentos se referem ao hábito de Platão andar de um lado a outro (Alexis, Fr. 147 K), às suas analogias simples (Alexis, Fr. 1 K), e às suas peculiaridades pessoais (Anaxândrides, Fr. 19 K)[13]. Assim como seu mestre Sócrates, Platão também vivenciou pessoalmente essa contenda entre poesia e filosofia, e seu ataque aos poetas na *República*, ora centrada na figura de Homero e Hesíodo, ora na dos trágicos[14], é certamente apenas um dos lados da questão.

---

12. M. Silk, op. cit., p. 10-11: "À época da morte de Alexandre em 323 a.C., um século depois das disputas de Aristófanes com Cléon, uma reorientação cultural drástica aconteceu, e todas as características distintivas da Comédia Antiga se perderam. A Nova Comédia – a comédia dos costumes de Menandro – rejeita (dentre inúmeras outras coisas) a esfera pública e o interesse pelo particular, a variedade discursiva e a imprevisibilidade exuberante, o *agōn* e a parábase e o uso tradicional do coro: o coro é agora tirado da ação e restrito ao interlúdio. Esses desdobramentos – falando em linhas gerais – começam no período tradicional, convencionalmente denominado Comédia Média, ao qual as duas últimas peças conservadas de Aristófanes, *Mulheres na Assembleia* e *Pluto*, claramente pertencem: as evidências acerca de suas últimas peças são ainda mais reveladoras".

13. Ver R. Brock, op. cit., p. 41.

14. Platão, *República*, X, 595b3-c3:
"Cá entre nós – pois não haveis de me denunciar aos poetas trágicos e a todos os outros imitadores –, todas as coisas dessa natureza parecem ser a mutilação da →

II

Todavia, a despeito dos argumentos que Platão apresenta em sua obra para justificar sua censura ao teatro (em específico, e à poesia como um todo), sejam eles ético-políticos (Livros II e III da *República*) ou ontológicos e psicológicos (Livro X), há indubitavelmente nos diálogos platônicos, enquanto gênero híbrido[15], elementos comuns à tragédia e à comédia[16]. Se aplicássemos os preceitos de sua "teoria poética" à sua própria obra, tal como

---

→ inteligência dos ouvintes, de quantos não possuem como antídoto o conhecimento do que essas coisas realmente são".

"O que tens em mente," perguntou, "para falares assim?"

"Devo contá-lo," respondi, "ainda que certa afeição e respeito que tenho desde a infância por Homero impeçam-me de falar. Pois ele parece ter sido o primeiro mestre e guia de todos esses belos poetas trágicos. Contudo, não se deve honrar um homem acima da verdade, mas, como observei, devo contá-lo".

Ὡς μὲν πρὸς ὑμᾶς εἰρῆσθαι–οὐ γάρ μου κατερεῖτε πρὸς τοὺς τῆς τραγῳδίας ποιητὰς καὶ τοὺς ἄλλους ἅπαντας τοὺς μιμητικούς–λώβη ἔοικεν εἶναι πάντα τὰ τοιαῦτα τῆς τῶν ἀκουόντων διανοίας, ὅσοι μὴ ἔχουσι φάρμακον τὸ εἰδέναι αὐτὰ οἷα τυγχάνει ὄντα.

Πῇ δή, ἔφη, διανοούμενος λέγεις;

Ῥητέον, ἦν δ' ἐγώ· καίτοι φιλία γέ τίς με καὶ αἰδὼς ἐκ παιδὸς ἔχουσα περὶ Ὁμήρου ἀποκωλύει λέγειν. ἔοικε μὲν γὰρ τῶν καλῶν ἁπάντων τούτων τῶν τραγικῶν πρῶτος διδάσκαλός τε καὶ ἡγεμὼν γενέσθαι. ἀλλ' οὐ γὰρ πρό γε τῆς ἀληθείας τιμητέος ἀνήρ, ἀλλ', ὃ λέγω, ῥητέον.

15. A. Nightingale, *Genres in Dialogue*, p. 3: "Se os gêneros não são simplesmente formas artísticas mas *formas de pensamento*, cada um deles está apto a representar e conceitualizar certos aspectos da experiência melhor do que os outros; dessa forma, um encontro entre dois gêneros em um único texto é em si mesmo uma espécie de diálogo. Um diálogo desse tipo, de fato, pode se dar em um âmbito extremamente vasto, compreendendo ética, política e epistemologia, bem como linguagem e literatura. Quando Platão incorpora o texto ou discurso de outro gênero no diálogo filosófico, ele prepara uma cena na qual o gênero tanto fala quanto é falado: é esse 'diálogo' intergenérico que eu quero investigar neste livro".

16. Sobre a constituição do gênero dialógico e a sua relação com os outros gêneros, ver R. Brock, op. cit.; R. Blondell, *The Play of Character in Playo's Dialogues*; D. Clay, The Origins of the Socratic Dialogue, em P. A. V. Waerdt (org.), *The Socratic Movement*; R. Desjardins, Why Dialogues? Plato's Serious Play, em C. L. Griswold (org.), *Platonic Writings – Platonic Readings*; M. Frede, Plato's Arguments and the Dialogue Form, em J. Annas (ed.), *Oxford Studies in Ancient Philosophy*; C. Griswold, Style and Dialogue: The Case of Plato's Dialogue, *The Monist*; J. Laborderie, *Le Dialogue Platonicien de la Maturité*; A. Levi, Philosophy as Literature: The Dialogue, *Philosophy and Rethoric*; P. Lima, *Platão: Uma Poética Para a Filosofia*; A. Nightingale, op. cit.; R. Rutherford, *The Art of Plato*.

apresentada no Livro III da *República*, os diálogos platônicos seriam, assim como a tragédia e a comédia, "miméticos" no sentido estrito da palavra: ou seja, o diálogo é constituído de personagens que falam em primeira pessoa (independentemente de haver um narrador ou duas personagens que abrem o diálogo e reportam uma antiga discussão de Sócrates, pois Platão nunca aparece como personagem, tampouco como narrador, ao contrário de Xenofonte nas *Memoráveis*, por exemplo)[17]. Esse elemento mimético constituinte do gênero dialógico aproxima intrinsecamente, então, o diálogo da comédia e da tragédia, e a vívida figuração das personagens, bem como os *agōnes* entre elas (o *Górgias* é um exemplo claro disso), fazem da obra de Platão uma "teatralização dialógica", para usar a expressão empregada por M. Vegetti[18]. Talvez esses elementos comuns a ambos os gêneros expliquem porque Trasilo, no séc. I d.C., propôs a divisão do *corpus platonicum* em tetralogias, à semelhança dos poetas trágicos que concorriam aos prêmios dos festivais com três tragédias e um drama satírico[19].

Essa relação com o teatro não se dá apenas do ponto de vista da constituição do gênero dialógico, mas aparece, de certo modo, também aludida nas diversas histórias e anedotas conservadas pela doxografia sobre Sócrates e Platão, em especial pela obra de Diógenes Laércio. Em relação a Sócrates, o que ele nos reporta

---

17. Platão, *República*, III, 394b8-c6:
"Compreendeste corretamente", disse eu, "e creio que já está claro o que antes fui incapaz de te mostrar: uma parte da poesia e da mitologia é inteiramente mimética a qual, como dizes tu, compreende a tragédia e a comédia; outra parte é aquela narrada pelo próprio poeta, e hás de encontrá-la sobretudo nos ditirambos; e a terceira, por sua vez, consiste na mistura de ambas, como é a poesia épica e outras formas diversas, se me entendes".
"Sim, compreendo", disse ele, "o que outrora querias dizer".
Ὀρθότατα, ἔφην, ὑπέλαβες, καὶ οἶμαί σοι ἤδη δηλοῦν ὃ ἔμπροσθεν οὐχ οἷός τ' ἦ, ὅτι τῆς ποιήσεώς τε καὶ μυθολογίας ἡ μὲν διὰ μιμήσεως ὅλη ἐστίν, ὥσπερ σὺ λέγεις, τραγῳδία τε καὶ κωμῳδία, ἡ δὲ δι' ἀπαγγελίας αὐτοῦ τοῦ ποιητοῦ–εὕροις δ' ἂν αὐτὴν μάλιστά που ἐν διθυράμβοις– ἡ δ' αὖ δι' ἀμφοτέρων ἔν τε τῇ τῶν ἐπῶν ποιήσει, πολλαχοῦ δὲ καὶ ἄλλοθι, εἴ μοι μανθάνεις.
Ἀλλὰ συνίημι, ἔφη, ὃ τότε ἐβούλου λέγειν.
18. M. Vegetti, *Quindici lezioni su Platone*, p. 61.
19. Diógenes Laércio, *Vitae Philosophorum*, 3.56.

são algumas referências da comédia satirizando a relação íntima de Sócrates com o tragediógrafo Eurípides, como vemos nesses fragmentos da chamada Comédia Antiga (2.18):

> Parecia que [Sócrates] ajudava Eurípides em suas composições; por isso Mnesíloco diz o seguinte:
> Os Frígios *são o novo drama de Eurípides*,
> *[...] no qual também Sócrates*
> *mete lenha.*
> e diz também,
> *as socráticas emendas euripidianas*[20].
> E Cálias em *Os Prisioneiros*:
> A. *Mas por que tu és assim tão altiva?*
> B. *Porque me é lícito: Sócrates é o culpado*[21].
> E Aristófanes em *As Nuvens*:
> *É ele que compõe para Eurípides*
> *as sábias tragédias, cheias de tagarelice*[22].

ἐδόκει δὲ συμποιεῖν Εὐριπίδῃ· ὅθεν Μνησίλοχος οὕτω φησί (Kock i. 218).

Φρύγες ἐστὶ καινὸν δρᾶμα τοῦτ' Εὐριπίδου,
... ᾧ καὶ Σωκράτης
τὰ φρύγαν' ὑποτίθησι.

καὶ πάλιν (Kock i. 218), "Εὐριπίδας σωκρατογόμφους."

καὶ Καλλίας Πεδήταις (Kock i. 696)·
A. Τί δὴ σὺ σεμνὴ καὶ φρονεῖς οὕτω μέγα;
B. Ἔξεστι γάρ μοι· Σωκράτης γὰρ αἴτιος.

Ἀριστοφάνης Νεφέλαις (Kock i. 490)·
Εὐριπίδῃ δ' ὁ τὰς τραγῳδίας ποιῶν
τὰς περιλαλούσας οὗτός ἐστι, τὰς σοφάς.

---

20. Teleclides, frs. 41 e 42, apud R. Kassel; C. Austin (ed.), *Poetae Comici Graeci* (PCG), Berlin/New York: De Gruyter, 1989.
21. Cálias, fr. 15, apud R. Kassel; C. Austin (ed.), *Poetae Comici Graeci* (PCG), Berlin/New York: De Gruyter, 1983.
22. Aristófanes, *As Nuvens (primeira versão)*, fr. 392, apud R. Kassel; C. Austin (ed.), *Poetae Comici Graeci* (PCG), Berlin/New York: De Gruyter, 1984.

Em relação a Platão, por sua vez, esses elementos comuns entre o "diálogo" e o teatro são provavelmente a referência de fundo da célebre anedota referida por Diógenes Laércio sobre a sua "carreira" como tragediógrafo. Segundo ele (3.5):

> [Platão] praticava filosofia a princípio na Academia, e posteriormente no jardim próximo a Colono, como diz Alexandre em *As Sucessões dos Filósofos*, sob a influência de Heráclito. Depois, porém, quando estava prestes a ingressar na competição de tragédias, diante do teatro de Dioniso, deu ouvidos a Sócrates e ateou fogo a seus poemas dizendo:
> *Hefesto, avança-te! Platão agora precisa de ti.*

Ἐφιλοσόφει δὲ τὴν ἀρχὴν ἐν Ἀκαδημείᾳ, εἶτα ἐν τῷ κήπῳ τῷ παρὰ τὸν Κολωνόν, ὥς φησιν Ἀλέξανδρος ἐν Διαδοχαῖς (FGrH 273 F 89), καθ' Ἡράκλειτον. ἔπειτα μέντοι μέλλων ἀγωνιεῖσθαι τραγῳδίᾳ πρὸ τοῦ Διονυσιακοῦ θεάτρου Σωκράτους ἀκούσας κατέφλεξε τὰ ποιήματα εἰπών·
Ἥφαιστε, πρόμολ' ὧδε· Πλάτων νύ τι σεῖο χατίζει.

O mesmo tipo de anedota também é conservado por Olimpiodoro, em seu comentário sobre o *Alcibíades Primeiro*, mas a respeito da relação de Platão com a comédia (2.65-69)[23]:

> [Platão] se deleitava bastante com Aristófanes, o poeta cômico, e com Sófron, cuja imitação das personagens nos diálogos lhe foi proveitosa. Dizem que ele se deleitava tanto com eles que, quando morreu, foram encontradas em seu leito [obras] de Aristófanes e Sófron.

ἔχαιρεν δὲ πάνυ καὶ Ἀριστοφάνει τῷ κωμικῷ καὶ Σώφρονι, παρ' ὧν καὶ τὴν μίμησιν τῶν προσώπων ἐν τοῖς διαλόγοις ὠφελήθη. λέγεται δὲ οὕτως αὐτοῖς χαίρειν ὥστε καὶ ἡνίκα ἐτελεύτησεν εὑρεθῆναι ἐν τῇ κλίνῃ αὐτοῦ Ἀριστοφάνη καὶ Σώφρονα.

---

23. Quintiliano, *Institutionis Oratoriae*, 1.10.17:
[...] Sófron – um autor de mimos, mas que agradou Platão a tal ponto que acredita-se que, quando de sua morte, ele tivesse sua cabeça apoiada sobre os livros dele.
Sophron [...], mimorum quidem scriptor, sed quem Plato adeo probauit ut suppositos capiti libros eius cum moreretur habuisse credatur [...].

Embora saibamos que a historicidade desse tipo de testemunho é incerta, tais anedotas fazem certo sentido, quando levamos em consideração justamente os elementos dramáticos do gênero dialógico[24]. Assim, a construção dos *caracteres* [ēthē] das personagens se configura como um aspecto proeminente dos diálogos platônicos: o conteúdo filosófico dos argumentos é apresentado por meio delas, em especial Sócrates, o grande protagonista de sua obra; os argumentos sustentados por cada tipo de personagem não são postos à revelia por Platão, mas são meios de expressão de certa disposição de caráter que se revela paulatinamente na dinâmica dialógica. O contraste entre os *ēthē* de Sócrates e Cálicles no *Górgias* é um exemplo de como Platão, ao compor o diálogo, enfatiza esse elemento dramático do gênero: não se trata apenas de argumentos, mas de argumentos sustentados por tal ou tal tipo de personagem que possui, por sua vez, tal ou tal disposição de caráter[25]. A importância do *caráter* [ēthos] das personagens na constituição do gênero é também sublinhada por Diógenes Laércio, quando ele apresenta a sua definição de "diálogo" (διάλογος):

> O diálogo é um discurso constituído de perguntas e respostas a respeito de algum tema filosófico ou político, acompanhado da composição adequada dos caracteres das personagens escolhidas e da construção da elocução. (3.48)

> ἔστι δὲ διάλογος <λόγος> ἐξ ἐρωτήσεως καὶ ἀποκρίσεως συγκείμενος περί τινος τῶν φιλοσοφουμένων καὶ πολιτικῶν μετὰ τῆς πρεπούσης ἠθοποιίας τῶν παραλαμβανομένων προσώπων καὶ τῆς κατὰ τὴν λέξιν κατασκευῆς.

---

24. R. Blondell, op. cit., p. 15: "Esse trecho [D.L., 3.5] nos fala sucintamente da suposta importância da tragédia na formação intelectual de Platão e de seu potencial como dramaturgo, bem como de seu posicionamento crítico com relação ao gênero e à incompatibilidade potencial entre tragédia e filosofia. Esse trecho nos fala que os diálogos são, em certo sentido, o substituto do drama, mas que eles são também *radicalmente* diferentes. E sugere que a filosofia emerge das cinzas da poesia".
25. Sobre as partes constituintes da tragédia, dentre as quais os *ēthē*, ver Aristóteles, *Poética*, 1450a7-10.

III

Embora o elemento "mimético" aproxime formalmente o diálogo da tragédia e da comédia, há diferenças cruciais entre esses gêneros, além do fato de um ser discurso em prosa, e os outros dois, discursos em verso. R. Kraut sintetiza, em seu artigo "Introduction to the Study of Plato", os aspectos extrínsecos que distinguem o diálogo da tragédia e da comédia. Vejamos o trecho:

> Mas a comparação entre os diálogos de Platão e as obras dramáticas é enganosa de várias maneiras, a despeito do fato de que em cada gênero há um diálogo entre duas ou mais personagens. Para começar com o que é mais óbvio: as obras de Platão não foram escritas para participar de competições e ser encenadas em festivais religiosos cívicos, como eram as peças trágicas e cômicas gregas. Platão não atribui palavras às suas personagens a fim de ganhar uma competição ou de compor uma obra para ser considerada bela ou emocionalmente satisfatória pelos jurados oficiais ou por uma imensa audiência. O dramaturgo tem esse intuito, e se convém ao seu propósito fazer com que suas principais personagens expressem opiniões diferentes das dele próprio, ele então o fará. Mas se o intuito de Platão ao escrever é criar um instrumento que pode, se corretamente usado, guiar outras pessoas para a verdade e para o melhoramento de suas almas, então pode servir a tal escopo criar uma personagem central que represente as convicções sinceras do próprio Platão. O ponto é que, se o intuito de Platão difere daquele dos dramaturgos, então ele terá uma razão, que escapa ao dramaturgo, para usar suas personagens centrais como porta-vozes de suas próprias convicções (p. 25).

Mas, apesar de Sócrates ser certamente o grande protagonista da obra platônica, de ser o porta-voz nos "diálogos intermediários" das teorias e doutrinas desenvolvidas por Platão, de ser a imagem do filósofo por excelência, quer como modelo de virtude, quer como modelo de argumentador arguto, isso não implica necessariamente a identidade entre Platão e Sócrates. A despeito da prevalência das posições sustentadas por Sócrates nos diálogos platônicos, Platão também fala por meio das demais personagens, de modo que, em determinados contextos dialógicos, as críticas a certos aspectos da estratégia argumentativa de Sócrates ou ao seu comportamento dúbio na discussão, como fazem, por exemplo, Polo e Cálicles no *Górgias* (461b-c; 482c-483a), também podem ser compreendidas, dada a natureza do gênero dialógico, como críticas do próprio Platão à forma como Sócrates conduz o *elenchos*. A relação de Platão com a personagem, longe de ser uma relação simples e direta, é um aspecto extremamente problemático e complexo para o estudioso da filosofia platônica, visto que Platão não fala em primeira pessoa[26].

Em seu estudo sobre o diálogo *Górgias* (Socrates and Plato in Plato's *Gorgias*), J. Cooper busca demonstrar como Platão apresenta, por meio da personagem Cálicles e não da de Sócrates, conteúdos filosóficos relevantes concernentes a problemas de psicologia moral, a saber, as diversas fontes da motivação humana, além dos juízos determinados pela razão, e, por conseguinte, a possibilidade do conflito interno à alma. Sócrates, defensor de uma psicologia moral fortemente racionalista (que pode ser sintetizada pela máxima de que *o conhecimento é condição suficiente para a virtude*[27]), não contempla esses problemas levantados por Cálicles quando caracteriza o homem temperante em contraste com o intemperante. Em resumo, Cooper defende a tese de que Platão apresenta no *Górgias*, por meio da personagem Cálicles, o problema do conflito interno à alma entre seus diversos elementos (na perspectiva de Cálicles, os três elementos da alma seriam a

---

26. Platão jamais aparece como personagem nos diálogos, referindo a si mesmo apenas duas vez em toda a sua obra: na *Apologia*, quando Sócrates enumera seus amigos presentes no tribunal (34a1), e no *Fédon*, quando é justificada a sua ausência no cárcere, momentos antes da morte de Sócrates, por motivo de doença (59b10).

27. Aristóteles considera essa tese defendida pela personagem Sócrates nos "primeiros diálogos" de Platão como genuinamente socrática, como vemos neste trecho da *Ética Eudêmia*:

[Sócrates] julgava que o conhecimento era todas as virtudes, de modo que sucedia ao mesmo tempo conhecer a justiça e ser justo; tão logo tenhamos aprendido a geometria e arquitetura, também somos arquitetos e geômetras. (1216b6-10)

ἐπιστήμας γὰρ ᾤετ' εἶναι πάσας τὰς ἀρετάς, ὥσθ' ἅμα συμβαίνειν εἰδέναι τε τὴν δικαιοσύνην καὶ εἶναι δίκαιον. ἅμα μὲν γὰρ μεμαθήκαμεν τὴν γεωμετρίαν καὶ οἰκοδομίαν καὶ ἐσμὲν οἰκοδόμοι καὶ γεωμέτραι.

inteligência [φρόνησις], a *coragem* [ἀνδρεία] e os *apetites* [ἐπιθυμίαι], cf. 491e-492a), problema que virá a ser discutido em sua completude no Livro IV da *República*[28], quando Platão expõe a sua teoria da alma tripartida (τὸ λογιστικόν, τὸ θυμοειδές, τὸ ἐπιθυμητικόν). Sócrates, por sua vez, embora, segundo Cooper, se mostre ciente dos problemas implicados na perspectiva de Cálicles[29], não os enfrenta diretamente, na medida em que, segundo a sua máxima moral, não há a possibilidade do conflito interno à alma: a perspectiva socrática, então, não contemplaria o fenômeno da *incontinência* (ἀκρασία), de que o homem, compreendendo os motivos para agir de tal ou tal maneira, aja contrariamente aos desígnios da razão[30]; pois os homens agiriam ou por conhecimento ou por ignorância. Analisarei com mais acuidade a tese de Cooper em outro tópico

28. J. Cooper, Socrates and Plato in *Gorgias*, p. 66.

29. Idem, p. 67-8: "Avaliando os prós e os contras dessas proposições, ele não diz absolutamente nada sobre os outros aspectos da concepção de Cálicles a respeito do melhor modo de vida, em que Cálicles fala de 'coragem' ou bravura como também necessária para sobrepujar qualquer impulso remanescente de medo ou repulsa que obstrua a satisfação dos apetites. E Sócrates não incorpora em seu argumento sobre a vida ordenada nenhum aspecto correspondente requerido para sobrepujar qualquer apetite inapropriado. Ele parece claramente ciente desses aspectos da visão de Cálicles, e da implicação de que há desejos ou impulsos que agem na alma humana além daqueles que pertencem aos julgamentos racionais das pessoas sobre o que fazer. Esses aspectos da visão de Cálicles reaparecem na história dos jarros e dos crivos que Sócrates conta imediatamente para se contrapor a Cálicles. Como vimos, Sócrates atenta para o fato de que Cálicles considera inteligência (φρόνησις) e coragem (ἀνδρεία) como duas coisas totalmente distintas – segundo ponto em que a visão de Cálicles diverge bruscamente da sua própria, como nós a conhecemos de outros diálogos. Mas Sócrates prefere deixar esses desacordos inexplorados. Os argumentos que ele oferece para refutar Cálicles atacam outros pontos fracos (como ele os entende) das visões de Cálicles".

30. Aristóteles, *Ética Nicomaqueia*, VII, 1145b21-7:
Alguém poderia colocar o problema: como uma pessoa, tendo uma compreensão correta, pode agir incontinentemente? Alguns dizem que isso é impossível, uma vez tendo o conhecimento; pois, havendo o conhecimento, como julgava Sócrates, seria espantoso que outra coisa o dominasse e o arrancasse de seu curso, tal como a um escravo. Pois Sócrates combatia totalmente esse argumento como se não houvesse a incontinência; pois ninguém, compreendendo [as razões], agiria contrariamente ao que é o melhor, mas sim por causa da ignorância.
'Ἀπορήσειε δ' ἄν τις πῶς ὑπολαμβάνων ὀρθῶς ἀκρατεύεταί τις. ἐπιστάμενον μὲν οὖν οὔ φασί τινες οἷόν τε εἶναι· δεινὸν γὰρ ἐπιστήμης ἐνούσης, ὡς ᾤετο Σωκράτης, ἄλλο τι κρατεῖν καὶ περιέλκειν αὐτὴν ὥσπερ ἀνδράποδον. Σωκράτης μὲν γὰρ ὅλως ἐμάχετο πρὸς τὸν λόγον ὡς οὐκ οὔσης ἀκρασίας· οὐθένα γὰρ ὑπολαμβάνοντα πράττειν παρὰ τὸ βέλτιστον, ἀλλὰ δι' ἄγνοιαν.

deste capítulo, pois ela será importante na análise das causas e consequências da ineficácia persuasiva do discurso socrático quando diante de um argumentador recalcitrante como Cálicles; no momento, basta-nos a sua reflexão sobre a importância dos elementos do gênero dialógico para a compreensão adequada dos temas filosóficos apresentados por Platão, não apenas por meio de Sócrates, mas também das demais personagens. Vejamos o trecho em que Cooper sintetiza esse preceito metodológico:

> No final, então, o *Górgias* e seu autor estão falando aos leitores que um trabalho filosófico muito maior precisa ser realizado antes de que a defesa socrática da vida moral como a melhor para qualquer pessoa possa estar efetivamente completa. Nós temos claras indicações sobre onde um trabalho maior precisa ser realizado – sobre a questão de se há desejos e impulsos humanos na ação que não derivam, em última instância, das ideias das pessoas sobre o que seria bom para elas fazerem; sobre a questão da unidade da virtude; sobre a análise do prazer e sua relação com o bem; e, sobretudo, sobre o conteúdo do conhecimento moral, sua relação com as outras virtudes humanas e a comparação entre tal conhecimento e o conhecimento técnico, como aquele da medicina ou da construção naval. O diálogo, e Platão como seu autor, não estão se comunicando com o leitor a respeito de questões filosóficas apenas por meio das palavras de seu protagonista Sócrates, mas também, e de forma independente, por meio das palavras de seus interlocutores e por meio da interseção entre o que é dito por ambas as partes (p. 74).

Portanto, preservadas as diferenças de gênero entre o "diálogo" e o teatro, a construção dos *ēthē* das personagens se apresenta como um elemento de extrema relevância para a interpretação geral dos diálogos[31], em especial dos "primeiros diálogos", nos quais os aspectos dramáticos são proeminentes e os embates entre

---

31. R. Blondell, op. cit., p. 2: "Forma e conteúdo estão, além disso, reciprocamente relacionados devido à preocupação de Platão com os efeitos da caracterização literária sobre o caráter moral de uma audiência. A própria manipulação de suas personagens dramáticas cruza, de forma única, com questões de filosofia moral, forma literária, tradição cultural, e método filosófico e pedagógico. Ela se integra tanto à iniciativa de representar a comunicação humana num diálogo falado quanto à investigação 'filosófica' sobre o melhor modo de vida e comportamento humanos".

Sócrates e seus interlocutores, de contorno agonístico, sobretudo quando se trata do confronto de Sócrates com os "sofistas". Talvez a ênfase dada por Platão à caracterização das personagens reflita precisamente a sua compreensão dos mecanismos de "sedução" ou "fascínio" do discurso poético (referidos geralmente pelos termos κήλησις ou γοητεία e seus derivados[32]), que para ele pareciam extremamente perniciosos do ponto de vista moral, como discutido na *República*. Nessa interface com a tragédia e a comédia, Platão emprega, então, esses mesmos mecanismos de "sedução" através do *logos*, em vista do estabelecimento de um novo discurso para a filosofia: o "diálogo". No Livro x da *República*, o autor delineia o problema moral envolvido na experiência poética nos seguintes termos:

"E os apetites sexuais, a ira e todos os apetites dolorosos e aprazíveis da alma, que afirmamos acompanhar todas as nossas ações, são coisas dessa natureza que a imitação poética nos provoca; pois ela as nutre irrigando-as, quando devia secá-las, e as impõe como nossos comandantes, quando deviam ser elas mesmas comandadas para nos tornarmos melhores e mais felizes, ao invés de piores e mais miseráveis".

"Não poderia dizer de outro modo", disse ele. (606d1-8)

---

32. Platão, *República*, x, 601a4-b4:
"Dessa maneira, então, também afirmaremos, julgo eu, que o poeta utiliza algumas cores para colorir cada uma das artes com frases e palavras, sem nada saber a não ser imitar, de tal maneira que pareça saber para quem quer que julgue a partir de seus discursos; se alguém falar a respeito do ofício do sapateiro em metro, em ritmo e em harmonia, parecerá ter dito muito bem, seja sobre o comando militar, seja sobre qualquer outra coisa; assim, por natureza essas mesmas coisas possuem enorme *fascínio*. Uma vez desnudados os ditos poéticos das cores de sua música, pronunciados sozinhos em si mesmos, penso que tu conhecerás como eles se manifestam".

Οὕτω δὴ οἶμαι καὶ τὸν ποιητικὸν φήσομεν χρώματα ἄττα ἑκάστων τῶν τεχνῶν τοῖς ὀνόμασι καὶ ῥήμασιν ἐπιχρωματίζειν αὐτὸν οὐκ ἐπαΐοντα ἀλλ' ἢ μιμεῖσθαι, ὥστε ἑτέροις τοιούτοις ἐκ τῶν λόγων θεωροῦσι δοκεῖν, ἐάντε περὶ σκυτοτομίας τις λέγῃ ἐν μέτρῳ καὶ ῥυθμῷ καὶ ἁρμονίᾳ, πάνυ εὖ δοκεῖν λέγεσθαι, ἐάντε περὶ στρατηγίας ἐάντε περὶ ἄλλου ὁτουοῦν· οὕτω φύσει αὐτὰ ταῦτα μεγάλην τινὰ κήλησιν ἔχειν. ἐπεὶ γυμνωθέντα γε τῶν τῆς μουσικῆς χρωμάτων τὰ τῶν ποιητῶν, αὐτὰ ἐφ' αὑτῶν λεγόμενα, οἶμαί σε εἰδέναι οἷα φαίνεται. [...]

Sobre o "fascínio" do discurso retórico-poético, ver G. Casertano, *L'Eterna malattia del discorso*; e J. Romilly, *Magic and Rhetoric in Ancient Greece*.

Καὶ περὶ ἀφροδισίων δὴ καὶ θυμοῦ καὶ περὶ πάντων τῶν ἐπιθυμητικῶν τε καὶ λυπηρῶν καὶ ἡδέων ἐν τῇ ψυχῇ, ἃ δή φαμεν πάσῃ πράξει ἡμῖν ἕπεσθαι, ὅτι τοιαῦτα ἡμᾶς ἡ ποιητικὴ μίμησις ἐργάζεται· τρέφει γὰρ ταῦτα ἄρδουσα, δέον αὐχμεῖν, καὶ ἄρχοντα ἡμῖν καθίστησιν, δέον ἄρχεσθαι αὐτὰ ἵνα βελτίους τε καὶ εὐδαιμονέστεροι ἀντὶ χειρόνων καὶ ἀθλιωτέρων γιγνώμεθα.
Οὐκ ἔχω ἄλλως φάναι, ἦ δ' ὅς.

Servindo-se dos princípios de sua psicologia moral apresentada no Livro IV (a tripartição da alma), Platão precisa aqui os efeitos funestos da experiência poética na alma do espectador e/ou ouvinte: a poesia fortalece os seus elementos irracionais, a saber, a *ira* (θυμός) e os *apetites* (ἐπιθυμίαι), obscurecendo as prescrições da razão, quando deveria ser ela a controlar esses impulsos para o homem ser virtuoso e feliz. Nessa perspectiva, a poesia seria promotora do conflito interno à alma, entre os elementos irracionais, que compreendem os *thumoeidéticos* e os *apetitivos*, e a *razão* (τὸ λογιστικόν), conduzindo o homem a ações imorais e, por conseguinte, à infelicidade.

Como sabemos, Platão se refere à poesia em si, e não a um gênero poético específico, quando examina o estatuto ontológico e os efeitos psicológicos da poesia no Livro X, definindo-a pelo termo *mimēsis* ("imitação", no sentido lato do termo). Mas do ponto de vista das formas do discurso poético tratadas no Livro III, Platão ressalta ainda um aspecto peculiar da poesia "mimética", entendida aqui em seu sentido estrito (i.e., quando o discurso se dá em 1ª pessoa[33]). Nessa crítica à imitação dramática, cujo enfoque é precisamente a tragédia e a comédia[34], Platão salienta o problema moral envolvido na identificação entre aquele que imita e o modelo imitado, depois de ter mostrado, por uma série de referências intertextuais, justamente a ausência de discernimento entre bem e mal, entre justo e injusto, entre temperança e intemperança, na poesia: a imitação de modelos moralmente

---

33. Platão, *República*, III, 394b8-c6.
34. Idem, 394d-395a.

censuráveis induziria os homens a agirem de forma semelhante em ocasiões particulares, e por isso tais modelos deveriam ser absolutamente evitados. Vejamos o trecho em que esse problema concernente à *mímēsis* em sentido estrito é sintetizado pela personagem Sócrates:

"Se, portanto, preservarmos o argumento prévio, de que os nossos guardiães, uma vez afastados de todos os demais artífices, devem ser os artífices da liberdade da cidade, muito precisos em seu ofício e sem se ocupar com aquilo que não os conduza a tal fim, então eles não deveriam fazer outra coisa, nem imitá-la. Mas se imitarem, eles deveriam imitar aquilo que lhes convém desde a infância, ou seja, homens corajosos, temperantes, pios, livres, e todas as outras qualidades semelhantes, ao passo que coisas desprovidas de liberdade, ou qualquer outra coisa vergonhosa, não deveriam fazê-las, tampouco serem hábeis em imitá-las, a fim de que, a partir da imitação, não tomem gosto de ser o que imitam. Ou não percebeste que as imitações, quando se prolongam da infância até muito tempo depois, fixam-se nos hábitos e na natureza, seja no corpo, na voz ou no pensamento?"
"Com certeza", disse ele. (395b8-d4)

Εἰ ἄρα τὸν πρῶτον λόγον διασώσομεν, τοὺς φύλακας ἡμῖν τῶν ἄλλων πασῶν δημιουργιῶν ἀφειμένους δεῖν εἶναι δημιουργοὺς ἐλευθερίας τῆς πόλεως πάνυ ἀκριβεῖς καὶ μηδὲν ἄλλο ἐπιτηδεύειν ὅτι μὴ εἰς τοῦτο φέρει, οὐδὲν δὴ δέοι ἂν αὐτοὺς ἄλλο πράττειν οὐδὲ μιμεῖσθαι· ἐὰν δὲ μιμῶνται, μιμεῖσθαι τὰ τούτοις προσήκοντα εὐθὺς ἐκ παίδων, ἀνδρείους, σώφρονας, ὁσίους, ἐλευθέρους, καὶ τὰ τοιαῦτα πάντα, τὰ δὲ ἀνελεύθερα μήτε ποιεῖν μήτε δεινοὺς εἶναι μιμήσασθαι, μηδὲ ἄλλο μηδὲν τῶν αἰσχρῶν, ἵνα μὴ ἐκ τῆς μιμήσεως τοῦ εἶναι ἀπολαύσωσιν. ἢ οὐκ ᾔσθησαι ὅτι αἱ μιμήσεις, ἐὰν ἐκ νέων πόρρω διατελέσωσιν, εἰς ἔθη τε καὶ φύσιν καθίστανται καὶ κατὰ σῶμα καὶ φωνὰς καὶ κατὰ τὴν διάνοιαν;
Καὶ μάλα, ἦ δ' ὅς.

Embora Platão centre a argumentação no perigo moral da "imitação", ele, contudo, ainda admite a possibilidade (δέοι ἂν, 395c2) de que os guardiães da cidade ideal "imitem" modelos de conduta moral virtuosos ("homens corajosos, temperantes, pios, livres, e todas as outras qualidades semelhantes", ἀνδρείους, σώφρονας, ὁσίους, ἐλευθέρους, καὶ τὰ τοιαῦτα πάντα, 395c4-5); dada a ausência desse tipo de modelo na representação dos heróis na poesia tradicional, justificar-se-ia aquela "depuração" e a expulsão dos poetas canônicos da cidade ideal, propostas pela personagem Sócrates no Livros II, III e X da *República*. Nesse sentido, se interpretarmos do ponto de vista *metapoético* essa reflexão de Platão sobre a função positiva da "imitação", condicionada a um novo modelo de "educação" (παιδεία), então ele apresentaria ao leitor a razão de o gênero dialógico ser o modo de discurso apropriado à filosofia. Pois, assim como deuses e heróis são "imitados" na tragédia pelos atores e servem como modelo de conduta moral a ser imitado pelos espectadores em ações particulares (de onde procede o problema moral envolvido na experiência poética, quando não há discernimento entre bem e mal), também Sócrates é representado, enquanto protagonista dos diálogos platônicos, como modelo de homem virtuoso a ser imitado pelos membros da Academia e/ou pelos seus leitores[35]. Na *Apologia*, Platão salienta precisamente como o comportamento crítico de Sócrates, ao submeter os pretensos sábios ao *elenchos*, induzia os jovens que admiravam-no a imitá-lo:

> Além do mais, os jovens – sobretudo os que dispõem de ócio, membros das mais abastadas famílias – que me acompanham por conta própria, deleitam-se quando ouvem os homens sendo examinados, e eles próprios, não raras vezes, passam a me *imitar* e buscam, assim, examinar os outros. (23c2-5)

---

35. M. Erler, La Felicità delle Api, p. 3: "A imagem do filósofo Sócrates [no *Fédon*] é construída, do ponto de vista literário, seguindo as indicações dadas por Platão para uma tragédia filosófica que seja admissível na *kallipolis* (387e; 605e). Por meio de seu comportamento, Sócrates oferece uma ilustração, uma imagem: um verdadeiro filósofo não se limita a argumentar através do raciocínio puro, com base no destinatário e em vista do resultado. Ele também possui o pleno controle de suas paixões, estando também estas submetidas ao *logos*, e sob qualquer aspecto ele renuncia a expressões e comportamentos que visem a compaixão dos ouvintes e amigos, que possam estimulá-los ou até mesmo exacerbá-los".

Πρὸς δὲ τούτοις οἱ νέοι μοι ἐπακολουθοῦντες–οἷς μάλιστα σχολή ἐστιν, οἱ τῶν πλουσιωτάτων–αὐτόματοι, χαίρουσιν ἀκούοντες ἐξεταζομένων τῶν ἀνθρώπων, καὶ αὐτοὶ πολλάκις ἐμὲ μιμοῦνται, εἶτα ἐπιχειροῦσιν ἄλλους ἐξετάζειν·

Embora o "Sócrates" de Xenofonte nas *Memoráveis* seja, em diversos pontos, diferente da personagem homônima representada por Platão nos "primeiros diálogos", o autor também ressalta como Sócrates servia de modelo de conduta moral a ser imitado pelos seus "companheiros" (τοὺς συνδιατρίβοντας), como fica evidente nesta passagem do texto:

> Além disso, Sócrates jamais professou ser mestre disso [i.e., de virtude], mas, por ser manifesto que tipo de homem era, ele fazia com que seus companheiros tivessem a esperança de, *imitando-o*, tornarem-se como ele. (1.2.3)
>
> καίτοι γε οὐδεπώποτε ὑπέσχετο διδάσκαλος εἶναι τούτου, ἀλλὰ τῷ φανερὸς εἶναι τοιοῦτος ὢν ἐλπίζειν ἐποίει τοὺς συνδιατρίβοντας ἑαυτῷ μιμουμένους ἐκεῖνον τοιούτους γενήσεσθαι.

Portanto, tendo em vista o problema moral e psicológico envolvido no processo de "imitação" dramática, o que mais poderíamos dizer dos próprios diálogos platônicos, em especial dos "primeiros diálogos", nessa perspectiva *metapoética*? Platão, assim como na tragédia e na comédia, não representa também personagens cujo "caráter" (*ēthos*) certamente não serviria de modelo a ser imitado pelos membros da Academia e/ou pelos seus leitores, mas a ser, ao contrário, repudiado, como no caso de Cálicles? Por que Platão dá tanta ênfase à caracterização dessa personagem no *Górgias*, apresentada por ele como o antípoda do filósofo? Cálicles, assim como Sócrates, não poderia parecer também uma personagem sedutora ao leitor do diálogo, e isso não seria propiciado justamente pelas características do próprio gênero dialógico? E quanto a Sócrates: seu comportamento em situações diversas, em confronto com diferentes interlocutores, é sempre o mesmo, ou ele se adéqua àquela situação dialógica específica e àquele determinado interlocutor, e, longe de ser uma personagem unívoca, apresenta-se antes como complexa e fragmentária? Perguntas como essas elencadas acima são pertinentes na medida em que o discurso filosófico de Platão se constrói *dialogicamente*, o que pressupõe a interação de ao menos dois interlocutores que se confrontam; sendo assim, o "caráter" (*ēthos*) do "filósofo" na imagem de Sócrates é construído em oposição aos "caracteres" (*ēthē*) de seus grandes adversários, os sofistas, os poetas e os políticos: como Platão diz nas *Leis*, para se conhecer uma coisa é preciso conhecer o seu contrário, assim como para se conhecer o sério é preciso conhecer o ridículo, "caso alguém pretenda ser um homem sábio" (εἰ μέλλει τις φρόνιμος ἔσεσθαι, VII, 816e1-2). Se essa natureza mimética dos diálogos platônicos é um elemento comum à tragédia e à comédia, Platão, compreendendo o poder de "fascínio" e "sedução" do discurso poético e os meios de como obter esse mesmo efeito em prol da construção do discurso filosófico, usa e transforma os elementos e os *topoi* do drama ático em uma nova forma de escrita em prosa: o *diálogo filosófico*.

A COMÉDIA NO *DIÁLOGO*:
O CASO POLO

I

Tendo em vista a reflexão proposta acima sobre o gênero dialógico, podemos afirmar, então, que há duas ordens de fatores envolvidas na relação de Platão com a comédia: de um lado, a crítica severa à representação do "ridículo" (τὸ γελοῖον) na poesia, e a análise dos efeitos morais funestos de sua experiência na alma do espectador[1]; de outro lado, a apropriação e a recriação dos elementos e dos *topoi* da comédia em uma nova forma de

> 1. Platão, *República*, x, 606c2-10:
> "Porventura o mesmo argumento não cabe também ao ridículo? Pois o que tu mesmo terias vergonha de cometer como risível, quando ouves numa imitação cômica ou em particular, te deleitas fortemente e não repudias como algo miserável: não fazes a mesma coisa como em relação à piedade? Pois continuas em ti mesmo pela razão o desejo de fazer coisas ridículas, temendo a reputação de bufão, para depois liberá-lo; e tendo lá agido infantilmente, não percebeste que muitas vezes havias te comportado em ocasiões particulares como se fosse um poeta cômico".
> "Com certeza", disse.
> ᾎρ' οὖν οὐχ ὁ αὐτὸς λόγος καὶ περὶ τοῦ γελοίου; ὅτι, ἂν αὐτὸς αἰσχύνοιο γελωτοποιῶν, ἐν μιμήσει δὲ κωμῳδικῇ ἢ καὶ ἰδίᾳ ἀκούων σφόδρα χαρῇς καὶ μὴ μισῇς ὡς πονηρά, ταὐτὸν ποιεῖς ὅπερ ἐν τοῖς ἐλέοις; ὃ γὰρ τῷ λόγῳ αὖ κατεῖχες ἐν σαυτῷ βουλόμενον γελωτοποιεῖν, φοβούμενος δόξαν βωμολοχίας, τότ' αὖ ἀνιεῖς, καὶ ἐκεῖ →

discurso em prosa, o "diálogo", nesse movimento de constituição do discurso apropriado à "filosofia". Em outras palavras, o juízo negativo de Platão com relação à representação do ridículo nas obras dos poetas cômicos não implica a sua recusa absoluta a procedimentos e elementos tipicamente cômicos que se fazem presentes em sua obra e que se prestam a determinados fins. Esse tipo de *intertextualidade*, ou melhor, de relação *intergenérica*, está na base da constituição desse novo gênero, os *Sōkratikoi logoi* a que se refere Aristóteles na *Poética*², do qual Platão é seu grande expoente.

Como afirma A. Nightingale, "ainda que Platão mostre uma séria aversão ao riso (cf., por exemplo, *Rep.* 388e), ele tem possivelmente um débito maior com a comédia do que com qualquer outro gênero literário"³. Mas essa aproximação com a comédia não se deve apenas ao humor que em diversas circunstâncias particulares dos diálogos colore a cena, como, por exemplo, na hilariante aparição de Alcibíades no final do *Banquete* (212c-223a), totalmente ébrio: a narração da personagem sobre a resistência de Sócrates à sua investida amorosa, ao mesmo tempo em que leva o leitor ao riso dada a comicidade da cena, enfatiza concomitantemente um elemento extremamente importante do *ēthos* de Sócrates, a sua proverbial *enkrateia* [ἐγκράτεια]⁴ (continência, resistência ao prazer e à dor). Além do humor, há outros procedimentos e *topoi*

→ νεανικὸν ποιήσας ἔλαθες πολλάκις ἐν τοῖς οἰκείοις ἐξενεχθεὶς ὥστε κωμῳδοποιὸς γενέσθαι.
Καὶ μάλα, ἔφη.
2. Aristóteles, *Poética*, 1447b9-13.
3. A. Nightingale, *Genres in Dialogue*, p. 172.
4. Xenofonte também ressalta nas *Memoráveis* a *enkrateia* de Sócrates, em sua defesa contra a acusação de que este corrompia a juventude:

Parece-me surpreendente também o fato de alguns terem sido persuadidos de que Sócrates corrompia os jovens, ele que, além do que já foi dito, era, em primeiro lugar, o mais moderado dentre todos os homens com relação aos apetites sexuais e ventrais, e, em segundo lugar, o mais resistente ao frio, ao calor e a todas as outras fadigas; além disso, Sócrates era a tal ponto educado para ter necessidades comedidas que, tendo adquirido muito pouca coisa, ele tinha com muita facilidade o que lhe bastava. (1.2.1)

Θαυμαστὸν δὲ φαίνεταί μοι καὶ τὸ πεισθῆναί τινας ὡς Σωκράτης τοὺς νέους διέφθειρεν, ὃς πρὸς τοῖς εἰρημένοις πρῶτον μὲν ἀφροδισίων καὶ γαστρὸς πάντων ἀνθρώπων ἐγκρατέστατος ἦν, εἶτα πρὸς χειμῶνα καὶ θέρος καὶ πάντας πόνους →

mais específicos, comuns na Comédia Antiga, dos quais Platão se serve com frequência para compor os diálogos, como elenca R. Brock em seu breve mas sugestivo artigo: i. linguagem coloquial; ii. jogos de palavras; iii. criação de neologismos; iv. imagens (como os cômicos, Platão costuma recorrer a imagens de animais); v. paródia estilística; vi. sátira de pessoas[5] e vii. crítica aos políticos atenienses. Isso é suficiente para mostrar que a censura moral de Platão à representação do *ridículo* (τὸ γελοῖον), como vemos na *República*, é apenas um dos aspectos da complexa relação de Platão com a comédia, na medida em que há elementos e procedimentos tipicamente cômicos que estão na própria constituição do gênero dialógico, tal como foi desenvolvido por Platão. Numa comparação bastante genérica, assim como a figura do *filósofo* foi objeto de satirização e ridicularização na Comédia Antiga, como o caso de Sócrates, e na Comédia Média, como o caso dos próprios acadêmicos, os adversários de Platão também tiveram o mesmo fim nos diálogos.

II

Passemos, então, à análise específica do caso Polo no *Górgias* e vejamos os elementos cômicos envolvidos na satirização da personagem quando submetida ao *elenchos* de Sócrates. O Prólogo do *Górgias* se apresenta como uma espécie de "prelúdio" do que sucederá nos três "Atos" subsequentes do diálogo[6]. Assim

→ καρτερικώτατος, ἔτι δὲ πρὸς τὸ μετρίων δεῖσθαι πεπαιδευμένος οὕτως, ὥστε πάνυ μικρὰ κεκτημένος πάνυ ῥᾳδίως ἔχειν ἀρκοῦντα.

5. Ateneu, *Deipnosophistae*, 11.113.1-3:
Dizem que até mesmo Górgias, quando tomou conhecimento do diálogo homônimo, disse a seus amigos: "como Platão sabe compor bem iambos!"
λέγεται δὲ ὡς καὶ ὁ Γοργίας αὐτὸς ἀναγνοὺς τὸν ὁμώνυμον αὐτῷ διάλογον πρὸς τοὺς συνήθεις ἔφη 'ὡς καλῶς οἶδε Πλάτων ἰαμβίζειν.'

6. Devido à semelhança estrutural entre o diálogo *Górgias* e as peças trágicas, refiro-me durante o texto, de maneira genérica, aos "Atos" do diálogo, que correspondem à interlocução de Sócrates com cada uma das três personagens (Górgias, Polo e Cálicles). As partes do diálogo, portanto, seriam estas:
Prólogo: 447a1-449c8

como o *ēthos* de Cálicles já é aludido pela ocorrência não fortuita do verbo ἐπιθυμεῖν [*epithumein*] ao se dirigir a Querefonte (ἐπιθυμεῖ, "anseia, deseja", 447b4), a sorte de Polo em seu confronto com Sócrates já é antecipada quando ele intervém abruptamente na cena, durante a breve interlocução entre Querefonte e Górgias (448a): a crítica de Sócrates às suas deficiências como interlocutor do "diálogo" tornar-se-ão patentes durante o processo do *elenchos* no 2º "Ato" do diálogo.

Polo é representado por Platão como uma personagem "impaciente, cujo comportamento é muito inferior ao de seu mestre"[7], e essa diferença entre Górgias e Polo se refletirá na mudança de comportamento de Sócrates para com o interlocutor durante a discussão. Se Sócrates usa de um procedimento adulador quando dialoga com Górgias em vista de um determinado fim, parodiando os mecanismos de persuasão atribuídos no diálogo à retórica enquanto κολακεία [*kolakeia*] (adulação, cf. 463a-c, 464b--466a), com Polo a situação se torna diferente: a adulação de Sócrates se transforma em uma ironia mordaz, e seu modo de refutação se torna mais franco e agressivo. A comicidade da cena nasce, portanto, dessa adequação do discurso e do comportamento de Sócrates ao caráter do interlocutor: se Polo se configura como uma personagem φαῦλος [*phaulos*] (débil, desprezível), então Sócrates o tratará como tal, e suas debilidades se revelarão paulatinamente na medida em que Sócrates o submete ao escrutínio do *elenchos*. Como Polo representa no diálogo o "produto" da formação retórica representada pela figura eminente de Górgias, Sócrates identifica imediatamente esse traço da personagem, assim que ouve o seu pequeno discurso em louvor à retórica e ao mestre Górgias (448c3-d10).

Outro elemento importante da caracterização da personagem Polo, de extrema relevância para o pensamento político de Platão,

    1º Ato: Sócrates vs. Górgias: 449c9-461b2
    2º Ato: Sócrates vs. Polo: 461b3-481b5
    3º Ato: Sócrates vs. Cálicles: 481b6-522e8
    Êxodo: Mito Final: 523a1-527e7
7. Ver E. Dodds, *Plato. Gorgias*, p. 11.

é a sua admiração pela figura do tirano macedônio Arquelau como exemplo de uma vida virtuosa e feliz, a despeito das inúmeras injustiças cometidas por ele até a sua ascenção ao poder (471a-d). Esse elemento dramático já apresentaria, assim, o problema do advento da tirania no seio da democracia, como Platão discute detidamente nos Livros VIII e IX da *República*. Pois se Polo é apresentado como discípulo de Górgias, formado para ser também ele mestre de retórica, ele representa, então, aquele tipo de homem que se pretende educador dos futuros políticos que regerão, por sua vez, a democracia ateniense. Nesse sentido, se Polo acredita que "inúmeros homens, mesmo tendo cometido injustiça, são felizes" (ὡς πολλοὶ ἀδικοῦντες ἄνθρωποι εὐδαίμονές εἰσιν, 470d1-2), como indica o caso de Arquelau, será então esse tipo de juízo moral a ser perpetrado pela sua formação retórica: o problema do uso da retórica para fins injustos, como aludido por Górgias em seu discurso em defesa do ofício de rétor (456a--457c), reaparece aqui com um força evidente. Essa associação da figura do "rétor" com a do "tirano", como aparece textualmente na fala de Sócrates (οἱ ῥήτορες [...] ὥσπερ οἱ τύραννοι, 466d1) é, portanto, um dos problemas de natureza ético-política abordados por Platão na crítica à retórica praticada nas instituições democráticas. No *Górgias*, como veremos sobretudo na análise sobre Cálicles, esse problema já aparece na própria constituição do *ēthos* da personagem associada ao círculo de Górgias.

Ao construir, então, a figura de Polo como *phaulos*, como uma personagem própria da comédia[8], Platão usa da caracterização da personagem com o intuito de depreciar a retórica em sua

---

8. i. Aristóteles, *Poética*, 1449a32-34:
A comédia é, como dissemos, imitação de pessoas *desprezíveis*, não, contudo, pelo vício como um todo, mas o ridículo é parte do que é vergonhoso.
Ἡ δὲ κωμῳδία ἐστὶν ὥσπερ εἴπομεν μίμησις φαυλοτέρων μέν, οὐ μέντοι κατὰ πᾶσαν κακίαν, ἀλλὰ τοῦ αἰσχροῦ ἐστι τὸ γελοῖον μόριον.

ii. Aristóteles, *Poética*, 1448a16-18:
A mesma diferença também distingue a tragédia da comédia: uma quer imitar pessoas piores do que na realidade, enquanto a outra, pessoas melhores.
ἐν αὐτῇ δὲ τῇ διαφορᾷ καὶ ἡ τραγῳδία πρὸς τὴν κωμῳδίαν διέστηκεν· ἡ μὲν γὰρ χείρους ἡ δὲ βελτίους μιμεῖσθαι βούλεται τῶν νῦν.

totalidade, evidenciando, nesse movimento, seu juízo negativo que se revelará no decorrer do diálogo: o "produto" da educação retórica representada pela figura de Górgias seria, assim, comparável a uma personagem da comédia, o que implica sua debilidade intrínseca. De acordo com K. J. Dover em seu estudo sobre a comédia aristofânica[9], um dos propósitos da *paródia* é precisamente criticar e ridicularizar aquilo que é parodiado: assim como um dos alvos das paródias de Aristófanes é a tragédia e a sua seriedade, como evidenciam as suas inúmeras referências intertextuais, Platão, utilizando esse mesmo tipo de recurso cômico, parodia no *Górgias* não apenas o *logos* retórico (por exemplo, 448c; 467c; 471e-472d), mas também o próprio *ēthos* do rétor. O índice textual (talvez possamos dizer assim) do registro cômico do 2º "Ato" é a ocorrência do verbo διακωμῳδεῖν (comediar, 462e7) nesta fala irônica de Sócrates, antes de apresentar a sua definição de retórica como uma espécie de "adulação" (*kolakeia*):

POL: A que atividade te referes?

SOC: Que não seja rude demais falar a verdade! Pois hesito em dizê-la por causa de Górgias, com medo de que julgue que eu *comedie* a sua própria atividade. Se essa, porém, é a retórica praticada por Górgias, eu não sei – aliás, da discussão precedente nada se esclareceu sobre o que ele pensa – mas eu chamo retórica parte de certa coisa que em nada é bela. (462e5-463a4).

ΠΩΛ. Τίνος λέγεις ταύτης;

ΣΩ. Μὴ ἀγροικότερον ᾖ τὸ ἀληθὲς εἰπεῖν· ὀκνῶ γὰρ Γοργίου ἕνεκα λέγειν, μὴ οἴηταί με διακωμῳδεῖν τὸ ἑαυτοῦ ἐπιτήδευμα. ἐγὼ δέ, εἰ μὲν

---

9. J. Dover, *Aristophanic Comedy*, p. 73: "A paródia tem dois propósitos distintos, que podem ser percebidos simultaneamente, mas que também podem ser percebidos separados um do outro. O primeiro propósito é submeter a própria poesia séria à crítica e ao ridículo; a paródia sugere, por seleção e exagero, que '*isto é tal como Eurípides é*' (por exemplo). Esse tipo de paródia pode ser encontrado na parte final de *As Rãs*, em que Ésquilo e Eurípides apresentam grotescas mas engraçadas paródias da parte lírica de cada um [...]. O segundo propósito da paródia, e o mais comum, é explorar as potencialidades humorísticas da incompatibilidade, ao combinar a dicção trágica elevada e as alusões a situações trágicas bem conhecidas, com a vulgaridade e as situações domésticas triviais". Sobre a função da paródia, ver tb. A. Nightingale, op. cit., p. 7.

τοῦτό ἐστιν ἡ ῥητορικὴ ἣν Γοργίας ἐπιτηδεύει, οὐκ οἶδα–καὶ γὰρ ἄρτι ἐκ τοῦ λόγου οὐδὲν ἡμῖν καταφανὲς ἐγένετο τί ποτε οὗτος ἡγεῖται–ὃ δ' ἐγὼ καλῶ τὴν ῥητορικήν, πράγματός τινός ἐστι μόριον οὐδενὸς τῶν καλῶν.

Em mais uma instância em que Sócrates recorre à *prolēpsis* (ou seja, responder de modo antecipado a uma possível objeção), ele adverte Polo antecipadamente de um possível mal-entendido da parte de Górgias com relação à sua real motivação ao apresentar sua própria concepção de retórica. Pois bem, se Sócrates de fato não fala com o simples escopo de fazer comédia da arte de Górgias, como alega, mas com o intuito de apresentar de forma séria a sua própria definição de retórica em oposição à gorgiana, a forma como ele age e trata Polo na discussão, entretanto, conflita flagrantemente com essa sua suposta "seriedade". Entendida, porém, como mais uma investida irônica de Sócrates, Platão coloca na boca da personagem precisamente o tipo de estratégia argumentiva que se delineará no 2º "Ato" do diálogo, indicado pela ocorrência do verbo διακωμῳδεῖν (comediar, 462e7): a ridicularização do interlocutor durante o processo do *elenchos*. Platão certamente compreendia o poder persuasivo que a caracterização cômica de uma figura histórica poderia desempenhar no público, como ele mesmo salienta na *Apologia* com relação ao caso de Sócrates: a causa de sua difamação é atribuída em grande parte por Platão à representação cômica de sua figura na peça *As Nuvens* de Aristófanes, como vemos neste trecho:

> Retomemos então, desde o princípio, qual é a acusação que engendrou essa calúnia contra mim, com cuja crença Meleto impetrou esse processo. Pois bem: o que disseram os caluniadores para caluniar-me? Assim como sucede ao juramento dos acusadores, devo lê-la: "Sócrates comete injustiças e se ocupa de investigar as coisas subterrâneas e celestes, de tornar o discurso fraco, forte, e de ensinar essas mesmas matérias a outras pessoas". Tal é a acusação. E vós mesmos já vistes isso na comédia de Aristófanes, na qual um certo Sócrates ronda pela cena a dizer que caminha pelo ar e a falar inúmeras outras bobagens a respeito das quais nada conheço absolutamente. (19a8-c5)

Ἀναλάβωμεν οὖν ἐξ ἀρχῆς τίς ἡ κατηγορία ἐστὶν ἐξ ἧς ἡ ἐμὴ διαβολὴ γέγονεν, ᾗ δὴ καὶ πιστεύων Μέλητός με ἐγράψατο τὴν γραφὴν ταύτην. εἶεν· τί δὴ λέγοντες διέβαλλον οἱ διαβάλλοντες; ὥσπερ οὖν κατηγόρων τὴν ἀντωμοσίαν δεῖ ἀναγνῶναι αὐτῶν· "Σωκράτης ἀδικεῖ καὶ περιεργάζεται ζητῶν τά τε ὑπὸ γῆς καὶ οὐράνια καὶ τὸν ἥττω λόγον κρείττω ποιῶν καὶ ἄλλους ταὐτὰ ταῦτα διδάσκων." τοιαύτη τίς ἐστιν· ταῦτα γὰρ ἑωρᾶτε καὶ αὐτοὶ ἐν τῇ Ἀριστοφάνους κωμῳδίᾳ, Σωκράτη τινὰ ἐκεῖ περιφερόμενον, φάσκοντά τε ἀεροβατεῖν καὶ ἄλλην πολλὴν φλυαρίαν φλυαροῦντα, ὧν ἐγὼ οὐδὲν οὔτε μέγα οὔτε μικρὸν πέρι ἐπαΐω.

III

O que vemos, então, no *Górgias*, é uma adaptação e recriação, por meio da paródia, de elementos cômicos dentro do diálogo filosófico. Mas que espécie de *phaulos* seria Polo? Com que tipo de caráter ele é figurado, tendo em vista a diversidade de *ēthē* presente na Comédia Antiga? Um aspecto crucial do caráter de Polo, comum ao da personagem Górgias, é a *alazoneia* [ἀλαζονεία] (jactância, presunção), que se manifesta imediatamente na sua primeira intervenção no diálogo:

GOR: É verdade, Querefonte. Aliás, era precisamente isso o que há pouco prometia, e digo: há muitos anos ninguém ainda me propôs uma pergunta nova.
QUE: Ora, então respondes com desembaraço, Górgias.
GOR: Podes me testar, Querefonte.
POL: Por Zeus, contanto que queiras testar a mim, Querefonte! Pois Górgias parece-me estar deveras exausto, acabou de discorrer há pouco sobre vários assuntos.
QUE: O quê, Polo? Achas que respondes melhor do que Górgias?
POL: Por que a pergunta, se te for o suficiente?
QUE: Nada; mas visto o teu querer, responde então!
POL: Pergunta! (448a1-b3)

ΓΟΡ. Ἀληθῆ, ὦ Χαιρεφῶν· καὶ γὰρ νυνδὴ αὐτὰ ταῦτα ἐπηγγελλόμην, καὶ λέγω ὅτι οὐδείς μέ πω ἠρώτηκε καινὸν οὐδὲν πολλῶν ἐτῶν.
ΚΑΛ. Ἦ που ἄρα ῥᾳδίως ἀποκρινῇ, ὦ Γοργία.

ΓΟΡ. Πάρεστι τούτου πεῖραν, ὦ Χαιρεφῶν, λαμβάνειν.
ΠΩΛ. Νὴ Δία· ἂν δέ γε βούλῃ, ὦ Χαιρεφῶν, ἐμοῦ. Γοργίας μὲν γὰρ καὶ ἀπειρηκέναι μοι δοκεῖ· πολλὰ γὰρ ἄρτι διελήλυθεν.
ΚΑΛ. Τί δέ, ὦ Πῶλε; οἴει σὺ κάλλιον ἂν Γοργίου ἀποκρίνασθαι;
ΠΩΛ. Τί δὲ τοῦτο, ἐὰν σοί γε ἱκανῶς;
ΚΑΛ. Οὐδέν· ἀλλ' ἐπειδὴ σὺ βούλει, ἀποκρίνου.
ΠΩΛ. Ἐρώτα.

A presunção do discípulo se evidencia quando arroga para si a mesma onipotência arrogada pelo mestre, desafiando Querefonte a interpelá-lo. Sócrates, atento ao movimento da cena, chamará em causa precisamente esse traço da personagem para justificar a prevalência da *brakhulogia* (discurso breve) na discussão (462a1-10).

Mas, além da jactância, há outro elemento dramático comum associado à figura do *alazōn* [ἀλαζών] (jactante, impostor) na comédia, também recorrente no *Górgias*. Em seu estudo sobre a comédia ática, F. Cornford ressalta que o *alazōn* "é essencialmente o entruso inoportuno que interrompe sacrifícios, preparos dos alimentos ou festas, e reivindica uma parte imerecida nos frutos da vitória"[10]. A abrupta intervenção de Polo no Prólogo (uma ação que se repetirá depois da consumação do *elenchos* de Górgias, abrindo o 2º "Ato" do diálogo em 461b[11]) se enquadraria, dessa forma, na caracterização proposta por Cornford, tendo em vista como Sócrates o admoesta por essa ação e o põe à parte na discussão, passando a dialogar diretamente com Górgias (448d-449a)[12]. Esse traço do *ēthos* de Polo é, de

10. *The Origin of Attic Comedy*, p. 122. Todavia, é preciso ressaltar que Polo sai em defesa do mestre que havia sido derrotado por Sócrates no primeiro *agōn* do diálogo, ao invés de aproveitar-se dos "frutos da vitória", como sugere Cornford. Esse tipo de movimento *intergenérico* mostra como Platão, ao apropriar-se de *topoi* de outros gêneros, transforma-os na constituição do drama dialógico.
11. Idem, p. 115: "Essas figuras impertinentes [os impostores] aparecem quando a vitória do *agōn* já está sacramentada".
12. Idem, ibidem: "Depois de [os impostores] terem se exibido, eles são mandados embora de forma ignominiosa, frequentemente debaixo de pancadas. Os Impostores são sempre colocados em oposição ao herói, que ressalta os absurdos dele com ironia jocosa".

certa forma, uma "imitação" do comportamento de seu mestre Górgias, cuja *alazoneia* é mais caricatural, como se evidencia nestes dois trechos do Prólogo:

> i. QUE: Entendo. Vou interrogá-lo: Górgias, dize-me se é verdade o que nos conta Cálicles, que prometes responder a qualquer pergunta que alguém te enderece!
> GOR: É verdade, Querefonte. Aliás, era precisamente isso o que há pouco prometia, e digo: há muitos anos ninguém ainda me propôs uma pergunta nova. (447d6-448a3)

> ΚΑΛ. Μανθάνω καὶ ἐρήσομαι. Εἰπέ μοι, ὦ Γοργία, ἀληθῆ λέγει Καλλικλῆς ὅδε ὅτι ἐπαγγέλλῃ ἀποκρίνεσθαι ὅτι ἄν τίς σε ἐρωτᾷ;
> ΓΟΡ. Ἀληθῆ, ὦ Χαιρεφῶν· καὶ γὰρ νυνδὴ αὐτὰ ταῦτα ἐπηγγελλόμην, καὶ λέγω ὅτι οὐδείς μέ πω ἠρώτηκε καινὸν οὐδὲν πολλῶν ἐτῶν.

> ii. SOC: Portanto, devemos te chamar de rétor?
> GOR: De um bom rétor, Sócrates, se queres me chamar, como diz Homero, daquilo que rogo ser.
> SOC: Mas eu quero chamá-lo.
> GOR: Então chama!
> SOC: Podemos dizer, assim, que és capaz de tornar rétores também outras pessoas?
> GOR: Isso eu não prometo apenas aqui, mas em todo e qualquer lugar. (449a6-b3)

> ΣΩ. Ῥήτορα ἄρα χρή σε καλεῖν;
> ΓΟΡ. Ἀγαθόν γε, ὦ Σώκρατες, εἰ δὴ ὅ γε εὔχομαι εἶναι, ὡς ἔφη Ὅμηρος, βούλει με καλεῖν.
> ΣΩ. Ἀλλὰ βούλομαι.
> ΓΟΡ. Κάλει δή.
> ΣΩ. Οὐκοῦν καὶ ἄλλους σε φῶμεν δυνατὸν εἶναι ποιεῖν;
> ΓΟΡ. Ἐπαγγέλλομαί γε δὴ ταῦτα οὐ μόνον ἐνθάδε ἀλλὰ καὶ ἄλλοθι.

Se a *alazoneia*, então, é um traço comum do caráter do rétor no *Górgias*, tendo em vista o comportamento semelhante das personagens Górgias e Polo, ela o é também da figura do "rapsodo" no diálogo *Íon*, como busca mostrar J. Ranta em seu breve artigo (The Drama of Plato's *Ion*). Ele defende a tese de que a nuance cômica do diálogo *Íon* se deve à forma como Platão constrói o *ēthos* das personagens: nessa interface com a comédia, Platão estaria representando, então, a personagem homônima como *alazōn* (jactante, impostor), e Sócrates, em contrapartida, como *eirōn* (irônico), tipos antagônicos[13] que se enfrentam recorrentemente na Comédia Antiga[14]: enquanto o primeiro reclama para si qualidades mais elevadas do que aquelas que realmente possui, o segundo apresenta a si mesmo como alguém inferior àquilo que realmente é[15]. A "jactância" de Íon se manifesta, por exemplo, em passagens como esta do diálogo homônimo:

ION: Dizes a verdade, Sócrates. A arte me impõe, deveras, esse grandiosíssimo trabalho, e creio que sou eu quem melhor recita Homero, de modo que nem Metrodoro de Lâmpsaco, nem Estesímbroto de Tasos, nem Glauco, nem qualquer outro homem que um dia existiu, é capaz de expor tantos belos pensamentos sobre Homero quanto eu.
SOC: Bem dito, Íon. É evidente, pois, que não recusarás a fazer-me uma exibição.
ION: Decerto, convém que ouças, Sócrates, como eu embelezo bem Homero, a ponto de achar que eu mereça receber dos Homéridas a coroa de ouro. (530c6-d8)

ΙΩΝ. Ἀληθῆ λέγεις, ὦ Σώκρατες· ἐμοὶ γοῦν τοῦτο πλεῖστον ἔργον παρέσχεν τῆς τέχνης, καὶ οἶμαι κάλλιστα ἀνθρώπων λέγειν περὶ Ὁμήρου, ὡς οὔτε Μητρόδωρος ὁ Λαμψακηνὸς οὔτε Στησίμβροτος ὁ Θάσιος οὔτε Γλαύκων οὔτε ἄλλος οὐδεὶς τῶν πώποτε γενομένων ἔσχεν εἰπεῖν οὕτω πολλὰς καὶ καλὰς διανοίας περὶ Ὁμήρου ὅσας ἐγώ.
ΣΩ. Εὖ λέγεις, ὦ Ἴων· δῆλον γὰρ ὅτι οὐ φθονήσεις μοι ἐπιδεῖξαι.
ΙΩΝ. Καὶ μὴν ἄξιόν γε ἀκοῦσαι, ὦ Σώκρατες, ὡς εὖ κεκόσμηκα τὸν Ὅμηρον· ὥστε οἶμαι ὑπὸ Ὁμηριδῶν ἄξιος εἶναι χρυσῷ στεφάνῳ στεφανωθῆναι.

13. Ver Aristóteles, *Ética Nicomaqueia*, 1108a19-23.
14. J. Ranta, The Drama of Plato's *Ion*, *The Journal of Aesthetics and Art Criticism*, p. 222: "Íon, para repetir o argumento, é um *Alazōn* extremamente contumaz; se tal comparação é possível, ele é mais parecido com o *Alazōn* da Comédia Antiga do que Sócrates é parecido com o *Eirōn* da Comédia Antiga".
15. F. Cornford, op. cit., p. 119. Como ressalta o estudioso, ambos coincidem nesse elemento "enganador" de seu *ēthos*: enquanto o *alazōn* se vangloria das qualidades que não possui, o *eirōn* simula uma inferioridade que não possui.

Esse elemento comum das personagens do "rétor" e do "rapsodo" no *Górgias* e no *Íon*, respectivamente, não é uma simples coincidência de tipologia de *ēthē* da qual se serve Platão para compor os diálogos, mas aponta para uma questão mais profunda sobre a relação entre poesia e retórica: no *Górgias*, Sócrates afirma que "a poesia é certa oratória pública" (δημηγορία ἄρα τίς ἐστιν ἡ ποιητική, 502c12), na medida em que, despojada de seus elementos musicais (canto, ritmo, metro), ela não consiste em outra coisa senão em "discursos" (λόγοι), numa possível alusão intertextual às reflexões do Górgias histórico sobre o poder do *logos*[16]. Platão ressalta, nessa associação, precisamente a natureza pública do discurso retórico e poético, com a diferença de que a poesia se estende à comunidade política como um todo (portanto, mais perigosa do ponto de vista ético-político), ao passo que a retórica está circunscrita àquela classe de homens apta a desempenhar as funções requeridas no Conselho, na Assembleia e no Tribunal. Nesse sentido, todas as consequências que o título de *kolakeia* (adulação) confere à retórica se aplicariam igualmente à poesia: uma atividade que não é arte, mas apenas experiência e rotina, voltada para a promoção do prazer na audiência por meio do que ela consegue persuadi-la, a despeito de isso lhe vir a ser benéfico ou não; uma prática irracional, na medida em que não conhece a natureza daquilo a que se volta (ou seja, "alma") e não sabe justificar as suas ações, tampouco identificar as suas causas. Nos diálogos platônicos, a metáfora do "encantamento" e do "fascínio" (referidos geralmente pelos termos κήλησις ou γοητεία e seus derivados, como foi dito acima) se aplica ao poder sedutor tanto da poesia (*República*, x, 601b) quanto da retórica (*Menêxeno*,

---

16. Górgias, *Elogio de Helena*, 9, em H. Diels; W. Kranz (orgs.), *Die fragmente der Vorsokratiker*:
É preciso que eu mostre minha opinião aos ouvintes sobre isso: toda a poesia eu considero e nomeio um discurso com metro.
δεῖ δὲ καὶ δόξηι δεῖξαι τοῖς ἀκούουσι· τὴν ποίησιν ἅπασαν καὶ νομίζω καὶ ὀνομάζω λόγον ἔχοντα μέτρον·

235a), destacando precisamente esse elemento irracional de sua prática discursiva[17].

Se há essa coincidência de tipologia de caráter entre o "rétor" (Polo) e o "rapsodo" (Íon) na representação do *Górgias* e do *Íon*, então o *elenchos* socrático teria a função de mostrar ao *alazōn* (e, por conseguinte, ao público presente naquela determinada cena) em que se funda a sua *alazoneia*. O diagnóstico de Sócrates era recorrente quando em confronto com pessoas que não apenas tinham a reputação de sábias, mas se consideravam como tais, como vemos nesta passagem da *Apologia*:

> Depois de ouvir isso [de Querefonte], fiz a seguinte reflexão: "o que quer dizer o deus, qual será o enigma? Não tenho eu o mínimo conhecimento de que sou sábio; o que ele quer dizer, então, afirmando que eu sou o homem mais sábio? Pois, decerto não está mentindo, não lhe é lícito". E por longo tempo fiquei sem saber o que ele queria dizer. Tempos depois, embora relutante, volvi-me para uma investigação do gênero: dirigi-me a um homem que parecia ser sábio para, assim, refutar o oráculo e mostrar a ele que "Esse homem é mais sábio do que eu, mas tu afirmaste que era eu". Examinando, então, esse homem – não preciso referir seu nome, mas era um dos políticos com o qual, investigando e dialogando, ó atenienses, tive uma experiência do gênero – pareceu-me que esse homem parecia ser sábio à grande massa de homens e, sobretudo, a si mesmo, sem sê-lo. Em seguida, tentei mostrar-lhe que ele presumia ser sábio, mas não o era. Como consequência, tornei-me odiável a este e aos demais homens que estivessem ali presentes. Depois de partir, então, refletia comigo mesmo que mais sábio do que esse homem eu

---

17. G. Casertano, *L'Eterna malattia del discorso*, p. 63: "Outro ponto importante de se destacar em todo esse discurso de Platão é o uso, se não ambíguo, pelo menos mais alusivo de quanto possa parecer num primeiro momento, do verbo κηλέω e, por conseguinte, do termo κήλησις. Já vimos que a κήλησις exercitada pela poesia consiste na particular gama de emoções que ela consegue suscitar. Podemos acrescentar que essa sedução não é própria somente da poesia, mas, por exemplo, mais genericamente, da palavra, do *logos*. Também os oradores e os rétores, e, em especial, aquele do tipo gorgiano, são capazes de jogar com os afetos da alma: eles 'colorem' (ποικίλλοντες) seus discursos com as palavras mais belas e assim encantam (γοητεύειν) as nossas almas: ao escutá-los, são seduzidas (κηλούμενος). É o que se dá no *Menêxeno* (235a), num contexto certamente irônico no confronto com os rétores, e, por isso, crítico no confronto com sua arte, como crítico parecia precisamente o contexto das passagens da *República* que citamos (599b, 602b, 601b)".

sou; é provável que nenhum de nós conheça algo de belo e bom, mas ele presume saber algo, embora não o saiba, enquanto eu, porque não sei, tampouco presumo saber. É plausível, portanto, que em alguma coisa, ainda que diminuta, seja eu mais sábio do que ele, precisamente porque o que não sei, não presumo sabê-lo. (21b2-d7)

ταῦτα γὰρ ἐγὼ ἀκούσας ἐνεθυμούμην οὑτωσί· "Τί ποτε λέγει ὁ θεός, καὶ τί ποτε αἰνίττεται; ἐγὼ γὰρ δὴ οὔτε μέγα οὔτε σμικρὸν σύνοιδα ἐμαυτῷ σοφὸς ὤν· τί οὖν ποτε λέγει φάσκων ἐμὲ σοφώτατον εἶναι; οὐ γὰρ δήπου ψεύδεταί γε· οὐ γὰρ θέμις αὐτῷ." καὶ πολὺν μὲν χρόνον ἠπόρουν τί ποτε λέγει· ἔπειτα μόγις πάνυ ἐπὶ ζήτησιν αὐτοῦ τοιαύτην τινὰ ἐτραπόμην. ἦλθον ἐπί τινα τῶν δοκούντων σοφῶν εἶναι, ὡς ἐνταῦθα εἴπερ που ἐλέγξων τὸ μαντεῖον καὶ ἀποφανῶν τῷ χρησμῷ ὅτι "Οὑτοσὶ ἐμοῦ σοφώτερός ἐστι, σὺ δ' ἐμὲ ἔφησθα." διασκοπῶν οὖν τοῦτον–ὀνόματι γὰρ οὐδὲν δέομαι λέγειν, ἦν δέ τις τῶν πολιτικῶν πρὸς ὃν ἐγὼ σκοπῶν τοιοῦτόν τι ἔπαθον, ὦ ἄνδρες Ἀθηναῖοι, καὶ διαλεγόμενος αὐτῷ–ἔδοξέ μοι οὗτος ὁ ἀνὴρ δοκεῖν μὲν εἶναι σοφὸς ἄλλοις τε πολλοῖς ἀνθρώποις καὶ μάλιστα ἑαυτῷ, εἶναι δ' οὔ· κἄπειτα ἐπειρώμην αὐτῷ δεικνύναι ὅτι οἴοιτο μὲν εἶναι σοφός, εἴη δ' οὔ. ἐντεῦθεν οὖν τούτῳ τε ἀπηχθόμην καὶ πολλοῖς τῶν παρόντων· πρὸς ἐμαυτὸν δ' οὖν ἀπιὼν ἐλογιζόμην ὅτι τούτου μὲν τοῦ ἀνθρώπου ἐγὼ σοφώτερός εἰμι· κινδυνεύει μὲν γὰρ ἡμῶν οὐδέτερος οὐδὲν καλὸν κἀγαθὸν εἰδέναι, ἀλλ' οὗτος μὲν οἴεταί τι εἰδέναι οὐκ εἰδώς, ἐγὼ δέ, ὥσπερ οὖν οὐκ οἶδα, οὐδὲ οἴομαι· ἔοικα γοῦν τούτου γε σμικρῷ τινι αὐτῷ τούτῳ σοφώτερος εἶναι, ὅτι ἃ μὴ οἶδα οὐδὲ οἴομαι εἰδέναι.

IV

Pois bem, é nesse processo de "desvelamento" da ignorância do interlocutor propiciado pelo *elenchos* que o aspecto cômico presente no *Górgias*, em específico, e nos "primeiros diálogos", em geral, surge com uma intensidade que varia de contexto para contexto. Se, na perspectiva de Sócrates, o "desvelamento" tem uma função positiva para quem é refutado (pois da ciência da própria ignorância nasce o desejo de aprender e buscar o conhecimento verdadeiro), na perspectiva do refutado, contudo, a situação ridícula perante o *público* presente (pois de sábio ele passa a ser visto como ignorante) o faz desconfiar da real motivação de Sócrates na discussão e, por conseguinte, odiar a sua figura[18]. Essa seria uma das causas da "difamação" de Sócrates (23a-b), como Platão argumenta na *Apologia*, na medida em que o poder desses supostos "sábios" se funda na *doxa*, na reputação que possuem junto ao público: nesse sentido, o *elenchos* socrático se configura como uma ameaça potencial a esse poder fundado na aparência de um saber que eles próprios não possuem.

Por outro lado, se quem é refutado reage furiosamente às investidas de Sócrates, parte do público que assiste à cena, em contrapartida, se diverte com a situação embaraçosa do interlocutor: embora Platão não coloque expressamente nestes termos, o elemento cômico presente no processo do *elenchos* seria uma das causas do "deleite" sentido por parte da audiência (χαίρουσιν, 23c4). Esse aspecto extrínseco envolvido no processo do *elenchos* é ressaltado em outro trecho da *Apologia*:

> Além do mais, os jovens – sobretudo os que dispõem de ócio, membros das mais abastadas famílias –, que me acompanham por conta própria, deleitam-se quando ouvem os homens sendo examinados, e eles próprios, não raras vezes, passam a me imitar e buscam, assim, examinar os outros. Depois descobrem, julgo eu, um grande número de homens que presumem saber alguma coisa, embora não saibam nada ou muito pouco. Como consequência, aqueles homens por eles examinados se enfurecem comigo, e não consigo próprios, e afirmam que há certo Sócrates, o mais abominável dos homens, que corrompe os jovens; e quando alguém lhes pergunta por fazer o quê e por ensinar o quê, não têm nada a dizer por ignorarem-no, mas a fim de não parecerem estar em embaraço, assacam aquelas coisas ditas contra todos os filósofos, ou seja, "as coisas celestes e as subterrâneas", "não reconhecer os deuses" e "tornar forte o discurso fraco". (23c2-d7)

> Πρὸς δὲ τούτοις οἱ νέοι μοι ἐπακολουθοῦντες–οἷς μάλιστα σχολή ἐστιν, οἱ τῶν πλουσιωτάτων–αὐτόματοι, χαίρουσιν ἀκούοντες ἐξεταζομένων τῶν ἀνθρώπων, καὶ αὐτοὶ πολλάκις ἐμὲ μιμοῦνται, εἶτα

---

18. É interessante notar que Platão, na *Apologia*, salienta sempre a presença do público nas situações em que ele coloca em prática seu habitual *elenchos*, como na passagem citada (πολλοῖς τῶν παρόντων, 21d1).

ἐπιχειροῦσιν ἄλλους ἐξετάζειν· κἄπειτα οἶμαι εὑρίσκουσι πολλὴν ἀφθονίαν οἰομένων μὲν εἰδέναι τι ἀνθρώπων, εἰδότων δὲ ὀλίγα ἢ οὐδέν. ἐντεῦθεν οὖν οἱ ὑπ' αὐτῶν ἐξεταζόμενοι ἐμοὶ ὀργίζονται, οὐχ αὑτοῖς, καὶ λέγουσιν ὡς Σωκράτης τίς ἐστι μιαρώτατος καὶ διαφθείρει τοὺς νέους· καὶ ἐπειδάν τις αὐτοὺς ἐρωτᾷ ὅτι ποιῶν καὶ ὅτι διδάσκων, ἔχουσι μὲν οὐδὲν εἰπεῖν ἀλλ' ἀγνοοῦσιν, ἵνα δὲ μὴ δοκῶσιν ἀπορεῖν, τὰ κατὰ πάντων τῶν φιλοσοφούντων πρόχειρα ταῦτα λέγουσιν, ὅτι "τὰ μετέωρα καὶ τὰ ὑπὸ γῆς" καὶ "θεοὺς μὴ νομίζειν" καὶ "τὸν ἥττω λόγον κρείττω ποιεῖν."

Em suma, as nuances cômicas do diálogo surgem não apenas da forma como Platão caracteriza as personagens, mas da própria consecução do *elenchos*, que revela paulatinamente a ignorância ou a inconsistência das opiniões do interlocutor: a sua reação violenta contra Sócrates, quando ela acontece, se deve em parte à condição ridícula perante o público a que o constrange o *elenchos*[19]. É por esse motivo que a representação de Platão da audiência em diversos diálogos, fazendo-a presente nas circunstâncias particulares em que Sócrates põe em prática o *elenchos*, é um elemento dramático de extrema relevância para a compreensão da estratégia argumentativa de Sócrates. No *Górgias*, esse registro cômico perpassa todo o 2º "Ato", tendo em vista a mudança de comportamento de Sócrates na discussão: como foi dito, enquanto uma personagem *phaulos*, Polo é tratado como tal desde o Prólogo. Depois de sua abrupta intervenção em defesa de Górgias (448a), ele é desprezado por Sócrates e deixado de lado, à

19. A situação ridícula do refutado perante a audiência fica evidente na narração de Sócrates sobre o *pathos* de Clínias quando submetido ao *elenchos* dos erísticos Eutidemo e Dionisodoro no diálogo *Eutidemo*, como vemos nestas passagens:
    i. Assim que Eutidemo disse isso, os seguidores de Dionisodoro e Eutidemo, como um coro regido pelos sinais do mestre, irromperam num misto de algazarra e risos. (276b6-7)
    Ταῦτ' οὖν εἰπόντος αὐτοῦ, ὥσπερ ὑπὸ διδασκάλου χοροῦ ἀποσημήναντος, ἅμα ἀνεθορύβησάν τε καὶ ἐγέλασαν οἱ ἑπόμενοι ἐκεῖνοι μετὰ τοῦ Διονυσοδώρου τε καὶ Εὐθυδήμου·
    ii. Depois disso, os amantes de ambos os homens riam muito e faziam grande algazarra, admirados pela sua sabedoria; e nós outros, abatidos, nos calávamos. (276d1-3)
    Ἐνταῦθα δὴ καὶ πάνυ μέγα ἐγέλασάν τε καὶ ἐθορύβησαν οἱ ἐρασταὶ τοῖν ἀνδροῖν, ἀγασθέντες τῆς σοφίας αὐτοῖν· οἱ δ' ἄλλοι ἡμεῖς ἐκπεπληγμένοι ἐσιωπῶμεν.

margem da discussão que irá se constituir, primeiro, entre as duas figuras mais eminentes, Sócrates e Górgias (448e5-449a4). Esse mesmo movimento se repete posteriormente, numa situação similar: mas agora é Górgias, seu mestre, que o põe de lado na discussão, no breve interlúdio em que ele volta a ser o interlocutor de Sócrates (463d4-464b1). Vejamos o trecho:

> GOR: Não, por Zeus, Sócrates; nem mesmo eu compreendo as tuas palavras.
> SOC: É plausível, Górgias, pois não falo ainda de modo claro, mas eis aqui Polo, que é jovem e perspicaz.
> GOR: Mas deixa-o de lado e dize-me como afirmas que a retórica é simulacro de uma parte da política! (463d6-e4)

> ΓΟΡ. Μὰ τὸν Δία, ὦ Σώκρατες, ἀλλ' ἐγὼ οὐδὲ αὐτὸς συνίημι ὅτι λέγεις.
> ΣΩ. Εἰκότως γε, ὦ Γοργία· οὐδὲν γάρ πω σαφὲς λέγω, Πῶλος δὲ ὅδε νέος ἐστὶ καὶ ὀξύς.
> ΓΟΡ. Ἀλλὰ τοῦτον μὲν ἔα, ἐμοὶ δ' εἰπὲ πῶς λέγεις πολιτικῆς μορίου εἴδωλον εἶναι τὴν ῥητορικήν.

Polo é reduzido a um mero instrumento nas mãos dos interlocutores principais, como algo de que se pode prescindir e colocar à parte[20]: no Prólogo havia sido colocado de lado na discussão por Sócrates, e no segundo momento pelo próprio mestre Górgias, mostrando como a sua participação no diálogo é percebida, de certa forma, como uma intervenção inconveniente pelas demais personagens. Polo é "arrastado" da cena, ora de dentro para fora, ora em sentido inverso, movimento no qual se torna patente a sua debilidade moral e intelectual. O interlúdio em que ocorre a troca de interlocutores (463d-464b) conclui-se com Sócrates, por sua vez, ignorando a iniciativa de Górgias de prosseguir o diálogo mesmo depois de ter sido refutado, e determinando Polo como interlocutor para a exposição de sua concepção de retórica como *pseudo-arte* (465a1; 465d4).

---

20. F. Cornford, op. cit., p. 129: "[O Impostor em Aristófanes] é regularmente escarnecido, açoitado, ou, senão, maltratado e expulso".

Sendo assim, se Górgias desprezou seu discípulo colocando-o de lado na discussão, o mesmo *pathos* ele acabou sofrendo, por sua vez, nas mãos de Sócrates, quando este ignora a sua iniciativa e passa a dialogar definitivamente com Polo.

Nessa perspectiva de leitura, representar Górgias sujeito à mesma condição de Polo, "arrastado" da cena ao ser preterido por Sócrates, é uma maneira de Platão, por meio desse elemento dramático, depreciar o estatuto da própria retórica, na medida em que Górgias, o rétor por excelência, aparece como uma personagem muito inferior à *doxa* (reputação) que se lhe imputa e da qual ele próprio se vangloria repetidas vezes (448a; 449a; 452d-e; 456b-c), como revelará o *elenchos* socrático: assim como a retórica praticada nas instituições democráticas não é arte, mas apenas rotina e experiência (retórica enquanto *kolakeia*), também o rétor não possui aquele poder de persuasão que presume ter, pois ele só persuade a audiência, quando a persuade, porque a compraz, a despeito de isso lhe ser benéfico ou não (conhecimento que o rétor não possui em absoluto). Platão parece reforçar essa ligação moral e intelectual entre as personagens Górgias, o mestre, e Polo, o discípulo, quando Sócrates e Cálicles passam a se referir aos dois em conjunto (482c-d; 487a-b; 494d), salientando o mesmo *pathos* experimentado por ambos quando submetidos ao *elenchos* socrático. A censura de Cálicles a Górgias, por não ter tido a coragem suficiente de assumir as suas próprias opiniões devido à "vergonha" (483a), aparece, naquele contexto dialógico particular do *Górgias*, como um elemento de depreciação do estatuto da personagem: uma crítica não de Sócrates, mas da própria personagem que aparece no diálogo como seu anfitrão em Atenas.

V

Retomemos o caso Polo. Essa "instrumentalização" da personagem nas mãos de Sócrates se evidencia em diversas situações dramáticas durante o 2º "Ato". A sua inaptidão para com o "diálogo" (διαλέγεσθαι, 448d10), já diagnosticada por Sócrates no Prólogo, se revela paulatinamente na medida em que ele se submete ao *elenchos* socrático. Esse aspecto do *ēthos* da personagem se expressa na inadvertência com que colhe as palavras de Sócrates, pouco atento às suas implicações:

> SOC: Seria deveras um sofrimento terrível, excelentíssimo homem, se chegasses a Atenas, cidade helênica onde há a maior licença para falar, e somente tu tivesses o infortúnio de não fazê-lo aqui. Mas observa a situação inversa: se tu fizesses um longo discurso e não quisesses responder as perguntas, não seria um sofrimento terrível eu não poder ir embora para não te ouvir? Mas se estás inquieto com algo do que foi dito e desejas corrigi-lo, como há pouco dizia, repara o que for de teu parecer, um interrogando e o outro sendo interrogado cada um a sua vez, e, assim como eu e Górgias, refuta e sê refutado! Pois decerto afirmas que também tu conheces as mesmas coisas que Górgias, ou não?
> POL: Afirmo sim.
> SOC: Então, também tu não convidas em toda ocasião que te perguntem o que quiserem, como se soubesses responder?
> POL: Certamente.
> SOC: E agora, cumpre a parte que te aprouver: pergunta ou responde!
> POL: Sim, hei de cumpri-la. Responde-me, Sócrates: visto que Górgias te parece cair em aporia sobre a retórica, o que afirmas que ela é? (461e1-462b5)

> ΣΩ. Δεινὰ μεντἂν πάθοις, ὦ βέλτιστε, εἰ Ἀθήναζε ἀφικόμενος, οὗ τῆς Ἑλλάδος πλείστη ἐστὶν ἐξουσία τοῦ λέγειν, ἔπειτα σὺ ἐνταῦθα τούτου μόνος ἀτυχήσαις. ἀλλὰ ἀντίθες τοι· σοῦ μακρὰ λέγοντος καὶ μὴ ἐθέλοντος τὸ ἐρωτώμενον ἀποκρίνεσθαι, οὐ δεινὰ ἂν αὖ ἐγὼ πάθοιμι, εἰ μὴ ἐξέσται μοι ἀπιέναι καὶ μὴ ἀκούειν σου; ἀλλ' εἴ τι κήδῃ τοῦ λόγου τοῦ εἰρημένου καὶ ἐπανορθώσασθαι αὐτὸν βούλει, ὥσπερ νυνδὴ ἔλεγον, ἀναθέμενος ὅτι σοι δοκεῖ, ἐν τῷ μέρει ἐρωτῶν τε καὶ ἐρωτώμενος, ὥσπερ ἐγώ τε καὶ Γοργίας, ἔλεγχέ τε καὶ ἐλέγχου. φῂς γὰρ δήπου καὶ σὺ ἐπίστασθαι ἅπερ Γοργίας· ἢ οὔ;
> ΠΩΛ. Ἔγωγε.
> ΣΩ. Οὐκοῦν καὶ σὺ κελεύεις σαυτὸν ἐρωτᾶν ἑκάστοτε ὅτι ἄν τις βούληται, ὡς ἐπιστάμενος ἀποκρίνεσθαι;
> ΠΩΛ. Πάνυ μὲν οὖν.
> ΣΩ. Καὶ νῦν δὴ τούτων ὁπότερον βούλει ποίει, ἐρώτα ἢ ἀποκρίνου.

ΠΩΛ. 'Ἀλλὰ ποιήσω ταῦτα. καί μοι ἀπόκριναι, ὦ Σώκρατες· ἐπειδὴ Γοργίας ἀπορεῖν σοι δοκεῖ περὶ τῆς ῥητορικῆς, σὺ αὐτὴν τίνα φὴς εἶναι;

Seguindo o paralelo sugerido pela comparação ("assim como eu e Górgias, refuta e sê refutado!", ὥσπερ ἐγώ τε καὶ Γοργίας, ἔλεγχέ τε καὶ ἐλέγχου, 462a4-5), assim como Górgias, será Polo também refutado por Sócrates, que desempenhará, por sua vez, a sua habitual função de refutador. Ele não percebe que a sua sorte no diálogo já é antecipada sutilmente nesse jogo de palavras feito por Sócrates, e essa inadvertência é própria de quem não participa do círculo socrático, de quem desconhece o procedimento dialógico conduzido por ele. Todavia, dada a debilidade do interlocutor, Sócrates lhe oferece a posssibilidade de escolher a própria função a ser desempenhada no registro da *brakhulogia*, a qual Sócrates praticamente impõe como condição de possibilidade do diálogo, como vemos no trecho acima. Essa é uma situação excepcional no âmbito dos "primeiros diálogos" de Platão: Sócrates oferece ao interlocutor a possibilidade de escolher a sua função no diálogo, a de inquirido ou a de inquiridor ("pergunta ou responde!", ἐρώτα ἢ ἀποκρίνου, 462b1-2), podendo, assim, encontrar-se numa situação em que as funções estariam invertidas.

A eficácia do *elenchos* socrático pressupõe o estabelecimento prévio da função de cada interlocutor, desempenhando Sócrates a do inquiridor, naturalmente. No 1º "Ato" do diálogo, essa é a primeira etapa da discussão com Górgias: como ele se vangloria de ser experiente quer na *makrologia* (discurso extenso) quer na *brakhulogia* (discurso breve) (449b-c), Sócrates aproveita da *alazoneia* do interlocutor para estabelecer o "diálogo" como a nova forma de discussão, substituindo a *epideixis* gorgiana que há pouco havia sido encerrada. Mas a Górgias, um interlocutor certamente mais experiente que Polo[21], Sócrates não oferece, em nenhuma circunstância, o ensejo para a inversão de suas respectivas funções, pois a possibilidade do diálogo se desviar e se tornar, enfim, uma nova *epideixis* (exibição), caso fosse Górgias

21. Platão, *Górgias*, 457c4-5.

a desempenhar a função de inquiridor, certamente seria um obstáculo não desejável por Sócrates em vista da consumação do *elenchos*. Com Polo, em contrapartida, Sócrates age de forma excepcional e permite a troca das funções dialógicas, mas essa mudança em sua estratégia argumentativa se deve justamente à debilidade patente da personagem: o "desastre" da participação de Polo como inquiridor é uma forma de Sócrates demonstrar a sua condição ridícula no domínio da *brakhulogia*, decorrente de sua formação exclusivamente retórica (448d; 471d).

A comicidade da cena nessa troca de funções torna-se patente na forma como Sócrates se dirige a Polo, fazendo ressaltar a sua obtusidade técnica devido à inexperiência com o *diálogo* (διαλέγεσθαι: 448d10; 471d5), a ponto de ele próprio formular as perguntas e mandar que Polo simplesmente as repita. Esse movimento de "instrumentalização" de Polo ocorre duas vezes no 2º "Ato":

i. SOC: Queres então, visto que honras o deleite, deleitar-me um pouco?
POL: Sim.
SOC: Pergunta-me agora que arte me parece ser a culinária!
POL: Pergunto sim: que arte ela é?
SOC: Nenhuma, Polo.
POL: Mas o quê, então? Fala!
SOC: Falo sim: certa experiência.
POL: Qual? Fala!
SOC: Falo sim: de produção de certo deleite e prazer, Polo.
POL: Portanto, a culinária e a retórica são a mesma coisa?
SOC: De forma nenhuma, mas partes da mesma atividade. (462d5-e4)

ΣΩ. Βούλει οὖν, ἐπειδὴ τιμᾷς τὸ χαρίζεσθαι, σμικρόν τί μοι χαρίσασθαι;
ΠΩΛ. Ἔγωγε.
ΣΩ. Ἐροῦ νῦν με, ὀψοποιία ἥτις μοι δοκεῖ τέχνη εἶναι.
ΠΩΛ. Ἐρωτῶ δή, τίς τέχνη ὀψοποιία; – ΣΩ. Οὐδεμία, ὦ Πῶλε. – ΠΩΛ. Ἀλλὰ τί; φάθι. – ΣΩ. Φημὶ δή, ἐμπειρία τις. – ΠΩΛ. Τίς; φάθι. – ΣΩ. Φημὶ δή, χάριτος καὶ ἡδονῆς ἀπεργασίας, ὦ Πῶλε.
ΠΩΛ. Ταὐτὸν ἄρ' ἐστὶν ὀψοποιία καὶ ῥητορική;
ΣΩ. Οὐδαμῶς γε, ἀλλὰ τῆς αὐτῆς μὲν ἐπιτηδεύσεως μόριον.

ii. sóc: [...] Mas eu não lhe respondo se considero a retórica bela ou vergonhosa antes de lhe responder primeiro o que ela é. Pois não é justo, Polo; mas se queres mesmo saber, pergunta-me que parte da adulação afirmo ser a retórica!
pol: Pergunto sim, e responde: que parte ela é!
sóc: Compreenderias porventura a minha resposta? A retórica é, conforme meu argumento, o simulacro de uma parte da política.
pol: E então? Afirmas que ela é bela ou vergonhosa?
sóc: Para mim, vergonhosa – pois chamo de vergonhosas as coisas más – visto que devo te responder como se já soubesses o que digo. (463c3-d5)

ΣΩ. [...] ἐγὼ δὲ αὐτῷ οὐκ ἀποκρινοῦμαι πρότερον εἴτε καλὸν εἴτε αἰσχρὸν ἡγοῦμαι εἶναι τὴν ῥητορικὴν πρὶν ἂν πρῶτον ἀποκρίνωμαι ὅτι ἐστίν. οὐ γὰρ δίκαιον, ὦ Πῶλε· ἀλλ' εἴπερ βούλει πυθέσθαι, ἐρώτα ὁποῖον μόριον τῆς κολακείας φημὶ εἶναι τὴν ῥητορικήν.
ΠΩΛ. Ἐρωτῶ δή, καὶ ἀπόκριναι ὁποῖον μόριον.
ΣΩ. Ἆρ' οὖν ἂν μάθοις ἀποκριναμένου; ἔστιν γὰρ ἡ ῥητορικὴ κατὰ τὸν ἐμὸν λόγον πολιτικῆς μορίου εἴδωλον.
ΠΩΛ. Τί οὖν; καλὸν ἢ αἰσχρὸν λέγεις αὐτὴν εἶναι;
ΣΩ. Αἰσχρὸν ἔγωγε–τὰ γὰρ κακὰ αἰσχρὰ καλῶ–ἐπειδὴ δεῖ σοι ἀποκρίνασθαι ὡς ἤδη εἰδότι ἃ ἐγὼ λέγω.

Em ambos os trechos, Sócrates ridiculariza o interlocutor tornando patente ao público presente na cena (e, por conseguinte, ao leitor) a sua debilidade técnica, o que contrasta com a onipotência relativa à *arte dos discursos* (*tekhnē logōn*) arrogada anteriormente pela personagem. Nesse processo, evidencia-se então o engano proveniente da *alazoneia* de Polo: de onipotente ele passa a ignorante e impostor, um contraste, portanto, entre o que ele "é" e o que "parece ser". A ridicularização de Polo é fruto, portanto, da ação de Sócrates. No trecho i., ele induz Polo ao erro, fazendo com que o interlocutor conclua que a culinária é "certa experiência de produção de deleite e prazer", a mesma conclusão que haviam chegado pouco antes com relação à retórica (462c): Polo faz uma inferência correta do ponto de vista formal (i.e, de que retórica e culinária são a mesma coisa), visto ambas possuírem a mesma definição, mas a conclusão é obviamente falsa, como demonstrará

Sócrates na sequência do argumento. No trecho ii., Sócrates atenta para a recorrência de Polo no mesmo tipo de equívoco dialógico já cometido anteriormente no Prólogo (448e): a tendência de atribuir juízo de valor a uma coisa antes mesmo de saber o que ela é, ou seja, o desconhecimento da prioridade da definição[22]. Dada a insistência de Polo em saber o que Sócrates pensa sobre a retórica, se ela é bela ou vergonhosa, Sócrates antecipa então seu juízo, sem deixar de se referir ironicamente a mais um passo equivocado de Polo na dinâmica dialógica ("visto que devo te responder como se já soubesses o que digo", ἐπειδὴ δεῖ σοι ἀποκρίνασθαι ὡς ἤδη εἰδότι ἃ ἐγὼ λέγω, 463d4-5). Todavia, para ressaltar a debilidade de Polo, o próprio Sócrates acaba por cometer os mesmos equívocos que havia censurado quando cometidos pelo interlocutor.

Essa debilidade técnica de Polo é usada por Sócrates para justificar o motivo pelo qual ele próprio acaba por infringir essas "regras" da discussão que ele mesmo havia estabelecido para o domínio da *brakhulogia*. Como vimos acima, embora na condição de inquirido, Sócrates intervém na participação de Polo e passa a lhe formular as perguntas, acumulando, dessa forma, também a função de inquiridor. Na sequência da discussão, usa da *makrologia* para expor a sua concepção de retórica como *kolakeia* (464b-466a), quando havia estabelecido a *brakhulogia* como condição de possibilidade do diálogo:

SOC: [...] Talvez eu tenha incorrido em um absurdo, porque, não permitindo que tu fizesses longos discursos, eu mesmo acabei me prolongando em um discurso extenso. Contudo, mereço teu perdão, pois quando

---

22. Platão, *Mênon*, 71b1-8:
    SOC: Eu próprio, Mênon, estou nessa condição: eu careço daquilo de que carecem meus concidadãos, e censuro a mim mesmo por não saber absolutamente nada sobre a virtude; aquilo que não sei o que é, como poderia saber que qualidade tem? Ou te parece possível que alguém, desconhecendo absolutamente quem é Mênon, saiba que ele é belo, rico ou nobre, ou o contrário disso? Achas que é possível?
    'Ἐγὼ οὖν καὶ αὐτός, ὦ Μένων, οὕτως ἔχω· συμπένομαι τοῖς πολίταις τούτου τοῦ πράγματος, καὶ ἐμαυτὸν καταμέμφομαι ὡς οὐκ εἰδὼς περὶ ἀρετῆς τὸ παράπαν· ὃ δὲ μὴ οἶδα τί ἐστιν, πῶς ἂν ὁποῖόν γέ τι εἰδείην; ἢ δοκεῖ σοι οἷόν τε εἶναι, ὅστις Μένωνα μὴ γιγνώσκει τὸ παράπαν ὅστις ἐστίν, τοῦτον εἰδέναι εἴτε καλὸς εἴτε πλούσιος εἴτε καὶ γενναῖός ἐστιν, εἴτε καὶ τἀναντία τούτων; δοκεῖ σοι οἷόν τ' εἶναι.

eu falava brevemente, tu não me entendias e nem eras minimamente capaz de fazer uso das respostas que te endereçava, carecendo de explicação. Assim, se eu, por minha vez, não souber como usar as respostas que me deres, prolonga também tu o discurso; caso contrário, deixa que eu as use, pois é justo. E agora, se souberes como usar essa resposta, usa-a!

POL: Mas o que dizes então? A retórica te parece ser adulação?

SOC: Eu disse, deveras, que ela é parte da adulação. Mas com essa idade não te recordas, Polo? O que farás agora?

POL: Acaso te parece que os bons rétores, enquanto aduladores, são considerados homens desprezíveis nas cidades?

SOC: Isso é uma pergunta, ou o princípio de um discurso?

POL: Uma pergunta.

SOC: A mim, não parecem ser nem mesmo considerados. (465e1--466b3)

ΣΩ. [...] ἴσως μὲν οὖν ἄτοπον πεποίηκα, ὅτι σε οὐκ ἐῶν μακροὺς λόγους λέγειν αὐτὸς συχνὸν λόγον ἀποτέτακα. ἄξιον μὲν οὖν ἐμοὶ συγγνώμην ἔχειν ἐστίν· λέγοντος γάρ μου βραχέα οὐκ ἐμάνθανες, οὐδὲ χρῆσθαι τῇ ἀποκρίσει ἥν σοι ἀπεκρινάμην οὐδὲν οἷός τ' ἦσθα, ἀλλ' ἐδέου διηγήσεως. ἐὰν μὲν οὖν καὶ ἐγὼ σοῦ ἀποκρινομένου μὴ ἔχω ὅτι χρήσωμαι, ἀπότεινε καὶ σὺ λόγον, ἐὰν δὲ ἔχω, ἔα με χρῆσθαι· δίκαιον γάρ. καὶ νῦν ταύτῃ τῇ ἀποκρίσει εἴ τι ἔχεις χρῆσθαι, χρῶ.

ΠΩΛ. Τί οὖν φῄς; κολακεία δοκεῖ σοι εἶναι ἡ ῥητορική;

ΣΩ. Κολακείας μὲν οὖν ἔγωγε εἶπον μόριον. ἀλλ' οὐ μνημονεύεις τηλικοῦτος ὤν, ὦ Πῶλε; τί τάχα δράσεις;

ΠΩΛ. Ἆρ' οὖν δοκοῦσί σοι ὡς κόλακες ἐν ταῖς πόλεσι φαῦλοι νομίζεσθαι οἱ ἀγαθοὶ ῥήτορες;

ΣΩ. Ἐρώτημα τοῦτ' ἐρωτᾷς ἢ λόγου τινὸς ἀρχὴν λέγεις;

ΠΩΛ. Ἐρωτῶ ἔγωγε.

ΣΩ. Οὐδὲ νομίζεσθαι ἔμοιγε δοκοῦσιν.

Ao corrigir Polo e atentar sarcasticamente para a sua pouca memória, Sócrates evidencia, ao mesmo tempo, que Polo não é apenas inexperto no registro da *brakhulogia*, porém também no da *makrologia*, que, a princípio, seria de sua competência técnica[23]. Contudo, essa evidência é mais uma vez causada

---

23. Essa associação entre boa memória e o registro da *makrologia* aparece ironicamente no *Protágoras*, quando Sócrates justifica à personagem homônima porque a *brakhulogia* deve ser a condição de possibilidade da discussão (334c7-d5).

propositalmente por Sócrates: ele poderia ter sido complacente com Polo quando ele pergunta se a retórica é adulação, e não "parte" dela, pois não se trataria propriamente de um "erro", mas de falta de precisão; Polo estaria recorrendo, assim, à definição *genérica* de retórica, e não à *específica*. Isso mostra, portanto, que a estratégia argumentativa de Sócrates no 2º "Ato" não se restringe apenas à defesa de suas teses morais e à refutação das do adversário, mas compreende também a ridicularização do interlocutor, como havia apontado a ocorrência do verbo διακωμῳδεῖν (comediar) no início do 2º "Ato" (462e7). Essa adequação do comportamento de Sócrates ao caráter do interlocutor, todavia, terá consequências importantes na construção do *ēthos* do filósofo no *Górgias*, como veremos abaixo na Seção 6.

VI

A obtusidade de Polo se torna mais evidente na medida em que Sócrates conduz a discussão para tópicos familiares a seu pensamento moral, absolutamente estranhos, em contrapartida, ao interlocutor. Como Polo desconhece o procedimento dialógico tal como Sócrates o concebe, ele é incapaz de compreender porque sua pergunta é, para Sócrates, ambígua ("Não assassinam, como os tiranos, quem eles *quiserem*, e não roubam dinheiro e expulsam da cidade quem *for de seu parecer*?", οὐχ, ὥσπερ οἱ τύραννοι, ἀποκτεινύασίν τε ὃν ἂν βούλωνται, καὶ ἀφαιροῦνται χρήματα καὶ ἐκβάλλουσιν ἐκ τῶν πόλεων ὃν ἂν δοκῇ αὐτοῖς; 466b11-c2). A afirmação de Sócrates se fundamenta em uma determinada teoria sobre a motivação humana baseada na distinção entre "fazer o que quer" (ποιεῖν ὧν βούλονται, 466e1) e "fazer o que parece melhor" (ποιεῖν ὅτι ἂν αὐτοῖς δόξῃ βέλτιστον εἶναι, 466e1-2). Tendo em vista a sua inexperiência nas discussões filosóficas, e, portanto, a sua ignorância em questões de psicologia moral discutidas no âmbito socrático, ele não compreende as consequências dessa distinção proposta por Sócrates, confundindo os conceitos:

> sóc: Pois bem, eu te digo que elas são duas perguntas, e responder-te-ei a ambas. Eu afirmo, Polo, que tanto os rétores quanto os tiranos possuem o mais ínfimo poder nas cidades, como antes referia; e que não fazem o que querem, por assim dizer, mas fazem o que lhes parece ser melhor.
> pol: E então, não é grandioso esse poder?
> sóc: Não é, como afirma Polo.
> pol: Eu afirmo que não é? Eu afirmo que é sim.
> sóc: Não, pelo... tu não afirmas, porque dizias que ter um grandioso poder é um bem para quem o possui.
> pol: E confirmo. (466d5-e8)

> ΣΩ. Λέγω τοίνυν σοι ὅτι δύο ταῦτ' ἐστιν τὰ ἐρωτήματα, καὶ ἀποκρινοῦμαί γέ σοι πρὸς ἀμφότερα. φημὶ γάρ, ὦ Πῶλε, ἐγὼ καὶ τοὺς ῥήτορας καὶ τοὺς τυράννους δύνασθαι μὲν ἐν ταῖς πόλεσιν σμικρότατον, ὥσπερ νυνδὴ ἔλεγον· οὐδὲν γὰρ ποιεῖν ὧν βούλονται ὡς ἔπος εἰπεῖν, ποιεῖν μέντοι ὅτι ἂν αὐτοῖς δόξῃ βέλτιστον εἶναι.
> ΠΩΛ. Οὐκοῦν τοῦτο ἔστιν τὸ μέγα δύνασθαι;
> ΣΩ. Οὔχ, ὥς γέ φησιν Πῶλος.
> ΠΩΛ. Ἐγὼ οὔ φημι; φημὶ μὲν οὖν ἔγωγε.
> ΣΩ. Μὰ τὸν–οὐ σύ γε, ἐπεὶ τὸ μέγα δύνασθαι ἔφης ἀγαθὸν εἶναι τῷ δυναμένῳ.
> ΠΩΛ. Φημὶ γὰρ οὖν.

A incompreensão de Polo com relação aos preceitos do argumento socrático se expressa em seu juízo de valor: onde Sócrates percebe a causa da impotência do rétor e do tirano, Polo entende como fonte de grande poder, pois a distinção entre "fazer o que quer" e "fazer o que parece", uma distinção conceitual na psicologia moral defendida pelo filósofo, não lhe faz qualquer sentido. Esse mesmo tipo de incompreensão já havia ocorrido antes na discussão entre Sócrates e Górgias: naquela oportunidade, onde o primeiro percebia o motivo de a retórica ser uma *pseudo-arte* enganadora (como ele demonstrará posteriormente a Polo), o segundo entendia como a sua grande vantagem e como fonte de sua superioridade sobre as demais *tekhnai*[24]. No entanto, a confusão de Polo não se deve simplesmente à sua obtusidade caricatural, mas também à forma como Sócrates age com o interlocutor na discussão, criando propositalmente os meios para ressaltá-la. A tese defendida por Sócrates, a partir de sua própria formulação (466d6-e2), pressupõe uma série de demonstrações, as quais exigem, por sua vez, segundo as próprias "regras" do "diálogo" estabelecidas por ele, o assentimento do interlocutor para serem legitimadas as suas conclusões. Embora Sócrates faça as demonstrações na sequência da discussão (467c5-468e5), nesse momento precedente, a sua tese não está absolutamente justificada, o que de certa forma explica a incompreensão de Polo. Nesse sentido, Sócrates cria os meios para salientar a obtusidade do interlocutor, e, nesse movimento, os elementos cômicos da cena se tornam flagrantes: Sócrates coloca palavras na boca de Polo, afirma que ele diz o que não diz, irrita a personagem e faz com que ela, enfim, depois de uma série de passos equivocados, restitua a Sócrates a função de inquiridor:

SOC: Eu afirmo que eles não fazem o que querem; vai, refuta-me!
POL: Há pouco não admitias que eles fazem aquilo que lhes parece ser melhor?
SOC: E continuo admitindo.
POL: Não fazem, então, o que querem?
SOC: Isso eu não digo...
POL: Fazendo o que lhes parece?
SOC: Isso eu digo.
POL: Tuas palavras são perniciosas e sobrenaturais, Sócrates.
SOC: Não me difames, excelente Polo! – para falar-te à tua maneira consueta. Mas se tiveres perguntas a me fazer, mostra que estou mentindo, se não, responde tu!
POL: Mas prefiro responder para compreender o que dizes. (467b2-c4)

ΣΩ. Οὔ φημι ποιεῖν αὐτοὺς ἃ βούλονται· ἀλλά μ' ἔλεγχε.
ΠΩΛ. Οὐκ ἄρτι ὡμολόγεις ποιεῖν ἃ δοκεῖ αὐτοῖς βέλτιστα εἶναι, [τούτου πρόσθεν];
ΣΩ. Καὶ γὰρ νῦν ὁμολογῶ.

24. Platão, *Górgias*, 459b6-c4.

ΠΩΛ. Οὐκ οὖν ποιοῦσιν ἃ βούλονται;
ΣΩ. Οὔ φημι.
ΠΩΛ. Ποιοῦντες ἃ δοκεῖ αὐτοῖς;
ΣΩ. Φημί.
ΠΩΛ. Σχέτλιά γε λέγεις καὶ ὑπερφυῆ, ὦ Σώκρατες.
ΣΩ. Μὴ κακηγόρει, ὦ λῷστε Πῶλε, ἵνα προσείπω σε κατὰ σέ· ἀλλ' εἰ μὲν ἔχεις ἐμὲ ἐρωτᾶν, ἐπίδειξον ὅτι ψεύδομαι, εἰ δὲ μή, αὐτὸς ἀποκρίνου.
ΠΩΛ. Ἀλλ' ἐθέλω ἀποκρίνεσθαι, ἵνα καὶ εἰδῶ ὅτι λέγεις.

Como foi referido anteriormente, a "paródia" é outro elemento comum entre a Comédia Antiga e os diálogos platônicos: como salienta K. Dover, ela tem como função precípua criticar e ridicularizar aquilo que é parodiado[25]. A paródia da linguagem do tribunal, como vemos no trecho acima ("Não me difames, excelente Polo! – para falar-te à tua maneira consueta", μὴ κακηγόρει, ὦ λῷστε Πῶλε, ἵνα προσείπω σε κατὰ σέ, 467b11-c1), reaparece em grande relevo no discurso em que Sócrates distingue as duas formas de "refutação/prova" (*elenchos*), a retórica e a filosófica (471e1-472d4). A maestria da personagem é justamente adequar um vocabulário de conotação técnica, empregado no âmbito dos tribunais, ao contexto dialógico que lhe é a princípio estranho, em vista de uma distinção que exigiria a linguagem conceitual própria do pensamento filosófico. A título de ilustração, o vocabulário técnico parodiado por Sócrates nesse discurso seria este: μάρτυς e relativos (testemunha: 471e5; 472a4; a5; b7; c1); παρέχομαι (apresentar: 471e5; e6; 472a4; b5; b7); καταψευδομαρτυρέω e relativos (prestar falso testemunho: 472a1; 472b5); ἐκβάλλω (banir, expulsar: 472b5). Este pequeno excerto do discurso é suficiente para ilustrar como a personagem Sócrates usa da paródia não apenas para criticar os procedimentos retóricos comuns nos tribunais atenienses, mas para apresentar, ao mesmo tempo, uma distinção crucial para o pensamento filosófico de Platão, entre o *elenchos* socrático e o *elenchos* retórico:

25. J. Dover, *Aristophanic Comedy*, p. 73. Ver também A. Nightingale, op. cit., p. 7.

SOC: [...] Todavia, eu, sendo um só, contigo não concordo, pois não me constranges a isso, embora te empenhes, apresentando contra mim falsas testemunhas em profusão, para expulsar-me do meu patrimônio e da verdade. Mas se eu não te apresentar, sendo tu apenas um, como testemunha concorde ao que digo, não terei chegado, julgo eu, a nenhuma conclusão digna de menção sobre o que versa a nossa discussão; e creio que tampouco tu, se eu, sendo apenas um, não testemunhar em teu favor e tu dispensares todos as demais. Aquele é um modo de refutação, como presumes tu e muitos outros homens; mas há também outro modo, como presumo eu, por minha vez. (472b3-c4)

ΣΩ. [...] ἀλλ' ἐγώ σοι εἷς ὢν οὐχ ὁμολογῶ· οὐ γάρ με σὺ ἀναγκάζεις, ἀλλὰ ψευδομάρτυρας πολλοὺς κατ' ἐμοῦ παρασχόμενος ἐπιχειρεῖς ἐκβάλλειν με ἐκ τῆς οὐσίας καὶ τοῦ ἀληθοῦς. ἐγὼ δὲ ἂν μὴ σὲ αὐτὸν ἕνα ὄντα μάρτυρα παράσχωμαι ὁμολογοῦντα περὶ ὧν λέγω, οὐδὲν οἶμαι ἄξιον λόγου μοι πεπεράνθαι περὶ ὧν ἂν ἡμῖν ὁ λόγος ᾖ· οἶμαι δὲ οὐδὲ σοί, ἐὰν μὴ ἐγώ σοι μαρτυρῶ εἷς ὢν μόνος, τοὺς δ' ἄλλους πάντας τούτους χαίρειν ἐᾷς. ἔστιν μὲν οὖν οὗτός τις τρόπος ἐλέγχου, ὥς σύ τε οἴει καὶ ἄλλοι πολλοί· ἔστιν δὲ καὶ ἄλλος, ὃν ἐγὼ αὖ οἶμαι.

Mas a paródia não é usada exclusivamente pela personagem Sócrates no *Górgias*. Polo também parodia o recurso argumentativo a que Sócrates havia recorrido antes, quando dizia, antes das demonstrações que requeririam o assentimento do interlocutor, que não só ele mas também Polo afirma que os rétores, bem como os tiranos, não possuem "grandioso poder" nas cidades (466e3). Polo tenta empregar o mesmo recurso contra Sócrates, mas ele não é bem-sucedido, como não poderia ser diferente, tendo em vista a debilidade técnica e moral da personagem:

SOC: E no começo da discussão, Polo, eu te elogiei porque me pareces ter sido bem educado na retórica, porém ter descurado do diálogo. E é esse então o discurso com o qual até mesmo uma criança me refutaria? Porventura presumes que eu acabei de ser refutado por ti com esse discurso, tendo eu afirmado que quem comete injustiça é infeliz? Mas como, bom homem? Aliás, não concordo com nada do que dizes.

POL: Porque não desejas concordar, visto que a tua opinião se conforma com o que digo. (471d3-e1)

ΣΩ. Καὶ κατ' ἀρχὰς τῶν λόγων, ὦ Πῶλε, ἔγωγέ σε ἐπῄνεσα ὅτι μοι δοκεῖς εὖ πρὸς τὴν ῥητορικὴν πεπαιδεῦσθαι, τοῦ δὲ διαλέγεσθαι ἠμεληκέναι· καὶ νῦν ἄλλο τι οὗτός ἐστιν ὁ λόγος, ᾧ με καὶ ἂν παῖς ἐξελέγξειε, καὶ ἐγὼ ὑπὸ σοῦ νῦν, ὡς σὺ οἴει, ἐξελήλεγμαι τούτῳ τῷ λόγῳ, φάσκων τὸν ἀδικοῦντα οὐκ εὐδαίμονα εἶναι; πόθεν, ὠγαθέ; καὶ μὴν οὐδέν γέ σοι τούτων ὁμολογῶ ὧν σὺ φῄς.
ΠΩΛ. Οὐ γὰρ ἐθέλεις, ἐπεὶ δοκεῖ γέ σοι ὡς ἐγὼ λέγω.

Esse tipo de estratégia argumentativa de Sócrates parodiada por Polo, de colocar na boca do interlocutor palavras contrárias ao que ele próprio diz, é justificada no diálogo pela sua convicção de que Polo não reconhece a verdade das teses morais socráticas porque não lhe foi demonstrado de modo conveniente que, a partir de suas próprias opiniões conflitantes, se deduz o contrário daquilo que ele reputava verdadeiro. Sócrates tentará lhe mostrar que, a partir da premissa de que cometer injustiça é mais vergonhoso do que sofrê-la, Polo terá de admitir *necessariamente* que, além de mais vergonhoso, é também pior, o que Polo rejeitava *a priori*. Nesse sentido, do ponto de vista da psicologia moral socrática, bastaria uma "correção" nessa gama de opiniões sustentadas de forma incoerente pelo interlocutor para este, então, passar a reconhecer, primeiro, a sua contradição interna e, depois, a verdade das teses morais socráticas: essa seria, portanto, a função positiva do *elenchos*. Na perspectiva de Sócrates, então, a convicção na verdade de suas teses morais justificaria esse tipo de recurso argumentativo, sem a qual seu procedimento para com Polo não se distinguiria do procedimento tipicamente "erístico", ilustrado sobretudo no diálogo *Eutidemo*.

VII

Todavia, esse aspecto "sério" do *elenchos* socrático, que teria como fim beneficiar o refutado demonstrando-lhe a sua ignorância e incutindo-lhe o desejo pelo verdadeiro conhecimento, contrasta com as nuances jocosas do tipo de estratégia argumentativa empregada por Sócrates na discussão com Polo: se a audiência presente na cena, ou mesmo o leitor, suspeita dos argumentos usados por Sócrates para justificar positivamente o *elenchos*, a tentativa de ridicularizar o interlocutor parece confirmar precisamente que o intuito de Sócrates, na verdade, é simplesmente refutá-lo, a despeito da verdade pretendida pelas suas demonstrações. Platão representa essa "ambiguidade" do comportamento de Sócrates aos olhos do público quando faz Cálicles chamar o filósofo de "amante da vitória" (φιλόνικος, 515b5), termo comumente usado para se referir ao procedimento erístico[26]. Nessa interface com a comédia, portanto, deparamo-nos com a complexidade da representação do *ēthos* de Sócrates no *Górgias*: de um lado, a seriedade do filósofo na busca pela verdade e pela reforma moral e política daquela sociedade, e, de outro, a jocosidade que acompanha as suas ações quando diante de um interlocutor "débil e desprezível" (*phaulos*) como é representado Polo. Como foi dito anteriormente, tendo em vista o aspecto *ad hominem* do *elenchos*, Sócrates adéqua sua estratégia argumentativa ao tipo de interlocutor com o qual dialoga, mas isso implica, em contrapartida, uma série de consequências na construção do *ēthos* do filósofo no *Górgias*.

O elemento cômico envolvido no embate entre Sócrates e Polo, por outro lado, chama em causa outro diálogo, o *Eutidemo*. Platão nos oferece uma caracterização cômica dos erísticos, representados pelas personagens Eutidemo e Dionisodoro: a ridicularização do procedimento dialógico realizado por eles é uma forma de Platão depreciar, na própria construção do drama, a pretensão dessa classe de sofistas a um certo saber, reduzindo a sua habilidade discursiva a um mero jogo infantil cujas peças são as palavras, e os movimentos, os silogismos. Como foi dito acima, a personagem Sócrates, exercendo a função de narrador do diálogo, enfatiza reiteradamente a reação

---

26. No *Górgias*, cf. 457d4; 457e5; 505e4; 515b5; 515b6.

da audiência quando Clínias é submetido ao *elenchos*: o "riso" caracteriza precisamente a situação ridícula do refutado aos olhos daquele determinado público, composto de admiradores dos dois sofistas (276b6-7; 276d1-3). No *Górgias*, entretanto, vemos a própria personagem Sócrates adotando uma conduta similar ao buscar salientar a todo instante a obtusidade de Polo, tornando o interlocutor um "instrumento" de legitimação de suas inferências e um objeto de satirização. Em linhas gerais, do ponto de vista das funções exercidas pelas personagens, Sócrates estaria para Eutidemo e Dionisodoro assim como Polo estaria para Clínias. Isso se conforma ao juízo de Cálicles sobre os filósofos, e, em particular, sobre Sócrates, em sua *invectiva* (484c-486d): o filósofo é percebido por ele como alguém que está constantemente "brincando, zombando, jogando" (παίζοντας: 485b2; παίζοντα: 485c1):

> CAL: [...] Todavia, quando o homem já está velho mas ainda continua a filosofar, aí é extremamente ridículo, Sócrates, e a experiência que tenho com os filósofos é precisamente a mesma que tenho com os balbuciantes e zombeteiros. (485a6-b2)

> ΣΩ. [...] ἐπειδὰν δὲ ἤδη πρεσβύτερος ὢν ἄνθρωπος ἔτι φιλοσοφῇ, καταγέλαστον, ὦ Σώκρατες, τὸ χρῆμα γίγνεται, καὶ ἔγωγε ὁμοιότατον πάσχω πρὸς τοὺς φιλοσοφοῦντας ὥσπερ πρὸς τοὺς ψελλιζομένους καὶ παίζοντας.

Esse aspecto "infantil" do jogo dialógico erístico, referido por Platão no *Eutidemo* pelas diversas ocorrências de derivados da raiz *paiz-* [παίζ-] (277e2; 278b3; 278b6; 283b6; 286b9; 285a3), também é visto por Cálicles, em contrapartida, como uma característica da prática filosófica empreendida por Sócrates. Nesse sentido, o contorno cômico de ambos os diálogos acaba coincidindo nesse elemento erístico que afeta o comportamento das personagens, e Sócrates, no *Górgias*, não obstante a sua "seriedade" arrogada enquanto filósofo, não deixa de participar dele quando opta pela estratégia argumentativa de ridicularizar o interlocutor. A comicidade da cena nasce da interação entre os dois interlocutores, e não exclusivamente da debilidade intrínseca da personagem Polo revelada pelo *elenchos*. A dúvida de Cálicles com relação à motivação de Sócrates, expressa na abertura do 3º "Ato", ilustraria, assim, esse aspecto ambíguo do *ēthos* de Sócrates ("Dize-me, Querefonte, Sócrates fala sério ou está de brincadeira?", εἰπέ μοι, ὦ Χαιρεφῶν, σπουδάζει ταῦτα Σωκράτης ἢ παίζει; 481b6-7).

Todavia, como no *Górgias* não há um narrador, não há a descrição da reação do público durante a refutação de Polo: Platão não nos indica se ele, assim como Clínias no *Eutidemo*, também é motivo de riso para aquela determinada audiência. Pelo contrário, Platão enfatiza no *Górgias*, por meio das outras personagens, como é Sócrates quem parece, pelo menos a determinado tipo de interlocutor (e, por conseguinte, a determinado tipo de público), uma figura "ridícula". Isso é dito expressamente por Cálicles em sua *invectiva* contra o filósofo (484c4-486d1):

> SOC: [...] Quando então [os filósofos] se deparam com alguma ação privada ou política, são cobertos pelo ridículo, como julgo que sucede aos políticos: quando se envolvem com vosso passatempo e vossas discussões, são absolutamente risíveis. (484d7-e3)

> ΣΩ. [...] ἐπειδὰν οὖν ἔλθωσιν εἴς τινα ἰδίαν ἢ πολιτικὴν πρᾶξιν, καταγέλαστοι γίγνονται, ὥσπερ γε οἶμαι οἱ πολιτικοί, ἐπειδὰν αὖ εἰς τὰς ὑμετέρας διατριβὰς ἔλθωσιν καὶ τοὺς λόγους, καταγέλαστοί εἰσιν.

A inabilidade do filósofo para a política, ou melhor, para a política democrática (discutirei a seguir a imagem de Sócrates como o "verdadeiro homem político", 521d5-7), é, na perspectiva do homem democrático, um aspecto risível da figura do filósofo. Tal condição ridícula é reafirmada, nesse mesmo discurso, repetidas vezes por Cálicles (484e1; 484e3; 485a4; 485c1). Polo, por sua vez, ri de Sócrates quando ele, durante o exame da tese de que cometer injustiça é pior que sofrê-la (enunciada em 469c), afirma que "mais infeliz será aquele que escapou à punição e exerceu a tirania" (ἀθλιώτερος μέντοι ὁ διαφεύγων καὶ τυραννεύσας, 473e1). Cálicles, ao se referir ao episódio da refutação de Górgias, não deixa de mencionar o riso de Polo quando Sócrates levou o rétor a se contradizer (482d), como uma forma de reação contra os meios utilizados pelo filósofo para consumar o *elenchos*. A opinião de Cálicles sobre o filósofo, por seu turno, encontra respaldo no que o próprio Sócrates diz a Polo sobre a sua incompetência como político, chamando em causa aquele episódio, mencionado na *Apologia*[27], em que teve de exercer a função de prítane:

> sóc: Polo, não sou um político. Tendo sido sorteado ano passado para o Conselho, quando meu grupo exercia a pritania e devia eu dar a pauta da votação, tornei-me motivo de riso por ignorar como fazê-lo. Assim, tampouco agora ordenes que eu dê a pauta da votação aos aqui presentes, mas se não tens uma refutação melhor do que essa, passa-me a vez, como há pouco eu dizia, e tenta me refutar como julgo que deva ser! (473e6-474a5)

> ΣΩ. ῏Ω Πῶλε, οὐκ εἰμὶ τῶν πολιτικῶν, καὶ πέρυσι βουλεύειν λαχών, ἐπειδὴ ἡ φυλὴ ἐπρυτάνευε καὶ ἔδει με ἐπιψηφίζειν, γέλωτα παρεῖχον καὶ οὐκ ἠπιστάμην ἐπιψηφίζειν. μὴ οὖν μηδὲ νῦν με κέλευε ἐπιψηφίζειν τοὺς παρόντας, ἀλλ' εἰ μὴ ἔχεις τούτων βελτίω ἔλεγχον, ὅπερ νυνδὴ ἐγὼ ἔλεγον, ἐμοὶ ἐν τῷ μέρει παράδος, καὶ πείρασαι τοῦ ἐλέγχου οἷον ἐγὼ οἶμαι δεῖν εἶναι.

Temos no *Górgias*, portanto, duas perspectivas diferentes sobre o "ridículo" (τὸ γελοῖον). Na perspectiva de Cálicles e Polo, e, genericamente, do "homem democrático" ou do senso comum daquela sociedade ateniense, Sócrates é ridículo na medida em que está alheio ao processo político da democracia: quando requerida a sua presença no Conselho, por constrição das regras que atribui a cada pritania um décimo do ano para a coordenação da Assembleia, Sócrates teve um comportamento ridículo aos olhos daquela audiência devido à sua incompetência e inexperiência em questões políticas, assim como Polo parece

---

27. Platão, *Apologia*, 32a-b.

ridículo quando submetido ao domínio da *brakhulogia*, ao domínio discursivo da filosofia. Esse fato particular ilustraria, assim, a inutilidade do filósofo para o processo político da pólis. Mas na perspectiva de Sócrates, e, genericamente, do "filósofo", a condição ridícula é a de Polo, que, por não ter formação filosófica e ser inexperiente no "diálogo" (διαλέγεσθαι), ignora a sua própria ignorância e presume conhecer aquilo que não conhece: quando submetido ao *elenchos* socrático, a sua debilidade e, por conseguinte, o caráter enganador de sua *alazoneia*, tornam-se patentes à audiência da cena e ao leitor.

VIII

Como vemos, Platão é cuidadoso ao precisar em que condições a figura de Sócrates parece ridícula: ele é ridículo segundo as expectativas daquela sociedade democrática ateniense com relação ao dever político de cada cidadão, representada aqui pela visão de Polo e Cálicles. Platão associa à democracia como um todo o tipo de moralidade (ou de imoralidade) defendida por Polo, expressa genericamente no *Górgias* pela máxima de que "cometer injustiça é melhor do que sofrê-la": como admite Sócrates a Polo, "no presente momento, concordarão plenamente contigo quase todos os atenienses e estrangeiros, se quiseres apresentar contra mim testemunhas de que não falo a verdade" (καὶ νῦν περὶ ὧν σὺ λέγεις ὀλίγου σοι πάντες συμφήσουσιν ταὐτὰ Ἀθηναῖοι καὶ οἱ ξένοι, ἐὰν βούλῃ κατ' ἐμοῦ μάρτυρας παρασχέσθαι ὡς οὐκ ἀληθῆ λέγω, 472a2-5). Cálicles, por sua vez, voltando-se a Sócrates na abertura do 3º "Ato", diz que, se as conclusões paradoxais a que chegou com Polo fossem válidas, então "a vida de nós homens não estaria de ponta-cabeça e não estaríamos fazendo, como parece, tudo ao contrário do que deveríamos fazer?" (ἄλλο τι ἢ ἡμῶν ὁ βίος ἀνατετραμμένος ἂν εἴη τῶν ἀνθρώπων καὶ πάντα τὰ ἐναντία πράττομεν, ὡς ἔοικεν, ἢ ἃ δεῖ; 481c2-4). Polo e Cálicles, nesse sentido, a despeito das diferenças da representação de seus respectivos caracteres, seriam os "porta-vozes" do senso comum daquela sociedade democrática[28], a qual acabou por condenar Sócrates à morte: o vaticínio de Cálicles, como veremos adiante, é uma referência direta a esse episódio. A *invectiva* de Cálicles contra o filósofo expressaria, assim, o "ódio" (ἀπηχθόμεν, 21d1; e2) nutrido contra Sócrates referido na *Apologia*, causa precípua de sua condenação.

Sócrates, portanto, aos olhos do "homem democrático", aparece como um *atopos* (473a1; 481e1; 494d1), como uma figura absolutamente idiossincrática, seja do ponto de vista físico (dada a sua proverbial feiura[29]), seja do ponto de vista moral e político. Isso, consequentemente, faz de Sócrates uma figura potencialmente cômica, e explica a razão de seu sucesso como personagem da

---

28. A passagem seguinte do *Górgias* parece confirmar esse ponto do meu argumento:
    CAL: Não sei como a todo momento consegues arrastar os argumentos de um lado para outro, Sócrates; ou não sabes que o imitador do tirano matará quem não o imite e furtará suas propriedades, se ele quiser?
    SOC: Eu sei, bom Cálicles, a menos que eu seja surdo; pois já ouvi isso repetidamente tanto de ti quanto de Polo momentos atrás, e de quase todos os demais habitantes dessa cidade. Mas ouve também tu o que digo: se quiser, ele, um homem vicioso, matará um homem belo e bom. (511a4-b5)
    ΚΑΛ. Οὐκ οἶδ' ὅπῃ στρέφεις ἑκάστοτε τοὺς λόγους ἄνω καὶ κάτω, ὦ Σώκρατες· ἢ οὐκ οἶσθα ὅτι οὗτος ὁ μιμούμενος τὸν μὴ μιμούμενον ἐκεῖνον ἀποκτενεῖ, ἐὰν βούληται, καὶ ἀφαιρήσεται τὰ ὄντα.
    ΣΩ. Οἶδα, ὦγαθὲ Καλλίκλεις, εἰ μὴ κωφός γ' εἰμί, καὶ σοῦ ἀκούων καὶ Πώλου ἄρτι πολλάκις καὶ τῶν ἄλλων ὀλίγου πάντων τῶν ἐν τῇ πόλει· ἀλλὰ καὶ σὺ ἐμοῦ ἄκουε, ὅτι ἀποκτενεῖ μέν, ἂν βούληται, ἀλλὰ πονηρὸς ὢν καλὸν κἀγαθὸν ὄντα.

29. Cícero, *Tusculanas*, 4.80:
    Mas aqueles que são considerados por natureza iracundos, misericordiosos, invejosos ou coisas do gênero, são praticamente constituídos por um mau hábito da alma, mas são curáveis, como se diz de Sócrates: quando, durante uma reunião, Zópiro, que declarava capaz de perceber a natureza em si de quem quer que fosse a partir de sua fisionomia, observou nele uma gama de vícios, tornou-se motivo de riso para aqueles que não reconheciam em Sócrates tais vícios. Todavia, o próprio Sócrates saiu em sua defesa, dizendo que eles lhe eram congênitos, mas que haviam sido vencidos pela própria razão.
    Qui autem natura dicuntur iracundi aut misericordes aut inuidi aut tale quid, ei sunt constituti quasi mala ualetudine animi, sanabiles tamen, ut Socrates dicitur: cum multa in conuentu uitia conlegisset in eum Zopyrus qui se naturam cuisque ex forma perspicere profitebatur, derisus est a ceteris qui illa in Socrate uitia non agnoscerent, ab ipso autem Socrate subleuatus, cum illa sibi insita, sed ratione a se deiecta diceret.

chamada Comédia Antiga, sobretudo como vemos em *As Nuvens* de Aristófanes. A discussão sobre a percepção da idiossincrasia pelo senso comum como *ridículo* (γελοῖον), e, por conseguinte, como objeto da satirização cômica (κωμῳδεῖν, 452d1), aparece no Livro v da *República*, quando Sócrates delineia o papel das mulheres na cidade ideal. Quando este propõe uma isonomia entre homens e mulheres, de modo a ambos os gêneros passarem a desempenhar funções que, pelos costumes, eram estritamente masculinas (como a função de guerreiro, por exemplo)[30], ele faz a seguinte reflexão sobre o caso:

"Se, portanto, empregarmos homens e mulheres nas mesmas funções, as mesmas coisas também deverão ser ensinadas a elas".
"Sim".
"A música e a ginástica são concedidas a eles".
"Sim".
"Também a elas, portanto, devem ser concedidas ambas as artes, e até mesmo os exercícios bélicos, empregando-as nas mesmas funções".
"É plausível pelo que dizes", disse ele.
"Talvez", disse eu, "*pareçam ridículas muitas coisas contra o costume que acabamos de dizer, caso levemos à ação o que foi dito*".
"Certamente", disse ele. (451e6-452a9)

Εἰ ἄρα ταῖς γυναιξὶν ἐπὶ ταὐτὰ χρησόμεθα καὶ τοῖς ἀνδράσι, ταὐτὰ καὶ διδακτέον αὐτάς.
Ναί.
Μουσικὴ μὴν ἐκείνοις γε καὶ γυμναστικὴ ἐδόθη.
Ναί.
Καὶ ταῖς γυναιξὶν ἄρα τούτω τὼ τέχνα καὶ τὰ περὶ τὸν πόλεμον ἀποδοτέον καὶ χρηστέον κατὰ ταὐτά.
Εἰκὸς ἐξ ὧν λέγεις, ἔφη.
Ἴσως δή, εἶπον, παρὰ τὸ ἔθος γελοῖα ἂν φαίνοιτο πολλὰ περὶ τὰ νῦν λεγόμενα, εἰ πράξεται ᾗ λέγεται.
Καὶ μάλα, ἔφη.

30. A. Nightingale, op. cit., p. 176: "Nessa passagem, Sócrates caracteriza os poetas cômicos (tanto do passado quanto do presente) como se eles reagissem a novas ideias, que eram 'contrárias aos costumes', com escárnio e zombaria. Ao fazerem isso, eles refletem a opinião da maioria, que é levada a ver qualquer ideia verdadeiramente radical como ridícula".

Talvez essa reflexão sobre o aspecto ridículo da idiossincrasia na perspectiva do senso comum, dos costumes tradicionalmente conservados, reflita o próprio caso de Sócrates, que é representado por Platão como uma figura em confronto com os valores da sociedade democrática de seu tempo. Esse confronto é salientado por Cálicles nessa mesma *invectiva*:

> CAL: [...] Ademais, tornam-se inexperientes nas leis da cidade, nos discursos que se deve empregar nas relações públicas e privadas, nos prazeres e apetites humanos, e, em suma, tornam-se absolutamente inexperientes nos costumes dos homens. (484d2-7)

> ΚΑΛ. [...] καὶ γὰρ τῶν νόμων ἄπειροι γίγνονται τῶν κατὰ τὴν πόλιν, καὶ τῶν λόγων οἷς δεῖ χρώμενον ὁμιλεῖν ἐν τοῖς συμβολαίοις τοῖς ἀνθρώποις καὶ ἰδίᾳ καὶ δημοσίᾳ, καὶ τῶν ἡδονῶν τε καὶ ἐπιθυμιῶν τῶν ἀνθρωπείων, καὶ συλλήβδην τῶν ἠθῶν παντάπασιν ἄπειροι γίγνονται.

Nesse sentido, a percepção de Sócrates como *atopos*, como alguém em conflito com os costumes humanos (τῶν ἠθῶν, 484d6), a percepção de suas convicções morais como *atopa*, como vemos no *Górgias*, explicam, de certa forma, a razão de Sócrates ter sido, em sua época, uma figura potencialmente cômica. Mas Platão oferece uma resposta a isso: nessa inversão de valores operada pela perspectiva moral de Sócrates (no caso específico do *Górgias*, de que cometer injustiça é pior do que sofrê-la, e não o contrário, como comumente é aceito), serão Polo, Cálicles e, em suma, o senso comum daquela sociedade democrática a desempenhar o papel de *ridículo* (γελοῖον), e não mais Sócrates, como se evidencia nesta passagem:

> SOC: [...] Eis o que na discussão precedente ficou manifesto, e afirmo que isso está firme e atado – se não for uma expressão muito rude – por argumentos de ferro e diamante, ao menos como haveria de parecer na atual conjuntura. Assim, se tu não o desatares, ou qualquer outra pessoa ainda mais jovem e audaz do que tu, será impossível que alguém, afirmando coisas diferentes das que afirmo agora, fale corre-

tamente. Pois o meu argumento é sempre o mesmo, que não sei como essas coisas são, mas que, das pessoas que tenho encontrado, como na ocasião presente, nenhuma é capaz de afirmar coisas diferentes sem ser extremamente ridícula. (508e6-509a7)

ΣΩ. [...] ταῦτα ἡμῖν ἄνω ἐκεῖ ἐν τοῖς πρόσθεν λόγοις οὕτω φανέντα, ὡς ἐγὼ λέγω, κατέχεται καὶ δέδεται, καὶ εἰ ἀγροικότερόν τι εἰπεῖν ἔστιν, σιδηροῖς καὶ ἀδαμαντίνοις λόγοις, ὡς γοῦν ἂν δόξειεν οὑτωσί, οὓς σὺ εἰ μὴ λύσεις ἢ σοῦ τις νεανικώτερος, οὐχ οἷόν τε ἄλλως λέγοντα ἢ ὡς ἐγὼ νῦν λέγω καλῶς λέγειν· ἐπεὶ ἔμοιγε ὁ αὐτὸς λόγος ἐστιν ἀεί, ὅτι ἐγὼ ταῦτα οὐκ οἶδα ὅπως ἔχει, ὅτι μέντοι ὧν ἐγὼ ἐντετύχηκα, ὥσπερ νῦν, οὐδεὶς οἷός τ' ἐστὶν ἄλλως λέγων μὴ οὐ καταγέλαστος εἶναι.

A TRAGÉDIA NO *DIÁLOGO*: O CASO CÁLICLES

I

Quando iniciamos a leitura do 3º "Ato", percebemos prontamente uma mudança radical não apenas na estratégia argumentativa de Sócrates, mas, sobretudo, na postura do interlocutor perante o *elenchos* socrático: longe de ser uma personagem ingênua e débil como é Polo, Cálicles representa aqui outro tipo de interlocutor, o *recalcitrante*, e talvez não haja no *corpus platonicum* uma discussão tão marcada pelo antagonismo entre as personagens como esta representada no *Górgias*[1]. Cálicles, como o próprio Sócrates admite, apresenta-se como o seu grande desafio, a "pedra de toque" (βασάνου, 486d7) capaz de verificar de modo suficiente se as suas convicções morais são verdadeiras,

---

1. Trasímaco, no Livro I da *República*, também se enquadraria no caso do interlocutor *recalcitrante*, mas a sua breve intervenção (a única depois de sua participação no Livro I) no diálogo junto a Glauco e Adimanto no início do Livro V (450a-b), contribuindo para a discussão em voga, mostra um comportamento bem mais brando do que o de Cálicles no *Górgias*. A diferença do comportamento de Trasímaco entre o Livro I e o Livro V mostra que o sofista, naquela altura do diálogo, já se encontrava, de certa forma, envolvido pelos argumentos de Sócrates.

e se o modo de vida regido pela filosofia é o melhor modo de se viver (486d-487b). A condição para que essa verificação seja bem-sucedida depende, portanto, do consentimento do interlocutor nas premissas do argumento socrático (ὁμολογήσῃς, 486e5). Esse princípio metodológico da *brakhulogia* aparece dito expressamente por Sócrates nesta passagem:

> SOC: [...] É evidente, então, que procedamos da mesma forma: se tu concordares comigo em algum ponto na discussão, nós já o teremos verificado suficientemente e prescindiremos de outra pedra de toque. Pois jamais darias seu assentimento por carência de sabedoria ou por excesso de vergonha, tampouco o darias para me enganar, visto que és meu amigo, como tu mesmo dizes. O meu e o teu consentimento, portanto, será realmente a completude da verdade. (487d7-e3)

> ΣΩ. [...] ἔχει δὴ οὑτωσὶ δῆλον ὅτι τούτων πέρι νυνί· ἐάν τι σὺ ἐν τοῖς λόγοις ὁμολογήσῃς μοι, βεβασανισμένον τοῦτ' ἤδη ἔσται ἱκανῶς ὑπ' ἐμοῦ τε καὶ σοῦ, καὶ οὐκέτι αὐτὸ δεήσει ἐπ' ἄλλην βάσανον ἀναφέρειν. οὐ γὰρ ἄν ποτε αὐτὸ συνεχώρησας σὺ οὔτε σοφίας ἐνδείᾳ οὔτ' αἰσχύνης περιουσίᾳ, οὐδ' αὖ ἀπατῶν ἐμὲ συγχωρήσαις ἄν· φίλος γάρ μοι εἶ, ὡς καὶ αὐτὸς φῄς. τῷ ὄντι οὖν ἡ ἐμὴ καὶ ἡ σὴ ὁμολογία τέλος ἤδη ἕξει τῆς ἀληθείας.

Pois bem, levando em consideração os próprios termos em que Sócrates coloca a questão, o que implicaria o fracasso do *elenchos* quando aplicado a um tipo de interlocutor como Cálicles? Para Sócrates, bastaria simplesmente o consentimento do interlocutor às premissas do argumento, independentemente dos meios pelos quais ele obtém esse consentimento, independentemente de ele refletir ou não as reais opiniões do interlocutor, como sucede no caso de Cálicles? Quais seriam as consequências para a legitimidade do *elenchos* quando o interlocutor já não mais participa seriamente da discussão, recusando o diálogo (505c-d)? E por que Sócrates, mesmo diante desse "não" de Cálicles, continua a insistir na discussão, rompendo as "regras" que ele próprio havia determinado para o domínio da *brakhulogia*, recorrendo assim ao "monólogo", à própria negação em termo do "diálogo"

(506c5-509c4)? Depois da recusa de Cálicles (505c-d), o restante do "diálogo" não seria apenas um *simulacro* (εἴδωλον)? A despeito da legitimidade ou não das inferências de Sócrates para provar suas convicções morais tendo Cálicles como interlocutor, o fato marcante desse 3º "Ato" é indubitavelmente a ineficácia persuasiva do discurso socrático: em diversas passagens do texto e por diversos modos, Platão sublinha a resistência de Cálicles ao que diz Sócrates (493d; 494a; 513d; 513e; 516a; 516c-d; 517a; 518a; 523a; 527a), culminando com a referência à sua absoluta indiferença ao conteúdo do mito que encerra o diálogo:

> Provavelmente, essas coisas parecerão a ti como um mito contado por uma anciã, e tu as desprezarás. (527a5-6)
>
> Τάχα δ' οὖν ταῦτα μῦθός σοι δοκεῖ λέγεσθαι ὥσπερ γραὸς καὶ καταφρονεῖς αὐτῶν [...].

Pela própria declaração de Sócrates, Cálicles, no final do diálogo, mostra-se absolutamente convicto das opiniões que havia defendido antes, e as diversas tentativas de Sócrates para demovê-lo delas, seja pelas demonstrações lógicas (*brakhulogia*), seja pelos discursos retóricos (*makrologia*), seja pelos mitos (*muthos*), não surtiram qualquer efeito persuasivo no interlocutor. Estamos, portanto, diante dos limites do discurso socrático e, de certo modo, diante do fracasso de Sócrates como defensor de suas convicções morais que ele tem seguramente por verdadeiras: se Cálicles se apresenta como a "pedra de toque" (βασάνου, 486d7) capaz de verificar a verdade de tais convicções, mas não é absolutamente persuadido disso por Sócrates, deparamo-nos então com o colapso de seu discurso. Esse colapso designarei aqui como a *tragédia* de Sócrates, ou melhor, a *tragédia* do discurso socrático, ainda que Sócrates seja representado, aqui e em outros diálogos platônicos, como um herói antitrágico, como veremos adiante.

Esse contorno trágico do 3º "Ato" se dá, sobretudo, pela representação do *ēthos* de Cálicles, e, por conseguinte, pela importância desse confronto entre dois tipos de *ēthos* antagônicos: como tentarei mostrar adiante, Cálicles condensa em si elementos do homem democrático e do homem tirânico, e, se essa relação do *Górgias* com a *República* for legítima, o caso Cálicles seria um exemplo particular escolhido por Platão para representar, nos diálogos, precisamente o problema da gênese do tirano no seio da democracia (pelo menos potencialmente, pois Cálicles é um jovem político que ainda participa do processo democrático de Atenas). Nessa perspectiva, Cálicles seria então para Sócrates o seu grande desafio, seria ele o tipo de homem que mais precisaria da "correção"[2] do *elenchos*, pois o "tirano" (no caso de Cálicles, o tirano em potencial) é, no pensamento político platônico, o pior tipo de homem, o antípoda do "filósofo", como vemos na *República*. Se Sócrates não obtém qualquer sucesso nessa tentativa de corrigir as opiniões de Cálicles, ou de mostrar as suas inconsistências e fazer com que ele pondere outras vezes sobre os objeções levantadas, então as consequências dessa ineficácia podem vir a ser funestas do ponto de vista moral e político: será Cálicles, e homens do mesmo tipo de Cálicles, que hão de reger politicamente Atenas, interessando diretamente toda a comunidade política. Como tentarei mostrar também, talvez o caso de Cálicles seja uma reflexão de Platão sobre a relação problemática entre Sócrates e Alcibíades, uma forma de justificar o fracasso

---

2. Platão, *Górgias*, 505b11-c6:
   SOC: Portanto, a punição é melhor para a alma do que a intemperança, como tu há pouco presumias.
   CAL: Não entendo o que dizes, Sócrates, mas interroga outra pessoa qualquer!
   SOC: Esse homem não tolera ser beneficiado e sofrer aquilo sobre o que discutimos: ser punido.
   CAL: Nada do que dizes me interessa, e é por Górgias que eu respondia as tuas perguntas.
   ΣΩ. Τὸ κολάζεσθαι ἄρα τῇ ψυχῇ ἄμεινόν ἐστιν ἢ ἡ ἀκολασία, ὥσπερ σὺ νυνδὴ ᾤου.
   ΚΑΛ. Οὐκ οἶδ' ἄττα λέγεις, ὦ Σώκρατες, ἀλλ' ἄλλον τινὰ ἐρώτα.
   ΣΩ. Οὗτος ἀνὴρ οὐχ ὑπομένει ὠφελούμενος καὶ αὐτὸς τοῦτο πάσχων περὶ οὗ ὁ λόγος ἐστί, κολαζόμενος.
   ΚΑΛ. Οὐδέ γέ μοι μέλει οὐδὲν ὧν σὺ λέγεις, καὶ ταῦτά σοι Γοργίου χάριν ἀπεκρινάμην.

de Sócrates como seu "preceptor"; mas vejamos, primeiro, os elementos trágicos do 3º "Ato".

II

Refiro-me aqui, em sentido lato, à "tragédia do discurso socrático" pautado nas diversas referências de Platão a esse gênero no *Górgias*. Como já foi aludido anteriormente, a própria estrutura do diálogo se assemelha, *grosso modo*, à das peças trágicas: temos o Prólogo (447a-449c), depois a sequência dos três "Atos" ou *agōnes* com a alternância dos interlocutores de Sócrates (449d-461b; 461b-481b; 481b-522e), e o Mito Final na função do Êxodo (523a-527d). Além da semelhança formal, o *Górgias* é um *diálogo direto*, sem a mediação de um narrador, como são os *estásimos* da tragédia: segundo a própria "teoria poética" dos Livros II e III da *República*, o *Górgias* seria então "mimético", no sentido estrito do termo (discurso em 1ª pessoa), e seria classificado, por conseguinte, como gênero dramático, apesar de não ter como finalidade a representação pública em festivais[3].

Mas esse aspecto formal não é suficiente para mostrar como os elementos da tragédia presentes no *Górgias* desempenham certa função no drama dialógico. A referência mais explícita é a incorporação da tragédia *Antíope* de Eurípides como subtexto no discurso de Cálicles: nessa alusão intertextual, a personagem se compara a Zeto e Sócrates a Anfíon, sugerindo, assim, uma semelhança na condição de ambos os pares de personagens em contextos e gêneros literários distintos[4]. Sócrates, por seu

---

3. R. Kraut, Introduction to the Study of Plato, *The Cambridge Companion to Plato*, p. 25.
4. Apolodoro, *Biblioteca*, 3.42-44:
   Antíope era filha de Nicteu, da qual Zeus fez sua consorte. Ela engravidou e, sob as ameaças do pai, fugiu para junto de Epopeu em Sícion e com ele se casou. Nicteu, abatido, suicidou-se, deixando a Lico a incumbência de punir tanto Epopeu quanto Antíope. Com uma expedição militar, Lico conquistou Sícion, matou Epopeu e fez de Antíope sua cativa. Encarcerada, deu à luz duas crianças em Eleuteras, na Beócia. Búcolo as encontrou abandonadas e as criou, dando a uma o nome de →

turno, aceita o desafio proposto por Cálicles, e coloca a questão nos mesmos termos ("Para mim, Górgias, seria um prazer continuar o diálogo com Cálicles, enquanto não tivesse lhe restituído o discurso de Anfíon em objeção ao de Zeto", ἀλλὰ μὲν δή, ὦ Γοργία, καὶ αὐτὸς ἡδέως μὲν ἂν Καλλικλεῖ τούτῳ ἔτι διελεγόμην, ἕως αὐτῷ τὴν τοῦ Ἀμφίονος ἀπέδωκα ῥῆσιν ἀντὶ τῆς τοῦ Ζήθου, 506b4-6). Se essa referência de Cálicles à *Antíope* tem uma determinada função retórica em seu discurso, carregado de ironia como é próprio de uma *invectiva* ("Mas eu, Sócrates, nutro por ti uma justa amizade; é provável que eu tenha agora o mesmo sentimento que Zeto teve por Anfíon na peça de Eurípides que rememorei", ἐγὼ δέ, ὦ Σώκρατες, πρὸς σὲ ἐπιεικῶς ἔχω φιλικῶς· κινδυνεύω οὖν πεπονθέναι νῦν ὅπερ ὁ Ζῆθος πρὸς Ἀμφίονα ὁ Εὐριπίδου, οὗπερ ἐμνήσθην, 485e2-4), do ponto de vista de Platão como autor do diálogo, essa referência intertextual à obra euripidiana é um dos modos pelos quais o "diálogo", enquanto gênero, comunica-se com a tragédia. Como afirma A. Nightingale, "é somente no *Górgias*, contudo, que Platão usa uma tragédia inteira – a *Antíope* de Eurípides – como o subtexto para seu drama filosófico"[5].

→ Zeto, e à outra, de Anfíon. Zeto, então, cuidava do gado, ao passo que Anfíon se dedidava à música com a lira que Hermes havia lhe presenteado. Lico e a sua mulher, Dirce, mantinham Antíope encarcerada e a torturavam. Mas quando as suas amarras acidentalmente se desfizeram, Antíope se dirigiu à choupana dos filhos sem que alguém a notasse, desejosa de que eles a acolhessem. E os filhos, tendo reconhecido que era a sua mãe, mataram Lico e amarraram Dirce para que um touro a matasse. Depois a jogaram na fonte cujo nome "Dirce" dela advém.

Ἀντιόπη θυγάτηρ ἦν Νυκτέως· ταύτῃ Ζεὺς συνῆλθεν. ἡ δὲ ὡς ἔγκυος ἐγένετο, τοῦ πατρὸς ἀπειλοῦντος εἰς Σικυῶνα ἀποδιδράσκει πρὸς Ἐπωπέα καὶ τούτῳ γαμεῖται. Νυκτεὺς δὲ ἀθυμήσας ἑαυτὸν φονεύει, δοὺς ἐντολὰς Λύκῳ παρὰ Ἐπωπέως καὶ παρὰ Ἀντιόπης λαβεῖν δίκας. ὁ δὲ στρατευσάμενος Σικυῶνα χειροῦται, καὶ τὸν μὲν Ἐπωπέα κτείνει, τὴν δὲ Ἀντιόπην ἤγαγεν αἰχμάλωτον. ἡ δὲ ἀγομένη δύο γεννᾷ παῖδας ἐν Ἐλευθεραῖς τῆς Βοιωτίας, οὓς ἐκκειμένους εὑρὼν βουκόλος ἀνατρέφει, καὶ τὸν μὲν καλεῖ Ζῆθον τὸν δὲ Ἀμφίονα. Ζῆθος μὲν οὖν ἐπεμελεῖτο βουφορβίων, Ἀμφίων δὲ κιθαρῳδίαν ἤσκει, δόντος αὐτῷ λύραν Ἑρμοῦ. Ἀντιόπην δὲ ᾐκίζετο Λύκος καθείρξας καὶ ἡ τούτου γυνὴ Δίρκη· λαθοῦσα δέ ποτε, τῶν δεσμῶν αὐτομάτων λυθέντων, ἧκεν ἐπὶ τὴν τῶν παίδων ἔπαυλιν, δεχθῆναι πρὸς αὐτῶν θέλουσα. οἱ δὲ ἀναγνωρισάμενοι τὴν μητέρα, τὸν μὲν Λύκον κτείνουσι, τὴν δὲ Δίρκην δήσαντες ἐκ ταύρου ῥίπτουσι θανοῦσαν εἰς κρήνην τὴν ἀπ' ἐκείνης καλουμένην Δίρκην.

5. A. Nightingale, *Genres in Dialogue*, p. 69.

Mas em que medida essa referência intertextual à *Antíope* de Eurípides pode nos ajudar a compreender o drama filosófico do *Górgias*? Apresentarei aqui uma breve sinopse da interpretação de Nightingale, pois parece-me a análise mais completa sobre a questão. Sua tese geral é a de que Platão, nesse movimento intertextual, tem como escopo oferecer uma paródia crítica da tragédia tendo em vista definir e delimitar o âmbito da filosofia[6], em especial, com relação ao âmbito da política. Por meio dessa analogia entre as personagens, Platão coloca, de um lado, Cálicles e Zeto como representantes da vida prática, voltada para os negócios (Zeto é um pastor e Cálicles, um político), e, de outro, Sócrates e Anfíon como representantes da vida contemplativa (Anfíon é um músico e Sócrates, um filósofo). Segundo Dodds, Platão se insere aqui no debate, bastante em voga no séc. v a.C., sobre os méritos e deméritos desses dois modos de vida: a vida prática, e, por conseguinte, a vida voltada para a política, e a vida contemplativa, voltada para o cultivo do intelecto[7], entendidos, nesse contexto, como modos de vida excludentes[8]. Se em Eurípides esses dois modos de vida são tratados como opostos um ao outro na imagem antagônica entre as duas personagens, Platão oferece uma perspectiva diferente da questão: como considera Cálicles, a filosofia também é útil para a educação do homem político, mas desde que praticada apenas durante a juventude (485a-c), pois, caso contrário, ela é a "ruína dos homens" (διαφθορὰ τῶν ἀνθρώπων, 484c7-8);

6. Idem, ibidem.
7. E. Dodds, *Plato: Gorgias*, p. 276.
8. Essa visão proverbial do filósofo como um tipo de homem alheio ao mundo prático, o que inclui o âmbito político, aparece claramente expressa na célebre anedota sobre Tales, referida pelo próprio Platão no *Teeteto* (174a), e reportada também por Diógenes Laércio (1.34):
    Dizem que [Tales], sendo levado para fora de casa por uma velha para contemplar os astros, caiu num buraco e que a velha, estando ele a se queixar, perguntou-lhe o seguinte: "tu, ó Tales, não sendo capaz de ver as coisas a seus pés, julgas poder conhecer as coisas celestes?"
    λέγεται δ' ἀγόμενος ὑπὸ γραὸς ἐκ τῆς οἰκίας, ἵνα τὰ ἄστρα κατανοήσῃ, εἰς βόθρον ἐμπεσεῖν καὶ αὐτῷ ἀνοιμώξαντι φάναι τὴν γραῦν· "σὺ γάρ, ὦ Θαλῆ, τὰ ἐν ποσὶν οὐ δυνάμενος ἰδεῖν τὰ ἐπὶ τοῦ οὐρανοῦ οἴει γνώσεσθαι;"

Sócrates, por sua vez, critica duramente o homem democrático e a política democrática, porém vislumbra o filósofo como o novo homem político e, por conseguinte, a possibilidade de uma nova política distinta daquela democrática (502e-503b; 504d; 508c; 517a-c; 519b; 521d-e; 527c). Ou seja, assim como a vida política de Cálicles compreende certa formação filosófica (pelo menos segundo a maneira como a personagem entende "filosofia"), a vida intelectual de Sócrates compreende, por sua vez, a atividade política, na medida em que apenas o filósofo se apresenta como o "verdadeiro homem político" ("Julgo que eu, e mais alguns poucos atenienses – para não dizer apenas eu –, sou o único contemporâneo a empreender a verdadeira arte política e a praticá-la", οἶμαι μετ' ὀλίγων Ἀθηναίων, ἵνα μὴ εἴπω μόνος, ἐπιχειρεῖν τῇ ἀληθῶς πολιτικῇ τέχνῃ καὶ πράττειν τὰ πολιτικὰ μόνος τῶν νῦν, 521d6-8). Com essa imagem do filósofo como "verdadeiro homem político", Platão apresentaria, assim, uma nova solução, distinta da de Eurípides na *Antíope*[9], para o debate sobre o melhor modo de vida a se viver: a construção de Sócrates como novo herói do drama dialógico se faz, portanto, em contraste com o herói trágico, quando Platão justapõe os pares de personagens da *Antíope* e do *Górgias*[10].

9. Nightingale considera que Eurípides, diferentemente de Platão, limita-se a contrastar os dois modos de vida representados pelas personagens Zeto e Anfíon (p. 70); Platão, por sua vez, trataria a mesma questão de modo mais complexo, mostrando como há, de certa forma, uma interseção entre eles expressa na imagem do filósofo como o "verdadeiro homem político". Todavia, Nightingale parece desconsiderar um aspecto importante da intervenção do *deus ex machina* no final da peça: segundo o próprio estudioso, Hermes diz que a lira de Anfíon será a causa da construção das muralhas de Tebas. Pois bem, essa solução da *Antíope* não nos mostra que também na peça de Eurípides a vida intelectual e contemplativa de Anfíon acaba por se fundir com a vida prática da política? Como sabemos do próprio *Górgias*, a construção de muralhas é prerrogativa do homem político, e é usada por Platão como exemplo de ação política (455e). Nesse sentido, a solução de Eurípides não estaria tão longe da de Platão, se entendêssemos que Hermes atribui à lira de Anfíon uma determinada função política, representada aqui pela ideia da lira como causa da construção das muralhas.

10. A. Nightingale, op. cit., p. 72: "Ao incorporar a *Antíope* de Eurípides como subtexto em seu próprio drama, Platão está apto, assim, a estabelecer seu novo herói em oposição ao herói trágico. Esse novo herói, evidentemente, é o filósofo. E assim como Sócrates é justaposto ao 'herói' da *Antíope*, também a verdadeira filosofia é contrastada como o gênero da tragédia como um todo".

Mas essa solução paródica não é o único meio pelo qual Platão se apropria da *Antíope*, dando um novo sentido à peça dentro do diálogo. Como ressalta Nightingale, no *Górgias* há uma série de elementos temáticos e estruturais semelhantes aos da *Antíope*: o *agōn* entre Zeto e Anfíon refletiria, assim, o embate entre Sócrates e Cálicles, e o *deus ex machina* que determina o final da peça refletiria o mito escatológico do diálogo[11]. Nessa tragédia, os dois irmãos se unem para salvar a mulher que se revelará a sua própria mãe; mas antes de tal empreitada, eles resolvem suas diferenças nesse *agōn* ao qual se refere Platão no *Górgias*: a partir da referência de Horácio[12], visto que a peça de Eurípides não se conservou senão fragmentariamente, Anfíon perde o debate e é enfim persuadido por Zeto da prevalência da vida prática do irmão sobre a vida devotada à música. Esse veredito, porém, é invertido no final da peça pela intervenção do *deus ex machina* Hermes, que restitui a lira a Anfíon e proclama que será ela a mover pedras e árvores para a construção da muralha de Tebas[13]. Portanto, quando Cálicles se associa a Zeto em seu discurso, ele chama em causa a vitória da personagem

11. A. Nightingale, op. cit., p. 73.
12. Horácio, *Epístolas*, 1.18.39-45:
    Nem elogiarás os teus estudos nem censurarás os alheios,
    tampouco, quando ele quiser caçar, comporás poemas.
    Assim se desfez a concórdia entre os irmãos gêmeos
    Anfíon e Zeto, até que, sob o olhar severo do irmão, a lira
    se calou. Supõe-se que Anfíon cedera aos costumes
    do irmão: cede também tu às afáveis ordens
    do poderoso amigo [...]
    nec tua laudabis studia aut aliena reprendes,
    nec, cum uenari uolet ille, poemata panges.
    gratia sic fratrum geminorum Amphionis atque
    Zethi dissiluit, donec suspecta seuero
    conticuit lyra. fraternis cessisse putatur
    moribus Amphion: tu cede potentis amici
    lenibus imperiis [...]
13. A. Nightingale, op. cit., p. 73: "O *deus ex machina*, então, não apenas proporciona uma resolução para a trama, mas também resolve a questão levantada no *agōn* entre os dois irmãos: embora Anfíon seja derrotado na discussão com seu irmão, ele é, contudo, reivindicado por Hermes no final da peça, pois é sua música que irá construir as muralhas de Tebas".

nesse embate verbal com o irmão, e pretende, com essa analogia, chegar ao mesmo fim na discussão com Sócrates e fazer com que ele, enfim, abandone a filosofia e se torne um homem político; quando Sócrates, por sua vez, aceita o papel que lhe é atribuído e promete a Cálicles restituir o discurso de Anfíon em objeção ao de Zeto (506b), ele pretende, então, superar a personagem trágica invertendo o resultado daquele *agōn* da *Antíope*: o Mito Final, nessa perspectiva, cumpriria o papel que o *deus ex machina* desempenha na tragédia euripidiana.

Todavia, se Sócrates, diferentemente de Anfíon, não é persuadido por Cálicles da prevalência da vida política da democracia sobre a vida voltada à filosofia, ele próprio, contudo, não consegue persuadir Cálicles do contrário, assim como Anfíon não persuade Zeto da superioridade de seu modo de vida. Nessa análise intertextual, a comparação entre Sócrates e Anfíon evidencia, então, um elemento fundamental para a compreensão do caso Cálicles no *Górgias*: a ineficácia persuasiva do discurso socrático. Como já foi comentado nos capítulos anteriores, o *elenchos* socrático, mesmo quando o interlocutor cumpre os requesitos requeridos pelas "regras" dialógicas, não implica necessariamente a "persuasão" do interlocutor, problema evidenciado por Platão, sobretudo, no diálogo entre Sócrates e Cálicles: o caso típico do *interlocutor recalcitrante*, como evidenciam as inúmeras referências de Platão à sua resistência à estratégia argumentativa de Sócrates (493d; 494a; 513d; 513e; 516a; 516c-d; 517a; 518a; 523a; 527a).

Nesse sentido, Nightingale ressalta a analogia entre as personagens Anfíon e Sócrates para interpretar, assim, a função do mito escatológico que encerra o *Górgias*. Se há de fato uma semelhança estrutural entre a *Antíope* e o *Górgias*, como sugeriria ao leitor a incorporação da tragédia como subtexto no diálogo, então o sentido do Mito Final poderia ser entendido à luz da função do *deux ex machina* no encerramento da peça[14]:

14 Idem, p. 84.

assim como Anfíon é vingado por Hermes, Sócrates, uma vez que não consegue persuadir Cálicles, será vingado pelos deuses, como ficará patente na narração do mito (526c)[15]. Dada a ineficácia persuasiva de Sócrates no confronto com Cálicles (situação essa que nos remete, como veremos adiante, ao seu fracasso no processo impetrado por Meleto, Lícon e Anito, que o condenou à morte), a "vitória" de Sócrates sobre seu interlocutor só se realiza, de fato, nessa perspectiva do mito, quando há a substituição da justiça conduzida equivocadamente pelos homens pela justiça divina: somente assim Sócrates será julgado de forma justa, e a vida do filósofo se manifestará como o melhor modo de vida; somente assim Sócrates conseguirá, enfim, oferecer a Cálicles aquele "discurso de Anfíon em objeção ao de Zeto" (τὴν τοῦ Ἀμφίονος ῥῆσιν ἀντὶ τῆς τοῦ Ζήθου, 506b5-6), mostrando-lhe que será Cálicles que, diante do tribunal divino, ficará "turvado e boquiaberto" (χασμήσῃ καὶ ἰλιγγιάσεις, 527a2), condenado a sofrer as punições mais extremas pelas injustiças cometidas em vida. Como conclui Nightingale:

Embora Platão não vá tão longe a ponto de dar voz à divindade que irá reverter o falso veredito e pronunciar o verdadeiro, a sua descrição mítica da troca dos falsos juízes pelos divinos, que irão reivindicar o

---

15 Platão, *Górgias*, 526b4-c5:
Pois bem, como eu dizia, quando aquele Radamanto se apodera de um homem desse tipo, não sabe nada a respeito dele, nem quem ele é, nem a sua progênie, mas apenas que ele é vicioso. Quando observa isso, ele o envia para o Tártaro com um signo indicando se ele parece ser curável ou incurável, e este, por sua vez, chegando ali, sofre o que lhe cabe. Às vezes, quando ele vê uma alma que vivera piamente e conforme a verdade, a alma de um homem comum ou de qualquer outro homem, mas sobretudo – é o que eu afirmo, Cálicles – a de um filósofo, que fez o que lhe era apropriado e não se intrometeu em outros afazeres durante a vida, ele a aprecia e a envia para a Ilha dos Venturosos.
ὅπερ οὖν ἔλεγον, ἐπειδὰν ὁ ῾Ραδάμανθυς ἐκεῖνος τοιοῦτόν τινα λάβῃ, ἄλλο μὲν περὶ αὐτοῦ οὐκ οἶδεν οὐδέν, οὔθ᾽ ὅστις οὔθ᾽ ὧντινων, ὅτι δὲ πονηρός τις· καὶ τοῦτο κατιδὼν ἀπέπεμψεν εἰς Τάρταρον, ἐπισημηνάμενος, ἐάντε ἰάσιμος ἐάντε ἀνίατος δοκῇ εἶναι· ὁ δὲ ἐκεῖσε ἀφικόμενος τὰ προσήκοντα πάσχει. ἐνίοτε δ᾽ ἄλλην εἰσιδὼν ὁσίως βεβιωκυῖαν καὶ μετ᾽ ἀληθείας, ἀνδρὸς ἰδιώτου ἢ ἄλλου τινός, μάλιστα μέν, ἔγωγέ φημι, ὦ Καλλίκλεις, φιλοσόφου τὰ αὑτοῦ πράξαντος καὶ οὐ πολυπραγμονήσαντος ἐν τῷ βίῳ, ἠγάσθη τε καὶ ἐς μακάρων νήσους ἀπέπεμψε.

filósofo aparentemente derrotado, desempenha a mesma função dramática que o *deus ex machina* na *Antíope*. Se ele tem isso como escopo, então é razoável concluir que Platão concebe o primeiro de seus mitos escatológicos como uma imitação consciente do desfecho de uma tragédia grega (p. 87).

III

Pois bem, creio que essa breve exposição do argumento de Nightingale é suficiente para mostrar como elementos do gênero trágico presentes no *Górgias*, sobretudo nesse caso em que há a incorporação da *Antíope* como subtexto no diálogo, são extremamente relevantes para a interpretação dos problemas apresentados no drama filosófico. Passarei a analisar agora um *topos* específico da tragédia, o *vaticínio*. Como já foi aludido anteriormente, Cálicles, em sua *invectiva* contra o filósofo e a filosofia, faz uma predição da morte de Sócrates, de que ele seria condenado à morte no tribunal por "um acusador extremamente mísero e desprezível" (κατηγόρου τυχὼν πάνυ φαύλου καὶ μοχθηροῦ, 486b2-3), uma vez que ele não havia se educado de modo suficiente porque se envolvera com a filosofia mais tempo que o devido. Vejamos a passagem:

> Aliás, caro Sócrates – e não te irrites comigo, pois falar-te-ei com benevolência –, não te parece vergonhoso esse comportamento que, julgo eu, tu possuis e todos os outros que se mantêm engajados na filosofia por longo tempo? Pois se hoje alguém te capturasse, ou qualquer outro homem da tua estirpe, e te encarcerasse sob a alegação de que cometeste injustiça, ainda que não a tenhas cometido, sabes que não terias o que fazer contigo mesmo, mas ficarias turvado e boquiaberto sem ter o que dizer; quando chegasses ao tribunal, diante de um acusador extremamente mísero e desprezível, tu morrerias, caso ele quisesse te estipular a pena de morte. (486a4-b4)

> καίτοι, ὦ φίλε Σώκρατες–καί μοι μηδὲν ἀχθεσθῇς· εὐνοίᾳ γὰρ ἐρῶ τῇ σῇ–οὐκ αἰσχρὸν δοκεῖ σοι εἶναι οὕτως ἔχειν ὡς ἐγὼ σὲ οἶμαι ἔχειν καὶ τοὺς ἄλλους τοὺς πόρρω ἀεὶ φιλοσοφίας ἐλαύνοντας; νῦν γὰρ εἴ τις σοῦ

λαβόμενος ἢ ἄλλου ὁτουοῦν τῶν τοιούτων εἰς τὸ δεσμωτήριον ἀπάγοι, φάσκων ἀδικεῖν μηδὲν ἀδικοῦντα, οἶσθ' ὅτι οὐκ ἂν ἔχοις ὅτι χρήσαιο σαυτῷ, ἀλλ' ἰλιγγιῴης ἂν καὶ χασμῷο οὐκ ἔχων ὅτι εἴποις, καὶ εἰς τὸ δικαστήριον ἀναβάς, κατηγόρου τυχὼν πάνυ φαύλου καὶ μοχθηροῦ, ἀποθάνοις ἄν, εἰ βούλοιτο θανάτου σοι τιμᾶσθαι.

Se para o público presente nessa cena do *Górgias* a predição de Cálicles pode ser entendida como uma simples ameaça verbal, como seria próprio de uma invectiva, para o leitor do diálogo, entretanto, a assertiva de Cálicles o remete diretamente à ideia do *vaticínio*, pois Platão compôs toda a sua obra, como é admitido consensualmente pela crítica, após a morte de Sócrates em 399 a.C. Platão, por meio desse recurso, confere então à cena um contorno trágico, na medida em que o leitor do diálogo, sabendo de antemão qual fora o destino de Sócrates, é remetido diretamente a esse episódio prenunciado pela personagem Cálicles. Para empregar uma analogia bastante genérica, Platão, com esse recurso, provoca no leitor o mesmo tipo de *pathos* que um espectador do *Édipo Rei* experimentaria quando ouvisse a sorte de Édipo ser prenunciada por Tirésias no teatro. Sócrates, por sua vez, na tentativa de refutar todas as acusações sofridas pelo adversário durante a discussão, também profetiza a morte de Cálicles, retribuindo na mesma moeda o vaticínio que havia recebido (518e1-519b2).

Mas qual seria o sentido de Platão recorrer a esse *topos* do gênero trágico, além de provocar esse *pathos* no leitor do diálogo? O que representaria o vaticínio de Cálicles, do ponto de vista do drama dialógico? Nessa interface com a tragédia, Sócrates seria apresentado por Platão como um herói trágico ou antitrágico? Como tentarei mostrar adiante, a tragicidade da personagem Sócrates no *Górgias* é relativa, na medida em que diferentes personagens representam perspectivas diferentes a respeito de uma mesma questão, sobretudo nesse confronto entre dois tipos de *ēthos* antagônicos: aos olhos de Cálicles e, portanto, do senso comum daquela sociedade democrática, Sócrates pode ser visto como uma personagem trágica, tendo em vista a forma ignóbil de sua morte profetizada no diálogo. Na perspectiva do próprio Sócrates, entretanto, a partir dos argumentos apresentados para justificar sua resignação perante o risco iminente de morte (numa espécie de prefiguração da cena do tribunal representada na *Apologia*, como veremos adiante), ele se coloca, inversamente, como um herói antitrágico. Como tentarei mostrar, a despeito da situação aparentemente "trágica" que cerca o episódio da morte de Sócrates (episódio evocado pelo vaticínio de Cálicles), Platão, ao contrastar a figura de Sócrates com a de Anfíon nessa referência intertextual à *Antíope*, busca definir a figura do "filósofo" como um herói antitrágico, em oposição ao modelo do herói trágico que ele critica no *Górgias* (501d-502d) e, sobretudo, na *República*[16]. Para isso, usarei a *Apologia* como referência suplementar para a discussão sobre os argumentos presentes no *Górgias* que constroem essa imagem de Sócrates como herói antitrágico. Analisemos mais detidamente ambas as perspectivas sobre a questão no diálogo.

Já no início da *invectiva* de Cálicles contra o filósofo e a filosofia (484c4-486d1), encontramos, de modo surpreendente, a acusação que será decisiva contra Sócrates no tribunal, conforme conservada nos autos do processo transmitidos pela *Apologia* de Platão e pelas *Memoráveis* de Xenofonte[17]. Segundo

---

16. A mesma tese defende Michael Erler com relação ao diálogo *Fédon*, em seu texto "La felicità delle Api. Passione e virtù nel *Fedone* e nelle *Reppublica*", apresentado no Congresso Internacional "Psychè in Platone", realizado na cidade de Como (Itália), entre os dias 1 e 4 de fevereiro de 2006, e organizado pela International Plato Society. Devo a ele, portanto, os argumentos principais que mostram a construção da imagem de Sócrates como herói antitrágico por Platão.
17. i. Xenofonte, *Memoráveis*, 1.1.1:
    Espantei-me muitas vezes por quais argumentos os acusadores de Sócrates conseguiram persuadir os atenienses de que ele merecia a pena de morte por crime contra a cidade. A acusação contra ele era mais ou menos esta: Sócrates comete injustiça por não reconhecer os deuses que a cidade reconhece e por introduzir outras novas divindades. Ele também comete injustiça por corromper a juventude.
    Πολλάκις ἐθαύμασα τίσι ποτὲ λόγοις Ἀθηναίους ἔπεισαν οἱ γραψάμενοι Σωκράτην ὡς ἄξιος εἴη θανάτου τῇ πόλει. ἡ μὲν γὰρ γραφὴ κατ' αὐτοῦ τοιάδε τις ἦν· ἀδικεῖ Σωκράτης οὓς μὲν ἡ πόλις νομίζει θεοὺς οὐ νομίζων, ἕτερα δὲ καινὰ δαιμόνια εἰσφέρων· ἀδικεῖ δὲ καὶ τοὺς νέους διαφθείρων.
    ii. Platão, *Apologia*, 24b6-c1: →

Cálicles, envolver-se com a filosofia mais tempo que o devido (pois filosofia é coisa de criança) implica, em última instância, a "ruína dos homens" (διαφθορὰ τῶν ἀνθρώπων, 484c7-8). A ocorrência do termo διαφθορὰ (*diaphthora*) remete diretamente à acusação formal do processo impetrado por Meleto, Anito e Lícon contra Sócrates (*Mem.* 1.1.1: διαφθείρων; *Ap.* 24b9: διαφθείροντα). Nesse discurso de Cálicles, portanto, há não apenas o vaticínio da sorte de Sócrates, mas também uma referência *en passant* a uma das causas do processo que o conduzirá à morte, remetendo diretamente o leitor ao episódio de sua condenação no tribunal. A percepção de Cálicles do efeito moral perverso da filosofia representaria, assim, a percepção do público em geral acerca da influência perniciosa de Sócrates sobre a juventude: seriam homens do mesmo tipo de Cálicles, com valores e aspirações semelhantes, com modos de vida similares, que representariam a maioria dos juízes que votaram pela condenação de Sócrates à morte. Esse efeito corruptor da filosofia é salientado nesta passagem do discurso:

> CAL: [...] Se alguém, mesmo de ótima natureza, persistir na filosofia além da conta, tornar-se-á necessariamente inexperiente em tudo aquilo que deve ser experiente o homem que intenta ser belo, bom e bem reputado. (484c8-d2)
>
> ΣΩ. [...] ἐὰν γὰρ καὶ πάνυ εὐφυὴς ᾖ καὶ πόρρω τῆς ἡλικίας φιλοσοφῇ, ἀνάγκη πάντων ἄπειρον γεγονέναι ἐστὶν ὧν χρὴ ἔμπειρον εἶναι τὸν μέλλοντα καλὸν κἀγαθὸν καὶ εὐδόκιμον ἔσεσθαι ἄνδρα.

Nesse sentido, a fala de Zeto ao irmão Anfíon na *Antíope*, na tentativa de dissuadi-lo da vida voltada para a música, serve convenientemente a Cálicles como argumento para ilustrar o seu juízo a respeito de Sócrates e da filosofia: "a arte, apossando-se

→ Como se trata de outros acusadores, tomemos novamente o juramento deles. Ei-lo em linhas gerais: afirmam que Sócrates comete injustiça por corromper a juventude e por não reconhecer os deuses que a cidade reconhece, mas outras novas divindades.
αὖθις γὰρ δή, ὥσπερ ἑτέρων τούτων ὄντων κατηγόρων, λάβωμεν αὖ τὴν τούτων ἀντωμοσίαν. ἔχει δέ πως ὧδε· Σωκράτη φησὶν ἀδικεῖν τούς τε νέους διαφθείροντα καὶ θεοὺς οὓς ἡ πόλις νομίζει οὐ νομίζοντα, ἕτερα δὲ δαιμόνια καινά.

de um homem de ótima natureza, torna-o pior" (ἥτις εὐφυῆ λαβοῦσα τέχνη φῶτα ἔθηκε χείρονα, 486b5). Cálicles enfatiza precisamente o fato de uma "ótima natureza" (εὐφυής: 484c8; 485d4; 486b5), como seria a de Sócrates, ser corrompida por uma atividade que o afasta da virtude, virtude essa compreendida nestes termos:

> CAL: [...] Ademais, tornam-se inexperientes nas leis da cidade, nos discursos que se deve empregar nas relações públicas e privadas, nos prazeres e apetites humanos, e, em suma, tornam-se absolutamente inexperientes nos costumes dos homens. Quando então se deparam com alguma ação privada ou política, são cobertos pelo ridículo, como julgo que sucede aos políticos: quando se envolvem com vosso passatempo e vossas discussões, são absolutamente risíveis. (484d2-e3)
>
> ΚΑΛ. [...] καὶ γὰρ τῶν νόμων ἄπειροι γίγνονται τῶν κατὰ τὴν πόλιν, καὶ τῶν λόγων οἷς δεῖ χρώμενον ὁμιλεῖν ἐν τοῖς συμβολαίοις τοῖς ἀνθρώποις καὶ ἰδίᾳ καὶ δημοσίᾳ, καὶ τῶν ἡδονῶν τε καὶ ἐπιθυμιῶν τῶν ἀνθρωπείων, καὶ συλλήβδην τῶν ἠθῶν παντάπασιν ἄπειροι γίγνονται. ἐπειδὰν οὖν ἔλθωσιν εἴς τινα ἰδίαν ἢ πολιτικὴν πρᾶξιν, καταγέλαστοι γίγνονται, ὥσπερ γε οἶμαι οἱ πολιτικοί, ἐπειδὰν αὖ εἰς τὰς ὑμετέρας διατριβὰς ἔλθωσιν καὶ τοὺς λόγους, καταγέλαστοί εἰσιν.

A filosofia, na perspectiva de Cálicles, portanto, corrompe as "ótimas naturezas", desviando-as da atividade política por meio da qual os homens se tornam virtuosos e bem reputados, afastando-as da vida dos prazeres, tornando-as estranhas aos costumes humanos (como será elucidado posteriormente na discussão sobre o hedonismo, o prazer equivale ao bem na concepção de Cálicles, e, portanto, deve ser ele o fim precípuo de todas as ações humanas[18]). Por esse motivo, Sócrates parece a Cálicles correr o extremo perigo de, a qualquer momento e por qualquer acusador "extremamente mísero e desprezível" (πάνυ φαύλου καὶ μοχθηροῦ, 486b2-3), ser conduzido ao tribunal, ao cárcere e enfim à morte. O vaticínio de Cálicles se fundamenta

---

18. Platão, *Górgias*, 468b1-8

na percepção da debilidade de Sócrates, da sua condição estranha ao processo político democrático por constrição da própria filosofia, que o afasta "do centro da cidade e das ágoras, onde, segundo o poeta, os homens se tornam distintos" (τὰ μέσα τῆς πόλεως καὶ τὰς ἀγοράς, ἐν αἷς ἔφη ὁ ποιητὴς τοὺς ἄνδρας ἀριπρεπεῖς γίγνεσθαι, 485d5-6)[19], que o impele a passar "o resto da vida escondido a murmurar coisas pelos cantos junto a três ou quatro jovens" (τὸν λοιπὸν βίον βιῶναι μετὰ μειρακίων ἐν γωνίᾳ τριῶν ἢ τεττάρων ψιθυρίζοντα, 485d7-e1). Ao contrastar o âmbito público do discurso político ao âmbito particular, quase que iniciático, do discurso filosófico, Cálicles alude profeticamente à causa da ineficiência persuasiva de Sócrates quando diante do tribunal, como se dará efetivamente no processo que o condenará à morte: não apenas lhe faltarão os recursos retóricos necessários para a persuasão dos juízes, tendo em vista a sua inexperiência no âmbito político da democracia, mas o seu próprio *ēthos* se contraporá ao *ēthos* (ou *ēthē*[20]) daqueles que julgarão o caso, de modo a tornar praticamente inviável qualquer possibilidade de persuasão. A referência profética ao fracasso de Sócrates no tribunal ilustra bem esse ponto:

CAL: [...] Pois o que me ocorre dizer-te é semelhante ao que Zeto disse a seu irmão, que "Descuras, Sócrates, do que deves curar, e a natureza assim tão nobre de tua alma, tu a reconfiguras em uma forma juvenil; *nos conselhos de justiça não acertarias o discurso*, nem anuirias ao verossímil e persuasivo, tampouco proporias um conselho ardiloso no interesse de alguém". (485e3-486a3)

ΚΑΛ. [...] κινδυνεύω οὖν πεπονθέναι νῦν ὅπερ ὁ Ζῆθος πρὸς τὸν Ἀμφίονα ὁ Εὐριπίδου, οὗπερ ἐμνήσθην. καὶ γὰρ ἐμοὶ τοιαῦτ' ἄττα ἐπέρχεται πρὸς σὲ λέγειν, οἷάπερ ἐκεῖνος πρὸς τὸν ἀδελφόν, ὅτι "Ἀμελεῖς, ὦ Σώκρατες, ὧν δεῖ σε ἐπιμελεῖσθαι, καὶ φύσιν ψυχῆς ὧδε γενναίαν μειρακιώδει τινὶ διατρέπεις μορφώματι, καὶ οὔτ' ἂν δίκης

---

19. Segundo E. Dodds, op. cit., p. 274, em Homero, a Ágora é o local da Assembleia pública, e não simplesmente do mercado, e seria essa a referência de Cálicles (ver *Ilíada*, 9.441).

20. Sobre a pluralidade de *ēthē* na democracia, ver *República*, VIII, 557c-d.

βουλαῖσι προσθεῖ' ἂν ὀρθῶς λόγον, οὔτ' εἰκὸς ἂν καὶ πιθανὸν ἂν λάβοις, οὔθ' ὑπὲρ ἄλλου νεανικὸν βούλευμα βουλεύσαιο."

Nessa admoestação de Cálicles, então, Sócrates há de encontrar a morte no tribunal por um "erro" cometido, por escolher uma vida voltada para a filosofia que acaba por corromper a sua própria natureza, desviando-o da atividade política por meio da qual os homens tornam-se virtuosos. Esse *erro* (ἁμαρτία) será, em última instância, a causa de seu *infortúnio* (δυστυχία), e, na perspectiva calicliana, portanto, Sócrates se configura como uma personagem trágica. Seu caso poderia se enquadrar, *grosso modo*, na definição aristotélica da situação trágica por excelência, como vemos nesta passagem da *Poética*:

> O que resta, portanto, é a situação intermediária. É desse tipo aquele que não se distingue pela virtude ou pela justiça, que não cai em infortúnio por causa do vício e da perversidade, mas por causa de algum erro, e que se inclui entre aqueles que gozam de grande reputação e são afortunados, tal como Édipo, Tiestes e homens excelsos oriundos de estirpes semelhantes. (1453a7-12)

> ὁ μεταξὺ ἄρα τούτων λοιπός. ἔστι δὲ τοιοῦτος ὁ μήτε ἀρετῇ διαφέρων καὶ δικαιοσύνῃ μήτε διὰ κακίαν καὶ μοχθηρίαν μεταβάλλων εἰς τὴν δυστυχίαν ἀλλὰ δι' ἁμαρτίαν τινά, τῶν ἐν μεγάλῃ δόξῃ ὄντων καὶ εὐτυχίᾳ, οἷον Οἰδίπους καὶ Θυέστης καὶ οἱ ἐκ τῶν τοιούτων γενῶν ἐπιφανεῖς ἄνδρες.

Ou seja, Sócrates, embora de *ótima natureza* (εὐφυής), não é virtuoso segundo o que Cálicles entende por *virtude* (ἀρετή), uma vez que ele se mantém afastado da atividade política, e encontra seu *infortúnio* (δυστυχία) pelo *erro* (ἁμαρτία) de ter escolhido o modo de vida filosófico. Seu "infortúnio", como profetiza Cálicles, será encontrar a morte no tribunal sob a acusação de um mísero homem, situação essa definida por Sócrates assim: "um vicioso matará um homem bom" (πονηρός γε ὢν ἀγαθὸν ὄντα, 521b5-6). Mas a condição trágica de Sócrates não parece a Cálicles digna de "piedade e terror" (δι' ἐλέου καὶ φόβου,

1449b27), como seria o efeito psicológico causado nos espectadores por uma situação trágica, segundo a *Poética* de Aristóteles. Como o vaticínio da morte de Sócrates aparece no contexto de uma *invectiva*, que, por sua própria natureza, está mais próxima ao registro cômico[21], Sócrates parece a Cálicles digno de umas "pancadas" (πληγῶν, 485c2; d2), e não de "piedade e terror". Nesse sentido, encontram-se mesclados nesse discurso de Cálicles elementos trágicos e cômicos num contexto retórico do diálogo (*makrologia*), o que evidencia, mais uma vez, essa *intergeneralidade* do modo de escrita de Platão. Essa fusão de elementos, a princípio díspares, talvez encontre respaldo no que a personagem Sócrates diz no final do *Banquete*, afirmando que "é próprio do mesmo homem saber compor tragédia e comédia, e que aquele que é poeta trágico pela arte é também poeta cômico" (τοῦ ἀνδρὸς εἶναι κωμῳδίαν καὶ τραγῳδίαν ἐπίστασθαι ποιεῖν, καὶ τὸν τέχνῃ τραγῳδοποιὸν ὄντα <καὶ> κωμῳδοποιὸν εἶναι, 223d3-6).

IV

Mas como a personagem Sócrates se constrói como um herói antitrágico no *Górgias*, em oposição à perspectiva de Cálicles e, por conseguinte, à do senso comum? A diferença em relação ao herói trágico reside, sobretudo, na forma como Sócrates se comporta perante a morte vaticinada por Cálicles, fundamentada na compreensão, diferente da de seu interlocutor, do que é o bem e o mal para o homem. Sócrates já havia demonstrado a Polo que cometer injustiça é tanto pior quanto mais vergonhoso do que sofrê-la, e que o segundo maior mal para homem é cometer injustiça, na medida em que o maior mal é cometê-la mas não pagar a justa pena (479c-d). Essas convicções morais que Sócrates

---

21. A. Nightingale, op. cit., p. 183: "Enquanto o exato grau de seriedade numa determinada passagem cômica será sempre motivo de disputa, a presença da invectiva como uma característica regular e bastante distintiva desse gênero é indubitável".

estipula como verdade moral, ancorada no fato de jamais terem sido refutadas por qualquer interlocutor que pensasse o contrário (527b-c), redimensiona, portanto, o que é verdadeiramente o bem e o mal: o "infortúnio" do homem não é a morte em si, por mais ignominiosa que ela possa ser (como seria a de Sócrates, segundo o vaticínio de Cálicles), mas a vida vivida de forma injusta; nesse sentido, a preocupação precípua do homem, se ele pretende ser feliz, não é viver o quanto mais e buscar todos os meios possíveis para garantir uma vida longeva indepentemente da justiça (essa seria uma das "pseudoutilidades" da retórica aduladora, e, em específico, da retórica judiciária, cf. 511d--513c), mas viver, o tempo que for, de forma justa:

> SOC: [...] Pois o verdadeiro homem não deve se preocupar em viver o quanto tempo for nem se apegar à vida, mas, confiando essas coisas ao deus e acreditando nas mulheres quando dizem que ninguém escaparia a seu destino, ele deve se volver à seguinte investigação: de que modo alguém que vive por certo tempo viveria da melhor maneira possível? (512d8-e5)

> ΣΩ. [...] μὴ γὰρ τοῦτο μέν, τὸ ζῆν ὁποσονδὴ χρόνον, τόν γε ὡς ἀληθῶς ἄνδρα ἐατέον ἐστὶν καὶ οὐ φιλοψυχητέον, ἀλλὰ ἐπιτρέψαντα περὶ τούτων τῷ θεῷ καὶ πιστεύσαντα ταῖς γυναιξὶν ὅτι τὴν εἱμαρμένην οὐδ' ἂν εἷς ἐκφύγοι, τὸ ἐπὶ τούτῳ σκεπτέον τίν' ἂν τρόπον τοῦτον ὃν μέλλοι χρόνον βιῶναι ὡς ἄριστα βιοίη [...].

O *infortúnio* (δυστυχία), portanto, não seria de Sócrates, por mais que a condição de sua morte pudesse parecer ignominiosa (aos olhos da maioria, aos olhos do público do teatro), mas daquele que o acusa injustamente e o conduz ao tribunal, visto que a injustiça é o mal da alma, e não "sofrer injustiça". Sendo Sócrates condenado injustamente à morte, quem será prejudicado por essa ação injusta é quem a comete, ou seja, o acusador, e não quem a sofre; como Sócrates diz a Polo, aquele que mata injustamente, além de infeliz, é "digno de piedade" (ἐλεινόν γε πρός, 469b1-2), e, na perspectiva socrática, a tragicidade recairia sobre quem comete a ação injusta, e não sobre quem a sofre[22]. É essa inversão de valores operada por Sócrates que faz parecer paradoxais as conclusões a respeito da "grandiosa utilidade da retórica" (ἡ μεγάλη χρεία τῆς ῥητορικῆς, 480a2), apresentadas a Polo no final do 2º "Ato": não mais para justificar a injustiça e garantir, assim, a preservação da vida a qualquer preço, mas para fazer valer a justiça sempre que alguma injustiça tenha sido cometida, de modo a beneficiar, assim, aquele que paga a pena justa (480b-481b).

A resignação de Sócrates em face do vaticínio de Cálicles, portanto, fundamenta-se nessa convicção moral que é oposta à de seus interlocutores e, por conseguinte, à do senso comum daquela sociedade democrática: não é a morte, mas a injustiça o maior mal para o homem, a qual deve ser evitada por todos os meios. Vejamos a reação de Sócrates diante das ameaças proféticas de Cálicles:

> SOC: Não me digas o que já disseste repetidas vezes, que minha morte está nas mãos de quem quiser, para que também eu, por minha vez, não responda que "Um vicioso matará um homem bom", nem que ele me furtará se eu tiver alguma propriedade, para que eu, por minha vez, não responda que "Mas se ele me furtar, não saberá usar o que furtou, mas, assim como me roubou injustamente, injustamente usará o que conquistou, e se injustamente, vergonhosamente, e se vergonhosamente, perversamente".
>
> CAL: Como tu me pareces, Sócrates, descrer na possibilidade de que tal sorte te acometa, como se fosse longínqua a tua morada e não pudesses ser conduzido ao tribunal pela acusação, talvez, de um homem extremamente torpe e desprezível!
>
> SOC: Eu seria, portanto, verdadeiramente estulto, Cálicles, se julgasse que, nesta cidade, ninguém sofreria aquilo a que está suscetível. Todavia, estou seguro de que, se eu tiver de apresentar-me ao tribunal correndo um desses riscos mencionados por ti, o meu acusador será um homem vicioso – pois nenhuma pessoa útil acusaria um homem que não tenha cometido injustiça – e não será absurdo, se eu for condenado à morte. Queres que eu te explique porque espero isso? (521b4-d3)

---

22. Platão, *Górgias*, 469a9-b11.

ΣΩ. Μὴ εἴπῃς ὃ πολλάκις εἴρηκας, ὅτι ἀποκτενεῖ με ὁ βουλόμενος, ἵνα μὴ αὖ καὶ ἐγὼ εἴπω, ὅτι Πονηρός γε ὢν ἀγαθὸν ὄντα· μηδ' ὅτι ἀφαιρήσεται ἐάν τι ἔχω, ἵνα μὴ αὖ ἐγὼ εἴπω ὅτι 'Αλλ' ἀφελόμενος οὐχ ἕξει ὅτι χρήσεται αὐτοῖς, ἀλλ' ὥσπερ με ἀδίκως ἀφείλετο, οὕτως καὶ λαβὼν ἀδίκως χρήσεται, εἰ δὲ ἀδίκως, αἰσχρῶς, εἰ δὲ αἰσχρῶς, κακῶς.

ΚΑΛ. "Ως μοι δοκεῖς, ὦ Σώκρατες, πιστεύειν μηδ' ἂν ἓν τούτων παθεῖν, ὡς οἰκῶν ἐκποδὼν καὶ οὐκ ἂν εἰσαχθεὶς εἰς δικαστήριον ὑπὸ πάνυ ἴσως μοχθηροῦ ἀνθρώπου καὶ φαύλου.

ΣΩ. 'Ανόητος ἄρα εἰμί, ὦ Καλλίκλεις, ὡς ἀληθῶς, εἰ μὴ οἴομαι ἐν τῇδε τῇ πόλει ὁντινοῦν ἂν ὅτι τύχοι, τοῦτο παθεῖν. τόδε μέντοι εὖ οἶδ' ὅτι, ἐάνπερ εἰσίω εἰς δικαστήριον περὶ τούτων τινὸς κινδυνεύων, ὃ σὺ λέγεις, πονηρός τίς μ' ἔσται ὁ εἰσάγων–οὐδεὶς γὰρ ἂν χρηστὸς μὴ ἀδικοῦντ' ἄνθρωπον εἰσαγάγοι–καὶ οὐδέν γε ἄτοπον εἰ ἀποθάνοιμι. βούλει σοι εἴπω δι' ὅτι ταῦτα προσδοκῶ;

Sócrates não refuta o vaticínio de Cálicles; pelo contrário, ele aceita com resignação seu destino na pólis profetizado por aquelas palavras e dá razão às censuras volvidas pelo interlocutor: tendo em vista o contraste entre o seu *ēthos* e o *ēthos* do homem democrático que, por sua vez, seria o perfil geral dos juízes em seu julgamento, não seria "absurdo" (ἄτοπον, 521d3) o fato de ele eventualmente ser condenado à morte, e sim uma consequência natural de sua condição idiossincrática naquela sociedade, cuja constituição política se funda na injustiça e na ilegalidade, como depreendemos de sua crítica à democracia ateniense no *Górgias* e na *Apologia*. Na *Apologia*, por exemplo, Sócrates argumenta que sua vida só fora conduzida pela justiça da forma como foi conduzida devido ao fato de ele ter se mantido alheio ao processo político de Atenas, seja durante o regime democrático, seja durante o oligárquico (governo dos Trinta Tiranos em 404 a.C.); se tivesse agido conforme o parecer da massa, como no episódio do julgamento dos generais da batalha de Arginusas (406 a.C.), ele teria certamente incorrido em ações injustas (32b-c), de modo que, louvando a justiça acima de tudo, tornou-se necessária a sua abstenção do processo político ateniense (33e).

Além do vaticínio da morte de Sócrates, há no *Górgias* também a prefiguração da cena do tribunal, em que Sócrates "antecipa" alguns dos argumentos que, mais tarde, usaria em sua defesa "real", tal como Platão a constrói na *Apologia*[23]. Nessa cena fictícia do *Górgias* (521c3-522e4), Sócrates passa a discursar como se estivesse diante do tribunal, como se aquele público ali presente compusesse o corpo dos juízes (como indica, por exemplo, a ocorrência da expressão formular "ó juízes", ὦ ἄνδρες δικασταί, 522c2), com Cálicles na função do acusador formal desempenhada por Meleto na *Apologia*. Será o próprio Sócrates, contudo, a se referir profeticamente a uma das causas de seu processo, à acusação de corrupção da juventude, aludida pelas ocorrências do verbo *diaphtheirein* (corromper) nessa cena fictícia (διαφθείρει: 521e8; διαφθείρειν: 522b7). Na sequência do diálogo, Sócrates explica a Cálicles e à audiência as razões de sua resignação perante o "risco" iminente de morte, decorrente do tipo de vida voltada para a filosofia:

> CAL: Então, parece-te correto, Sócrates, um homem sujeito a essa condição na cidade e incapaz de socorrer a si mesmo?
> SOC: Contanto que ele disponha daquela única coisa, Cálicles, com a qual inúmeras vezes concordaste: que ele tenha socorrido a si mesmo, sem ter incorrido em ações ou discursos injustos referentes a homens ou deuses. Pois havíamos concordado, repetidamente, que essa forma de socorrer a si mesmo é superior a todas as outras. Assim, se alguém me refutasse provando que sou incapaz de prover esse socorro a mim mesmo ou a outra pessoa, seja diante de muitas ou poucas pessoas, seja sozinho por uma só, seria eu tomado pela vergonha, e, se em razão dessa incapacidade eu encontrasse a morte, haveria de me enfurecer. Todavia, se eu perdesse a vida por carência de uma retórica aduladora, estou seguro de que me verias suportar facilmente a morte. Pois ninguém que não seja absolutamente irracional e covarde teme a morte em si; teme, porém, ser injusto, pois o cúmulo de todos os males é a alma chegar ao Hades plena de inúmeros atos injustos. [...] (522c4-e4)

> ΚΑΛ. Δοκεῖ οὖν σοι, ὦ Σώκρατες, καλῶς ἔχειν ἄνθρωπος ἐν πόλει οὕτως διακείμενος καὶ ἀδύνατος ὢν ἑαυτῷ βοηθεῖν;

23. Digo aqui "antecipar" levando em consideração a temporalidade da personagem, e não da relação cronológica entre o *Górgias* e a *Apologia*. Nesse sentido, essa parte do *Górgias* é uma antecipação do episódio da *Apologia*.

ΣΩ. Εἰ ἐκεῖνό γε ἓν αὐτῷ ὑπάρχοι, ὦ Καλλίκλεις, ὃ σὺ πολλάκις ὡμολόγησας· εἰ βεβοηθηκὼς εἴη αὑτῷ, μήτε περὶ ἀνθρώπους μήτε περὶ θεοὺς ἄδικον μηδὲν μήτε εἰρηκὼς μήτε εἰργασμένος. αὕτη γὰρ τῆς βοηθείας ἑαυτῷ πολλάκις ἡμῖν ὡμολόγηται κρατίστη εἶναι. εἰ μὲν οὖν ἐμέ τις ἐξελέγχοι ταύτην τὴν βοήθειαν ἀδύνατον ὄντα ἐμαυτῷ καὶ ἄλλῳ βοηθεῖν, αἰσχυνοίμην ἂν καὶ ἐν πολλοῖς καὶ ἐν ὀλίγοις ἐξελεγχόμενος καὶ μόνος ὑπὸ μόνου, καὶ εἰ διὰ ταύτην τὴν ἀδυναμίαν ἀποθνῄσκοιμι, ἀγανακτοίην ἄν· εἰ δὲ κολακικῆς ῥητορικῆς ἐνδείᾳ τελευτῴην ἔγωγε, εὖ οἶδα ὅτι ῥᾳδίως ἴδοις ἄν με φέροντα τὸν θάνατον. αὐτὸ μὲν γὰρ τὸ ἀποθνῄσκειν οὐδεὶς φοβεῖται, ὅστις μὴ παντάπασιν ἀλόγιστός τε καὶ ἄνανδρός ἐστιν, τὸ δὲ ἀδικεῖν φοβεῖται· πολλῶν γὰρ ἀδικημάτων γέμοντα τὴν ψυχὴν εἰς Ἅιδου ἀφικέσθαι πάντων ἔσχατον κακῶν ἐστιν.

A coragem de Sócrates é justificada aqui, como já foi sublinhado anteriormente, pela compreensão de que o maior mal da alma é a injustiça, e não a morte em si. Esse "conhecimento" é a causa de sua resignação perante o risco de morte, de seu comportamento sereno e moderado devido ao controle de suas paixões, que a personagem mostrará ter, seja no tribunal, como vemos na *Apologia*, seja na véspera de sua morte, como é retratado no *Fédon*. Na *Apologia*, entretanto, embora Sócrates construa a mesma imagem de "homem corajoso" que encontramos no *Górgias*, comparando-se a Aquiles quando diante da presciência de sua morte (28b-d), o argumento que justifica seu comportamento corajoso é decorrente de sua "sabedoria", a qual ele nomeia "sabedoria humana" (ἀνθρωπίνη σοφία, 20d8), ou seja, o conhecimento da própria ignorância:

> Na verdade, temer a morte, ó homens, não é outra coisa senão parecer ser sábio sem sê-lo, pois é parecer saber o que não sabe. Ninguém conhece a morte, ninguém sabe se ela acaso seja o supremo bem para o homem, mas as pessoas temem-na como se soubessem que ela é o supremo mal. Ademais, como não seria essa a ignorância mais deplorável, a de presumir saber o que não se sabe? Mas eu, ó homens, talvez me difira da maioria dos homens precisamente nisto: se eu afirmasse ser mais sábio que alguém em alguma coisa, seria justamente porque, não tendo conhecimento suficiente do que concerne ao Hades, presumo não sabê-lo; mas que cometer injustiça e desobedecer ao superior, seja ele

deus ou homem, é mau e vergonhoso, disso eu sei. Assim, ao contrário dos males que sei que são males, jamais hei de temer e evitar aquilo que não sei se pode vir a ser até mesmo um bem. (29a4-b9)

> τὸ γάρ τοι θάνατον δεδιέναι, ὦ ἄνδρες, οὐδὲν ἄλλο ἐστὶν ἢ δοκεῖν σοφὸν εἶναι μὴ ὄντα· δοκεῖν γὰρ εἰδέναι ἐστὶν ἃ οὐκ οἶδεν. οἶδε μὲν γὰρ οὐδεὶς τὸν θάνατον οὐδ' εἰ τυγχάνει τῷ ἀνθρώπῳ πάντων μέγιστον ὂν τῶν ἀγαθῶν, δεδίασι δ' ὡς εὖ εἰδότες ὅτι μέγιστον τῶν κακῶν ἐστι. καίτοι πῶς οὐκ ἀμαθία ἐστὶν αὕτη ἡ ἐπονείδιστος, ἡ τοῦ οἴεσθαι εἰδέναι ἃ οὐκ οἶδεν; ἐγὼ δ', ὦ ἄνδρες, τούτῳ καὶ ἐνταῦθα ἴσως διαφέρω τῶν πολλῶν ἀνθρώπων, καὶ εἰ δή τῳ σοφώτερός του φαίην εἶναι, τούτῳ ἄν, ὅτι οὐκ εἰδὼς ἱκανῶς περὶ τῶν ἐν Ἅιδου οὕτω καὶ οἴομαι οὐκ εἰδέναι· τὸ δὲ ἀδικεῖν καὶ ἀπειθεῖν τῷ βελτίονι καὶ θεῷ καὶ ἀνθρώπῳ, ὅτι κακὸν καὶ αἰσχρόν ἐστιν οἶδα. πρὸ οὖν τῶν κακῶν ὧν οἶδα ὅτι κακά ἐστιν, ἃ μὴ οἶδα εἰ καὶ ἀγαθὰ ὄντα τυγχάνει οὐδέποτε φοβήσομαι οὐδὲ φεύξομαι·

Embora sejam argumentos diferentes em contextos diferentes[24], ambos apontam para a construção do mesmo traço do caráter de Sócrates: a *coragem* (ἀνδρεία), uma das virtudes cardinais da filosofia moral platônica atribuída à personagem, apresentada por Platão como modelo de conduta moral. Na *Apologia* (assim como no *Górgias*[25]), além de sábio, pio, temperante e justo, o filósofo também é definido como corajoso, *verdadeiramente* corajoso, pois ele sabe aquilo que deve e não deve ser temido. Essa seria uma das consequências positivas daquele conhecimento "negativo" a que Sócrates chama em causa na *Apologia*, pois não se deve temer aquilo que não conhecemos e de que não sabemos se suas consequências podem vir a ser boas ou más; os homens comuns temem a morte por ignorância, por não possuírem essa "sabedoria humana" (ἀνθρωπίνη σοφία, 20d8) que Sócrates possui, por não saberem o que deve ou não ser temido. No *Górgias*, por outro lado, Sócrates baseia seu argumento na prioridade da injustiça em relação à morte: a preocupação precípua do homem é viver de forma justa se ele pretende ser feliz, e por isso ele deve temer a injustiça, o maior mal da alma, e não a morte: o homem

---

24. S. Slings, *Plato's Apology of Socrates*, p. 129-130.
25. Platão, *Górgias*, 507c.

deve viver, por quanto tempo estiver vivo, da forma mais justa possível para ser feliz.

V

Mas o que torna ainda mais surpreendente essa prefiguração do processo contra Sócrates no *Górgias* é que ele, além de concordar com o vaticínio de seu adversário, apresenta também as causas de seu próprio fracasso como orador, justificando antecipadamente a ineficácia persuasiva de seu discurso, como virá a acontecer efetivamente no tribunal (521d6-522c3). A sua condição estranha ao âmbito dessa instituição democrática é retratada por meio de uma analogia com o médico, retomando aquela distinção entre as verdadeiras "artes" (*tekhnai*) e as *pseudoartes* definidas por ele como espécies de "adulação" (*kolakeia*), como havia sido apresentado a Polo em sua *epideixis* (464b2-466a3): "serei julgado como se fosse um médico a ser julgado em meio a crianças sob a acusação de um cozinheiro" (κρινοῦμαι γὰρ ὡς ἐν παιδίοις ἰατρὸς ἂν κρίνοιτο κατηγοροῦντος ὀψοποιοῦ, 521e3-4).

Essa analogia é muito profícua, exploremo-la um pouco mais; Sócrates, na figura do médico, representaria aqui o detentor da "verdadeira retórica" (τῇ ἀληθινῇ ῥητορικῇ, 517a5), da retórica praticada com *tekhnē* em função da promoção do "supremo bem" da audiência (τὸ βέλτιστον, 521d9), e não de seu simples comprazimento; o acusador, na figura do cozinheiro, representaria, por sua vez, o praticante da "retórica aduladora" (τῇ κολακικῇ, 517a6), cuja persuasão é obtida não por arte, mas por simples "experiência e rotina" (ἐμπειρία καὶ τριβή, 463b4), por salvaguardar os meios eficazes de comprazer a audiência e, assim, persuadi-la[26]; as crianças representariam, enfim, os juízes do tribunal, aqueles que têm o mérito de julgar a culpabilidade ou não de Sócrates, ou

26. Assim como a justiça para a alma é a "contraparte" da medicina para corpo (ἀντίστροφον δὲ τῇ ἰατρικῇ τὴν δικαιοσύνην, 464b8), a retórica é a contraparte da culinária: o âmbito da "arte" (*tekhnē*) e o âmbito da "adulação" (*kolakeia*), respectivamente.

seja, pessoas absolutamente ignorantes do que é o bem e o mal, o justo e o injusto, o belo e o vergonhoso, que tomam o "prazer" pelo "bem" como critério para seu juízo. A "verdadeira retórica" de Sócrates, nesse sentido, não possuiria qualquer efeito persuasivo porque está voltada para um público absolutamente estranho a ela, um público habituado a ser adulado, deleitado e comprazido, em toda e qualquer circunstância, por uma outra forma de "retórica", ou melhor, por uma *pseudorretórica*, praticada por homens igualmente ignorantes do que é o bem e o mal, tomando-os, inversamente, pelo prazer e pela dor. Essa mesma imagem do embate verbal entre o médico e o cozinheiro já havia sido construída por Sócrates naquela *epideixis* referida acima (464b2-466a3):

> SOC: [...] Portanto, na medicina se infiltrou a culinária, simulando conhecer qual a suprema dieta para o corpo, de modo que, se o cozinheiro e o médico, em meio a crianças ou a homens igualmente ignorantes como crianças, competissem para saber qual deles, o médico ou o cozinheiro, conhece a respeito das dietas salutares e nocivas, o médico sucumbiria de fome. (464d3-e2)
>
> ὑπὸ μὲν οὖν τὴν ἰατρικὴν ἡ ὀψοποιικὴ ὑποδέδυκεν, καὶ προσποιεῖται τὰ βέλτιστα σιτία τῷ σώματι εἰδέναι, ὥστ' εἰ δέοι ἐν παισὶ διαγωνίζεσθαι ὀψοποιόν τε καὶ ἰατρόν, ἢ ἐν ἀνδράσιν οὕτως ἀνοήτοις ὥσπερ οἱ παῖδες, πότερος ἐπαΐει περὶ τῶν χρηστῶν σιτίων καὶ πονηρῶν, ὁ ἰατρὸς ἢ ὁ ὀψοποιός, λιμῷ ἂν ἀποθανεῖν τὸν ἰατρόν.

Na perspectiva de Sócrates, portanto, o problema do prazer e da dor (sobretudo na perspectiva do hedonismo sustentado por Cálicles, cf. 491e-492c; 494c) é central para compreendermos os motivos de seu fracasso como orador quando diante do tribunal. Há uma incompatibilidade entre a retórica socrática e o público ao qual ela se destina: o verdadeiro rétor sempre fala em vista do "supremo bem" (τὸ βέλτιστον), a despeito de seu discurso ser aprazível ou não àquela determinada audiência; mas essa audiência, assim como as crianças, equivale equivocadamente o bem ao prazer e o mal à dor, de modo a estar muito mais suscetível, e muito mais habituada, aos procedimentos aduladores daquela *pseudorretórica* que Sócrates tanto renega. Ele não persuade precisamente porque o critério do juízo da audiência é o "prazer", e não o "bem". Isso fica evidente na cena fictícia do *agōn* entre o cozinheiro e o médico no tribunal:

> SOC: [...] Examina, então: que defesa poderia fazer um homem como esse surpreendido por tal circunstância, se alguém o acusasse dizendo que "Crianças, este homem aqui presente cometeu inúmeros males contra vós próprios, e corrompe vossos entes mais jovens lacerando-os e cauterizando-os, e vos deixa embaraçados emagrecendo-vos e sufocando-vos; ele vos oferta as mais acerbas poções e vos constrange à fome e à sede, diferente de mim, que vos empanturrava de toda sorte de coisa aprazível". O que achas que o médico, surpreendido por esse mal, poderia falar? Se ele dissesse a verdade, que "Eu fazia tudo isso, crianças, saudavelmente", que tamanho alarido, segundo a tua opinião, fariam juízes como esses? Não seria enorme?
> CAL: Talvez; devemos supor que sim. (521e5-522a8)

> ΣΩ. [...] σκόπει γάρ, τί ἂν ἀπολογοῖτο ὁ τοιοῦτος ἄνθρωπος ἐν τούτοις ληφθείς, εἰ αὐτοῦ κατηγοροῖ τις λέγων ὅτι "Ὦ παῖδες, πολλὰ ὑμᾶς καὶ κακὰ ὅδε εἴργασται ἀνὴρ καὶ αὐτούς, καὶ τοὺς νεωτάτους ὑμῶν διαφθείρει τέμνων τε καὶ κάων, καὶ ἰσχναίνων καὶ πνίγων ἀπορεῖν ποιεῖ, πικρότατα πώματα διδοὺς καὶ πεινῆν καὶ διψῆν ἀναγκάζων, οὐχ ὥσπερ ἐγὼ πολλὰ καὶ ἡδέα καὶ παντοδαπὰ ηὐώχουν ὑμᾶς." τί ἂν οἴει ἐν τούτῳ τῷ κακῷ ἀποληφθέντα ἰατρὸν ἔχειν εἰπεῖν; ἢ εἰ εἴποι τὴν ἀλήθειαν, ὅτι "Ταῦτα πάντα ἐγὼ ἐποίουν, ὦ παῖδες, ὑγιεινῶς," πόσον τι οἴει ἂν ἀναβοῆσαι τοὺς τοιούτους δικαστάς; οὐ μέγα;
> ΚΑΛ. Ἴσως· οἴεσθαί γε χρή.

Essa reação dos juízes conjecturada por Sócrates refletiria, então, como seu discurso afligiria o público, ao invés de adulá-lo: como o "prazer" é o critério do juízo desse mesmo público (de modo que quanto mais aprazível, mais presuasivo será o discurso), é natural que o discurso socrático não tenha qualquer eficácia persuasiva nesse contexto específico. O problema, portanto, não seria propriamente a retórica socrática, mas a sua relação conflituosa com o público ao qual ela se volta, público esse moldado pelos valores morais consagrados pela sociedade democrática de seu tempo, opostos àqueles estipulados por Sócrates como verdade moral (como vemos, por exemplo, no debate com Polo, posteriormente retomado com Cálicles, sobre cometer e sofrer injustiça). Essa incongruência entre a finalidade do discurso socrático (o bem) e as expectativas da audiência do tribunal (o prazer), já figurada na analogia de Sócrates com o médico, aparece explicitamente na sequência do diálogo:

> SOC: Não julgas, então, que ele [o médico] ficaria totalmente embaraçado sobre o que deve dizer?
> CAL: Absolutamente.
> SOC: Sim, estou seguro de que também eu experimentaria uma paixão semelhante se fosse conduzido ao tribunal. Pois não poderei enumerar-lhes os prazeres de que os provi, prazeres que eles consideram benfeitoria e benefício, e tampouco hei de invejar quem lhes provê e quem por eles é provido. Se alguém afirmar que eu corrompo os mais jovens por deixá-los em embaraço, ou que deprecio os mais velhos por proferir-lhes discursos acerbos, quer em privado, quer em público, não poderei dizer nem a verdade, ou seja, que "Tudo o que eu digo é de forma justa, ó juízes, e ajo em vosso interesse", nem qualquer outra coisa. Consequentemente, eu sofrerei o que a ocasião requerer. (522a9-c3)

> ΣΩ. Οὐκοῦν οἴει ἐν πάσῃ ἀπορίᾳ ἂν αὐτὸν ἔχεσθαι ὅτι χρὴ εἰπεῖν;
> ΚΑΛ. Πάνυ γε.
> ΣΩ. Τοιοῦτον μέντοι καὶ ἐγὼ οἶδα ὅτι πάθος πάθοιμι ἂν εἰσελθὼν εἰς δικαστήριον. οὔτε γὰρ ἡδονὰς ἃς ἐκπεπόρικα ἕξω αὐτοῖς λέγειν, ἃς οὗτοι εὐεργεσίας καὶ ὠφελίας νομίζουσιν, ἐγὼ δὲ οὔτε τοὺς πορίζοντας ζηλῶ οὔτε οἷς πορίζεται· ἐάν τέ τίς με ἢ νεωτέρους φῇ διαφθείρειν ἀπορεῖν ποιοῦντα, ἢ τοὺς πρεσβυτέρους κακηγορεῖν λέγοντα πικροὺς λόγους ἢ ἰδίᾳ ἢ δημοσίᾳ, οὔτε τὸ ἀληθὲς ἕξω εἰπεῖν, ὅτι Δικαίως πάντα ταῦτα ἐγὼ λέγω, καὶ πράττω τὸ ὑμέτερον δὴ τοῦτο, ὦ ἄνδρες δικασταί, οὔτε ἄλλο οὐδέν· ὥστε ἴσως, ὅτι ἂν τύχω, τοῦτο πείσομαι.

A sua resignação perante a morte vaticinada por Cálicles, calcada em tais argumentos, faz de Sócrates, portanto, uma personagem antitrágica no *Górgias*[27]: como Sócrates sublinha, ele "se

---

27. Acredito que essa interpretação também compreenda a representação da personagem Sócrates na *Apologia*, no *Críton* e no *Fédon*, mas vou me limitar aqui ao caso do *Górgias* para simplificar meu argumento. Sobre a representação de Sócrates como personagem antitrágica no *Fédon*, ver M. Erler, La felicità delle Api.

enfureceria" (ἀγανακτοίην ἄν, 522d7) somente se alguém o refutasse demonstrando que ele é incapaz de socorrer a si mesmo ou a outrem do maior perigo que há para o homem, ou seja, a injustiça, e então morresse em virtude dessa incapacidade; mas se sua morte se devesse ao fato de ele não ter recorrido a procedimentos aduladores para persuadir a qualquer preço a audiência de sua inculpabibliade, como seria efetivamente o seu caso, então ele haveria de "suportar facilmente a morte" (ῥᾳδίως φέροντα τὸν θάνατον, 522d8-e1). Pois o mal da alma, como assevera Sócrates no *Górgias*, não é a morte, mas a injustiça: se alguém conseguisse lhe provar que sua vida foi vivida de forma injusta, então Sócrates teria motivos para "se enfurecer" (ἀγανακτοίην ἄν, 522d7) e censurar a si próprio, pois esse seria o verdadeiro "infortúnio" do homem (δυστυχία); nessas condições, essa suposta reação destemperada de Sócrates teria sido própria de um herói trágico.

A ocorrência do verbo ἀγανακτέω nessa passagem do *Górgias* não é fortuita: ela aponta para a discussão sobre o "caráter irascível" (τὸ ἀγανακτητικὸν ἦθος) do herói trágico referido no Livro x da *República*. Vejamos o trecho:

"Por conseguinte, o caráter irascível é o que admite a múltipla e variada imitação, enquanto o caráter sensato e calmo, por ser ele próprio sempre semelhante a si mesmo, nem é fácil de ser imitado nem acessível à compreensão quando imitado, especialmente nos festivais e para toda sorte de homens que se reúnem no teatro; pois é a imitação de uma experiência estranha que lhes é apresentada".
"Absolutamente".
"É evidente, então, que o poeta imitador não está naturalmente voltado para essa parte da alma e sua sabedoria, caso pretenda ter boa reputação entre a maioria, foi constituída para lhe agradar – pelo contrário, ele está voltado para o caráter irascível e variável por ser fácil de imitar".
"Evidentemente". (604e1-605a7)

Οὐκοῦν τὸ μὲν πολλὴν μίμησιν καὶ ποικίλην ἔχει, τὸ ἀγανακτητικόν, τὸ δὲ φρόνιμόν τε καὶ ἡσύχιον ἦθος, παραπλήσιον ὂν ἀεὶ αὐτὸ αὑτῷ, οὔτε ῥᾴδιον μιμήσασθαι οὔτε μιμουμένου εὐπετὲς καταμαθεῖν, ἄλλως τε

καὶ πανηγύρει καὶ παντοδαποῖς ἀνθρώποις εἰς θέατρα συλλεγομένοις· ἀλλοτρίου γάρ που πάθους ἡ μίμησις αὐτοῖς γίγνεται.
Παντάπασι μὲν οὖν.
Ὁ δὴ μιμητικὸς ποιητὴς δῆλον ὅτι οὐ πρὸς τὸ τοιοῦτον τῆς ψυχῆς πέφυκέ τε καὶ ἡ σοφία αὐτοῦ τούτῳ ἀρέσκειν πέπηγεν, εἰ μέλλει εὐδοκιμήσειν ἐν τοῖς πολλοῖς, ἀλλὰ πρὸς τὸ ἀγανακτητικόν τε καὶ ποικίλον ἦθος διὰ τὸ εὐμίμητον εἶναι.
Δῆλον.

A referência explícita aos festivais e ao teatro mostra que o enfoque de Platão na crítica aos efeitos psicológicos da poesia mimética no Livro x é particularmente a tragédia e a comédia (como ficará claro em 605c-606d)[28]. Essa oposição entre o "caráter irascível e variável" (τὸ ἀγανακτητικόν τε καὶ ποικίλον ἦθος, 605a5) e o "caráter sensato e calmo" (τὸ φρόνιμόν τε καὶ ἡσυχίον ἦθος, 604e2) marca justamente esse contraste entre o *ēthos* do filósofo e o *ēthos* do herói trágico: Sócrates, consequentemente, não poderia ser modelo de "imitação" para os tragediógrafos, pois, compreendendo as razões de a morte não ser o verdadeiro mal para o homem e sabendo como reagir convenientemente diante dos infortúnios, ele controla suas paixões e não tem reações desmedidas como mostram ter as personagens da tragédia em situações semelhantes. Se o efeito psicológico da experiência trágica é suscitar na audiência "piedade e terror", como define Aristóteles na *Poética* (δι' ἐλέου καὶ φόβου, 1449b27), não será certamente por meio de uma personagem que reaja com resignação perante o "infortúnio" que ele obterá esse efeito (como Sócrates é representado no *Górgias*, na *Apologia*, no *Críton* e, sobretudo, no *Fédon*): Sócrates, ao contrário, configura-se como uma personagem antitrágica, pois ele

---

28. A crítica de Platão ao teatro no Livro x da *República* se estende evidentemente a Homero, considerado pela personagem Sócrates "o primeiro mestre e guia de todos esses belos poetas trágicos" (τῶν καλῶν ἁπάντων τούτων τῶν τραγικῶν πρῶτος διδάσκαλος τε καὶ ἡγεμὼν γενέσθαι, 595c1-2). Todavia, é preciso destacar que a análise dos efeitos psicológicos da experiência poética no Livro x (602c-608c) é centrada sobretudo na tragédia e na comédia, tendo em vista essas alusões ao teatro e aos festivais.

possui o "caráter sensato e calmo" (τὸ φρόνιμόν τε καὶ ἡσυχίον ἦθος, 604e2). O fato de no teatro os atores se entregarem às lamentações, arrastados pelo sentimento de dor que obscurece as determinações da razão, induz os próprios espectadores a adotarem conduta semelhante em situações particulares, conduta essa moralmente censurável segundo a psicologia moral platônica:

"A lei diz ser o mais correto sobretudo se comportar com serenidade nas adversidades e não se irar, pois nem é evidente se são bons ou maus tais infortúnios, nem se há progresso futuramente para quem os suporta com dificuldade, nem se é algo dentre as coisas humanas digno de grande importância; o que é preciso nessas circunstâncias que nos sobrevenha o mais rapidamente, a dor lhe impõe obstáculos".
"A que te referes?", perguntou.
"À deliberação", respondi, "acerca do que nos ocorreu; assim como no jogo de dados, é necessário endireitar nossas posições conforme o lance, através do que a razão retenha como melhor, ao invés de gastar o tempo a gritar tal como as crianças machucadas se comportam com a ferida; é necessário, ao contrário, sempre habituar a alma a curar e corrigir o mais rapidamente o que caiu e adoeceu, suprimindo a lamúria pela medicina". (604b9-d2)

Λέγει που ὁ νόμος ὅτι κάλλιστον ὅτι μάλιστα ἡσυχίαν ἄγειν ἐν ταῖς συμφοραῖς καὶ μὴ ἀγανακτεῖν, ὡς οὔτε δήλου ὄντος τοῦ ἀγαθοῦ τε καὶ κακοῦ τῶν τοιούτων, οὔτε εἰς τὸ πρόσθεν οὐδὲν προβαῖνον τῷ χαλεπῶς φέροντι, οὔτε τι τῶν ἀνθρωπίνων ἄξιον ὂν μεγάλης σπουδῆς, ὅ τε δεῖ ἐν αὐτοῖς ὅτι τάχιστα παραγίγνεσθαι ἡμῖν, τούτῳ ἐμποδὼν γιγνόμενον τὸ λυπεῖσθαι.
Τίνι, ἦ δ' ὅς, λέγεις;
Τῷ βουλεύεσθαι, ἦν δ' ἐγώ, περὶ τὸ γεγονὸς καὶ ὥσπερ ἐν πτώσει κύβων πρὸς τὰ πεπτωκότα τίθεσθαι τὰ αὑτοῦ πράγματα, ὅπῃ ὁ λόγος αἱρεῖ βέλτιστ' ἂν ἔχειν, ἀλλὰ μὴ προσπταίσαντας καθάπερ παῖδας ἐχομένους τοῦ πληγέντος ἐν τῷ βοᾶν διατρίβειν, ἀλλ' ἀεὶ ἐθίζειν τὴν ψυχὴν ὅτι τάχιστα γίγνεσθαι πρὸς τὸ ἰᾶσθαί τε καὶ ἐπανορθοῦν τὸ πεσόν τε καὶ νοσῆσαν, ἰατρικῇ θρηνῳδίαν ἀφανίζοντα.

VI

A imagem de Sócrates como personagem antitrágica, como personificação do controle da razão sobre as afecções do corpo, como vemos no *Górgias* e, implicitamente, no Livro x da *República*, é recorrente também na *Apologia*. Na *peroração* de seu primeiro discurso (34b6-35d8), Sócrates, numa reflexão *metarretórica*, recusa os artifícios geralmente usados pelos oradores que apelam à "piedade" da audiência para assim persuadi-la. Analisemos as duas passagens:

> i. Que assim seja, ó homens! A defesa que eu teria de fazer é mais ou menos essa, ou talvez outra semelhante. Algum de vós, talvez, possa se enfurecer ao relembrar de si próprio, quando, enfrentando uma contenda menor do que esta aqui, volveu-se em implorações e súplicas aos juízes em meio a choradeiras, apresentando os seus próprios filhos, além de inúmeros outros parentes e amigos, para incitar-lhes ao máximo a piedade: eu, ao contrário, mesmo correndo, presumo eu, o risco mais extremo, não recorrerei a nenhum procedimento desse tipo. (34b6-c7)

> Εἶεν δή, ὦ ἄνδρες· ἃ μὲν ἐγὼ ἔχοιμ' ἂν ἀπολογεῖσθαι, σχεδόν ἐστι ταῦτα καὶ ἄλλα ἴσως τοιαῦτα. τάχα δ' ἄν τις ὑμῶν ἀγανακτήσειεν ἀναμνησθεὶς ἑαυτοῦ, εἰ ὁ μὲν καὶ ἐλάττω τουτουῒ τοῦ ἀγῶνος ἀγῶνα ἀγωνιζόμενος ἐδεήθη τε καὶ ἱκέτευσε τοὺς δικαστὰς μετὰ πολλῶν δακρύων, παιδία τε αὑτοῦ ἀναβιβασάμενος ἵνα ὅτι μάλιστα ἐλεηθείη, καὶ ἄλλους τῶν οἰκείων καὶ φίλων πολλούς, ἐγὼ δὲ οὐδὲν ἄρα τούτων ποιήσω, καὶ ταῦτα κινδυνεύων, ὡς ἂν δόξαιμι, τὸν ἔσχατον κίνδυνον.

> ii. Por que não recorrerei, então, a qualquer procedimento do tipo? Não por arrogância, ó atenienses, tampouco para desonrar-vos: se eu enfrento a morte com bravura ou não, isso é matéria para outro discurso. Mas é em vista da minha reputação, da vossa e de toda a cidade, que parece-me vergonhoso que eu recorra a tais procedimentos, com a idade que tenho e com esse renome que adquiri, seja ele verdadeiro ou falso: mas é parecer corrente que Sócrates se distingue em alguma coisa da maioria dos homens. Se aqueles dentre vós que parecem se distinguir ou pela sabedoria, ou pela coragem, ou por qualquer outra virtude, forem homens daquele tipo, será então vergonhoso; eu muitas vezes observei que alguns deles, no momento do julgamento, parecem

ser alguma coisa, mas acabam por realizar feitos espantosos, porque presumem uma sorte terrível se morrerem, como se eles fossem imortais e vós não pudésseis condená-los à morte. Esses homens parecem-me cobrir a cidade de vergonha, de modo que qualquer estrangeiro poderia supor que os atenienses que se distinguem pela virtude, eleitos pelos próprios atenienses para o comando e para cargos honoríficos, em nada se distinguem das mulheres. (34d8-35b3)

τί δὴ οὖν οὐδὲν τούτων ποιήσω; οὐκ αὐθαδιζόμενος, ὦ ἄνδρες Ἀθηναῖοι, οὐδ' ὑμᾶς ἀτιμάζων, ἀλλ' εἰ μὲν θαρραλέως ἐγὼ ἔχω πρὸς θάνατον ἢ μή, ἄλλος λόγος, πρὸς δ' οὖν δόξαν καὶ ἐμοὶ καὶ ὑμῖν καὶ ὅλῃ τῇ πόλει οὔ μοι δοκεῖ καλὸν εἶναι ἐμὲ τούτων οὐδὲν ποιεῖν καὶ τηλικόνδε ὄντα καὶ τοῦτο τοὔνομα ἔχοντα, εἴτ' οὖν ἀληθὲς εἴτ' οὖν ψεῦδος, ἀλλ' οὖν δεδογμένον γέ ἐστί τῳ Σωκράτη διαφέρειν τῶν πολλῶν ἀνθρώπων. εἰ οὖν ὑμῶν οἱ δοκοῦντες διαφέρειν εἴτε σοφίᾳ εἴτε ἀνδρείᾳ εἴτε ἄλλῃ ἡτινιοῦν ἀρετῇ τοιοῦτοι ἔσονται, αἰσχρὸν ἂν εἴη· οἵουσπερ ἐγὼ πολλάκις ἑώρακά τινας ὅταν κρίνωνται, δοκοῦντας μέν τι εἶναι, θαυμάσια δὲ ἐργαζομένους, ὡς δεινόν τι οἰομένους πείσεσθαι εἰ ἀποθανοῦνται, ὥσπερ ἀθανάτων ἐσομένων ἂν ὑμεῖς αὐτοὺς μὴ ἀποκτείνητε· οἳ ἐμοὶ δοκοῦσιν αἰσχύνην τῇ πόλει περιάπτειν, ὥστ' ἄν τινα καὶ τῶν ξένων ὑπολαβεῖν ὅτι οἱ διαφέροντες Ἀθηναίων εἰς ἀρετήν, οὓς αὐτοὶ ἑαυτῶν ἔν τε ταῖς ἀρχαῖς καὶ ταῖς ἄλλαις τιμαῖς προκρίνουσιν, οὗτοι γυναικῶν οὐδὲν διαφέρουσιν.

Como observa Slings em seu comentário à obra, a incursão de Platão no gênero judiciário é marcada por uma série de inversões e/ou subversões de seus *topoi*[29]: como vemos nessa *peroração* da *Apologia*, Platão faz Socrates prescindir de três dos quatro elementos que constituiriam, em conjunto ou em separado, o *epilogos* de um discurso forense, segundo a *Retórica* de Aristóteles[30]: i. a *captatio beneuolentiae*, procedimento já recusado no *proêmio*, seu lugar por excelência; ii. a amplificação e a depreciação; e iv. a recapitulação[31]. O único elemento que interessa a Platão nessa reflexão *metarretórica* é precisamente iii. a disposição da audiência em determinado estado de ânimo:

29. S. Slings, op. cit., p. 180.
30. Ver Aristóteles, *Retórica*, III, 1419b10-14.
31. S. Slings, op. cit., p. 181.

todavia, ao invés do apelo de Sócrates às paixões, e, em específico, à "piedade" da audiência (ἐλεηθείη, 34c4), encontramos uma reflexão crítica sobre o comportamento dos oradores que recorrem a esse tipo de apelo passional (referido pelos verbos ἐδεήθη [implorou] e ἱκέτευσε [suplicou] e pelo advérbio μετὰ πολλῶν δρακύων [em meio a choradeiras], 34c2-3). O contraste entre o comportamento de Sócrates e o daqueles "que parecem se distinguir ou pela sabedoria, ou pela coragem, ou por qualquer outra virtude" (οἱ δοκοῦντες διαφέρειν εἴτε σοφίᾳ εἴτε ἀνδρείᾳ εἴτε ἄλλῃ ἡτινιοῦν ἀρετῇ, 35a2-3), quando diante do tribunal, define precisamente aquele tipo de caráter "sensato e calmo", como referido no Livro x da *República* (τὸ φρόνιμόν τε καὶ ἡσυχίον ἦθος, 604e2), que faz de Sócrates uma personagem antitrágica: onde o comum dos homens age de modo passional, como se comportam as mulheres em situações semelhantes (35b3)[32], Sócrates mantém o controle racional de suas paixões, recusando o apelo à "piedade" dos juízes, como seria comum à *peroração* de um discurso forense, porque ele reconhece que esse tipo de conduta é vergonhosa não apenas para quem a pratica, mas sobretudo para a cidade. Ou seja, recusando um dos "cânones" da retórica forense, Sócrates garante a coerência de sua imagem de "homem justo, pio, temperante, corajoso e sábio", devotado à pólis como nenhum outro homem político, a qual emerge da *Apologia* como o modelo de conduta moral consagrado por Platão.

32. O episódio de Xantipa no *Fédon*, a mulher de Sócrates, ilustra bem o caso:
   Chegando lá, encontramos Sócrates há pouco liberto das amarras e Xantipa – tu a conheces – com o filho sentada ao lado dele. Quando Xantipa nos viu, gritou em meio ao choro e disse aquelas coisas que as mulheres costumam dizer: "Ó Sócrates, é a última vez que teus amigos te verão, e tu a eles". E Sócrates, olhando para Críton, disse: "Ó Críton, que alguém a leve para casa!" (59e8-60a8)
   εἰσιόντες οὖν κατελαμβάνομεν τὸν μὲν Σωκράτη ἄρτι λελυμένον, τὴν δὲ Ξανθίππην–γιγνώσκεις γάρ–ἔχουσάν τε τὸ παιδίον αὐτοῦ καὶ παρακαθημένην. ὡς οὖν εἶδεν ἡμᾶς ἡ Ξανθίππη, ἀνηυφήμησέ τε καὶ τοιαῦτ' ἄττα εἶπεν, οἷα δὴ εἰώθασιν αἱ γυναῖκες, ὅτι "῏Ω Σώκρατες, ὕστατον δή σε προσεροῦσι νῦν οἱ ἐπιτήδειοι καὶ σὺ τούτους." καὶ ὁ Σωκράτης βλέψας εἰς τὸν Κρίτωνα, "῏Ω Κρίτων," ἔφη, "ἀπαγέτω τις αὐτὴν οἴκαδε."

Em suma, essa condição idiossincrática faz de Sócrates, portanto, uma personagem antitrágica nos diálogos platônicos, em especial na *Apologia*, no *Críton*, no *Górgias* e no *Fédon*, diálogos em que o episódio de sua morte aparece, de uma forma ou de outra, como motivo de reflexão. Embora todas as circunstâncias que cercam tal episódio apontem para a tragicidade da personagem, como seria na perpectiva de Cálicles e, por conseguinte, do senso comum daquela sociedade democrática[33], Sócrates é construído por Platão como uma personagem antitrágica: na *Apologia*, a sua resignação perante o risco de morte, mesmo sob condições aparentemente ignominiosas, é fruto do reconhecimento da própria ignorância, que o impede de temer aquilo que ele próprio não sabe se é bom ou mal, ou seja, a morte; no *Górgias*, esse mesmo traço da personagem, quando diante do vaticínio de Cálicles, funda-se na compreensão de que o mal da alma não é a morte, mas a injustiça, a qual deve ser temida e evitada por todos os meios para que se tenha uma vida feliz[34].

---

33. Sobre Cálicles e Polo como "porta-vozes" do senso comum da sociedade democrática de Atenas, cf. *Górgias*, 511b1-3.

34. Como foi salientado anteriormente, não entrarei na discussão sobre o *Fédon*, pois desviaria assim o enfoque de minha análise. Sobre a figura antitrágica de Sócrates no *Fédon*, ver M. Erler, op. cit.

A TRAGICIDADE
DO DISCURSO SOCRÁTICO

I

Retomemos, então, a análise específica do diálogo *Górgias*. O que haveria de "trágico" nesse confronto com Cálicles se Sócrates se configura como uma personagem antitrágica? Como eu havia sugerido antecipadamente, se a "tragédia" não é da personagem, do novo herói construído por Platão, ela é então de seu discurso, uma vez que ele não possui qualquer efeito persuasivo e fracassa sob todas as suas formas (lógica, retórica e mitológica), como é sublinhado por diversas vezes no diálogo (493d; 494a; 513d; 513e; 516a; 516c-d; 517a; 518a; 523a; 527a). Se Cálicles é visto por Sócrates como a "pedra de toque" (βασάνου, 486d7) capaz de verificar se suas opiniões são realmente verdadeiras, e se esse interlocutor não reconhece a verdade das teses defendidas pelo filósofo durante uma discussão marcada pelo rompimento das "regras" do processo dialógico, e por uma série de desentendimentos a respeito da forma como é conduzida, então esse "projeto" de Sócrates, pelo menos nessa circunstância específica, entra em colapso.

O caso Cálicles, o do interlocutor *recalcitrante*, evidencia, assim, os limites do *elenchos* socrático do ponto de vista de sua eficiência discursiva, de sua capacidade de impelir o interlocutor à filosofia e, por conseguinte, ao modo de vida filosófico (caráter protréptico do *elenchos*). Isso coloca em xeque a visão otimista de Sócrates com relação à onipotência da razão, expressa pela máxima moral de que o conhecimento é suficiente para a virtude (referida pela crítica platônica como "paradoxo socrático"[1]): bastaria, a princípio, a correção nas opiniões do interlocutor, uma vez contraditórias, para que ele passasse a agir bem, e seria essa a função positiva do *elenchos*, que justificaria os meios empregados por Sócrates para demonstrar ao interlocutor a sua ignorância e impeli-lo, assim, à investigação filosófica. Mas o problema seria tão somente de "opinião", ou de "conhecimento" e "ignorância"? Ou o caso Cálicles conduz a discussão para outra perspectiva, que leva em consideração outros elementos, além das "opiniões", como causa das ações humanas? Penso que Platão está lidando com esse tipo de questionamento referente a problemas de psicologia moral que não são contemplados pela perspectiva dita "socrática", mas que devem ser considerados para uma adequada compreensão do caso Cálicles. Nesse sentido, o diálogo *Górgias* apresenta questões de psicologia moral que Platão desenvolve em toda a sua extensão na *República*, em especial no Livro IV: embora a refutação de Górgias se baseie no paradoxo socrático (460b-c), Platão nos oferece outras perspectivas para a compreensão do fenômeno moral que ultrapassam a "socrática", sobretudo por meio da personagem Cálicles (como sugere J. Cooper em seu artigo[2]). Vejamos alguns pontos da questão.

1. J. Beversluis, *Cross-Examining Socrates*, p. 308; A. Fussi, *Logos* Filosofico e *Logos* Persuasivo nella Confutazione Socratica di Gorgias, em M. Barale (a cura di). *Materiali per un Lessico della Ragione*, p. 117; T. Irwin, *Plato: Gorgias*, p. 3; C. Kahn, *Plato and the Socratic Dialogue*, p. 72-73.
2. J. Cooper, Socrates and Plato in *Gorgias*, J. Cooper (org.), *Essays on Ancient Moral Psychology and Ethical Theory*, p. 32.

II

Em sentido amplo, o caso Cálicles é, portanto, uma reflexão crítica de Platão a respeito dos alcances e da viabilidade do *elenchos* como instrumento discursivo para a filosofia: a necessidade lógica das demonstrações dos argumentos sustentados por Sócrates, seja para refutar as teses adversárias, seja para confirmar as suas próprias, não é suficiente para *persuadir* o interlocutor de sua verdade; tampouco são persuasivos os recursos retóricos empregados por Sócrates na tentativa de demover Cálicles de suas convicções morais e exortá-lo à filosofia. Sócrates demonstra no *Górgias* uma postura análoga à da personagem Górgias a respeito do poder onipotente da retórica, uma absoluta confiança na verdade de suas teses morais, como vemos no final da refutação de Polo (indicada pela ocorrência da forma verbal ἀποδέδεικται [está demonstrado], 479e8):

> soc: E não era nesse ponto, meu caro, que divergíamos? Tu supunhas que Arquelau era feliz, tendo ele cometido as maiores injustiças e jamais tendo pago a justa pena, enquanto eu julgava o contrário, que se Arquelau ou qualquer outro homem não a pagasse, uma vez cometida a injustiça, conviria que ele fosse distintamente o mais infeliz dos homens, e aquele que comete injustiça fosse sempre mais infeliz do que quem a sofre, e aquele que não paga a justa pena, mais infeliz do que quem a paga? Não era isso o que eu dizia?
> pol: Sim.
> soc: Não está demonstrado, então, que se dizia a verdade?
> pol: É claro. (479d7-e9)

> ΣΩ. ἆρ' οὖν οὐ περὶ τούτου, ὦ φίλε, ἠμφεσβητήσαμεν, σὺ μὲν τὸν Ἀρχέλαον εὐδαιμονίζων τὸν τὰ μέγιστα ἀδικοῦντα δίκην οὐδεμίαν διδόντα, ἐγὼ δὲ τοὐναντίον οἰόμενος, εἴτε Ἀρχέλαος εἴτ' ἄλλος ἀνθρώπων ὁστισοῦν μὴ δίδωσι δίκην ἀδικῶν, τούτῳ προσήκειν ἀθλίῳ εἶναι διαφερόντως τῶν ἄλλων ἀνθρώπων, καὶ ἀεὶ τὸν ἀδικοῦντα τοῦ ἀδικουμένου ἀθλιώτερον εἶναι καὶ τὸν μὴ διδόντα δίκην τοῦ διδόντος; οὐ ταῦτ' ἦν τὰ ὑπ' ἐμοῦ λεγόμενα;
> ΠΩΛ. Ναί.

ΣΩ. Οὐκοῦν ἀποδέδεικται ὅτι ἀληθῆ ἐλέγετο;
ΠΩΛ. Φαίνεται.

A confiança de Sócrates, por sua vez, fundamenta-se no fato de suas convicções morais jamais terem sido refutadas quando confrontadas com opiniões opostas: em todas as circunstâncias em que Sócrates as colocou à prova, como, por exemplo, nesses três "Atos" do *Górgias*, elas se mostraram consistentes e jamais foram refutadas por qualquer interlocutor (508e6-509a7).

Mas se a legitimidade das inferências feitas por Sócrates, que provariam a consistência de suas opiniões e a inconsistência das de seu adversário, depende do *consentimento* do interlocutor nas premissas do argumento, como define Sócrates ("o meu e o teu consentimento, portanto, será realmente a completude da verdade", τῷ ὄντι οὖν ἡ ἐμὴ καὶ ἡ σὴ ὁμολογία τέλος ἤδη ἕξει τῆς ἀληθείας, 487e6-7), então as implicações decorrentes do caso Cálicles colocam-na em xeque. Os passos equivocados de ambos os interlocutores, que vão de encontro ao que o próprio Sócrates estipula como "regra" para o registro da *brakhulogia*, acabam por invalidar, pelo menos no caso específico do debate com Cálicles, essa pretensão otimista de Sócrates. O princípio da sinceridade do interlocutor (495a7-9), que se apresenta como condição imprescindível para o diálogo de orientação filosófica em oposição ao jogo erístico, é deliberadamente negligenciado por Sócrates nesta passagem:

soc: [...] Mas dize-me novamente: afirmas que aprazível e bom são o mesmo, ou que há coisas aprazíveis que não são boas?
cal: A fim de que a discussão não me contradiga se eu disser que são diferentes, eu afirmo que são o mesmo.
soc: Arruínas, Cálicles, a discussão precedente, e deixarias de investigar comigo de modo suficiente o que as coisas são, se falasses contrariamente a tuas opiniões.
cal: Vale para ti também, Sócrates.
soc: Pois bem, se faço isso, não o faço corretamente, tampouco tu o fazes. Mas, homem afortunado, observa se o bem não consiste em deleitar-se de qualquer modo. Pois, se assim o for, tornar-se-ão mani-

festas aquelas inúmeras consequências vergonhosas há pouco insinuadas, e muitas outras mais.

CAL: Segundo o teu juízo, Sócrates.
SOC: Tu, Cálicles, realmente persistes nesse ponto?
CAL: Sim.
SOC: Portanto, tentemos discutir como se falasses seriamente?
CAL: Absolutamente. (495a2-c2)

ΣΩ. [...] ἀλλ' ἔτι καὶ νῦν λέγε πότερον φῂς εἶναι τὸ αὐτὸ ἡδὺ καὶ ἀγαθόν, ἢ εἶναί τι τῶν ἡδέων ὃ οὐκ ἔστιν ἀγαθόν;
ΚΑΛ. Ἵνα δή μοι μὴ ἀνομολογούμενος ᾖ ὁ λόγος, ἐὰν ἕτερον φήσω εἶναι, τὸ αὐτό φημι εἶναι.
ΣΩ. Διαφθείρεις, ὦ Καλλίκλεις, τοὺς πρώτους λόγους, καὶ οὐκ ἂν ἔτι μετ' ἐμοῦ ἱκανῶς τὰ ὄντα ἐξετάζοις, εἴπερ παρὰ τὰ δοκοῦντα σαυτῷ ἐρεῖς.
ΚΑΛ. Καὶ γὰρ σύ, ὦ Σώκρατες.
ΣΩ. Οὐ τοίνυν ὀρθῶς ποιῶ οὔτ' ἐγώ, εἴπερ ποιῶ τοῦτο, οὔτε σύ. ἀλλ', ὦ μακάριε, ἄθρει μὴ οὐ τοῦτο ᾖ τὸ ἀγαθόν, τὸ πάντως χαίρειν· ταῦτά τε γὰρ τὰ νυνδὴ αἰνιχθέντα πολλὰ καὶ αἰσχρὰ φαίνεται συμβαίνοντα, εἰ τοῦτο οὕτως ἔχει, καὶ ἄλλα πολλά.
ΚΑΛ. Ὡς σύ γε οἴει, ὦ Σώκρατες.
ΣΩ. Σὺ δὲ τῷ ὄντι, ὦ Καλλίκλεις, ταῦτα ἰσχυρίζῃ;
ΚΑΛ. Ἔγωγε.
ΣΩ. Ἐπιχειρῶμεν ἄρα τῷ λόγῳ ὡς σοῦ σπουδάζοντος;
ΚΑΛ. Πάνυ γε σφόδρα.

Analisemos detidamente a passagem. Sócrates pretende mostrar a Cálicles que sua concepção de virtude e de felicidade implica uma série de consequências que ele próprio considera vergonhosas, concepção essa que parte do princípio da identidade entre prazer e bem. Mas Cálicles apresenta a Sócrates sua concepção hedonista de felicidade em dois momentos diferentes da discussão (491e5-c8; 494c2-3), que, uma vez confrontados, evidenciam diferenças importantes em sua formulação, não contempladas por Sócrates na refutação acima (494a5-495c2). Vejamos os dois trechos:

a. Mas o belo e justo por natureza, para te dizer agora com franqueza, é o seguinte: o homem que pretende ter uma vida correta deve permitir que seus próprios apetites dilatem ao máximo e não refreá-los, e, uma vez supradilatados, ser suficiente para servir-lhes com coragem e inteligência, e satisfazer o apetite sempre que lhe advier. Mas isso, julgo eu, é impossível à massa: ela, assim, vitupera tais homens por vergonha, para encobrir a sua própria impotência, e afirma que é vergonhosa a intemperança, como eu dizia antes, e escraviza os melhores homens por natureza; ela própria, incapaz de prover a satisfação de seus prazeres, louva a temperança e a justiça por falta de hombridade. (491e6-492b1)

ἀλλὰ τοῦτ' ἐστὶν τὸ κατὰ φύσιν καλὸν καὶ δίκαιον, ὃ ἐγώ σοι νῦν παρρησιαζόμενος λέγω, ὅτι δεῖ τὸν ὀρθῶς βιωσόμενον τὰς μὲν ἐπιθυμίας τὰς ἑαυτοῦ ἐᾶν ὡς μεγίστας εἶναι καὶ μὴ κολάζειν, ταύταις δὲ ὡς μεγίσταις οὔσαις ἱκανὸν εἶναι ὑπηρετεῖν δι' ἀνδρείαν καὶ φρόνησιν, καὶ ἀποπιμπλάναι ὧν ἂν ἀεὶ ἡ ἐπιθυμία γίγνηται. ἀλλὰ τοῦτ' οἶμαι τοῖς πολλοῖς οὐ δυνατόν· ὅθεν ψέγουσιν τοὺς τοιούτους δι' αἰσχύνην, ἀποκρυπτόμενοι τὴν αὑτῶν ἀδυναμίαν, καὶ αἰσχρὸν δή φασιν εἶναι τὴν ἀκολασίαν, ὅπερ ἐν τοῖς πρόσθεν ἐγὼ ἔλεγον, δουλούμενοι τοὺς βελτίους τὴν φύσιν ἀνθρώπους, καὶ αὐτοὶ οὐ δυνάμενοι ἐκπορίζεσθαι ταῖς ἡδοναῖς πλήρωσιν ἐπαινοῦσιν τὴν σωφροσύνην καὶ τὴν δικαιοσύνην διὰ τὴν αὑτῶν ἀνανδρίαν.

b. […] ter todos os demais apetites e ser capaz de saciá-los, deleitar-se e viver feliz. (494c2-3)

[…] τὰς ἄλλας ἐπιθυμίας ἁπάσας ἔχοντα καὶ δυνάμενον πληροῦντα χαίροντα εὐδαιμόνως ζῆν.

Na primeira versão do hedonismo, Cálicles não diz categoricamente que o homem que pretende viver bem deve ser capaz de satisfazer *todos* os apetites: ele diz que, quando os apetites surgem, o homem deve deixar que eles engrandeçam ao máximo para, assim, satisfazê-los, tendo a coragem e a inteligência suficientes para reprimir qualquer tipo de *pathos* que impeça esse processo, como a vergonha ou o medo. Isso não pressupõe que esse homem inteligente e corajoso deva satisfazer *todo e qualquer* apetite, pois pode acontecer que, ponderando sobre a natureza de certo apetite, ele prefira não satisfazê-lo por considerá-lo indigno ou vergonhoso, como, por exemplo, o apetite de "se coçar" ou o apetite dos homossexuais a que Sócrates recorre para refutar o hedonismo (b). Não seria incoerente, levando em consideração a formulação do hedonismo (a), se Cálicles distinguisse apetites bons de apetites maus, e, por conseguinte, prazeres bons de prazeres maus (na medida em que o prazer advém da satisfação do apetite, cf. 496d-e), pois o homem virtuoso seria aquele capaz de engrandecer e dar vazão àqueles apetites dignos de serem saciados, quaisquer que sejam eles, e evitar aqueles indignos, quaisquer que sejam eles.

Na segunda versão, todavia, Cálicles torna irrestrito o hedonismo, que Sócrates define como "deleitar-se de qualquer modo" (τὸ πάντως χαίρειν, 495b4). Nesse sentido, o homem que pretende viver bem deve então ser capaz de satisfazer todo e qualquer apetite, inclusive aqueles elencados por Sócrates. O argumento socrático é válido, portanto, somente para o hedonismo (b), o hedonismo *categórico*, pois Cálicles, diferentemente da versão (a), diz expressamente que o homem, para ser feliz, deve ter e satisfazer *todos* os apetites (ἁπάσας, 494c2). Admitindo a identidade absoluta entre prazer e bem, as consequências apontadas por Sócrates são necessárias, e Cálicles não teria como negá-las tendo em vista o que ele próprio havia declarado anteriormente. É nesse sentido que Cálicles aceita as conclusões do argumento, para não ser incoerente com o que havia admitido antes (ou seja, que o homem para viver feliz deve ter e satisfazer *todos* os apetites), e não porque elas refletem o que ele realmente pensava. Diante das conclusões indesejadas reveladas pelo *elenchos*, Cálicles poderia, como fará efetivamente adiante (499b), admitir que há prazeres bons e prazeres maus, distinção essa que seria perfeitamente admissível pelo hedonismo (a): o homem virtuoso deve permitir que os apetites bons, quaisquer que sejam eles, engrandeçam ao máximo para assim satisfazê-los, tendo a coragem e a inteligência suficientes para isso[3]. Eis o dilema de Cálicles: dizer o que realmente pensa (que bem e prazer são diferentes e que aquele que se coça não é feliz) e ser assim incoerente com o que havia

---

3. Idem, p. 72-3.

admitido antes, ou evitar tal incoerência sustentando algo em que não acredita[4].

Portanto, na medida em que a refutação do hedonismo (b)[5] não implica a refutação do hedonismo (a), a atitude de Cálicles é bastante razoável: para não ser incoerente consigo próprio, ele aceita as consequências vergonhosas do hedonismo categórico, embora elas não reflitam as suas reais opiniões; seria necessário, assim, uma reformulação nas premissas do argumento, como, por exemplo, de que há bons e maus prazeres (499b), para que o hedonismo fosse examinado de forma adequada, conforme as opiniões reais de Cálicles. Se Sócrates pretende provar ao interlocutor que bem e prazer são diferentes, Cálicles estaria assim pronto para admiti-lo, pois as consequências do hedonismo categórico, fundado na identidade entre prazer e bem, não condizem com o que ele pensa, tampouco são elas suficientes para refutar o hedonismo (a).

III

Surpreendente, todavia, é a atitude de Sócrates diante da reação de Cálicles: ao invés de investigar as reais opiniões do interlocutor, analisando o hedonismo (a) a partir da distinção entre bons e maus prazeres, como Cálicles se mostra disposto a admiti-la e como admitirá efetivamente (499b), Sócrates ignora a ressalva de Cálicles e passa a dialogar como se ele falasse "seriamente" (σπουδάζοντος, 495c1). Nesse momento da discussão, não é Cálicles, mas Sócrates a romper o princípio da sinceridade do interlocutor, que distinguiria, por sua vez,

    4. J. Beversluis, op. cit., p. 354.
    5. Essa primeira refutação do hedonismo (b) (494c2-495c2) é *ad hominem*, ou seja, Sócrates está testando antes a "franqueza" de Cálicles (παρρησιαζόμενος, 492e6-7) do que propriamente o hedonismo categórico, como fará na sequência do diálogo (495c3-497a5; 497a6-499b3): assim como os homens mais fracos e a massa, Cálicles também é acometido pelo sentimento da *vergonha*, que, na versão do hedonismo (a), apresenta-se como um dos obstáculos a serem superados pela "coragem e inteligência" na busca pelo engrandecimento e satisfação dos apetites.

o diálogo de orientação filosófica das meras disputas erísticas. Mas por que Sócrates age dessa maneira? Porque Sócrates não refuta o hedonismo categórico com tais exemplos, e sim Cálicles, como foi comentado acima sobre o aspecto *ad hominem* do *elenchos* socrático: pois se Cálicles tivesse a coragem suficiente para reprimir esse sentimento de vergonha, comum à maioria dos homens, e admitir todas aquelas consequências insinuadas por Sócrates, então ele não refutaria Cálicles, tampouco o hedonismo categórico. Mesmo Cálicles sendo acometido pela vergonha, isso não é suficiente para Sócrates refutar o hedonismo categórico (b). O *elenchos* propriamente dito se dá através de dois argumentos subsequentes (495c3--497a5; 497a6-499b3), em que Sócrates demonstra i. que o prazer é diferente do bem e ii. que aquele homem "corajoso e inteligente" (τὸν φρόνιμον καὶ ἀνδρεῖόν, 499a2) reverenciado por Cálicles é tão bom quanto o "estulto e covarde" (τὸν ἄφρονα καὶ δειλόν, 499a3) ou até mesmo pior, caso se admita que prazer e bem são a mesma coisa (pois o covarde se compraz e sofre mais do que o corajoso).

Pois bem, se essa leitura é aceitável, Sócrates passa a discutir em vão (495c3-499b3), pelo menos do ponto de vista do interlocutor, pois pretende demonstrar aquilo que Cálicles já estava pronto para admitir, de modo a evitar as consequências decorrentes da formulação categórica do hedonismo reveladas por Sócrates. Como J. Cooper salienta[6], admitir a distinção entre bons e maus prazeres, como Cálicles fará em 499b, não é inconsistente com a formulação do hedonismo (a), que, em última instância, acaba não sendo refutada absolutamente por Sócrates no *Górgias*: o valor central atribuído aos "apetites" (*epithumiai*) pela psicologia moral caliciana permanece consistente mesmo admitindo tal distinção. Assim, ao invés de levar a sério as possíveis implicações decorrentes desse consentimento de Cálicles para a teoria hedonista, Sócrates recorre à sua habitual ironia:

---

6. J. Cooper, Socrates and Plato in Plato's *Gorgias*, p. 72-73.

CAL: Há tempos te ouço, Sócrates, concordando contigo e refletindo que, ainda que alguém te conceda algum ponto por brincadeira, te apegas a isso contente como um garoto. Pois tu julgas, de fato, que eu ou qualquer outro homem não consideramos que há prazeres melhores e piores?

SOC: Ah! Ah! Cálicles, como és embusteiro e me tratas como se eu fosse criança, ora afirmando que as mesmas coisas são de um modo, ora de outro, com o escopo de me enganar. Aliás, eu não julgava a princípio que seria enganado por ti voluntariamente, visto que és meu amigo. Porém, acabaste de mentir, e, como é plausível, é necessário que eu, conforme o antigo ditado, "faça o melhor com o que tenho", e aceite a tua oferta. [...] (499b4-c6)

ΚΑΛ. Πάλαι τοί σου ἀκροῶμαι, ὦ Σώκρατες, καθομολογῶν, ἐνθυμούμενος ὅτι, κἂν παίζων τίς σοι ἐνδῷ ὁτιοῦν, τούτου ἄσμενος ἔχῃ ὥσπερ τὰ μειράκια. ὡς δὴ σὺ οἴει ἐμὲ ἢ καὶ ἄλλον ὁντινοῦν ἀνθρώπων οὐχ ἡγεῖσθαι τὰς μὲν βελτίους ἡδονάς, τὰς δὲ χείρους.

ΣΩ. Ἰοῦ ἰοῦ, ὦ Καλλίκλεις, ὡς πανοῦργος εἶ καί μοι ὥσπερ παιδὶ χρῇ, τοτὲ μὲν τὰ αὐτὰ φάσκων οὕτως ἔχειν, τοτὲ δὲ ἑτέρως, ἐξαπατῶν με. καίτοι οὐκ ᾤμην γε κατ' ἀρχὰς ὑπὸ σοῦ ἑκόντος εἶναι ἐξαπατηθήσεσθαι, ὡς ὄντος φίλου· νῦν δὲ ἐψεύσθην, καὶ ὡς ἔοικεν ἀνάγκη μοι κατὰ τὸν παλαιὸν λόγον τὸ παρὸν εὖ ποιεῖν καὶ τοῦτο δέχεσθαι τὸ διδόμενον παρὰ σοῦ. [...]

A partir desse momento do diálogo (499d), Sócrates abandona, de certo modo, o interlocutor e a análise de suas opiniões e passa a expor as suas próprias ideias sobre o bem e o prazer[7], como se os argumentos anteriores tivessem sido suficientes para refutar o hedonismo em sua completude; mas, como tentei mostrar, Sócrates refuta apenas o hedonismo *categórico* (b), o qual Cálicles acaba por renegar (como se aquele ἀπάσας [todos], em 494c2 fosse apenas um lapso na sua formulação verbal), alegando não refletir as suas opiniões reais, talvez melhor expressas pela formulação (a) em 491e6-492c8. Sócrates passa a discutir, então, os critérios para se distinguir os bons dos maus prazeres, argumentando que os bons são aqueles que promovem a boa disposição da alma (justiça, temperança etc.), enquanto os

---

7. Idem, p. 73.

maus, aqueles que promovem a disposição contrária, e assim por diante. Essa mudança na estratégia argumentativa de Sócrates provoca o desinteresse gradativo de Cálicles pela discussão, de modo que em 501c7-8 este declara que sua participação no diálogo é apenas para Sócrates concluir o argumento e para deleitar Górgias, que o havia impedido de abandonar o debate (497b); se não fosse a intervenção de Górgias, certamente Cálicles já teria saído de cena. Ele já não se comporta mais como aquele interlocutor "franco" e defensor fervoroso de suas convicções, tornando-se complacente com Sócrates, confirmando o que Sócrates espera que ele confirme para se chegar ao termo daquela conversa em vão.

Esse distanciamento entre os interlocutores culmina, então, com o "*monó*logo" de Sócrates (506c5-509c4), que, pelo próprio termo, é a negação do "*diá*logo" (διαλέγεσθαι), do princípio elementar da filosofia: uma conversa entre duas pessoas, uma na função de inquiridor, e outra na de inquirido, como Sócrates definiu reiteradamente na discussão com Górgias e Polo (449bc; 471e2-472d4). Mas esse "monólogo" já havia, de certa forma, começado antes, desde o momento em que Sócrates ignora o protesto de Cálicles, quebrando o princípio da sinceridade do interlocutor (495a-b). Essa ação à revelia de Cálicles implica a negação da função do interlocutor, de modo que, se a "completude da verdade" (τέλος τῆς ἀληθείας, 487e7) depende do consentimento de ambos nas premissas do argumento, como define Sócrates, então Cálicles não desempenha a sua função, não se comporta como aquele interlocutor ideal (487a). Cálicles, por conseguinte, não poderia ser aquela "pedra de toque" (βασάνου, 486d7) que verificaria a verdade das teses socráticas, frustrando, assim, a expectativa otimista de Sócrates. Em última instância, ainda que Sócrates ancore a sua convicção na verdade de suas teses morais no fato de jamais terem sido refutadas por qualquer interlocutor, para se alcançar a "completude da verdade" ele precisaria de algo mais do que esse "consentimento" de Cálicles obtido sob tais condições e em tais circunstâncias.

Mas por qual razão Sócrates insiste num diálogo que já não é mais "*diá*logo", conversando sozinho numa situação ridícula, como ele próprio admite? Talvez a personagem nos indique o caminho da resposta. Depois que Cálicles sugere o "monólogo" como a única solução para o impasse e o desacordo a que chegaram, Sócrates diz o seguinte:

> SOC: Para me valer do dito de Epicarmo, eu serei suficiente, mesmo sendo um só, para o que "dois homens diziam previamente". Pois bem, é provável que isso seja absolutamente necessário. Todavia, se tomarmos essa decisão, julgo que todos nós devamos almejar a vitória em saber o que é verdadeiro e o que é falso em relação ao que dizemos, pois é um bem comum a todos que isso se esclareça. Farei a exposição do argumento, então, como me parecer melhor, mas se algum de vós achar que eu concordo comigo mesmo a respeito de coisas que não são o caso, será seu dever, então, tomar a palavra e refutar-me. Pois eu, de fato, não falo como conhecedor do que falo, mas empreendo convosco uma investigação em comum, de modo que, se quem diverge de mim disser-me algo manifesto, serei eu o primeiro a consenti-lo. Digo essas coisas, contudo, se parecer melhor que eu deva concluir a discussão, mas se não quiserdes, nos despeçamos agora mesmo e partamos!
>
> GOR: Parece-me, Sócrates, que não devemos partir agora, e que deves tu expor o argumento. Que essa é a opinião dos demais, está manifesto. De minha parte, quero te ouvir percorrendo por ti mesmo o que lhe resta. (505e1-506b3)

> ΣΩ. "Ἵνα μοι τὸ τοῦ 'Ἐπιχάρμου γένηται, ἃ "πρὸ τοῦ δύο ἄνδρες ἔλεγον," εἷς ὢν ἱκανὸς γένωμαι. ἀτὰρ κινδυνεύει ἀναγκαιότατον εἶναι οὕτως. εἰ μέντοι ποιήσομεν, οἶμαι ἔγωγε χρῆναι πάντας ἡμᾶς φιλονίκως ἔχειν πρὸς τὸ εἰδέναι τὸ ἀληθὲς τί ἐστιν περὶ ὧν λέγομεν καὶ τί ψεῦδος· κοινὸν γὰρ ἀγαθὸν ἅπασι φανερὸν γενέσθαι αὐτό. δίειμι μὲν οὖν τῷ λόγῳ ἐγὼ ὡς ἄν μοι δοκῇ ἔχειν· ἐὰν δέ τῳ ὑμῶν μὴ τὰ ὄντα δοκῶ ὁμολογεῖν ἐμαυτῷ, χρὴ ἀντιλαμβάνεσθαι καὶ ἐλέγχειν. οὐδὲ γάρ τοι ἔγωγε εἰδὼς λέγω ἃ λέγω, ἀλλὰ ζητῶ κοινῇ μεθ' ὑμῶν, ὥστε, ἄν τι φαίνηται λέγων ὁ ἀμφισβητῶν ἐμοί, ἐγὼ πρῶτος συγχωρήσομαι. λέγω μέντοι ταῦτα, εἰ δοκεῖ χρῆναι διαπερανθῆναι τὸν λόγον· εἰ δὲ μή βούλεσθε, ἐῶμεν ἤδη χαίρειν καὶ ἀπίωμεν.
>
> ΓΟΡ. Ἀλλ' ἐμοὶ μὲν οὐ δοκεῖ, ὦ Σώκρατες, χρῆναί πω ἀπιέναι, ἀλλὰ διεξελθεῖν σε τὸν λόγον· φαίνεται δέ μοι καὶ τοῖς ἄλλοις δοκεῖν. βούλομαι γὰρ ἔγωγε καὶ αὐτὸς ἀκοῦσαί σου αὐτοῦ διιόντος τὰ ἐπίλοιπα.

A referência a Epicarmo (DK B16) é bastante significativa, sobretudo porque ela parte da boca de Sócrates: em seu comentário ao *Górgias*, Olimpiodoro afirma que esse poeta havia composto uma comédia na qual duas personagens dialogam, mas acaba uma falando também pela outra (34.13)[8]. Nessa alusão à comédia, Sócrates compara a sua condição à da personagem cômica, na situação excepcional de um monólogo dentro do diálogo. Nesse sentido, a própria personagem adverte que sua ação será ridícula, mas a justifica atribuindo a causa a uma constrição da ocasião (ἀναγκαιότατον, 505e3), na tentativa de se eximir da culpabilidade moral de seu comportamento risível[9]. Dada a recusa de Cálicles, Sócrates convida então a audiência da cena a desempenhar eventualmente a função de interlocutor e intervir no monólogo quando necessário: ou seja, Sócrates passa a "dialogar" agora com a audiência da cena, passa a se dirigir diretamente a ela, agindo contra aquilo que ele próprio havia dito a Polo, quando distinguia o *elenchos* filosófico do *elenchos* retórico:

SOC: [...] Eu sei como apresentar uma única testemunha do que digo, aquela com a qual eu discuto, mas dispenso a maioria, e sei como dar a pauta da votação a uma única pessoa, mas não dialogo com muitos. (474a5-b1)

ΣΩ. [...] ἐγὼ γὰρ ὧν ἂν λέγω ἕνα μὲν παρασχέσθαι μάρτυρα ἐπίσταμαι, αὐτὸν πρὸς ὃν ἄν μοι ὁ λόγος ᾖ, τοὺς δὲ πολλοὺς ἐῶ χαίρειν, καὶ ἕνα ἐπιψηφίζειν ἐπίσταμαι, τοῖς δὲ πολλοῖς οὐδὲ διαλέγομαι.

Nesse momento do diálogo, então, fica evidente que o discurso de Sócrates já não se dirige mais precipuamente a Cálicles,

---

8. Ver A. Nightingale, *Genres in Dialogue*, p. 82; E. Dodds, *Plato: Gorgias*, p. 332.

9. Sócrates recorre sempre ao mesmo tipo argumento para justificar suas ações moralmente censuráveis, segundo o seu próprio ponto de vista, buscando se eximir, assim, de culpa: i. no Prólogo, ele atribui a Querefonte a causa de ambos terem chegado depois de finalizada a *epideixis* de Górgias, motivo pelo qual ele é prontamente censurado por Cálicles (ἀνάγκασας ἡμᾶς, 447a8); ii. no 2º "Ato", ele justifica sua *makrologia* para expor a sua concepção de retórica como "adulação" (κολακεία) à obtusidade do interlocutor, visto a deficiência de Polo no registro da *brakhulogia* (465e-466a); iii. no 3º "Ato", ele justifica novamente sua incursão pela *makrologia* pelo fato de Cálicles ter recusado responder às perguntas (με ἠνάγκασας, 519d6).

mas à audiência da cena, composta de discípulos de Górgias e/ou aspirantes a tais. Contudo, para isso, Sócrates acaba por contrariar os princípios basilares que definem o "diálogo" filosófico em oposição ao jogo verbal erístico. Dessa forma, à *epideixis* de Górgias sucede a *epideixis* de Sócrates, numa substituição simbólica do saber aparente do rétor pela verdadeira sabedoria do filósofo: nesse sentido, o público, embora só apareça na cena referido por alguma personagem (458c, 506a-b), desempenha uma importante função na dinâmica dialógica, afetando, de certo modo, o comportamento das personagens, inclusive o de Sócrates. Pois é em função dessa audiência que se justificaria a insistência de Sócrates num diálogo que não se constitui mais como "*diá*logo" (na minha leitura, desde 495a-b), tendo em vista a resistência de Cálicles à estratégia argumentativa de Sócrates e a sua indisposição para se deixar persuadir por seus argumentos. Se o discurso socrático não possui qualquer efeito persuasivo em Cálicles, talvez ele pudesse possui-lo na audiência, ou pelo menos em parte dela: pela observação de Górgias, ela se encontra envolvida pela discussão conduzida por Sócrates (506b1-2), assim como já havia se mostrado favorável ao filósofo quando Górgias tenta polidamente se furtar ao debate (458b-e). Mas essa perspectiva otimista ainda contrasta com o juízo de Cálicles, quando diz que, assim como à maioria das pessoas, Sócrates não o persuade absolutamente (513c4-6).

Se esses passos equivocados de Sócrates durante o diálogo com Cálicles e, por conseguinte, o seu comportamento ridículo nesse monólogo se justificam pelos fins, ou seja, em vista da persuasão e da exortação da audiência à filosofia, como indica o caráter protréptico do Mito Final[10], então Cálicles teria razão em chamar Sócrates de "orador público" (δημηγόρος, 482c5; 494d1): ele fala

---

10. Platão, *Górgias*, 526d5-e4:
Assim, dou adeus às honras da maioria dos homens e tentarei realmente, exercitando a verdade, viver de modo a ser o melhor o quanto me for possível ser, e morrer, quando a morte me acometer. E exorto a isso todos os outros homens, na medida do possível; ademais, exorto, em resposta à tua exortação, também a ti e essa vida e a essa luta, a qual afirmo ser preferível a todas as demais lutas daqui. →

não apenas com o interlocutor, mas também para a audiência, a fim de lhe mostrar as deficiências da formação propiciada pela retórica, representada eminentemente por Górgias, e os benefícios, em contrapartida, do modo de vida filosófico. Como Cálicles é um interlocutor arguto, ele percebe que, a despeito de sua crítica à retórica praticada nas instituições democráticas, Sócrates também se vale de procedimentos típicos desse ambiente agonístico, como, por exemplo, o jogo com as emoções do público. Porém, se entendermos, por outro lado, que Sócrates continua o diálogo, mesmo diante da recusa de Cálicles, com a esperança real de ainda persuadi-lo, então ele se comporta, de fato, como uma personagem cômica que dialoga, como na peça de Epicarmo, sozinha no palco, diante de um interlocutor que não mostra qualquer interesse pelo conteúdo da discussão, salvo em poucos e sucintos momentos (510a-b; 513c; 517a; 520a; 521c; 522c). Pois o próprio Sócrates observa, por diversas vezes no 3º "Ato" (493d; 494a; 513c-d; 523a; 527a), que seu discurso não demove Cálicles de suas convicções morais, ciente de que a recalcitrância do interlocutor é mais forte do que o poder persuasivo de seu discurso. Quais as causas da recalcitrância de Cálicles, veremos adiante, a partir das indicações do próprio Platão no *Górgias*.

IV

Sendo assim, temos no *Górgias*, de um lado, o colapso da estratégia argumentativa de Sócrates quando em confronto com um interlocutor *recalcitrante*, que eu designei genericamente de "tragédia" do discurso socrático; mas, de outro lado, uma expectativa otimista da personagem de persuadir a audiência, ou pelo menos parte dela, da superioridade do modo de vida

→ χαίρειν οὖν ἐάσας τὰς τιμὰς τὰς τῶν πολλῶν ἀνθρώπων, τὴν ἀλήθειαν ἀσκῶν πειράσομαι τῷ ὄντι ὡς ἂν δύνωμαι βέλτιστος ὢν καὶ ζῆν καὶ ἐπειδὰν ἀποθνήσκω ἀποθνήσκειν. παρακαλῶ δὲ καὶ τοὺς ἄλλους πάντας ἀνθρώπους, καθ' ὅσον δύναμαι, καὶ δὴ καὶ σὲ ἀντιπαρακαλῶ ἐπὶ τοῦτον τὸν βίον καὶ τὸν ἀγῶνα τοῦτον, ὃν ἐγώ φημι ἀντὶ πάντων τῶν ἐνθάδε ἀγώνων εἶναι [...]

filosófico sobre o modo de vida político exortado por Cálicles. Para empregar uma metáfora nietzschiana, é como se Sócrates fosse a ave de rapina, em território estrangeiro, investindo contra o rebanho de Górgias. Essa perspectiva otimista só é razoável se admitirmos que Sócrates, a partir de 495a-b, se dirige precipuamente à audiência, tendo em vista a resistência indelével de Cálicles. Essa leitura parece-me encontrar apoio no que Sócrates diz no Mito Final, quando ele distingue as almas "curáveis" das "incuráveis"[11]. Vejamos o trecho:

> Cabe a todos os que estão sujeitos ao desagravo, cujo desagravo por parte de outrem seja correto, tornarem-se melhores e obterem alguma vantagem, ou tornarem-se modelo aos demais, para que estes últimos, quando verem seu sofrimento, fiquem amedrontados e se tornem melhores. Mas os que são beneficiados e que recebem a justa pena infligida por deuses e homens são aqueles que cometeram erros curáveis; contudo, é por meio de sofrimentos e dores que eles são beneficiados, aqui como no Hades, pois não há outro modo de se livrarem da injustiça. Por outro lado, os que cometeram as injustiças mais extremas e tornaram-se incuráveis devido a esses atos injustos, tornam-se modelo, embora eles próprios jamais possam obter alguma vantagem porque são incuráveis. Não obstante, são os outros que obtêm alguma vantagem disso, aqueles que os veem experimentar, ininterruptamente, os maiores, os mais dolorosos e os mais temíveis sofrimentos por causa de seus erros, dependurados

---

11. Sócrates já antecipa esse argumento do mito, ao aludir metaforicamente às doenças "incuráveis" da alma, na discussão com Cálicles sobre a ideia de "salvar a si mesmo":
> Ele [o piloto] pondera, então, que se algum tripulante, cujo corpo é acometido por doenças crônicas e incuráveis, não se afogar, ele será infeliz porque não morreu, não obtendo qualquer benefício de sua parte; e que, para um tripulante acometido por inúmeras doenças incuráveis na alma, que vale mais que o corpo, a vida não lhe é digna e ele não obterá qualquer vantagem em ser salvo seja do mar, ou do tribunal, ou de qualquer outro lugar: ele sabe que não é melhor para um homem perverso persistir a viver, pois é necessário que ele viva miseravelmente. (512a2-b2)
> ΣΩ. [...] λογίζεται οὖν ὅτι οὔκ, εἰ μέν τις μεγάλοις καὶ ἀνιάτοις νοσήμασιν κατὰ τὸ σῶμα συνεχόμενος μὴ ἀπεπνίγη, οὗτος μὲν ἄθλιός ἐστιν ὅτι οὐκ ἀπέθανεν, καὶ οὐδὲν ὑπ' αὐτοῦ ὠφέληται· εἰ δέ τις ἄρα ἐν τῷ τοῦ σώματος τιμιωτέρῳ, τῇ ψυχῇ, πολλὰ νοσήματα ἔχει καὶ ἀνίατα, τούτῳ δὲ βιωτέον ἐστὶν καὶ τοῦτον ὀνήσει, ἄντε ἐκ θαλάττης ἄντε ἐκ δικαστηρίου ἐάντε ἄλλοθεν ὁποθενοῦν σώσῃ, ἀλλ' οἶδεν ὅτι οὐκ ἄμεινόν ἐστιν ζῆν τῷ μοχθηρῷ ἀνθρώπῳ· κακῶς γὰρ ἀνάγκη ἐστὶν ζῆν.

no cárcere de Hades como simples modelo, espetáculo e advertência para os injustos que ali chegam a todo instante. Eu afirmo que Arquelau, inclusive, será um deles, se for verdadeiro o relato de Polo, e qualquer outro tirano que se lhe assemelhe. Creio também que a maior parte desses modelos provém de tiranos, reis, dinastas e dos envolvidos com as ações da cidade, pois eles incorrem nos maiores e mais ímpios erros por causa de seu poder ilimitado. (525b1-d6)

προσήκει δὲ παντὶ τῷ ἐν τιμωρίᾳ ὄντι, ὑπ' ἄλλου ὀρθῶς τιμωρουμένῳ, ἢ βελτίονι γίγνεσθαι καὶ ὀνίνασθαι ἢ παραδείγματι τοῖς ἄλλοις γίγνεσθαι, ἵνα ἄλλοι ὁρῶντες πάσχοντα ἃ ἂν πάσχῃ φοβούμενοι βελτίους γίγνωνται. εἰσὶν δὲ οἱ μὲν ὠφελούμενοί τε καὶ δίκην διδόντες ὑπὸ θεῶν τε καὶ ἀνθρώπων οὗτοι οἳ ἂν ἰάσιμα ἁμαρτήματα ἁμάρτωσιν· ὅμως δὲ δι' ἀλγηδόνων καὶ ὀδυνῶν γίγνεται αὐτοῖς ἡ ὠφελία καὶ ἐνθάδε καὶ ἐν Ἅιδου· οὐ γὰρ οἷόν τε ἄλλως ἀδικίας ἀπαλλάττεσθαι. οἳ δ' ἂν τὰ ἔσχατα ἀδικήσωσι καὶ διὰ τὰ τοιαῦτα ἀδικήματα ἀνίατοι γένωνται, ἐκ τούτων τὰ παραδείγματα γίγνεται, καὶ οὗτοι αὐτοὶ μὲν οὐκέτι ὀνίνανται οὐδέν, ἅτε ἀνίατοι ὄντες, ἄλλοι δὲ ὀνίνανται οἱ τούτους ὁρῶντες διὰ τὰς ἁμαρτίας τὰ μέγιστα καὶ ὀδυνηρότατα καὶ φοβερώτατα πάθη πάσχοντας τὸν ἀεὶ χρόνον, ἀτεχνῶς παραδείγματα ἀνηρτημένους ἐκεῖ ἐν Ἅιδου ἐν τῷ δεσμωτηρίῳ, τοῖς ἀεὶ τῶν ἀδίκων ἀφικνουμένοις θεάματα καὶ νουθετήματα. ὧν ἐγώ φημι ἕνα καὶ Ἀρχέλαον ἔσεσθαι, εἰ ἀληθῆ λέγει Πῶλος, καὶ ἄλλον ὅστις ἂν τοιοῦτος τύραννος ᾖ· οἶμαι δὲ καὶ τοὺς πολλοὺς εἶναι τούτων τῶν παραδειγμάτων ἐκ τυράννων καὶ βασιλέων καὶ δυναστῶν καὶ τὰ τῶν πόλεων πραξάντων γεγονότας· οὗτοι γὰρ διὰ τὴν ἐξουσίαν μέγιστα καὶ ἀνοσιώτατα ἁμαρτήματα ἁμαρτάνουσι.

O caso Cálicles, portanto, o do interlocutor *recalcitrante*, corresponderia ao daquela alma cujos erros são "incuráveis" (ἀνίατοι ὄντες, 525c4)[12], e que, portanto, é imune à "cura" ou à "correção" potencial do *elenchos*: como Sócrates observa a certa altura do diálogo, Cálicles "não tolera ser beneficiado e sofrer aquilo sobre o que discutimos: ser punido" (οὐχ ὑπομένει ὠφελούμενος καὶ αὐτὸς τοῦτο πάσχων περὶ οὗ ὁ λόγος ἐστί, κολαζόμενος, 505c3-4). A imagem do filósofo como o "médico

---

12. Sócrates conta entre as almas incuráveis os "envolvidos com as ações da cidade" (τὰ τῶν πόλεων πραξάντων γεγονότας, 525d4-5), ou seja, os políticos, classe à qual pertence Cálicles, como fica evidente durante o diálogo.

da alma", como aparece explicitamente no *Protágoras*[13], e implicitamente no *Górgias* através da analogia entre o médico e o verdadeiro homem político (ou seja, Sócrates, cf. 521d-522a), atribui ao *elenchos* socrático essa função corretiva de "curar" as almas das pessoas, desviando-as do vício (injustiça, intemperança, covardia, impiedade, ignorância) e incitando-as à virtude (justiça, temperança, coragem, piedade, sabedoria).

No entanto, até que ponto o *elenchos* tem esse poder de cura para quem se lhe submete? Cálicles representa precisamente o caso em que o "remédio" (*pharmakon*) de Sócrates é impotente para combater a "doença moral" que acomete o interlocutor (intemperança, injustiça etc.), na medida em que não é eficaz persuasivamente. Tendo em vista o limite do poder de cura do *elenchos* e o caso crônico da recalcitrância de Cálicles, a personagem serviria, então, de "modelo" (παραδείγματα, 525c1-2) para aquela audiência, como modo de vida e de *ēthos* a ser evitado, assim como as almas "incuráveis" servem de modelo e advertência para as que chegam ao Hades: sentindo "medo" (φοβούμενοι, 525b4) ao contemplar os sofrimentos a que são submetidas, elas são advertidas para que ajam corretamente e evitem, assim, o mesmo fim que essas almas "incuráveis", o verdadeiro *infortúnio* (δυστυχία) do homem. Nessa perspectiva socrática do mito, seria Cálicles a personagem trágica do diálogo, e não Sócrates: essa seria a resposta final de Anfíon a Zeto que Sócrates prometera oferecer depois de Cálicles haver recusado o diálogo (506b-c), completando, assim, a refutação retórica das acusações do interlocutor; seria essa a função do *deus ex machina* representada pelo Mito Final (assim como Hermes restitui a lira a Anfíon no encerramento da *Antíope*), visto que Sócrates não consegue persuadir Cálicles de alguma coisa.

Portanto, mesmo que Cálicles represente o colapso do discurso socrático, e que Sócrates adote um comportamento no diálogo muitas vezes conflitante com as "regras" estabelecidas

---

13. Ver Platão, *Protágoras*, 313c7-e2.

para o processo dialógico, ou um comportamento que beira o ridículo, ainda assim há um sentido positivo no *Górgias*: a possibilidade de persuasão da audiência de Górgias, ou de parte dela, da superioridade do modo de vida filósofico sobre o modo de vida político fundado na retórica (modo de vida político da democracia ateniense, estritamente falando[14]). Além das alusões à manifestação favorável do público a Sócrates (458c-d; 506a-b), isso parece-me indicado pelo caso Polo, na medida em que a personagem, no final do *elenchos*, mostra certa suscetibilidade ao argumento socrático. Vejamos como se encerra a sua última intervenção no diálogo, no final do 2º "Ato":

> SOC: [...] Devemos ou não devemos falar assim, Polo?
> POL: Isso me parece um absurdo, Sócrates! Todavia, talvez concorde com o que dizias anteriormente.
> SOC: Então, devemos suprimi-lo ou isso é consequência necessária?
> POL: Sim, é isso o que sucede. (480d6-e4)

> ΣΩ. [...] φῶμεν οὕτως ἢ μὴ φῶμεν, ὦ Πῶλε;
> ΠΩΛ. Ἄτοπα μέν, ὦ Σώκρατες, ἔμοιγε δοκεῖ, τοῖς μέντοι ἔμπροσθεν ἴσως σοι ὁμολογεῖται.
> ΣΩ. Οὐκοῦν ἢ κἀκεῖνα λυτέον ἢ τάδε ἀνάγκη συμβαίνειν;
> ΠΩΛ. Ναί, τοῦτό γε οὕτως ἔχει.

Embora considere "absurdas" (ἄτοπα, 480e1) as consequências do argumento, Polo declara, todavia, que talvez concorde com o que havia sido dito antes, ou seja, que a injustiça é o maior mal da alma (como indica seu assentimento forte[15],

---

14. Pois a imagem de Sócrates como o verdadeiro homem político (521d-e) indica precisamente a superação desse antagonismo, como veremos sobretudo na *República*, com os filósofos comandando as ações políticas da pólis.

15. J. Beversluis afirma o seguinte sobre essa passagem do diálogo (479c8-d6): "Polo assente a cada passo do argumento (ou diz que assente) – embora muito relutantemente: 'Aparentemente' (φαίνεται), 'como parece' (ἔοικεν), e assim por diante" (op. cit., p. 335). Mas vejamos detidamente este trecho comentado por Beversluis:

> SOC: [...] Se nosso consentimento for verdadeiro, Polo, será que percebes as consequências do argumento? Ou queres que nós as recapitulemos?
> POL: Se for de teu parecer.
> SOC: Não decorre, porventura, que a injustiça e cometer injustiça são o maior mal? →

φαίνεταί γε, em 479d1)[16]. Polo só não entende que esses paradoxos "absurdos" decorrem *necessariamente* da conclusão

→ POL: É claro.
SOC: Com efeito, pagar a justa pena é manifestamente a libertação desse mal, não é?
POL: É provável.
SOC: E não pagá-la, a preservação do mal?
POL: Sim.
SOC: Portanto, o segundo mal em magnitude é cometer injustiça, mas não pagar a justa pena, quando cometida a injustiça, é naturalmente o primeiro e o maior de todos os males.
POL: É plausível. (479c4-d6)
ΣΩ. [...] εἰ δὲ ἡμεῖς ἀληθῆ ὡμολογήκαμεν, ὦ Πῶλε, ἆρ᾽ αἰσθάνῃ τὰ συμβαίνοντα ἐκ τοῦ λόγου; ἢ βούλει συλλογισώμεθα αὐτά;
ΠΩΛ. Εἰ σοί γε δοκεῖ.
ΣΩ. Ἆρ᾽ οὖν συμβαίνει μέγιστον κακὸν ἡ ἀδικία καὶ τὸ ἀδικεῖν; – ΠΩΛ. Φαίνεταί γε. – ΣΩ. Καὶ μὴν ἀπαλλαγή γε ἐφάνη τούτου τοῦ κακοῦ τὸ δίκην διδόναι; – ΠΩΛ. Κινδυνεύει. – ΣΩ. Τὸ δέ γε μὴ διδόναι ἐμμονὴ τοῦ κακοῦ; – ΠΩΛ. Ναί. – ΣΩ. Δεύτερον ἄρα ἐστὶν τῶν κακῶν μεγέθει τὸ ἀδικεῖν· τὸ δὲ ἀδικοῦντα μὴ διδόναι δίκην πάντων μέγιστόν τε καὶ πρῶτον κακῶν πέφυκεν. – ΠΩΛ. Ἔοικεν.

Beversluis não observa aqui a diferença de grau do assentimento de Polo à cada uma das proposições: φαίνεται (na verdade, φαίνεταί γε, cuja partícula reforça o assentimento do interlocutor, o que não é observado por Beversluis) não tem o mesmo valor de κινδυνεύει ou de ἔοικεν, por isso "é claro" ou "é manifesto" parece-me ser uma tradução mais adequada do que "aparentemente", como sugere o estudioso. Sendo assim, o assentimento de Polo varia segundo cada proposição: i. ele aceita que a injustiça é o maior mal, pois decorre necessariamente do que foi dito antes (por isso, φαίνεταί γε); ii. mas não está tão certo de que pagar a justa pena é livrar-se desse mal, pois isso envolveria dor e sofrimento: como foi comentado acima, o hedonismo é um dos traços do *ēthos* da personagem, de modo que a dor é vista como o mal (por isso κινδυνεύει, que mantém certa reserva do interlocutor quanto à validade absoluta da proposição); iii. por conseguinte, que o maior mal é não ser punido quando se comete alguma injustiça é apenas verossímil para Polo, e não necessariamente verdadeiro (por isso, ἔοικεν). Enquanto Sócrates pretende mostrar que há uma concatenação necessária entre essas proposições, Polo varia o grau de seu assentimento à medida em que essa proposição se aproxima ou se afasta de suas opiniões, que Sócrates pretende mostrar conflitantes.

16. Em sua análise sobre essa passagem do *Górgias*, J. Beversluis atenta-se somente para a primeira proposição da personagem ("Isso me parece um absurdo, Sócrates!", ἄτοπα μέν, ὦ Σώκρατες, ἔμοιγε δοκεῖ, 480e1), e desconsidera completamente a segunda ("Todavia, talvez concorde com o que dizias anteriormente", τοῖς μέντοι ἔμπροσθεν ἴσως σοι ὁμολογεῖται, 480e1-2), quando Polo se mostra de certa forma suscetível ao que diz Sócrates (op. cit., p. 337). Como seu intuito é levar às últimas consequências a crítica ao *elenchos* socrático e demonstrar o fracasso absoluto de Sócrates em defesa de suas convicções morais, quer do ponto de vista lógico, quer do retórico, Beversluis acaba desconsiderando certas nuances do diálogo que são relevantes para a compreensão geral do *elenchos* no *Górgias*.

geral anterior, ou seja, de que cometer injustiça é tanto pior quanto mais vergonhoso que sofrê-la. Essa incompreensão de Polo se deve, como vimos na Seção 2, à sua obtusidade característica de uma personagem φαῦλος (desprezível), obtusidade essa atribuída por Sócrates ao fato de ele ter negligenciado o *diálogo* (διαλέγεσθαι) e praticado exclusivamente a *retórica* (448d; 471d). Sócrates, porém, consegue afetar de certo modo o interlocutor, mesmo que Polo não compreenda exatamente quais são as consequências disso quando confrontadas com as suas opiniões sustentadas durante o diálogo. Sendo assim, nessa perspectiva otimista aberta pelo mito, Polo seria aquele caso das almas injustas que são "curáveis" (οἳ ἂν ἰάσιμα ἁμαρτήματα ἁμάρτωσιν, 525b6), que ainda podem vir a ser "beneficiadas" (ὠφελούμενοί, 525b5): para isso, seria necessário que ele, ao contrário, abandonasse a retórica, praticasse junto a Sócrates o *diálogo* (διαλέγεσθαι) e fosse, como Cálicles não foi, "punido" e/ou "refreado" pelo *elenchos* (κολαζόμενος, 505c3-4).

A suscetibilidade de Polo à investida de Sócrates, portanto, poderia ser interpretada como um reflexo do *pathos* da audiência da cena, ou pelo menos de parte dela. Nessa perspectiva, se no confronto com Cálicles Sócrates encontra sua "tragédia", seu fracasso como argumentador em defesa de suas convicções morais, ainda assim há a esperança de que seu discurso tenha um fim diferente para aquela audiência: valendo-me da sugestão de Nightingale, seria essa a visão otimista aberta pelo *deus ex machina* representado no *Górgias* pelo Mito Final. Mas, se assim o for, Cálicles observa com razão que Sócrates age durante o diálogo como um "orador público" (δημηγόρος, 482c5; 494d1), sublinhando precisamente como Sócrates não se dirige apenas ao interlocutor, como determinaria as "regras" do processo dialógico, mas também (ou talvez, *sobretudo*) àquele público presente na cena.

AS CAUSAS DA RECALCITRÂNCIA
DE CÁLICLES

I

Pois bem, quais são as razões da *recalcitrância* de Cálicles, como Platão a explicaria no *Górgias*? Por que Sócrates não consegue convencer Cálicles da verdade de seus argumentos? A esse propósito, parece-me elucidativo o que Sócrates diz a Críton no diálogo homônimo, e talvez seja um ponto de partida interessante para a discussão do problema no *Górgias*. Vejamos a passagem:

    SOC: Portanto, não se deve retribuir um ato injusto com outro, tampouco fazer mal a algum homem, qualquer que tenha sido o sofrimento infligido por ele a ti. E vê, Críton, se concordas inteiramente com isso, para que não dês teu assentimento contra a tua opinião, pois sei que são e serão pouquíssimos os homens a crerem nisso. Entre os que possuem opiniões como essas e aqueles que não as possuem, não há decisão em comum, pelo contrário, é necessário que desprezem uns aos outros quando observarem as suas respectivas decisões. Então, examina bem também tu, se compartilhas da mesma opinião e se devemos ter como princípio estas decisões, de que não é correto cometer injustiça nem retribui-la, tampouco responder com uma ação vil alguma ação vil sofrida, ou se te eximes disso e não compartihas desse princípio. Pois essa é a opinião que há muito tempo e ainda hoje tenho, mas se tu tiveres outra diferente, então fala e ensina-me! Se, porém, estiveres convicto do que foi dito antes, escuta então o que decorre disso!

CRI: Mas eu estou convicto disso e essa é a minha opinião. Fala! (49c10-e3)

ΣΩ. Οὔτε ἄρα ἀνταδικεῖν δεῖ οὔτε κακῶς ποιεῖν οὐδένα ἀνθρώπων, οὐδ' ἂν ὁτιοῦν πάσχῃ ὑπ' αὐτῶν. καὶ ὅρα, ὦ Κρίτων, ταῦτα καθομολογῶν, ὅπως μὴ παρὰ δόξαν ὁμολογῇς· οἶδα γὰρ ὅτι ὀλίγοις τισὶ ταῦτα καὶ δοκεῖ καὶ δόξει. οἷς οὖν οὕτω δέδοκται καὶ οἷς μή, τούτοις οὐκ ἔστι κοινὴ βουλή, ἀλλὰ ἀνάγκη τούτους ἀλλήλων καταφρονεῖν ὁρῶντας ἀλλήλων τὰ βουλεύματα. σκόπει δὴ οὖν καὶ σὺ εὖ μάλα πότερον κοινωνεῖς καὶ συνδοκεῖ σοι καὶ ἀρχώμεθα ἐντεῦθεν βουλευόμενοι, ὡς οὐδέποτε ὀρθῶς ἔχοντος οὔτε τοῦ ἀδικεῖν οὔτε τοῦ ἀνταδικεῖν οὔτε κακῶς πάσχοντα ἀμύνεσθαι ἀντιδρῶντα κακῶς, ἢ ἀφίστασαι καὶ οὐ κοινωνεῖς τῆς ἀρχῆς; ἐμοὶ μὲν γὰρ καὶ πάλαι οὕτω καὶ νῦν ἔτι δοκεῖ, σοὶ δὲ εἴ πῃ ἄλλῃ δέδοκται, λέγε καὶ δίδασκε. εἰ δ' ἐμμένεις τοῖς πρόσθε, τὸ μετὰ τοῦτο ἄκουε.

ΚΡ. Ἀλλ' ἐμμένω τε καὶ συνδοκεῖ μοι· ἀλλὰ λέγε.

Críton seria o antípoda de Cálicles, aquele interlocutor que compartilha das mesmas convicções morais de Sócrates, que louva a justiça, a temperança, a coragem, a piedade e a sabedoria como a virtude do homem, e que, portanto, está muito mais suscetível à persuasão do discurso socrático e menos propício a resistir à sua estratégia argumentativa: nessas circunstâncias, em que não há o desacordo de "princípio" (τῆς ἀρχῆς, 49d9), é possível uma concordância de juízo entre os interlocutores a respeito de uma determinada ação (no caso do *Críton*, a respeito da fuga de Sócrates contra as prescrições da lei). Cálicles, todavia, é precisamente aquele interlocutor que define "virtude" e "felicidade" (ἀρετή τε καὶ εὐδαιμονία, 492c5-6) com valores contrários daqueles louvados por Sócrates: "luxúria, intemperança e liberdade"[1] (τρυφὴ

---

1. "Liberdade" no sentido em que Cálicles a concebe. Para Sócrates, todavia, essa "liberdade" calicliana significa antes escravidão pelos prazeres, em oposição ao homem temperante definido como "senhor de si mesmo" (ἑαυτοῦ ἄρχοντα, 491d7), o verdadeiro homem livre.

καὶ ἀκολασία καὶ ἐλευθερία, 492c4-5), além da sua concepção da "natureza do justo" (κατὰ φύσιν τὴν τοῦ δικαίου, 483e2) que conflita com as convenções da justiça estabelecida pela maioria dos homens. Nessas condições, o desacordo entre dois interlocutores que partem de "princípios" contrários é *inevitável* (ἀνάγκη, 49d4) quando se trata de questões de moralidade, como ilustra muito bem o caso Cálicles no *Górgias*. Nesse sentido, se tomarmos como base essa reflexão de Sócrates no *Críton*, então a eficácia persuasiva do discurso socrático está circunscrita a um pequeno grupo de pessoas, pois o próprio Sócrates declara reiteradamente no *Górgias* (472a; 511b) que a maioria delas possui as mesmas opiniões sustentadas por Polo e Cálicles, o que se conforma com o juízo de Cálicles:

> CAL: Não sei como me pareces falar corretamente, Sócrates, mas experimento a mesma paixão que a maioria: tu não me persuades absolutamente. (513c4-6)

> ΚΑΛ. Οὐκ οἶδ' ὅντινά μοι τρόπον δοκεῖς εὖ λέγειν, ὦ Σώκρατες, πέπονθα δὲ τὸ τῶν πολλῶν πάθος· οὐ πάνυ σοι πείθομαι.

Mas seria apenas uma questão de conflito entre opiniões, ou haveria outras razões para se explicar a recalcitrância de Cálicles, que levassem em consideração outros elementos concorrentes além das "opiniões"? Sócrates responde o seguinte a essa declaração de Cálicles sobre a ineficiência persuasiva de seu discurso:

> SOC: Pois é o amor pelo povo existente na tua alma, Cálicles, que me obsta. Mas se tornarmos a examinar melhor esse mesmo assunto repetidamente, serás persuadido. (513c7-d1)

> ΣΩ. Ὁ δήμου γὰρ ἔρως, ὦ Καλλίκλεις, ἐνὼν ἐν τῇ ψυχῇ τῇ σῇ ἀντιστατεῖ μοι· ἀλλ' ἐὰν πολλάκις [ἴσως καὶ] βέλτιον ταὐτὰ ταῦτα διασκοπώμεθα, πεισθήσῃ.

Sócrates entende então que a resistência de Cálicles que o impede de assimilar a verdade de suas teses morais é esse "amor pelo povo" (ὁ δήμου ἔρως, 513d7), já referido por ele antes em sua *invectiva* contra Cálicles e o homem democrático (481d-e); ou seja, há outro elemento envolvido na psicologia moral da recalcitrância, além do conflito de opiniões. A despeito de Sócrates crer que possa convencer Cálicles da verdade de suas convicções morais através da persuasão racional[2], através do exame reiterado dessas opiniões pelo *elenchos* ("mas se tornarmos a examinar melhor esse mesmo assunto repetidamente, serás persuadido", ἀλλ' ἐὰν πολλάκις [ἴσως καὶ] βέλτιον ταὐτὰ ταῦτα διασκοπώμεθα, πεισθήσῃ, 513c8-d1), ele não deixa de enfatizar que, no estado em que se encontra o problema, há outro elemento envolvido no fenômeno da recalcitrância de Cálicles. Talvez seja ele suficiente para impedir Cálicles de reconhecer a verdade das convicções morais de Sócrates.

II

Mas em que sentido Sócrates se refere aqui ao "amor pelo povo" de Cálicles (ὁ δήμου ἔρως, 513d7)? Para N. Pieri, essa resposta de Sócrates seria simplesmente uma ironia[3], tendo em vista o desprezo de Cálicles pelas convenções morais estabelecidas pela maioria dos homens para impedir a prevalência dos melhores homens por natureza (483a-484c): o aspecto antidemocrático do *ēthos* da personagem. Porém a estudiosa desconsidera aqui o fato de Cálicles ser *efetivamente* um homem envolvido com a política democrática (481d; 515a; 519a-b), de modo que se, em seu discurso, ele expõe uma concepção antidemocrática acerca da natureza política do homem, não deixa de ser um produto dessa mesma democracia contra a qual ele se volta em seu discurso: o aspecto democrático do *ēthos* da personagem. Isso fica patente na segunda parte do mesmo discurso, na *invectiva* contra Sócrates e a filosofia (484c-486d): Cálicles

2. T. Irwin, *Plato: Gorgias*, p. 233.
3. S. Pieri, *Platone. Gorgia*, p. 480.

tenta persuadir o filósofo das desvantagens de uma vida alheia às convenções e ao processo político da pólis, prezando pelo ideal do homem "belo e bom" (καλὸν κἀγαθόν, 484d1-2) e "bem reputado" (εὐδόκιμον, 484d2)[4], valores consagrados pela sociedade democrática ateniense; além disso, a "franqueza" de Cálicles (παρρησίαν, 487a3) é referida na *República* como uma característica do homem democrático[5]. Nesse sentido, como salienta R. Woolf[6], há uma contradição interna nos valores apregoados por Cálicles durante o diálogo: de um lado, um homem antidemocrático com aspirações tirânicas (como indicaria a figura do "leão" em 483e6), e, de outro, um homem enraizado nos valores morais daquela sociedade democrática.

Portanto, a asserção de Sócrates só seria irônica, como sugere Pieri, se levássemos em consideração unicamente o aspecto antidemocrático do *ēthos* da personagem, pois o fato de Cálicles ter uma concepção antidemocrática acerca da natureza política do homem não implica que ele seja, efetivamente, um homem antidemocrático, ou um daqueles homens que, segundo ele, são melhores por natureza: para usar a dicotomia cara ao pensamento ético-político grego, o que Cálicles professa "no discurso" (λόγῳ) não reflete necessariamente "na ação" (ἔργῳ). Talvez ele ainda não contenha em si as condições suficientes para se tornar aquele "leão" (λέοντας, 483e6) que se rebela contra os valores estabelecidos pelos homens mais fracos para fazer valer o "justo por natureza": índice dessa sua debilidade seria, por exemplo, precisamente o sentimento de *vergonha* que o acomete, quando Sócrates lhe mostra as consequências extremas do hedonismo categórico referidas acima (494c-495c), sentimento esse próprio daqueles homens fracos e inferiores que instituíram as leis contra os homens mais fortes e melhores (δι' αἰσχύνην, 492a4). Como eu havia sugerido anteriormente,

---

4. Platão, *Górgias*, 486c8-d1.
5. Idem, *A República*, VIII, 557a9-b7.
6. R. Woolf, Callicles and Socrates, em D. N. Sedley (org.), *Oxford Studies in Ancient Philosophy*, p. 2-6.

Platão, ao construir a personagem Cálicles como o *tirano em potencial*, retrata dramaticamente o problema da gênese da tirania no seio da democracia, o qual é analisado em sua completude nos Livros VIII e IX da *República*.

Nesse sentido, parece-me razoável o comentário de Dodds, quando ele sugere que o "amor pelo povo" se equivaleria aqui genericamente ao "amor pelo poder"[7], o mesmo tipo de afecção a que Platão se refere no diálogo *Alcibíades Primeiro* com relação à personagem homônima: a certa altura do diálogo, Sócrates expressa seu receio com relação à corrupção de seu amante pela política. Vejamos brevemente o trecho:

SOC: [...] Pois este é o meu maior temor, que tu, tornando-te amante do povo, encontres a tua ruína. (132a2-3)

ΣΩ. [...] τοῦτο γὰρ δὴ μάλιστα ἐγὼ φοβοῦμαι, μὴ δημεραστὴς ἡμῖν γενόμενος διαφθαρῇς.

Essa relação entre a figura de Cálicles e a de Alcibíades, que a princípio pode parecer distante (pois são dois diálogos diferentes com finalidades distintas), aparece de forma surpreendente no *Górgias*, justificando, de certa forma, a analogia com o *Alcibíades Primeiro* sugerida por Dodds. Em resposta ao vaticínio de Cálicles, Sócrates profetiza a ruína de seu interlocutor na política ateniense com as seguintes palavras:

SOC: [...] Dizem que eles tornaram a cidade grandiosa, mas não percebem que ela está intumescida e inflamada por causa desses homens de outrora. Pois sem justiça e temperança, eles saciaram a cidade de portos, estaleiros, muralhas, impostos e tolices do gênero, mas quando sobrevier, enfim, aquele assalto de fraqueza, inculparão os conselheiros presentes neste momento, e elogiarão Temístocles, Címon e Péricles, os responsáveis pelos males. Se não tiveres precaução, *talvez ataquem a ti e a meu companheiro Alcibíades*, quando perderem tanto os bens por eles conquistados quanto os antigos bens, ainda que não sejais responsáveis pelos males, mas talvez corresponsáveis. (518e3-519b2)

---

7. E. Dodds, op. cit., p. 352.

ΣΩ. [...] καί φασι μεγάλην τὴν πόλιν πεποιηκέναι αὐτούς· ὅτι δὲ οἰδεῖ καὶ ὕπουλός ἐστιν δι' ἐκείνους τοὺς παλαιούς, οὐκ αἰσθάνονται. ἄνευ γὰρ σωφροσύνης καὶ δικαιοσύνης λιμένων καὶ νεωρίων καὶ τειχῶν καὶ φόρων καὶ τοιούτων φλυαριῶν ἐμπεπλήκασι τὴν πόλιν· ὅταν οὖν ἔλθῃ ἡ καταβολὴ αὕτη τῆς ἀσθενείας, τοὺς τότε παρόντας αἰτιάσονται συμβούλους, Θεμιστοκλέα δὲ καὶ Κίμωνα καὶ Περικλέα ἐγκωμιάσουσιν, τοὺς αἰτίους τῶν κακῶν· σοῦ δὲ ἴσως ἐπιλήψονται, ἐὰν μὴ εὐλαβῇ, καὶ τοῦ ἐμοῦ ἑταίρου 'Αλκιβιάδου, ὅταν καὶ τὰ ἀρχαῖα προσαπολλύωσι πρὸς οἷς ἐκτήσαντο, οὐκ αἰτίων ὄντων τῶν κακῶν ἀλλ' ἴσως συναιτίων.

Essa alusão profética à sorte funesta de Cálicles e Alcibíades na política ateniense, associando enigmaticamente as duas figuras, parece-me bastante sugestiva para os propósitos de minha interpretação sobre o problema da recalcitrância no *Górgias*. A semelhança entre as personagens não se restringe ao fato de ambas estarem envolvidas com as ações políticas da pólis; Alcibíades, assim como Cálicles, compartilha da mesma afecção que configura genericamente o homem democrático: o "amor pelo povo" (*Gorg.*, 513d7: ὁ δήμου ἔρως; *Alc. I*, 132a3: δημεραστὴς), que é a causa da inconstância de suas opiniões, as quais variam de acordo com o contexto em vista do deleite do povo (481d-482c).

Portanto, sugiro aqui que a reflexão de Platão sobre o caso Cálicles, o caso exemplar da recalcitrância nos diálogos, estende-se, de certo modo, também ao caso Alcibíades, como uma forma de Platão justificar o fracasso de Sócrates como seu "preceptor" moral: o fim funesto de Alcibíades na política ateniense, imediatamente evidente ao leitor (como Tucídides narra nos Livros VI, VII e VIII de sua *História*), confirma justamente aquele "temor" (φοβοῦμαι, 132a2) expresso por Sócrates no diálogo *Alcibíades Primeiro*. Nesse sentido, o caso Alcibíades tornaria ainda mais crônico o problema da ineficácia persuasiva do discurso socrático retratado no *Górgias*, pois ele, diferentemente de Cálicles, além de seu amante (481d), era um homem que fazia parte do círculo de Sócrates e o louvava como modelo de virtude, como depreendemos, por exemplo, da narração do *Banquete* (215a-223a). Pois a recalcitrância de Cálicles, além desse elemento referido por Sócrates como "amor pelo povo" (ὁ δήμου ἔρως, 513d7), se deve também ao fato de ambas as personagens terem convicções morais contrárias, de não compartilharem do mesmo "princípio" (τῆς ἀρχῆς, 49d9) que tornaria possível uma "decisão em comum" (κοινὴ βουλή, 49d3) entre ambas as partes, como vimos discutido no *Críton*. O caso Alcibíades, por sua vez, evidencia que, mesmo quando há esse "princípio" em comum compartilhado por ambos os interlocutores, ainda assim há outros elementos que podem prevalecer sobre as determinações da razão. Em suma, a reflexão de Platão sobre a recalcitrância de Cálicles é uma das vias possíveis para se compreender, e por conseguinte para se justificar, o fracasso de Sócrates na tentativa de persuadir Alcibíades da superioridade do modo de vida filosófico sobre o modo de vida político da democracia ateniense: ainda que este último compartilhasse das convicções morais de Sócrates, há outros impulsos em sua alma que são igualmente causa de ações e que podem, por sua vez, entrar em conflito com tais opiniões tomadas como verdadeiras.

Se essa interpretação sobre o fenômeno da recalcitrância no *Górgias* se sustenta, então Platão já apresenta no *Górgias* questões de psicologia moral que são retomadas e desenvolvidas em toda a sua extensão sobretudo no Livro IV da *República*, quando ele expõe a sua teoria da alma tripartida.

III

Mas de onde provém esse "amor pelo povo" (ὁ δήμου ἔρως, 513d7) na alma de Cálicles? Como foi dito acima, Platão constrói a personagem Cálicles como a tipificação do homem *intemperante*, cuja felicidade consiste em ser capaz de, por meio da coragem e da sabedoria, engrandecer e satisfazer seus apetites, de modo a se comprazer continuamente (491e-492c). A intemperança é, portanto, virtude para Cálicles, e não a temperança, como supõe universalmente Sócrates ("luxúria, intemperança e liberdade, uma vez asseguradas, são virtude e felicidade", τρυφὴ καὶ ἀκολασία καὶ ἐλευθερία, ἐὰν ἐπικουρίαν ἔχῃ, τοῦτ' ἐστὶν ἀρετὴ καὶ εὐδαιμονία, 492c4-6). Numa alma intemperante, é o elemento das *epithumiai* [ἐπιθυμίαι] (apetites) que rege as suas ações e é seu elemento preponderante. Ao reconhecer no *Górgias* o elemento apetitivo da alma na representação do caso Cálicles, Platão parece abrir uma nova perspectiva sobre a motivação humana, que o chamado *paradoxo socrático* não contemplava: além do elemento cognitivo da alma, há também o apetitivo, o domínio das *epithumiai*, o que implica a possibilidade de um conflito interno entre eles. Considerando o universo dos chamados "primeiros diálogos" de Platão, o *Górgias* parece ter a função peculiar de inserir as *epithumiai* na discussão sobre psicologia moral, afastando-se de certo modo da perspectiva socrática sobre a motivação humana, que considerava apenas o elemento cognitivo da alma como causa das ações (conhecimento é condição suficiente para a virtude).

Nesse sentido, a falência do discurso de Sócrates no *Górgias* pode ser explicada pelo viés dessa nova perspectiva da psicologia moral platônica. Na persuasão de um interlocutor como Cálicles, não estariam em jogo apenas as opiniões que ele acredita serem verdadeiras, mas também a condição em que se encontra sua alma, no que tange à relação entre *logos* e *epithumiai*. O elemento apetitivo é tão preponderante na alma de Cálicles que o reconhecimento pela razão da verdade das convicções morais de Sócrates se torna infactível, por qualquer via de persuasão possível (argumentos dialógicos, mitos, discursos longos, exortações, admoestações). Os *apetites*, dada a sua força proeminente na alma de Cálicles, geram nela esse "amor pelo povo" (entendido como "amor pelo poder"[8]) e impedem o exercício correto da razão. Nessas condições, a persuasão de que a temperança é virtude, e não a intemperança, torna-se inviável.

---

8. O "amor pelo povo" de Cálicles (ὁ δήμου ἔρως, 513d7) seria fruto da preponderância do elemento apetitivo de sua alma: é a expressão máxima da busca incessante pelas condições ideais que lhe possibilitem a satisfação contínua de seus apetites, no que consiste, na perspectiva moral de Cálicles, "a virtude e a felicidade" (ἀρετὴ καὶ εὐδαιμονία, 492c5-6).

Para reconhecer racionalmente a verdade das teses morais de Sócrates, o interlocutor deve ter certa disposição para se persuadir, e a recalcitrância de Cálicles seria índice precisamente da ausência desse tipo de disposição. Como foi analisado na Seção 4, Cálicles seria, portanto, um exemplo particular da alma dos "incuráveis" referida no mito final (ἀνίατοι ὄντες, 525c4), que serviria de modelo para a audiência, e, por conseguinte, para o leitor, dos limites da eficácia persuasiva do discurso de Sócrates. Em suma, na condição em que se encontra a alma de Cálicles, cujas *epithumiai* predominam, não há persuasão possível pela via da razão.

SÓCRATES:
AQUILES OU ODISSEU?

I

A interface do gênero dialógico com a tragédia e a comédia se reflete, então, na própria construção do *ēthos* de Sócrates, da imagem do filósofo por excelência, tal como encontramos no *Górgias*: de um lado, o aspecto sério (*spoudaios*) de seu caráter, e de outro, o aspecto jocoso e sarcástico de seu comportamento no confronto com os seus adversários. A tensão entre esses elementos opostos é expressa no diálogo pela dúvida de Cálicles com relação à real motivação de Sócrates durante a discussão com Polo, tendo em vista as consequências paradoxais do argumento socrático sobre a utilidade da retórica:

CAL: Dize-me, Querefonte, Sócrates fala sério ou está de brincadeira? (481b6-7)

ΚΑΛ. Εἰπέ μοι, ὦ Χαιρεφῶν, σπουδάζει ταῦτα Σωκράτης ἢ παίζει;

Quando Sócrates, por sua vez, retoma a discussão sobre as espécies de *adulação* (*kolakeia*) no diálogo com Cálicles, ele ressalta novamente a seriedade de seu argumento, assim como havia advertido Górgias anteriormente de que não se tratava de uma "satirização" da atividade exercida pelo rétor (διακωμῳδεῖν, 462e7), como foi comentado na Seção 2:

> SOC: [...] E, pelo deus da Amizade, Cálicles, não julgues que devas brincar comigo, nem venhas com respostas contrárias a tuas opiniões, tampouco acolhas as minhas palavras como se fossem brincadeira! Pois vês que nossos discursos versam sobre o modo como se deve viver, a que qualquer homem, mesmo de parca inteligência, dispensaria a maior seriedade: se é a vida a que me exortas, fazendo coisas apropriadas a um homem fazer, tais como falar em meio ao povo, exercitar a retórica, agir politicamente como hoje vós agis, ou se é a vida volvida à filosofia, e em que medida se diferem uma e outra. Portanto, o melhor seja talvez distingui-las, como há pouco tentei fazê-lo, e depois de distingui-las e de concordarmos entre nós que se tratam de duas formas de vida, investigar em que elas se diferem e qual delas deve ser vivida. (500b5-d4)

> ΣΩ. [...] καὶ πρὸς Φιλίου, ὦ Καλλίκλεις, μήτε αὐτὸς οἴου δεῖν πρὸς ἐμὲ παίζειν μηδ' ὅτι ἂν τύχῃς παρὰ τὰ δοκοῦντα ἀποκρίνου, μήτ' αὖ τὰ παρ' ἐμοῦ οὕτως ἀποδέχου ὡς παίζοντος· ὁρᾷς γὰρ ὅτι περὶ τούτου ἡμῖν εἰσιν οἱ λόγοι, οὗ τί ἂν μᾶλλον σπουδάσειέ τις καὶ σμικρὸν νοῦν ἔχων ἄνθρωπος, ἢ τοῦτο, ὅντινα χρὴ τρόπον ζῆν, πότερον ἐπὶ ὃν σὺ παρακαλεῖς ἐμέ, τὰ τοῦ ἀνδρὸς δὴ ταῦτα πράττοντα, λέγοντά τε ἐν τῷ δήμῳ καὶ ῥητορικὴν ἀσκοῦντα καὶ πολιτευόμενον τοῦτον τὸν τρόπον ὃν ὑμεῖς νῦν πολιτεύεσθε, ἢ [ἐπὶ] τόνδε τὸν βίον τὸν ἐν φιλοσοφίᾳ, καὶ τί ποτ' ἐστὶν οὗτος ἐκείνου διαφέρων. ἴσως οὖν βέλτιστόν ἐστιν, ὡς ἄρτι ἐγὼ ἐπεχείρησα, διαιρεῖσθαι, διελομένους δὲ καὶ ὁμολογήσαντας ἀλλήλοις, εἰ ἔστιν τούτω διττὼ τὼ βίω, σκέψασθαι τί τε διαφέρετον ἀλλήλοιν καὶ ὁπότερον βιωτέον αὐτοῖν.

Todavia, essa "seriedade" do conteúdo da discussão, que diz respeito a questões de moralidade e do melhor modo de se viver, contrasta com a forma pela qual Sócrates, em certos momentos do diálogo, conduz o *elenchos*, como, por exemplo, i. a *reductio ad absurdum* da concepção caliciana de "ter mais" (πλεονεξία,

490b-491b)¹ exposta em sua teoria sobre a natureza política do homem (483b-d), e ii. a refutação *ad hominem* da "franqueza" (παρρησία) de Cálicles por meio de exemplos escatológicos da coceira e dos "homossexuais passivos" (ὁ τῶν κιναίδων βίος, 494e4), na análise das consequências do hedonismo *categórico* defendido naquela oportunidade pelo interlocutor (494c-495c). Se a refutação do hedonismo, por exemplo, é fundamental para a defesa das teses morais socráticas e para a exposição da psicologia moral do temperante e do intemperante (aspecto sério da argumentação de Sócrates), tais exemplos, contudo, conferem à cena um tom jocoso mais próximo ao registro cômico².

---

1. Platão, *Górgias*, 490c8-e4:
    CAL: Tu falas de comidas, bebidas, médicos e tolices, mas eu não me refiro a isso.
    SOC: Não afirmas que o mais inteligente é o melhor? Afirmas ou não?
    CAL: Sim.
    SOC: Mas o melhor não deve possuir mais?
    CAL: Sim, mas não comida, nem bebida.
    SOC: Compreendo, mas talvez mantos, e o melhor tecelão deverá possuir o maior manto e perambular envolto nas mais belas e abundantes vestes?
    CAL: Que mantos?
    SOC: Em relação a sapatos, é evidente que o melhor e mais inteligente nesse assunto deve possuir mais. Talvez o sapateiro deva possuir os maiores sapatos e passear por aí calçado com vários deles.
    CAL: Que sapatos? Dizes tolices.
    ΚΑΛ. Περὶ σιτία, λέγεις, καὶ ποτὰ καὶ ἰατροὺς καὶ φλυαρίας· ἐγὼ δὲ οὐ ταῦτα λέγω.
    ΣΩ. Πότερον οὐ τὸν φρονιμώτερον βελτίω λέγεις; φάθι ἢ μή.
    ΚΑΛ. Ἔγωγε.
    ΣΩ. Ἀλλ' οὐ τὸν βελτίω πλέον δεῖν ἔχειν;
    ΚΑΛ. Οὐ σιτίων γε οὐδὲ ποτῶν.
    ΣΩ. Μανθάνω, ἀλλ' ἴσως ἱματίων, καὶ δεῖ τὸν ὑφαντικώτατον μέγιστον ἱμάτιον ἔχειν καὶ πλεῖστα καὶ κάλλιστα ἀμπεχόμενον περιιέναι;
    ΚΑΛ. Ποίων ἱματίων;
    ΣΩ. Ἀλλ' εἰς ὑποδήματα δῆλον ὅτι δεῖ πλεονεκτεῖν τὸν φρονιμώτατον εἰς ταῦτα καὶ βέλτιστον. τὸν σκυτοτόμον ἴσως μέγιστα δεῖ ὑποδήματα καὶ πλεῖστα ὑποδεδεμένον περιπατεῖν.
    ΚΑΛ. Ποῖα ὑποδήματα; φλυαρεῖς ἔχων.
2. A. Nightingale, *Genres in Dialogue*, p. 91.

II

Pois bem, analisemos primeiramente o aspecto "sério" do *ēthos* do filósofo. Sócrates constrói discursivamente a sua própria imagem "elevada" em momentos diferentes do diálogo. i. No 1º "Ato", como uma espécie de prelúdio para a consumação do *elenchos* de Górgias, Sócrates procura justificar antecipadamente (recurso à *prolēpsis*) o sentido positivo da refutação, calcado no argumento de que sua finalidade precípua é "esclarecer a questão" (πρὸς τὸ πρᾶγμα [...] τοῦ καταφανὲς γενέσθαι, 457e4-5) e livrar-se assim do mal que é a "opinião falsa" (δόξα ψευδής, 458b1) sobre o tema da discussão (457e1-458b3). Esse é o argumento principal usado pela personagem no *Górgias* para distinguir o diálogo de cunho filosófico das meras disputas verbais erísticas, salientando a sua "seriedade" como interlocutor no diálogo, como se não houvesse, durante o *elenchos*, qualquer motivação concomitante de ridicularizar, de uma forma ou de outra, Górgias perante a sua própria audiência: o aspecto *ad hominem* que subjaz ao *elenchos*.

ii. Associada à ideia de "seriedade" está a da coerência do filósofo, que sempre diz as mesmas coisas em toda e qualquer circunstância a respeito dos mesmos assuntos, em oposição ao político daquela sociedade democrática, como seriam Cálicles e Alcibíades, que muda de opinião de acordo com o contexto para sempre deleitar o público da Assembleia e assim persuadi-lo (481e). A coerência de Sócrates se fundamenta precisamente na verdade que ele próprio atribui às suas convicções morais (por isso, suas opiniões são sempre as mesmas), em oposição às opiniões instáveis do homem político que não conhece o que é o "bem", mas conjetura o que é "aprazível" àquele determinado público naquela circunstância específica[3]:

> SOC: [...] Pois bem, considera que também de mim deverás ouvir coisas do gênero, e não te assombres que seja eu a dizer isso, mas impede

---

3. Platão, *Górgias*, 464c3-d3.

antes a filosofia, minha amante, de dizê-lo! Ela diz, meu caro amigo, o que ouves de mim agora, e ela me é muito menos volúvel do que meu outro amante, pois Alcibíades, filho de Clínias, profere discursos diferentes em diferentes ocasiões, ao passo que a filosofia sempre diz as mesmas coisas, e ela diz o que agora te assombras; tu próprio estavas ali presente em seu pronunciamento. (482a2-b2)

ΣΩ. [...] νόμιζε τοίνυν καὶ παρ' ἐμοῦ χρῆναι ἕτερα τοιαῦτα ἀκούειν, καὶ μὴ θαύμαζε ὅτι ἐγὼ ταῦτα λέγω, ἀλλὰ τὴν φιλοσοφίαν, τὰ ἐμὰ παιδικά, παῦσον ταῦτα λέγουσαν. λέγει γάρ, ὦ φίλε ἑταῖρε, ἃ νῦν ἐμοῦ ἀκούεις, καί μοί ἐστιν τῶν ἑτέρων παιδικῶν πολὺ ἧττον ἔμπληκτος· ὁ μὲν γὰρ Κλεινίειος οὗτος ἄλλοτε ἄλλων ἐστὶ λόγων, ἡ δὲ φιλοσοφία ἀεὶ τῶν αὐτῶν, λέγει δὲ ἃ σὺ νῦν θαυμάζεις, παρῆσθα δὲ καὶ αὐτὸς λεγομένοις.

iii. Outra imagem "elevada" que aparece no *Górgias*, analisada acima na Seção 5, é a metáfora do filósofo como "médico da alma", recorrente também no *Protágoras* (313c-e). Isso implica, por conseguinte, que o *elenchos* teria esse poder de "curar" a "doença moral" do interlocutor, enfatizando a função corretiva do método socrático: assim como a doença é o mal do corpo, a injustiça é o mal da alma (477a; 478d; 480a-b). A partir dessa relação de ἀντίστροφος (contraparte) entre a medicina e a justiça ("a justiça é a *contraparte* da medicina", ἀντίστροφον δὲ τῇ ἰατρικῇ τὴν δικαιοσύνην, 464b8), entre a instância do corpo e a da alma, Sócrates personifica, então, a própria justiça, assim como o médico, a medicina: o filósofo não é apenas um homem justo, como se evidencia pela sua máxima moral de que "cometer injustiça é pior que sofrê-la" (473a)[4], mas se incumbe também de promover essa mesma justiça corrigindo o vício manifestado pelo interlocutor através

---

4. Aristóteles, *Retórica*, I, 1364b21-23:
  E é melhor aquilo que o melhor homem escolheria, seja porque é simplesmente melhor seja porque ele é melhor, como, por exemplo, sofrer injustiça ao invés de cometê-la. Pois o homem mais justo preferiria isso àquilo.
  καὶ ὃ ἕλοιτ' ἂν ὁ βελτίων, ἢ ἁπλῶς ἢ ᾗ βελτίων, οἷον τὸ ἀδικεῖσθαι μᾶλλον ἢ ἀδικεῖν· τοῦτο γὰρ ὁ δικαιότερος ἂν ἕλοιτο.

do *elenchos* e tornando-o, assim, um homem melhor (515a-d), como fica patente neste trecho:

> SOC: Tu terias, então, maior preferência, e não menor, pelo pior e mais vergonhoso? Não receies responder, Polo! Nenhum prejuízo há de te acometer; mas apresenta-te de forma nobre perante o argumento como perante um médico, e responde com sim ou não às minhas perguntas!
> POL: Mas eu não teria maior preferência, Sócrates?
> SOC: E algum outro homem a teria?
> POL: Não me parece, conforme este argumento.
> SOC: Portanto, eu falava a verdade, que nem eu nem tu nem qualquer outro homem preferiríamos cometer injustiça a sofrê-la, pois acontece de ser pior.
> POL: É claro. (475d4-e6)

ΣΩ. Δέξαιο ἂν οὖν σὺ μᾶλλον τὸ κάκιον καὶ τὸ αἴσχιον ἀντὶ τοῦ ἧττον; μὴ ὄκνει ἀποκρίνασθαι, ὦ Πῶλε· οὐδὲν γὰρ βλαβήσῃ· ἀλλὰ γενναίως τῷ λόγῳ ὥσπερ ἰατρῷ παρέχων ἀποκρίνου, καὶ ἢ φάθι ἢ μὴ ἃ ἐρωτῶ. –ΠΩΛ. Ἀλλ'οὐκ ἂν δεξαίμην, ὦ Σώκρατες. –ΣΩ. Ἄλλος δέ τις ἀνθρώπων; – ΠΩΛ. Οὔ μοι δοκεῖ κατά γε τοῦτον τὸν λόγον. –ΣΩ. Ἀληθῆ ἄρα ἐγὼ ἔλεγον, ὅτι οὔτ' ἂν ἐγὼ οὔτ' ἂν σὺ οὔτ' ἄλλος οὐδεὶς ἀνθρώπων δέξαιτ' ἂν μᾶλλον ἀδικεῖν ἢ ἀδικεῖσθαι· κάκιον γὰρ τυγχάνει ὄν. – ΠΩΛ. Φαίνεται.

iv. Todavia, a imagem mais proeminente no *Górgias*, segundo minha interpretação, é a de Sócrates como o "verdadeiro homem político", o único capaz de promover o "supremo bem" (τὸ βέλτιστον, 521d9) da comunidade política na medida em que ele detém a "arte política" (πολιτικῇ τέχνῃ, 521d7). Essa declaração da personagem no final do diálogo é indubitavelmente uma resposta à acusação de Cálicles em sua *invectiva* (484c-486d) de que o filósofo é inútil para o processo político da pólis, visto que ele se mantém afastado "do centro da cidade e das ágoras, onde, segundo o poeta, os homens se tornam distintos" (τὰ μέσα τῆς πόλεως καὶ τὰς ἀγοράς, ἐν αἷς ἔφη ὁ ποιητὴς τοὺς ἄνδρας ἀριπρεπεῖς γίγνεσθαι, 485d5-6). Isso implica que Sócrates, como o verdadeiro homem político, pratica então a "verdadeira retórica" (τῇ ἀληθινῇ ῥητορικῇ, 517a5), e se apresenta, em substituição ao rétor adulador representado paradigmaticamente pela figura de Górgias, como "aquele rétor técnico e bom" (ὁ ῥήτωρ ἐκεῖνος, ὁ τεχνικός τε καὶ ἀγαθός, 504d5-6): ele conhece o que é o bem para a alma dos cidadãos e sabe como promovê-lo tecnicamente, porque ele "é" bom[5]. Essa concatenação entre os termos *tekhnikos te kai agathos* indica que a condição *sine qua non* de a retórica ser uma atividade praticada com arte, a *arte retórica* propriamente dita, é precisamente o caráter moral do orador. Vejamos mais uma vez o trecho em que Sócrates arroga para si o título de "verdadeiro homem político":

> SOC: Julgo que eu, e mais alguns poucos atenienses – para não dizer apenas eu –, sou o único contemporâneo a empreender a verdadeira arte política e a praticá-la. Assim, visto que não profiro os discursos que profiro em toda ocasião visando o deleite, mas o supremo bem e não o que é mais aprazível, e visto que não desejo fazer "essas sutilezas" aconselhadas por ti, eu decerto não saberei o que dizer no tribunal. (521d6-e2)

> ΣΩ. Οἶμαι μετ' ὀλίγων Ἀθηναίων, ἵνα μὴ εἴπω μόνος, ἐπιχειρεῖν τῇ ὡς ἀληθῶς πολιτικῇ τέχνῃ καὶ πράττειν τὰ πολιτικὰ μόνος τῶν νῦν· ἅτε οὖν οὐ πρὸς χάριν λέγων τοὺς λόγους οὓς λέγω ἑκάστοτε, ἀλλὰ πρὸς τὸ βέλτιστον, οὐ πρὸς τὸ ἥδιστον, καὶ οὐκ ἐθέλων ποιεῖν ἃ σὺ παραινεῖς, τὰ κομψὰ ταῦτα, οὐχ ἕξω ὅτι λέγω ἐν τῷ δικαστηρίῳ.

Mas a concepção de uma retórica que promova o bem da comunidade política, e não simplesmente o deleite da audiência na Assembleia (a ideia de uma "boa retórica"), é reivindicada também pela personagem Górgias no 1º "Ato". Naquela oportunidade, a fim de ilustrar a magnitude do "poder da retórica" (ἡ δύναμις τῆς ῥητορικῆς, 456a5), Górgias oferece então o exemplo de sua ação junto a seu irmão médico Heródico:

> GOR: Ah! se soubesses de tudo, Sócrates: todos os poderes, por assim dizer, ela os mantém sob a sua égide. Vou te contar uma grande prova disso: muitas vezes eu me dirigi, em companhia de meu irmão

---

5. Essa ideia de uma "boa retórica" aparece em diversos momentos do diálogo: cf. 502e-503b; 504d; 508c; 517a-c; 519b, 521d-e; 527c.

e de outros médicos, a um doente que não queria tomar remédio nem permitir ao médico que lhe cortasse ou cauterizasse algo; sendo o médico incapaz de persuadi-lo, eu enfim o persuadi por meio de nenhuma outra arte senão da retórica. (456a7-b5)

> ΓΟΡ. Εἰ πάντα γε εἰδείης, ὦ Σώκρατες, ὅτι ὡς ἔπος εἰπεῖν ἁπάσας τὰς δυνάμεις συλλαβοῦσα ὑφ' αὑτῇ ἔχει. μέγα δέ σοι τεκμήριον ἐρῶ· πολλάκις γὰρ ἤδη ἔγωγε μετὰ τοῦ ἀδελφοῦ καὶ μετὰ τῶν ἄλλων ἰατρῶν εἰσελθὼν παρά τινα τῶν καμνόντων οὐχὶ ἐθέλοντα ἢ φάρμακον πιεῖν ἢ τεμεῖν ἢ καῦσαι παρασχεῖν τῷ ἰατρῷ, οὐ δυναμένου τοῦ ἰατροῦ πεῖσαι, ἐγὼ ἔπεισα, οὐκ ἄλλῃ τέχνῃ ἢ τῇ ῥητορικῇ.

Como vemos, a relação entre medicina e retórica, que será fundamental na "exposição" (*epideixis*) de Sócrates sobre a distinção entre as "artes" (*tekhnai*) e as espécies de "adulação" (*kolakeia*) (464b-466a), aparece no diálogo antecipadamente na boca de Górgias. A provável resposta de Sócrates ao rétor seria, então, que, ainda que a sua retórica, a *aduladora*, possa eventualmente contribuir em algum caso particular para a promoção do bem (como indicaria o exemplo que Górgias chama em causa para demonstrar a superioridade da retórica sobre as demais artes), isso não se dá *tecnicamente*, mas por mera "conjectura" (στοχασαμένη, 464c7) obtida por "experiência e rotina" (ἐμπειρία καὶ τριβή, 463b4); a "verdadeira retórica" (τῇ ἀληθινῇ ῥητορικῇ, 517a5) só é praticada como *arte (tekhnē)* por aquele que possui o conhecimento do que é o bem e o mal para a alma, e que é, por conseguinte, um homem "bom" (ὁ ῥήτωρ ἐκεῖνος, ὁ τεχνικός τε καὶ ἀγαθός, 504d5-6), ou seja, o filósofo. Essa ideia que emerge do *Górgias* de uma *verdadeira retórica* sob a égide da filosofia é retomada e desenvolvida por Platão na última parte do diálogo *Fedro* (259e-274a), como indica a alusão intertextual à discussão sobre a retórica no *Górgias*[6].

---

6. Platão, *Fedro*, 259e4-260a4:
   SOC: Porventura não é preciso que, para se discursar de modo correto e belo, haja na mente do falante a verdade a respeito daquilo de que se pretende falar?
   FED: Sobre isso, caro Sócrates, eu ouvi o seguinte: que não é necessário, para quem pretende ser rétor, aprender o que é realmente justo, mas o que parece à multidão, →

III

Mas a imagem "elevada" de Sócrates como o verdadeiro rétor e o verdadeiro homem político, construída discursivamente pela personagem, não é a única perspectiva a respeito da retórica socrática no *Górgias*. Ele também usa de procedimentos aduladores na consecução do *elenchos*, sobretudo no 1º "Ato", empregando contra Górgias os seus próprios artifícios de persuasão que o teriam tornado tão célebre em Atenas, depois de sua visita como embaixador de Leontine em 427 a.C. Esse contraste entre o que Sócrates professa "no discurso" (λόγῳ) e o que ele pratica "em ato" (ἔργῳ) indica precisamente como a construção do *ēthos* da personagem no *Górgias* é apresentada por Platão como uma questão problemática. Isso se torna evidente a partir dos próprios argumentos que Sócrates usa para censurar os grandes políticos da democracia ateniense do séc. v a.C., Temístocles, Péricles,

→ a qual será o juiz do caso, tampouco o que é realmente bom ou belo, mas tudo quanto há de parecer como tal; pois é disso que decorre a persuasão, e não da verdade.
   ΣΩ. Ἆρ' οὖν οὐχ ὑπάρχειν δεῖ τοῖς εὖ γε καὶ καλῶς ῥηθησομένοις τὴν τοῦ λέγοντος διάνοιαν εἰδυῖαν τὸ ἀληθὲς ὧν ἂν ἐρεῖν πέρι μέλλῃ;
   ΦΑΙ. Οὑτωσὶ περὶ τούτου ἀκήκοα, ὦ φίλε Σώκρατες, οὐκ εἶναι ἀνάγκην τῷ μέλλοντι ῥήτορι ἔσεσθαι τὰ τῷ ὄντι δίκαια μανθάνειν ἀλλὰ τὰ δόξαντ' ἂν πλήθει οἵπερ δικάσουσιν, οὐδὲ τὰ ὄντως ἀγαθὰ ἢ καλὰ ἀλλ' ὅσα δόξει· ἐκ γὰρ τούτων εἶναι τὸ πείθειν ἀλλ' οὐκ ἐκ τῆς ἀληθείας.
   A fala da personagem Fedro parece-me ser uma referência direta ao debate sobre a retórica no *Górgias*, especificamente a este trecho:
   SOC: Se o rétor é ou não inferior aos outros porque se encontra nessa condição, em breve investigaremos, no caso de ser pertinente para nossa discussão; mas por ora, examinemos primeiro o seguinte: o rétor porventura encontra-se, a respeito do justo e do injusto, do vergonhoso e do belo, do bem e do mal, na mesma condição em que se encontra a respeito da saúde e das demais coisas relativas às outras artes? Ignorando as próprias coisas, o que é o bem e o que é o mal, o que é o belo e o que é o vergonhoso, o que é o justo e o que é o injusto, mas tramando a persuasão a respeito delas de modo a parecer conhecer, mesmo ignorando, em meio a quem é ignorante, mais do que aquele que conhece? [...] (459c6-e1)
   ΣΩ. Εἰ μὲν ἐλαττοῦται ἢ μὴ ἐλαττοῦται ὁ ῥήτωρ τῶν ἄλλων διὰ τὸ οὕτως ἔχειν, αὐτίκα ἐπισκεψόμεθα, ἐάν τι ἡμῖν πρὸς λόγου ᾖ· νῦν δὲ τόδε πρότερον σκεψώμεθα, ἆρα τυγχάνει περὶ τὸ δίκαιον καὶ τὸ ἄδικον καὶ τὸ αἰσχρὸν καὶ τὸ καλὸν καὶ ἀγαθὸν καὶ κακὸν οὕτως ἔχων ὁ ῥητορικὸς ὡς περὶ τὸ ὑγιεινὸν καὶ περὶ τὰ ἄλλα ὧν αἱ ἄλλαι τέχναι, αὐτὰ μὲν οὐκ εἰδώς, τί ἀγαθὸν ἢ τί κακόν ἐστιν ἢ τί καλὸν ἢ τί αἰσχρὸν ἢ δίκαιον ἢ ἄδικον, πειθὼ δὲ περὶ αὐτῶν μεμηχανημένος ὥστε δοκεῖν εἰδέναι οὐκ εἰδὼς ἐν οὐκ εἰδόσιν μᾶλλον τοῦ εἰδότος;

Címon e Milcíades, na tentativa de dissuadir Cálicles da vida política. Vejamos os argumentos:

> SOC: E agora, excelentíssimo homem, visto que tu próprio começaste recentemente a realizar os afazeres da cidade, exortando-me a isso e reprovando-me porque não as realizo, não investigaremos um ao outro desse modo: "Vamos lá, Cálicles já tornou melhor algum cidadão? Há alguém que antes era vicioso, injusto, intemperante e estulto, e que se tornou um homem belo e bom por causa de Cálicles, seja estrangeiro ou cidadão, escravo ou homem livre?" Dize-me: se alguém te indagar sobre isso, Cálicles, o que responderás? Que homem dirás ter se tornado melhor com o teu convívio? Hesitas em responder se há algum feito teu relativo a uma situação privada antes de empreenderes as ações públicas?
> CAL: Almejas a vitória, Sócrates. (515a1-b5)
>
> ΣΩ. Νῦν δέ, ὦ βέλτιστε ἀνδρῶν, ἐπειδὴ σὺ μὲν αὐτὸς ἄρτι ἄρχῃ πράττειν τὰ τῆς πόλεως πράγματα, ἐμὲ δὲ παρακαλεῖς καὶ ὀνειδίζεις ὅτι οὐ πράττω, οὐκ ἐπισκεψόμεθα ἀλλήλους, Φέρε, Καλλικλῆς ἤδη τινὰ βελτίω πεποίηκεν τῶν πολιτῶν; ἔστιν ὅστις πρότερον πονηρὸς ὤν, ἄδικός τε καὶ ἀκόλαστος καὶ ἄφρων, διὰ Καλλικλέα καλός τε κἀγαθὸς γέγονεν, ἢ ξένος ἢ ἀστός, ἢ δοῦλος ἢ ἐλεύθερος; λέγε μοι, ἐάν τίς σε ταῦτα ἐξετάζῃ, ὦ Καλλίκλεις, τί ἐρεῖς; τίνα φήσεις βελτίω πεποιηκέναι ἄνθρωπον τῇ συνουσίᾳ τῇ σῇ; ὀκνεῖς ἀποκρίνασθαι, εἴπερ ἔστιν τι ἔργον σὸν ἔτι ἰδιωτεύοντος, πρὶν δημοσιεύειν ἐπιχειρεῖν;
> ΚΑΛ. Φιλόνικος εἶ, ὦ Σώκρατες.

Sócrates enfatiza aqui a prioridade do domínio "particular" (ἰδιωτεύοντος, 515b4) sobre o domínio "público" (δημοσιεύειν, 515b4), ou seja, a condição para o homem se tornar político e ser capaz de promover o bem da comunidade política é ter praticado boas ações no âmbito privado, ter sido capaz de tornar alguém melhor do que era antes, desviando-o do vício e impelindo-o à virtude (o caráter *protréptico* do *elenchos*). Pois bem, se Cálicles não satisfaz essa condição e acusa Sócrates, em contrapartida, de agir como "erístico" (φιλόνικος, 515b5), o que poderíamos dizer de Sócrates, usando contra ele o mesmo argumento que emprega contra o interlocutor e contra os políticos atenienses em geral? O caso Alcibíades não seria também um indício da falibilidade da "política privada" de Sócrates, como foi discutido na Seção 5? Pelo próprio argumento chamado em causa por Sócrates, ele não poderia se configurar como aquele "verdadeiro homem político" que apregoa ser em 521d-e, pois também ele, assim como Cálicles, não foi capaz de "tornar melhor algum cidadão" (τινὰ βελτίω πεποίηκεν τῶν πολιτῶν, 515a4-5), como o caso Alcibíades imediatamente evidencia ao leitor[7]. Nesse sentido, não é fortuita a referência de Platão à relação amorosa entre Sócrates e Alcibíades no *Górgias* (481d--482b); pelo contrário, ela nos indica precisamente como ela é problemática para a construção do *ēthos* do filósofo no diálogo, tendo em vista os próprios argumentos usados pela personagem em sua crítica à democracia. Se a recalcitrância de Cálicles ressalta os limites do *elenchos* socrático do ponto de vista de sua eficiência persuasiva, o caso Alcibíades ilustra o fracasso da "política privada" de Sócrates, contrariando, assim, a imagem construída por ele de "o verdadeiro homem político".

IV

A imagem "séria" e "elevada" de Sócrates, portanto, é apresentada por Platão como uma questão problemática no *Górgias*. De

---

7. Refiro-me aqui, em específico, ao caso de Alcibíades porque ele é mencionado nominalmente no *Górgias*. Poderíamos citar também o caso de Crítias, que acabou por se tornar um dos Trinta Tiranos em 404 a.C. No Livro I das *Memoráveis*, Xenofonte, ao defender Sócrates contra a acusação de que ele corrompia os jovens, faz uma longa digressão sobre a relação de amizade de Sócrates com Alcibíades e Crítias (1.2.12-48), argumentando que as ações políticas perversas de ambas as figuras no final do séc. v a.C. ocorreram justamente porque haviam abandonado o convívio de Sócrates; enquanto eles faziam parte do círculo socrático, segundo Xenofonte, Alcibíades e Crítias eram homens moderados e justos, à semelhança do mestre (1.2.17). Seu argumento principal é que ambos buscaram se aproximar de Sócrates com o interesse de se beneficiarem da boa reputação do filósofo e obterem vantagens no mundo político (1.2.15-16). Sócrates ficou a tal ponto estigmatizado por esse tipo de relação ético-política problemática que Ésquines, em 348 a.C., ainda a chamava em causa para censurar Sócrates, como vemos em seu discurso *Contra Timarco* citado na epígrafe inicial deste livro.

um lado, o homem virtuoso por excelência (temperante, corajoso, justo, sábio), o verdadeiro homem político, o verdadeiro rétor, o homem que, diante da morte, se comporta com resignação de modo comparável ao grandioso Aquiles na *Ilíada* (como vemos referido na *Apologia*, 28b-d), que se apresenta como o "médico da alma", capaz de curar a "doença moral" que acomete boa parte das pessoas que ele ordinariamente encontra, uma vez diagnosticada pelo seu habitual *elenchos*. De outro lado, o homem de ironia mordaz, que busca ridicularizar o interlocutor (ou melhor, certo tipo de interlocutor) perante a audiência como uma maneira de refutá-lo, que recorre a exemplos provocativos durante a discussão para desqualificar os argumentos do interlocutor (490d-e; 494c-e), que irrita seu adversário por diversos modos, que joga com as emoções da plateia como um "verdadeiro orador público" (494d; 519d), que rompe as "regras" do processo dialógico que ele próprio havia estabelecido, que atribui a culpa de seus "erros" à debilidade do interlocutor, que age muitas vezes como uma personagem cômica, como indica a alusão a Epicarmo (505e) comentada acima. Esse comportamento ridículo de Sócrates no *Górgias* é, enfim, admitido pela própria personagem, como vemos nesta passagem:

> SOC: Extraordinário homem, eu não os vitupero enquanto servidores da cidade, mas eles me parecem ter sido melhores servidores do que os contemporâneos e mais capazes de prover a cidade do que lhe apetecia. Todavia, redirecionar seus apetites e não lhes ceder, usando a persuasão e a força de modo a tornar melhores os cidadãos, nesse aspecto eles em nada se diferem dos outros, por assim dizer, e esse é o único feito de um bom político. Quanto a naus, muralhas, estaleiros e todas as demais coisas do gênero, eu também concordo que eles foram mais prodigiosos do que os contemporâneos em prover a cidade disso. *Assim, tanto eu quanto tu agimos de modo ridículo na discussão: durante todo o tempo em que dialogávamos, não paramos de girar sempre em torno do mesmo ponto e de ignorar reciprocamente o que um ou outro dizia.* De fato, creio que tu concordaste comigo repetidas vezes e compreendeste, enfim, que há duas atividades concernentes tanto ao corpo quanto à alma, e que uma delas é servidora e capaz de prover o nosso

corpo de comida, se houver fome, de bebida, se houver sede, de mantos, cobertores e sapatos, se sentir frio, e de outras coisas que apetecem o corpo. E eu te falo por meio das mesmas imagens propositalmente, a fim de que tua compreensão seja mais fácil. (517b2-d6)

ΣΩ. ᾮ δαιμόνιε, οὐδ' ἐγὼ ψέγω τούτους ὥς γε διακόνους εἶναι πόλεως, ἀλλά μοι δοκοῦσι τῶν γε νῦν διακονικώτεροι γεγονέναι καὶ μᾶλλον οἷοί τε ἐκπορίζειν τῇ πόλει ὧν ἐπεθύμει. ἀλλὰ γὰρ μεταβιβάζειν τὰς ἐπιθυμίας καὶ μὴ ἐπιτρέπειν, πείθοντες καὶ βιαζόμενοι ἐπὶ τοῦτο ὅθεν ἔμελλον ἀμείνους ἔσεσθαι οἱ πολῖται, ὡς ἔπος εἰπεῖν οὐδὲν τούτων διέφερον ἐκεῖνοι· ὅπερ μόνον ἔργον ἐστὶν ἀγαθοῦ πολίτου. ναῦς δὲ καὶ τείχη καὶ νεώρια καὶ ἄλλα πολλὰ τοιαῦτα καὶ ἐγώ σοι ὁμολογῶ δεινοτέρους εἶναι ἐκείνους τούτων ἐκπορίζειν. πρᾶγμα οὖν γελοῖον ποιοῦμεν ἐγώ τε καὶ σὺ ἐν τοῖς λόγοις· ἐν παντὶ γὰρ τῷ χρόνῳ ὃν διαλεγόμεθα οὐδὲν παυόμεθα εἰς τὸ αὐτὸ ἀεὶ περιφερόμενοι καὶ ἀγνοοῦντες ἀλλήλων ὅτι λέγομεν. ἐγὼ γοῦν σε πολλάκις οἶμαι ὡμολογηκέναι καὶ ἐγνωκέναι ὡς ἄρα διττὴ αὕτη τις ἡ πραγματεία ἔστιν καὶ περὶ τὸ σῶμα καὶ περὶ τὴν ψυχήν, καὶ ἡ μὲν ἑτέρα διακονική ἐστιν, ᾗ δυνατὸν εἶναι ἐκπορίζειν, ἐὰν μὲν πεινῇ τὰ σώματα ἡμῶν, σιτία, ἐὰν δὲ διψῇ, ποτά, ἐὰν δὲ ῥιγῷ, ἱμάτια, στρώματα, ὑποδήματα, ἄλλ' ὧν ἔρχεται σώματα εἰς ἐπιθυμίαν· καὶ ἐξεπίτηδές σοι διὰ τῶν αὐτῶν εἰκόνων λέγω, ἵνα ῥᾷον καταμάθῃς.

Nesse sentido, se a imagem "séria" de Sócrates pode ser comparável à de Aquiles, seu comportamento jocoso em certas situações particulares, como vemos representado no *Górgias*, parece aproximá-lo antes de Odisseu, o *polutropos*[8] (πολύτροπος, *Od.*, 1.1), o *polumētis* (πολυμήτις, *Od.*, 21.274), que usa de todo e qualquer meio ou artifício para obter o fim almejado[9] (no caso de Sócrates, a consumação do *elenchos*). Essa comparação entre Sócrates e Odisseu que sugiro aqui, embora possa parecer bastante genérica,

---

8. O adjetivo *polutropos* significa, genericamente, "de vários modos" e aparece na *Odisséia* como epíteto de Odisseu, que por vezes é substituído por outros compostos com o prefixo *polu-*, tais como *polumētis* ("poliastucioso", como traduz Haroldo de Campos). *Polutropos*, a princípio, refere-se à errância de Odisseu que, na volta de Troia para Ítaca, passou por diversos lugares até retornar a seu palácio, como narra o poema homérico. Por extensão, tal adjetivo também conota "versatilidade", "astúcia", "perspicácia", aproximando-se de seu correlato semântico *polumētis*.

9. R. Robinson, *Plato's Earlier Dialectic*, p. 8-9: "Sócrates parece preparado para empregar qualquer tipo de engano a fim de submeter as pessoas ao *elenchos*".

foi concebida por Antístenes, um dos autores dos *Sōkratikoi logoi* (Discursos Socráticos) a que se refere Aristóteles na *Poética* (1147b9-13). A partir do catálogo de suas obras preservado por Diógenes Laércio (6.15-18), Antístenes se dedicava, entre outros assuntos, à exegese de temas homéricos.

Segundo C. Kahn[10], Antístenes aparentemente concebia Odisseu como uma espécie de sábio socrático, tendo em vista um dos fragmentos de sua obra exegética sobre Homero preservado por Porfírio (*Questionum Homericarum ad Odysseam Pertinentium Reliquiae*, 1.1.1-21). Nesse fragmento, numa discussão sobre a semântica do termo *polutropos* (o mesmo tipo de debate a que se volta Platão no diálogo *Hípias Menor*, cf. 364a-365e)[11], Antístenes se opõe a um contra-argumentador anônimo que se apoiava no sentido dado ao termo por Aquiles na *Ilíada*[12] quando ele censura Odisseu, ou seja, de "dolo", "engano", "mentira". Na concepção de Antístenes, contudo, *polutropos* significava, sobretudo, ter a habilidade com o "diálogo" (διαλέγεσθαι, 1.1.17), saber se exprimir "por diversos modos" (πολλοῦς τρόπους, 1.1.18), e, por conseguinte, ser capaz de se relacionar com os homens "de

10. C. Kahn, *Plato and the Socratic Dialogue*, p. 122-123.
11. Na interpretação de Kahn, a exegese sobre Homero presente no *Hípias Menor* é uma referência de Platão a esse tipo de debate feito por Antístenes, e não o inverso, pois, segundo as informações conservadas sobre o autor, ele é bem mais velho que Platão e um escritor já bem estabelecido nos anos 390 a.C. (op. cit., p. 122), quando Platão provavelmente começou a escrever os diálogos.
12. Homero, *Ilíada*, 9.307-313, trad. Haroldo de Campos:
Falou, então, Aquiles, pés-velozes:
"Ouve, Laertíade, poliastucioso: sem meios
termos, claro, direi quanto penso e farei,
para que ninguém sente junto a mim, palrando
um deste, outro daquele lado. Como às portas
do Hades, detesto quem fala uma coisa e esconde
outra na mente; [...]
Τὸν δ' ἀπαμειβόμενος προσέφη πόδας ὠκὺς Ἀχιλλεύς·
διογενὲς Λαερτιάδη πολυμήχαν' Ὀδυσσεῦ
χρὴ μὲν δὴ τὸν μῦθον ἀπηλεγέως ἀποειπεῖν,
ἧ περ δὴ φρονέω τε καὶ ὡς τετελεσμένον ἔσται,
ὡς μή μοι τρύζητε παρήμενοι ἄλλοθεν ἄλλος.
ἐχθρὸς γάρ μοι κεῖνος ὁμῶς Ἀΐδαο πύλῃσιν
ὅς χ' ἕτερον μὲν κεύθῃ ἐνὶ φρεσίν, ἄλλο δὲ εἴπῃ.

diversas maneiras" (πολλοῖς τρόποις, 1.1.21), "adequando o seu discurso ao caráter do interlocutor"[13]. Se nesse fragmento Antístenes não cita nominalmente o filósofo, de quem foi amigo e a quem dedicou parte de sua obra ao escrever *Sōkratikoi logoi*, ao leitor dos diálogos platônicos, entretanto, a figura de Sócrates é imediatamente evocada:

> Mas se os sábios são terrivelmente hábeis no diálogo, eles também sabem exprimir o mesmo pensamento por diversos modos; uma vez que eles conhecem diversos modos de discursos a respeito de uma mesma coisa, eles seriam então *polutropoi*. E se os sábios são bons também em se relacionar com os homens, é por esse motivo que Homero diz que Odisseu, sendo sábio, é *polutropos*: porque ele sabia deveras conviver com os homens de diversas maneiras. (1.1.17-21)

> εἰ δὲ οἱ σοφοὶ δεινοί εἰσι διαλέγεσθαι, καὶ ἐπίστανται τὸ αὐτὸ νόημα κατὰ πολλοὺς τρόπους λέγειν· ἐπιστάμενοι δὲ πολλοὺς τρόπους λόγων περὶ τοῦ αὐτοῦ πολύτροποι ἂν εἶεν. εἰ δὲ οἱ σοφοὶ καὶ ἀνθρώποις ὁμιλεῖν ἀγαθοί εἰσι, διὰ τοῦτό φησι τὸν Ὀδυσσέα Ὅμηρος σοφὸν ὄντα πολύτροπον εἶναι, ὅτι δὴ τοῖς ἀνθρώποις ἠπίστατο πολλοῖς τρόποις συνεῖναι.

Como vemos no *Górgias*, Sócrates é representado por Platão como o novo senhor da "arte do discurso" (*tekhnē logōn*), em substituição à figura do rétor. Ele domina não apenas os recursos próprios da *brakhulogia*, mas também os da *makrologia*, subordinando o domínio discursivo da retórica ao domínio da filosofia. O Mito Final narrado por Sócrates, por sua vez, representaria, nessa perspectiva de leitura, a apropriação do discurso poético e a sua reinvenção em uma nova forma de discurso em prosa, em um novo gênero literário, o "diálogo", o qual compreende também elementos e *topoi* característicos da tragédia e da comédia. Nesse movimento *intergenérico*, a figura de Sócrates, o grande protagonista da obra platônica, emerge então como a do novo herói: o filósofo como o *polutropos* do discurso.

---

13. C. Kahn, op. cit., p. 123.

ΓΟΡΓΙΑΣ

Καλλικλῆς   ΚΑ.
Σωκράτης   ΣΩ.
Χαιρεφῶν   ΧΑ.
Γοργίας   ΓΟΡ.
Πῶλος   ΠΩ.

GÓRGIAS

Cálicles	CAL
Sócrates	SOC
Querefonte	QUE
Górgias	GOR
Polo	POL

ΚΑΛ. Πολέμου καὶ μάχης φασὶ χρῆναι, ὦ Σώκρατες, οὕτω μεταλαγχάνειν.

ΣΩ. ᾿Αλλ' ἦ, τὸ λεγόμενον, κατόπιν ἑορτῆς ἥκομεν καὶ ὑστεροῦμεν;

ΚΑΛ. Καὶ μάλα γε ἀστείας ἑορτῆς· πολλὰ γὰρ καὶ καλὰ Γοργίας ἡμῖν ὀλίγον πρότερον ἐπεδείξατο.

ΣΩ. Τούτων μέντοι, ὦ Καλλίκλεις, αἴτιος Χαιρεφῶν ὅδε, ἐν ἀγορᾷ ἀναγκάσας ἡμᾶς διατρῖψαι.

1. O diálogo *Górgias* não é marcado temporalmente, nem espacialmente; ele irrompe com a brusca entrada de Cálicles, admoestando Sócrates pelo atraso. Não sabemos onde se passa a cena, se na casa de algum homem rico que se dispunha a ser anfitrião dos sofistas, como Cálias no *Protágoras*, ou em algum prédio público; não sabemos se é tarde ou noite, apenas que Sócrates chega após a *epideixis* (exibição) de Górgias. De qualquer modo, é um ambiente dominado pela presença do ilustre rétor, de seus discípulos e do restante da audiência. Nesse sentido, o diálogo representa o ingresso de Sócrates nesse ambiente como se fosse em uma guerra, uma analogia bastante profícua para representar o que sucederá no diálogo, sobretudo no 3º "Ato", no debate entre Sócrates e Cálicles. Toda a cena se desenvolve ali, como se Sócrates estivesse em "território inimigo", fator que condicionará, de certo modo, o seu comportamento durante a discussão. Por outro lado, as duas primeiras palavras que abrem o diálogo ,"guerra e batalha" (πολέμου καὶ μάχης, 447a1), →

CAL: Como dizem, Sócrates, eis a devida maneira de participar da guerra e da batalha¹.

SOC: Mas o quê? Chegamos, como no ditado, depois da festa e atrasados?

CAL: E depois de uma festa muito distinta, pois Górgias há pouco nos exibiu² inúmeras coisas belas.

SOC: Mas o culpado disso é Querefonte, Cálicles; por sua força, demoramos na ágora.

→ aludem à natureza agonística da retórica, em que a finalidade precípua do orador é a "vitória" sobre seu adversário por meio da persuasão da audiência à qual se dirige seu discurso. Isso ficará patente na analogia entre o ensino da retórica e o da luta no discurso da personagem Górgias logo adiante (456c-457c).

2. Platão emprega, de modo marcado, no Prólogo (447a1-449c8), formas nominais e verbais da raiz ἐπιδεικ-[epideik-] para se referir às "exibições" ou *performances* de Górgias para o público, como podemos constatar nesta série de ocorrências: ἐπεδείξετο, 447a6; ἐπιδείξεται, 447b2; ἐπιδείξεται, 447b8; ἐπίδειξιν, 447c3; ἐπιδείξεως, 447c6; ἐπίδειξιν, 449c4. Também no diálogo *Protágoras* esse verbo é usado no mesmo sentido, quando Sócrates desafia a personagem homônima a demonstrar que a virtude é ensinável, a qual, por sua vez, oferece duas modalidades de *epideixis* (exibição): o "mito" (μῦθον λέγων) ou a "exposição por meio de raciocínio" (λόγῳ διεξελθών) (320b8-c4).

b ΧΑΙ. Οὐδὲν πρᾶγμα, ὦ Σώκρατες· ἐγὼ γὰρ καὶ ἰάσομαι. φίλος γάρ μοι Γοργίας, ὥστ' ἐπιδείξεται ἡμῖν, εἰ μὲν δοκεῖ, νῦν, ἐὰν δὲ βούλῃ, εἰς αὖθις.

ΚΑΛ. Τί δέ, ὦ Χαιρεφῶν; ἐπιθυμεῖ Σωκράτης ἀκοῦσαι Γοργίου;

ΧΑΙ. Ἐπ' αὐτό γέ τοι τοῦτο πάρεσμεν.

ΚΑΛ. Οὐκοῦν ὅταν βούλησθε παρ' ἐμὲ ἥκειν οἴκαδε· παρ' ἐμοὶ γὰρ Γοργίας καταλύει καὶ ἐπιδείξεται ὑμῖν.

ΣΩ. Εὖ λέγεις, ὦ Καλλίκλεις. ἀλλ' ἆρα ἐθελήσειεν ἂν c ἡμῖν διαλεχθῆναι; βούλομαι γὰρ πυθέσθαι παρ' αὐτοῦ τίς ἡ δύναμις τῆς τέχνης τοῦ ἀνδρός, καὶ τί ἐστιν ὃ ἐπαγγέλλεταί τε καὶ διδάσκει· τὴν δὲ ἄλλην ἐπίδειξιν εἰς αὖθις, ὥσπερ σὺ λέγεις, ποιησάσθω.

ΚΑΛ. Οὐδὲν οἷον τὸ αὐτὸν ἐρωτᾶν, ὦ Σώκρατες. καὶ γὰρ αὐτῷ ἓν τοῦτ' ἦν τῆς ἐπιδείξεως· ἐκέλευε γοῦν νυνδὴ ἐρωτᾶν ὅτι τις βούλοιτο τῶν ἔνδον ὄντων, καὶ πρὸς ἅπαντα ἔφη ἀποκρινεῖσθαι.

ΣΩ. Ἦ καλῶς λέγεις. ὦ Χαιρεφῶν, ἐροῦ αὐτόν.

ΧΑΙ. Τί ἔρωμαι;

d ΣΩ. Ὅστις ἐστίν.

ΧΑΙ. Πῶς λέγεις;

ΣΩ. Ὥσπερ ἂν εἰ ἐτύγχανεν ὢν ὑποδημάτων δημιουργός, ἀπεκρίνατο ἂν δήπου σοι ὅτι σκυτοτόμος· ἢ οὐ μανθάνεις ὡς λέγω;

---

3. O verbo ἐπιθυμέω [epithumeō] colocado na boca de Cálicles para exprimir desejo, traduzido aqui por "almejar" (447b4), não é uma escolha fortuita de Platão, mas antecipa, de certa forma, o tipo de caráter da personagem, que se revelará no 3º "Ato" do diálogo (481b-527e). Platão representa Cálicles como defensor da vida hedonista, na qual o homem mais forte por natureza é capaz de, "por meio da coragem e da inteligência" (δι' ἀνδρείαν καὶ φρόνησιν, 492a2), engrandecer ao máximo e satisfazer "os seus apetites" (τὰς ἐπιθυμίας τὰς ἑαυτοῦ, 491e8-9), vivendo sem as rédeas da temperança e da justiça estabelecida pela lei dos mais fracos; nisso consistiria a felicidade humana, na perspectiva moral de Cálicles (491e-492c). Portanto, a ocorrência do verbo ἐπιθυμέω [epithumeō] nessa fala já exprime, de certa forma, o caráter hedonista da personagem.

4. É a primeira vez no diálogo que aparece a oposição entre o "diálogo" (διαλεχθῆναι, 447c1) pretendido por Sócrates e a "exibição" performática de Górgias (ἐπίδειξιν, 447c3), que, a princípio, corresponderia à tensão entre os modos de discurso, o filosófico e o →

QUE: Não há problema, Sócrates! Vou remediá-lo, pois Górgias é meu amigo. Se for de teu parecer, nos fará uma exibição agora, ou, se quiseres, em outra ocasião.

CAL: O quê, Querefonte? Sócrates almeja[3] ouvir Górgias?

QUE: Eis a razão de nossa presença.

CAL: Basta, então, quererdes acompanhar-me até em casa, pois Górgias é meu hóspede e há de vos fazer outra exibição.

SOC: Bem dito, Cálicles. Mas ele desejaria, porventura, dialogar conosco? Pois quero saber dele qual é o poder da arte do homem e o que ele promete e ensina; o resto da exibição, deixemos para outra ocasião, como dizes[4].

CAL: Nada como tu a indagá-lo, Sócrates! Aliás, esse era um dos pontos de sua exibição: há pouco mandou aos presentes que lhe perguntassem o que desejassem, e afirmou que responderia a todas as perguntas.

SOC: Bem dito. Querefonte, interroga-o!

QUE: Sobre o que devo interrogá-lo?

SOC: Quem ele é.

QUE: Como dizes?

SOC: Por exemplo: se ele fosse artífice de sapatos, ele decerto te responderia que é sapateiro; ou não entendes o que digo?

→ retórico. Tal oposição será cunhada no Prólogo pelos termos βραχυλογία [*brakhulogia*] (discurso breve) e μακρολογία [*makrologia*] (discurso extenso), respectivamente (449c5). No *Górgias*, assim como, em geral, nos chamados "primeiros diálogos" de Platão, não há ocorrências do termo de conotação técnica em Platão διαλεκτική [*dialektikē*] (dialética) para se referir ao modo de discurso e/ou ao método de Sócrates para refutar ou provar alguma tese, mas antes o verbo διαλέγεσθαι [*dialegesthai*] (dialogar). Dentre os primeiros diálogos, seria no *Eutidemo*, diálogo que trata da "erística", a única ocorrência de formas derivadas da raiz διαλεκτικ- [*dialektik*-] ("os dialéticos", τοῖς διαλεκτικοῖς, 290c5). Isso talvez nos permita inferir que, ao mesmo tempo em que Platão passa a apresentar paulatinamente a "dialética" como método de hipóteses em sua obra (ou seja, no *Mênon*, *Fédon* e *República*, principalmente), ele passa a se referir mais precisamente, através de termos derivados da raiz ἐριστικ- [*eristik*-], à "pseudodialética" dos "erísticos", representados na obra platônica pelos irmãos Dionisodoro e Eutidemo no diálogo *Eutidemo*.

ΧΑΙ. Μανθάνω καὶ ἐρήσομαι. Εἰπέ μοι, ὦ Γοργία, ἀληθῆ λέγει Καλλικλῆς ὅδε ὅτι ἐπαγγέλλῃ ἀποκρίνεσθαι ὅτι ἄν τίς σε ἐρωτᾷ;

448   ΓΟΡ. Ἀληθῆ, ὦ Χαιρεφῶν· καὶ γὰρ νυνδὴ αὐτὰ ταῦτα ἐπηγγελλόμην, καὶ λέγω ὅτι οὐδείς μέ πω ἠρώτηκε καινὸν οὐδὲν πολλῶν ἐτῶν.

ΧΑΙ. Ἦ που ἄρα ῥᾳδίως ἀποκρινῇ, ὦ Γοργία.

ΓΟΡ. Πάρεστι τούτου πεῖραν, ὦ Χαιρεφῶν, λαμβάνειν.

ΠΩΛ. Νὴ Δία· ἂν δέ γε βούλῃ, ὦ Χαιρεφῶν, ἐμοῦ. Γοργίας μὲν γὰρ καὶ ἀπειρηκέναι μοι δοκεῖ· πολλὰ γὰρ ἄρτι διελήλυθεν.

ΧΑΙ. Τί δέ, ὦ Πῶλε; οἴει σὺ κάλλιον ἂν Γοργίου ἀποκρίνασθαι;

b   ΠΩΛ. Τί δὲ τοῦτο, ἐὰν σοί γε ἱκανῶς;

ΧΑΙ. Οὐδέν· ἀλλ' ἐπειδὴ σὺ βούλει, ἀποκρίνου.

ΠΩΛ. Ἐρώτα.

ΧΑΙ. Ἐρωτῶ δή. εἰ ἐτύγχανε Γοργίας ἐπιστήμων ὢν τῆς τέχνης ἧσπερ ὁ ἀδελφὸς αὐτοῦ Ἡρόδικος, τί ἂν αὐτὸν ὠνομάζομεν δικαίως; οὐχ ὅπερ ἐκεῖνον;

ΠΩΛ. Πάνυ γε.

ΧΑΙ. Ἰατρὸν ἄρα φάσκοντες αὐτὸν εἶναι καλῶς ἂν ἐλέγομεν.

ΠΩΛ. Ναί.

5. A entrada em cena de Polo, discípulo de Górgias, interrompe bruscamente a interpelação que Querefonte, discípulo de Sócrates, fazia seguindo o modelo de *perguntas por analogia* (argumento indutivo) sugerido pelo mestre. Assim, nesse primeiro momento do diálogo, ao invés de um debate imediato entre as duas figuras mais eminentes, Górgias e Sócrates, deparamo-nos com uma espécie de prelúdio de um grande ato que está por vir, encenado pelos seus respectivos discípulos. Por outro lado, o argumento aduzido por Polo para explicar sua intrusão no diálogo (o cansaço de Górgias) é um elemento dramático que pode, de certa forma, justificar o rápido fracasso da personagem Górgias perante o *elenchos* de Sócrates no 1º "Ato", abrindo caminho para Polo e Cálicles desempenharem o papel de interlocutores de Sócrates.

QUE: Entendo. Vou interrogá-lo: Górgias, dize-me se é verdade o que nos conta Cálicles, que prometes responder a qualquer pergunta que alguém te enderece!

GOR: É verdade, Querefonte. Aliás, era precisamente isso o que há pouco prometia, e digo: há muitos anos ninguém ainda me propôs uma pergunta nova.

QUE: Ora, então respondes com desembaraço, Górgias.

GOR: Podes me testar, Querefonte.

POL: Por Zeus, contanto que queiras testar a mim, Querefonte! Pois Górgias parece-me estar deveras exausto, acabou de discorrer há pouco sobre vários assuntos[5].

QUE: O quê, Polo? Achas que respondes melhor do que Górgias?

POL: Por que a pergunta, se te for o suficiente?

QUE: Nada; mas visto o teu querer, responde então!

POL: Pergunta!

QUE: Pergunto sim. Se Górgias tivesse o conhecimento da mesma arte que seu irmão Heródico[6], que denominação lhe seria mais justa? Não seria a mesma que conferimos àquele?

POL: Certamente.

QUE: Portanto, diríamos acertadamente se afirmássemos que ele é médico.

POL: Sim.

---

6. Como ressalva Dodds, em seu comentário sobre o *Górgias* (*Plato: Gorgias*, p. 191), não se trata aqui do médico homônimo referido por Platão diversas vezes nos diálogos, natural de Mégara (pois o irmão, assim como Górgias, seria presumivelmente de Leontine, cidade da Sicília). Dodds sugere que Heródico, irmão de Górgias, seja provavelmente a figura referida por Aristóteles na *Retórica*, quando ele trata da semântica dos nomes, pois, sendo irmão do rétor, seria verossímil o seu encontro com o sofista Trasímaco (personagem do Livro I da *República*) e com Polo:

[...] e como Heródico dizia a Trasímaco: "és sempre *thrasumakhos* (audaz no combate); e a Polo: "és sempre *pōlos* (potro) (II, 1400b20-21).

[...] καὶ Ἡρόδικος Θρασύμαχον "ἀεὶ θρασύμαχος εἶ", καὶ Πῶλον "ἀεὶ σὺ πῶλος εἶ" [...].

ΧΑΙ. Εἰ δέ γε ἦσπερ Ἀριστοφῶν ὁ Ἀγλαοφῶντος ἢ ὁ ἀδελφὸς αὐτοῦ ἔμπειρος ἦν τέχνης, τίνα ἂν αὐτὸν ὀρθῶς ἐκαλοῦμεν;

c ΠΩΛ. Δῆλον ὅτι ζωγράφον.

ΧΑΙ. Νῦν δ' ἐπειδὴ τίνος τέχνης ἐπιστήμων ἐστίν, τίνα ἂν καλοῦντες αὐτὸν ὀρθῶς καλοῖμεν;

ΠΩΛ. Ὦ Χαιρεφῶν, πολλαὶ τέχναι ἐν ἀνθρώποις εἰσὶν ἐκ τῶν ἐμπειριῶν ἐμπείρως ηὑρημέναι· ἐμπειρία μὲν γὰρ ποιεῖ τὸν αἰῶνα ἡμῶν πορεύεσθαι κατὰ τέχνην, ἀπειρία δὲ κατὰ τύχην. ἑκάστων δὲ τούτων μεταλαμβάνουσιν ἄλλοι ἄλλων ἄλλως, τῶν δὲ ἀρίστων οἱ ἄριστοι· ὧν καὶ Γοργίας ἐστὶν ὅδε, καὶ μετέχει τῆς καλλίστης τῶν τεχνῶν.

d ΣΩ. Καλῶς γε, ὦ Γοργία, φαίνεται Πῶλος παρεσκευάσθαι εἰς λόγους· ἀλλὰ γὰρ ὃ ὑπέσχετο Χαιρεφῶντι οὐ ποιεῖ.

ΓΟΡ. Τί μάλιστα, ὦ Σώκρατες;

ΣΩ. Τὸ ἐρωτώμενον οὐ πάνυ μοι φαίνεται ἀποκρίνεσθαι.

ΓΟΡ. Ἀλλὰ σύ, εἰ βούλει, ἐροῦ αὐτόν.

7. Irmão do famoso pintor Polignoto, referido por Platão, no diálogo *Íon*, também como filho de Aglaofonte (Πολυγνώτου τοῦ Ἀγλαοφῶντος, 532e8).

8. Platão representa aqui, na fala dos discípulos, o modo habitual de discurso de seus respectivos mestres: Querefonte segue o modelo dialógico sugerido por Sócrates (447d), o de *perguntas por analogia*; Polo, por sua vez, faz um discurso grandiloquente, primado pela beleza formal das figuras de linguagem. O discurso de Polo, como resposta à pergunta de Querefonte, pode ser entendido aqui como uma paródia platônica do que se tornou, posteriormente, o célebre estilo gorgiano de escrita. A abundância de figuras de linguagem é flagrante: *poliptoto* (ἐμπειριῶν ἐμπειρῶς ... ἐμπειρία; ἄλλοι ἄλλων ἄλλως; τῶν ἀρίστων οἱ ἄριστοι), *antítese* (ἐμπειρία - ἀπειρία; κατὰ τέχνην - κατὰ τύχην; ἄλλοι ἄλλων - τῶν ἀρίστων οἱ ἄριστοι), *paronomásia* (τέχνην - τύχην), *isócolon* (ἀπειρία δὲ κατὰ ψύχην - τῶν δὲ ἀρίστων οἱ ἄριστοι). Se compararmos com o *Elogio de Helena* de Górgias, uma das poucas obras do autor que foram conservadas integralmente, observaremos a ocorrência das mesmas figuras de linguagem e um estilo de escrita semelhante: *poliptoto* (βάρβαρος βάρβαρον [7]; πρὸς ἄλλων ἀπ' ἄλλου [9]; ὅσοι ὅσους περὶ ὅσων [11]); *antítese* (κόσμος πόλει μὲν εὐανδρία - τὰ δὲ ἐναντία τούτων ἀκοσμία [1]; πέφυκε γὰρ οὐ τὸ κρεῖσσον ὑπὸ τοῦ ἥσσονος κωλύεσθαι, ἀλλὰ τὸ ἧσσον ὑπὸ τοῦ κρείσσονος ἄρχεσθαι καὶ ἄγεσθαι [6]); *paronomásia* (ἁμαρτία καὶ ἀμαθία [1]; ὃ λαβοῦσα καὶ οὐ λαθοῦσα →

QUE: Mas se ele fosse experiente na mesma arte que Aristofonte[7], filho de Aglaofonte, ou que seu irmão, como nós o chamaríamos corretamente?

POL: É evidente que de pintor.

QUE: Agora, uma vez que ele tem conhecimento de certa arte, de que nome nós o chamaríamos corretamente?

POL: Querefonte, as artes são abundantes entre os homens, descobertas da experiência experimentalmente. Pois a experiência faz com que a nossa vida seja guiada pela arte, enquanto a inexperiência, pelo acaso. Diferentes homens participam de cada uma delas de formas diferentes, e das melhores artes, os melhores homens. Dentre estes últimos, eis aqui Górgias, que participa da mais bela arte[8].

SOC: Polo parece bem preparado para o discurso, Górgias. Porém, não cumpre o que apregoava a Querefonte.

GOR: Precisamente o quê, Sócrates?

SOC: A pergunta não me pareceu ter sido absolutamente respondida.

GOR: Mas então pergunta tu, se quiseres!

→ [4]; προβήσομαι καὶ προθήσομαι [5]; νομίζω καὶ ὀνομάζω [9]); *isócolon* (σώματι δὲ κάλλος, ψυχῇ δὲ σοφία, πράγματι δὲ ἀρετή, λόγῳ δὲ ἀλήθεια [1]; οἱ δὲ εὐγενείας παλαιᾶς εὐδοξίαν, οἱ δὲ ἀλκῆς ἰδίας εὐεξίαν [4]); e a conjugação de figuras: *antítese* e *isócolon* (καὶ τὸ μὲν κρεῖσσον ἡγεῖσθαι, τὸ δὲ ἧσσον ἕπεσθαι [6]; νόμῳ μὲν ἀτιμίας, λόγῳ δὲ αἰτίας [7]); *paronomásia* e *isócolon* (τῶν τε παρόντων ἔννοιαν, τῶν τε μελλόντων πρόνοιαν [11]). Além da abundância das figuras, a ocorrência de αἰῶνα [*aiōna*] (vida), termo peculiar à poesia, parodiaria a predileção de Górgias de prover o discurso em prosa de recursos próprios da linguagem poética, o que os autores subsequentes considerarão como marcas de sua elocução, como, por exemplo, Dionísio de Halicarnasso, rétor, historiador e crítico literário, residente em Roma no séc. I a.C.:

[...] A linguagem poética e figurada influenciou os rétores de Atenas, como afirma Timeu [Fr. 95 FHG I 216], depois de Górgias tê-la introduzido quando esteve em Atenas como embaixador, arrebatando os ouvintes com um discurso público; mas, na verdade, a admiração por essa linguagem já era bem mais antiga. (*Sobre Lísias*, 3)

[...] ἥψατο δὲ καὶ τῶν Ἀθήνησι ῥητόρων ἡ ποιητική τε καὶ τροπικὴ φράσις, ὡς μὲν Τίμαιός φησι [fr. 95 FHG I 216] Γοργίου ἄρξαντος ἡνίκ' Ἀθήναζε πρεσβεύων κατεπλήξατο τοὺς ἀκούοντας τῇ δημηγορίᾳ, ὡς δὲ τἀληθὲς ἔχει, τὸ καὶ παλαιότερον αἰεί τι θαυμαζομένη.

ΣΩ. Οὔκ, εἰ αὐτῷ γε σοὶ βουλομένῳ ἐστὶν ἀποκρίνεσθαι, ἀλλὰ πολὺ ἂν ἥδιον σέ. δῆλος γάρ μοι Πῶλος καὶ ἐξ ὧν εἴρηκεν ὅτι τὴν καλουμένην ῥητορικὴν μᾶλλον μεμελέτηκεν ἢ διαλέγεσθαι.

e ΠΩΛ. Τί δή, ὦ Σώκρατες;

ΣΩ. Ὅτι, ὦ Πῶλε, ἐρομένου Χαιρεφῶντος τίνος Γοργίας ἐπιστήμων τέχνης, ἐγκωμιάζεις μὲν αὐτοῦ τὴν τέχνην ὥσπερ τινὸς ψέγοντος, ἥτις δέ ἐστιν οὐκ ἀπεκρίνω.

ΠΩΛ. Οὐ γὰρ ἀπεκρινάμην ὅτι εἴη ἡ καλλίστη;

ΣΩ. Καὶ μάλα. ἀλλ' οὐδεὶς ἐρωτᾷ ποία τις ἡ Γοργίου τέχνη, ἀλλὰ τίς, καὶ ὅντινα δέοι καλεῖν τὸν Γοργίαν· ὥσπερ τὰ ἔμπροσθέν σοι ὑπετείνατο Χαιρεφῶν καὶ αὐτῷ καλῶς

449 καὶ διὰ βραχέων ἀπεκρίνω, καὶ νῦν οὕτως εἰπὲ τίς ἡ τέχνη καὶ τίνα Γοργίαν καλεῖν χρὴ ἡμᾶς. μᾶλλον δέ, ὦ Γοργία, αὐτὸς ἡμῖν εἰπὲ τίνα σε χρὴ καλεῖν ὡς τίνος ἐπιστήμονα τέχνης.

ΓΟΡ. Τῆς ῥητορικῆς, ὦ Σώκρατες.

ΣΩ. Ῥήτορα ἄρα χρή σε καλεῖν;

9. É a primeira ocorrência do termo ῥητορική [*rhētorikē*] (retórica) no diálogo, em contraste direto com [*dialegesthai*] διαλέγεσθαι (diálogo). A tendência de Polo ao elogio do objeto em questão, antes de se definir precisamente que objeto é esse (negligenciando, portanto, a prioridade da definição sobre o juízo de valor, que Sócrates estipula como "regra" para o correto proceder dialógico), é um dos modos de Platão figurar, do ponto de vista da construção das personagens no *Górgias*, a oposição entre dois modos de discursos diferentes, o filosófico e o retórico: Polo, devido à sua inexperiência no domínio discursivo dialógico (pelo menos segundo as expectativas de Sócrates), é incapaz de dar uma resposta breve e simples conforme o argumento indutivo de Querefonte, recorrendo, em contrapartida, ao discurso extenso e ornamentado do modelo retórico. As consequências da inexperiência de Polo se tornarão evidentes quando ele passa a ser o interlocutor principal no 2º "Ato" (461b-481b), no qual Sócrates irá acentuar, de modo jocoso, a sua debilidade por meio do seu método de refutação (*elenchos*).

10. Sócrates entende a resposta de Polo como uma espécie de *elogio* ou *encômio* (ἐγκωμιάζεις, 448e3), como se ele estivesse respondendo a um *vitupério* (τινὸς ψέγοντος, 448e4) da parte de algum antagonista. Embora não haja em Platão um tipo de categorização formal tal como Aristóteles empreenderá posteriormente na *Retórica*, vale notar que nesse passo do *Górgias* há uma clara atribuição do *elogio* e do *vitupério* ao domínio do que Platão chama de "retórica" no diálogo. Em Aristóteles, eles consistem precisamente em um dos gêneros do discurso retórico, o *epidítico*, como vemos nesta célebre passagem da *Retórica*:

"Em número, as espécies da retórica são três, e o mesmo tanto resulta ser →

sóc: Não; se tu mesmo quiseres responder, será mais aprazível interrogar-te. Pois é evidente que Polo, pelo que acabou de dizer, tem praticado antes a chamada retórica do que o diálogo⁹.

pol: Por quê, Sócrates?

sóc: Porque, Polo, Querefonte perguntou a ti de qual arte Górgias tinha conhecimento e tu passaste a elogiar a sua arte como se alguém a vituperasse¹⁰; mas que arte é essa, não respondeste.

pol: Mas não respondi que é a mais bela?

sóc: Com certeza. Mas ninguém está perguntando de que qualidade ela é, e sim que arte é essa, e por qual nome Górgias deve ser chamado. Assim como Querefonte te formulou as perguntas anteriores e tu lhe respondeste correta e brevemente, dize-me agora, de modo semelhante, que arte é essa e por qual nome devemos chamar Górgias! Ou melhor: dize-nos tu mesmo, Górgias, como devemos te chamar e de que arte tens conhecimento!

gor: Da retórica, Sócrates.

sóc: Portanto, devemos te chamar de rétor?

→ também os ouvintes dos discursos. O discurso se constitui de três coisas, daquele que fala, daquilo a respeito do que se fala, e daquele a quem se fala, e o fim é em vista deste (refiro-me ao ouvinte). O ouvinte é necessariamente espectador ou juiz, e juiz de eventos passados ou futuros. O juiz de eventos futuros é o membro da Assembleia, o de eventos passados, o juiz dos tribunais, e quem observa o poder de quem fala é o espectador. Por conseguinte, é necessário que haja três gêneros de discurso retórico: o deliberativo, o judiciário e o epidítico. Uma parte da deliberação é a exortação, e a outra, a dissuasão; tanto aqueles que aconselham em privado quanto os que discursam em público sempre cumprem uma dessas funções. Uma parte do processo judiciário é a acusação, a outra, a defesa; é necessário que as partes contendentes cumpram ou uma ou outra dessas funções. Uma parte do discurso epidítico é o elogio, a outra, o vitupério". (1, 1358a36-58b13)

ἔτιν δὲ τῆς ῥητορικῆς εἴδη τρία τὸν ἀριθμόν· τοσοῦτοι γὰρ καὶ οἱ ἀκροαταὶ τῶν λόγων ὑπάρχουσιν ὄντες. σύγκειται μὲν γὰρ ἐκ τριῶν ὁ λόγος, ἔκ τε τοῦ λέγοντος καὶ περὶ οὗ λέγει καὶ πρὸς ὅν, καὶ τὸ τέλος πρὸς τοῦτόν ἐστιν, λέγω δὲ τὸν ἀκροατήν. ἀνάγκη δὲ τὸν ἀκροατὴν ἢ θεωρὸν εἶναι ἢ κριτήν, κριτὴν δὲ ἢ τῶν γεγενημένων ἢ τῶν μελλόντων. ἔστιν δ' ὁ μὲν περὶ τῶν μελλόντων κρίνων ὁ ἐκκλησιαστής, ὁ δὲ περὶ τῶν γεγενημένων [οἷον] ὁ δικαστής, ὁ δὲ περὶ τῆς δυνάμεως ὁ θεωρός, ὥστ' ἐξ ἀνάγκης ἂν εἴη τρία γένη τῶν λόγων τῶν ῥητορικῶν, συμβουλευτικόν, δικανικόν, ἐπιδεικτικόν. συμβουλῆς δὲ τὸ μὲν προτροπή, τὸ δὲ ἀποτροπή· ἀεὶ γὰρ καὶ οἱ ἰδίᾳ συμβουλεύοντες καὶ οἱ κοινῇ δημηγοροῦντες τούτων θάτερον ποιοῦσιν. δίκης δὲ τὸ μὲν κατηγορία, τὸ δ' ἀπολογία· τούτων γὰρ ὁποτερονοῦν ποιεῖν ἀνάγκη τοὺς ἀμφισβητοῦντας. ἐπιδεικτικοῦ δὲ τὸ μὲν ἔπαινος τὸ δὲ ψόγος.

ΓΟΡ. Ἀγαθόν γε, ὦ Σώκρατες, εἰ δὴ ὅ γε εὔχομαι εἶναι, ὡς ἔφη Ὅμηρος, βούλει με καλεῖν.
ΣΩ. Ἀλλὰ βούλομαι.
ΓΟΡ. Κάλει δή.
ΣΩ. Οὐκοῦν καὶ ἄλλους σε φῶμεν δυνατὸν εἶναι ποιεῖν;
ΓΟΡ. Ἐπαγγέλλομαί γε δὴ ταῦτα οὐ μόνον ἐνθάδε ἀλλὰ καὶ ἄλλοθι.
ΣΩ. Ἆρ' οὖν ἐθελήσαις ἄν, ὦ Γοργία, ὥσπερ νῦν διαλεγόμεθα, διατελέσαι τὸ μὲν ἐρωτῶν, τὸ δ' ἀποκρινόμενος, τὸ δὲ μῆκος τῶν λόγων τοῦτο, οἷον καὶ Πῶλος ἤρξατο, εἰς αὖθις ἀποθέσθαι; ἀλλ' ὅπερ ὑπισχνῇ, μὴ ψεύσῃ, ἀλλὰ ἐθέλησον κατὰ βραχὺ τὸ ἐρωτώμενον ἀποκρίνεσθαι.
ΓΟΡ. Εἰσὶ μέν, ὦ Σώκρατες, ἔνιαι τῶν ἀποκρίσεων ἀναγκαῖαι διὰ μακρῶν τοὺς λόγους ποιεῖσθαι· οὐ μὴν ἀλλὰ πειράσομαί γε ὡς διὰ βραχυτάτων. καὶ γὰρ αὖ καὶ τοῦτο ἕν ἐστιν ὧν φημι, μηδένα ἂν ἐν βραχυτέροις ἐμοῦ τὰ αὐτὰ εἰπεῖν.

GOR: De um bom rétor, Sócrates, se queres me chamar, como diz Homero, daquilo que rogo ser[11].

SOC: Mas eu quero chamá-lo.

GOR: Então chama!

SOC: Podemos dizer, assim, que és capaz de tornar rétores também outras pessoas?

GOR: Isso eu não prometo apenas aqui, mas em todo e qualquer lugar.

SOC: Porventura desejarias, Górgias, assim como agora dialogamos, terminar a conversa um interrogando e o outro respondendo, e esses discursos extensos, como Polo principiou a fazê-lo, deixá-los para outra ocasião? Não traias o que asseveras, mas deseja responder brevemente as perguntas a ti endereçadas!

GOR: Há certas respostas, Sócrates, que obrigam-nos a elaborar longos discursos. Todavia, tentarei responder o mais breve possível. Ademais, uma das coisas que professo é que ninguém diz as mesmas coisas da maneira mais breve do que eu.

---

11. Górgias é representado por Platão como uma personagem jactante, presunçosa, orgulhosa de sua onipotência na *arte dos discursos* (τέχνη λόγων), que se apresenta como mestre de certo saber. A própria repreensão de Cálicles a Sócrates na abertura do diálogo é índice disso, como se Sócrates não estivesse respeitando um homem de grande reputação, tendo em vista o seu atraso na *epideixis* do rétor. Da mesma forma, a veemência com que Polo age para acudir Górgias, como vimos logo acima (448c), evidencia a veneração do discípulo para com o mestre, tecendo elogios à sua pessoa e à sua arte. Górgias se enquadraria, então, naquela galeria de homens sábios, ou de pretensos sábios, à qual pertencem políticos, poetas, artesãos e sofistas, referida por Sócrates na *Apologia* (21b-c). A função do método de refutação de Sócrates (*elenchos*) seria justamente mostrar ao interlocutor, e à audiência eventualmente presente, como seu saber é, na verdade, um falso saber, como sua sabedoria aparente consiste, de fato, numa "falsa pretensão" [*alazoneia*] (ἀλαζονεία) ao saber.

ΣΩ. Τούτου μὴν δεῖ, ὦ Γοργία· καί μοι ἐπίδειξιν αὐτοῦ τούτου ποίησαι, τῆς βραχυλογίας, μακρολογίας δὲ εἰς αὖθις.

ΓΟΡ. Ἀλλὰ ποιήσω, καὶ οὐδενὸς φήσεις βραχυλογωτέρου ἀκοῦσαι.

ΣΩ. Φέρε δή· ῥητορικῆς γὰρ φῂς ἐπιστήμων τέχνης εἶναι καὶ ποιῆσαι ἂν καὶ ἄλλον ῥήτορα· ἡ ῥητορικὴ περὶ τί τῶν ὄντων τυγχάνει οὖσα; ὥσπερ ἡ ὑφαντικὴ περὶ τὴν τῶν ἱματίων ἐργασίαν· ἢ γάρ;—ΓΟΡ. Ναί.—ΣΩ. Οὐκοῦν καὶ ἡ μουσικὴ περὶ τὴν τῶν μελῶν ποίησιν;—ΓΟΡ. Ναί.

ΣΩ. Νὴ τὴν Ἥραν, ὦ Γοργία, ἄγαμαί γε τὰς ἀποκρίσεις, ὅτι ἀποκρίνῃ ὡς οἷόν τε διὰ βραχυτάτων.

ΓΟΡ. Πάνυ γὰρ οἶμαι, ὦ Σώκρατες, ἐπιεικῶς τοῦτο ποιεῖν.

ΣΩ. Εὖ λέγεις. ἴθι δή μοι ἀπόκριναι οὕτως καὶ περὶ τῆς ῥητορικῆς, περὶ τί τῶν ὄντων ἐστὶν ἐπιστήμη;—

12. Sócrates distingue, portanto, o modo de discurso dialógico do retórico, no primeiro momento, do ponto de vista de sua extensão: o "discurso breve" [brakhulogia] (βραχυλογία, 449c5), de um lado, como Querefonte procedeu anteriormente na interlocução com Górgias e Polo, em que um interlocutor formula as perguntas e o outro as responde de modo conciso (é interessante notar como Sócrates exige brevidade nas respostas, mas não diz nada sobre a extensão das perguntas); e o "discurso longo" [makrologia] (μακρολογία, 449c5), de outro, como Polo principiou a fazê-lo ao elogiar o ofício do mestre. Como a personagem Górgias arroga onipotência no âmbito dos discursos, seja no domínio da brakhulogia, seja no da makrologia, Sócrates consegue facilmente conduzir a discussão para o âmbito dialógico, evitando as incursões nos longos discursos próprios do registro retórico. Situação similar, mas bastante diferente, é representada no diálogo Protágoras, quando se estabelece um impasse quanto ao modo de discurso a ser adotado pelos interlocutores Protágoras e Sócrates. Como a personagem homônima já havia sido refutada anteriormente sobre um ponto específico da discussão (pois foi forçado, por Sócrates, a admitir, no registro dialógico, que temperança e sabedoria são a mesma coisa, visto terem o mesmo contrário, tese oposta à defendida por ele no início da discussão), Protágoras resiste à tentativa de Sócrates de estabelecer, como condição de possibilidade da discussão, a brakhulogia em detrimento da makrologia, como vemos neste trecho:

"Como, então, eu devo te responder: o quanto me parece devido responder, ou o quanto te parece?"

"Ao menos eu tenho escutado," disse, "que, a respeito dos mesmos assuntos, →

sóc: Eis o que é preciso, Górgias, e exibe-me justamente isto, um discurso breve; um discurso longo, deixemos para outra ocasião![12]

gor: Vou exibi-lo, e dirás que jamais ouviste alguém tão breve no discurso.

sóc: Vamos lá! Tu afirmas que conheces a arte retórica e que tornarias outra pessoa rétor; a que coisa concerne a retórica? Por exemplo: a tecelagem, à manufatura de roupas, não é?

gor: Sim.

sóc: E a música, à composição de cantos?

gor: Sim.

sóc: Por Hera, Górgias, agradam-me as tuas respostas, pois tu as formulas da maneira mais breve possível.

gor: Julgo, Sócrates, que faço isso de modo muito conveniente.

sóc: Bem dito. Adiante então, responde-me de modo semelhante também a respeito da retórica: a que concerne seu conhecimento?

→ és capaz tanto de fazer longos discursos e de ensinar os outros a fazê-lo, a ponto de jamais abdicar da palavra, quanto de falar brevemente, a ponto de não haver ninguém mais breve do que tu no discurso. Assim, se pretendes dialogar comigo, utiliza o segundo modo, o discurso breve, para te volveres a mim!"

"Sócrates," disse ele, "são inúmeros os homens com os quais já entrei em contenda verbal, e se eu fizesse o que me ordenas fazer, tal como se o contendor me ordenasse o diálogo e eu então dialogasse, eu não seria manifestamente melhor do que ninguém, tampouco haveria o nome de Protágoras entre os Helenos" (334e2-335a8).

Πότερα οὖν ὅσα ἐμοὶ δοκεῖ δεῖν ἀποκρίνεσθαι, τοσαῦτά σοι ἀποκρίνωμαι, ἢ ὅσα σοί;

Ἀκήκοα γοῦν, ἦν δ' ἐγώ, ὅτι σὺ οἷός τ' εἶ καὶ αὐτὸς καὶ ἄλλον διδάξαι περὶ τῶν αὐτῶν καὶ μακρὰ λέγειν, ἐὰν βούλῃ, οὕτως ὥστε τὸν λόγον μηδέποτε ἐπιλιπεῖν, καὶ αὖ βραχέα οὕτως ὥστε μηδένα σοῦ ἐν βραχυτέροις εἰπεῖν· εἰ οὖν μέλλεις ἐμοὶ διαλέξεσθαι, τῷ ἑτέρῳ χρῶ τρόπῳ πρός με, τῇ βραχυλογίᾳ.

Ὦ Σώκρατες, ἔφη, ἐγὼ πολλοῖς ἤδη εἰς ἀγῶνα λόγων ἀφικόμην ἀνθρώποις, καὶ εἰ τοῦτο ἐποίουν ὃ σὺ κελεύεις, ὡς ὁ ἀντιλέγων ἐκέλευέν με διαλέγεσθαι, οὕτω διελεγόμην, οὐδενὸς ἂν βελτίων ἐφαινόμην οὐδ' ἐγένετο Πρωταγόρου ὄνομα ἐν τοῖς Ἕλλησιν.

A interlocução entre eles só é restabelecida após uma longa deliberação dos membros da audiência (335b-338e), cuja resolução acaba se dando a favor de Sócrates, instituindo assim o modelo dialógico como o modo de discurso a ser empreendido por ambos os interlocutores.

ΓΟΡ. Περὶ λόγους.—ΣΩ. Ποίους τούτους, ὦ Γοργία; ἆρα οἳ δηλοῦσι τοὺς κάμνοντας, ὡς ἂν διαιτώμενοι ὑγιαίνοιεν;— ΓΟΡ. Οὔ.—ΣΩ. Οὐκ ἄρα περὶ πάντας γε τοὺς λόγους ἡ ῥητορική ἐστιν.—ΓΟΡ. Οὐ δῆτα.—ΣΩ. Ἀλλὰ μὴν λέγειν γε ποιεῖ δυνατούς.—ΓΟΡ. Ναί.—ΣΩ. Οὐκοῦν περὶ ὧνπερ λέγειν, καὶ φρονεῖν;—ΓΟΡ. Πῶς γὰρ οὔ;—ΣΩ. Ἆρ' οὖν, ἣν νυνδὴ ἐλέγομεν, ἡ ἰατρικὴ περὶ τῶν καμνόντων ποιεῖ δυνατοὺς εἶναι φρονεῖν καὶ λέγειν;—ΓΟΡ. Ἀνάγκη.— ΣΩ. Καὶ ἡ ἰατρικὴ ἄρα, ὡς ἔοικεν, περὶ λόγους ἐστίν.— ΓΟΡ. Ναί.—ΣΩ. Τούς γε περὶ τὰ νοσήματα;—ΓΟΡ. Μάλιστα.—ΣΩ. Οὐκοῦν καὶ ἡ γυμναστικὴ περὶ λόγους ἐστὶν τοὺς περὶ εὐεξίαν τε τῶν σωμάτων καὶ καχεξίαν;—ΓΟΡ. Πάνυ γε.—ΣΩ. Καὶ μὴν καὶ αἱ ἄλλαι τέχναι, ὦ Γοργία, οὕτως ἔχουσιν· ἑκάστη αὐτῶν περὶ λόγους ἐστὶν τούτους, οἳ τυγχάνουσιν ὄντες περὶ τὸ πρᾶγμα οὗ ἑκάστη ἐστὶν ἡ τέχνη.

13. O campo semântico de *logos* (λόγος), traduzido nesse passo do diálogo por "discurso", é demasiadamente amplo e pode gerar controvérsias na leitura do texto platônico dependendo da opção que faz o tradutor: ele pode tanto designar, genericamente, palavras, frases, discursos, quanto se referir, especificamente, à expressão do pensamento racional e, por conseguinte, à razão, ao cálculo, ao argumento. T. Irwin, em seu comentário ao *Górgias* (*Plato: Gorgias* p. 114), considera que nesse diálogo há quatro diferentes sentidos de *logos* que não se excluem necessariamente, mas que, pelo contrário, se encontram recorrentemente sobrepostos: i. *logos* significa geralmente discurso ou palavra falada; ii. às vezes ele designa um corpo organizado de discursos, seja um discurso contínuo proferido por orador, seja uma discussão entre interlocutores (nesse sentido, compreenderia tanto a *brakhulogia* quanto a *makrologia*, como vimos acima no texto); iii. pode se referir a um discurso racional em oposição a uma mera história ou "mito" [*muthos*] (μῦθος) (505c4 e 523a2); e iv. pode →

GOR: Aos discursos[13].

SOC: Mas a quais discursos, Górgias? São, porventura, aqueles que mostram por qual regime os doentes devem recobrar a saúde?

GOR: Não.

SOC: Portanto, a retórica não concerne a todos os discursos[14].

GOR: Certamente não.

SOC: Mas ela torna as pessoas aptas a falar.

GOR: Sim.

SOC: E a pensar, então, sobre aquilo que falam?

GOR: E como não?

SOC: Por acaso a medicina, sobre a qual falávamos há pouco, torna as pessoas aptas a pensar e a falar sobre os doentes?

GOR: Necessariamente.

SOC: Portanto, também a medicina, como é plausível, concerne a discursos.

GOR: Sim.

SOC: Àqueles relativos às doenças?

GOR: Certamente.

SOC: E a ginástica também não concerne a discursos, àqueles que tratam da boa e da má compleição dos corpos?

GOR: Sem dúvida.

SOC: Com efeito, também às outras artes, Górgias, sucede o mesmo: cada uma delas concerne a discursos, discursos esses que tratam daquilo de que cada uma é arte.

→ designar o procedimento de explicar as causas de um fenômeno, oferecer uma consideração racional dos eventos, em contraste com as ações irrefletidas ou racionalmente injustificadas (465a, 500e-501a). Nesse trecho específico do diálogo, o sentido de *logos* subentendido por Sócrates, uma vez que Górgias responde que a retórica concerne "aos discursos" (περὶ λόγους, 449e1), compreenderia os quatro sentidos, como ficará claro na sequência da discussão sobre o objeto específico da retórica.

14. Por analogia com as outras artes, Sócrates estabelece como condição para a *tekhnē* (τέχνη) ter um domínio específico, um objeto determinado (περὶ τί τῶν ὄντων, 449d9). A resposta de Górgias, todavia, oferece uma definição genérica, e não específica como espera Sócrates, visto que também existem outras artes que dizem respeito a discursos (περὶ λόγους, 449e1), precisamente aqueles referentes ao domínio específico de sua atividade, como no caso da medicina: os seus discursos concernem à saúde e à doença.

—ΓΟΡ. Φαίνεται.—ΣΩ. Τί οὖν δή ποτε τὰς ἄλλας τέχνας οὐ ῥητορικὰς καλεῖς, οὔσας περὶ λόγους, εἴπερ ταύτην ῥητορικὴν καλεῖς, ἢ ἂν ᾖ περὶ λόγους;

ΓΟΡ. Ὅτι, ὦ Σώκρατες, τῶν μὲν ἄλλων τεχνῶν περὶ χειρουργίας τε καὶ τοιαύτας πράξεις ὡς ἔπος εἰπεῖν πᾶσά ἐστιν ἡ ἐπιστήμη, τῆς δὲ ῥητορικῆς οὐδέν ἐστιν τοιοῦτον χειρούργημα, ἀλλὰ πᾶσα ἡ πρᾶξις καὶ ἡ κύρωσις διὰ λόγων ἐστίν. διὰ ταῦτ' ἐγὼ τὴν ῥητορικὴν τέχνην ἀξιῶ εἶναι περὶ λόγους, ὀρθῶς λέγων, ὡς ἐγώ φημι.

ΣΩ. Ἆρ' οὖν μανθάνω οἵαν αὐτὴν βούλει καλεῖν; τάχα δὲ εἴσομαι σαφέστερον. ἀλλ' ἀπόκριναι· εἰσὶν ἡμῖν τέχναι. ἦ γάρ;

ΓΟΡ. Ναί.

ΣΩ. Πασῶν δὴ οἶμαι τῶν τεχνῶν τῶν μὲν ἐργασία τὸ πολύ ἐστιν καὶ λόγου βραχέος δέονται, ἔνιαι δὲ οὐδενὸς ἀλλὰ τὸ τῆς τέχνης περαίνοιτο ἂν καὶ διὰ σιγῆς, οἷον γραφικὴ καὶ ἀνδριαντοποιία καὶ ἄλλαι πολλαί. τὰς τοιαύτας μοι δοκεῖς λέγειν, περὶ ἃς οὐ φῂς τὴν ῥητορικὴν εἶναι· ἢ οὔ;

ΓΟΡ. Πάνυ μὲν οὖν καλῶς ὑπολαμβάνεις, ὦ Σώκρατες.

ΣΩ. Ἕτεραι δέ γέ εἰσι τῶν τεχνῶν αἳ διὰ λόγου πᾶν περαίνουσι, καὶ ἔργον ὡς ἔπος εἰπεῖν ἢ οὐδενὸς προσδέονται ἢ βραχέος πάνυ, οἷον ἡ ἀριθμητικὴ καὶ λογιστικὴ καὶ γεωμετρικὴ καὶ πεττευτική γε καὶ ἄλλαι πολλαὶ τέχναι, ὧν ἔνιαι σχεδόν τι ἴσους τοὺς λόγους ἔχουσι ταῖς πράξεσιν, αἱ δὲ πολλαὶ πλείους, καὶ τὸ παράπαν πᾶσα ἡ πρᾶξις καὶ τὸ κῦρος αὐταῖς διὰ λόγων ἐστίν. τῶν τοιούτων τινά μοι δοκεῖς λέγειν τὴν ῥητορικήν.

ΓΟΡ. Ἀληθῆ λέγεις.

ΣΩ. Ἀλλ' οὔτοι τούτων γε οὐδεμίαν οἶμαί σε βούλεσθαι ῥητορικὴν καλεῖν, οὐχ ὅτι τῷ ῥήματι οὕτως εἶπες, ὅτι ἡ διὰ λόγου τὸ κῦρος ἔχουσα ῥητορική ἐστιν, καὶ ὑπολάβοι ἄν τις, εἰ βούλοιτο δυσχεραίνειν ἐν τοῖς λόγοις, "Τὴν ἀριθμητικὴν

GOR: Aparentemente.

SOC: Por que, então, não chamas de retórica as outras artes que concernem a discursos, visto que denominas retórica a arte que diz respeito a discursos?

GOR: Porque, Sócrates, todo o conhecimento dessas outras artes, por assim dizer, concerne a ofícios manuais ou a práticas desse tipo, ao passo que a retórica não consiste em ofício manual desse gênero; pelo contrário, toda a sua ação e realização se fazem mediante discursos. Por esse motivo, eu estimo que a arte retórica diz respeito a discursos e digo que essa afirmação é correta.

SOC: Será que compreendo como queres chamá-la? Talvez entenda de forma mais clara. Mas responde-me: existem artes, ou não?

GOR: Sim.

SOC: Dentre todas as artes, presumo eu, algumas são preponderantemente ofício prático e requerem um ínfimo discurso, enquanto outras nada disso requerem, mas poderiam até mesmo cumprir em silêncio o que exige a sua arte, como a pintura, a escultura e inúmeras outras. A tais artes me pareces referir como não pertencentes ao domínio da retórica; ou não?

GOR: É absolutamente correta a tua suposição, Sócrates.

SOC: Há, porém, outras artes que tudo cumprem mediante o discurso, e que requerem, por assim dizer, ou nenhum ou um ínfimo exercício prático, como a aritmética, o cálculo, a geometria, os jogos de peças e tantas outras artes. Para algumas, os discursos quase se equivalem às ações; para a maioria, eles as excedem, e toda sua ação e realização se fazem inteiramente mediante o discurso. Parece-me que tu incluis a retórica dentre essas últimas.

GOR: Dizes a verdade.

SOC: Mas decerto tu, presumo eu, não queres chamar a retórica de nenhuma dessas artes, a despeito de afirmares, conforme a tua asserção, que a arte cuja realização se faça mediante o discurso é retórica. Assim, alguém, sequioso de complicar o

ἆρα ῥητορικήν, ὦ Γοργία, λέγεις;" ἀλλ' οὐκ οἶμαί σε οὔτε τὴν ἀριθμητικὴν οὔτε τὴν γεωμετρίαν ῥητορικὴν λέγειν.

451 ΓΟΡ. Ὀρθῶς γὰρ οἴει, ὦ Σώκρατες, καὶ δικαίως ὑπολαμβάνεις.

ΣΩ. Ἴθι νυν καὶ σὺ τὴν ἀπόκρισιν ἣν ἠρόμην διαπέρανον. ἐπεὶ γὰρ ῥητορικὴ τυγχάνει μὲν οὖσα τούτων τις τῶν τεχνῶν τῶν τὸ πολὺ λόγῳ χρωμένων, τυγχάνουσιν δὲ καὶ ἄλλαι τοιαῦται οὖσαι, πειρῶ εἰπεῖν ἡ περὶ τί ἐν λόγοις τὸ κῦρος ἔχουσα ῥητορική ἐστιν. ὥσπερ ἂν εἴ τίς με ἔροιτο ὧν νυνδὴ ἔλεγον περὶ ἡστινοσοῦν τῶν τεχνῶν· "Ὦ Σώκρατες, τίς
b ἐστιν ἡ ἀριθμητικὴ τέχνη;" εἴποιμ' ἂν αὐτῷ, ὥσπερ σὺ ἄρτι, ὅτι τῶν διὰ λόγου τις τὸ κῦρος ἐχουσῶν. καὶ εἴ με ἐπανέροιτο· "Τῶν περὶ τί;" εἴποιμ' ἂν ὅτι τῶν περὶ τὸ ἄρτιόν τε καὶ περιττὸν [γνῶσις], ὅσα ἂν ἑκάτερα τυγχάνῃ ὄντα. εἰ δ' αὖ ἔροιτο· "Τὴν δὲ λογιστικὴν τίνα καλεῖς τέχνην;" εἴποιμ' ἂν ὅτι καὶ αὕτη ἐστὶν τῶν λόγῳ τὸ πᾶν κυρουμένων· καὶ εἰ ἐπανέροιτο· "Ἡ περὶ τί;" εἴποιμ' ἂν ὥσπερ οἱ ἐν τῷ δήμῳ
c συγγραφόμενοι, ὅτι τὰ μὲν ἄλλα καθάπερ ἡ ἀριθμητικὴ ἡ λογιστικὴ ἔχει—περὶ τὸ αὐτὸ γάρ ἐστιν, τό τε ἄρτιον καὶ τὸ περιττόν—διαφέρει δὲ τοσοῦτον, ὅτι καὶ πρὸς αὑτὰ καὶ πρὸς ἄλληλα πῶς ἔχει πλήθους ἐπισκοπεῖ τὸ περιττὸν καὶ τὸ ἄρτιον ἡ λογιστική. καὶ εἴ τις τὴν ἀστρονομίαν ἀνέροιτο, ἐμοῦ λέγοντος ὅτι καὶ αὕτη λόγῳ κυροῦται τὰ πάντα, "Οἱ δὲ λόγοι οἱ τῆς ἀστρονομίας," εἰ φαίη, "περὶ τί εἰσιν, ὦ Σώκρατες;" εἴποιμ' ἂν ὅτι περὶ τὴν τῶν ἄστρων φορὰν καὶ ἡλίου καὶ σελήνης, πῶς πρὸς ἄλληλα τάχους ἔχει.

ΓΟΡ. Ὀρθῶς γε λέγων σύ, ὦ Σώκρατες.

---

15. A dificuldade dessa distinção reside no fato de que ambas as noções não correspondem exatamente ao que nós entendemos hoje por *aritmética* (ἀριθμητική) e *cálculo* (λογιστική). Segundo a explicação de Dodds (op. cit., p. 198-199), *aritmética* diz respeito ao par e ao ímpar independentemente da quantidade, ou seja, qualquer que →

argumento, poderia concluir: "ora, Górgias, então dizes que a aritmética é retórica?" Mas dirás, creio eu, que nem a aritmética nem a geometria são retórica.

GOR: E presumes corretamente, Sócrates, e é justa a tua suposição.

SOC: Adiante então, e responde conclusivamente ao que te perguntei! Visto que a retórica consiste em uma dessas artes que se servem preponderantemente do discurso, e visto que, em contrapartida, também há outras artes do gênero, tenta dizer, então, a que coisa concerne a retórica cuja realização se dá no discurso! Por exemplo: se alguém me perguntasse, a respeito de qualquer uma daquelas artes a que antes me referia, "Sócrates, o que é a arte aritmética?", eu lhe diria, como fizeste há pouco, que uma daquelas cuja realização se faz mediante o discurso. E se ele tornasse a perguntar "dentre essas, a respeito de quê?", eu lhe diria que uma daquelas cujo conhecimento concerne ao par e ao ímpar, à quantidade de cada um deles. E se ele insistisse em perguntar "que arte consideras ser o cálculo?", eu lhe diria que também essa arte se inclui entre aquelas que se realizam inteiramente mediante o discurso. E se ele tornasse a perguntar "a respeito de quê?", eu lhe diria, assim como os escrivães públicos, que, em grande parte, o cálculo e a aritmética se coincidem, pois concernem à mesma coisa, ao par e ao ímpar, embora se difiram neste ponto: o cálculo examina a quantidade do par e do ímpar nas suas relações unilaterais e recíprocas[15]. E se alguém me perguntasse a respeito da astronomia, depois de ter dito que também ela tudo realiza mediante o discurso, "a que concerne os discursos da astronomia?", eu lhe diria que a respeito dos movimentos dos astros, do sol e da lua, de como se relacionam suas respectivas velocidades.

GOR: Falas com acerto, Sócrates.

→ seja o número de cada um deles; equivaleria assim à "teoria dos números" concernente às propriedades das séries de números inteiros enquanto tais. O *cálculo*, por sua vez, concerne a proposições sobre números particulares (por exemplo, três vezes sete é igual a 21), o que corresponderia, inversamente, ao que entendemos hoje por "aritmética".

d ΣΩ. Ἴθι δὴ καὶ σύ, ὦ Γοργία. τυγχάνει μὲν γὰρ δὴ ἡ ῥητορικὴ οὖσα τῶν λόγῳ τὰ πάντα διαπραττομένων τε καὶ κυρουμένων· ἢ γάρ;

ΓΟΡ. Ἔστι ταῦτα.

ΣΩ. Λέγε δὴ τῶν περὶ τί; ⟨τί⟩ ἐστι τοῦτο τῶν ὄντων, περὶ οὗ οὗτοι οἱ λόγοι εἰσὶν οἷς ἡ ῥητορικὴ χρῆται;

ΓΟΡ. Τὰ μέγιστα τῶν ἀνθρωπείων πραγμάτων, ὦ Σώκρατες, καὶ ἄριστα.

ΣΩ. Ἀλλ', ὦ Γοργία, ἀμφισβητήσιμον καὶ τοῦτο λέγεις
e καὶ οὐδέν πω σαφές. οἴομαι γάρ σε ἀκηκοέναι ἐν τοῖς συμποσίοις ᾀδόντων ἀνθρώπων τοῦτο τὸ σκολιόν, ἐν ᾧ καταριθμοῦνται ᾄδοντες ὅτι ὑγιαίνειν μὲν ἄριστόν ἐστιν, τὸ δὲ δεύτερον καλὸν γενέσθαι, τρίτον δέ, ὥς φησιν ὁ ποιητὴς τοῦ σκολιοῦ, τὸ πλουτεῖν ἀδόλως.

ΓΟΡ. Ἀκήκοα γάρ· ἀλλὰ πρὸς τί τοῦτο λέγεις;

452 ΣΩ. Ὅτι εἴ σοι αὐτίκα παρασταῖεν οἱ δημιουργοὶ τούτων ὧν ἐπῄνεσεν ὁ τὸ σκολιὸν ποιήσας, ἰατρός τε καὶ παιδοτρίβης καὶ χρηματιστής, καὶ εἴποι πρῶτον μὲν ὁ ἰατρὸς ὅτι "Ὦ Σώκρατες, ἐξαπατᾷ σε Γοργίας· οὐ γάρ ἐστιν ἡ τούτου τέχνη περὶ τὸ μέγιστον ἀγαθὸν τοῖς ἀνθρώποις, ἀλλ' ἡ ἐμή"—εἰ οὖν αὐτὸν ἐγὼ ἐροίμην· Σὺ δὲ τίς ὢν ταῦτα λέγεις; εἴποι ἂν ἴσως ὅτι ἰατρός. Τί οὖν λέγεις; ἢ τὸ τῆς σῆς τέχνης ἔργον μέγιστόν ἐστιν ἀγαθόν; "Πῶς γὰρ οὔ," φαίη ἂν ἴσως, "ὦ Σώκρατες, ὑγίεια; τί δ' ἐστὶν μεῖζον ἀγαθὸν
b ἀνθρώποις ὑγιείας;" εἰ δ' αὖ μετὰ τοῦτον ὁ παιδοτρίβης εἴποι

16. Depois de Sócrates mostrar a Górgias que a sua definição de retórica não era válida (ou seja, que a retórica concerne a discursos) porque há igualmente outras artes, como a aritmética e o cálculo, que também concernem a discursos, Górgias tenta esclarecer o que diferencia a retórica dessas outras artes com relação ao objeto específico de seu discurso. Todavia, nessa segunda definição proposta, ele acaba incorrendo no mesmo tipo de "equívoco", segundo as regras dialógicas estabelecidas por Sócrates, cometido por Polo no Prólogo (448c). A uma pergunta de definição objetiva do domínio específico do discurso retórico, Górgias oferece uma resposta encomiasta: como Sócrates disse naquela ocasião a Polo, a pergunta não se refere à valoração do objeto em questão, mas à sua definição. Sócrates lhe mostra que a sua resposta não é satisfatória porque "as melhores e mais importantes coisas humanas" (τὰ μέγιστα τῶν ἀνθρωπείων πραγμάτων καὶ ἄριστα, 451d7-8) é uma asserção polêmica, na medida em que há igualmente outros artífices (o médico, o →

sóc: Adiante, Górgias, agora é a tua vez. A retórica consiste em uma daquelas artes que tudo praticam e realizam mediante o discurso, não é?

gor: É.

sóc: Dize-me então: dentre essas, a respeito de quê? A que coisa concernem esses discursos empregados pela retórica?

gor: Às melhores e às mais importantes coisas humanas, Sócrates[16].

sóc: Mas, Górgias, é controverso e ainda obscuro o que dizes. Creio que já ouviste nos banquetes homens entoando aquele canto[17] em que enumeram, quando cantam, as melhores coisas: a primeira, ter saúde, a segunda, tornar-se um belo homem, e a terceira – como diz o poeta do canto – enriquecer-se sem dolo.

gor: Já ouvi. Mas por que dizes isso?

sóc: Porque se te deparasses um dia com os artífices dessas coisas elogiadas pelo canto do poeta, a saber, o médico, o treinador e o negociante, e primeiro dissesse o médico: "Sócrates, Górgias te engana, pois não é a sua arte que concerne ao maior bem para os homens, mas a minha", e se eu, então, lhe perguntasse "Quem és tu para dizeres essas coisas?", ele provavelmente responderia que um médico. "O que dizes? Porventura o ofício de tua arte é o maior bem que há?", "E como não seria a saúde, Sócrates?" ele talvez diria, "que bem maior para os homens há senão a saúde?". E se, por sua vez, o treinador dissesse em

---

→ treinador e o negociante) que reivindicam para sua arte o mesmo título. A propensão ao elogio de si mesmo ou de seu ofício é um dos traços da personagem Górgias no diálogo, que corresponde, por sua vez, a um dos elementos fundamentais do modo de discurso retórico.

17. Nos escólios do *Górgias*, há a citação do canto a que se refere Platão:
   Ter saúde é o maior bem para o homem mortal,
   o segundo bem, vir a ter uma bela compleição,
   o terceiro, enriquecer-se sem dolo,
   e o quarto, chegar à juventude junto aos amigos.
   ὑγιαίνειν μὲν ἄριστον ἀνδρὶ θνητῷ,
   δεύτερον δὲ φυὰν καλὸν γενέσθαι,
   τὸ δὲ τρίτον πλουτεῖν ἀδόλως,
   τέταρτιν δὲ ἡβᾶν μετὰ τῶν φίλων.

ὅτι " Θαυμάζοιμί τἄν, ὦ Σώκρατες, καὶ αὐτὸς εἴ σοι ἔχοι Γοργίας μεῖζον ἀγαθὸν ἐπιδεῖξαι τῆς αὐτοῦ τέχνης ἢ ἐγὼ τῆς ἐμῆς·" εἴποιμ' ἂν αὖ καὶ πρὸς τοῦτον· Σὺ δὲ δὴ τίς εἶ, ὦ ἄνθρωπε, καὶ τί τὸ σὸν ἔργον; "Παιδοτρίβης," φαίη ἄν, "τὸ δὲ ἔργον μού ἐστιν καλούς τε καὶ ἰσχυροὺς ποιεῖν τοὺς ἀνθρώπους τὰ σώματα." μετὰ δὲ τὸν παιδοτρίβην εἴποι ἂν ὁ χρηματιστής, ὡς ἐγᾦμαι πάνυ καταφρονῶν ἁπάντων·
c "Σκόπει δῆτα, ὦ Σώκρατες, ἐάν σοι πλούτου φανῇ τι μεῖζον ἀγαθὸν ὂν ἢ παρὰ Γοργίᾳ ἢ παρ' ἄλλῳ ὁτῳοῦν." φαῖμεν ἂν οὖν πρὸς αὐτόν· Τί δὲ δή; ἦ σὺ τούτου δημιουργός; Φαίη ἄν. Τίς ὤν; "Χρηματιστής." Τί οὖν; κρίνεις σὺ μέγιστον ἀνθρώποις ἀγαθὸν εἶναι πλοῦτον; φήσομεν. "Πῶς γὰρ οὔκ;" ἐρεῖ. Καὶ μὴν ἀμφισβητεῖ γε Γοργίας ὅδε τὴν παρ' αὑτῷ τέχνην μείζονος ἀγαθοῦ αἰτίαν εἶναι ἢ τὴν σήν, φαῖμεν ἂν ἡμεῖς. δῆλον οὖν ὅτι τὸ μετὰ τοῦτο ἔροιτ' ἄν· "Καὶ τί ἐστιν
d τοῦτο τὸ ἀγαθόν; ἀποκρινάσθω Γοργίας." ἴθι οὖν νομίσας, ὦ Γοργία, ἐρωτᾶσθαι καὶ ὑπ' ἐκείνων καὶ ὑπ' ἐμοῦ, ἀπόκριναι τί ἐστιν τοῦτο ὃ φῂς σὺ μέγιστον ἀγαθὸν εἶναι τοῖς ἀνθρώποις καὶ σὲ δημιουργὸν εἶναι αὐτοῦ.

ΓΟΡ. Ὅπερ ἐστίν, ὦ Σώκρατες, τῇ ἀληθείᾳ μέγιστον ἀγαθὸν καὶ αἴτιον ἅμα μὲν ἐλευθερίας αὐτοῖς τοῖς ἀνθρώποις, ἅμα δὲ τοῦ ἄλλων ἄρχειν ἐν τῇ αὑτοῦ πόλει ἑκάστῳ.

ΣΩ. Τί οὖν δὴ τοῦτο λέγεις;

e ΓΟΡ. Τὸ πείθειν ἔγωγ' οἷόν τ' εἶναι τοῖς λόγοις καὶ ἐν δικαστηρίῳ δικαστὰς καὶ ἐν βουλευτηρίῳ βουλευτὰς καὶ

---

18. O recurso ao interlocutor fictício é um dos elementos comuns da estratégia argumentativa da personagem Sócrates nos diálogos de Platão. Em linhas gerais, é um artifício que, de certa forma, confere um distanciamento entre a pessoa que fala e aquilo que é falado, na medida em que essa relação é mediada pela máscara do interlocutor fictício. Segundo o estudo de A. Longo sobre o tema (*La Tecnica della Domanda e le Interrogazioni Fittizie in Platone*, p. 373), ele é útil nas ocasiões em que falar de si e por si mesmo pode gerar inveja, ou requerer um longo discurso, ou criar alguma disputa, e em que falar do outro pode gerar difamação ou ser rude; nesses casos, usar como intermédio uma voz fictícia serviria para evitar um ambiente hostil na discussão.

seguida que "Eu mesmo também me admiraria, Sócrates, se Górgias pudesse te exibir um bem de sua arte maior do que quanto posso exibi-lo da minha", eu perguntaria também para ele "Quem és tu, homem, e qual o teu ofício?", "Treinador", responderia ele, "e meu ofício é tornar belos e vigorosos os corpos dos homens." Depois do treinador, diria o negociante com absoluto menosprezo, como presumo, por todos eles: "Examina então, Sócrates, se te foi apresentado um bem maior que a riqueza, seja por Górgias ou por qualquer outra pessoa!" Perguntar-lhe-íamos então "E aí? Acaso és artífice da riqueza?", ele confirmaria; "Quem és tu?", e ele responderia "Um negociante". "E então? Julgas que a riqueza é o maior bem para os homens?", perguntaremos nós, e ele dirá "como não seria?" "Todavia, eis aqui Górgias, que afirma, ao contrário, que a sua arte é causa de um bem maior que o da tua", diríamos nós. É evidente que, depois disso, ele diria o seguinte: "E que bem é esse? Que responda Górgias!" Vai então, Górgias, considera como se tivesses sido perguntado por eles e por mim, e responde que bem é esse que afirmas ser o maior bem para os homens e cujo artífice és tu!¹⁸

GOR: Aquele que é, Sócrates, verdadeiramente o maior bem e a causa simultânea de liberdade para os próprios homens e, para cada um deles, de domínio sobre os outros na sua própria cidade¹⁹.

SOC: O que é isso, então, a que te referes?

GOR: A meu ver, ser capaz de persuadir mediante o discurso os juízes no tribunal, os conselheiros no Conselho, os membros

---

19. Como salienta Irwin em seu comentário (*Plato: Gorgias*, p. 116), a noção de *liberdade* (ἐλευθερία) possui aqui um duplo valor: designa, por um lado, a condição do cidadão livre em oposição à do escravo (estatuto legal), e, por outro, a independência frente aos outros homens. Nesse sentido, manter a liberdade requer, em certa medida, poder e força suficientes para garantir a sua independência e evitar as ameaças externas de outros. Por isso, se encontram concatenados, na fala de Górgias, *liberdade* (ἐλευθερία) e *domínio, poder* (ἄρχειν). Sobre a relação entre *liberdade* e *poder* do ponto de vista da relação entre as cidades, ver os discursos dos atenienses em Esparta (1.75-77), de Péricles (2.63) e de Cléon (3.37) em Tucídides.

ἐν ἐκκλησίᾳ ἐκκλησιαστὰς καὶ ἐν ἄλλῳ συλλόγῳ παντί, ὅστις ἂν πολιτικὸς σύλλογος γίγνηται. καίτοι ἐν ταύτῃ τῇ δυνάμει δοῦλον μὲν ἕξεις τὸν ἰατρόν, δοῦλον δὲ τὸν παιδοτρίβην· ὁ δὲ χρηματιστὴς οὗτος ἄλλῳ ἀναφανήσεται χρηματιζόμενος καὶ οὐχ αὑτῷ, ἀλλὰ σοὶ τῷ δυναμένῳ λέγειν καὶ πείθειν τὰ πλήθη.

ΣΩ. Νῦν μοι δοκεῖς δηλῶσαι, ὦ Γοργία, ἐγγύτατα τὴν ῥητορικὴν ἥντινα τέχνην ἡγῇ εἶναι, καὶ εἴ τι ἐγὼ συνίημι, λέγεις ὅτι πειθοῦς δημιουργός ἐστιν ἡ ῥητορική, καὶ ἡ πραγματεία αὐτῆς ἅπασα καὶ τὸ κεφάλαιον εἰς τοῦτο τελευτᾷ· ἢ ἔχεις τι λέγειν ἐπὶ πλέον τὴν ῥητορικὴν δύνασθαι ἢ πειθὼ τοῖς ἀκούουσιν ἐν τῇ ψυχῇ ποιεῖν;

ΓΟΡ. Οὐδαμῶς, ὦ Σώκρατες, ἀλλά μοι δοκεῖς ἱκανῶς ὁρίζεσθαι· ἔστιν γὰρ τοῦτο τὸ κεφάλαιον αὐτῆς.

ΣΩ. Ἄκουσον δή, ὦ Γοργία. ἐγὼ γὰρ εὖ ἴσθ' ὅτι, ὡς ἐμαυτὸν πείθω, εἴπερ τις ἄλλος ἄλλῳ διαλέγεται βουλό-

20. Nessa quarta definição, Górgias apresenta uma característica fundamental do discurso retórico: ele é um *discurso público*, voltado para as práticas políticas da democracia, tendo em vista a referência explícita às suas três instituições basilares, o Conselho, a Assembleia e o Tribunal. A sua finalidade precípua é, portanto, política. A resposta de Górgias se divide em duas partes: i. responde à exigência de especificação de Sócrates relativa a que se entende por "as melhores e mais importantes coisas humanas" (τὰ μέγιστα τῶν ἀνθρωπείων πραγμάτων καὶ ἄριστα, 451d7-8), e ii. refuta a presunção dos três artífices aludidos pelo canto, cuja voz Sócrates confere ao interlocutor fictício. Essa segunda refutação representa, aqui, a afirmação da supremacia da retórica sobre a autoridade da poesia e se conforma ao caráter jactante da personagem, seguro de seu saber e de seu mister. A notoriedade adquirida pela retórica no séc. v a.C., devido ao seu estreito vínculo com a política democrática, se expressa na maneira pela qual Sócrates se refere a ela no Prólogo: naquele momento, ele a chamou de "arte do homem" (τῆς τέχνης τοῦ ἀνδρός, 447c1-3), no sentido de que a retórica era vista como a arte humana por excelência, como sublinha S. Pieri no seu comentário ao *Górgias* (Platone. Gorgia, p. 309). Portanto, quando Górgias dialoga com Sócrates, ele mostra uma preocupação constante em salientar a Sócrates e à audiência da cena a superioridade da retórica, e, por conseguinte, de seu ofício como rétor, sobre as demais artes e os demais artífices.

21. Encontramos aqui o conceito central da discussão sobre a retórica no 1º "Ato" do *Górgias*: persuasão [*peithō*] (πειθώ). Parece-me que Platão, ao introduzi-lo na discussão entre as personagens, esteja se referindo à reflexão do Górgias histórico sobre o poder persuasivo do *logos*, como podemos depreender do *Elogio de Helena*, um dos poucos textos do autor conservados integralmente. Embora haja uma dificuldade indelével em se reconstituir o pensamento de Górgias (e dos demais "sofistas", como os alcunha Platão) tendo em vista a corrupção de sua obra no tempo, esse discurso nos →

da Assembleia na Assembleia e em toda e qualquer reunião que seja uma reunião política. Ademais, por meio desse poder terás o médico como escravo, e como escravo o treinador. Tornar-se-á manifesto que aquele negociante negocia não para si próprio, mas para outra pessoa, para ti, que tens o poder de falar e persuadir a multidão[20].

SOC: Agora sim, Górgias, tua indicação parece-me muito mais propínqua à qual arte consideras ser a retórica, e se compreendo alguma coisa, afirmas que a retórica é artífice da persuasão, e todo seu exercício e cerne convergem a esse fim[21]. Ou tens algo mais a acrescentar ao poder da retórica, além de incutir na alma dos ouvintes a persuasão?

GOR: De forma nenhuma, Sócrates; essa definição me parece suficiente, pois é esse o seu cerne.

SOC: Escuta então, Górgias! Saibas bem que eu persuado a mim mesmo de que, se há outra pessoa que, quando dialoga,

→ permite ao menos vislumbrar o tipo de reflexão empreendida por ele sobre o poder do *logos*. Nesse discurso fictício, cujo intuito é dirimir a má reputação de Helena, Górgias elenca quatro causas possíveis de sua ida para Troia com Páris: determinação divina (necessidade), força, persuasão e amor. Na argumentação referente à terceira causa, Górgias oferece então uma profícua reflexão sobre o *logos*, ressaltando o seu poder de suscitar paixões na alma dos homens, como o medo, a piedade, a alegria e a tristeza, a dor e o prazer, funcionando como uma espécie de feitiço ou encantamento (§§9-10); de gerar na alma opiniões que conduzem os homens a uma determinada ação (§§11-12); de *persuadir* a alma das opiniões mais díspares, como mostram as disputas entre os meteorologistas, os oradores e os filósofos (§13); e de agir na alma como um *pharmakon* (remédio, droga) para o corpo, tendo em vista seu poder ambivalente de curar ou levar à morte (§14). Nesses parágrafos, há uma série de formas verbais e nominais derivadas da raiz πειθ- [*peith-*] (πείσας, ἔπεισε, πείθουσι, πειθοῦς, ἔπεισεν, πιθέσθαι, πεισθεῖσα, πειθώ, πειθοῖ) que mostra como a discussão de Górgias sobre o *logos* gira em torno da noção de *persuasão* [*peithō*] (πειθώ). Em nenhum momento do texto, bem como nos demais fragmentos da obra do autor, há ocorrências do termo ῥητορική [*rhētorikē*] (retórica) que Platão, no *Górgias*, usa para designar o ofício da personagem homônima. Como busca mostrar o célebre artigo de E. Schiappa ("Did Plato Coin Rhētorikē?"), o termo teria sido uma criação do próprio Platão nesse diálogo para definir a prática oratória de Górgias, tendo em vista a sua predileção pelos substantivos com o sufixo -ικη [*-ikē*] para se referir às artes particulares, e a ausência do termo ῥητορική [*rhētorikē*] em outros textos de autores anteriores e contemporâneos a Platão, nos quais esperaríamos encontrá-lo. A despeito da tese de Schiappa, no *Elogio de Helena* fica claro que Górgias fala da persuasão como uma propriedade do *logos* em geral, circunscrevendo ao âmbito da opinião tanto o domínio do que Platão chama "retórica" no *Górgias*, quanto o domínio da filosofia.

μενος εἰδέναι αὐτὸ τοῦτο περὶ ὅτου ὁ λόγος ἐστίν, καὶ ἐμὲ εἶναι τούτων ἕνα· ἀξιῶ δὲ καὶ σέ.

ΓΟΡ. Τί οὖν δή, ὦ Σώκρατες;

ΣΩ. Ἐγὼ ἐρῶ νῦν. ἐγὼ τὴν ἀπὸ τῆς ῥητορικῆς πειθώ, ἥτις ποτ' ἐστὶν ἣν σὺ λέγεις καὶ περὶ ὧντινων πραγμάτων ἐστὶν πειθώ, σαφῶς μὲν εὖ ἴσθ' ὅτι οὐκ οἶδα, οὐ μὴν ἀλλ' ὑποπτεύω γε ἣν οἶμαί σε λέγειν καὶ περὶ ὧν· οὐδὲν μέντοι ἧττον ἐρήσομαί σε τίνα ποτὲ λέγεις τὴν πειθὼ τὴν ἀπὸ τῆς

c ῥητορικῆς καὶ περὶ τίνων αὐτὴν εἶναι. τοῦ ἕνεκα δὴ αὐτὸς ὑποπτεύων σὲ ἐρήσομαι, ἀλλ' οὐκ αὐτὸς λέγω; οὐ σοῦ ἕνεκα ἀλλὰ τοῦ λόγου, ἵνα οὕτω προΐῃ ὡς μάλιστ' ἂν ἡμῖν καταφανὲς ποιοῖ περὶ ὅτου λέγεται. σκόπει γὰρ εἴ σοι δοκῶ δικαίως ἀνερωτᾶν σε· ὥσπερ ἂν εἰ ἐτύγχανόν σε ἐρωτῶν τίς ἐστιν τῶν ζωγράφων Ζεῦξις, εἴ μοι εἶπες ὅτι ὁ τὰ ζῷα γράφων, ἆρ' οὐκ ἂν δικαίως σε ἠρόμην ὁ τὰ ποῖα τῶν ζῴων γράφων καὶ ποῦ;

ΓΟΡ. Πάνυ γε.

d ΣΩ. Ἆρα διὰ τοῦτο, ὅτι καὶ ἄλλοι εἰσὶ ζωγράφοι γράφοντες ἄλλα πολλὰ ζῷα;

ΓΟΡ. Ναί.

ΣΩ. Εἰ δέ γε μηδεὶς ἄλλος ἢ Ζεῦξις ἔγραφε, καλῶς ἄν σοι ἀπεκέκριτο;

ΓΟΡ. Πῶς γὰρ οὔ;

ΣΩ. Ἴθι δὴ καὶ περὶ τῆς ῥητορικῆς εἰπέ· πότερόν σοι δοκεῖ πειθὼ ποιεῖν ἡ ῥητορικὴ μόνη ἢ καὶ ἄλλαι τέχναι; λέγω δὲ τὸ τοιόνδε· ὅστις διδάσκει ὁτιοῦν πρᾶγμα, πότερον ὁ διδάσκει πείθει ἢ οὔ;

ΓΟΡ. Οὐ δῆτα, ὦ Σώκρατες, ἀλλὰ πάντων μάλιστα πείθει.

e ΣΩ. Πάλιν δὴ ἐπὶ τῶν αὐτῶν τεχνῶν λέγωμεν ὧνπερ νυνδή· ἡ ἀριθμητικὴ οὐ διδάσκει ἡμᾶς ὅσα ἐστὶν τὰ τοῦ ἀριθμοῦ, καὶ ὁ ἀριθμητικὸς ἄνθρωπος;—ΓΟΡ. Πάνυ γε.—

---

22. Zêuxis foi um famoso pintor do séc. v a.C., cuja pintura de Eros teria sido referida por Aristófanes na comédia *Os Acarnenses* (v. 992), segundo o escoliasta da peça:

"O pintor Zêuxis havia pintado, na nave do templo de Afrodite em Atenas, Eros no primor da juventude, coroado de rosas". →

quer conhecer propriamente aquilo sobre o que versa a discussão, eu me encerro nesse grupo; e estimo que também tu.

GOR: E daí, Sócrates?

SOC: Passo a te dizer agora. Que persuasão é essa proveniente da retórica à qual te referes e a que coisa concerne a persuasão, saibas bem que não o sei claramente, mas suspeito, presumo eu, de que persuasão falas e a que ela concerne. Todavia, não deixarei de perguntar a ti que persuasão provém da retórica à qual te referes e a que coisa ela concerne. Em vista de que, se eu tenho essa suspeita, perguntar-te-ei ao invés de eu mesmo dizê-lo? Não em vista de ti, mas em vista da discussão, a fim de que dessa maneira avancemos ao máximo no esclarecimento daquilo a respeito do que se discute. Examina, pois, se a minha pergunta te parece justa: por exemplo, se eu por acaso te perguntasse que pintor é Zêuxis[22], e se tu me dissesses que é aquele que pinta figuras, porventura não te perguntaria de forma justa de quais figuras ele é pintor e onde?

GOR: Com certeza.

SOC: Não é porque também há outros pintores que pintam muitas outras figuras?

GOR: Sim.

SOC: Se somente Zêuxis as pintasse e ninguém mais, tua resposta não teria sido correta?

GOR: E como não teria sido?

SOC: Adiante então, e fala-me da retórica: apenas ela, segundo teu parecer, produz persuasão, ou também as demais artes produzem-na? Refiro-me ao seguinte: quando alguém ensina qualquer coisa, ele persuade daquilo que ensina ou não?

GOR: Decerto, Sócrates, quem ensina persuade acima de tudo.

SOC: Retornemos, então, às mesmas artes há pouco mencionadas: a aritmética, e o homem que é aritmético, não nos ensina tudo quanto concerne ao número?

GOR: Certamente.

→ Ζεῦξις ὁ ζωγράφος ἐν τῷ ναῷ τῆς Ἀφροδίτης ἐν ταῖς Ἀθήναις ἔγραψε τὸν Ἔρωτα ὡραιότατον, ἐστεμμένον ῥόδοις.

ΣΩ. Οὐκοῦν καὶ πείθει;—ΓΟΡ. Ναί.—ΣΩ. Πειθοῦς ἄρα δημιουργός ἐστιν καὶ ἡ ἀριθμητική;—ΓΟΡ. Φαίνεται.—

ΣΩ. Οὐκοῦν ἐάν τις ἐρωτᾷ ἡμᾶς ποίας πειθοῦς καὶ περὶ τί, ἀποκρινούμεθά που αὐτῷ ὅτι τῆς διδασκαλικῆς τῆς περὶ τὸ ἀρτιόν τε καὶ τὸ περιττὸν ὅσον ἐστίν· καὶ τὰς ἄλλας ἃς νυνδὴ ἐλέγομεν τέχνας ἁπάσας ἕξομεν ἀποδεῖξαι πειθοῦς δημιουργοὺς οὔσας καὶ ἧστινος καὶ περὶ ὅτι· ἢ οὔ;— ΓΟΡ. Ναί.—ΣΩ. Οὐκ ἄρα ῥητορικὴ μόνη πειθοῦς ἐστιν δημιουργός.—ΓΟΡ. Ἀληθῆ λέγεις.

ΣΩ. Ἐπειδὴ τοίνυν οὐ μόνη ἀπεργάζεται τοῦτο τὸ ἔργον, ἀλλὰ καὶ ἄλλαι, δικαίως ὥσπερ περὶ τοῦ ζωγράφου μετὰ τοῦτο ἐπανεροίμεθ' ἂν τὸν λέγοντα· Ποίας δὴ πειθοῦς καὶ τῆς περὶ τί πειθοῦς ἡ ῥητορική ἐστιν τέχνη; ἢ οὐ δοκεῖ σοι δίκαιον εἶναι ἐπανερέσθαι;

ΓΟΡ. Ἔμοιγε.

ΣΩ. Ἀπόκριναι δή, ὦ Γοργία, ἐπειδή γε καὶ σοὶ δοκεῖ οὕτως.

ΓΟΡ. Ταύτης τοίνυν τῆς πειθοῦς λέγω, ὦ Σώκρατες, τῆς ἐν τοῖς δικαστηρίοις καὶ ἐν τοῖς ἄλλοις ὄχλοις, ὥσπερ καὶ ἄρτι ἔλεγον, καὶ περὶ τούτων ἅ ἐστι δίκαιά τε καὶ ἄδικα.

23. Nessa definição do objeto específico do discurso retórico oferecida pela personagem Górgias sob o escrutínio de Sócrates, Platão enfatiza o papel proeminente da retórica voltada para causas judiciárias dentro do programa de ensino atribuído a Górgias. Essa ênfase pode ser entendida, por um lado, como reflexo da importância da instituição do tribunal em Atenas na segunda metade do séc. v a.C. em diante, e, por conseguinte, do interesse específico dos alunos em aprender técnicas discursivas em vista de causas particulares. A proeminência da retórica judiciária no programa didático dos rétores aparece aludida por Platão no Fedro, quando ele se refere ao conteúdo dos "livros" denominados genericamente de Arte ("nos livros escritos sobre a arte dos discursos", ἐν τοῖς βιβλίοις τοῖς περὶ λόγων τέχνης, 266d5-6; "aqueles que escrevem atualmente sobre as artes dos discursos", οἱ νῦν γράφοντες τέχνας λόγων, 271c1-2). Ao tratar da taxonomia das partes do discurso que estaria presente nessas obras ("proêmio"; "narração"; "testemunho"; "indícios"; "probabilidades"; "prova"; "prova adicional"; "refutação"; "refutação adicional", προοίμιον, διήγησίν τινα μαρτυρίας τ' ἐπ' αὐτῇ, τεκμήρια, εἰκότα, πίστωσιν. ἐπιπίστωσιν, ἔλεγχον, ἐπεξέλεγχον, 266d-267a), fica evidente que a sua finalidade precípua seria a prática nos tribunais, embora o aprendizado da técnica oratória pudesse ser igualmente útil na Assembleia (261b). A referência explícita ao contexto judiciário nessa passagem do Fedro aparece na fala de →

SOC: E não persuade também?
GOR: Sim.
SOC: Portanto, a aritmética também é artífice da persuasão?
GOR: É claro.
SOC: Assim, se alguém nos perguntar de qual persuasão e a que coisa concerne, responderemos a ele que daquela que nos ensina tudo quanto concerne ao par e ao ímpar. Não poderemos demonstrar que todas as outras artes, às quais há pouco nos referíamos, também são artífices da persuasão, e de qual persuasão e a que coisa concerne, ou não?
GOR: Sim.
SOC: Portanto, artífice da persuasão não é apenas a retórica.
GOR: Dizes a verdade.
SOC: Uma vez, então, que não é apenas ela a desempenhar esse ofício, mas também as demais artes, é justo, como no caso do pintor, que em seguida tornemos a interrogar nosso interlocutor: "De qual persuasão, e persuasão concernente a que, a retórica é arte?" Ou não te parece justo interrogá-lo novamente?
GOR: Parece-me.
SOC: Responde então, Górgias, visto que também a ti parece justo.
GOR: Pois bem, refiro-me a esta persuasão, Sócrates, à persuasão nos tribunais e nas demais aglomerações, como antes dizia, e concernente ao justo e ao injusto[23].

→ Sócrates sobre Teodoro de Bizâncio, considerado também por Aristóteles na *Retórica* como um importante escritor sobre a *Arte dos Discursos* (III, 1414b):
SOC: [...] E a *prova* e a *prova adicional*, creio que quem se refere a elas é o maior esperto nos discursos, o homem de Bizâncio. / FEDRO: Falas do bom Teodoro? / SOC: E como não? Ele se refere também à *refutação* e à *refutação adicional*, tal como devem ser feitas na acusação e na defesa [...]. (266e3-267a2)
ΣΩ. [...] καὶ πίστωσιν οἶμαι καὶ ἐπιπίστωσιν λέγειν τόν γε βέλτιστον λογοδαίδαλον Βυζάντιον ἄνδρα. / ΦΑΙ. Τὸν χρήστον λέγεις Θεόδωρον; / ΣΩ. Τί μήν; καὶ ἔλεγχόν γε καὶ ἐπεξέλεγχον ὡς ποιητέον ἐν κατηγορίᾳ τε καὶ ἀπολογίᾳ. [...]
Por outro lado, do ponto de vista dramático, a proeminência conferida à retórica judiciária na discussão entre as personagens pode ser entendida como alusão proléptica ao episódio da condenação de Sócrates, como se evidenciará no 3º "Ato" do diálogo por meio do vaticínio de Cálicles (486a-b; 521c) e da cena fictícia da defesa de Sócrates no tribunal (521c3-522e4), remetendo-nos à *Apologia de Sócrates*.

ΣΩ. Καὶ ἐγώ τοι ὑπώπτευον ταύτην σε λέγειν τὴν πειθὼ καὶ περὶ τούτων, ὦ Γοργία· ἀλλ' ἵνα μὴ θαυμάζῃς ἐὰν καὶ ὀλίγον ὕστερον τοιοῦτόν τί σε ἀνέρωμαι, ὃ δοκεῖ μὲν δῆλον εἶναι, ἐγὼ δ' ἐπανερωτῶ—ὅπερ γὰρ λέγω, τοῦ ἑξῆς ἕνεκα περαίνεσθαι τὸν λόγον ἐρωτῶ, οὐ σοῦ ἕνεκα ἀλλ' ἵνα μὴ ἐθιζώμεθα ὑπονοοῦντες προαρπάζειν ἀλλήλων τὰ λεγόμενα, ἀλλὰ σὺ τὰ σαυτοῦ κατὰ τὴν ὑπόθεσιν ὅπως ἂν βούλῃ περαίνῃς.

ΓΟΡ. Καὶ ὀρθῶς γέ μοι δοκεῖς ποιεῖν, ὦ Σώκρατες.

ΣΩ. Ἴθι δὴ καὶ τόδε ἐπισκεψώμεθα. καλεῖς τι μεμαθηκέναι;—ΓΟΡ. Καλῶ.—ΣΩ. Τί δέ; πεπιστευκέναι;—ΓΟΡ. Ἔγωγε.—ΣΩ. Πότερον οὖν ταὐτὸν δοκεῖ σοι εἶναι μεμαθηκέναι καὶ πεπιστευκέναι, καὶ μάθησις καὶ πίστις, ἢ ἄλλο τι;—ΓΟΡ. Οἴομαι μὲν ἔγωγε, ὦ Σώκρατες, ἄλλο.—ΣΩ. Καλῶς γὰρ οἴει· γνώσῃ δὲ ἐνθένδε. εἰ γάρ τίς σε ἔροιτο· "Ἆρ' ἔστιν τις, ὦ Γοργία, πίστις ψευδὴς καὶ ἀληθής;" φαίης ἄν, ὡς ἐγὼ οἶμαι.—ΓΟΡ. Ναί.—ΣΩ. Τί δέ; ἐπιστήμη ἐστὶν ψευδὴς καὶ ἀληθής;—ΓΟΡ. Οὐδαμῶς.—ΣΩ. Δῆλον ἄρ' αὖ ὅτι οὐ ταὐτόν ἐστιν.—ΓΟΡ. Ἀληθῆ λέγεις.—ΣΩ. Ἀλλὰ μὴν οἵ τέ γε μεμαθηκότες πεπεισμένοι εἰσὶν καὶ οἱ πεπιστευκότες.—ΓΟΡ. Ἔστι ταῦτα.

ΣΩ. Βούλει οὖν δύο εἴδη θῶμεν πειθοῦς, τὸ μὲν πίστιν παρεχόμενον ἄνευ τοῦ εἰδέναι, τὸ δ' ἐπιστήμην;—ΓΟΡ. Πάνυ

SOC: E eu já suspeitava de que dirias que era essa a persuasão e a que concernia, Górgias. Mas para não te surpreenderes se daqui a pouco eu te endereçar novamente uma pergunta semelhante, torno a te perguntar o que parece ser, entretanto, evidente – é o que eu digo: formulo as perguntas em vista de concluir ordenadamente a discussão, e não em vista de ti, mas a fim de que não nos habituemos a antecipar, por meio de suposições, o que cada um à sua volta tem a dizer. Que tu concluas, como quiseres, a tua parte conforme o argumento!

GOR: E tu me pareces fazer a coisa certa, Sócrates.

SOC: Adiante então, examinemos o seguinte! Há algo que chamas "ter aprendido"?

GOR: Sim.

SOC: E aí? Há o que chamas "acreditar em algo"?

GOR: Sim.

SOC: Segundo teu parecer, "ter aprendido" e "acreditar em algo", aprendizagem e crença, são a mesma coisa, ou coisas distintas?

GOR: Eu julgo, Sócrates, que são distintas.

SOC: E julgas bem; logo entenderás. Se alguém te perguntasse "Porventura há, Górgias, crença falsa e crença verdadeira?", tu confirmarias, presumo eu.

GOR: Sim.

SOC: E então? Há conhecimento falso e conhecimento verdadeiro?

GOR: De forma nenhuma.

SOC: Portanto, é evidente, por sua vez, que não são a mesma coisa.

GOR: Dizes a verdade.

SOC: Contudo, tanto aqueles que aprendem algo quanto aqueles que em algo acreditam são persuadidos.

GOR: É isso.

SOC: Queres, assim, que estabeleçamos duas formas de persuasão: a que infunde crença sem o saber, e a que infunde conhecimento?

GOR: Com certeza.

γε.—ΣΩ. Ποτέραν οὖν ἡ ῥητορικὴ πειθὼ ποιεῖ ἐν δικαστηρίοις τε καὶ τοῖς ἄλλοις ὄχλοις περὶ τῶν δικαίων τε καὶ ἀδίκων; ἐξ ἧς πιστεύειν γίγνεται ἄνευ τοῦ εἰδέναι ἢ ἐξ ἧς τὸ εἰδέναι;—ΓΟΡ. Δῆλον δήπου, ὦ Σώκρατες, ὅτι ἐξ ἧς τὸ πιστεύειν.—ΣΩ. Ἡ ῥητορικὴ ἄρα, ὡς ἔοικεν, πειθοῦς δημιουργός ἐστιν πιστευτικῆς ἀλλ' οὐ διδασκαλικῆς περὶ τὸ δίκαιόν τε καὶ ἄδικον.—ΓΟΡ. Ναί.—ΣΩ. Οὐδ' ἄρα διδασκαλικὸς ὁ ῥήτωρ ἐστὶν δικαστηρίων τε καὶ τῶν ἄλλων ὄχλων δικαίων τε πέρι καὶ ἀδίκων, ἀλλὰ πιστικὸς μόνον· οὐ γὰρ δήπου ὄχλον γ' ἂν δύναιτο τοσοῦτον ἐν ὀλίγῳ χρόνῳ διδάξαι οὕτω μεγάλα πράγματα.—ΓΟΡ. Οὐ δῆτα.

ΣΩ. Φέρε δή, ἴδωμεν τί ποτε καὶ λέγομεν περὶ τῆς ῥητορικῆς· ἐγὼ μὲν γάρ τοι οὐδ' αὐτός πω δύναμαι κατανοῆσαι ὅτι λέγω. ὅταν περὶ ἰατρῶν αἱρέσεως ᾖ τῇ πόλει σύλλογος ἢ περὶ ναυπηγῶν ἢ περὶ ἄλλου τινὸς δημιουργικοῦ ἔθνους, ἄλλο τι ἢ τότε ὁ ῥητορικὸς οὐ συμβουλεύσει; δῆλον γὰρ ὅτι ἐν ἑκάστῃ αἱρέσει τὸν τεχνικώτατον δεῖ αἱρεῖσθαι. οὐδ' ὅταν τειχῶν περὶ οἰκοδομήσεως ἢ λιμένων κατασκευῆς ἢ νεωρίων, ἀλλ' οἱ ἀρχιτέκτονες· οὐδ' αὖ ὅταν στρατηγῶν αἱρέσεως πέρι ἢ τάξεώς τινος πρὸς πολεμίους ἢ χωρίων καταλήψεως συμβουλὴ ᾖ, ἀλλ' οἱ στρατηγικοὶ τότε συμβουλεύσουσιν, οἱ ῥητορικοὶ δὲ οὔ· ἢ πῶς λέγεις, ὦ Γοργία, τὰ τοιαῦτα; ἐπειδὴ γὰρ αὐτός τε φῂς ῥήτωρ εἶναι καὶ ἄλλους ποιεῖν ῥητορικούς, εὖ ἔχει τὰ τῆς σῆς τέχνης παρὰ σοῦ πυνθάνεσθαι. καὶ ἐμὲ νῦν νόμισον καὶ τὸ σὸν σπεύδειν· ἴσως γὰρ καὶ τυγχάνει τις τῶν ἔνδον ὄντων μαθητής σου βουλόμενος γενέσθαι, ὡς ἐγώ τινας σχεδὸν καὶ συχνοὺς αἰσθάνομαι, οἳ ἴσως αἰσχύνοιντ' ἄν σε ἀνερέσθαι. ὑπ'

SOC: Qual é, então, a persuasão que a retórica produz nos tribunais e nas demais aglomerações, a respeito do justo e do injusto? A que gera crença sem o saber ou a que gera o saber?

GOR: É deveras evidente, Sócrates, que aquela geradora de crença.

SOC: Portanto, a retórica, como parece, é artífice da persuasão que infunde crença, mas não ensina nada a respeito do justo e do injusto.

GOR: Sim.

SOC: Portanto, tampouco o rétor está apto a ensinar os tribunais e as demais aglomerações a respeito do justo e do injusto, mas somente a fazê-los crer; pois não seria decerto capaz de ensinar a tamanha multidão, em pouco tempo[24], coisas assim tão valiosas.

GOR: Certamente não seria.

SOC: Adiante então, vejamos o que podemos dizer sobre a retórica! Pois nem mesmo eu ainda sou capaz de compreender o que digo. Quando houver uma reunião na cidade para a eleição de médicos, ou de construtores navais, ou de qualquer outra sorte de artífice, o rétor em nada poderá aconselhar, não é? Pois é evidente que, em cada eleição, quem deve decidir é o mais apto tecnicamente. Nem mesmo quando se tratar da construção de muralhas, ou do aparelhamento de portos e estaleiros, mas serão os arquitetos a aconselhar; tampouco, por sua vez, quando o conselho se referir à eleição de generais militares, à organização de campanhas bélicas ou à conquista de território, mas serão os generais que nessas circunstâncias hão de aconselhar, e não os rétores; o que tens a dizer sobre isso, Górgias? Pois visto que tu mesmo afirmas ser rétor e capaz de tornar outras pessoas rétores, é razoável saber de ti o que é relativo à tua arte. Considera agora que eu zele também por teu interesse! Pois pode ser que haja casualmente aqui, dentre os presentes, alguém que queira tornar-se seu discípulo – pelo que percebo são em grande número – mas que talvez tenha vergonha de te interpelar. Assim, mesmo sendo

---

24. Platão se refere aqui ao uso da clepsidra nos tribunais, que regulava o tempo conferido aos discursos de acusação e defesa (ver *Apologia*, 37a; *Teeteto*, 201a; *Leis*, 766e).

ἐμοῦ οὖν ἀνερωτώμενος νόμισον καὶ ὑπ' ἐκείνων ἀνερωτᾶσθαι·
"Τί ἡμῖν, ὦ Γοργία, ἔσται, ἐάν σοι συνῶμεν; περὶ τίνων τῇ
πόλει συμβουλεύειν οἷοί τε ἐσόμεθα; πότερον περὶ δικαίου
μόνον καὶ ἀδίκου ἢ καὶ περὶ ὧν νυνδὴ Σωκράτης ἔλεγεν;"
πειρῶ οὖν αὐτοῖς ἀποκρίνεσθαι.

ΓΟΡ. Ἀλλ' ἐγώ σοι πειράσομαι, ὦ Σώκρατες, σαφῶς
ἀποκαλύψαι τὴν τῆς ῥητορικῆς δύναμιν ἅπασαν· αὐτὸς γὰρ
καλῶς ὑφηγήσω. οἶσθα γὰρ δήπου ὅτι τὰ νεώρια ταῦτα
καὶ τὰ τείχη τὰ Ἀθηναίων καὶ ἡ τῶν λιμένων κατασκευὴ
ἐκ τῆς Θεμιστοκλέους συμβουλῆς γέγονεν, τὰ δ' ἐκ τῆς
Περικλέους ἀλλ' οὐκ ἐκ τῶν δημιουργῶν.

ΣΩ. Λέγεται ταῦτα, ὦ Γοργία, περὶ Θεμιστοκλέους·
Περικλέους δὲ καὶ αὐτὸς ἤκουον ὅτε συνεβούλευεν ἡμῖν περὶ
τοῦ διὰ μέσου τείχους.

ΓΟΡ. Καὶ ὅταν γέ τις αἵρεσις ᾖ ὧν νυνδὴ σὺ ἔλεγες, ὦ
Σώκρατες, ὁρᾷς ὅτι οἱ ῥήτορές εἰσιν οἱ συμβουλεύοντες καὶ
οἱ νικῶντες τὰς γνώμας περὶ τούτων.

ΣΩ. Ταῦτα καὶ θαυμάζων, ὦ Γοργία, πάλαι ἐρωτῶ τίς
ποτε ἡ δύναμίς ἐστιν τῆς ῥητορικῆς. δαιμονία γάρ τις
ἔμοιγε καταφαίνεται τὸ μέγεθος οὕτω σκοποῦντι.

ΓΟΡ. Εἰ πάντα γε εἰδείης, ὦ Σώκρατες, ὅτι ὡς ἔπος
εἰπεῖν ἁπάσας τὰς δυνάμεις συλλαβοῦσα ὑφ' αὑτῇ ἔχει.
μέγα δέ σοι τεκμήριον ἐρῶ· πολλάκις γὰρ ἤδη ἔγωγε μετὰ
τοῦ ἀδελφοῦ καὶ μετὰ τῶν ἄλλων ἰατρῶν εἰσελθὼν παρά
τινα τῶν καμνόντων οὐχὶ ἐθέλοντα ἢ φάρμακον πιεῖν ἢ
τεμεῖν ἢ καῦσαι παρασχεῖν τῷ ἰατρῷ, οὐ δυναμένου τοῦ

---

25. Sobre a função do interlocutor fictício, cf. supra nota 18.
26. Tucídides, 1.90.3:
    Depois que os lacedemônios disseram essas coisas, os atenienses, seguindo o plano de Temístocles, responderam que lhes enviariam embaixadores para tratar do assunto e logo os dispensaram. Temístocles ordenou-lhes que ele próprio fosse enviado o mais rápido possível à Lacedemônia, e que fossem escolhidos e enviados, além dele, outros embaixadores não imediatamente, mas que aguardassem até que a muralha tivesse altura suficiente para que pudessem defendê-la do ponto alto requerido. Ordenou-lhes que todos da cidade, homens, mulheres e crianças, trabalhassem em conjunto na construção da muralha, e que não poupassem qualquer edifício privado ou público que pudesse ser útil à obra, mas que demolissem todos. →

eu que te interrogue, considera que sejas também por eles inter- d
rogado: "O que nos acontecerá, Górgias, se convivermos contigo?
A respeito de que seremos capazes de aconselhar a cidade? Somente a respeito do justo e do injusto, ou também a respeito do
que há pouco dizia Sócrates?" Tenta, então, responder a eles![25]

GOR: Sim, tentarei, Sócrates, desvelar claramente todo o poder da retórica, pois tu mesmo indicaste bem o caminho. Decerto
sabes que esses estaleiros e essas muralhas de Atenas e o apare- e
lhamento dos portos são frutos do conselho de Temístocles[26], em
parte do conselho de Péricles, e não dos artífices.

SOC: É o que se fala, Górgias, sobre Temístocles; quanto
a Péricles, eu mesmo o ouvi quando nos aconselhou sobre as
muralhas medianas[27].

GOR: E quando houver alguma eleição concernente àquelas 456
coisas por ti referidas há pouco, Sócrates, vês que são os rétores
os que aconselham e fazem prevalecer as suas deliberações sobre o assunto.

SOC: Por admirar isso, Górgias, há tempos pergunto qual
é o poder da retórica. Pois quando examino a sua magnitude
por esse prisma, ele se mostra quase divino.

GOR: Ah! se soubesses de tudo, Sócrates: todos os poderes,
por assim dizer, ela os mantém sob a sua égide. Vou te contar
uma grande prova disso: muitas vezes eu me dirigi, em compa- b
nhia de meu irmão e de outros médicos, a um doente que não
queria tomar remédio nem permitir ao médico que lhe cortasse
ou cauterizasse algo; sendo o médico incapaz de persuadi-lo,

→   οἱ δ' Ἀθηναῖοι Θεμιστοκλέους γνώμῃ τοὺς μὲν Λακεδαιμονίους ταῦτ' εἰ-
πόντας ἀποκρινάμενοι ὅτι πέμψουσιν ὡς αὐτοὺς πρέσβεις περὶ ὧν λέγουσιν εὐθὺς
ἀπήλλαξαν· ἑαυτὸν δ' ἐκέλευεν ἀποστέλλειν ὡς τάχιστα ὁ Θεμιστοκλῆς ἐς τὴν Λα-
κεδαίμονα, ἄλλους δὲ πρὸς ἑαυτῷ ἑλομένους πρέσβεις μὴ εὐθὺς ἐκπέμπειν, ἀλλ'
ἐπισχεῖν μέχρι τοσούτου ἕως ἂν τὸ τεῖχος ἱκανὸν ἄρωσιν ὥστε ἀπομάχεσθαι ἐκ τοῦ
ἀναγκαιοτάτου ὕψους· τειχίζειν δὲ πάντας πανδημεὶ τοὺς ἐν τῇ πόλει [καὶ αὐτοὺς
καὶ γυναῖκας καὶ παῖδας], φειδομένους μήτε ἰδίου μήτε δημοσίου οἰκοδομήματος
ὅθεν τις ὠφελία ἔσται ἐς τὸ ἔργον, ἀλλὰ καθαιροῦντας πάντα.

27. Ver Tucídides, 1.170.1.

ἰατροῦ πεῖσαι, ἐγὼ ἔπεισα, οὐκ ἄλλῃ τέχνῃ ἢ τῇ ῥητορικῇ. φημὶ δὲ καὶ εἰς πόλιν ὅπῃ βούλει ἐλθόντα ῥητορικὸν ἄνδρα καὶ ἰατρόν, εἰ δέοι λόγῳ διαγωνίζεσθαι ἐν ἐκκλησίᾳ ἢ ἐν ἄλλῳ τινὶ συλλόγῳ ὁπότερον δεῖ αἱρεθῆναι ἰατρόν, οὐδαμοῦ ἂν φανῆναι τὸν ἰατρόν, ἀλλ' αἱρεθῆναι ἂν τὸν εἰπεῖν δυνατόν, εἰ βούλοιτο. καὶ εἰ πρὸς ἄλλον γε δημιουργὸν ὁντιναοῦν ἀγωνίζοιτο, πείσειεν ἂν αὑτὸν ἑλέσθαι ὁ ῥητορικὸς μᾶλλον ἢ ἄλλος ὁστισοῦν· οὐ γὰρ ἔστιν περὶ ὅτου οὐκ ἂν πιθανώτερον εἴποι ὁ ῥητορικὸς ἢ ἄλλος ὁστισοῦν τῶν δημιουργῶν ἐν πλήθει. ἡ μὲν οὖν δύναμις τοσαύτη ἐστὶν καὶ τοιαύτη τῆς τέχνης· δεῖ μέντοι, ὦ Σώκρατες, τῇ ῥητορικῇ χρῆσθαι ὥσπερ τῇ ἄλλῃ πάσῃ ἀγωνίᾳ. καὶ γὰρ τῇ ἄλλῃ ἀγωνίᾳ οὐ τούτου ἕνεκα δεῖ πρὸς ἅπαντας χρῆσθαι ἀνθρώπους, ὅτι ἔμαθεν πυκτεύειν τε καὶ παγκρατιάζειν καὶ ἐν ὅπλοις μάχεσθαι, ὥστε κρείττων εἶναι καὶ φίλων καὶ ἐχθρῶν, οὐ τούτου ἕνεκα τοὺς φίλους δεῖ τύπτειν οὐδὲ κεντεῖν τε καὶ ἀποκτεινύναι. οὐδέ γε μὰ Δία ἐάν τις εἰς παλαίστραν φοιτήσας εὖ ἔχων τὸ σῶμα καὶ πυκτικὸς γενόμενος, ἔπειτα τὸν πατέρα τύπτῃ καὶ τὴν μητέρα ἢ ἄλλον τινὰ τῶν οἰκείων ἢ τῶν φίλων, οὐ τούτου ἕνεκα δεῖ τοὺς παιδοτρίβας καὶ τοὺς ἐν τοῖς ὅπλοις διδάσκοντας μάχεσθαι

28. Sob o escrutínio de Sócrates, Górgias é levado, pela analogia com as demais *tekhnai*, a determinar o âmbito específico de discurso concernente à retórica (ou seja, o justo e o injusto, 454b), cumprindo assim o requisito básico para que uma atividade seja considerada *tekhnē*. Se analisarmos, em contrapartida, a caracterização da retórica oferecida pela personagem Górgias quando ela encontra a possibilidade de falar extensamente sobre o seu poder, como nesse discurso (456a-457c), vemos que ela não está confinada, efetivamente, num domínio específico do conhecimento: enquanto *arte genérica do discurso*, ela serve para discorrer sobre qualquer assunto, inclusive sobre aqueles para os quais há uma *tekhnē* específica. Isso fica evidente nesse exemplo de Górgias sobre o caso de seu irmão médico Heródico: não conseguindo fazer com que seu paciente se submetesse ao tratamento médico necessário para curá-lo, o médico recorreu a Górgias para que ele, por meio da retórica, o persuadisse (456a-b). O elogio de Górgias ao poder da retórica mostra que ela é, efetivamente, um instrumento que serve para discorrer sobre qualquer tema, e não simplesmente sobre o justo e o injusto, pois ela seria a arte que ensina os homens a *como, onde* e *quando* falar, e não *o quê* falar. Nesse sentido, essa concepção de retórica enquanto *arte genérica do discurso* atribuída por Platão à personagem Górgias se aproxima, em certa medida, da definição que Aristóteles posteriormente proporá na abertura da *Retórica*: →

eu enfim o persuadi por meio de nenhuma outra arte senão a da retórica. E digo mais: se um rétor e um médico se dirigirem a qualquer cidade que quiseres, e lá se requerer uma disputa entre eles mediante o discurso, na Assembleia ou em qualquer outra reunião, sobre quem deve ser eleito como médico, quem se apresentará jamais será o médico, mas será eleito aquele que tenha o poder de falar, se assim ele o quiser. E se disputasse com qualquer outro artífice, o rétor, ao invés de qualquer um deles, persuadiria as pessoas a elegerem-no; pois não há nada sobre o que o rétor não seja mais persuasivo do que qualquer outro artífice em meio à multidão. Esse é o tamanho e o tipo de poder dessa arte[28]. Todavia, Sócrates, deve-se usar a retórica como toda e qualquer forma de luta[29]. Não se deve, decerto, usar a luta contra todos os homens: porque se aprendeu o pugilato, o pancrácio ou o combate armado, a ponto de ser superior tanto aos amigos quanto aos inimigos em força, não é simplesmente por esse motivo que se deve bater, ferir ou matar os amigos. Nem, por Zeus, se alguém, por frequentar o ginásio, tiver uma boa compleição física e tornar-se pugilista, e depois bater no pai ou na mãe ou em qualquer outro parente ou amigo, não é por esse motivo que se deve odiar ou expulsar da cidade seu treinador ou quem lhe

→ "A retórica é a contraparte da dialética, pois ambas tratam de coisas tais que são comuns, de certo modo, ao conhecimento de todos e que não são próprias de alguma ciência determinada. Por isso, todos participam, de certo modo, de ambas, pois todos, até certo ponto, buscam examinar e sustentar um discurso, se defender e acusar". (I, 1354a1-6)

ἡ ῥητορική ἐστιν ἀντίστροφος τῇ διαλεκτικῇ· ἀμφότεραι γὰρ περὶ τοιούτων τινῶν εἰσιν ἃ κοινὰ τρόπον τινὰ ἁπάντων ἐστὶ γνωρίζειν καὶ οὐδεμιᾶς ἐπιστήμης ἀφωρισμένης· διὸ καὶ πάντες τρόπον τινὰ μετέχουσιν ἀμφοῖν· πάντες γὰρ μέχρι τινὸς καὶ ἐξετάζειν καὶ ὑπέχειν λόγον καὶ ἀπολογεῖσθαι καὶ κατηγορεῖν ἐγχειροῦσιν.

29. A analogia entre luta e discurso, pautada na natureza agonística comum às competições esportivas e aos debates verbais [*agōnes*] (ἀγῶνες), aparece em um dos fragmentos conservados do Górgias histórico (*Discurso Olímpico*, Fr. DK 82 B8):

"Nossa competição, segundo Górgias de Leontine, requer duas virtudes, coragem e sabedoria; coragem, para suportar o perigo, e sabedoria, para saber trotear. Pois o discurso, como a proclamação do arauto em Olímpia, convoca aquele que tem vontade, mas coroa aquele que é capaz".

καὶ τὸ ἀγώνισμα ἡμῶν κατὰ τὸν Λεοντῖνον Γοργίαν διττῶν [δὲ] ἀρετῶν δεῖται, τόλμης καὶ σοφίας· τόλμης μὲν τὸ κίνδυνον ὑπομεῖναι, σοφίας δὲ τὸ πλίγμα (?) γνῶναι. ὁ γάρ τοι λόγος καθάπερ τὸ κήρυγμα τὸ Ὀλυμπίασι καλεῖ μὲν τὸν βουλόμενον, στεφανοῖ δὲ τὸν δυνάμενον.

μισεῖν τε καὶ ἐκβάλλειν ἐκ τῶν πόλεων. ἐκεῖνοι μὲν γὰρ παρέδοσαν ἐπὶ τῷ δικαίως χρῆσθαι τούτοις πρὸς τοὺς πολεμίους καὶ τοὺς ἀδικοῦντας, ἀμυνομένους, μὴ ὑπάρχοντας· οἱ δὲ μεταστρέψαντες χρῶνται τῇ ἰσχύϊ καὶ τῇ τέχνῃ οὐκ ὀρθῶς. οὔκουν οἱ διδάξαντες πονηροί, οὐδὲ ἡ τέχνη οὔτε αἰτία οὔτε πονηρὰ τούτου ἕνεκά ἐστιν, ἀλλ' οἱ μὴ χρώμενοι οἶμαι ὀρθῶς. ὁ αὐτὸς δὴ λόγος καὶ περὶ τῆς ῥητορικῆς. δυνατὸς μὲν γὰρ πρὸς ἅπαντάς ἐστιν ὁ ῥήτωρ καὶ περὶ παντὸς λέγειν, ὥστε πιθανώτερος εἶναι ἐν τοῖς πλήθεσιν ἔμβραχυ περὶ ὅτου ἂν βούληται· ἀλλ' οὐδέν τι μᾶλλον τούτου ἕνεκα δεῖ οὔτε τοὺς ἰατροὺς τὴν δόξαν ἀφαιρεῖσθαι— ὅτι δύναιτο ἂν τοῦτο ποιῆσαι—οὔτε τοὺς ἄλλους δημιουργούς, ἀλλὰ δικαίως καὶ τῇ ῥητορικῇ χρῆσθαι, ὥσπερ καὶ τῇ ἀγωνίᾳ. ἐὰν δὲ οἶμαι ῥητορικὸς γενόμενός τις κᾆτα ταύτῃ τῇ δυνάμει καὶ τῇ τέχνῃ ἀδικῇ, οὐ τὸν διδάξαντα δεῖ μισεῖν τε καὶ ἐκβάλλειν ἐκ τῶν πόλεων. ἐκεῖνος μὲν γὰρ ἐπὶ δικαίου χρείᾳ παρέδωκεν, ὁ δ' ἐναντίως χρῆται. τὸν οὖν οὐκ ὀρθῶς χρώμενον μισεῖν δίκαιον καὶ ἐκβάλλειν καὶ ἀποκτεινύναι ἀλλ' οὐ τὸν διδάξαντα.

ΣΩ. Οἶμαι, ὦ Γοργία, καὶ σὲ ἔμπειρον εἶναι πολλῶν λόγων καὶ καθεωρακέναι ἐν αὐτοῖς τὸ τοιόνδε, ὅτι οὐ ῥᾳδίως

---

30. Sobre a persuasão como meio para se cometer injustiça e/ou evitar a punição uma vez tendo-a cometido, ver *República*, II, 361b; 365d. A ambivalência do poder da retórica ressaltada aqui por Platão, que depende da natureza e do caráter daquele que a emprega em vista de determinado fim, é semelhante à reflexão do Górgias histórico no *Elogio de Helena* sobre o poder do *logos*, através da analogia com o *pharmakon* (remédio):

"O mesmo argumento se aplica tanto ao poder do discurso para o ordenamento da alma quanto ao ordenamento dos remédios para a natureza dos corpos; pois assim como certos remédios expurgam certos humores do corpo, uns extinguindo a doença, outros a vida, também há discursos que afligem, outros que deleitam, outros que amedrontam; uns infundem audácia nos ouvintes, enquanto outros, por meio de uma vil persuasão, entorpecem e encantam alma". (§14)

τὸν αὐτὸν δὲ λόγον ἔχει ἥ τε τοῦ λόγου δύναμις πρὸς τὴν τῆς ψυχῆς τάξιν ἥ τε τῶν φαρμάκων τάξις πρὸς τὴν τῶν σωμάτων φύσιν. ὥσπερ γὰρ τῶν φαρμάκων ἄλλους ἄλλα χυμοὺς ἐκ τοῦ σώματος ἐξάγει, καὶ τὰ μὲν νόσου τὰ δὲ βίου παύει, οὕτω καὶ τῶν λόγων οἱ μὲν ἐλύπησαν, οἱ δὲ ἔτερψαν, οἱ δὲ ἐφόβησαν, οἱ δὲ εἰς θάρσος κατέστησαν τοὺς ἀκούοντας, οἱ δὲ πειθοῖ τινι κακῇ τὴν ψυχὴν ἐφαρμάκευσαν καὶ ἐξεγοήτευσαν.

31. Nesse discurso, a personagem Górgias deixa entrever o problema relativo à moralidade do ensino da retórica. Instigado por Sócrates a esclarecer em que consiste o →

ensinou o combate armado. Pois eles lhe transmitiram o uso justo dessas coisas contra inimigos e pessoas injustas para se defender, e não para atacar, ao passo que seus transgressores usam a força e a arte incorretamente. Assim, ignóbeis não são os mestres, tampouco culpada e ignóbil é a arte por tal motivo, mas as pessoas que não a usam corretamente, como presumo. O mesmo argumento também vale para a retórica: o rétor é capaz de falar contra todos e a respeito de tudo, de modo a ser mais persuasivo em meio à multidão, em suma, acerca do que quiser; porém nem mesmo por esse motivo ele deve furtar a reputação dos médicos – pois seria capaz de fazê-lo – nem a de qualquer outro artífice, mas usar a retórica de forma justa, como no caso da luta. E se alguém, julgo eu, tornar-se rétor e cometer, posteriormente, alguma injustiça por meio desse poder e dessa arte, não se deve odiar e expulsar da cidade quem os ensinou[30]. Pois este último lhe transmitiu o uso com justiça, enquanto o primeiro usa-os em sentido contrário. Assim, é justo odiar, expulsar ou matar quem os usou incorretamente, e não quem os ensinou[31].

soc: Creio que também tu, Górgias, és experiente em inúmeras discussões e já observaste nelas o seguinte: não é fácil que

→ seu poder, Górgias faz um discurso que pode ser dividido, *grosso modo*, em duas partes: i. o encômio do poder persuasivo do discurso retórico (456a7-c7), e ii. a defesa do seu ofício (456c7-457c3). Nela, Górgias propõe o seguinte argumento: enquanto mestre de retórica, ele transmite sua arte a seus discípulos para ser empregada de forma justa, embora eles possam usá-la injustamente; todavia, isso é de responsabilidade moral do agente, que deve responder por suas próprias ações, e não do mestre que lhe transmitiu aquela arte por meio da qual ele comete injustiça. Esse tipo de *defesa antecipatória* (em grego, πρόληψις [*prolēpsis*], como refere Quintiliano na *Instituição Oratória*, IV, 1.49), em que se presume os contra-argumentos do adversário refutando-os antes de serem chamados em causa no debate (Aristóteles, *Retórica*, III, 1418b5-9), é um artifício argumentativo que Platão parece parodiar no *Górgias*, não só pela boca da personagem homônima, mas também pela de Sócrates, como será comentado adiante. Do ponto de vista do argumento, essa declaração será crucial para a consumação do *elenchos* socrático (460a-461a), pois ela será uma das premissas a partir da qual Sócrates gerará a contradição da personagem Górgias, como ficará claro na sequência da discussão. Do ponto de vista moral, essa defesa do ofício do rétor ilustra, por um lado, a sua condição delicada aos olhos da opinião pública, fruto da ambivalência moral da prática retórica; por outro lado, ao ressaltar essa ambivalência, Platão mostra o sentido de sua censura moral à retórica, na medida em que ela é o instrumento por meio do qual as ações políticas na democracia são conduzidas (Assembleia, Conselho e Tribunal).

δύνανται περὶ ὧν ἂν ἐπιχειρήσωσιν διαλέγεσθαι διορισάμενοι πρὸς ἀλλήλους καὶ μαθόντες καὶ διδάξαντες ἑαυτούς, d οὕτω διαλύεσθαι τὰς συνουσίας, ἀλλ' ἐὰν περί του ἀμφισβητήσωσιν καὶ μὴ φῇ ὁ ἕτερος τὸν ἕτερον ὀρθῶς λέγειν ἢ μὴ σαφῶς, χαλεπαίνουσί τε καὶ κατὰ φθόνον οἴονται τὸν ἑαυτῶν λέγειν, φιλονικοῦντας ἀλλ' οὐ ζητοῦντας τὸ προκείμενον ἐν τῷ λόγῳ· καὶ ἔνιοί γε τελευτῶντες αἴσχιστα ἀπαλλάττονται, λοιδορηθέντες τε καὶ εἰπόντες καὶ ἀκούσαντες περὶ σφῶν αὐτῶν τοιαῦτα οἷα καὶ τοὺς παρόντας ἄχθεσθαι ὑπὲρ σφῶν αὐτῶν, ὅτι τοιούτων ἀνθρώπων ἠξίωσαν e ἀκροαταὶ γενέσθαι. τοῦ δὴ ἕνεκα λέγω ταῦτα; ὅτι νῦν ἐμοὶ δοκεῖς σὺ οὐ πάνυ ἀκόλουθα λέγειν οὐδὲ σύμφωνα οἷς τὸ πρῶτον ἔλεγες περὶ τῆς ῥητορικῆς· φοβοῦμαι οὖν διελέγχειν σε, μή με ὑπολάβῃς οὐ πρὸς τὸ πρᾶγμα φιλονικοῦντα λέγειν τοῦ καταφανὲς γενέσθαι, ἀλλὰ πρὸς σέ. 458 ἐγὼ οὖν, εἰ μὲν καὶ σὺ εἶ τῶν ἀνθρώπων ὧνπερ καὶ ἐγώ, ἡδέως ἄν σε διερωτῴην· εἰ δὲ μή, ἐῴην ἄν. ἐγὼ δὲ τίνων εἰμί; τῶν ἡδέως μὲν ἂν ἐλεγχθέντων εἴ τι μὴ ἀληθὲς λέγω, ἡδέως δ' ἂν ἐλεγξάντων εἴ τίς τι μὴ ἀληθὲς λέγοι, οὐκ ἀηδέστερον μεντἂν ἐλεγχθέντων ἢ ἐλεγξάντων· μεῖζον γὰρ αὐτὸ ἀγαθὸν ἡγοῦμαι, ὅσῳπερ μεῖζον ἀγαθόν ἐστιν αὐτὸν ἀπαλλαγῆναι κακοῦ τοῦ μεγίστου ἢ ἄλλον ἀπαλλάξαι. οὐδὲν γὰρ οἶμαι τοσοῦτον κακὸν εἶναι ἀνθρώπῳ, ὅσον δόξα b ψευδὴς περὶ ὧν τυγχάνει νῦν ἡμῖν ὁ λόγος ὤν. εἰ μὲν οὖν καὶ σὺ φῂς τοιοῦτος εἶναι, διαλεγώμεθα· εἰ δὲ καὶ δοκεῖ χρῆναι ἐᾶν, ἐῶμεν ἤδη χαίρειν καὶ διαλύωμεν τὸν λόγον.

32. Platão distingue aqui dois tipos de "diálogo": o "filosófico", cuja finalidade seria o *consenso* entre ambas as partes (referido comumente pelo termo ὁμολογία [*homologia*] nos diálogos), e o "erístico", cujo escopo último seria a *vitória* de uma parte sobre a outra (referido aqui pelo termo φιλονικοῦντας [*philonikountas*], "almejando a vitória", 457d4). Portanto, temos, de um lado, a cooperação entre as partes em vista do esclarecimento sobre o que se discute, e de outro, a contenda em vista da afirmação de uma das partes em detrimento da outra, a despeito da verdade encerrada nesse processo. Sócrates chama em causa essa distinção precisamente por temer que Górgias, uma vez refutado por ele, creia que sua motivação seja simplesmente atacá-lo, como se fosse uma rivalidade pessoal, ao invés de buscar o esclarecimento do assunto em discussão. A iniciativa de Sócrates de justificar *antecipadamente* uma possível acusação de Górgias contra seu comportamento agonístico (exemplo de →

os homens consigam encerrar seus encontros depois de terem definido entre si o assunto a respeito do qual intentam dialogar, aprendendo e ensinando mutuamente; pelo contrário, se houver controvérsia em algum ponto e um deles disser que o outro não diz de forma correta ou clara, eles se enfurecem e presumem que um discute com outro por malevolência, almejando antes a vitória do que investigar o que se propuseram a discutir; alguns inclusive se separam depois de darem cabo aos mais vergonhosos atos, e, em meio a ultrajes, falam e escutam um do outro coisas tais que até os ali presentes se enervam consigo mesmos, porque acharam digno ouvir homens como esses. Em vista de que digo isso? Porque o que me dizes agora não parece conforme nem consonante ao que primeiramente disseste sobre a retórica; temo te refutar de modo a supores que eu, almejando a vitória, não fale para esclarecer o assunto em questão, mas para te atacar. Se, então, também tu és um homem do mesmo tipo que eu, terei o prazer de te interpelar; caso contrário, deixarei de lado. Mas que tipo de homem sou eu? Aquele que se compraz em ser refutado quando não digo a verdade, e se compraz em refutar quando alguém não diz a verdade, e deveras aquele que não menos se compraz em ser refutado do que refutar; pois considero ser refutado precisamente um bem maior, tanto quanto se livrar do maior mal é um bem maior do que livrar alguém dele. Pois não há para o homem, julgo eu, tamanho mal quanto a opinião falsa sobre o assunto de nossa discussão. Se, então, também tu afirmares ser um homem desse tipo, continuemos a dialogar, contudo se achares que devemos deixá-la de lado, despeçamo-nos agora e encerremos a discussão![32]

→ *prolēpsis*, cf. supra nota 31) revela justamente o dilema em torno da personagem: a sua real motivação, quando coloca em prática seu método de refutação (*elenchos*), aos olhos dos outros. Pois, embora Sócrates alegue que sua motivação seja esclarecer a questão em busca da verdade, e não refutar o interlocutor simplesmente por refutá-lo (a refutação como meio para se chegar à verdade, e não como fim em si mesmo), isso não é suficiente, em muitos casos, para convencer seu interlocutor dessa suposta *benevolência* (εὐνοία). O impacto fortemente negativo do *elenchos* sobre o interlocutor (e, por conseguinte, sobre a sua *doxa*) pode não parecer condizente com a justificação positiva oferecida por Sócrates, como vemos nesse trecho. →

ΓΟΡ. Ἀλλὰ φημὶ μὲν ἔγωγε, ὦ Σώκρατες, καὶ αὐτὸς τοιοῦτος εἶναι οἷον σὺ ὑφηγῇ· ἴσως μέντοι χρῆν ἐννοεῖν καὶ τὸ τῶν παρόντων. πάλαι γάρ τοι, πρὶν καὶ ὑμᾶς ἐλθεῖν, ἐγὼ τοῖς παροῦσι πολλὰ ἐπεδειξάμην, καὶ νῦν ἴσως πόρρω ἀποτενοῦμεν, ἢν διαλεγώμεθα. σκοπεῖν οὖν χρὴ καὶ τὸ τούτων, μή τινας αὐτῶν κατέχομεν βουλομένους τι καὶ ἄλλο πράττειν.

ΧΑΙ. Τοῦ μὲν θορύβου, ὦ Γοργία τε καὶ Σώκρατες, αὐτοὶ ἀκούετε τούτων τῶν ἀνδρῶν βουλομένων ἀκούειν ἐάν τι λέγητε· ἐμοὶ δ' οὖν καὶ αὐτῷ μὴ γένοιτο τοσαύτη ἀσχολία, ὥστε τοιούτων λόγων καὶ οὕτω λεγομένων ἀφεμένῳ προὐργιαίτερόν τι γενέσθαι ἄλλο πράττειν.

ΚΑΛ. Νὴ τοὺς θεούς, ὦ Χαιρεφῶν, καὶ μὲν δὴ καὶ αὐτὸς πολλοῖς ἤδη λόγοις παραγενόμενος οὐκ οἶδ' εἰ πώποτε ἥσθην οὕτως ὥσπερ νυνί· ὥστ' ἔμοιγε, κἂν τὴν ἡμέραν ὅλην ἐθέλητε διαλέγεσθαι, χαριεῖσθε.

ΣΩ. Ἀλλὰ μήν, ὦ Καλλίκλεις, τό γ' ἐμὸν οὐδὲν κωλύει, εἴπερ ἐθέλει Γοργίας.

→ Na perspectiva de Cálicles, por exemplo, um interlocutor cujas convicções morais são contrárias às de Sócrates e que resiste à sua investida, é indubitável que a justificação socrática do *elenchos* seja mero pretexto para encobrir a sua verdadeira motivação, i.e., simplesmente refutar e ridicularizar o interlocutor (482e). Por tais motivos, Cálicles está seguro de que Sócrates é um verdadeiro "amante da vitória" [*philonikos*] (φιλόνικος 515b5). Em suma, se o problema para a personagem Górgias é a ambivalência moral da prática retórica, tendo em vista a sua função política no contexto democrático, para Sócrates, em contrapartida, é a ambivalência da prática do *elenchos* aos olhos do interlocutor, uma vez que a distinção entre o "diálogo erístico" e "diálogo filosófico" consiste na sua real motivação ao refutá-lo (em vista da refutação em si mesma, ou em vista do conhecimento).

33. É interessante notar como os verbos ἥδομαι [*hēdomai*] (comprazer-se) e χαίρομαι [*khairomai*] (deleitar-se), que pertencem ao mesmo campo semântico de ἐπιθυμέω [*epithumeō*] (cf. supra nota 3), se conformam com a construção da →

GOR: Mas ao menos eu, Sócrates, afirmo ser um homem do tipo ao qual aludiste; mas talvez devêssemos pensar também na situação dos aqui presentes. Pois, muito antes de vós chegardes, eu já havia lhes exibido inúmeras coisas, e talvez agora nos estendamos em demasia, se continuarmos a dialogar. Assim, devemos averiguar também a situação dessas pessoas, a fim de que não nos surpreendamos se parte delas queira fazer alguma outra coisa.

QUE: Escutai vós mesmos, Górgias e Sócrates, o rumor desses homens sequiosos por ouvir o que tendes a falar; quanto a mim, tomara que nenhum compromisso exija que eu abandone tais discussões conduzidas desse modo para ter de fazer algo mais importante!

CAL: Sim, pelos deuses, Querefonte; ademais, eu mesmo, que já estive presente em inúmeras discussões, não sei se alguma vez me comprazi tanto quanto nessa ocasião; mesmo se desejardes dialogar o dia inteiro, vós me deleitareis[33].

SOC: De fato, Cálicles, nada me impede, caso Górgias o queira.

→ personagem Cálicles, cujo caráter hedonista se revelará no 3º "Ato" do diálogo. Cálicles, que na recepção de Sócrates mostrou certa hostilidade ao repreendê-lo pelo atraso, encontra-se, nessa altura, fascinado pela discussão entre Sócrates e Górgias. Seu desejo de que a discussão continue, muito bem expresso pela *hipérbole* ("mesmo se desejardes dialogar o dia inteiro, vós me deleitareis", ὥστ' ἔμοιγε, κἂν τὴν ἡμέραν ὅλην ἐθέλητε διαλέγεσθαι, χαριεῖσθε, 458d3-4), mostra quão envolvido emocionalmente ele se encontra pela forma como Sócrates conduz o diálogo com Górgias. A tal ponto Cálicles se regozija com o debate, que ele não percebe o apelo do mestre Górgias à audiência como o último recurso para se desvencilhar de Sócrates e evitar, assim, ser refutado: Sócrates havia declarado pouco antes que seria essa a sua sorte no diálogo (457e-458b). Cálicles, em última instância, "vota" a favor de Sócrates e o diálogo, assim, prossegue. Seu estado de ânimo mudará completamente quando ele se torna o interlocutor principal de Sócrates, depois que Polo sai de cena (481b).

ΓΟΡ. Αἰσχρὸν δὴ τὸ λοιπόν, ὦ Σώκρατες, γίγνεται ἐμέ γε μὴ ἐθέλειν, αὐτὸν ἐπαγγειλάμενον ἐρωτᾶν ὅτι τις βούλεται. ἀλλ' εἰ δοκεῖ τουτοισί, διαλέγου τε καὶ ἐρώτα ὅτι βούλει.

ΣΩ. Ἄκουε δή, ὦ Γοργία, ἃ θαυμάζω ἐν τοῖς λεγομένοις ὑπὸ σοῦ· ἴσως γάρ τοι σοῦ ὀρθῶς λέγοντος ἐγὼ οὐκ ὀρθῶς ὑπολαμβάνω. ῥητορικὸν φῂς ποιεῖν οἷός τ' εἶναι, ἐάν τις βούληται παρὰ σοῦ μανθάνειν;—ΓΟΡ. Ναί.—ΣΩ. Οὐκοῦν περὶ πάντων ὥστ' ἐν ὄχλῳ πιθανὸν εἶναι, οὐ διδάσκοντα ἀλλὰ πείθοντα;—ΓΟΡ. Πάνυ μὲν οὖν.—ΣΩ. Ἐλεγές τοι νυνδὴ ὅτι καὶ περὶ τοῦ ὑγιεινοῦ τοῦ ἰατροῦ πιθανώτερος ἔσται ὁ ῥήτωρ.—ΓΟΡ. Καὶ γὰρ ἔλεγον, ἔν γε ὄχλῳ.—ΣΩ. Οὐκοῦν τὸ ἐν ὄχλῳ τοῦτό ἐστιν, ἐν τοῖς μὴ εἰδόσιν; οὐ γὰρ δήπου ἔν γε τοῖς εἰδόσι τοῦ ἰατροῦ πιθανώτερος ἔσται.—ΓΟΡ. Ἀληθῆ λέγεις.—ΣΩ. Οὐκοῦν εἴπερ τοῦ ἰατροῦ πιθανώτερος ἔσται, τοῦ εἰδότος πιθανώτερος γίγνεται;—ΓΟΡ. Πάνυ γε.—ΣΩ. Οὐκ ἰατρός γε ὤν· ἢ γάρ;—ΓΟΡ. Ναί.—ΣΩ. Ὁ

---

34. Górgias, diante da iminência da refutação de Sócrates, tenta o último artifício para se desvencilhar de sua investida: apelando a um argumento *ad hominem*, ele alega que Sócrates havia chegado no fim de sua *epideixis* e que seria preciso averiguar a condição da audiência, deixando entrever, polidamente, a sua intenção de abandonar o diálogo; no Prólogo, Polo havia dito que Górgias estava exausto depois de sua apresentação (448a6-8). Assim, Górgias recorre em última instância à audiência, pois a manifestação do público em seu favor seria a única saída viável para evitar que o *elenchos* socrático se consumasse e que sua reputação fosse afetada negativamente. Todavia, Górgias não encontra respaldo em seu próprio público, o qual, rumoroso, demonstra a vontade de que o diálogo continue. A manifestação da audiência, que tem Querefonte como porta-voz, representa aqui, sutilmente, a derrota antecipada de Górgias para Sócrates, pois o jogo de forças já se encontra invertido a essa altura do diálogo: Sócrates entra num ambiente que a princípio lhe é estranho, povoado de discípulos e/ou pessoas associadas à personagem Górgias, e consegue impor seu modo habitual de discurso (o diálogo por meio de perguntas e respostas), usando o próprio público de Górgias como instrumento de controle da situação dialógica, a ponto de conquistá-lo e tê-lo em seu favor.

35. A "multidão" (ἔν γε ὄχλῳ, 459a3) como condição para a eficácia persuasiva do discurso retórico aparece aludida nesta passagem do Livro v de Heródoto, que conta como Aristágoras de Mileto conseguiu persuadir os atenienses a ajudar os jônios na rebelião contra o império persa sob o poder de Dario:

"Quando Aristágoras se dirigiu ao povo, ele disse as mesmas coisas que havia dito em Esparta a respeito dos bens da Ásia e da guerra dos persas, que eles desconheciam →

GOR: Depois disso, Sócrates, seria vergonhoso que eu o rejeitasse, visto que prometi que me perguntassem o que desejassem. Mas se é do parecer de todos, dialoguemos e pergunta tu o que quiseres![34]

SOC: Escuta então, Górgias, o que me surpreende em tuas palavras; talvez tu fales corretamente e seja eu que não tenha a compreensão correta. Afirmas ser capaz de tornar alguém rétor, se ele quiser aprender contigo?

GOR: Sim.

SOC: De modo a ser persuasivo a respeito de todos os assuntos em meio à multidão, não a ensinando, mas persuadindo-a?

GOR: Certamente.

SOC: Dizias há pouco, pois, que também a respeito da saúde o rétor será mais persuasivo do que o médico?

GOR: Sim, dizia, contanto que em meio à multidão[35].

SOC: "Em meio à multidão" não quer dizer "em meio a ignorantes"? Pois decerto, em meio a quem tem conhecimento, não será mais persuasivo do que o médico.

GOR: Dizes a verdade.

SOC: Se ele for, então, mais persuasivo do que o médico, ele se torna mais persuasivo do que aquele que tem conhecimento?

GOR: Absolutamente.

SOC: Mesmo não sendo médico, não é?

GOR: Sim.

→ escudos e lanças e que eram facilmente sobrepujados. A isso ele também acrescentou o seguinte: que os milésios eram colonos dos atenienses e que, por terem grande poder, era razoável que eles os protegessem; e, diante da extrema urgência, não havia promessa que não fizesse para persuadi-los. Pareceu-lhe mais fácil ludibriar muitos do que um único homem, uma vez que foi incapaz de ludibriar Cleômenes, um lacedemônio apenas, enquanto a trinta mil atenienses logrou fazê-lo". (97)

ἐπελθὼν δὲ ἐπὶ τὸν δῆμον ὁ Ἀρισταγόρης ταὐτὰ ἔλεγε τὰ καὶ ἐν τῇ Σπάρτῃ περὶ τῶν ἀγαθῶν τῶν ἐν Ἀσίῃ καὶ τοῦ πολέμου τοῦ Περσικοῦ, ὡς οὔτε ἀσπίδα οὔτε δόρυ νομίζουσι εὐπετέες τε χειρωθῆναι εἴησαν. ταῦτά τε δὴ ἔλεγε καὶ πρὸς τούτοισι τάδε, ὡς οἱ Μιλήσιοι τῶν Ἀθηναίων αἰσὶ ἄποικοι, καὶ οἰκός σφεας εἴη ῥύεσθαι δυναμένους μέγα· καὶ οὐδὲν ὅ τι οὐκ ὑπίσχετο οἷα κάρτα δεόμενος, ἐς ὃ ἀνέπεισέ σφεας. πολλοὺς γὰρ οἶκε εἶναι εὐπετέστερον διαβάλλειν ἢ ἕνα, εἰ Κλεομένεα μὲν τὸν Λακεδαιμονίων μοῦνον οὐκ οἷός τε ἐγένετο διαβάλλειν, τρεῖς δὲ μυριάδας Ἀθηναίων ἐποίησε τοῦτο.

δὲ μὴ ἰατρός γε δήπου ἀνεπιστήμων ὧν ὁ ἰατρὸς ἐπιστήμων.—ΓΟΡ. Δῆλον ὅτι.—ΣΩ. Ὁ οὐκ εἰδὼς ἄρα τοῦ εἰδότος ἐν οὐκ εἰδόσι πιθανώτερος ἔσται, ὅταν ὁ ῥήτωρ τοῦ ἰατροῦ πιθανώτερος ᾖ. τοῦτο συμβαίνει ἢ ἄλλο τι;—ΓΟΡ. Τοῦτο ἐνταῦθά γε συμβαίνει.—ΣΩ. Οὐκοῦν καὶ περὶ τὰς ἄλλας ἁπάσας τέχνας ὡσαύτως ἔχει ὁ ῥήτωρ καὶ ἡ ῥητορική· αὐτὰ μὲν τὰ πράγματα οὐδὲν δεῖ αὐτὴν εἰδέναι ὅπως ἔχει, μηχανὴν δέ τινα πειθοῦς ηὑρηκέναι ὥστε φαίνεσθαι τοῖς οὐκ εἰδόσι μᾶλλον εἰδέναι τῶν εἰδότων.

ΓΟΡ. Οὐκοῦν πολλὴ ῥᾳστώνη, ὦ Σώκρατες, γίγνεται, μὴ μαθόντα τὰς ἄλλας τέχνας ἀλλὰ μίαν ταύτην, μηδὲν ἐλαττοῦσθαι τῶν δημιουργῶν;

ΣΩ. Εἰ μὲν ἐλαττοῦται ἢ μὴ ἐλαττοῦται ὁ ῥήτωρ τῶν ἄλλων διὰ τὸ οὕτως ἔχειν, αὐτίκα ἐπισκεψόμεθα, ἐάν τι ἡμῖν πρὸς λόγου ᾖ· νῦν δὲ τόδε πρότερον σκεψώμεθα, ἆρα τυγχάνει περὶ τὸ δίκαιον καὶ τὸ ἄδικον καὶ τὸ αἰσχρὸν καὶ τὸ καλὸν καὶ ἀγαθὸν καὶ κακὸν οὕτως ἔχων ὁ ῥητορικὸς ὡς περὶ τὸ ὑγιεινὸν καὶ περὶ τὰ ἄλλα ὧν αἱ ἄλλαι τέχναι, αὐτὰ μὲν οὐκ εἰδώς, τί ἀγαθὸν ἢ τί κακόν ἐστιν ἢ τί καλὸν ἢ τί αἰσχρὸν ἢ δίκαιον ἢ ἄδικον, πειθὼ δὲ περὶ αὐτῶν μεμηχανημένος ὥστε δοκεῖν εἰδέναι οὐκ εἰδὼς ἐν οὐκ εἰδόσιν

36. A diferença de juízo entre Sócrates e Górgias sobre o poder da retórica mostra como, do ponto de vista da construção das personagens, elas possuem valores absolutamente diferentes, refletindo, portanto, o abismo entre filosofia e retórica: enquanto para Sócrates ela consiste numa prática irracional e num saber aparente, na medida em que o rétor não precisa *conhecer* aquilo sobre o que discursa, mas somente *parecer conhecer* à multidão para a qual discursa (razão suficiente para não considerá-la uma *tekhnē*, embora Sócrates não explicite essa tese nesse momento do diálogo), para Górgias é justamente esse aspecto que a torna superior às demais *tekhnai*, pois *parecer conhecer* é condição suficiente para persuadir uma multidão ignorante daquilo sobre o que se discute. O domínio do aparente não tem qualquer valoração negativa por parte da personagem Górgias, enquanto para Sócrates, inversamente, a busca pelo conhecimento tem como fim a supressão do aparente.

37. O que Platão define aqui como o domínio moral do discurso retórico (i.e., o bem e o mal, o belo e o vergonhoso, o justo e injusto) será categorizado posteriormente por Aristóteles na *Retórica* como os fins de cada um dos gêneros:

"O fim de cada um desses gêneros é diferente, e, por serem três, três são os fins. Do deliberativo, o vantajoso e o prejudicial: quem exorta aconselha aquilo como se fosse →

SOC: Quem não é médico certamente não tem o conhecimento que o médico tem.

GOR: É evidente.

SOC: Portanto, o ignorante será mais persuasivo do que o conhecedor em meio a ignorantes, quando o rétor for mais persuasivo que o médico. É isso o que acontece, ou não?

GOR: É isso o que acontece em tais circunstâncias.

SOC: Assim, no tocante a todas as demais artes, o rétor e a retórica se encontram na mesma condição: a retórica não deve conhecer como as coisas são em si mesmas, mas descobrir algum mecanismo persuasivo de modo a parecer, aos ignorantes, conhecer mais do que aquele que tem conhecimento.

GOR: E então, Sócrates, não é uma enorme comodidade: mesmo não tendo aprendido as demais artes, mas apenas esta, não ser em nada inferior aos artífices?[36]

SOC: Se o rétor é ou não inferior aos outros porque se encontra nessa condição, em breve investigaremos, no caso de ser pertinente para nossa discussão; mas por ora, examinemos primeiro o seguinte: o rétor porventura encontra-se, a respeito do justo e do injusto, do vergonhoso e do belo, do bem e do mal, na mesma condição em que se encontra a respeito da saúde e das demais coisas relativas às outras artes? Ignorando as próprias coisas, o que é o bem e o que é o mal, o que é o belo e o que é o vergonhoso, o que é o justo e o que é o injusto[37], mas tramando a persuasão a respeito delas de modo a parecer conhecer, mesmo ignorando, em meio a quem é ignorante, mais do que aquele que conhece?

→ o melhor, ao passo que quem dissuade, dissuade daquilo como se fosse pior, além de compreender, em acréscimo, os demais fins, ou seja, o justo ou o injusto, o belo ou o vergonhoso. Para quem participa do julgamento, o justo e o injusto, além de compreender, em acréscimo, também os demais fins. Para quem elogia e vitupera, o belo e o vergonhoso, além de se referir, em acréscimo, também aos demais fins." (I, 1358b20-28)

τέλος δὲ ἑκάστοις τούτων ἕτερόν ἐστι, καὶ τρισὶν οὖσι τρία, τῷ μὲν συμβουλεύοντι τὸ συμφέρον καὶ βλαβερόν· ὁ μὲν γὰρ προτρέπων ὡς βέλτιον συμβουλεύει, ὁ δὲ ἀποτρέπων ὡς χείρονος ἀποτρέπει, τὰ δ' ἄλλα πρὸς τοῦτο συμπαραλαμβάνει, ἢ δίκαιον ἢ ἄδικον, ἢ καλὸν ἢ αἰσχρόν. τοῖς δὲ δικαζομένοις τὸ δίκαιον καὶ ἄδικον, τὰ δ' ἄλλα καὶ οὗτοι συμπαραλαμβάνει πρὸς ταῦτα· τοῖς δὲ ἐπαινοῦσιν καὶ ψέγουσιν τὸ καλὸν καὶ τὸ αἰσχρόν, τὰ δ' ἄλλα καὶ οὗτοι πρὸς ταῦτα ἐπαναφέρουσιν.

e μᾶλλον τοῦ εἰδότος; ἢ ἀνάγκη εἰδέναι, καὶ δεῖ προεπιστάμενον ταῦτα ἀφικέσθαι παρὰ σὲ τὸν μέλλοντα μαθήσεσθαι τὴν ῥητορικήν; εἰ δὲ μή, σὺ ὁ τῆς ῥητορικῆς διδάσκαλος τούτων μὲν οὐδὲν διδάξεις τὸν ἀφικνούμενον—οὐ γὰρ σὸν ἔργον —ποιήσεις δ' ἐν τοῖς πολλοῖς δοκεῖν εἰδέναι αὐτὸν τὰ τοιαῦτα οὐκ εἰδότα καὶ δοκεῖν ἀγαθὸν εἶναι οὐκ ὄντα; ἢ τὸ παράπαν οὐχ οἷός τε ἔσῃ αὐτὸν διδάξαι τὴν ῥητορικήν, ἐὰν μὴ προειδῇ περὶ τούτων τὴν ἀλήθειαν; ἢ πῶς τὰ τοιαῦτα ἔχει, ὦ Γοργία;
460 καὶ πρὸς Διός, ὥσπερ ἄρτι εἶπες, ἀποκαλύψας τῆς ῥητορικῆς εἰπὲ τίς ποθ' ἡ δύναμίς ἐστιν.

ΓΟΡ. Ἀλλ' ἐγὼ μὲν οἶμαι, ὦ Σώκρατες, ἐὰν τύχῃ μὴ εἰδώς, καὶ ταῦτα παρ' ἐμοῦ μαθήσεται.

ΣΩ. Ἔχε δή· καλῶς γὰρ λέγεις. ἐάνπερ ῥητορικὸν σύ τινα ποιήσῃς, ἀνάγκη αὐτὸν εἰδέναι τὰ δίκαια καὶ τὰ ἄδικα ἤτοι πρότερόν γε ἢ ὕστερον μαθόντα παρὰ σοῦ.—
b ΓΟΡ. Πάνυ γε.—ΣΩ. Τί οὖν; ὁ τὰ τεκτονικὰ μεμαθηκὼς τεκτονικός, ἢ οὔ;—ΓΟΡ. Ναί.—ΣΩ. Οὐκοῦν καὶ ὁ τὰ μουσικὰ μουσικός;—ΓΟΡ. Ναί.—ΣΩ. Καὶ ὁ τὰ ἰατρικὰ ἰατρικός: καὶ τἆλλα οὕτω κατὰ τὸν αὐτὸν λόγον, ὁ μεμαθηκὼς ἕκαστα τοιοῦτός ἐστιν οἷον ἡ ἐπιστήμη ἕκαστον ἀπεργάζεται;— ΓΟΡ. Πάνυ γε.—ΣΩ. Οὐκοῦν κατὰ τοῦτον τὸν λόγον καὶ ὁ τὰ δίκαια μεμαθηκὼς δίκαιος;—ΓΟΡ. Πάντως δήπου.—

Ou é necessário conhecê-las e quem pretende aprender a retórica contigo deve conhecê-las previamente quando te procurar? Caso contrário, tu, o mestre de retórica, não ensinarás nenhuma dessas coisas – pois não é teu ofício – porém farás com que ele, em meio à multidão, pareça conhecer sem conhecê-las e pareça ser bom sem sê-lo? Ou não serás absolutamente capaz de ensinar-lhe a retórica, caso ele não conheça previamente a verdade sobre essas coisas? Ou o que sucede, Górgias? E, por Zeus, como dizias há pouco, desvela a retórica e dize-me qual é o seu poder!

GOR: Eu julgo, Sócrates, que, se acaso não conhecê-las, ele aprenderá comigo essas coisas.

SOC: Um momento! Bem dito. Se tu tornares alguém rétor, será necessário que ele conheça o justo e o injusto, seja previamente ou aprendendo contigo depois.

GOR: Certamente.

SOC: E então? Quem aprendeu carpintaria é carpinteiro, ou não?

GOR: Sim.

SOC: Então, também quem aprendeu música é músico?

GOR: Sim.

SOC: E a medicina, médico? E quanto às demais artes, o mesmo argumento não se aplica desta forma: quem aprendeu uma delas é tal qual o conhecimento que a produz?

GOR: Sem dúvida.

SOC: Conforme esse argumento, pois, também quem aprendeu o justo é justo?

GOR: Absolutamente certo.

ΣΩ. Ὁ δὲ δίκαιος δίκαιά που πράττει.—ΓΟΡ. Ναί.—
ΣΩ. Οὐκοῦν ἀνάγκη τὸν ῥητορικὸν δίκαιον εἶναι, τὸν δὲ δίκαιον βούλεσθαι δίκαια πράττειν;—ΓΟΡ. Φαίνεταί γε.—
ΣΩ. Οὐδέποτε ἄρα βουλήσεται ὅ γε δίκαιος ἀδικεῖν.—
ΓΟΡ. Ἀνάγκη.—ΣΩ. Τὸν δὲ ῥητορικὸν ἀνάγκη ἐκ τοῦ λόγου δίκαιον εἶναι.—ΓΟΡ. Ναί.—ΣΩ. Οὐδέποτε ἄρα βουλήσεται ὁ ῥητορικὸς ἀδικεῖν.—ΓΟΡ. Οὐ φαίνεταί γε.

ΣΩ. Μέμνησαι οὖν λέγων ὀλίγῳ πρότερον ὅτι οὐ δεῖ τοῖς παιδοτρίβαις ἐγκαλεῖν οὐδ' ἐκβάλλειν ἐκ τῶν πόλεων, ἐὰν ὁ πύκτης τῇ πυκτικῇ χρῆταί τε καὶ ἀδίκως χρῆται καὶ ἀδικῇ, ὡσαύτως δὲ οὕτως καὶ ἐὰν ὁ ῥήτωρ τῇ ῥητορικῇ ἀδίκως χρῆται, μὴ τῷ διδάξαντι ἐγκαλεῖν μηδ' ἐξελαύνειν ἐκ τῆς πόλεως, ἀλλὰ τῷ ἀδικοῦντι καὶ οὐκ ὀρθῶς χρωμένῳ τῇ ῥητορικῇ; ἐρρήθη ταῦτα ἢ οὔ;—ΓΟΡ. Ἐρρήθη.—ΣΩ. Νῦν δέ γε ὁ αὐτὸς οὗτος φαίνεται, ὁ ῥητορικός, οὐκ ἄν ποτε

---

38. Nesse passo do argumento, encontramos a analogia entre *arte* [*tekhnē*] (τέχνη) e *virtude* [*aretē*] (ἀρετή) comumente usada por Platão nos chamados "primeiros diálogos": basta conhecer o que é justo para agir de forma justa, assim como basta ter o conhecimento de carpintaria para ser carpinteiro. Isso implica que o conhecimento é condição suficiente para a virtude, tese moral designada como "paradoxo socrático" pelos estudiosos de Platão. i. Xenofonte, nas *Memoráveis*, atribui a Sócrates considerações semelhantes, ii. assim como Aristóteles na *Ética Eudêmia*, razão pela qual é geralmente considerada uma tese genuinamente socrática:

i. [Sócrates] dizia que a justiça e qualquer outra virtude são sabedoria, e que as coisas justas e todas as ações virtuosas são belas e boas. Dizia que quem as conhece jamais preferiria outras coisas a elas, enquanto quem as desconhece é incapaz de agir de modo justo e virtuoso, e mesmo se ele tentasse agir assim, incorreria em erro. Da mesma forma, os sábios agem de modo belo e bom, ao passo que os ignorantes são incapazes disso, e mesmo se tentassem, incorreriam em erro. Portanto, uma vez que todas as ações justas, belas e boas são virtuosas, é evidente que tanto a justiça quanto qualquer outra virtude são sabedoria. (3.9.5)

ἔφη δὲ καὶ τὴν δικαιοσύνην καὶ τὴν ἄλλην πᾶσαν ἀρετὴν σοφίαν εἶναι. τά τε γὰρ δίκαια καὶ πάντα ὅσα ἀρετῇ πράττεται καλά τε κἀγαθὰ εἶναι· καὶ οὔτ' ἂν τοὺς ταῦτα εἰδότας ἄλλο ἀντὶ τούτων οὐδὲν προελέσθαι οὔτε τοὺς μὴ ἐπισταμένους δύνασθαι πράττειν, ἀλλὰ καὶ ἐὰν ἐγχειρῶσιν, ἁμαρτάνειν· οὕτω [καὶ] τὰ καλά τε κἀγαθὰ τοὺς μὲν σοφοὺς πράττειν, τοὺς δὲ μὴ σοφοὺς οὐ δύνασθαι, ἀλλὰ καὶ ἐὰν ἐγχειρῶσι, ἁμαρτάνειν. ἐπεὶ οὖν τά τε δίκαια καὶ τἆλλα καλά τε κἀγαθὰ πάντα ἀρετῇ πράττεται, δῆλον εἶναι ὅτι καὶ δικαιοσύνη καὶ ἡ ἄλλη πᾶσα ἀρετὴ σοφία ἐστί.

ii. [Sócrates] julgava que o conhecimento é todas as virtudes, de modo que sucedia simultaneamente conhecer a justiça e ser justo; tão logo tenhamos aprendido a geometria e arquitetura, também somos arquitetos e geômetras. (1216b6-9) →

sóc: E quem é justo age de forma justa.
gór: Sim[38].
sóc: Não é necessário, então, que o rétor seja justo, e que a pessoa justa queira agir de forma justa?
gór: É claro.
sóc: Portanto, quem é justo jamais há de querer cometer injustiça.
gór: Necessariamente.
sóc: E, como decorrência do argumento, é necessário que o rétor seja justo.
gór: Sim.
sóc: Portanto, o rétor jamais quererá cometer injustiça.
gór: É claro que não há de querer[39].
sóc: Bem, estás lembrado do que disseste há pouco, que não se deve inculpar ou expulsar da cidade os treinadores, caso o pugilista use o pugilato injustamente e cometa injustiça, e da mesma forma, caso o rétor use a retórica injustamente, inculpar ou banir da cidade quem o ensinou, mas quem cometeu injustiça e não usou corretamente a retórica? Isso foi dito ou não?[40]
gór: Foi dito.
sóc: Agora, porém, está claro que essa mesma pessoa, o rétor, jamais cometeria injustiça; ou não?

→   ἐπιστήμας γὰρ ᾤετ' εἶναι πάσας τὰς ἀρετάς, ὥσθ' ἅμα συμβαίνειν εἰδέναι τε τὴν δικαιοσύνην καὶ εἶναι δίκαιον. ἅμα μὲν γὰρ μεμαθήκαμεν τὴν γεωμωτρίαν καὶ οἰκοδομίαν καὶ ἐμὲν οἰκοδόμοι καὶ γεωμέτραι.

39. Ao acresentar na conclusão do argumento indutivo que a pessoa que conhece o justo, além de ser justa, *quer* agir de modo justo (βουλήσεται, 460c5), Sócrates introduz na discussão uma tese sobre a motivação moral que ultrapassa os limites da analogia entre arte e virtude. Como salienta J. Cooper, esse argumento de Sócrates é absolutamente injustificado no diálogo e assentido cegamente pela personagem Górgias, pois seriam necessários ulteriores argumentos que lhe dessem fundamento (Socrates and Plato in *Gorgias*, p. 44). Diferentemente do carpinteiro e do músico, que, uma vez em posse do conhecimento técnico, pode não *querer* empregá-lo quando requerido sem deixar, por isso, de ser carpinteiro ou músico, a pessoa justa deve não somente conhecer o que é justo, mas *querer* agir de forma justa quando é preciso agir (T. Irwin, op. cit., p. 126-127). Sobre a concepção oposta de que a justiça é compulsória e involuntária, atribuída pelas personagens Glauco e Adimanto à "maioria dos homens" (οἱ πολλοί), ver *República*, ii, 360c; 366c-d.

40. Cf. 456c-457c.

ἀδικήσας. ἢ οὔ;—ΓΟΡ. Φαίνεται.—ΣΩ. Καὶ ἐν τοῖς πρώτοις γε, ὦ Γοργία, λόγοις ἐλέγετο ὅτι ἡ ῥητορικὴ περὶ λόγους εἴη οὐ τοὺς τοῦ ἀρτίου καὶ περιττοῦ, ἀλλὰ τοὺς τοῦ δικαίου καὶ ἀδίκου· ἢ γάρ;—ΓΟΡ. Ναί.—ΣΩ. Ἐγὼ τοίνυν σου τότε ταῦτα λέγοντος ὑπέλαβον ὡς οὐδέποτ᾽ ἂν εἴη ἡ ῥητορικὴ ἄδικον πρᾶγμα, ὅ γ᾽ ἀεὶ περὶ δικαιοσύνης τοὺς λόγους ποιεῖται· ἐπειδὴ δὲ ὀλίγον ὕστερον ἔλεγες ὅτι ὁ ῥήτωρ

461 τῇ ῥητορικῇ κἂν ἀδίκως χρῷτο, οὕτω θαυμάσας καὶ ἡγησάμενος οὐ συνᾴδειν τὰ λεγόμενα ἐκείνους εἶπον τοὺς λόγους, ὅτι εἰ μὲν κέρδος ἡγοῖο εἶναι τὸ ἐλέγχεσθαι ὥσπερ ἐγώ, ἄξιον εἴη διαλέγεσθαι, εἰ δὲ μή, ἐᾶν χαίρειν. ὕστερον δὲ ἡμῶν ἐπισκοπουμένων ὁρᾷς δὴ καὶ αὐτὸς ὅτι αὖ ὁμολογεῖται τὸν ῥητορικὸν ἀδύνατον εἶναι ἀδίκως χρῆσθαι τῇ ῥητορικῇ καὶ ἐθέλειν ἀδικεῖν. ταῦτα οὖν ὅπῃ ποτὲ ἔχει, μὰ τὸν

b κύνα, ὦ Γοργία, οὐκ ὀλίγης συνουσίας ἐστὶν ὥστε ἱκανῶς διασκέψασθαι.

ΠΩΛ. Τί δέ, ὦ Σώκρατες; οὕτω καὶ σὺ περὶ τῆς ῥητορικῆς δοξάζεις ὥσπερ νῦν λέγεις; ἢ οἴει—ὅτι Γοργίας ᾐσχύνθη σοι μὴ προσομολογῆσαι τὸν ῥητορικὸν ἄνδρα μὴ οὐχὶ καὶ τὰ δίκαια εἰδέναι καὶ τὰ καλὰ καὶ τὰ ἀγαθά, καὶ ἐὰν μὴ ἔλθῃ ταῦτα εἰδὼς παρ᾽ αὐτόν, αὐτὸς διδάξειν, ἔπειτα ἐκ ταύτης ἴσως τῆς ὁμολογίας ἐναντίον τι συνέβη ἐν τοῖς

c λόγοις—τοῦτο ⟨δ⟩ δὴ ἀγαπᾷς, αὐτὸς ἀγαγὼν ἐπὶ τοιαῦτα ἐρωτήματα—ἐπεὶ τίνα οἴει ἀπαρνήσεσθαι μὴ οὐχὶ καὶ αὐτὸν

---

41. Cf. 454b.
42. Cf. 482b5.
43. No diálogo *Mênon*, a personagem homônima ressalta precisamente o fato de Górgias, diferentemente de outros "sofistas", prometer ensinar somente a técnica oratória, e não a virtude, embora isso não seja razão suficiente para validar ou invalidar o protesto de Polo no *Górgias*:
   SOC: E então? Esses sofistas, os quais são os únicos a professarem tal coisa, te parecem ser mestres de virtude? →

GOR: Está claro.

SOC: E no princípio da discussão, Górgias, foi dito que a retórica não concernia aos discursos relativos ao par e ao ímpar, mas aos relativos ao justo e ao injusto, não é?[41]

GOR: Sim.

SOC: Pois bem, quando disseste isso, eu supus que a retórica jamais seria uma prática injusta, visto que sempre compõe discursos sobre a justiça; mas quando, pouco depois, disseste que o rétor poderia usar a retórica também de forma injusta, espantei-me e, considerando inconsonantes tuas afirmações, disse aquilo: se considerasses vantajoso, assim como eu, ser refutado, seria digno dialogarmos, se não, deixaríamos de lado. Depois de nossa investigação ulterior, tu mesmo vês que foi consentido, pelo contrário, ser impossível ao rétor usar injustamente a retórica e querer cometer injustiça. Assim, pelo cão![42], Górgias, não é um encontro exíguo o modo conveniente de examinar como essas coisas são.

POL: Mas o quê, Sócrates? É essa a tua opinião sobre a retórica, como agora a exprimes? Porventura julgas – só porque Górgias ficou envergonhado de discordar de ti em que o rétor conhece o justo, o belo, o bem, e que se alguém o procurasse sem conhecê-los, ele próprio o ensinaria[43], decorrendo em seguida, talvez advinda desse consentimento, alguma contradição no argumento (coisa que muito te apraz, pois és tu a lhe formular perguntas do gênero) – pois, julgas que alguém negaria

→ MEN: De Górgias, Sócrates, aprecio sobretudo isto: tu jamais ouvirias dele tal promessa, pois ele ri quando ouve os outros prometerem tal empresa; ele julga que deve tornar as pessoas prodigiosas no discurso. (95b9-c5)

ΣΩ. Τί δὲ δή; οἱ σοφισταί σοι οὗτοι, οἵπερ μόνοι ἐπαγγέλλονται, δοκοῦσι διδάσκαλοι εἶναι ἀρετῆς;

MEN. Καὶ Γοργίου μάλιστα, ὦ Σώκρατες, ταῦτα ἄγαμαι, ὅτι οὐκ ἄν ποτε αὐτοῦ τοῦτο ἀκούσαις ὑπισχνουμένου, ἀλλὰ καὶ τῶν ἄλλων καταγελᾷ, ὅταν ἀκούσῃ ὑπισχνουμένων· ἀλλὰ λέγειν οἴεται δεῖν ποιεῖν δεινούς.

ἐπίστασθαι τὰ δίκαια καὶ ἄλλους διδάξειν;—ἀλλ' εἰς τὰ τοιαῦτα ἄγειν πολλὴ ἀγροικία ἐστὶν τοὺς λόγους.

ΣΩ. Ὦ κάλλιστε Πῶλε, ἀλλά τοι ἐξεπίτηδες κτώμεθα ἑταίρους καὶ ὑεῖς, ἵνα ἐπειδὰν αὐτοὶ πρεσβύτεροι γενόμενοι σφαλλώμεθα, παρόντες ὑμεῖς οἱ νεώτεροι ἐπανορθῶτε ἡμῶν τὸν βίον καὶ ἐν ἔργοις καὶ ἐν λόγοις. καὶ νῦν εἴ τι ἐγὼ καὶ Γοργίας ἐν τοῖς λόγοις σφαλλόμεθα, σὺ παρὼν ἐπανόρθου— δίκαιος δ' εἶ—καὶ ἐγὼ ἐθέλω τῶν ὡμολογημένων εἴ τί σοι δοκεῖ μὴ καλῶς ὡμολογῆσθαι, ἀναθέσθαι ὅτι ἂν σὺ βούλῃ, ἐάν μοι ἓν μόνον φυλάττῃς.

ΠΩΛ. Τί τοῦτο λέγεις;

ΣΩ. Τὴν μακρολογίαν, ὦ Πῶλε, ἣν καθέρξῃς, ᾗ τὸ πρῶτον ἐπεχείρησας χρῆσθαι.

ΠΩΛ. Τί δέ; οὐκ ἐξέσται μοι λέγειν ὁπόσα ἂν βούλωμαι;

ΣΩ. Δεινὰ μεντἂν πάθοις, ὦ βέλτιστε, εἰ Ἀθήναζε ἀφικόμενος, οὗ τῆς Ἑλλάδος πλείστη ἐστὶν ἐξουσία τοῦ λέγειν, ἔπειτα σὺ ἐνταῦθα τούτου μόνος ἀτυχήσαις. ἀλλὰ ἀντίθες τοι· σοῦ μακρὰ λέγοντος καὶ μὴ ἐθέλοντος τὸ ἐρωτώμενον ἀποκρίνεσθαι, οὐ δεινὰ ἂν αὖ ἐγὼ πάθοιμι, εἰ μὴ ἐξέσται μοι ἀπιέναι καὶ μὴ ἀκούειν σου; ἀλλ' εἴ τι κήδῃ τοῦ λόγου τοῦ εἰρημένου καὶ ἐπανορθώσασθαι αὐτὸν βούλει, ὥσπερ

---

44. Polo considera a "vergonha" de Górgias (ᾐσχύνθη, 461b5) a causa do sucesso da refutação de Sócrates. Segundo ele, Górgias consentiu em uma das premissas do argumento construído dialogicamente por Sócrates não porque ela condizesse com as suas reais opiniões e ações, mas porque Górgias se viu constrangido pela *vergonha* a admitir algo que não seria o caso. Górgias só teria admitido que ensinava o justo e o injusto a quem o procurasse sem conhecê-lo porque ninguém, na condição de Górgias, diria o contrário; em outras palavras, porque lhe era conveniente, enquanto estrangeiro em Atenas (C. Kahn, Drama and Dialectic in Plato's *Gorgias*, Oxford Studies in Ancient Philosophy, p. 80-81), ressaltar seu compromisso com os valores morais daquela cidade, ainda que não condizesse com a sua prática de rétor. Essa seria, então, a estrutura formal do *elenchos* socrático (460c7-461b2), a partir das duas premissas maiores (A e B):

A. A retórica concerne a discursos relativos ao justo e ao injusto; (454b5-7)

B. A retórica pode ser usada para fins injustos. (456c6-457c3)

i. Quem pretende aprender a retórica deve conhecer previamente o que é justo e injusto ou aprendê-los de Górgias; →

conhecer o justo e poder ensiná-lo aos outros? Mas conduzir a discussão para esse lado é muito tosco[44].

sóc: Belíssimo Polo, é com esse propósito que conquistamos amigos e filhos, para que, quando nós, já velhos, tropeçarmos em algo, vós, os mais novos, estando a nosso flanco, reergais nossas vidas, quer em atos, quer em palavras. E nesse momento, se eu e Górgias tropeçamos na discussão, tu, estando a nosso flanco, reergue-nos – pois és um homem justo –, e se algo do que fora consentido te parecer não ter sido consentido corretamente, eu desejo reparar o que quiseres, contanto que atentes a uma única coisa por mim.

pol: A que te referes?

sóc: Contanto que contenhas o discurso longo[45], Polo, o qual tentaste empregar anteriormente.

pol: O quê? Não poderei falar o quanto quiser?

sóc: Seria deveras um sofrimento terrível, excelentíssimo homem, se chegasses a Atenas, cidade helênica onde há a maior licença para falar, e somente tu tivesses o infortúnio de não fazê-lo aqui. Mas observa a situação inversa: se tu fizesses um longo discurso e não quisesses responder as perguntas, não seria um sofrimento terrível eu não poder ir embora para não te ouvir? Contudo se estás inquieto com algo do que foi dito e desejas corrigi-lo, como há pouco dizia, repara o que for de teu

→ ii. Quem aprendeu carpintaria, música ou medicina é carpinteiro, músico ou médico;
    iii. Da mesma forma, quem aprendeu o que é justo é justo;
    iv. O homem justo não apenas faz coisas justas, mas também quer necessariamente ser justo e jamais quer ser injusto;
    v. Então, o rétor que aprendeu o que é justo é justo, quer necessariamente ser justo, e jamais quer ser injusto;
    vi. Portanto, ele jamais quererá usar a retórica para fins injustos.
    (J. Beversluis, *Cross-Examining Socrates*, p. 309-310.)
    A defesa de Polo busca invalidar o *elenchos* mostrando que a premissa i. não condiz com a prática de Górgias enquanto mestre de retórica e que, portanto, não seria legítima a refutação socrática, visto que o silogismo é construído por Sócrates com base em uma proposição que não expressa as verdadeiras opiniões de Górgias.
    45. Cf. supra notas 4 e 12.

νυνδὴ ἔλεγον, ἀναθέμενος ὅτι σοι δοκεῖ, ἐν τῷ μέρει ἐρωτῶν τε καὶ ἐρωτώμενος, ὥσπερ ἐγώ τε καὶ Γοργίας, ἔλεγχέ τε καὶ ἐλέγχου. φῂς γὰρ δήπου καὶ σὺ ἐπίστασθαι ἅπερ Γοργίας· ἢ οὔ;

ΠΩΛ. Ἔγωγε.

ΣΩ. Οὐκοῦν καὶ σὺ κελεύεις σαυτὸν ἐρωτᾶν ἑκάστοτε ὅτι ἄν τις βούληται, ὡς ἐπιστάμενος ἀποκρίνεσθαι;

ΠΩΛ. Πάνυ μὲν οὖν.

b ΣΩ. Καὶ νῦν δὴ τούτων ὁπότερον βούλει ποίει, ἐρώτα ἢ ἀποκρίνου.

ΠΩΛ. Ἀλλὰ ποιήσω ταῦτα. καί μοι ἀπόκριναι, ὦ Σώκρατες· ἐπειδὴ Γοργίας ἀπορεῖν σοι δοκεῖ περὶ τῆς ῥητορικῆς, σὺ αὐτὴν τίνα φῂς εἶναι;

ΣΩ. Ἆρα ἐρωτᾷς ἥντινα τέχνην φημὶ εἶναι;

ΠΩΛ. Ἔγωγε.

ΣΩ. Οὐδεμία ἔμοιγε δοκεῖ, ὦ Πῶλε, ὥς γε πρὸς σὲ τἀληθῆ εἰρῆσθαι.

ΠΩΛ. Ἀλλὰ τί σοι δοκεῖ ἡ ῥητορικὴ εἶναι;

ΣΩ. Πρᾶγμα ὃ φῂς σὺ ποιῆσαι τέχνην ἐν τῷ συγγράμματι
c ὃ ἐγὼ ἔναγχος ἀνέγνων.

ΠΩΛ. Τί τοῦτο λέγεις;

ΣΩ. Ἐμπειρίαν ἔγωγέ τινα.

---

46. Cf. 448a-b.

47. Como foi comentado no Ensaio Introdutório (2.II), Polo é caracterizado por Platão no *Górgias* como uma personagem φαῦλος [*phaulos*] (desprezível, débil), com traços semelhantes a personagens da comédia. Ele não está atento ao jogo de palavras feito por Sócrates ("assim como eu e Górgias, refuta e sê refutado!", ὥσπερ ἐγώ τε καὶ Γοργίας, ἔλεγχέ τε καὶ ἐλέγχου, 462a4-5), que antecipa a sua sorte no diálogo. Do ponto de vista da construção da personagem, essa inadvertência é própria de quem não pertence ao círculo socrático, de quem desconhece o procedimento dialógico conduzido por ele (448d). Justamente por causa da debilidade inerente do interlocutor, Sócrates lhe oferece a possibilidade de escolher a função a ser desempenhada no registro da *brakhulogia*, a qual Sócrates praticamente impõe como condição de possibilidade do diálogo. Essa é uma situação rara no âmbito dos "primeiros diálogos" de Platão: Sócrates oferece ao interlocutor a possibilidade de exercer a função de inquiridor, e não a de inquirido, encontrando-se assim numa situação em que as funções se invertem, mesmo que momentaneamente.

parecer, um interrogando e o outro sendo interrogado cada um a sua vez, e, assim como eu e Górgias, refuta e sê refutado! Pois decerto afirmas que também tu conheces as mesmas coisas que Górgias, ou não?

POL: Afirmo sim[46].

SOC: Então, também tu não convidas em toda ocasião que te perguntem o que quiserem, como se soubesses responder?

POL: Certamente.

SOC: E agora, cumpre a parte que te aprouver: pergunta ou responde![47]

POL: Sim, hei de cumpri-la. Responde-me, Sócrates: visto que Górgias te parece cair em aporia sobre a retórica, o que afirmas que ela é?

SOC: Acaso perguntas que arte eu afirmo que ela seja?

POL: Sim.

SOC: Nenhuma, segundo meu parecer, Polo, para te dizer a verdade.

POL: Mas o que a retórica te parece ser?

SOC: Uma coisa que tu afirmas produzir arte num escrito que recentemente li[48].

POL: A que te referes?

SOC: A certa experiência.

---

48. Em seu breve discurso no Prólogo (448c), Polo definiu o ofício de Górgias como uma "arte" [*tekhnē*] (τέχνη) de grande valor que provém da "experiência" [*empeiria*] (ἐμπειρία). Sócrates, em contrapartida, buscará mostrar que a retórica, ao contrário do que julgam Górgias e Polo, está confinada no âmbito da *experiência* e não se constitui como *arte*. A referência de Sócrates a um escrito de Polo, ao qual ele teria tido acesso, pode sugerir que Platão esteja citando *verbatim* trecho dessa obra da personagem em 448c; mas como salienta Dodds (op. cit., p. 192), visto que ela não se conservou no tempo, é razoável conjeturarmos que Platão esteja parodiando-a, e não citando-a. De qualquer modo, Platão menciona no *Fedro* "os templos das palavras" de Polo (τὰ μουσεῖα λόγων, 267b10), incluindo-o entre aqueles autores que escreveram sobre a "arte dos discursos" ("nos livros escritos sobre a arte dos discursos", ἐν τοῖς βιβλίοις τοῖς περὶ λόγων τέχνης, 266d5-6; "aqueles que escrevem atualmente sobre as artes dos discursos", οἱ νῦν γράφοντες τέχνας λόγων, 271c1-2).

ΠΩΛ. Ἐμπειρία ἄρα σοι δοκεῖ ἡ ῥητορικὴ εἶναι;
ΣΩ. Ἔμοιγε, εἰ μή τι σὺ ἄλλο λέγεις.
ΠΩΛ. Τίνος ἐμπειρία;
ΣΩ. Χάριτός τινος καὶ ἡδονῆς ἀπεργασίας.
ΠΩΛ. Οὐκοῦν καλόν σοι δοκεῖ ἡ ῥητορικὴ εἶναι, χαρίζεσθαι οἷόν τε εἶναι ἀνθρώποις;
ΣΩ. Τί δέ, ὦ Πῶλε; ἤδη πέπυσαι παρ' ἐμοῦ ὅτι φημὶ αὐτὴν εἶναι, ὥστε τὸ μετὰ τοῦτο ἐρωτᾷς εἰ οὐ καλή μοι δοκεῖ εἶναι;
ΠΩΛ. Οὐ γὰρ πέπυσμαι ὅτι ἐμπειρίαν τινὰ αὐτὴν φῂς εἶναι;
ΣΩ. Βούλει οὖν, ἐπειδὴ τιμᾷς τὸ χαρίζεσθαι, σμικρόν τί μοι χαρίσασθαι;
ΠΩΛ. Ἔγωγε.
ΣΩ. Ἐροῦ νῦν με, ὀψοποιία ἥτις μοι δοκεῖ τέχνη εἶναι.
ΠΩΛ. Ἐρωτῶ δή, τίς τέχνη ὀψοποιία;—ΣΩ. Οὐδεμία, ὦ Πῶλε.—ΠΩΛ. Ἀλλὰ τί; φάθι.—ΣΩ. Φημὶ δή, ἐμπειρία τις.—ΠΩΛ. Τίς; φάθι.—ΣΩ. Φημὶ δή, χάριτος καὶ ἡδονῆς ἀπεργασίας, ὦ Πῶλε.
ΠΩΛ. Ταὐτὸν ἄρ' ἐστὶν ὀψοποιία καὶ ῥητορική;
ΣΩ. Οὐδαμῶς γε, ἀλλὰ τῆς αὐτῆς μὲν ἐπιτηδεύσεως μόριον.
ΠΩΛ. Τίνος λέγεις ταύτης;
ΣΩ. Μὴ ἀγροικότερον ᾖ τὸ ἀληθὲς εἰπεῖν· ὀκνῶ γὰρ Γοργίου ἕνεκα λέγειν, μὴ οἴηταί με διακωμῳδεῖν τὸ ἑαυτοῦ ἐπιτήδευμα. ἐγὼ δέ, εἰ μὲν τοῦτό ἐστιν ἡ ῥητορικὴ ἣν Γοργίας ἐπιτηδεύει, οὐκ οἶδα—καὶ γὰρ ἄρτι ἐκ τοῦ λόγου οὐδὲν ἡμῖν καταφανὲς ἐγένετο τί ποτε οὗτος ἡγεῖται—ὃ δ' ἐγὼ καλῶ τὴν ῥητορικήν, πράγματός τινός ἐστι μόριον οὐδενὸς τῶν καλῶν.

pol: Portanto, a retórica te parece ser experiência?
soc: A mim, pelo menos, se não tens nada mais a acrescentar.
pol: Experiência de quê?
soc: De produção de certo deleite e prazer.
pol: A retórica não te parece ser bela, então, visto ser capaz de deleitar os homens?
soc: O quê, Polo? Acabaste de saber de mim o que afirmo ser a retórica, e já vens com a próxima pergunta, se ela me parece ser bela?
pol: Pois já não sei que ela é certa experiência, como afirmas?
soc: Queres então, visto que honras o deleite, deleitar-me um pouco?
pol: Sim.
soc: Pergunta-me agora que arte me parece ser a culinária!
pol: Pergunto sim: que arte ela é?
soc: Nenhuma, Polo.
pol: Mas o quê, então? Fala!
soc: Falo sim: certa experiência.
pol: Qual? Fala!
soc: Falo sim: de produção de certo deleite e prazer, Polo.
pol: Portanto, a culinária e a retórica são a mesma coisa?
soc: De forma nenhuma, mas partes da mesma atividade.
pol: A que atividade te referes?
soc: Que não seja rude demais falar a verdade! Pois hesito em dizê-la por causa de Górgias, com medo de que julgue que eu comedie a sua própria atividade[49]. Se essa, porém, é a retórica praticada por Górgias, eu não sei – aliás, da discussão precedente nada se esclareceu sobre o que ele pensa – mas eu chamo retórica parte de certa coisa que em nada é bela.

---

49. A ocorrência do verbo "comediar" (διακωμῳδεῖν, 462e7) nessa fala de Sócrates indica, de certo modo, o tipo de estratégia argumentativa adotada por ele na discussão com Polo, ressaltando a todo momento sua debilidade, ridicularizando sua inexperiência no processo dialógico (448d), expondo à audiência como o saber por ele professado é apenas aparente.

ΓΟΡ. Τίνος, ὦ Σώκρατες; εἰπέ· μηδὲν ἐμὲ αἰσχυνθῇς.

ΣΩ. Δοκεῖ τοίνυν μοι, ὦ Γοργία, εἶναί τι ἐπιτήδευμα τεχνικὸν μὲν οὔ, ψυχῆς δὲ στοχαστικῆς καὶ ἀνδρείας καὶ φύσει δεινῆς προσομιλεῖν τοῖς ἀνθρώποις· καλῶ δὲ αὐτοῦ b ἐγὼ τὸ κεφάλαιον κολακείαν. ταύτης μοι δοκεῖ τῆς ἐπιτηδεύσεως πολλὰ μὲν καὶ ἄλλα μόρια εἶναι, ἓν δὲ καὶ ἡ ὀψοποιική· ὃ δοκεῖ μὲν εἶναι τέχνη, ὡς δὲ ὁ ἐμὸς λόγος, οὐκ ἔστιν τέχνη ἀλλ' ἐμπειρία καὶ τριβή. ταύτης μόριον καὶ τὴν ῥητορικὴν ἐγὼ καλῶ καὶ τήν γε κομμωτικὴν καὶ τὴν σοφιστικήν, τέτταρα ταῦτα μόρια ἐπὶ τέτταρσιν πράγμασιν. εἰ οὖν βούλεται Πῶλος πυνθάνεσθαι, πυνθανέσθω· οὐ γάρ c πω πέπυσται ὁποῖόν φημι ἐγὼ τῆς κολακείας μόριον εἶναι τὴν ῥητορικήν, ἀλλ' αὐτὸν λέληθα οὔπω ἀποκεκριμένος, ὁ δὲ ἐπανερωτᾷ εἰ οὐ καλὸν ἡγοῦμαι εἶναι. ἐγὼ δὲ αὐτῷ οὐκ ἀποκρινοῦμαι πρότερον εἴτε καλὸν εἴτε αἰσχρὸν ἡγοῦμαι εἶναι τὴν ῥητορικὴν πρὶν ἂν πρῶτον ἀποκρίνωμαι ὅτι ἐστίν. οὐ γὰρ δίκαιον, ὦ Πῶλε· ἀλλ' εἴπερ βούλει πυθέσθαι, ἐρώτα ὁποῖον μόριον τῆς κολακείας φημὶ εἶναι τὴν ῥητορικήν.

<small>50. A definição de retórica como "adulação" (κολακείαν, 463b1) e a analogia entre retórica e culinária, cuja associação se deve à busca comum pela promoção do prazer na alma e no corpo respectivamente, remontam, de certo modo, à sátira de Aristófanes em *Os Cavaleiros*, de 424 a.C., do tipo de prática comum dos políticos na democracia ateniense. O alvo precípuo de Aristófanes nessa peça é, em especial, a figura de Cléon, representado sob a máscara da personagem Paflagônio (v. 976), escravo do Povo (caracterizado também como personagem). Embora o termo específico ῥητορική [*rhētorikē*] (retórica), provavelmente cunhado por Platão (E. Schiappa, Did Plato Coin Rhētorikē?, *The American Journal of Philosophy*), não ocorra na peça, o objeto da sátira aristofânica é precisamente o tipo de prática oratória empregada pelos políticos em vista da persuasão do povo. A passagem abaixo, quando o Paflagônio é apresentado pelos outros dois escravos da peça (geralmente identificados com Demóstenes e Nícias, generais atenienses), sintetiza bem esses dois aspectos comuns à reflexão de Platão sobre a retórica no *Górgias*, i.e., a prática oratória como *adulação* (em especial, a concatenação dos quatro verbos no verso 48: ἤκαλλ', ἐθώπευ', ἐκολάκευ', ἐξήπατα) e a analogia com a culinária:
Primeiro Escravo
Vou dizer já. Nosso senhor é rude,
colérico, papa-favas, intempestivo,
o Povo da Pnix, insaciável, caquético,
mouco. Ele comprou na lua nova
um escravo, homem dos curtumes, Paflagônio,
o maior canalha e o maior difamador.
Ele, o Paflagônio dos curtumes, ao sacar
o jeito do velho, caiu em cima do senhor →</small>

GOR: De que coisa, Sócrates? Fala! Não te envergonhes por minha causa!

SOC: Pois bem, Górgias, ela me parece ser uma atividade que não é arte, apropriada a uma alma dada a conjecturas, corajosa e naturalmente prodigiosa para se relacionar com os homens; o seu cerne, eu denomino adulação. Dessa atividade, presumo que haja inúmeras partes, e uma delas é a culinária, que parece ser arte, mas, conforme o meu argumento, não é arte, mas experiência e rotina[50]. Conto também como partes suas a retórica, a indumentária e a sofística, quatro partes relativas a quatro coisas. Se Polo quer saber, que o saiba então! Pois não sabe ainda qual é a parte da adulação a qual afirmo ser a retórica e, não percebendo que eu ainda não havia lhe respondido, torna a me perguntar se não a considero bela. Porém eu não lhe respondo se considero a retórica bela ou vergonhosa antes de lhe responder primeiro o que ela é[51]. Pois não é justo, Polo; mas se queres mesmo saber, pergunta-me que parte da adulação afirmo ser a retórica!

→ e o bajulou, lisonjeou, adulou e o enganou
com tirinhas de couro, dizendo assim:
"Ó Povo, depois de julgar um processo, só um,
lava-te, então come, engole, olha a sobremesa!,
toma os três óbolos, quer que eu te sirva a janta?"
Depois, roubou o que um de nós havia preparado
para o senhor e o deleitou com isso,
o tal Paflagônio. (vv. 40-54)

OI. A
Λέγοιμ' ἂν ἤδη. νῷν γάρ ἐστι δεσπότης
ἄγροικος ὀργήν, κυαμοτρώξ, ἀκράχολος,
Δῆμος Πυκνίτης, δύσκολον γερόντιον
ὑπόκωφον. οὗτος τῇ προτέρᾳ νουμηνίᾳ
ἐπρίατο δοῦλον βυρσοδέψην, Παφλαγόνα
πανουργότατον καὶ διαβολώτατόν τινα.
οὗτος καταγνοὺς τοῦ γέροντος τοὺς τρόπους,
ὁ βυρσοπαφλαγών, ὑποπεσὼν τὸν δεσπότην
ᾔκαλλ', ἐθώπευ', ἐκολάκευ', ἐξηπάτα
κοσκυλματίοις ἄκροισι, τοιαυτὶ λέγων·
Ὦ Δῆμε, λοῦσαι πρῶτον ἐκδικάσας μίαν,
ἔνθου, ῥόφησον, ἔντραγ', ἔχε τριώβολον.
βούλει παραθῶ σοι δόρπον; Εἶτ' ἀναρπάσας
ὅ τι ἄν τις ἡμῶν σκευάσῃ τῷ δεσπότῃ
Παφλαγὼν κεχάρισται τοῦτο.

51. Cf. supra nota 9.

ΠΩΛ. Ἐρωτῶ δή, καὶ ἀπόκριναι ὁποῖον μόριον.
ΣΩ. Ἆρ' οὖν ἂν μάθοις ἀποκριναμένου; ἔστιν γὰρ ἡ ῥητορικὴ κατὰ τὸν ἐμὸν λόγον πολιτικῆς μορίου εἴδωλον.
ΠΩΛ. Τί οὖν; καλὸν ἢ αἰσχρὸν λέγεις αὐτὴν εἶναι;
ΣΩ. Αἰσχρὸν ἔγωγε—τὰ γὰρ κακὰ αἰσχρὰ καλῶ—ἐπειδὴ δεῖ σοι ἀποκρίνασθαι ὡς ἤδη εἰδότι ἃ ἐγὼ λέγω.
ΓΟΡ. Μὰ τὸν Δία, ὦ Σώκρατες, ἀλλ' ἐγὼ οὐδὲ αὐτὸς συνίημι ὅτι λέγεις.
ΣΩ. Εἰκότως γε, ὦ Γοργία· οὐδὲν γάρ πω σαφὲς λέγω, Πῶλος δὲ ὅδε νέος ἐστὶ καὶ ὀξύς.
ΓΟΡ. Ἀλλὰ τοῦτον μὲν ἔα, ἐμοὶ δ' εἰπὲ πῶς λέγεις πολιτικῆς μορίου εἴδωλον εἶναι τὴν ῥητορικήν.
ΣΩ. Ἀλλ' ἐγὼ πειράσομαι φράσαι ὅ γέ μοι φαίνεται εἶναι ἡ ῥητορική· εἰ δὲ μὴ τυγχάνει ὂν τοῦτο, Πῶλος ὅδε ἐλέγξει. σῶμά πού καλεῖς τι καὶ ψυχήν;—ΓΟΡ. Πῶς γὰρ οὔ;
—ΣΩ. Οὐκοῦν καὶ τούτων οἴει τινὰ εἶναι ἑκατέρου εὐεξίαν;—ΓΟΡ. Ἔγωγε.—ΣΩ. Τί δέ; δοκοῦσαν μὲν εὐεξίαν, οὖσαν δ' οὔ; οἷον τοιόνδε λέγω· πολλοὶ δοκοῦσιν εὖ ἔχειν τὰ σώματα, οὓς οὐκ ἂν ῥᾳδίως αἴσθοιτό τις ὅτι οὐκ εὖ ἔχουσιν, ἀλλ' ἢ ἰατρός τε καὶ τῶν γυμναστικῶν τις.—ΓΟΡ. Ἀληθῆ λέγεις.—ΣΩ. Τὸ τοιοῦτον λέγω καὶ ἐν σώματι εἶναι καὶ ἐν ψυχῇ, ὃ ποιεῖ μὲν δοκεῖν εὖ ἔχειν τὸ σῶμα καὶ τὴν ψυχήν, ἔχει δὲ οὐδὲν μᾶλλον.—ΓΟΡ. Ἔστι ταῦτα.

52. A distinção entre corpo e alma, basilar no pensamento platônico, é um dos elementos da argumentação do Górgias histórico no *Elogio de Helena*, como, por exemplo, na analogia entre "discurso" [*logos*] (λόγος) e "remédio" [*pharmakon*] (φάρμακον) referida acima (cf. supra nota 30). Mas ela já aparece no proêmio do discurso:
"Para a cidade ordem é hombridade, para o corpo, beleza, para a alma, sabedoria, para o ato, virtude, para o discurso, verdade; o contrário disso é desordem. Homem, mulher, discurso, gesto, cidade, ato, é preciso honrar com elogios os dignos de elogio, e os indignos dele, vituperá-los". (§1)
Κόσμος πόλει μὲν εὐανδρία, σώματι δὲ κάλλος, ψυχῆι δὲ σοφία, πράγματι δὲ ἀρετή, λόγωι δὲ ἀλήθεια· τὰ δὲ ἐναντία τούτων ἀκοσμία. ἄνδρα δὲ καὶ γυναῖκα καὶ λόγον καὶ ἔργον καὶ πόλιν καὶ πρᾶγμα χρὴ τὸ μὲν ἄξιον ἐπαίνου ἐπαίνωι τιμᾶν, τῶι δὲ ἀναξίωι μῶμον ἐπιτιθέναι· ἴση γὰρ ἁμαρτία καὶ ἀμαθία μέμφεσθαί τε τὰ ἐπαινετὰ καὶ ἐπαινεῖν τὰ μωμητά.
53. Como fica evidente nessa breve interlocução entre Sócrates e Górgias (463d-464a), o argumento que distingue as *pseudoartes*, denominadas por Sócrates →

POL: Pergunto sim, e responde: que parte ela é?

SOC: Compreenderias porventura a minha resposta? A retórica é, conforme meu argumento, o simulacro de uma parte da política.

POL: E então? Afirmas que ela é bela ou vergonhosa?

SOC: Para mim, vergonhosa – pois chamo de vergonhosas as coisas más –, visto que devo te responder como se já soubesses o que digo.

GOR: Não, por Zeus, Sócrates; nem mesmo eu compreendo as tuas palavras.

SOC: É plausível, Górgias, pois não falo ainda de modo claro, mas eis aqui Polo, que é jovem e perspicaz.

GOR: Mas deixa-o de lado e dize-me como afirmas que a retórica é simulacro de uma parte da política!

SOC: Eu tentarei explicar o que me parece ser a retórica; se ela não consistir nisso, eis aqui Polo para me refutar. Há o que chamas corpo e o que chamas alma?[52]

GOR: E como não haveria?

SOC: Não julgas também que para cada um deles há uma boa compleição?

GOR: Sim.

SOC: E então? E aquela que parece ser boa compleição, sem sê-la? É como se eu dissesse o seguinte: muitas pessoas parecem possuir boa compleição física, mas não seria fácil para qualquer um perceber que elas não a possuem, exceto para um médico ou para algum professor de ginástica.

GOR: Dizes a verdade.

SOC: Eu digo que tanto no corpo quanto na alma há algo do gênero, que produz a aparência de o corpo e a alma possuírem boa compleição, sem terem-na em absoluto[53].

GOR: É isso.

→ de "adulação" (*kolakeia*), das verdadeiras artes está fundamentado em outra distinção basilar do pensamento platônico: entre o domínio do "ser" [*einai*] (εἶναι) e o domínio do "parecer ser" [*dokein einai*] (δοκεῖν εἶναι), sendo o último valorado negativamente por Platão devido à sua natureza enganadora, mutável, multiforme.

ΣΩ. Φέρε δή σοι, ἐὰν δύνωμαι, σαφέστερον ἐπιδείξω ὃ λέγω. δυοῖν ὄντοιν τοῖν πραγμάτοιν δύο λέγω τέχνας· τὴν μὲν ἐπὶ τῇ ψυχῇ πολιτικὴν καλῶ, τὴν δὲ ἐπὶ σώματι μίαν μὲν οὕτως ὀνομάσαι οὐκ ἔχω σοι, μιᾶς δὲ οὔσης τῆς τοῦ σώματος θεραπείας δύο μόρια λέγω, τὴν μὲν γυμναστικήν, τὴν δὲ ἰατρικήν· τῆς δὲ πολιτικῆς ἀντὶ μὲν τῆς γυμναστικῆς τὴν νομοθετικήν, ἀντίστροφον δὲ τῇ ἰατρικῇ τὴν δικαιοσύνην. ἐπικοινωνοῦσι μὲν δὴ ἀλλήλαις, ἅτε περὶ τὸ αὐτὸ οὖσαι, ἑκάτεραι τούτων, ἥ τε ἰατρικὴ τῇ γυμναστικῇ καὶ ἡ δικαιοσύνη τῇ νομοθετικῇ· ὅμως δὲ διαφέρουσίν τι ἀλλήλων. τεττάρων δὴ τούτων οὐσῶν, καὶ ἀεὶ πρὸς τὸ βέλτιστον θεραπευουσῶν τῶν μὲν τὸ σῶμα, τῶν δὲ τὴν ψυχήν, ἡ κολακευτικὴ αἰσθομένη —οὐ γνοῦσα λέγω ἀλλὰ στοχασαμένη—τέτραχα ἑαυτὴν διανείμασα, ὑποδῦσα ὑπὸ ἕκαστον τῶν μορίων, προσποιεῖται εἶναι τοῦτο ὅπερ ὑπέδυ, καὶ τοῦ μὲν βελτίστου οὐδὲν φροντίζει, τῷ δὲ ἀεὶ ἡδίστῳ θηρεύεται τὴν ἄνοιαν καὶ ἐξαπατᾷ, ὥστε δοκεῖ πλείστου ἀξία εἶναι. ὑπὸ μὲν οὖν τὴν ἰατρικὴν ἡ ὀψοποιικὴ ὑποδέδυκεν, καὶ προσποιεῖται τὰ βέλτιστα σιτία τῷ σώματι εἰδέναι, ὥστ᾽ εἰ δέοι ἐν παισὶ διαγωνίζεσθαι ὀψοποιόν τε καὶ ἰατρόν, ἢ ἐν ἀνδράσιν οὕτως ἀνοήτοις ὥσπερ οἱ παῖδες, πότερος ἐπαΐει περὶ τῶν χρηστῶν σιτίων καὶ πονηρῶν, ὁ ἰατρὸς ἢ ὁ ὀψοποιός, λιμῷ ἂν ἀποθανεῖν τὸν ἰατρόν. κολακείαν μὲν οὖν αὐτὸ καλῶ, καὶ αἰσχρόν φημι εἶναι τὸ τοιοῦτον, ὦ Πῶλε—τοῦτο γὰρ πρὸς σὲ λέγω—ὅτι τοῦ ἡδέος στοχάζεται ἄνευ τοῦ βελτίστου· τέχνην δὲ αὐτὴν οὔ φημι εἶναι ἀλλ᾽ ἐμπειρίαν, ὅτι οὐκ ἔχει λόγον οὐδένα ᾧ προσφέρει ἃ προσφέρει ὁποῖ᾽ ἄττα τὴν φύσιν ἐστίν, ὥστε τὴν αἰτίαν ἑκάστου μὴ ἔχειν εἰπεῖν. ἐγὼ δὲ τέχνην οὐ καλῶ ὃ ἂν ᾖ ἄλογον πρᾶγμα· τούτων δὲ πέρι εἰ ἀμφισβητεῖς, ἐθέλω ὑποσχεῖν λόγον.

54. Platão ressalta o aspecto irracional envolvido na psicologia moral do fenômeno retórico: a finalidade precípua da retórica é comprazer a audiência, por meio do que ela a persuade, a despeito de sua ação vir a ser benéfica ou nociva. A aparente eficácia persuasiva do discurso retórico se deve, portanto, não ao *conhecimento* do objeto ao qual ele se volta (ou seja, a alma) e dos meios pelos quais ele obtém esse fim (ou seja, o discurso), mas ao *hábito* de persuadir a audiência mediante o seu deleite e →

SOC: Vamos lá então! Se eu for capaz, vou te exibir de forma mais clara o que digo. Como são duas coisas, afirmo que há duas artes: em relação à alma, eu a chamo de política, ao passo que, em relação ao corpo, não posso chamá-la igualmente por um só nome, no entanto, visto que é único o cuidado para com o corpo, duas partes dele distingo, a ginástica e a medicina; quanto à política, em contraposição à ginástica há a legislação, enquanto a justiça é a contraparte da medicina. Cada par possui algo em comum por concernir à mesma coisa, a medicina e a ginástica, de um lado, e a justiça e a legislação, de outro, embora haja algo em que se difiram. Assim, na medida em que são quatro e que cuidam sempre do supremo bem do corpo e da alma cada qual a seu turno, a adulação, percebendo esse feito – não digo que sabendo, mas conjecturando – divide-se em quatro e, infiltrando-se em cada uma dessas partes, simula ser aquela na qual se infiltra. Ela não zela pelo supremo bem, mas, aliada ao prazer imediato, encalça a ignorância e assim ludibria, a ponto de parecer digna de grande mérito. Portanto, na medicina se infiltrou a culinária, simulando conhecer qual a suprema dieta para o corpo, de modo que, se o cozinheiro e o médico, em meio a crianças ou a homens igualmente ignorantes como crianças, competissem para saber qual deles, o médico ou o cozinheiro, conhece a respeito das dietas salutares e nocivas, o médico sucumbiria de fome. Isso eu chamo de adulação, e afirmo que coisa desse tipo é vergonhosa, Polo – e isto eu digo a ti – porque visa o prazer a despeito do supremo bem. Não afirmo que ela é arte, mas experiência, porque não possui nenhuma compreensão racional da natureza daquilo a que se aplica ou daquilo que aplica, e, consequentemente, não tem nada a dizer sobre a causa de cada um deles. Eu não denomino arte algo que seja irracional, mas se tiveres algum ponto a contestar, desejo colocar à prova o argumento[54].

→ comprazimento. A retórica, assim, está confinada ao domínio da "experiência" [*empeiria*] (ἐμπειρία), e não se alça ao estatuto de "arte" [*tekhnē*] (τέχνη) porque se configura como uma atividade irracional: ela é, em suma, "experiência" (ἐμπειρίαν, 462c3) de "produção de deleite e prazer" (χάριτός τινος καὶ ἡδονῆς ἀπεργασίας, 462c7).

b   Τῇ μὲν οὖν ἰατρικῇ, ὥσπερ λέγω, ἡ ὀψοποιικὴ κολακεία ὑπόκειται· τῇ δὲ γυμναστικῇ κατὰ τὸν αὐτὸν τρόπον τοῦτον ἡ κομμωτική, κακοῦργός τε καὶ ἀπατηλὴ καὶ ἀγεννὴς καὶ ἀνελεύθερος, σχήμασιν καὶ χρώμασιν καὶ λειότητι καὶ ἐσθῆσιν ἀπατῶσα, ὥστε ποιεῖν ἀλλότριον κάλλος ἐφελκομένους τοῦ οἰκείου τοῦ διὰ τῆς γυμναστικῆς ἀμελεῖν. ἵν' οὖν μὴ μακρολογῶ, ἐθέλω σοι εἰπεῖν ὥσπερ οἱ γεωμέτραι—ἤδη γὰρ
c   ἂν ἴσως ἀκολουθήσαις—ὅτι ὃ κομμωτικὴ πρὸς γυμναστικήν, τοῦτο σοφιστικὴ πρὸς νομοθετικήν, καὶ ὅτι ὃ ὀψοποιικὴ πρὸς ἰατρικήν, τοῦτο ῥητορικὴ πρὸς δικαιοσύνην. ὅπερ μέντοι λέγω, διέστηκε μὲν οὕτω φύσει, ἅτε δ' ἐγγὺς ὄντων φύρονται ἐν τῷ αὐτῷ καὶ περὶ ταὐτὰ σοφισταὶ καὶ ῥήτορες, καὶ οὐκ ἔχουσιν ὅτι χρήσονται οὔτε αὐτοὶ ἑαυτοῖς οὔτε οἱ ἄλλοι ἄνθρωποι τούτοις. καὶ γὰρ ἄν, εἰ μὴ ἡ ψυχὴ τῷ σώματι
d   ἐπεστάτει, ἀλλ' αὐτὸ αὑτῷ, καὶ μὴ ὑπὸ ταύτης κατεθεωρεῖτο καὶ διεκρίνετο ἥ τε ὀψοποιικὴ καὶ ἡ ἰατρική, ἀλλ' αὐτὸ τὸ σῶμα ἔκρινε σταθμώμενον ταῖς χάρισι ταῖς πρὸς αὑτό, τὸ τοῦ Ἀναξαγόρου ἂν πολὺ ἦν, ὦ φίλε Πῶλε—σὺ γὰρ τούτων ἔμπειρος—ὁμοῦ ἂν πάντα χρήματα ἐφύρετο ἐν τῷ αὐτῷ, ἀκρίτων ὄντων τῶν τε ἰατρικῶν καὶ ὑγιεινῶν καὶ ὀψοποιικῶν.

55. Como explica Dodds (op. cit., p. 231), a noção de *proporção* usada aqui por Sócrates para sintetizar o argumento era entendida pelos gregos como uma questão de geometria, e não de aritmética, como nós a entendemos hoje. Sobre a distinção entre "cálculo" (λογιστική) e "aritmética" (ἀριθμητική) no pensamento matemático grego, cf. supra nota 15.

56. Este é o quadro sinóptico que apresenta as quatro artes relativas ao corpo e à alma e suas respectivas espécies de "adulação" (*kolakeia*):

		ALMA	CORPO
ARTE / τέχνη	corretiva	JUSTIÇA	MEDICINA
	regulativa	LEGISLAÇÃO	GINÁSTICA

		ALMA	CORPO
ADULAÇÃO / κολακεία	corretiva	RETÓRICA	CULINÁRIA
	regulativa	SOFÍSTICA	INDUMENTÁRIA

57. Segundo o esquema acima, a *sofística* trataria, portanto, das leis e/ou das questões ético-políticas em geral (pois a noção de νόμος [*nomos*] possui sentido amplo), enquanto a *retórica* estaria confinada no domínio da justiça, cuja finalidade seria observar se as leis prescritas estão sendo observadas ou não pelos cidadãos. Como observa T. Irwin (op. cit., p. 136), o sofista consideraria como as leis e as →

À medicina, então, como estou dizendo, a culinária subjaz   b
como adulação, e à ginástica subjaz, de modo análogo, a indumentária, capciosa, enganadora, vulgar, servil, que ludibria por meio de figuras, cores, polidez e vestes, a ponto de fazer com que, furtando uma beleza que lhe é alheia, se negligencie a beleza legítima fruto da ginástica. Então, para que eu não me estenda em um longo discurso, desejo te dizer como dizem os geômetras (pois talvez já me acompanhes)[55]: a indumentária está   c
para a ginástica assim como a sofística está para a legislação, e a culinária para a medicina assim como a retórica para a justiça[56]. Todavia, saliento, há por natureza tal diferença, mas, devido à sua contiguidade, sofistas e rétores se diluem em uma mesma coisa e com relação às mesmas coisas, e não sabem o que fazer de si mesmos, tampouco os demais homens o que fazer deles[57]. Ademais, se a alma não comandasse o corpo, mas ele tivesse autocomando, e se a culinária e a medicina não fossem por ela   d
perscrutadas e discernidas, mas o próprio corpo as discernisse tendo como medida o deleite que lhe advém, seria de grande valor o dito de Anaxágoras, meu caro Polo – tens experiência no assunto: todas as coisas reunidas se diluiriam em uma única coisa, visto que seria indiscernível o que é relativo à medicina,

→ questões ético-políticas em geral devem ser, propondo-se a ensinar essa matéria às pessoas que pudessem pagar por esse "conhecimento" (na perspectiva de Platão, um "pseudoconhecimento", um "conhecimento aparente"), ao passo que o rétor, partindo dessas leis prescritas, as aplicaria nos processos particulares dos tribunais. Todavia, na medida em que sofística e retórica consistem em práticas aduladoras destituídas de conhecimento e circunscritas ao âmbito da "experiência" [empeiria] (ἐμπειρία), sem alçar-se ao estatuto de "arte" [tekhnē] (τέχνη), "o sofista e o rétor são o mesmo, ou muito próximos e semelhantes" (ταὐτόν, ὦ μακάρι, ἐστὶν σοφιστὴς καὶ ῥήτωρ, ἢ ἐγγύς τι καὶ παραπλήσιον, 520a6-8), como Sócrates dirá posteriormente a Cálicles.

ὃ μὲν οὖν ἐγώ φημι τὴν ῥητορικὴν εἶναι, ἀκήκοας· ἀντίστροφον ὀψοποιίας ἐν ψυχῇ, ὡς ἐκεῖνο ἐν σώματι. ἴσως μὲν οὖν ἄτοπον πεποίηκα, ὅτι σε οὐκ ἐῶν μακροὺς λόγους λέγειν αὐτὸς συχνὸν λόγον ἀποτέτακα. ἄξιον μὲν οὖν ἐμοὶ συγγνώμην ἔχειν ἐστίν· λέγοντος γάρ μου βραχέα οὐκ ἐμάνθανες, οὐδὲ χρῆσθαι τῇ ἀποκρίσει ἥν σοι ἀπεκρινάμην οὐδὲν οἷός τ' ἦσθα, ἀλλ' ἐδέου διηγήσεως. ἐὰν μὲν οὖν καὶ ἐγὼ σοῦ ἀποκρινομένου μὴ ἔχω ὅτι χρήσωμαι, ἀπότεινε καὶ σὺ λόγον, ἐὰν δὲ ἔχω, ἔα με χρῆσθαι· δίκαιον γάρ. καὶ νῦν ταύτῃ τῇ ἀποκρίσει εἴ τι ἔχεις χρῆσθαι, χρῶ.

ΠΩΛ. Τί οὖν φῄς; κολακεία δοκεῖ σοι εἶναι ἡ ῥητορική;

ΣΩ. Κολακείας μὲν οὖν ἔγωγε εἶπον μόριον. ἀλλ' οὐ μνημονεύεις τηλικοῦτος ὤν, ὦ Πῶλε; τί τάχα δράσεις;

ΠΩΛ. Ἆρ' οὖν δοκοῦσί σοι ὡς κόλακες ἐν ταῖς πόλεσι φαῦλοι νομίζεσθαι οἱ ἀγαθοὶ ῥήτορες;

ΣΩ. Ἐρώτημα τοῦτ' ἐρωτᾷς ἢ λόγου τινὸς ἀρχὴν λέγεις;

ΠΩΛ. Ἐρωτῶ ἔγωγε.

ΣΩ. Οὐδὲ νομίζεσθαι ἔμοιγε δοκοῦσιν.

ΠΩΛ. Πῶς οὐ νομίζεσθαι; οὐ μέγιστον δύνανται ἐν ταῖς πόλεσιν;

ΣΩ. Οὔκ, εἰ τὸ δύνασθαί γε λέγεις ἀγαθόν τι εἶναι τῷ δυναμένῳ.

ΠΩΛ. Ἀλλὰ μὴν λέγω γε.

ΣΩ. Ἐλάχιστον τοίνυν μοι δοκοῦσι τῶν ἐν τῇ πόλει δύνασθαι οἱ ῥήτορες.

---

58. Sócrates se refere aqui às primeiras palavras do livro de Anaxágoras (cerca 500-428 a.C.), que descrevem o caos antes da intervenção do *nous* (νοῦς). Este fragmento foi preservado por Simplício (*Física*, 155.23) (Fr. DK 59 B1):

"Todas as coisas eram juntas, ilimitadas quer em quantidade, quer em pequenez, pois o pequeno é ilimitado. E, visto que tudo era junto, nada se evidenciava pela pequenez. O ar e o éter continham tudo, sendo ambos ilimitados. Pois, em meio ao →

à saúde ou à culinária⁵⁸. O que eu, então, afirmo ser a retórica, já ouviste: a contraparte da culinária na alma, assim como a culinária é a sua contraparte no corpo. Talvez eu tenha incorrido em um absurdo, porque, não permitindo que tu fizesses longos discursos, eu mesmo acabei me prolongando em um discurso extenso⁵⁹. Contudo, mereço teu perdão, pois quando eu falava brevemente, tu não me entendias e nem eras minimamente capaz de fazer uso das respostas que te endereçava, carecendo de explicação. Assim, se eu, por minha vez, não souber como usar as respostas que me deres, prolonga também tu o discurso; caso contrário, deixa que eu as use, pois é justo. E agora, se souberes como usar essa resposta, usa-a!

POL: Mas o que dizes então? A retórica te parece ser adulação?

SOC: Eu disse, deveras, que ela é parte da adulação. Mas com essa idade não te recordas, Polo? O que farás agora?

POL: Acaso te parece que os bons rétores, enquanto aduladores, são considerados homens desprezíveis nas cidades?

SOC: Isso é uma pergunta, ou o princípio de um discurso?

POL: Uma pergunta.

SOC: A mim, não parecem ser nem mesmo considerados.

POL: Como eles não são considerados? Não possuem eles o poder supremo nas cidades?

SOC: Não, se o poder a que te referes for um bem a quem o possui.

POL: Mas certamente é.

SOC: Pois bem, dentre os cidadãos os rétores me parecem possuir o mais ínfimo poder.

→ conjunto de todas as coisas, essas eram as maiores em quantidade e em grandeza".
    ὁμοῦ πάντα χρήματα ἦν, ἄπειρα καὶ πλῆθος καὶ σμικρότητα· καὶ γὰρ τὸ σμικρὸν ἄπειρον ἦν. καὶ πάντων ὁμοῦ ἐόντων οὐδὲν ἔνδηλον ἦν ὑπὸ σμικρότητος· πάντα γὰρ ἀήρ τε καὶ αἰθὴρ κατεῖχεν, ἀμφότερα ἄπειρα ἐόντα· ταῦτα γὰρ μέγιστα ἔνεστιν ἐν τοῖς σύμπασι καὶ πλήθει καὶ μεγέθει.
    59. Cf. 461d.

ΠΩΛ. Τί δέ; οὐχ, ὥσπερ οἱ τύραννοι, ἀποκτεινύασίν τε ὃν ἂν βούλωνται, καὶ ἀφαιροῦνται χρήματα καὶ ἐκβάλλουσιν ἐκ τῶν πόλεων ὃν ἂν δοκῇ αὐτοῖς;

ΣΩ. Νὴ τὸν κύνα, ἀμφιγνοῶ μέντοι, ὦ Πῶλε, ἐφ' ἑκάστου ὧν λέγεις πότερον αὐτὸς ταῦτα λέγεις καὶ γνώμην σαυτοῦ ἀποφαίνῃ, ἢ ἐμὲ ἐρωτᾷς.

ΠΩΛ. Ἀλλ' ἔγωγε σὲ ἐρωτῶ.

ΣΩ. Εἶεν, ὦ φίλε· ἔπειτα δύο ἅμα με ἐρωτᾷς;

ΠΩΛ. Πῶς δύο;

ΣΩ. Οὐκ ἄρτι οὕτω πως ἔλεγες· "'Ἡ οὐχὶ ἀποκτεινύασιν οἱ ῥήτορες οὓς ἂν βούλωνται, ὥσπερ οἱ τύραννοι, καὶ χρήματα ἀφαιροῦνται καὶ ἐξελαύνουσιν ἐκ τῶν πόλεων ὃν ἂν δοκῇ αὐτοῖς;"

ΠΩΛ. Ἔγωγε.

ΣΩ. Λέγω τοίνυν σοι ὅτι δύο ταῦτ' ἐστιν τὰ ἐρωτήματα, καὶ ἀποκρινοῦμαί γέ σοι πρὸς ἀμφότερα. φημὶ γάρ, ὦ Πῶλε, ἐγὼ καὶ τοὺς ῥήτορας καὶ τοὺς τυράννους δύνασθαι μὲν ἐν ταῖς πόλεσιν σμικρότατον, ὥσπερ νυνδὴ ἔλεγον· οὐδὲν γὰρ ποιεῖν ὧν βούλονται ὡς ἔπος εἰπεῖν, ποιεῖν μέντοι ὅτι ἂν αὐτοῖς δόξῃ βέλτιστον εἶναι.

ΠΩΛ. Οὐκοῦν τοῦτο ἔστιν τὸ μέγα δύνασθαι;

ΣΩ. Οὔχ, ὥς γέ φησιν Πῶλος.

ΠΩΛ. Ἐγὼ οὔ φημι; φημὶ μὲν οὖν ἔγωγε.

60. Sófocles, *Antígone*, vv. 506-507:
ANTÍGONE
[...] A tirania é feliz por diversos modos
E pode fazer e dizer o que quer.
ἀλλ' ἡ τυραννὶς πολλά τ' ἄλλ' εὐδαιμονεῖ
κἄξεστιν αὐτῇ δρᾶν λέγειν θ' ἃ βούλεται.

61. A admiração de Polo pelo poder ilimitado do tirano introduz um elemento crucial para a compreensão do problema envolvido na prática retórica na democracia, segundo a discussão de Platão no *Górgias*. No 1º "Ato" do diálogo, a promessa da personagem Górgias a seus discípulos era que, por meio da retórica, se conquistaria "liberdade" e "poder" nas cidades (452d), como se ambos fossem bens incondicionados. Todavia, a mesma personagem, na defesa do seu ofício de rétor, coloca o problema moral relativo aos meios para se alcançar tais fins, argumentando que, embora a retórica possa conferir ao homem um poder "ilimitado", ele não deve empregá-la de forma injusta (456b-457b). Em suma, na perspectiva de Górgias (seja ela sincera ou não, tendo em vista o protesto de Polo, cf. 461b-c), a prática retórica →

POL: Mas o quê? Não assassinam, como os tiranos, quem eles quiserem⁶⁰, e não roubam dinheiro e expulsam da cidade quem for de seu parecer?⁶¹

SOC: Pelo cão! Estou de fato em dúvida, Polo, se, a respeito de cada coisa que dizes, és tu a afirmá-las e a revelar o teu próprio pensamento, ou se estás me interrogando.

POL: Mas eu estou te interrogando.

SOC: Que assim seja, meu caro! Tu me perguntas, então, duas coisas ao mesmo tempo?

POL: Como duas?

SOC: Há pouco não dizias mais ou menos o seguinte: "mas os rétores não assassinam quem eles quiserem, como os tiranos, e não roubam dinheiro e banem da cidade quem for de seu parecer?"

POL: Sim.

SOC: Pois bem, eu te digo que elas são duas perguntas, e responder-te-ei a ambas. Eu afirmo, Polo, que tanto os rétores quanto os tiranos possuem o mais ínfimo poder nas cidades, como antes referia; e que não fazem o que querem, por assim dizer, mas fazem o que lhes parece ser melhor⁶².

POL: E então, não é grandioso esse poder?

SOC: Não é, como afirma Polo.

POL: Eu afirmo que não é? Eu afirmo que é sim.

→ deve ser regulada pelo princípio da justiça, de modo que nem todos os meios são válidos para atingir os fins almejados. Nessa comparação de Polo entre o poder do rétor e o do tirano, Platão retoma, então, o problema da relação entre meios e fins na prática retórica sob outra perspectiva. Polo entende que a superioridade do rétor consiste precisamente em poder, por meio da retórica, realizar todo tipo de ação, seja ela justa ou injusta, na medida em que a retórica e, consequentemente, o poder que dela deriva, são bens incondicionados e não regulados pelo princípio da justiça. É essa tese que Sócrates passará a refutar, buscando mostrar a Polo como suas opiniões sobre a questão são conflitantes. Do ponto de vista geral da filosofia política de Platão, ele traz à tona no *Górgias* o problema da relação entre democracia e tirania, tratado sobretudo na *República*.

62. O argumento de Sócrates se baseia na distinção entre "fazer o que quer" (ποιεῖν ὅτι βούλονται, 466e1) e "fazer o que parece ser melhor" (ποιεῖν ὅτι ἂν αὐτοῖς δόξῃ βέλτιστον εἶναι, 466e1-2), tratados como duas condições indistintas por Polo. Como observa atentamente Irwin, Sócrates acrescenta à fala de Polo a ideia de "o melhor" (βέλτιστον) sem uma explicação suplementar (op. cit., p. 139).

ΣΩ. Μὰ τὸν—οὐ σύ γε, ἐπεὶ τὸ μέγα δύνασθαι ἔφης ἀγαθὸν εἶναι τῷ δυναμένῳ.

ΠΩΛ. Φημὶ γὰρ οὖν.

ΣΩ. Ἀγαθὸν οὖν οἴει εἶναι, ἐάν τις ποιῇ ταῦτα ἃ ἂν δοκῇ αὐτῷ βέλτιστα εἶναι, νοῦν μὴ ἔχων; καὶ τοῦτο καλεῖς σὺ μέγα δύνασθαι;

ΠΩΛ. Οὐκ ἔγωγε.

ΣΩ. Οὐκοῦν ἀποδείξεις τοὺς ῥήτορας νοῦν ἔχοντας καὶ τέχνην τὴν ῥητορικὴν ἀλλὰ μὴ κολακείαν, ἐμὲ ἐξελέγξας; εἰ δέ με ἐάσεις ἀνέλεγκτον, οἱ ῥήτορες οἱ ποιοῦντες ἐν ταῖς πόλεσιν ἃ δοκεῖ αὐτοῖς καὶ οἱ τύραννοι οὐδὲν ἀγαθὸν τοῦτο κεκτήσονται, ἡ δὲ δύναμίς ἐστιν, ὡς σὺ φῄς, ἀγαθόν, τὸ δὲ ποιεῖν ἄνευ νοῦ ἃ δοκεῖ καὶ σὺ ὁμολογεῖς κακὸν εἶναι· ἢ οὔ;

ΠΩΛ. Ἔγωγε.

ΣΩ. Πῶς ἂν οὖν οἱ ῥήτορες μέγα δύναιντο ἢ οἱ τύραννοι ἐν ταῖς πόλεσιν, ἐὰν μὴ Σωκράτης ἐξελεγχθῇ ὑπὸ Πώλου ὅτι ποιοῦσιν ἃ βούλονται;

ΠΩΛ. Οὗτος ἀνήρ—

ΣΩ. Οὔ φημι ποιεῖν αὐτοὺς ἃ βούλονται· ἀλλά μ' ἔλεγχε.

ΠΩΛ. Οὐκ ἄρτι ὡμολόγεις ποιεῖν ἃ δοκεῖ αὐτοῖς βέλτιστα εἶναι, [τούτου πρόσθεν];

ΣΩ. Καὶ γὰρ νῦν ὁμολογῶ.

ΠΩΛ. Οὐκ οὖν ποιοῦσιν ἃ βούλονται;

ΣΩ. Οὔ φημι.

ΠΩΛ. Ποιοῦντες ἃ δοκεῖ αὐτοῖς;

ΣΩ. Φημί.

ΠΩΛ. Σχέτλιά γε λέγεις καὶ ὑπερφυῆ, ὦ Σώκρατες.

ΣΩ. Μὴ κακηγόρει, ὦ λῷστε Πῶλε, ἵνα προσείπω σε κατὰ σέ· ἀλλ' εἰ μὲν ἔχεις ἐμὲ ἐρωτᾶν, ἐπίδειξον ὅτι ψεύδομαι, εἰ δὲ μή, αὐτὸς ἀποκρίνου.

sóc: Não, pelo... tu não afirmas, porque dizias que ter um grandioso poder é um bem para quem o possui.

pol: E confirmo.

sóc: Julgas, então, que alguém fazer aquilo que lhe pareça ser melhor, porém sem inteligência, é um bem? É isso o que tu chamas ter um grandioso poder?

pol: Eu não.

sóc: Demonstrarás, então, que os rétores têm inteligência e que a retórica é arte e não adulação, para enfim me refutares? Caso contrário, se te eximires de me refutar, os rétores, bem como os tiranos, que nas cidades fazem aquilo que lhes parece, não terão obtido nenhum bem; contudo o poder, como dizes, é um bem, enquanto fazer o que parece sem inteligência, um mal, com o que tu concordas, não é?

pol: Sim.

sóc: Como, então, os rétores ou os tiranos poderiam ter um grandioso poder nas cidades, se Polo não refutar Sócrates provando que eles fazem o que querem?

pol: Este homem...

sóc: Eu afirmo que eles não fazem o que querem; vai, refuta-me!

pol: Há pouco não admitias que eles fazem aquilo que lhes parece ser melhor?

sóc: E continuo admitindo.

pol: Não fazem, então, o que querem?

sóc: Isso eu não digo...

pol: Fazendo o que lhes parece?

sóc: Isso eu digo.

pol: Tuas palavras são perniciosas e sobrenaturais, Sócrates.

sóc: Não me difames, excelente Polo! – para falar-te à tua maneira consueta[63]. Mas se tiveres perguntas a me fazer, mostra que estou mentindo, se não, responde tu!

---

63. Sócrates se refere aqui à assonância em /o/ (ou paronomásia) da fórmula *Ô lÔiste PÔle* (ὦ λῷστε Πῶλε), como algo característico da elocução de Polo (E. Dodds, op. cit., p. 235).

ΠΩΛ. Ἀλλ' ἐθέλω ἀποκρίνεσθαι, ἵνα καὶ εἰδῶ ὅτι λέγεις.

ΣΩ. Πότερον οὖν σοι δοκοῦσιν οἱ ἄνθρωποι τοῦτο βούλεσθαι ὃ ἂν πράττωσιν ἑκάστοτε, ἢ ἐκεῖνο οὗ ἕνεκα πράττουσιν τοῦθ' ὃ πράττουσιν; οἷον οἱ τὰ φάρμακα πίνοντες παρὰ τῶν ἰατρῶν πότερόν σοι δοκοῦσιν τοῦτο βούλεσθαι ὅπερ ποιοῦσιν, πίνειν τὸ φάρμακον καὶ ἀλγεῖν, ἢ ἐκεῖνο, τὸ ὑγιαίνειν, οὗ ἕνεκα πίνουσιν;—ΠΩΛ. Δῆλον ὅτι τὸ

d ὑγιαίνειν.—ΣΩ. Οὐκοῦν καὶ οἱ πλέοντές τε καὶ τὸν ἄλλον χρηματισμὸν χρηματιζόμενοι οὐ τοῦτό ἐστιν ὃ βούλονται, ὃ ποιοῦσιν ἑκάστοτε (τίς γὰρ βούλεται πλεῖν τε καὶ κινδυνεύειν καὶ πράγματ' ἔχειν;) ἀλλ' ἐκεῖνο οἶμαι οὗ ἕνεκα πλέουσιν, πλουτεῖν· πλούτου γὰρ ἕνεκα πλέουσιν.—ΠΩΛ. Πάνυ γε.—ΣΩ. Ἄλλο τι οὖν οὕτω καὶ περὶ πάντων; ἐάν τίς τι πράττῃ ἕνεκά του, οὐ τοῦτο βούλεται ὃ πράττει, ἀλλ' ἐκεῖνο

e οὗ ἕνεκα πράττει;—ΠΩΛ. Ναί.—ΣΩ. Ἆρ' οὖν ἔστω τι τῶν ὄντων ὃ οὐχὶ ἤτοι ἀγαθόν γ' ἐστὶν ἢ κακὸν ἢ μεταξὺ τούτων, οὔτε ἀγαθὸν οὔτε κακόν;—ΠΩΛ. Πολλὴ ἀνάγκη, ὦ Σώκρατες.—ΣΩ. Οὐκοῦν λέγεις εἶναι ἀγαθὸν μὲν σοφίαν τε καὶ ὑγίειαν καὶ πλοῦτον καὶ τἆλλα τὰ τοιαῦτα, κακὰ δὲ τἀναντία τούτων;—ΠΩΛ. Ἔγωγε.—ΣΩ. Τὰ δὲ μήτε ἀγαθὰ μήτε κακὰ ἆρα τοιάδε λέγεις, ἃ ἐνίοτε μὲν μετέχει τοῦ ἀγαθοῦ,

468 ἐνίοτε δὲ τοῦ κακοῦ, ἐνίοτε δὲ οὐδετέρου, οἷον καθῆσθαι καὶ βαδίζειν καὶ τρέχειν καὶ πλεῖν, καὶ οἷον αὖ λίθους καὶ ξύλα

---

64. A confusão de Polo é natural nesse momento da discussão, pois Sócrates pressupõe uma concepção sobre o que é o "querer" (referido no argumento pelo verbo βούλομαι [boulomai]) sem explicá-la ao interlocutor. Para demonstrar que o rétor e o tirano, ao cometerem atos injustos, não fazem "o que querem" (ποιεῖν ὅτι βούλονται, 466e1) mas "o que lhes parece ser melhor" (ποιεῖν ὅτι ἂν αὐτοῖς δόξῃ βέλτιστον εἶναι, 466e1-2), Sócrates deve fazer com que o interlocutor assinta em duas proposições fundamentais: i. que o homem *quer* somente as coisas boas, perseguindo-as em →

POL: Mas prefiro responder para compreender o que dizes⁶⁴.

SOC: Pois bem, porventura os homens te parecem querer aquilo que fazem em cada ocasião particular, ou aquilo em vista do que fazem o que fazem? Por exemplo: quem toma remédio por prescrição médica te parece querer simplesmente o que faz, tomar remédio e sofrer, ou aquilo em vista do que o faz, ter saúde?

POL: Ter saúde, evidentemente.

SOC: Portanto, também os navegadores e os demais negociantes não querem aquilo que fazem em cada ocasião particular (pois quem há de querer navegar, se arriscar e ter problemas?), mas querem, julgo eu, aquilo em vista do que navegam, ou seja, enriquecer, pois é em vista da riqueza que eles navegam.

POL: Com certeza.

SOC: E o mesmo não vale para todos os demais casos? Se alguém faz alguma coisa em vista de algo, o que ele quer não é aquilo que faz, mas aquilo em vista do que faz.

POL: Sim.

SOC: Por acaso há alguma coisa que não seja boa, nem má, nem o meio-termo, ou seja, nem boa nem má?

POL: É forçoso que não haja, Sócrates.

SOC: Não afirmas, então, que a sabedoria é um bem, assim como a saúde, a riqueza e as demais coisas desse tipo, e um mal, os seus contrários?

POL: Sim.

SOC: As coisas nem boas nem más, às quais te referes, são porventura aquelas que ora participam do bem, ora do mal, ora de nenhum deles, como, por exemplo, sentar, caminhar, correr, navegar, ou como as pedras, as madeiras e as demais coisas do

→ suas ações (467c-468e); e ii. que a injustiça é um mal para a alma de quem a comete, de modo que cometer injustiça é pior que sofrê-la (468e-481b). Ou seja, Sócrates só poderia exigir o entendimento da parte de Polo depois de ter cumprido esses dois passos do argumento, o que sucederá na discussão subsequente. Nesse sentido, Sócrates joga propositalmente com o interlocutor a fim de acentuar sua debilidade intelectual e moral, tendo em vista sua inexperiência no "diálogo" (448d), i.e., na discussão de natureza filosófica empreendida por Sócrates e seu círculo de amizade.

καὶ τἆλλα τὰ τοιαῦτα; οὐ ταῦτα λέγεις; ἢ ἄλλ' ἄττα καλεῖς τὰ μήτε ἀγαθὰ μήτε κακά;—ΠΩΛ. Οὔκ, ἀλλὰ ταῦτα.— ΣΩ. Πότερον οὖν τὰ μεταξὺ ταῦτα ἕνεκα τῶν ἀγαθῶν πράττουσιν ὅταν πράττωσιν, ἢ τἀγαθὰ τῶν μεταξύ;—ΠΩΛ. Τὰ μεταξὺ δήπου τῶν ἀγαθῶν.—ΣΩ. Τὸ ἀγαθὸν ἄρα διώκοντες καὶ βαδίζομεν ὅταν βαδίζωμεν, οἰόμενοι βέλτιον εἶναι, καὶ τὸ ἐναντίον ἕσταμεν ὅταν ἑστῶμεν, τοῦ αὐτοῦ ἕνεκα, τοῦ ἀγαθοῦ· ἢ οὔ;—ΠΩΛ. Ναί.—ΣΩ. Οὐκοῦν καὶ ἀποκτείνυμεν, εἴ τιν' ἀποκτείνυμεν, καὶ ἐκβάλλομεν καὶ ἀφαιρούμεθα χρήματα, οἰόμενοι ἄμεινον εἶναι ἡμῖν ταῦτα ποιεῖν ἢ μή;— ΠΩΛ. Πάνυ γε.—ΣΩ. Ἕνεκ' ἄρα τοῦ ἀγαθοῦ ἅπαντα ταῦτα ποιοῦσιν οἱ ποιοῦντες.—ΠΩΛ. Φημί.—ΣΩ. Οὐκοῦν ὡμολογήσαμεν, ἃ ἕνεκά του ποιοῦμεν, μὴ ἐκεῖνα βούλεσθαι, ἀλλ' ἐκεῖνο οὗ ἕνεκα ταῦτα ποιοῦμεν;—ΠΩΛ.—Μάλιστα. —ΣΩ. Οὐκ ἄρα σφάττειν βουλόμεθα οὐδ' ἐκβάλλειν ἐκ τῶν πόλεων οὐδὲ χρήματα ἀφαιρεῖσθαι ἁπλῶς οὕτως, ἀλλ' ἐὰν μὲν ὠφέλιμα ᾖ ταῦτα, βουλόμεθα πράττειν αὐτά, βλαβερὰ δὲ ὄντα οὐ βουλόμεθα. τὰ γὰρ ἀγαθὰ βουλόμεθα, ὡς φῂς σύ, τὰ δὲ μήτε ἀγαθὰ μήτε κακὰ οὐ βουλόμεθα, οὐδὲ τὰ κακά. ἦ γάρ; ἀληθῆ σοι δοκῶ λέγειν, ὦ Πῶλε, ἢ οὔ; τί οὐκ ἀποκρίνῃ;—ΠΩΛ. Ἀληθῆ.

ΣΩ. Οὐκοῦν εἴπερ ταῦτα ὁμολογοῦμεν, εἴ τις ἀποκτείνει τινὰ ἢ ἐκβάλλει ἐκ πόλεως ἢ ἀφαιρεῖται χρήματα, εἴτε τύραννος ὢν εἴτε ῥήτωρ, οἰόμενος ἄμεινον εἶναι αὐτῷ, τυγχάνει δὲ ὂν κάκιον, οὗτος δήπου ποιεῖ ἃ δοκεῖ αὐτῷ· ἦ γάρ;—

gênero? Não te referes a isso? Ou chamas outras coisas de nem boas nem más?

pol: Não, são aquelas.

soc: As pessoas, então, fazem essas coisas intermediárias em vista das boas quando fazem-nas, ou as coisas boas em vista das intermediárias?

pol: Decerto as coisas intermediárias em vista das boas. b

soc: Portanto, quando caminhamos, caminhamos no encalço do bem, julgando ser melhor caminhar, e, ao contrário, quando nos firmamos, firmamo-nos em vista da mesma coisa, do bem; ou não?

pol: Sim.

soc: Da mesma forma, não matamos, se matamos alguém, e o banimos e lhe roubamos dinheiro, presumindo que é melhor para nós fazê-lo do que não fazê-lo?

pol: Certamente.

soc: Portanto, quem faz todas essas coisas as faz em vista do bem.

pol: Confirmo.

soc: E não concordamos que não queremos as coisas feitas por nós em vista de algo, mas aquilo em vista do que as fazemos? c

pol: Sem dúvida.

soc: Portanto, não queremos simplesmente degolar alguém, expulsá-lo da cidade ou roubar-lhe dinheiro, mas queremos fazer isso, se houver algum benefício; se houver prejuízo, não queremos fazê-lo. Queremos as coisas boas, como dizes, porém as coisas nem boas nem más não as queremos, tampouco as más, não é? Pareço te dizer a verdade, Polo, ou não? Por que não respondes?

pol: Dizes a verdade.

soc: Assim, uma vez concordes nesse ponto, se alguém, d seja um tirano ou um rétor, mata alguém, expulsa-o da cidade ou rouba-lhe dinheiro presumindo que é melhor para si, mas isso acontece de lhe ser pior, ele, decerto, faz aquilo que lhe parece; ou não?

ΠΩΛ. Ναί.—ΣΩ. Ἆρ' οὖν καὶ ἃ βούλεται, εἴπερ τυγχάνει ταῦτα κακὰ ὄντα; τί οὐκ ἀποκρίνῃ;—ΠΩΛ. Ἀλλ' οὔ μοι δοκεῖ ποιεῖν ἃ βούλεται.—ΣΩ. Ἔστιν οὖν ὅπως ὁ τοιοῦτος μέγα δύναται ἐν τῇ πόλει ταύτῃ, εἴπερ ἐστὶ τὸ μέγα δύνασθαι ἀγαθόν τι κατὰ τὴν σὴν ὁμολογίαν;—ΠΩΛ. Οὐκ ἔστιν.—ΣΩ. Ἀληθῆ ἄρα ἐγὼ ἔλεγον, λέγων ὅτι ἔστιν ἄνθρωπον ποιοῦντα ἐν πόλει ἃ δοκεῖ αὐτῷ μὴ μέγα δύνασθαι μηδὲ ποιεῖν ἃ βούλεται.

ΠΩΛ. Ὡς δὴ σύ, ὦ Σώκρατες, οὐκ ἂν δέξαιο ἐξεῖναί σοι ποιεῖν ὅτι δοκεῖ σοι ἐν τῇ πόλει μᾶλλον ἢ μή, οὐδὲ ζηλοῖς ὅταν ἴδῃς τινὰ ἢ ἀποκτείναντα ὃν ἔδοξεν αὐτῷ ἢ ἀφελόμενον χρήματα ἢ δήσαντα.

ΣΩ. Δικαίως λέγεις ἢ ἀδίκως;

ΠΩΛ. Ὁπότερ' ἂν ποιῇ, οὐκ ἀμφοτέρως ζηλωτόν ἐστιν;

ΣΩ. Εὐφήμει, ὦ Πῶλε.

ΠΩΛ. Τί δή;

ΣΩ. Ὅτι οὐ χρὴ οὔτε τοὺς ἀζηλώτους ζηλοῦν οὔτε τοὺς ἀθλίους, ἀλλ' ἐλεεῖν.

ΠΩΛ. Τί δέ; οὕτω σοι δοκεῖ ἔχειν περὶ ὧν ἐγὼ λέγω τῶν ἀνθρώπων;

ΣΩ. Πῶς γὰρ οὔ;

ΠΩΛ. Ὅστις οὖν ἀποκτείνυσιν ὃν ἂν δόξῃ αὐτῷ, δικαίως ἀποκτεινύς, ἄθλιος δοκεῖ σοι εἶναι καὶ ἐλεινός;

---

65. Vejamos o resumo do argumento de Sócrates:
   i. os homens não querem aquilo que fazem, mas aquilo em vista do que fazem;
   ii. há coisas boas, coisas más e coisas intermediárias, que ora participam do bem, ora do mal, ora de nenhum deles;
   iii. os homens fazem as coisas intermediárias em vista das boas, e não o contrário;
   iv. os homens querem as coisas boas, e não as intermediárias, tampouco as más;
   v. quando o rétor e o tirano matam, roubam ou expulsam homens das cidades, eles o fazem presumindo que isso lhes seja benéfico ou melhor;
   vi. mas *se isso lhe acontece de ser prejudicial ou pior*, eles não fazem o que querem, mas somente o que lhes parece, pois ninguém quer coisas más;   →

POL: Sim.

SOC: Porventura ele faz também o que quer, se isso acontece de ser mau? Por que não respondes?

POL: Ele não me parece fazer o que quer.

SOC: É possível que alguém desse tipo tenha grandioso poder nessa cidade, se ter grandioso poder é um bem, conforme teu consentimento?

POL: É impossível.

SOC: Portanto, eu dizia a verdade quando afirmava que o homem fazer na cidade o que lhe parece não é ter grandioso poder, tampouco fazer o que quer[65].

POL: Como tu, Sócrates, poderias preferir ser impossível a ser possível fazer na cidade o que te parece, e não invejarias alguém quando o visses matando quem lhe parecesse ou roubando-lhe dinheiro ou encarcerando-o!

SOC: Dizes de forma justa ou injusta?

POL: Como quer que ele faça, em ambos os casos não é invejável?

SOC: Silêncio, Polo!

POL: Por quê?

SOC: Porque não se deve invejar quem não é invejável nem quem é infeliz, mas apiedar-se dele.

POL: O quê? Parece-te ser esse o caso dos homens aos quais me refiro?

SOC: E como não seria?

POL: Então, aquele que mata quem lhe parece, quando mata-o de forma justa, parece-te ser infeliz e digno de piedade?

→ vii. portanto, o rétor e o tirano não possuem grandioso poder nas cidades, uma vez que ter grandioso poder é um bem para quem o possui.

Como fica evidente acima, a proposição vi. do argumento já aponta para a discussão ulterior (469e-481b), quando Sócrates buscará mostrar a Polo que, ao contrário do que pensa a maioria dos homens, cometer injustiça é pior que sofrê-la, uma vez que a justiça é um mal da alma. Isso se faz necessário, pois Polo poderia replicar a Sócrates que, ao roubar, matar ou expulsar homens das cidades, o tirano e o rétor prejudicam e fazem mal não a si mesmos, mas às vítimas de suas ações, e que, ao agirem assim, eles visam o seu próprio bem.

ΣΩ. Οὐκ ἔμοιγε, οὐδὲ μέντοι ζηλωτός.
ΠΩΛ. Οὐκ ἄρτι ἄθλιον ἔφησθα εἶναι;
ΣΩ. Τὸν ἀδίκως γε, ὦ ἑταῖρε, ἀποκτείναντα, καὶ ἐλεινόν γε πρός· τὸν δὲ δικαίως ἀζήλωτον.
ΠΩΛ. Ἦ που ὅ γε ἀποθνῄσκων ἀδίκως ἐλεινός τε καὶ ἄθλιός ἐστιν.
ΣΩ. Ἧττον ἢ ὁ ἀποκτεινύς, ὦ Πῶλε, καὶ ἧττον ἢ ὁ δικαίως ἀποθνῄσκων.
ΠΩΛ. Πῶς δῆτα, ὦ Σώκρατες;
ΣΩ. Οὕτως, ὡς μέγιστον τῶν κακῶν τυγχάνει ὂν τὸ ἀδικεῖν.
ΠΩΛ. Ἦ γὰρ τοῦτο μέγιστον; οὐ τὸ ἀδικεῖσθαι μεῖζον;
ΣΩ. Ἥκιστά γε.
ΠΩΛ. Σὺ ἄρα βούλοιο ἂν ἀδικεῖσθαι μᾶλλον ἢ ἀδικεῖν;
ΣΩ. Βουλοίμην μὲν ἂν ἔγωγε οὐδέτερα· εἰ δ᾽ ἀναγκαῖον εἴη ἀδικεῖν ἢ ἀδικεῖσθαι, ἑλοίμην ἂν μᾶλλον ἀδικεῖσθαι ἢ ἀδικεῖν.
ΠΩΛ. Σὺ ἄρα τυραννεῖν οὐκ ἂν δέξαιο;
ΣΩ. Οὔκ, εἰ τὸ τυραννεῖν γε λέγεις ὅπερ ἐγώ.
ΠΩΛ. Ἀλλ᾽ ἔγωγε τοῦτο λέγω ὅπερ ἄρτι, ἐξεῖναι ἐν τῇ πόλει, ὃ ἂν δοκῇ αὐτῷ, ποιεῖν τοῦτο, καὶ ἀποκτεινύντι καὶ ἐκβάλλοντι καὶ πάντα πράττοντι κατὰ τὴν αὐτοῦ δόξαν.

66. Na abertura do Livro II da *República*, a personagem Glauco se propõe a discorrer sobre o que é a justiça e sua origem segundo a opinião da maioria, para que Sócrates refutasse e elogiasse a justiça em si mesma, a despeito das consequências que dela advém para os homens. Essa opinião atribuída por Glauco à maioria dos homens (358c) aparece no *Górgias* na boca de Polo, e a discussão sobre a origem da justiça se assemelha à tese defendida pela personagem Cálicles mais adiante no diálogo (482b-483d). Vejamos esse trecho da *República*:
"Dizem que cometer injustiça é por natureza um bem, ao passo que sofrê-la, um mal, e que sofrer injustiça supera em males os bens em cometê-la. Por conseguinte, quando os homens cometem e sofrem injustiças reciprocamente e provam de ambas as condições, àqueles que são incapazes de evitar uma e fazer valer a outra parece vantajoso estabelecer um acordo entre si para que não cometam nem sofram injustiças. A partir disso, então, começam a instituir leis e acordos entre si, e denominam legítimo e justo a prescrição da lei. Essa é a origem e a essência da justiça, estando no meio-termo entre o que é o melhor (não pagar a justa pena, uma vez tendo cometido injustiça) e o que é o pior (ser incapaz de se vingar, uma vez tendo sofrido injustiça). E o justo, estando no meio-termo de ambos, é adorado não porque é bom, mas porque é digno de honra devido à debilidade de se cometer injustiça. Pois quem é capaz de fazê-lo e é verdadeiramente homem jamais estabeleceria um →

SOC: Não me parece; contudo, não é invejável.
POL: Há pouco não dizias que ele era infeliz?
SOC: Aquele que mata injustamente, meu amigo; e digno de piedade, além do mais. Mas quem mata de forma justa não é invejável.
POL: Mas, decerto quem morre injustamente é digno de piedade e infeliz.
SOC: Menos do que aquele que mata, Polo, e menos do que aquele que morre de forma justa.
POL: Como assim, Sócrates?
SOC: Assim: o maior mal é cometer injustiça.
POL: Mas é esse o maior mal? Sofrer injustiça não é pior?
SOC: Impossível.
POL: Portanto, quererias antes sofrer injustiça do que cometê-la?
SOC: Pelo menos eu não quereria nem um nem outro, mas se fosse necessário ou cometer injustiça ou sofrê-la, preferiria sofrer a cometer injustiça[66].
POL: Portanto, tu não admitirias ser tirano?
SOC: Não, se te referes ao mesmo tirano que eu.
POL: Mas refiro-me ao mesmo caso dantes: ser possível fazer na cidade o que lhe parecer, matar, banir e fazer tudo conforme a sua própria opinião.

→ acordo, com quem quer que seja, para não cometer nem sofrer injustiças; caso contrário, seria um louco. É desse tipo então, Sócrates, a natureza da justiça, e são essas as circunstâncias de onde ela se origina, segundo o argumento". (358e3-359b5)

πεφυκέναι γὰρ δή φασιν τὸ μὲν ἀδικεῖν ἀγαθόν, τὸ δὲ ἀδικεῖσθαι κακόν, πλέονι δὲ κακῷ ὑπερβάλλειν τὸ ἀδικεῖσθαι ἢ ἀγαθῷ τὸ ἀδικεῖν, ὥστ' ἐπειδὰν ἀλλήλους ἀδικῶσί τε καὶ ἀδικῶνται καὶ ἀμφοτέρων γεύωνται, τοῖς μὴ δυναμένοις τὸ μὲν ἐκφεύγειν τὸ δὲ αἱρεῖν δοκεῖ λυσιτελεῖν συνθέσθαι ἀλλήλοις μήτ' ἀδικεῖν μήτ' ἀδικεῖσθαι· καὶ ἐντεῦθεν δὴ ἄρξασθαι νόμους τίθεσθαι καὶ συνθήκας αὑτῶν, καὶ ὀνομάσαι τὸ ὑπὸ τοῦ νόμου ἐπίταγμα νόμιμόν τε καὶ δίκαιον· καὶ εἶναι δὴ ταύτην γένεσίν τε καὶ οὐσίαν δικαιοσύνης, μεταξὺ οὖσαν τοῦ μὲν ἀρίστου ὄντος, ἐὰν ἀδικῶν μὴ διδῷ δίκην, τοῦ δὲ κακίστου, ἐὰν ἀδικούμενος τιμωρεῖσθαι ἀδύνατος ᾖ· τὸ δὲ δίκαιον ἐν μέσῳ ὂν τούτων ἀμφοτέρων ἀγαπᾶσθαι οὐχ ὡς ἀγαθόν, ἀλλ' ὡς ἀρρωστίᾳ τοῦ ἀδικεῖν τιμώμενον· ἐπεὶ τὸν δυνάμενον αὐτὸ ποιεῖν καὶ ὡς ἀληθῶς ἄνδρα οὐδ' ἂν ἑνί ποτε συνθέσθαι τὸ μήτε ἀδικεῖν μήτε ἀδικεῖσθαι· μαίνεσθαι γὰρ ἄν. ἡ μὲν οὖν δὴ φύσις δικαιοσύνης, ὦ Σώκρατες, αὕτη τε καὶ τοιαύτη, καὶ ἐξ ὧν πέφυκε τοιαῦτα, ὡς ὁ λόγος,

ΣΩ. Ὦ μακάριε, ἐμοῦ δὴ λέγοντος τῷ λόγῳ ἐπιλαβοῦ. εἰ γὰρ ἐγὼ ἐν ἀγορᾷ πληθούσῃ λαβὼν ὑπὸ μάλης ἐγχειρίδιον λέγοιμι πρὸς σὲ ὅτι "Ὦ Πῶλε, ἐμοὶ δύναμίς τις καὶ τυραννὶς θαυμασία ἄρτι προσγέγονεν· ἐὰν γὰρ ἄρα ἐμοὶ δόξῃ τινὰ τουτωνὶ τῶν ἀνθρώπων ὧν σὺ ὁρᾷς αὐτίκα μάλα δεῖν τεθνάναι, τεθνήξει οὗτος ὃν ἂν δόξῃ· κἄν τινα δόξῃ μοι τῆς κεφαλῆς αὐτῶν καταγῆναι δεῖν, κατεαγὼς ἔσται αὐτίκα μάλα, κἂν θοιμάτιον διεσχίσθαι, διεσχισμένον ἔσται—οὕτω μέγα ἐγὼ δύναμαι ἐν τῇδε τῇ πόλει," εἰ οὖν ἀπιστοῦντί σοι δείξαιμι τὸ ἐγχειρίδιον, ἴσως ἂν εἴποις ἰδὼν ὅτι "Ὦ Σώκρατες, οὕτω μὲν πάντες ἂν μέγα δύναιντο, ἐπεὶ κἂν ἐμπρησθείη οἰκία τούτῳ τῷ τρόπῳ ἥντινά σοι δοκοῖ, καὶ τά γε Ἀθηναίων νεώρια καὶ αἱ τριήρεις καὶ τὰ πλοῖα πάντα καὶ τὰ δημόσια καὶ τὰ ἴδια·" ἀλλ' οὐκ ἄρα τοῦτ' ἔστιν τὸ μέγα δύνασθαι, τὸ ποιεῖν ἃ δοκεῖ αὐτῷ· ἢ δοκεῖ σοι;

ΠΩΛ. Οὐ δῆτα οὕτω γε.

ΣΩ. Ἔχεις οὖν εἰπεῖν δι' ὅτι μέμφῃ τὴν τοιαύτην δύναμιν;

ΠΩΛ. Ἔγωγε.

ΣΩ. Τί δή; λέγε.

ΠΩΛ. Ὅτι ἀναγκαῖον τὸν οὕτω πράττοντα ζημιοῦσθαί ἐστιν.

ΣΩ. Τὸ δὲ ζημιοῦσθαι οὐ κακόν;

ΠΩΛ. Πάνυ γε.

ΣΩ. Οὐκοῦν, ὦ θαυμάσιε, [τὸ μέγα δύνασθαι] πάλιν αὖ σοι φαίνεται, ἐὰν μὲν πράττοντι ἃ δοκεῖ ἕπηται τὸ ὠφελίμως πράττειν, ἀγαθόν τε εἶναι, καὶ τοῦτο, ὡς ἔοικεν, ἐστὶν τὸ μέγα δύνασθαι· εἰ δὲ μή, κακὸν καὶ σμικρὸν δύνασθαι. σκεψώμεθα δὲ καὶ τόδε· ἄλλο τι ὁμολογοῦμεν ἐνίοτε μὲν ἄμεινον εἶναι ταῦτα ποιεῖν ἃ νυνδὴ ἐλέγομεν, ἀποκτεινύναι τε καὶ ἐξελαύνειν ἀνθρώπους καὶ ἀφαιρεῖσθαι χρήματα, ἐνίοτε δὲ οὔ;

SOC: Venturoso homem, rebate com argumentos o que eu digo! Se na praça atulhada de gente eu dissesse a ti, com um punhal sob o braço: "Polo, acabei de herdar um poder e uma tirania dignas de admiração; portanto, se eu achar que deva matar, neste instante, qualquer homem que ora vês, estará morto quem for de meu parecer; se eu achar que deva fender a cabeça de algum deles, vai tê-la fendida neste instante, e que deva atassalhar-lhe as vestes, vai tê-las atassalhadas – tamanho é o meu poder nesta cidade". Se tu, então, não acreditasses em mim e eu te mostrasse o punhal, assim que o visses, dirias talvez: "Sócrates, todos teriam grandioso poder assim, pois poderias, da mesma forma, incendiar qualquer casa que fosse de teu parecer, ou os estaleiros de Atenas, as trirremes e todas as embarcações, sejam elas públicas ou privadas". Contudo, ter grandioso poder não é isso, fazer o que parece a alguém; ou a ti parece que seja?[67]

POL: Certamente não.

SOC: Podes dizer, então, por que desprezas tal poder?

POL: Sim.

SOC: Por que então? Fala!

POL: Porque é necessário que quem age dessa maneira seja punido.

SOC: E ser punido não é um mal?

POL: Com certeza.

SOC: Então, admirável homem, está mais uma vez manifesto a ti que, se fazer o que parece implicar agir de modo benéfico, será um bem e, como é plausível, será isso ter grandioso poder; caso contrário, será um mal e ter ínfimo poder. Examinemos também o seguinte: não concordamos que ora é melhor fazer aquelas coisas a que há pouco nos referíamos, matar, banir homens e roubar-lhes dinheiro, mas ora não?

---

67. Observe a coerência do vocabulário empregado por Sócrates para se referir a tais ações fictícias: o agente, ao praticá-las, não faz "o que quer", mas "aquilo que lhe parece" (ἐμοὶ δόξῃ, 469d3; ἂν δόξῃ, d5; δόξῃ μοι, d5; σοι δοκοῖ, e4; δοκεῖ αὐτῷ, e7), conforme o argumento anterior.

ΠΩΛ. Πάνυ γε.

ΣΩ. Τοῦτο μὲν δή, ὡς ἔοικε, καὶ παρὰ σοῦ καὶ παρ' ἐμοῦ ὁμολογεῖται.

ΠΩΛ. Ναί.

ΣΩ. Πότε οὖν σὺ φῂς ἄμεινον εἶναι ταῦτα ποιεῖν; εἰπὲ τίνα ὅρον ὁρίζῃ.

ΠΩΛ. Σὺ μὲν οὖν, ὦ Σώκρατες, ἀπόκριναι [ταὐτὸ] τοῦτο.

c ΣΩ. Ἐγὼ μὲν τοίνυν φημί, ὦ Πῶλε, εἴ σοι παρ' ἐμοῦ ἥδιόν ἐστιν ἀκούειν, ὅταν μὲν δικαίως τις ταῦτα ποιῇ, ἄμεινον εἶναι, ὅταν δὲ ἀδίκως, κάκιον.

ΠΩΛ. Χαλεπόν γέ σε ἐλέγξαι, ὦ Σώκρατες· ἀλλ' οὐχὶ κἂν παῖς σε ἐλέγξειεν ὅτι οὐκ ἀληθῆ λέγεις;

ΣΩ. Πολλὴν ἄρα ἐγὼ τῷ παιδὶ χάριν ἕξω, ἴσην δὲ καὶ σοί, ἐάν με ἐλέγξῃς καὶ ἀπαλλάξῃς φλυαρίας. ἀλλὰ μὴ κάμῃς φίλον ἄνδρα εὐεργετῶν, ἀλλ' ἔλεγχε.

ΠΩΛ. Ἀλλὰ μήν, ὦ Σώκρατες, οὐδέν γέ σε δεῖ παλαιοῖς
d πράγμασιν ἐλέγχειν· τὰ γὰρ ἐχθὲς καὶ πρώην γεγονότα ταῦτα ἱκανά σε ἐξελέγξαι ἐστὶν καὶ ἀποδεῖξαι ὡς πολλοὶ ἀδικοῦντες ἄνθρωποι εὐδαίμονές εἰσιν.

ΣΩ. Τὰ ποῖα ταῦτα;

ΠΩΛ. Ἀρχέλαον δήπου τοῦτον τὸν Περδίκκου ὁρᾷς ἄρχοντα Μακεδονίας;

ΣΩ. Εἰ δὲ μή, ἀλλ' ἀκούω γε.

ΠΩΛ. Εὐδαίμων οὖν σοι δοκεῖ εἶναι ἢ ἄθλιος;

ΣΩ. Οὐκ οἶδα, ὦ Πῶλε· οὐ γάρ πω συγγέγονα τῷ ἀνδρί.

---

68. Ver Platão, *Lísis*, 205c1; *Eutidemo*, 301c.

69. A discussão entre as personagens se volta agora para a relação entre *felicidade* [*eudaimonia*] (εὐδαιμονία) e *justiça* [*dikaiosunē*] (δικαιοσύνη). Polo cita o caso de Arquelau, rei da Macedônia, como paradigma da vida de um homem que é injusto mas feliz, na medida em que a *justiça* não é vista por ele como condição necessária para a *felicidade*. Sobre o problema moral e religioso envolvido na ideia de um homem injusto e feliz (ἄδικος εὐδαίμων), ver Hesíodo, *Os Trabalhos e os Dias*, vv. 202-285; Sólon, fr. 13; Teógnis, 373-380; Píndaro, fr. 201 Bowra (213 Snell); Eurípides, fr. 286.

70. Arquelau governou a Macedônia de 413 a 399 a.C. Segundo Aristóteles (*Retórica*, II, 1398a24), Sócrates teria recusado um convite seu para visitá-lo. Platão se refere à sua morte no diálogo *Alcibíades Segundo*: →

POL: Com certeza.
SOC: A isso, como é plausível, tanto eu como tu anuímos.
POL: Sim.
SOC: Em quais circunstâncias, então, afirmas que é melhor fazê-las? Diz qual é a tua definição!
POL: Responde tu então, Sócrates!
SOC: Pois bem, eu afirmo o seguinte, Polo, se te comprazes mais com ouvir-me: quando alguém fizer essas coisas de maneira justa, será melhor, e quando as fizer de maneira injusta, será pior.
POL: Como é difícil te refutar, Sócrates! Mas até mesmo uma criança poderia te refutar[68], provando que não dizes a verdade, não poderia?
SOC: Portanto, enorme graça há de conceder-me essa criança, e igualmente tu, se me refutares e me livrares da vanidade. Mas não canses de beneficiar um amigo! Refuta-me!
POL: Mas, Sócrates, não é preciso te refutar com fatos arcaicos, pois os acontecimentos recentes são suficientes para te refutar e demonstrar como inúmeros homens, mesmo tendo cometido injustiça, são felizes[69].
SOC: Quais acontecimentos?
POL: Decerto vês que Arquelau, filho de Perdicas, domina a Macedônia[70].
SOC: Ver não vejo, mas ouço a respeito.
POL: Então, ele te parece ser feliz ou infeliz?
SOC: Não sei, Polo, pois ainda não me encontrei com esse homem.

→ "Suponho que tu não desconheças o que aconteceu ontem ou dois dias atrás, quando o namorado de Arquelau, tirano da Macedônia, enamorado pela tirania tanto quanto aquele pelo seu namorado, matou seu amante para ser tirano e um homem feliz. Depois de deter a tirania por três ou quatro dias, ele próprio, por sua vez, foi morto pelas mãos de outros homens que contra ele conspiraram." (141d5-e3)

οἶμαι δέ σε οὐκ ἀνήκοον εἶναι ἔνιά γε χθιζά τε καὶ πρωϊζὰ γεγενημένα, ὅτε Ἀρχέλαον τὸν Μακεδόνων τύραννον τὰ παιδικά, ἐρασθέντα τῆς τυραννίδος οὐθὲν ἧττον ἤπερ ἐκεῖνος τῶν παιδικῶν, ἀπέκτεινε τὸν ἐραστὴν ὡς τύραννός τε καὶ εὐδαίμων ἀνὴρ ἐσόμενος· κατασχὼν δὲ τρεῖς ἢ τέτταρας ἡμέρας τὴν τυραννίδα πάλιν αὐτὸς ἐπιβουλευθεὶς ὑφ' ἑτέρων τινῶν ἐτελεύτησεν.

ΠΩΛ. Τί δέ; συγγενόμενος ἂν γνοίης, ἄλλως δὲ αὐτόθεν οὐ γιγνώσκεις ὅτι εὐδαιμονεῖ;
ΣΩ. Μὰ Δί' οὐ δῆτα.
ΠΩΛ. Δῆλον δή, ὦ Σώκρατες, ὅτι οὐδὲ τὸν μέγαν βασιλέα γιγνώσκειν φήσεις εὐδαίμονα ὄντα.
ΣΩ. Καὶ ἀληθῆ γε ἐρῶ· οὐ γὰρ οἶδα παιδείας ὅπως ἔχει καὶ δικαιοσύνης.
ΠΩΛ. Τί δέ; ἐν τούτῳ ἡ πᾶσα εὐδαιμονία ἐστίν;
ΣΩ. Ὥς γε ἐγὼ λέγω, ὦ Πῶλε· τὸν μὲν γὰρ καλὸν καὶ ἀγαθὸν ἄνδρα καὶ γυναῖκα εὐδαίμονα εἶναί φημι, τὸν δὲ ἄδικον καὶ πονηρὸν ἄθλιον.
ΠΩΛ. Ἄθλιος ἄρα οὗτός ἐστιν ὁ Ἀρχέλαος κατὰ τὸν σὸν λόγον;
ΣΩ. Εἴπερ γε, ὦ φίλε, ἄδικος.
ΠΩΛ. Ἀλλὰ μὲν δὴ πῶς οὐκ ἄδικος; ᾧ γε προσῆκε μὲν τῆς ἀρχῆς οὐδὲν ἦν νῦν ἔχει, ὄντι ἐκ γυναικὸς ἣ ἦν δούλη Ἀλκέτου τοῦ Περδίκκου ἀδελφοῦ, καὶ κατὰ μὲν τὸ δίκαιον δοῦλος ἦν Ἀλκέτου, καὶ εἰ ἐβούλετο τὰ δίκαια ποιεῖν, ἐδούλευεν ἂν Ἀλκέτῃ καὶ ἦν εὐδαίμων κατὰ τὸν σὸν λόγον. νῦν δὲ θαυμασίως ὡς ἄθλιος γέγονεν, ἐπεὶ τὰ μέγιστα ἠδίκηκεν· ὅς γε πρῶτον μὲν τοῦτον αὐτὸν τὸν δεσπότην καὶ θεῖον μεταπεμψάμενος ὡς ἀποδώσων τὴν ἀρχὴν ἣν Περδίκκας αὐτὸν ἀφείλετο, ξενίσας καὶ καταμεθύσας αὐτόν τε καὶ τὸν υἱὸν αὐτοῦ Ἀλέξανδρον, ἀνεψιὸν αὐτοῦ, σχεδὸν ἡλικιώτην, ἐμβαλὼν εἰς ἅμαξαν, νύκτωρ ἐξαγαγὼν ἀπέσφαξέν τε καὶ ἠφάνισεν ἀμφοτέρους. καὶ ταῦτα ἀδικήσας ἔλαθεν ἑαυτὸν ἀθλιώτατος γενόμενος καὶ οὐ μετεμέλησεν αὐτῷ, ἀλλ' ὀλίγον ὕστερον τὸν ἀδελφόν, τὸν γνήσιον τοῦ Περδίκκου υἱόν, παῖδα ὡς ἑπτέτη, οὗ ἡ ἀρχὴ ἐγίγνετο κατὰ τὸ δίκαιον, οὐκ ἐβουλήθη εὐδαίμων γενέσθαι δικαίως ἐκθρέψας καὶ ἀποδοὺς τὴν ἀρχὴν ἐκείνῳ, ἀλλ' εἰς φρέαρ ἐμβαλὼν καὶ ἀποπνίξας πρὸς

POL: E então? Se tivesses encontrado com ele, tu saberias; de outro modo, não há como saberes de pronto se ele é feliz?

SOC: Não, por Zeus, não há como.

POL: Dirás obviamente, Sócrates, que tampouco sabes se o Grande Rei é feliz[71].

SOC: E direi a verdade, pois não sei em que condição ele se encontra no tocante à educação e à justiça.

POL: O quê? É nisso que consiste toda a felicidade?

SOC: É como digo, Polo: o homem e a mulher que são belos e bons, eu afirmo que são felizes, e infelizes, os injustos e ignóbeis.

POL: Portanto, segundo teu argumento, aquele Arquelau é infeliz?

SOC: Contanto que ele seja injusto, meu caro.

POL: Mas como não seria ele injusto? Do poderio que hoje detém, nenhum quinhão lhe cabia, porque era filho de uma escrava de Álceto, irmão de Perdicas. Segundo o justo, ele era escravo de Álceto[72], e se quisesse agir de forma justa, lhe serviria como escravo e assim seria feliz, conforme teu argumento. Mas agora, admiravelmente, ele se tornou infeliz porque cometeu as maiores injustiças. Primeiro, ordenou que lhe trouxessem seu déspota, o seu tio Álceto, sob o pretexto de restituir-lhe o poderio que Perdicas havia lhe furtado; depois de hospedá-lo e embriagá-lo em companhia de seu filho, Alexandre, seu primo quase coetâneo, ele meteu-os em um carro e partiu com os dois noite adentro; degolou-os e desapareceu com ambos os corpos. E, uma vez cometida essa injustiça, ele próprio não notou que havia se tornado o mais infeliz dos homens, e tampouco se arrependeu disso. Pouco tempo depois, porém, não quis se tornar feliz criando de forma justa seu irmão e restituindo-lhe o poderio, o filho legítimo de Perdicas, um menino de sete anos, que, segundo o justo, herdaria o poder; ao invés disso, atirou-o em um fosso e o asfixiou,

---

71. Ou seja, o Rei da Pérsia. Sobre a concepção do Grande Rei como modelo de "felicidade" [eudaimonia] (εὐδαιμονία), ver Platão, *Apologia de Sócrates,* 40d; *Eutidemo,* 274a.

72. O filho de uma mãe escrava e de um pai livre era propriedade do dono de sua mãe (E. Dodds, op. cit., p. 243).

τὴν μητέρα αὐτοῦ Κλεοπάτραν χῆνα ἔφη διώκοντα ἐμπεσεῖν καὶ ἀποθανεῖν. τοιγάρτοι νῦν, ἅτε μέγιστα ἠδικηκὼς τῶν ἐν Μακεδονίᾳ, ἀθλιώτατός ἐστιν πάντων Μακεδόνων, ἀλλ' οὐκ εὐδαιμονέστατος, καὶ ἴσως ἔστιν ὅστις Ἀθηναίων ἀπὸ σοῦ ἀρξάμενος δέξαιτ' ἂν ἄλλος ὁστισοῦν Μακεδόνων γενέσθαι μᾶλλον ἢ Ἀρχέλαος.

ΣΩ. Καὶ κατ' ἀρχὰς τῶν λόγων, ὦ Πῶλε, ἔγωγέ σε ἐπῄνεσα ὅτι μοι δοκεῖς εὖ πρὸς τὴν ῥητορικὴν πεπαιδεῦσθαι, τοῦ δὲ διαλέγεσθαι ἠμελκηκέναι· καὶ νῦν ἄλλο τι οὗτός ἐστιν ὁ λόγος, ᾧ με καὶ ἂν παῖς ἐξελέγξειε, καὶ ἐγὼ ὑπὸ σοῦ νῦν, ὡς σὺ οἴει, ἐξελήλεγμαι τούτῳ τῷ λόγῳ, φάσκων τὸν ἀδικοῦντα οὐκ εὐδαίμονα εἶναι; πόθεν, ὠγαθέ; καὶ μὴν οὐδέν γέ σοι τούτων ὁμολογῶ ὧν σὺ φῇς.

ΠΩΛ. Οὐ γὰρ ἐθέλεις, ἐπεὶ δοκεῖ γέ σοι ὡς ἐγὼ λέγω.

ΣΩ. Ὦ μακάριε, ῥητορικῶς γάρ με ἐπιχειρεῖς ἐλέγχειν, ὥσπερ οἱ ἐν τοῖς δικαστηρίοις ἡγούμενοι ἐλέγχειν. καὶ γὰρ ἐκεῖ οἱ ἕτεροι τοὺς ἑτέρους δοκοῦσιν ἐλέγχειν, ἐπειδὰν τῶν λόγων ὧν ἂν λέγωσι μάρτυρας πολλοὺς παρέχωνται καὶ εὐδοκίμους, ὁ δὲ τἀναντία λέγων ἕνα τινὰ παρέχηται ἢ μηδένα. οὗτος δὲ ὁ ἔλεγχος οὐδενὸς ἄξιός ἐστιν πρὸς τὴν ἀλήθειαν· ἐνίοτε γὰρ ἂν καὶ καταψευδομαρτυρηθείη τις ὑπὸ πολλῶν καὶ δοκούντων εἶναί τι. καὶ νῦν περὶ ὧν σὺ λέγεις ὀλίγου σοι πάντες συμφήσουσιν ταὐτὰ Ἀθηναῖοι καὶ οἱ ξένοι, ἐὰν βούλῃ κατ' ἐμοῦ μάρτυρας παρασχέσθαι ὡς οὐκ ἀληθῆ λέγω· μαρτυρήσουσί σοι, ἐὰν μὲν βούλῃ, Νικίας ὁ Νικη-

---

73. Cf. 448d.

74. Polo busca usar os mesmos artifícios argumentativos empregados por Sócrates, como ironizar o interlocutor (observe o tom irônico de Polo quando ele conta a história de Arquelau, 471a-d) e lhe atribuir opiniões que ele expressamente recusa (466e).

75. Platão emprega o verbo ἐλέγχω [elenkhō] para se referir aqui ao tipo de refutação ou de prova usado nos tribunais. Do ponto de vista semântico, o verbo ἐλέγχω significa em Homero, primeiramente, "envergonhar, desprezar alguém", já sublinhando o sentido negativo do termo que, posteriormente no séc. v a.C., será →

alegando à sua mãe, Cleópatra, que ele, correndo atrás de um ganso, caiu ali dentro e morreu. Portanto, porque cometeu as maiores injustiças cometidas na Macedônia, ele é hoje o mais infeliz, e não o mais feliz, de todos os macedônios, e talvez haja alguém dentre os atenienses, a principiar por ti, que prefira ser qualquer outro macedônio a ser Arquelau.

SOC: E no começo da discussão, Polo, eu te elogiei porque me pareces ter sido bem educado na retórica, porém ter descurado do diálogo[73]. E é esse então o discurso com o qual até mesmo uma criança me refutaria? Porventura presumes que eu acabei de ser refutado por ti com esse discurso, tendo eu afirmado que quem comete injustiça é infeliz? Mas como, bom homem? Aliás, não concordo com nada do que dizes.

POL: Porque não desejas concordar, visto que a tua opinião se conforma com o que digo[74].

SOC: Venturoso homem, tentas me refutar retoricamente, como quem presume refutar[75] os outros nos tribunais. Com efeito, nesses lugares os homens creem refutar uns aos outros quando apresentam, aos discursos que proferem, grande número de testemunhas de boa reputação, ao passo que o contra-argumentador apresenta apenas uma ou mesmo nenhuma. Essa refutação não tem nenhum mérito perante a verdade, pois pode acontecer de várias pessoas, que pareçam ser alguma coisa, prestarem contra alguém falso testemunho. E no presente momento, concordarão plenamente contigo quase todos os atenienses e estrangeiros, se quiseres apresentar contra mim testemunhas de que não falo a verdade. Testemunharão em teu favor, se quiseres, Nícias[76], filho de Nicérato, e seus irmãos,

→ empregado para designar a prática forense de "buscar refutar, submeter alguém a um interrogatório, provar, convencer" (P. Chantraine, *Dictionnare Étymologique de la Langue Grecque*, p. 334).

76. Nícias foi um dos generais que participou ativamente da Guerra do Peloponeso entre Atenas e Esparta e seus respectivos aliados (431-404 a.C.), tendo sido um dos mediadores do tratado de paz de 421 a.C. (ver Tucídides, 5.24). Junto a Alcibíades e Lâmaco, comandou os atenienses na expedição contra a Sicília (ver Tucídides, 6.8), onde morreu executado pelos siracusanos em 413 a.C. (ver Tucídides, 7.86). Nícias aparece também como personagem no diálogo *Laques* de Platão.

ράτου καὶ οἱ ἀδελφοὶ μετ' αὐτοῦ, ὧν οἱ τρίποδες οἱ ἐφεξῆς
ἑστῶτές εἰσιν ἐν τῷ Διονυσίῳ, ἐὰν δὲ βούλῃ, Ἀριστοκράτης
ὁ Σκελλίου, οὗ αὖ ἐστιν ἐν Πυθίου τοῦτο τὸ καλὸν ἀνάθημα,
ἐὰν δὲ βούλῃ, ἡ Περικλέους ὅλη οἰκία ἢ ἄλλη συγγένεια
ἥντινα ἂν βούλῃ τῶν ἐνθάδε ἐκλέξασθαι. ἀλλ' ἐγώ σοι εἷς
ὢν οὐχ ὁμολογῶ· οὐ γάρ με σὺ ἀναγκάζεις, ἀλλὰ ψευδομάρτυρας πολλοὺς κατ' ἐμοῦ παρασχόμενος ἐπιχειρεῖς ἐκβάλλειν με ἐκ τῆς οὐσίας καὶ τοῦ ἀληθοῦς. ἐγὼ δὲ ἂν μὴ σὲ
αὐτὸν ἕνα ὄντα μάρτυρα παράσχωμαι ὁμολογοῦντα περὶ ὧν
λέγω, οὐδὲν οἶμαι ἄξιον λόγου μοι πεπεράνθαι περὶ ὧν ἂν
ἡμῖν ὁ λόγος ᾖ· οἶμαι δὲ οὐδὲ σοί, ἐὰν μὴ ἐγώ σοι μαρτυρῶ εἷς
ὢν μόνος, τοὺς δ' ἄλλους πάντας τούτους χαίρειν ἐᾷς. ἔστιν
μὲν οὖν οὗτός τις τρόπος ἐλέγχου, ὡς σύ τε οἴει καὶ ἄλλοι
πολλοί· ἔστιν δὲ καὶ ἄλλος, ὃν ἐγὼ αὖ οἶμαι. παραβα-
λόντες οὖν παρ' ἀλλήλους σκεψώμεθα εἴ τι διοίσουσιν ἀλλή-

---

77. Nícias e seus irmãos, Êucrates e Diogneto, dedicaram ao templo de Dioniso, localizado nas encostas da acrópole, as trípodes que haviam ganhado como coregos (E. Dodds, op. cit., p. 244).

78. Aristócrates também participou como mediador do tratado de paz de 421 a.C. (ver Tucídides, 5.24) e foi membro do governo oligárquico de 411 a.C. conhecido como os Quatrocentos (ver Tucídides, 8.89). Morreu em 405 a.C. depois da batalha de Arginusas, quando foram condenados à morte os seis generais inculpados pelo fracasso da expedição, dentre eles Aristócrates (ver Xenofonte, *Helênicas*, 1.7.2). Platão menciona o episódio do processo contra os generais na *Apologia de Sócrates* (cf. infra nota 87). "Pito" se refere aqui ao templo de Apolo em Delfos.

79. Péricles, renomado general e político, passou a ser a principal figura da democracia ateniense depois do exílio de Címon II e da morte de Efialtes no final dos anos 460 a.C., os dois rivais políticos de maior influência naquela época. Até a sua morte em 429 a.C., no começo da Guerra do Peloponeso, Péricles foi eleito como general anualmente e manteve sua proeminência na condução das ações políticas de Atenas (D. Nails, *The People of Plato*, p. 227-228). O elogio de Tucídides à sua figura é uma das imagens mais notórias que temos de Péricles na literatura grega:

"A causa disso era que Péricles, poderoso por seu prestígio e inteligência, homem notoriamente incorruptível, continha a multidão livremente, e ao invés de ser conduzido por ela, era ele quem a conduzia, porque não obtinha seu poder por meios escusos e não discursava em vista do prazer, mas se apoiava em seu prestígio para contradizê-la, deixando-a colérica. Quando percebia nas pessoas uma confiança inoportuna e insolente, ele as acometia com palavras e lhes infundia medo, e, inversamente, quando as via temerosas sem razão, restituía-lhes novamente a →

cujas trípodes estão aferradas e alinhadas no templo de Dioniso[77]; se quiseres, Aristócrates, filho de Célio, cuja bela oferenda encontra-se em Pito[78]; se quiseres, toda a casa de Péricles ou qualquer outra família daqui que queiras convocar[79]. Todavia, eu, sendo um só, contigo não concordo, pois não me constranges a isso, embora te empenhes, apresentando contra mim falsas testemunhas em profusão, para expulsar-me do meu patrimônio e da verdade. Mas se eu não te apresentar, sendo tu apenas um, como testemunha concorde ao que digo, não terei chegado, julgo eu, a nenhuma conclusão digna de menção sobre o que versa a nossa discussão; e creio que tampouco tu, se eu, sendo apenas um, não testemunhar em teu favor e tu dispensares todos as demais. Aquele é um modo de refutação, como presumes tu e muitos outros homens; mas há também outro modo, como presumo eu, por minha vez. Assim, comparando um ao outro, examinemos se há qualquer diferença entre eles![80]

→ confiança. No nome era democracia, mas na prática, o poder nas mãos do primeiro dos homens." (2.65.8-9)
 αἴτιον δ' ἦν ὅτι ἐκεῖνος μὲν δυνατὸς ὢν τῷ τε ἀξιώματι καὶ τῇ γνώμῃ χρημάτων τε διαφανῶς ἀδωρότατος γενόμενος κατεῖχε τὸ πλῆθος ἐλευθέρως, καὶ οὐκ ἤγετο μᾶλλον ὑπ' αὐτοῦ ἢ αὐτὸς ἦγε, διὰ τὸ μὴ κτώμενος ἐξ οὐ προσηκόντων τὴν δύναμιν πρὸς ἡδονήν τι λέγειν, ἀλλ' ἔχων ἐπ' ἀξιώσει καὶ πρὸς ὀργήν τι ἀντειπεῖν. ὁπότε γοῦν αἴσθοιτό τι αὐτοὺς παρὰ καιρὸν ὕβρει θαρσοῦντας, λέγων κατέπλησσεν ἐπὶ τὸ φοβεῖσθαι, καὶ δεδιότας αὖ ἀλόγως ἀντικαθίστη πάλιν ἐπὶ τὸ θαρσεῖν. ἐγίγνετό τε λόγῳ μὲν δημοκρατία, ἔργῳ δὲ ὑπὸ τοῦ πρώτου ἀνδρὸς ἀρχή.
 80. Como Sócrates sublinha em seu discurso, a *refutação* retórica se opõe à *filosófica* na medida em que ela busca refutar a parte adversária valendo-se não de argumentos, mas da reputação (*doxa*) das testemunhas chamadas em causa no processo litigioso, sem que haja qualquer garantia, pelo fato de serem bem reputadas, de que elas estejam falando a verdade. Nos tribunais, a *refutação* [*elenkhos*] (ἔλεγχος) se fundamenta na opinião da maioria, e o orador é eficaz quando ele persuade a maior parte dos juízes de sua própria inocência ou da culpabilidade do adversário; mas a opinião da maioria não implica que a decisão tenha sido tomada com justiça e verdade. Na *refutação* filosófica, em contrapartida, o embate se dá entre dois interlocutores que serão, por si só, suficientes para julgar a verdade da questão. Para tal fim, de nada vale a "reputação" (*doxa*) do "interlocutor", metaforicamente referido por Sócrates como "testemunha" (μάρτυρα, 472b7), mas simplesmente o que ele diz e o que ele assente: o "consenso" (ὁμολογοῦντα, 472b7) entre ambas as partes é condição necessária e suficiente, a princípio, para a determinação do valor de verdade das conclusões alcançadas na discussão. Não é por ser compartilhada pela maioria dos homens que uma opinião é verdadeira; a *refutação* filosófica teria justamente a função de examinar se tal opinião se sustenta ou não, e, por conseguinte, se ela é verdadeira ou falsa.

λων. καὶ γὰρ καὶ τυγχάνει περὶ ὧν ἀμφισβητοῦμεν οὐ πάνυ σμικρὰ ὄντα, ἀλλὰ σχεδόν τι ταῦτα περὶ ὧν εἰδέναι τε κάλλιστον μὴ εἰδέναι τε αἴσχιστον· τὸ γὰρ κεφάλαιον αὐτῶν ἐστιν ἢ γιγνώσκειν ἢ ἀγνοεῖν ὅστις τε εὐδαίμων ἐστὶν καὶ d ὅστις μή. αὐτίκα πρῶτον, περὶ οὗ νῦν ὁ λόγος ἐστίν, σὺ ἡγῇ οἷόν τε εἶναι μακάριον ἄνδρα ἀδικοῦντά τε καὶ ἄδικον ὄντα, εἴπερ Ἀρχέλαον ἄδικον μὲν ἡγῇ εἶναι, εὐδαίμονα δέ. ἄλλο τι ὡς οὕτω σου νομίζοντος διανοώμεθα;

ΠΩΛ. Πάνυ γε.

ΣΩ. Ἐγὼ δέ φημι ἀδύνατον. ἓν μὲν τουτὶ ἀμφισβητοῦμεν. εἶεν· ἀδικῶν δὲ δὴ εὐδαίμων ἔσται ἆρ', ἂν τυγχάνῃ δίκης τε καὶ τιμωρίας;

ΠΩΛ. Ἥκιστά γε, ἐπεὶ οὕτω γ' ἂν ἀθλιώτατος εἴη.

e ΣΩ. Ἀλλ' ἐὰν ἄρα μὴ τυγχάνῃ δίκης ὁ ἀδικῶν, κατὰ τὸν σὸν λόγον εὐδαίμων ἔσται;

ΠΩΛ. Φημί.

ΣΩ. Κατὰ δέ γε τὴν ἐμὴν δόξαν, ὦ Πῶλε, ὁ ἀδικῶν τε καὶ ὁ ἄδικος πάντως μὲν ἄθλιος, ἀθλιώτερος μέντοι ἐὰν μὴ διδῷ δίκην μηδὲ τυγχάνῃ τιμωρίας ἀδικῶν, ἧττον δὲ ἄθλιος ἐὰν διδῷ δίκην καὶ τυγχάνῃ δίκης ὑπὸ θεῶν τε καὶ ἀνθρώπων.

473 ΠΩΛ. Ἄτοπά γε, ὦ Σώκρατες, ἐπιχειρεῖς λέγειν.

ΣΩ. Πειράσομαι δέ γε καὶ σὲ ποιῆσαι, ὦ ἑταῖρε, ταὐτὰ ἐμοὶ λέγειν· φίλον γάρ σε ἡγοῦμαι. νῦν μὲν οὖν ἃ διαφερόμεθα ταῦτ' ἐστιν· σκόπει δὲ καὶ σύ. εἶπον ἐγώ που ἐν τοῖς ἔμπροσθεν τὸ ἀδικεῖν τοῦ ἀδικεῖσθαι κάκιον εἶναι.

ΠΩΛ. Πάνυ γε.

ΣΩ. Σὺ δὲ τὸ ἀδικεῖσθαι.

ΠΩΛ. Ναί.

Ademais, o assunto a respeito do qual divergimos não acontece de ser trivial, mas é simplesmente o que há de mais belo para se conhecer e de mais vergonhoso para se desconhecer, pois a questão crucial é saber ou ignorar quem é feliz e quem não é[81]. O primeiro ponto, relativo à corrente discussão, é que tu consideras possível ser venturoso um homem que cometa injustiça e seja injusto, visto que consideras Arquelau feliz, embora injusto. Não é assim que devemos considerar o teu ponto de vista?

POL: Certamente.

SOC: Eu afirmo que é impossível. Divergimos neste ponto. Seja! Cometendo injustiça ele porventura será feliz, caso encontre a justiça e o desagravo?

POL: De forma nenhuma, pois ele seria, assim, o mais infeliz dos homens[82].

SOC: Portanto, se quem comete injustiça não encontrar a justiça, será feliz, segundo o teu argumento?

POL: Sim.

SOC: Porém, segundo a minha opinião, Polo, quem comete injustiça e é injusto é absolutamente infeliz, mais infeliz, contudo, se não pagar a justa pena e não encontrar o desagravo, tendo certa vez cometido injustiça, e menos infeliz, se pagá-la e encontrar a justiça, quer a divina, quer a humana.

POL: É um absurdo, Sócrates, o que te esforças para dizer.

SOC: Mas tentarei fazer com que também tu, meu camarada, digas as mesmas coisas que eu, pois te considero meu amigo. Por ora, divergimos, então, no seguinte ponto. Examina também tu: eu dizia anteriormente que cometer injustiça é pior que sofrê-la[83].

POL: Com certeza.

SOC: E tu, o contrário.

POL: Sim.

---

81. Como sublinha Sócrates, a discussão não mais está centrada na definição de retórica e de seu estatuto como prática discursiva, mas na questão moral por excelência: o que é a *felicidade* [*eudaimonia*] (εὐδαιμονία) e sua relação com a *justiça* [*dikaiosunē*] (δικαιοσύνη).

82. Cf. supra nota 66.

83. Cf. 469b.

ΣΩ. Καὶ τοὺς ἀδικοῦντας ἀθλίους ἔφην εἶναι ἐγώ, καὶ ἐξηλέγχθην ὑπὸ σοῦ.

ΠΩΛ. Ναὶ μὰ Δία.

b ΣΩ. Ὡς σύ γε οἴει, ὦ Πῶλε.

ΠΩΛ. Ἀληθῆ γε οἰόμενος.

ΣΩ. Ἴσως. σὺ δέ γε εὐδαίμονας αὖ τοὺς ἀδικοῦντας, ἐὰν μὴ διδῶσι δίκην.

ΠΩΛ. Πάνυ μὲν οὖν.

ΣΩ. Ἐγὼ δέ γε αὐτοὺς ἀθλιωτάτους φημί, τοὺς δὲ διδόντας δίκην ἧττον. βούλει καὶ τοῦτο ἐλέγχειν;

ΠΩΛ. Ἀλλ' ἔτι τοῦτ' ἐκείνου χαλεπώτερόν ἐστιν, ὦ Σώκρατες, ἐξελέγξαι.

ΣΩ. Οὐ δῆτα, ὦ Πῶλε, ἀλλ' ἀδύνατον· τὸ γὰρ ἀληθὲς οὐδέποτε ἐλέγχεται.

ΠΩΛ. Πῶς λέγεις; ἐὰν ἀδικῶν ἄνθρωπος ληφθῇ τυραν-
c νίδι ἐπιβουλεύων, καὶ ληφθεὶς στρεβλῶται καὶ ἐκτέμνηται καὶ τοὺς ὀφθαλμοὺς ἐκκάηται, καὶ ἄλλας πολλὰς καὶ μεγάλας καὶ παντοδαπὰς λώβας αὐτός τε λωβηθεὶς καὶ τοὺς αὑτοῦ ἐπιδὼν παῖδάς τε καὶ γυναῖκα τὸ ἔσχατον ἀνασταυρωθῇ ἢ καταπιττωθῇ, οὗτος εὐδαιμονέστερος ἔσται ἢ ἐὰν διαφυγὼν τύραννος καταστῇ καὶ ἄρχων ἐν τῇ πόλει διαβιῷ ποιῶν ὅτι ἂν βούληται, ζηλωτὸς ὢν καὶ εὐδαιμονιζόμενος ὑπὸ τῶν
d πολιτῶν καὶ τῶν ἄλλων ξένων; ταῦτα λέγεις ἀδύνατον εἶναι ἐξελέγχειν;

ΣΩ. Μορμολύττῃ αὖ, ὦ γενναῖε Πῶλε, καὶ οὐκ ἐλέγχεις· ἄρτι δὲ ἐμαρτύρου. ὅμως δὲ ὑπόμνησόν με σμικρόν. ἐὰν

84. É interessante observar como Sócrates, no *Górgias*, apresenta-se seguro da verdade de suas convicções morais e confia totalmente na objetividade das demonstrações de seus argumentos, sobretudo quando ele discute com Polo e com Cálicles. Isso se deve principalmente ao fato de que Sócrates, enquanto refuta as teses defendidas por esses dois interlocutores, pretende provar concomitantemente as suas próprias convicções morais. Na discussão anterior com Górgias, todavia, Sócrates não faz qualquer tipo de declaração do gênero, limitando-se a apontar, por meio do *elenchos* (refutação), a inconsistência das opiniões do rétor a respeito da retórica. A diferença na forma como Sócrates conduz a discussão com cada uma das personagens corresponde à diferença nos fins pretendidos por Sócrates em cada um dos "Atos" do diálogo: no caso de Górgias, Sócrates pretende simplesmente mostrar ao interlocutor e →

sóc: E eu dizia que quem comete injustiça é infeliz, e tu me refutaste.

pol: Sim, por Zeus.

sóc: É o que presumes, Polo.

pol: E presumo a verdade.

sóc: Talvez. E dizias, por tua vez, que quem comete injustiça é feliz, contanto que não pague a justa pena.

pol: Certamente.

sóc: Eu, porém, afirmo que ele é o mais infeliz, e quem paga a justa pena, menos infeliz. Queres refutar também esse ponto?

pol: Mas esse é ainda mais difícil de refutar do que aquele, Sócrates.

sóc: Decerto não, Polo, mas é impossível, pois a verdade jamais é refutada[84].

pol: Como dizes? Se um homem for surpreendido conspirando injustamente em vista de uma tirania, e, quando surpreendido, for torturado, mutilado e tiver os olhos calcinados, e, depois de sofrer inúmeros e terríveis ultrajes de todo gênero e ver a mulher e os filhos terem a mesma sorte, for enfim empalado ou untado para ser queimado, ele será mais feliz do que, escapando a isso, tornar-se tirano e, tendo o domínio da cidade, viver o resto da vida fazendo o que quiser, sendo invejado e considerado feliz por concidadãos e estrangeiros? É isso o que dizes ser impossível refutar?

sóc: Tu me atemorizas, nobre Polo, e não me refutas: acabaste de invocar testemunhas. Contudo, lembra-me um

---

→ à sua audiência que ele, embora pareça saber, nada sabe sobre a sua própria arte; no caso de Polo e Cálicles, por outro lado, Sócrates busca refutar teses contrárias às suas convicções morais, e, nesse sentido, a refutação do adversário implicaria a demonstração da verdade das suas próprias teses. Seriam propósitos diferentes, portanto, que moveriam Sócrates nesses confrontos. Seguindo as sugestões de P. Woodruff, são duas espécies de *elenchos* distintas que se distinguem precisamente por seu propósito: o *elenchos purgativo*, cujo intuito é conduzir o interlocutor à contradição, como no caso de Górgias, e o *elenchos defensivo*, cujo intuito é mostrar ao interlocutor que defende teses contrárias às de Sócrates que é impossível continuar a defendê-las sem cair em contradição (P. Woodruff, The Skeptical Side of Plato's Method, *Revue Internationale de Philosophie*, p. 26).

ἀδίκως ἐπιβουλεύων τυραννίδι, εἶπες;
ΠΩΛ. Ἔγωγε.
ΣΩ. Εὐδαιμονέστερος μὲν τοίνυν οὐδέποτε ἔσται οὐδέτερος αὐτῶν, οὔτε ὁ κατειργασμένος τὴν τυραννίδα ἀδίκως οὔτε ὁ διδοὺς δίκην—δυοῖν γὰρ ἀθλίοιν εὐδαιμονέστερος μὲν οὐκ ἂν εἴη—ἀθλιώτερος μέντοι ὁ διαφεύγων καὶ τυραννεύσας. τί τοῦτο, ὦ Πῶλε; γελᾷς; ἄλλο αὖ τοῦτο εἶδος ἐλέγχου ἐστίν, ἐπειδάν τίς τι εἴπῃ, καταγελᾶν, ἐλέγχειν δὲ μή;
ΠΩΛ. Οὐκ οἴει ἐξεληλέγχθαι, ὦ Σώκρατες, ὅταν τοιαῦτα λέγῃς ἃ οὐδεὶς ἂν φήσειεν ἀνθρώπων; ἐπεὶ ἐροῦ τινα τουτωνί.
ΣΩ. Ὦ Πῶλε, οὐκ εἰμὶ τῶν πολιτικῶν, καὶ πέρυσι βουλεύειν λαχών, ἐπειδὴ ἡ φυλὴ ἐπρυτάνευε καὶ ἔδει με ἐπιψηφίζειν, γέλωτα παρεῖχον καὶ οὐκ ἠπιστάμην ἐπιψηφίζειν.

85. Aristóteles, Retórica, III, 1419b3-7:
"A respeito do ridículo, uma vez que ele parece ter certa utilidade nos debates, e que se deve, como disse acertadamente Górgias, arruinar a seriedade dos adversários com o riso, e o riso deles, com a seriedade, já foi dito na Poética quantas formas do ridículo há."
περὶ δὲ τῶν γελοίων, ἐπειδή τινα δοκεῖ χρῆσιν ἔχειν ἐν τοῖς ἀγῶσι, καὶ δεῖν ἔφη Γοργίας τὴν μὲν σπουδὴν διαφθείρειν τῶν ἐναντίων γέλωτι τὸν δὲ γέλωτα σπουδῇ, ὀρθῶς λέγων, εἴρηται πόσα εἴδη γελοίων ἔστιν ἐν τοῖς περὶ ποιητικῆς.
86. Xenofonte, Memoráveis, 1.6.15:
"E certa vez, quando Antifonte lhe perguntou como ele considerava possível tornar outras pessoas homens políticos, se ele próprio não se envolvia com as ações políticas, embora tivesse conhecimento, Sócrates disse: 'Antifonte, eu estaria mais envolvido com as ações políticas se apenas eu as praticasse, ou se eu me preocupasse com que o maior número de pessoas tivesse a condição de praticá-las?'"
Καὶ πάλιν ποτὲ τοῦ Ἀντιφῶντος ἐρομένου αὐτόν, πῶς ἄλλους μὲν ἡγεῖται πολιτικοὺς ποιεῖν, αὐτὸς δ' οὐ πράττει τὰ πολιτικά, εἴπερ ἐπίσταται· Ποτέρως δ' ἄν, ἔφη, ὦ Ἀντιφῶν, μᾶλλον τὰ πολιτικὰ πράττοιμι, εἰ μόνος αὐτὰ πράττοιμι ἢ εἰ ἐπιμελοίμην τοῦ ὡς πλείστους ἱκανοὺς εἶναι πράττειν αὐτά;
87. O "Conselho" [Boulē] (βουλή) era formado por quinhentos cidadãos, cinquenta de cada uma das dez "tribos" [phulai] (φύλαι) que compunham a cidade de Atenas. Como o ano era dividido em dez meses, cabia a cada uma das tribos exercer a pritania (i.e., a comissão que organiza e preside as ações do Conselho) por um mês, e assim sucessivamente. Era sorteado diariamente, dentre os cinquenta cidadãos daquela tribo responsáveis pela pritania, um prítane (cuja denominação era ἐπιστάτης [epistatēs]) que tinha o encargo de presidir o Conselho e coordenar os encontros e as votações da "Assembleia" [ekklēsia] (ἐκκλησία), da qual poderiam participar todos os cidadãos livres (E. Dodds, op. cit., p. 247; S. Pieri, op. cit., p. 394). Platão menciona esse episódio da atuação de Sócrates como prítane na Apologia de Sócrates: →

detalhe! Mencionavas o caso de ele conspirar injustamente pela tirania?

POL: Sim.

SOC: Pois bem, nenhum deles nunca será mais feliz que o outro, nem o que conquistou a tirania injustamente, nem aquele que pagou a justa pena – pois entre dois infelizes, um não seria mais feliz que o outro – todavia, mais infeliz será aquele que escapou à punição e exerceu a tirania. O que é isso, Polo? Ris? Acaso seria essa outra forma de refutação, rir quando alguém disser alguma coisa, e não refutá-lo?[85]

POL: Presumes não seres refutado, Sócrates, quando dizes coisas tais que nenhum homem diria? Pergunta, pois, a qualquer um dos aqui presentes?

SOC: Polo, não sou um político[86]. Tendo sido sorteado ano passado para o Conselho, quando meu grupo exercia a pritania e devia eu dar a pauta da votação, tornei-me motivo de riso por ignorar como fazê-lo[87]. Assim, tampouco agora ordenes que eu

→ "Escutai, então, o que me aconteceu, para saberdes que eu jamais me submeteria a alguém contra o justo por medo da morte, e que, se eu recusasse me submeter, poderia até mesmo morrer. Eu vos direi coisas comuns e usuais nos tribunais, mas verdadeiras. Eu, ó atenienses, jamais exerci qualquer outro cargo na cidade, a não ser ter participado do Conselho. Houve uma ocasião em que a pritania cabia à minha tribo Antióquida, quando vós decidistes julgar em conjunto os dez generais que não haviam recolhido os sobreviventes da batalha naval, uma decisão ilícita como posteriormente considerastes todos vós. Naquela ocasião, apenas eu dentre os prítanes me opus a vós para que nada fosse feito contra as leis, não votando a favor. E embora os oradores estivessem prestes a me indiciar e a me prender, e vós os impelísseis aos berros, eu julguei que devia antes correr o risco apoiado na lei e no justo, do que participar da vossa decisão injusta por medo do cárcere ou da morte. Isso aconteceu quando a cidade era ainda uma democracia". (32a5-c4)

ἀκούσατε δή μοι τὰ συμβεβηκότα, ἵνα εἰδῆτε ὅτι οὐδ' ἂν ἑνὶ ὑπεικάθοιμι παρὰ τὸ δίκαιον δείσας θάνατον, μὴ ὑπείκων δὲ ἀλλὰ κἂν ἀπολοίμην. ἐρῶ δὲ ὑμῖν φορτικὰ μὲν καὶ δικανικά, ἀληθῆ δέ. ἐγὼ γάρ, ὦ ἄνδρες Ἀθηναῖοι, ἄλλην μὲν ἀρχὴν οὐδεμίαν πώποτε ἦρξα ἐν τῇ πόλει, ἐβούλευσα δέ· καὶ ἔτυχεν ἡμῶν ἡ φυλὴ Ἀντιοχὶς πρυτανεύουσα ὅτε ὑμεῖς τοὺς δέκα στρατηγοὺς τοὺς οὐκ ἀνελομένους τοὺς ἐκ τῆς ναυμαχίας ἐβουλεύσασθε ἀθρόους κρίνειν, παρανόμως, ὡς ἐν τῷ ὑστέρῳ χρόνῳ πᾶσιν ὑμῖν ἔδοξεν. τότ' ἐγὼ μόνος τῶν πρυτάνεων ἠναντιώθην ὑμῖν μηδὲν ποιεῖν παρὰ τοὺς νόμους καὶ ἐναντία ἐψηφισάμην· καὶ ἑτοίμων ὄντων ἐνδεικνύναι με καὶ ἀπάγειν τῶν ῥητόρων, καὶ ὑμῶν κελευόντων καὶ βοώντων, μετὰ τοῦ νόμου καὶ τοῦ δικαίου ᾤμην μᾶλλόν με δεῖν διακινδυνεύειν ἢ μεθ' ὑμῶν γενέσθαι μὴ δίκαια βουλευομένων, φοβηθέντα δεσμὸν ἢ θάνατον. καὶ ταῦτα μὲν ἦν ἔτι δημοκρατουμένης τῆς πόλεως.

μὴ οὖν μηδὲ νῦν με κέλευε ἐπιψηφίζειν τοὺς παρόντας, ἀλλ᾽ εἰ μὴ ἔχεις τούτων βελτίω ἔλεγχον, ὅπερ νυνδὴ ἐγὼ ἔλεγον, ἐμοὶ ἐν τῷ μέρει παράδος, καὶ πείρασαι τοῦ ἐλέγχου οἷον ἐγὼ οἶμαι δεῖν εἶναι. ἐγὼ γὰρ ὧν ἂν λέγω ἕνα μὲν παρασχέσθαι μάρτυρα ἐπίσταμαι, αὐτὸν πρὸς ὃν ἄν μοι ὁ λόγος ᾖ, τοὺς δὲ πολλοὺς ἐῶ χαίρειν, καὶ ἕνα ἐπιψηφίζειν ἐπίσταμαι, τοῖς δὲ πολλοῖς οὐδὲ διαλέγομαι. ὅρα οὖν εἰ ἐθελήσεις ἐν τῷ μέρει διδόναι ἔλεγχον ἀποκρινόμενος τὰ ἐρωτώμενα. ἐγὼ γὰρ δὴ οἶμαι καὶ ἐμὲ καὶ σὲ καὶ τοὺς ἄλλους ἀνθρώπους τὸ ἀδικεῖν τοῦ ἀδικεῖσθαι κάκιον ἡγεῖσθαι καὶ τὸ μὴ διδόναι δίκην τοῦ διδόναι.

ΠΩΛ. Ἐγὼ δέ γε οὔτ᾽ ἐμὲ οὔτ᾽ ἄλλον ἀνθρώπων οὐδένα. ἐπεὶ σὺ δέξαι᾽ ἂν μᾶλλον ἀδικεῖσθαι ἢ ἀδικεῖν;

ΣΩ. Καὶ σύ γ᾽ ἂν καὶ οἱ ἄλλοι πάντες.

ΠΩΛ. Πολλοῦ γε δεῖ, ἀλλ᾽ οὔτ᾽ ἐγὼ οὔτε σὺ οὔτ᾽ ἄλλος οὐδείς.

ΣΩ. Οὔκουν ἀποκρινῇ;

ΠΩΛ. Πάνυ μὲν οὖν· καὶ γὰρ ἐπιθυμῶ εἰδέναι ὅτι ποτ᾽ ἐρεῖς.

ΣΩ. Λέγε δή μοι, ἵν᾽ εἰδῇς, ὥσπερ ἂν εἰ ἐξ ἀρχῆς σε ἠρώτων· πότερον δοκεῖ σοι, ὦ Πῶλε, κάκιον εἶναι, τὸ ἀδικεῖν ἢ τὸ ἀδικεῖσθαι;—ΠΩΛ. Τὸ ἀδικεῖσθαι ἔμοιγε.— ΣΩ. Τί δὲ δή; αἴσχιον πότερον τὸ ἀδικεῖν ἢ τὸ ἀδικεῖσθαι; ἀποκρίνου.—ΠΩΛ. Τὸ ἀδικεῖν.—ΣΩ. Οὐκοῦν καὶ κάκιον, εἴπερ αἴσχιον.—ΠΩΛ. Ἥκιστά γε.—ΣΩ. Μανθάνω· οὐ ταὐτὸν ἡγῇ σύ, ὡς ἔοικας, καλόν τε καὶ ἀγαθὸν καὶ κακὸν καὶ αἰσχρόν.—ΠΩΛ. Οὐ δῆτα.

ΣΩ. Τί δὲ τόδε; τὰ καλὰ πάντα, οἷον καὶ σώματα καὶ χρώματα καὶ σχήματα καὶ φωνὰς καὶ ἐπιτηδεύματα, εἰς οὐδὲν ἀποβλέπων καλεῖς ἑκάστοτε καλά; οἷον πρῶτον τὰ

dê a pauta da votação aos aqui presentes, mas se não tens uma refutação melhor do que essa, passa-me a vez, como há pouco eu dizia, e tenta me refutar como julgo que deva ser! Eu sei como apresentar uma única testemunha do que digo, aquela com a qual eu discuto, contudo dispenso a maioria, e sei como dar a pauta da votação a uma única pessoa, mas não dialogo com muitos[88]. Vê, então, se desejarás me passar a vez de refutar e responder as perguntas! Pois julgo deveras que eu, tu e os demais homens consideramos pior cometer injustiça do que sofrê-la, e não pagar a justa pena pior do que pagá-la.

POL: Eu julgo, porém, que nem eu considero nem qualquer outro homem consideramos; pois tu preferirias sofrer injustiça a cometê-la?

SOC: E tu e todos os demais homens.

POL: Longe disso, mas nem eu nem tu nem qualquer outro.

SOC: Responderás, então?

POL: Certamente; ademais, almejo saber o que perguntarás adiante.

SOC: Para que o saibas, dize-me então, como se eu te inquirisse desde o começo! O que te parece pior, Polo, cometer injustiça ou sofrê-la?

POL: Para mim, sofrer injustiça.

SOC: E aí? É mais vergonhoso cometer injustiça ou sofrê-la? Responde!

POL: Cometer injustiça.

SOC: Então, também é pior, visto que é mais vergonhoso.

POL: Impossível.

SOC: Entendo: não consideras a mesma coisa, como parece, belo e bom, de um lado, e mau e vergonhoso, de outro.

POL: Certamente não.

SOC: E o que dizes disto? Todas as coisas belas, como corpos, dinheiro, figuras, sons, atividades, tu as chamas de belas em toda e qualquer ocasião sem nada observar? Tomemos, primeiro, este exemplo: não afirmas que os belos corpos são belos segundo a

---

88. Cf. supra nota 80.

σώματα τὰ καλὰ οὐχὶ ἤτοι κατὰ τὴν χρείαν λέγεις καλὰ εἶναι, πρὸς ὃ ἂν ἕκαστον χρήσιμον ᾖ, πρὸς τοῦτο, ἢ κατὰ ἡδονήν τινα, ἐὰν ἐν τῷ θεωρεῖσθαι χαίρειν ποιῇ τοὺς θεωροῦντας; ἔχεις τι ἐκτὸς τούτων λέγειν περὶ σώματος κάλλους;—ΠΩΛ. Οὐκ ἔχω.—ΣΩ. Οὐκοῦν καὶ τἆλλα πάντα οὕτω καὶ σχήματα καὶ χρώματα ἢ διὰ ἡδονήν τινα ἢ διὰ ὠφελίαν ἢ δι' ἀμφότερα καλὰ προσαγορεύεις;—ΠΩΛ. Ἔγωγε.—ΣΩ. Οὐ καὶ τὰς φωνὰς καὶ τὰ κατὰ τὴν μουσικὴν πάντα ὡσαύτως;—ΠΩΛ. Ναί.—ΣΩ. Καὶ μὴν τά γε κατὰ τοὺς νόμους καὶ τὰ ἐπιτηδεύματα οὐ δήπου ἐκτὸς τούτων ἐστίν, τὰ καλά, τοῦ ἢ ὠφέλιμα εἶναι ἢ ἡδέα ἢ ἀμφότερα.— ΠΩΛ. Οὐκ ἔμοιγε δοκεῖ.—ΣΩ. Οὐκοῦν καὶ τὸ τῶν μαθημάτων κάλλος ὡσαύτως;—ΠΩΛ. Πάνυ γε· καὶ καλῶς γε νῦν ὁρίζῃ, ὦ Σώκρατες, ἡδονῇ τε καὶ ἀγαθῷ ὁριζόμενος τὸ καλόν.—ΣΩ. Οὐκοῦν τὸ αἰσχρὸν τῷ ἐναντίῳ, λύπῃ τε καὶ κακῷ;—ΠΩΛ. Ἀνάγκη.—ΣΩ. Ὅταν ἄρα δυοῖν καλοῖν θάτερον κάλλιον ᾖ, ἢ τῷ ἑτέρῳ τούτοιν ἢ ἀμφοτέροις ὑπερβάλλον κάλλιόν ἐστιν, ἤτοι ἡδονῇ ἢ ὠφελίᾳ ἢ ἀμφοτέροις. —ΠΩΛ. Πάνυ γε.—ΣΩ. Καὶ ὅταν δὲ δὴ δυοῖν αἰσχροῖν τὸ ἕτερον αἴσχιον ᾖ, ἤτοι λύπῃ ἢ κακῷ ὑπερβάλλον αἴσχιον ἔσται· ἢ οὐκ ἀνάγκη;—ΠΩΛ. Ναί.

ΣΩ. Φέρε δή, πῶς ἐλέγετο νυνδὴ περὶ τοῦ ἀδικεῖν καὶ ἀδικεῖσθαι; οὐκ ἔλεγες τὸ μὲν ἀδικεῖσθαι κάκιον εἶναι, τὸ δὲ ἀδικεῖν αἴσχιον;—ΠΩΛ. Ἔλεγον.—ΣΩ. Οὐκοῦν εἴπερ αἴσχιον τὸ ἀδικεῖν τοῦ ἀδικεῖσθαι, ἤτοι λυπηρότερόν ἐστιν

sua utilidade, em relação à qual cada um deles é útil, ou segundo certo prazer, se o ato de contemplar trouxer deleite para quem os contempla? Tens algo a acrescentar no tocante à beleza do corpo?

POL: Não tenho.

SOC: Então as figuras, as cores, e todas as outras coisas, tu não as chamas de belas do mesmo modo, ou devido a algum prazer, ou devido a algum benefício, ou devido a ambos?

POL: Sim.

SOC: E quanto aos sons e a tudo o que concerne à música, não sucede o mesmo?

POL: Sim.

SOC: Decerto as atividades e as questões referentes às leis, as que são belas, não se excluem disso, e são belas porque são benéficas, ou aprazíveis, ou ambas.

POL: É o que me parece.

SOC: Não sucede o mesmo, então, à beleza dos estudos?

POL: Certamente; e agora apresentas uma bela definição, Sócrates, definindo o belo pelo prazer e pelo bem.

SOC: E o vergonhoso pelos seus contrários, pela dor e pelo mal?

POL: Necessariamente.

SOC: Portanto, quando entre duas coisas belas uma for mais bela que a outra, será mais bela por superá-la em um ou em ambos os quesitos, quer em prazer ou em benefício, quer em ambos.

POL: Com certeza.

SOC: E quando entre duas coisas vergonhosas uma for mais vergonhosa que a outra, será mais vergonhosa por superá-la em dor ou em mal; não é necessário?

POL: Sim.

SOC: Adiante então! Como se dizia há pouco a respeito de cometer e sofrer injustiça? Não afirmavas que sofrer injustiça é pior, ao passo que cometê-la é mais vergonhoso?

POL: Afirmava.

SOC: Assim, uma vez que cometer injustiça é mais vergonhoso que sofrê-la, não seria mais vergonhoso porque é mais

καὶ λύπῃ ὑπερβάλλον αἴσχιον ἂν εἴη ἢ κακῷ ἢ ἀμφοτέροις; οὐ καὶ τοῦτο ἀνάγκη;—ΠΩΛ. Πῶς γὰρ οὔ;—ΣΩ. Πρῶτον
c μὲν δὴ σκεψώμεθα, ἆρα λύπῃ ὑπερβάλλει τὸ ἀδικεῖν τοῦ ἀδικεῖσθαι, καὶ ἀλγοῦσι μᾶλλον οἱ ἀδικοῦντες ἢ οἱ ἀδικούμενοι;—ΠΩΛ. Οὐδαμῶς, ὦ Σώκρατες, τοῦτό γε.—ΣΩ. Οὐκ ἄρα λύπῃ γε ὑπερέχει.—ΠΩΛ. Οὐ δῆτα.—ΣΩ. Οὐκοῦν εἰ μὴ λύπῃ, ἀμφοτέροις μὲν οὐκ ἂν ἔτι ὑπερβάλλοι.—ΠΩΛ. Οὐ φαίνεται.—ΣΩ. Οὐκοῦν τῷ ἑτέρῳ λείπεται.—ΠΩΛ. Ναί. —ΣΩ. Τῷ κακῷ.—ΠΩΛ. Ἔοικεν.—ΣΩ. Οὐκοῦν κακῷ ὑπερβάλλον τὸ ἀδικεῖν κάκιον ἂν εἴη τοῦ ἀδικεῖσθαι.—ΠΩΛ. Δῆλον δὴ ὅτι.

d ΣΩ. Ἄλλο τι οὖν ὑπὸ μὲν τῶν πολλῶν ἀνθρώπων καὶ ὑπὸ σοῦ ὡμολογεῖτο ἡμῖν ἐν τῷ ἔμπροσθεν χρόνῳ αἴσχιον εἶναι τὸ ἀδικεῖν τοῦ ἀδικεῖσθαι;—ΠΩΛ. Ναί.—ΣΩ. Νῦν δέ γε κάκιον ἐφάνη.—ΠΩΛ. Ἔοικε.—ΣΩ. Δέξαιο ἂν οὖν σὺ μᾶλλον τὸ κάκιον καὶ τὸ αἴσχιον ἀντὶ τοῦ ἧττον; μὴ ὄκνει ἀποκρίνασθαι, ὦ Πῶλε· οὐδὲν γὰρ βλαβήσῃ· ἀλλὰ γενναίως τῷ λόγῳ ὥσπερ ἰατρῷ παρέχων ἀποκρίνου, καὶ ἢ
e φάθι ἢ μὴ ἃ ἐρωτῶ.—ΠΩΛ. Ἀλλ' οὐκ ἂν δεξαίμην, ὦ Σώκρατες.—ΣΩ. Ἄλλος δέ τις ἀνθρώπων;—ΠΩΛ. Οὔ μοι δοκεῖ κατά γε τοῦτον τὸν λόγον.—ΣΩ. Ἀληθῆ ἄρα ἐγὼ

doloroso e supera o outro em dor, ou em mal ou em ambos? Isso também não é necessário?

POL: E como não seria?

SOC: Investiguemos primeiro, então, o seguinte: porventura cometer injustiça supera em dor o sofrê-la, e padece mais quem comete injustiça do que quem a sofre?

POL: De forma nenhuma, Sócrates, é o que acontece.

SOC: Portanto, não o supera em dor?

POL: Certamente não.

SOC: Então, se não o supera em dor, muito menos poderia superá-lo em ambos.

POL: É claro que não.

SOC: Resta-nos, assim, a outra opção.

POL: Sim.

SOC: Supera-o em mal.

POL: Como parece.

SOC: Superando-o em mal, cometer injustiça não seria, então, pior que sofrê-la?

POL: É evidente.

SOC: Mas tu e muitos outros homens não concordáveis, tempos atrás[89], que é mais vergonhoso cometer injustiça do que sofrê-la?

POL: Sim.

SOC: E agora é manifesto que é pior.

POL: Como parece.

SOC: Tu terias, então, maior preferência, e não menor, pelo pior e mais vergonhoso? Não receies responder, Polo! Nenhum prejuízo há de te acometer; mas apresenta-te de forma nobre perante o argumento como perante um médico, e responde com sim ou não às minhas perguntas!

POL: Mas eu não teria maior preferência, Sócrates?

SOC: E algum outro homem a teria?

POL: Não me parece, conforme esse argumento.

---

89. Cf. 474c.

ἔλεγον, ὅτι οὔτ' ἂν ἐγὼ οὔτ' ἂν σὺ οὔτ' ἄλλος οὐδεὶς ἀνθρώπων δέξαιτ' ἂν μᾶλλον ἀδικεῖν ἢ ἀδικεῖσθαι· κάκιον γὰρ τυγχάνει ὄν.—ΠΩΛ. Φαίνεται.

ΣΩ. Ὁρᾷς οὖν, ὦ Πῶλε, ὁ ἔλεγχος παρὰ τὸν ἔλεγχον παραβαλλόμενος ὅτι οὐδὲν ἔοικεν, ἀλλὰ σοὶ μὲν οἱ ἄλλοι πάντες ὁμολογοῦσιν πλὴν ἐμοῦ, ἐμοὶ δὲ σὺ ἐξαρκεῖς εἷς ὢν μόνος καὶ ὁμολογῶν καὶ μαρτυρῶν, καὶ ἐγὼ σὲ μόνον ἐπιψηφίζων τοὺς ἄλλους ἐῶ χαίρειν. καὶ τοῦτο μὲν ἡμῖν οὕτως ἐχέτω· μετὰ τοῦτο δὲ περὶ οὗ τὸ δεύτερον ἠμφεσβητήσαμεν σκεψώμεθα, τὸ ἀδικοῦντα διδόναι δίκην ἆρα μέγιστον τῶν κακῶν ἐστιν, ὡς σὺ ᾤου, ἢ μεῖζον τὸ μὴ διδόναι, ὡς αὖ ἐγὼ ᾤμην.

Σκοπώμεθα δὲ τῇδε· τὸ διδόναι δίκην καὶ τὸ κολάζεσθαι δικαίως ἀδικοῦντα ἆρα τὸ αὐτὸ καλεῖς;—ΠΩΛ. Ἔγωγε.—ΣΩ. Ἔχεις οὖν λέγειν ὡς οὐχὶ τά γε δίκαια πάντα καλά ἐστιν, καθ' ὅσον δίκαια; καὶ διασκεψάμενος εἰπέ.—ΠΩΛ. Ἀλλά μοι δοκεῖ, ὦ Σώκρατες.—ΣΩ. Σκόπει δὴ καὶ τόδε· ἆρα εἴ τίς τι ποιεῖ, ἀνάγκη τι εἶναι καὶ πάσχον ὑπὸ τούτου τοῦ ποιοῦντος;—ΠΩΛ. Ἔμοιγε δοκεῖ.—ΣΩ. Ἆρα τοῦτο πάσχον ὃ τὸ ποιοῦν ποιεῖ, καὶ τοιοῦτον οἷον ποιεῖ τὸ ποιοῦν; λέγω δὲ τὸ τοιόνδε· εἴ τις τύπτει, ἀνάγκη τι τύπτεσθαι;—

---

90. Vejamos o resumo do argumento de Sócrates (474c4-475e6) que pretende refutar a tese de Polo, fundamentada na disjunção entre belo e bom, de um lado, e vergonhoso e mal, de outro:

    A. Sofrer injustiça é pior do que cometê-la;
    B. mas cometer injustiça é mais vergonhoso do que sofrê-la;
   i. nós julgamos belas as coisas ou porque elas são úteis (κατὰ τὴν χρείαν, 474d6), ou porque elas causam prazer (κατὰ ἡδονήν τινα, 474d8) em quem as contempla (τοὺς θεωροῦντας, 474d9), ou por ambos (δι' ἀμφότερα, 474e3);
   ii. portanto, julgamos uma coisa mais bela do que a outra, quando ela a supera em um desses critérios, ou em ambos;
   iii. da mesma forma, julgamos uma coisa mais vergonhosa do que a outra, quando ela a supera em mal, ou em dor, ou em ambos;
     iv. aqueles que cometem injustiça não superam em dor aqueles que a sofrem;
     v. mas os superam em mal; →

SOC: Portanto, eu falava a verdade, que nem eu nem tu nem qualquer outro homem preferiríamos cometer injustiça a sofrê-la, pois acontece de ser pior.

POL: É claro[90].

SOC: Vês então, Polo, que, comparando uma refutação com a outra, elas em nada se parecem: embora contigo todos os outros concordem exceto eu, para mim tu me bastas, mesmo sendo apenas um, pois concordas comigo e testemunhas em meu favor; e eu, dando a pauta da votação somente a ti, dispenso os outros[91]. E que esse ponto esteja estabelecido por nós! A seguir, investiguemos sobre o segundo ponto em que divergimos: se pagar a justa pena uma vez cometida a injustiça é o maior dos males, como tu presumias, ou se não pagá-la é um mal maior, como eu, por minha vez, presumia. Examinemos o seguinte: pagar a justa pena e punir de forma justa quem comete injustiça, porventura consideras a mesma coisa?

POL: Sim.

SOC: Tu dirias, então, que nem todas as coisas justas são belas, na medida em que são justas? Investiga bem e então dize-me!

POL: Não me parece, Sócrates.

SOC: Examina também o seguinte: se alguém faz alguma coisa, porventura é necessário que haja também uma coisa que sofra a ação daquele que faz?

POL: Parece-me que sim.

SOC: Aquilo que sofre a ação daquele que faz, porventura será tal qual a ação daquele que faz? Refiro-me a algo do gênero: se alguém açoitar, é necessário que algo seja açoitado?

→   vi. portanto, na medida em que cometer injustiça supera em mal o sofrê-la, cometê-la é pior do que sofrê-la;

vii. visto que Polo concordou que cometer injustiça é mais vergonhoso do que sofrê-la, ou ele tem de ter maior preferência, e não menor, pelo pior e mais vergonhoso, ou conceder que cometer injustiça é pior do que sofrê-la;

viii. mas ele não teria maior preferência por um mal e uma vergonha maiores;

ix. portanto, ele tem de conceder que cometer injustiça é não só mais vergonhoso, como também pior do que sofrê-la (J. Beversluis, op. cit., p. 329-330).

91. Cf. supra nota 80.

ΠΩΛ. Ἀνάγκη.—ΣΩ. Καὶ εἰ σφόδρα τύπτει ἢ ταχὺ ὁ τύπτων, οὕτω καὶ τὸ τυπτόμενον τύπτεσθαι;—ΠΩΛ. Ναί.— ΣΩ. Τοιοῦτον ἄρα πάθος τῷ τυπτομένῳ ἐστὶν οἷον ἂν τὸ τύπτον ποιῇ;—ΠΩΛ. Πάνυ γε.—ΣΩ. Οὐκοῦν καὶ εἰ κάει τις, ἀνάγκη τι κάεσθαι;—ΠΩΛ. Πῶς γὰρ οὔ;—ΣΩ. Καὶ εἰ σφόδρα γε κάει ἢ ἀλγεινῶς, οὕτω κάεσθαι τὸ καόμενον ὡς ἂν τὸ κᾶον κάῃ;—ΠΩΛ. Πάνυ γε.—ΣΩ. Οὐκοῦν καὶ εἰ τέμνει τι, ὁ αὐτὸς λόγος; τέμνεται γάρ τι.—ΠΩΛ. Ναί. —ΣΩ. Καὶ εἰ μέγα γε ἢ βαθὺ τὸ τμῆμα ἢ ἀλγεινόν, τοιοῦτον τμῆμα τέμνεται τὸ τεμνόμενον οἷον τὸ τέμνον τέμνει;— ΠΩΛ. Φαίνεται.—ΣΩ. Συλλήβδην δὴ ὅρα εἰ ὁμολογεῖς, ὃ ἄρτι ἔλεγον, περὶ πάντων, οἷον ἂν ποιῇ τὸ ποιοῦν, τοιοῦτον τὸ πάσχον πάσχειν.—ΠΩΛ. Ἀλλ' ὁμολογῶ.

ΣΩ. Τούτων δὴ ὁμολογουμένων, τὸ δίκην διδόναι πότερον πάσχειν τί ἐστιν ἢ ποιεῖν;—ΠΩΛ. Ἀνάγκη, ὦ Σώκρατες, πάσχειν.—ΣΩ. Οὐκοῦν ὑπό τινος ποιοῦντος;—ΠΩΛ. Πῶς γὰρ οὔ; ὑπό γε τοῦ κολάζοντος.—ΣΩ. Ὁ δὲ ὀρθῶς κολάζων δικαίως κολάζει;—ΠΩΛ. Ναί.—ΣΩ. Δίκαια ποιῶν ἢ οὔ; —ΠΩΛ. Δίκαια.—ΣΩ. Οὐκοῦν ὁ κολαζόμενος δίκην διδοὺς

POL: É necessário.

SOC: E se quem açoita açoitar impetuosa ou rapidamente, quem é açoitado será açoitado também da mesma maneira?

POL: Sim.

SOC: Portanto, a afecção de quem é açoitado é tal qual a ação de quem açoita?

POL: Certamente.

SOC: Então, se alguém queimar, será necessário que algo seja queimado?

POL: E como não seria?

SOC: E se ele queimar impetuosa ou dolorosamente, quem é queimado será queimado da mesma maneira que queima aquele que queima?

POL: Certamente.

SOC: Então, se alguém cortar alguma coisa, o mesmo argumento não se aplicará? Pois alguma coisa será cortada.

POL: Sim.

SOC: E se o corte for grande, profundo ou doloroso, quem é cortado terá esse corte tal como corta aquele que corta?

POL: É claro.

SOC: Em suma, vê se concordas, como há pouco eu dizia, que em todos esses casos a ação de quem faz é tal qual a afecção de quem a sofre.

POL: Concordo.

SOC: Uma vez concorde, pagar a justa pena é, porventura, sofrer ou fazer algo?

POL: Necessariamente, Sócrates, sofrer algo.

SOC: E não é pela ação de quem faz?

POL: E como não seria? De quem pune.

SOC: E quem pune corretamente pune de forma justa?

POL: Sim.

SOC: Fazendo a coisa justa, ou não?

POL: A coisa justa.

SOC: Então, quem é punido não sofre a coisa justa, quando paga a justa pena?

δίκαια πάσχει;—ΠΩΛ. Φαίνεται.—ΣΩ. Τὰ δὲ δίκαιά που καλὰ ὡμολόγηται;—ΠΩΛ. Πάνυ γε.—ΣΩ. Τούτων ἄρα ὁ μὲν ποιεῖ καλά, ὁ δὲ πάσχει, ὁ κολαζόμενος.—ΠΩΛ. Ναί. —ΣΩ. Οὐκοῦν εἴπερ καλά, ἀγαθά; ἢ γὰρ ἡδέα ἢ ὠφέλιμα.—ΠΩΛ. Ἀνάγκη.—ΣΩ. Ἀγαθὰ ἄρα πάσχει ὁ δίκην διδούς;—ΠΩΛ. Ἔοικεν.—ΣΩ. Ὠφελεῖται ἄρα;—ΠΩΛ. Ναί.

ΣΩ. Ἆρα ἥνπερ ἐγὼ ὑπολαμβάνω τὴν ὠφελίαν; βελτίων τὴν ψυχὴν γίγνεται, εἴπερ δικαίως κολάζεται;—ΠΩΛ. Εἰκός γε.—ΣΩ. Κακίας ἄρα ψυχῆς ἀπαλλάττεται ὁ δίκην διδούς;—ΠΩΛ. Ναί.—ΣΩ. Ἆρα οὖν τοῦ μεγίστου ἀπαλλάττεται κακοῦ; ὧδε δὲ σκόπει· ἐν χρημάτων κατασκευῇ ἀνθρώπου κακίαν ἄλλην τινὰ ἐνορᾷς ἢ πενίαν;—ΠΩΛ. Οὔκ, ἀλλὰ πενίαν.—ΣΩ. Τί δ' ἐν σώματος κατασκευῇ; κακίαν ἂν φήσαις ἀσθένειαν εἶναι καὶ νόσον καὶ αἶσχος καὶ τὰ τοιαῦτα;—ΠΩΛ. Ἔγωγε.—ΣΩ. Οὐκοῦν καὶ ἐν ψυχῇ πονηρίαν ἡγῇ τινα εἶναι;—ΠΩΛ. Πῶς γὰρ οὔ;—ΣΩ. Ταύτην οὖν οὐκ ἀδικίαν καλεῖς καὶ ἀμαθίαν καὶ δειλίαν καὶ τὰ

92. Vejamos o resumo da primeira das três partes do argumento de Sócrates (476a7-477a4; 477a5-e6; 477e7-479e9), que pretende refutar a tese de Polo de que pagar a justa pena, uma vez tendo cometido injustiça, é o maior dos males:
    i. Pagar a justa pena e ser punido de forma justa são a mesma coisa;
    ii. as coisas justas são belas na medida em que são justas;
    iii. quando alguém faz alguma coisa, é necessário que haja outra coisa que sofra a ação daquele que faz, como por exemplo, quando alguém corta, é necessário haver algo que seja cortado;
    iv. a ação de quem faz é tal qual a afecção de quem a sofre, como, por exemplo, quando alguém provoca um corte profundo e doloroso, a pessoa cortada sofre um corte profundo e doloroso;
    v. pagar a justa pena é sofrer algo;
    vi. aquele que pune alguém de forma correta o pune de forma justa e, portanto, faz o que é justo;
    vii. aquele que sofre a punição justa experimenta o que é justo;
    viii. na medida em que, segundo a premissa ii., o que é justo é belo e bom, quando aquele que pune o faz de forma justa, ele faz o que é belo e bom; e quando →

POL: É claro.

SOC: E há consenso de que as coisas justas sejam belas.

POL: Com certeza.

SOC: Portanto, um deles faz coisas belas, enquanto o outro, aquele que é punido, as sofre.

POL: Sim.

SOC: Assim, uma vez que são belas, são boas? Pois são ou aprazíveis ou benéficas?

POL: Necessariamente.

SOC: Portanto, quem paga a justa pena não sofre coisas boas?

POL: Como parece.

SOC: Portanto, ele não se beneficia?

POL: Sim.

SOC: Será, porventura, o benefício que concebo? A sua alma se torna melhor, quando ele é punido?

POL: É plausível.

SOC: Portanto, quem paga a justa pena não se livra do mal da alma?

POL: Sim[92].

SOC: Livra-se ele, por acaso, do mal maior? Examina desta maneira: quanto à provisão de riqueza, vês outro mal para o homem que não a pobreza?

POL: Não, é a pobreza.

SOC: E quanto à provisão do corpo? Dirias que o mal é a fraqueza, a doença, a deformidade e coisas similares?

POL: Sim.

SOC: E em relação à alma, consideras que também há algum vício?

POL: Como não haveria?

SOC: E não o chamas de injustiça, ignorância, covardia e coisas do gênero?

→ aquele que é punido sofre uma justa punição, ele sofre o que é belo e bom, sendo, assim, beneficiado;

 ix. ser beneficiado é tornar melhor a alma e se livrar do mal da alma (J. Beversluis, op. cit., p. 333-334).

τοιαῦτα;—ΠΩΛ. Πάνυ μὲν οὖν.—ΣΩ. Οὐκοῦν χρημάτων καὶ σώματος καὶ ψυχῆς, τριῶν ὄντων, τριττὰς εἴρηκας πονηρίας, πενίαν, νόσον, ἀδικίαν;—ΠΩΛ. Ναί.—ΣΩ. Τίς οὖν τούτων τῶν πονηριῶν αἰσχίστη; οὐχ ἡ ἀδικία καὶ συλλήβδην ἡ τῆς ψυχῆς πονηρία;—ΠΩΛ. Πολύ γε.—ΣΩ. Εἰ δὴ αἰσχίστη, καὶ κακίστη;—ΠΩΛ. Πῶς, ὦ Σώκρατες, λέγεις;

ΣΩ. Ὡδί· ἀεὶ τὸ αἴσχιστον ἤτοι λύπην μεγίστην παρέχον ἢ βλάβην ἢ ἀμφότερα αἴσχιστόν ἐστιν ἐκ τῶν ὡμολογημένων ἐν τῷ ἔμπροσθεν.—ΠΩΛ. Μάλιστα.—ΣΩ. Αἴσχιστον δὲ ἀδικία καὶ σύμπασα ψυχῆς πονηρία νυνδὴ ὡμολόγηται ἡμῖν;—ΠΩΛ. Ὡμολόγηται γάρ.—ΣΩ. Οὐκοῦν ἢ ἀνιαρότατόν ἐστι καὶ ἀνίᾳ ὑπερβάλλον αἴσχιστον τούτων ἐστὶν ἢ βλάβῃ ἢ ἀμφότερα;—ΠΩΛ. Ἀνάγκη.—ΣΩ. Ἆρ' οὖν ἀλγεινότερόν ἐστιν τοῦ πένεσθαι καὶ κάμνειν τὸ ἄδικον εἶναι καὶ ἀκόλαστον καὶ δειλὸν καὶ ἀμαθῆ;—ΠΩΛ. Οὐκ ἔμοιγε δοκεῖ, ὦ Σώκρατες, ἀπὸ τούτων γε.—ΣΩ. Ὑπερφυεῖ τινι ἄρα ὡς μεγάλῃ βλάβῃ καὶ κακῷ θαυμασίῳ ὑπερβάλλουσα τἆλλα ἡ τῆς ψυχῆς πονηρία αἴσχιστόν ἐστι πάντων, ἐπειδὴ οὐκ ἀλγηδόνι γε, ὡς ὁ σὸς λόγος.—ΠΩΛ. Φαίνεται.—ΣΩ. Ἀλλὰ μήν που τό γε μεγίστῃ βλάβῃ ὑπερβάλλον μέγιστον ἂν κακὸν εἴη τῶν ὄντων.—ΠΩΛ. Ναί.—ΣΩ. Ἡ ἀδικία ἄρα καὶ ἡ ἀκολασία καὶ ἡ ἄλλη ψυχῆς πονηρία

---

93. Platão enumera aqui os quatro "vícios" da alma (477c4), "injustiça" [*adikia*] (ἀδικία), "intemperança" [*akolasia*] (ἀκολασία), "covardia" [*deilia*] (δειλία) e "ignorância" [*amathia*] (ἀμαθία), que correspondem às quatro virtudes cardinais de sua filosofia moral: "justiça" [*dikaiosunē*] (δικαιοσύνη), "temperança" [*sōphrosunē*] (σωφροσύνη), "coragem" [*andreia*] (ἀνδρεία) e "sabedoria" [*sophia / phronēsis*] (σοφία / φρόνησις). No Livro IV da *República*, Platão apresenta pormenorizadamente em que consiste cada uma dessas virtudes, e, por conseguinte, os vícios respectivos, segundo a concepção de uma alma tripartida, ou seja, composta do "elemento racional" [*to logistikon*] (τὸ λογιστικόν), do "elemento irascível" [*to thumoeides*] (τὸ θυμοειδές) e do "elemento apetitivo" [*to epithumētikon*] (τὸ ἐπιθυμητικόν). No *Górgias*, todavia, essa concepção de alma não se faz presente em sua completude, embora haja o reconhecimento do "elemento apetitivo" da alma (τῆς ψυχῆς τοῦτο ἐν ᾧ ἐπιθυμίαι εἰσί, 493a3; τοῦτο τῆς ψυχῆς οὗ αἱ ἐπιθυμίαι εἰσί, 493b1), como ficará →

POL: Certamente.

SOC: Então, visto que riqueza, corpo e alma são três coisas, te referes a três vícios, à pobreza, à doença e à injustiça?

POL: Sim.

SOC: Qual é, então, o mais vergonhoso desses vícios? Não é a injustiça e, em suma, o vício da alma?

POL: Sem dúvida.

SOC: E se é o mais vergonhoso, não é o pior?

POL: Como dizes, Sócrates?

SOC: Assim: o mais vergonhoso sempre será mais vergonhoso por comportar a maior dor ou o maior prejuízo ou ambos, conforme foi consentido previamente.

POL: Absolutamente.

SOC: E não concordamos há pouco que a injustiça e todo o vício da alma é a coisa mais vergonhosa?

POL: Concordamos.

SOC: Ela não é, assim, a mais penosa e a mais vergonhosa por superar os outros em dor ou em prejuízo ou em ambos?

POL: Necessariamente.

SOC: Porventura ser injusto, intemperante, covarde e ignorante[93] é mais doloroso do que ser pobre e doente?

POL: Não me parece, Sócrates, a partir do que foi dito.

SOC: Portanto, por superar os outros em um prejuízo excepcionalmente grandioso e em um mal estupendo, o vício da alma é o mais vergonhoso de todos, visto que não é em dor que os supera, conforme teu argumento.

POL: É claro.

SOC: Mas, decerto, aquilo que supera as demais coisas em maior prejuízo seria o maior mal existente.

POL: Sim.

SOC: Portanto, a injustiça, a intemperança e qualquer outro vício da alma é o maior mal existente.

→ evidente no mito siciliano contado adiante por Sócrates sobre os jarros e os crivos, na interlocução com Cálicles. Sobre o "elemento apetitivo" da alma, cf. infra n. 168; ver Ensaio Introdutório, 5.III.

μέγιστον τῶν ὄντων κακόν ἐστιν;—ΠΩΛ. Φαίνεται.
ΣΩ. Τίς οὖν τέχνη πενίας ἀπαλλάττει; οὐ χρηματιστική;—ΠΩΛ. Ναί.—ΣΩ. Τίς δὲ νόσου; οὐκ ἰατρική;—
ΠΩΛ. Ἀνάγκη.—ΣΩ. Τίς δὲ πονηρίας καὶ ἀδικίας; εἰ μὴ οὕτως εὐπορεῖς, ὧδε σκόπει· ποῖ ἄγομεν καὶ παρὰ τίνας τοὺς κάμνοντας τὰ σώματα;—ΠΩΛ. Παρὰ τοὺς ἰατρούς, ὦ Σώκρατες.—ΣΩ. Ποῖ δὲ τοὺς ἀδικοῦντας καὶ τοὺς ἀκολασταίνοντας;—ΠΩΛ. Παρὰ τοὺς δικαστὰς λέγεις;—ΣΩ. Οὐκοῦν δίκην δώσοντας;—ΠΩΛ. Φημί.—ΣΩ. Ἆρ' οὖν οὐ δικαιοσύνῃ τινὶ χρώμενοι κολάζουσιν οἱ ὀρθῶς κολάζοντες; ΠΩΛ. Δῆλον δή.—ΣΩ. Χρηματιστικὴ μὲν ἄρα πενίας ἀπαλλάττει, ἰατρικὴ δὲ νόσου, δίκη δὲ ἀκολασίας καὶ ἀδικίας.—
ΠΩΛ. Φαίνεται.
ΣΩ. Τί οὖν τούτων κάλλιστόν ἐστιν [ὧν λέγεις];—
ΠΩΛ. Τίνων λέγεις;—ΣΩ. Χρηματιστικῆς, ἰατρικῆς, δίκης.
—ΠΩΛ. Πολὺ διαφέρει, ὦ Σώκρατες, ἡ δίκη.—ΣΩ. Οὐκοῦν αὖ ἤτοι ἡδονὴν πλείστην ποιεῖ ἢ ὠφελίαν ἢ ἀμφότερα, εἴπερ κάλλιστόν ἐστιν;—ΠΩΛ. Ναί.—ΣΩ. Ἆρ' οὖν τὸ ἰατρεύεσθαι ἡδύ ἐστιν, καὶ χαίρουσιν οἱ ἰατρευόμενοι;—ΠΩΛ. Οὐκ ἔμοιγε δοκεῖ.—ΣΩ. Ἀλλ' ὠφέλιμόν γε. ἢ γάρ;—ΠΩΛ.

94. Vejamos o resumo da segunda parte do argumento de Sócrates (477a5-e6):
  i. assim como os males do corpo são a doença, a fraqueza e coisas do gênero, os males da alma são a injustiça, a ignorância e a covardia;
  ii. desses males, a injustiça é a mais vergonhosa porque ela é o vício da alma;
  iii. na medida em que a justiça é a mais vergonhosa, ele deve ser também o maior mal e, portanto, deve causar a maior dor, ou o maior prejuízo, ou ambos;
  iv. visto que ela não causa a maior dor, ele deve causar o maior prejuízo;
  v. aquilo que supera as demais coisas em prejuízo deve ser o maior dos males;
  vi. portanto, a injustiça é o maior dos males (J. Beversluis, op. cit., p. 334).
95. Platão assume aqui (447e7-478b2) que a justiça é capaz não só de curar a alma da injustiça, uma vez tendo a cometido, mas também do "vício" em geral (πονηρίας καὶ ἀδικίας, 478a1), e na sequência do argumento, passa a associar a "injustiça" à "intemperança" (ἀκολασίας καὶ ἀδικίας, 478b1). Platão parece introduzir o problema da "intemperança" na discussão sobre a justiça, porque o verbo empregado aqui para designar a "punição" aplicada pelos juízes nos tribunais é *kolazein* (κολάζουσιν, οἱ κολάζοντες, 478a7), da mesma raiz do substantivo que designa "intemperança" (*akolasia*). Ou seja, do ponto de vista semântico, a "intemperança" (*akolasia*) significaria "ausência de punição, de refreamento", e a punição aplicada pela justiça seria capaz de refreá-la, de livrá-la da *akolasia*. Mas como salienta Irwin, →

POL: É claro[94].

SOC: Qual é, então, a arte que nos livra da pobreza? Não é a arte do negócio?

POL: Sim.

SOC: E qual delas nos livra da doença? Não é a medicina?

POL: Necessariamente.

SOC: E qual delas nos livra do vício e da injustiça? Se não encontrares a via de resposta, examina deste modo: aonde e a quem levamos as pessoas cujo corpo está enfermo?

POL: Aos médicos, Sócrates.

SOC: E aonde levamos quem comete injustiça e é intemperante?

POL: Aos juízes, te referes a eles?

SOC: Não pagará, então, a justa pena?

POL: Sim.

SOC: E quem pune corretamente, porventura não pune empregando certa justiça?

POL: É evidente.

SOC: Portanto, a arte do negócio nos livra da pobreza, a medicina, da doença, e a justiça, da intemperança e da injustiça[95].

POL: É claro.

SOC: Qual delas, então, é a mais bela?

POL: A que te referes?

SOC: À arte do negócio, à medicina e à justiça.

POL: A justiça se distingue em muito das demais, Sócrates.

SOC: E ela, por sua vez, não produz decerto o maior prazer ou o maior benefício ou ambos, visto que é a mais bela?

POL: Sim.

SOC: O tratamento médico, por acaso, é aprazível, e quem a ele se submete deleita-se?

POL: Não me parece.

SOC: Mas é benéfico, ou não?

→ "aqui ele força demais a linguagem ordinária. A punição pode deixar alguém 'controlado' ou 'moderado' sem ter mudado seus desejos e aspirações, o tipo de mudança que Sócrates tem em mente" (op. cit., p. 162).

c Ναί.—ΣΩ. Μεγάλου γὰρ κακοῦ ἀπαλλάττεται, ὥστε λυσιτελεῖ ὑπομεῖναι τὴν ἀλγηδόνα καὶ ὑγιῆ εἶναι.—ΠΩΛ. Πῶς γὰρ οὔ;—ΣΩ. Ἆρ' οὖν οὕτως ἂν περὶ σῶμα εὐδαιμονέστατος ἄνθρωπος εἴη, ἰατρευόμενος, ἢ μηδὲ κάμνων ἀρχήν;—ΠΩΛ. Δῆλον ὅτι μηδὲ κάμνων.—ΣΩ. Οὐ γὰρ τοῦτ' ἦν εὐδαιμονία, ὡς ἔοικε, κακοῦ ἀπαλλαγή, ἀλλὰ τὴν ἀρχὴν μηδὲ κτῆσις.— ΠΩΛ. Ἔστι ταῦτα.

d ΣΩ. Τί δέ; ἀθλιώτερος πότερος δυοῖν ἐχόντοιν κακὸν εἴτ' ἐν σώματι εἴτ' ἐν ψυχῇ, ὁ ἰατρευόμενος καὶ ἀπαλλαττόμενος τοῦ κακοῦ, ἢ ὁ μὴ ἰατρευόμενος, ἔχων δέ;—ΠΩΛ. Φαίνεταί μοι ὁ μὴ ἰατρευόμενος.—ΣΩ. Οὐκοῦν τὸ δίκην διδόναι μεγίστου κακοῦ ἀπαλλαγὴ ἦν, πονηρίας;—ΠΩΛ. Ἦν γάρ. —ΣΩ. Σωφρονίζει γάρ που καὶ δικαιοτέρους ποιεῖ καὶ ἰατρικὴ γίγνεται πονηρίας ἡ δίκη.—ΠΩΛ. Ναί.—ΣΩ. Εὐδαιμονέστατος μὲν ἄρα ὁ μὴ ἔχων κακίαν ἐν ψυχῇ, ἐπειδὴ τοῦτο
e μέγιστον τῶν κακῶν ἐφάνη.—ΠΩΛ. Δῆλον δή.—ΣΩ. Δεύτερος δέ που ὁ ἀπαλλαττόμενος.—ΠΩΛ. Ἔοικεν.—ΣΩ. Οὗτος δ' ἦν ὁ νουθετούμενός τε καὶ ἐπιπληττόμενος καὶ δίκην διδούς.—ΠΩΛ. Ναί.—ΣΩ. Κάκιστα ἄρα ζῇ ὁ ἔχων [ἀδικίαν] καὶ μὴ ἀπαλλαττόμενος.—ΠΩΛ. Φαίνεται.

POL: Sim.

SOC: Pois a pessoa se livra de um grande mal, de modo que lhe é vantajoso suportar a dor e ser saudável.

POL: E como não seria?

SOC: E quando o homem, em relação ao corpo, seria feliz ao máximo: submetendo-se ao tratamento médico, ou não adoecendo desde o princípio?

POL: É evidente que não adoecendo.

SOC: Pois a felicidade, como é plausível, não era livrar-se do mal, mas não adquiri-lo a princípio.

POL: É isso.

SOC: E então? Entre duas pessoas com um mal, seja no corpo ou na alma, qual é mais infeliz, aquela que se submete ao tratamento médico e se livra do mal, ou aquela que não se lhe submete e persiste com ele?

POL: É claro que aquela que não se submete a ele.

SOC: Pagar a justa pena não era, então, a libertação do maior mal, do vício?

POL: Era.

SOC: Pois a justiça traz a temperança[96], deixa as pessoas mais justas e se torna a medicina para o vício.

POL: Sim.

SOC: Portanto, é feliz ao máximo quem não possui o vício na alma, visto que ele é manifestamente o maior dos males.

POL: É evidente.

SOC: E em segundo lugar, quem se livra dele.

POL: Como parece.

SOC: E essa pessoa era aquela que foi admoestada, castigada e que pagou a justa pena.

POL: Sim.

SOC: Portanto, vive da pior forma possível quem possui a injustiça e dela não se livra.

POL: É claro.

---

96. Cf. supra nota 95.

ΣΩ. Οὐκοῦν οὗτος τυγχάνει ὢν ὃς ἂν τὰ μέγιστα ἀδικῶν καὶ χρώμενος μεγίστῃ ἀδικίᾳ διαπράξηται ὥστε μήτε νουθετεῖσθαι μήτε κολάζεσθαι μήτε δίκην διδόναι, ὥσπερ σὺ φῂς Ἀρχέλαον παρεσκευάσθαι καὶ τοὺς ἄλλους τυράννους καὶ ῥήτορας καὶ δυνάστας;

ΠΩΛ. Ἔοικε.

ΣΩ. Σχεδὸν γάρ που οὗτοι, ὦ ἄριστε, τὸ αὐτὸ διαπεπραγμένοι εἰσὶν ὥσπερ ἂν εἴ τις τοῖς μεγίστοις νοσήμασιν συνισχόμενος διαπράξαιτο μὴ διδόναι δίκην τῶν περὶ τὸ σῶμα ἁμαρτημάτων τοῖς ἰατροῖς μηδὲ ἰατρεύεσθαι, φοβούμενος ὡσπερανεὶ παῖς τὸ κάεσθαι καὶ τὸ τέμνεσθαι, ὅτι ἀλγεινόν. ἢ οὐ δοκεῖ καὶ σοὶ οὕτω;

ΠΩΛ. Ἔμοιγε.

ΣΩ. Ἀγνοῶν γε, ὡς ἔοικεν, οἷόν ἐστιν ἡ ὑγίεια καὶ ἀρετὴ σώματος. κινδυνεύουσι γὰρ ἐκ τῶν νῦν ἡμῖν ὡμολογημένων τοιοῦτόν τι ποιεῖν καὶ οἱ τὴν δίκην φεύγοντες, ὦ Πῶλε, τὸ ἀλγεινὸν αὐτοῦ καθορᾶν, πρὸς δὲ τὸ ὠφέλιμον τυφλῶς ἔχειν καὶ ἀγνοεῖν ὅσῳ ἀθλιώτερόν ἐστι μὴ ὑγιοῦς σώματος μὴ ὑγιεῖ ψυχῇ συνοικεῖν, ἀλλὰ σαθρᾷ καὶ ἀδίκῳ καὶ ἀνοσίῳ, ὅθεν καὶ πᾶν ποιοῦσιν ὥστε δίκην μὴ διδόναι μηδ' ἀπαλλάττεσθαι τοῦ μεγίστου κακοῦ, καὶ χρήματα παρασκευαζόμενοι καὶ φίλους καὶ ὅπως ἂν ὦσιν ὡς πιθανώτατοι

---

97. Cf. supra nota 70.

98. Segundo Dodds (op. cit., p. 295), a dinastia seria o poder absoluto de um grupo de pessoas, e não de um homem só, como a tirania. Nesse sentido, a dinastia estaria para a oligarquia assim como a tirania para a monarquia. São duas formas de governo [arkhē] (ἀρχή) não reguladas por um conjunto de leis próprio da cidade, que esteja acima dos governantes (ver Tucídides, 4.78.3). Por exemplo, o governo dos Trinta Tiranos de Atenas, em 404 a.C., instituído logo após o fim da Guerra do Peloponeso, é denominado por Andócides como uma "dinastia":

"Uma vez que fostes persuadidos por esses homens a incorrer nos maiores erros contra vós próprios, a ponto de trocar o poder pela escravidão quando instituístes uma dinastia no lugar da democracia, por que qualquer um de vós haveria de se espantar, caso fôsseis de algum modo persuadidos a incorrer em erros também contra mim?" (2.27) →

SOC: E então, esse não é o caso de quem, cometendo os maiores delitos e servindo-se da maior injustiça, age de modo a não ser admoestado, não ser punido e nem pagar a justa pena, como dizes que Arquelau[97], os demais tiranos, os rétores e os dinastas[98] estão dispostos a isso?

POL: É plausível.

SOC: É como se essas pessoas, excelente homem, tivessem agido como quem, contraindo as maiores doenças, age de modo a não pagar aos médicos a justa pena relativa aos erros do corpo e a não se submeter a seu tratamento, temeroso, qual uma criança, de alguma cauterização ou de algum corte devido à dor infligida. Não é esse também o teu parecer?

POL: Sim.

SOC: Porque ignora, como parece, qual é a saúde e a virtude do corpo. Pois, a partir de nosso consentimento vigente, é provável que quem escape à justiça também faça algo similar, Polo: observa a dor por ela infligida, mas é cego para o que é benéfico, ignorando o quanto é mais infeliz viver com a alma insalubre do que com o corpo em semelhante estado, uma alma avariada, injusta e ímpia. É por esse motivo que ele faz de tudo para não pagar a justa pena e não se livrar do maior mal, dispondo-se de dinheiro, de amigos e do modo de ser persuasivo

→ ὅπου γὰρ ὑπὸ τῶν ἀνδρῶν τούτων αὐτοὶ εἰς ὑμᾶς αὐτοὺς ἐπείσθητε τὰ μέγιστα ἐξαμαρτεῖν, ὥστε ἀντὶ τῆς ἀρχῆς δουλείαν ἀλλάξασθαι, ἐκ δημοκρατίας δυναστείαν καταστήσαντες, τί ἄν τις ὑμῶν θαυμάζοι καὶ εἰς ἐμὲ εἴ τι ἐπείσθητε ἐξαμαρτεῖν;

A diferença entre tirania e realeza, por sua vez, era entendida por Sócrates, segundo as *Memoráveis* de Xenofonte, da seguinte maneira:

"Sócrates considerava tanto a realeza quanto a tirania duas formas de poder, mas admitia diferenças entre elas: considerava a realeza o poder aceito voluntariamente pelos homens e conforme as leis da cidade, enquanto a tirania o poder contra a vontade dos homens e sem leis, mas segundo a vontade do governante." (4.6.12)

Βασιλείαν δὲ καὶ τυραννίδα ἀρχὰς μὲν ἀμφοτέρας ἡγεῖτο εἶναι, διαφέρειν δὲ ἀλλήλων ἐνόμιζε. τὴν μὲν γὰρ ἑκόντων τε τῶν ἀνθρώπων καὶ κατὰ νόμους τῶν πόλεων ἀρχὴν βασιλείαν ἡγεῖτο, τὴν δὲ ἀκόντων τε καὶ μὴ κατὰ νόμους, ἀλλ' ὅπως ὁ ἄρχων βούλοιτο, τυραννίδα.

λέγειν· εἰ δὲ ἡμεῖς ἀληθῆ ὡμολογήκαμεν, ὦ Πῶλε, ἆρ' αἰσθάνῃ τὰ συμβαίνοντα ἐκ τοῦ λόγου; ἢ βούλει συλλογισώμεθα αὐτά;

ΠΩΛ. Εἰ σοί γε δοκεῖ.

ΣΩ. Ἆρ' οὖν συμβαίνει μέγιστον κακὸν ἡ ἀδικία καὶ τὸ ἀδικεῖν;—ΠΩΛ. Φαίνεταί γε.—ΣΩ. Καὶ μὴν ἀπαλλαγή γε ἐφάνη τούτου τοῦ κακοῦ τὸ δίκην διδόναι;—ΠΩΛ. Κινδυνεύει.—ΣΩ. Τὸ δέ γε μὴ διδόναι ἐμμονὴ τοῦ κακοῦ;—ΠΩΛ. Ναί.—ΣΩ. Δεύτερον ἄρα ἐστὶν τῶν κακῶν μεγέθει τὸ ἀδικεῖν· τὸ δὲ ἀδικοῦντα μὴ διδόναι δίκην πάντων μέγιστόν τε καὶ πρῶτον κακῶν πέφυκεν.—ΠΩΛ. Ἔοικεν.

ΣΩ. Ἆρ' οὖν οὐ περὶ τούτου, ὦ φίλε, ἠμφεσβητήσαμεν, σὺ μὲν τὸν Ἀρχέλαον εὐδαιμονίζων τὸν τὰ μέγιστα ἀδικοῦντα δίκην οὐδεμίαν διδόντα, ἐγὼ δὲ τοὐναντίον οἰόμενος, εἴτε Ἀρχέλαος εἴτ' ἄλλος ἀνθρώπων ὁστισοῦν μὴ δίδωσι δίκην ἀδικῶν, τούτῳ προσήκειν ἀθλίῳ εἶναι διαφερόντως τῶν ἄλλων ἀνθρώπων, καὶ ἀεὶ τὸν ἀδικοῦντα τοῦ ἀδικουμένου ἀθλιώτερον εἶναι καὶ τὸν μὴ διδόντα δίκην τοῦ διδόντος; οὐ ταῦτ' ἦν τὰ ὑπ' ἐμοῦ λεγόμενα;

ΠΩΛ. Ναί.

99. Sócrates aborda aqui o problema moral envolvido na prática oratória nos tribunais de justiça, já ressaltado pela personagem Górgias no discurso de defesa de seu ofício (456c-457c): o uso da retórica para justificar ações injustas, e, nesse caso específico, para evitar que se pague a pena devida. Nas comédias de Aristófanes, um dos alvos da sátira política sobre a democracia ateniense é precisamente o propósito que levaria as pessoas a buscarem instrução na "arte dos discursos" [tekhnē logōn] (τέχνη λόγων) junto àqueles que se propunham a ensiná-la. É o caso da personagem Estrepsíades na comédia As Nuvens de 423 a.C., que busca aprender o "discurso fraco" (identificado pela personagem com o "discurso injusto") no "pensatório" de Sócrates (φροντιστήριον, v. 94), representado na peça, por assim dizer, como filósofo da natureza e sofista. Este trecho da peça resume bem a questão e contribui para a compreensão do tipo de problema moral da prática oratória nos tribunais abordado por Platão no Górgias:

ESTREPSÍADES Dizem que eles têm dois discursos,
o forte, seja ele qual for, e o fraco.
Um desses discursos, o fraco, dizem eles, →

ao máximo no discurso[99]. Se nosso consentimento for verdadeiro, Polo, será que percebes as consequências do argumento? Ou queres que nós as recapitulemos?

POL: Se for de teu parecer.

SOC: Não decorre, porventura, que a injustiça e cometer injustiça são o maior mal?

POL: É claro.

SOC: Com efeito, pagar a justa pena é manifestamente a libertação desse mal, não é?

POL: É provável.

SOC: E não pagá-la, a preservação do mal?

POL: Sim.

SOC: Portanto, o segundo mal em magnitude é cometer injustiça, mas não pagar a justa pena, quando cometida a injustiça, é naturalmente o primeiro e o maior de todos os males.

POL: É plausível.

SOC: E não era nesse ponto, meu caro, que divergíamos? Tu supunhas que Arquelau era feliz, tendo ele cometido as maiores injustiças e jamais tendo pago a justa pena, enquanto eu julgava o contrário, que se Arquelau ou qualquer outro homem não a pagasse, uma vez cometida a injustiça, conviria que ele fosse distintamente o mais infeliz dos homens, e aquele que comete injustiça fosse sempre mais infeliz do que quem a sofre, e aquele que não paga a justa pena, mais infeliz do que quem a paga? Não era isso o que eu dizia?

POL: Sim.

→ vence em defesa das causas mais injustas.
Se então aprendesses para mim o discurso injusto,
dessas dívidas que hoje tenho por tua causa
nada pagaria, nem mesmo um óbolo. (vv. 112-8)

ΣΤ. εἶναι παρ' αὐτοῖς φασὶν ἄμφω τὼ λόγω,
τὸν κρείττον', ὅστις ἐστί, καὶ τὸν ἥττονα.
τούτοιν τὸν ἕτερον τοῖν λόγοιν, τὸν ἥττονα,
νικᾶν λέγοντά φασι τἀδικώτερα.
ἢν οὖν μάθῃς μοι τὸν ἄδικον τοῦτον λόγον,
ἃ νῦν ὀφείλω διὰ σέ, τούτων τῶν χρεῶν
οὐκ ἂν ἀποδοίην οὐδ' ἂν ὀβολὸν οὐδενί.

ΣΩ. Οὐκοῦν ἀποδέδεικται ὅτι ἀληθῆ ἐλέγετο;
ΠΩΛ. Φαίνεται.
ΣΩ. Εἶεν· εἰ οὖν δὴ ταῦτα ἀληθῆ, ὦ Πῶλε, τίς ἡ μεγάλη χρεία ἐστὶν τῆς ῥητορικῆς; δεῖ μὲν γὰρ δὴ ἐκ τῶν νῦν ὡμολογημένων αὐτὸν ἑαυτὸν μάλιστα φυλάττειν ὅπως μὴ ἀδικήσει, ὡς ἱκανὸν κακὸν ἕξοντα. οὐ γάρ;
ΠΩΛ. Πάνυ γε.
ΣΩ. Ἐὰν δέ γε ἀδικήσῃ ἢ αὐτὸς ἢ ἄλλος τις ὧν ἂν κήδηται, αὐτὸν ἑκόντα ἰέναι ἐκεῖσε ὅπου ὡς τάχιστα δώσει δίκην, παρὰ τὸν δικαστὴν ὥσπερ παρὰ τὸν ἰατρόν, σπεύδοντα ὅπως μὴ ἐγχρονισθὲν τὸ νόσημα τῆς ἀδικίας ὕπουλον τὴν ψυχὴν ποιήσει καὶ ἀνίατον· ἢ πῶς λέγομεν, ὦ Πῶλε, εἴπερ τὰ πρότερον μένει ἡμῖν ὁμολογήματα; οὐκ ἀνάγκη ταῦτα ἐκείνοις οὕτω μὲν συμφωνεῖν, ἄλλως δὲ μή;
ΠΩΛ. Τί γὰρ δὴ φῶμεν, ὦ Σώκρατες;
ΣΩ. Ἐπὶ μὲν ἄρα τὸ ἀπολογεῖσθαι ὑπὲρ τῆς ἀδικίας τῆς αὑτοῦ ἢ γονέων ἢ ἑταίρων ἢ παίδων ἢ πατρίδος ἀδικούσης οὐ χρήσιμος οὐδὲν ἡ ῥητορικὴ ἡμῖν, ὦ Πῶλε, εἰ μὴ εἴ τις ὑπολάβοι ἐπὶ τοὐναντίον—κατηγορεῖν δεῖν μάλιστα μὲν ἑαυτοῦ, ἔπειτα δὲ καὶ τῶν οἰκείων καὶ τῶν ἄλλων ὃς ἂν ἀεὶ τῶν φίλων τυγχάνῃ ἀδικῶν, καὶ μὴ ἀποκρύπτεσθαι ἀλλ' εἰς τὸ φανερὸν ἄγειν τὸ ἀδίκημα, ἵνα δῷ δίκην καὶ ὑγιὴς γένηται, ἀναγκάζειν τε αὑτὸν καὶ τοὺς ἄλλους μὴ ἀποδειλιᾶν ἀλλὰ παρέχειν μύσαντα εὖ καὶ ἀνδρείως ὥσπερ τέμνειν καὶ κάειν ἰατρῷ, τὸ ἀγαθὸν καὶ καλὸν διώκοντα, μὴ ὑπολογιζόμενον τὸ ἀλγεινόν, ἐὰν μέν γε πληγῶν ἄξια ἠδικηκὼς ᾖ, τύπτειν παρέχοντα, ἐὰν δὲ δεσμοῦ, δεῖν, ἐὰν δὲ ζημίας,

---

100. Vejamos o resumo da terceira parte do argumento de Sócrates (477e7-479e9):
   i. Assim como o doente deve ser levado ao médico, também a pessoa injusta deve ser levada ao tribunal de justiça;
   ii. e assim como o doente submetido ao tratamento médico o considera doloroso, mas se submete a ele porque é benéfico, também a pessoa injusta submetida à punição a considera dolorosa, mas se submete a ela porque é benéfica;
   iii. e assim como o doente que não se submete ao tratamento médico é mais infeliz do que aquele que se submete a ele, também a pessoa injusta que não se submete à punição é mais infeliz do que aquela que se submete a ela; →

SOC: Não está demonstrado, então, que se dizia a verdade?
POL: É claro[100].
SOC: Seja! Se isso então é verdadeiro, Polo, qual é a grandiosa utilidade da retórica? Pois, a partir de nosso consentimento vigente, o homem deve, sobretudo, vigiar a si mesmo para não cometer injustiça, pois contrairia, assim, um mal suficiente. Ou não?
POL: Com certeza.
SOC: E se ele ou qualquer outro homem que a isso se atente cometer alguma injustiça, ele próprio deverá se dirigir voluntariamente aonde possa pagar o mais rápido possível a justa pena, apresentando-se ao juiz como a um médico, zelando para que a doença da injustiça não se torne crônica e não deixe na alma uma ferida incurável. Ou o que diremos nós, Polo, visto que nosso consentimento anterior persevera? Não é necessário que isto, dito assim, lhe seja consoante, e não de outra maneira?
POL: E o que devemos dizer então, Sócrates?
SOC: Pois bem, para a defesa da injustiça, quer de sua própria injustiça, dos parentes, dos amigos, dos filhos ou de sua pátria, a retórica não nos é minimamente útil, Polo, a não ser que alguém conceba seu uso em sentido contrário: deve-se acusar antes de tudo a si mesmo, e então os familiares ou outro amigo qualquer, sempre que se cometa alguma injustiça; ao invés de ocultá-lo, deve-se trazer à luz o ato injusto, a fim de pagar a justa pena e se tornar saudável; deve-se constranger a si mesmo e aos demais a não se acovardarem, mas a se apresentarem, de olhos cerrados, correta e corajosamente como se fosse a um médico para algum corte ou cauterização, encalçando o bem e o belo e não cogitando a dor[101], apresentando-se para ser açoitado, se o ato injusto merecer o açoite, para ser preso, se merecer a prisão, para ser punido, se merecer a punição, para ser

→ iv. então, o homem mais feliz é aquele que não possui o mal na alma, e o segundo mais feliz é aquele que se libertou do mal da alma depois de se submeter à punição;

v. portanto, o homem mais infeliz é aquele que possui o mal na alma e que não foi punido de forma justa (J. Beversluis, op. cit., p. 335).

101. Sobre a oposição entre prazer e bem, de um lado, e entre dor e mal, de outro, cf. 494c-500a.

ἀποτίνοντα, ἐὰν δὲ φυγῆς, φεύγοντα, ἐὰν δὲ θανάτου, ἀποθνῄσκοντα, αὐτὸν πρῶτον ὄντα κατήγορον καὶ αὑτοῦ καὶ τῶν ἄλλων οἰκείων καὶ ἐπὶ τοῦτο χρώμενον τῇ ῥητορικῇ, ὅπως ἂν καταδήλων τῶν ἀδικημάτων γιγνομένων ἀπαλλάττωνται τοῦ μεγίστου κακοῦ, ἀδικίας. φῶμεν οὕτως ἢ μὴ φῶμεν, ὦ Πῶλε;

ΠΩΛ. Ἄτοπα μέν, ὦ Σώκρατες, ἔμοιγε δοκεῖ, τοῖς μέντοι ἔμπροσθεν ἴσως σοι ὁμολογεῖται.

ΣΩ. Οὐκοῦν ἢ κἀκεῖνα λυτέον ἢ τάδε ἀνάγκη συμβαίνειν;

ΠΩΛ. Ναί, τοῦτό γε οὕτως ἔχει.

ΣΩ. Τοὐναντίον δέ γε αὖ μεταβαλόντα, εἰ ἄρα δεῖ τινα κακῶς ποιεῖν, εἴτ' ἐχθρὸν εἴτε ὁντινοῦν, ἐὰν μόνον μὴ αὐτὸς ἀδικῆται ὑπὸ τοῦ ἐχθροῦ—τοῦτο μὲν γὰρ εὐλαβητέον—ἐὰν δὲ ἄλλον ἀδικῇ ὁ ἐχθρός, παντὶ τρόπῳ παρασκευαστέον, καὶ πράττοντα καὶ λέγοντα, ὅπως μὴ δῷ δίκην μηδὲ ἔλθῃ παρὰ τὸν δικαστήν· ἐὰν δὲ ἔλθῃ, μηχανητέον ὅπως ἂν διαφύγῃ καὶ μὴ δῷ δίκην ὁ ἐχθρός, ἀλλ' ἐάντε χρυσίον ⟨ᾖ⟩ ἡρπακὼς πολύ, μὴ ἀποδιδῷ τοῦτο ἀλλ' ἔχων ἀναλίσκῃ καὶ εἰς ἑαυτὸν καὶ εἰς τοὺς ἑαυτοῦ ἀδίκως καὶ ἀθέως, ἐάντε αὖ θανάτου ἄξια ἠδικηκὼς ᾖ, ὅπως μὴ ἀποθανεῖται, μάλιστα μὲν μηδέποτε, ἀλλ' ἀθάνατος ἔσται πονηρὸς ὤν, εἰ δὲ μή, ὅπως ὡς πλεῖστον χρόνον βιώσεται τοιοῦτος ὤν. ἐπὶ τὰ τοιαῦτα ἔμοιγε δοκεῖ, ὦ Πῶλε, ἡ ῥητορικὴ χρήσιμος εἶναι, ἐπεὶ τῷ γε μὴ μέλλοντι ἀδικεῖν οὐ μεγάλη τίς μοι δοκεῖ ἡ χρεία αὐτῆς εἶναι, εἰ δὴ καὶ ἔστιν τις χρεία, ὡς ἔν γε τοῖς πρόσθεν οὐδαμῇ ἐφάνη οὖσα.

102. Sócrates retoma a discussão sobre a retórica, reavaliando sua função depois das conclusões alcançadas sobre o valor da justiça e da injustiça para a alma dos homens. Apoiado na convicção na verdade de suas inferências, Sócrates pretende mostrar a Polo que, se cometer injustiça é pior do que sofrê-la, se a injustiça é o maior mal da alma e se libertar dela é beneficiá-la, e se pagar a justa pena é o modo de livrá-la desse mal, então a retórica seria útil nas seguintes circunstâncias: i. para ajudar a condenar parentes e amigos uma vez tendo eles cometido injustiça, se o intuito é beneficiá-los; e ii. para ajudar a livrar os inimigos da justa punição, se o intuito é prejudicá-los. Para Polo, embora tenha assentido nas premissas do argumento conduzido dialogicamente por Sócrates, tais conclusões são "absurdas" (ἄτοπα, 480e1), ou seja, paradoxais segundo o que pensa a maioria das pessoas. Porém, o *pathos* de Polo diante dessas conclusões é →

exilado, se merecer o exílio, para ser morto, se merecer pena de morte; deve-se ser o primeiro a acusar a si próprio e aos demais familiares, e utilizar a retórica com este escopo, a fim de que, uma vez fúlgidos os atos injustos cometidos, se livrem do maior mal, da injustiça. Devemos ou não devemos falar assim, Polo?

POL: Isso me parece um absurdo, Sócrates! Todavia, talvez concorde com o que dizias anteriormente.

SOC: Então, devemos suprimi-lo ou isso é consequência necessária?

POL: Sim, é isso o que sucede.

SOC: Mas mudemos para a situação inversa: pois bem, se alguém deve fazer mal a um inimigo ou a quem quer que seja, quando apenas ele não tenha sofrido alguma injustiça por parte desse inimigo – é preciso se precaver contra isso –, embora outra pessoa a tenha sofrido, ele deve se dispor de todos os meios, quer em ações quer em palavras, para que o inimigo não pague a justa pena e não se apresente ao juiz; contudo, caso o inimigo se lhe apresente, ele deve buscar algum subterfúgio para que ele fuja e não pague a justa pena: se o inimigo tiver furtado certa soma de ouro, para que ele não a restitua, mas porte-a consigo e despenda-a em seu próprio interesse e de seus comparsas injusta e impiamente; se, por sua vez, seu delito merecer a pena de morte, para que o inimigo não seja morto, ou melhor, jamais morto, e que seja imortal ainda que vicioso; se não for o caso, para que o inimigo sobreviva o maior tempo possível sendo como ele é. É em tais circunstâncias, Polo, que a retórica parece-me ser útil, visto que para quem não pretende cometer injustiça ela não me parece de grande utilidade, caso haja deveras alguma utilidade, pois na discussão anterior ela não se manifestou em nenhuma instância[102].

→ causado propositalmente por Sócrates, pois ele não se refere a uma outra circunstância em que a retórica também seria útil conforme o princípio da justiça: para evitar que uma pessoa seja condenada injustamente. Nesse caso, a conclusão seria menos "absurda" aos olhos de Polo e estaria de acordo com o argumento. Porém, como a discussão com Polo é marcada pelo comportamento acentuadamente jocoso e irônico de Sócrates, fazendo ressaltar a todo momento as debilidades morais e intelectuais da personagem, é natural que o 2º "Ato" do diálogo termine com o embaraço completo do interlocutor.

ΚΑΛ. Εἰπέ μοι, ὦ Χαιρεφῶν, σπουδάζει ταῦτα Σωκράτης ἢ παίζει;

ΧΑΙ. Ἐμοὶ μὲν δοκεῖ, ὦ Καλλίκλεις, ὑπερφυῶς σπουδάζειν· οὐδὲν μέντοι οἷον τὸ αὐτὸν ἐρωτᾶν.

ΚΑΛ. Νὴ τοὺς θεοὺς ἀλλ' ἐπιθυμῶ. εἰπέ μοι, ὦ Σώ-
c κρατες, πότερόν σε θῶμεν νυνὶ σπουδάζοντα ἢ παίζοντα; εἰ μὲν γὰρ σπουδάζεις τε καὶ τυγχάνει ταῦτα ἀληθῆ ὄντα ἃ λέγεις, ἄλλο τι ἢ ἡμῶν ὁ βίος ἀνατετραμμένος ἂν εἴη τῶν ἀνθρώπων καὶ πάντα τὰ ἐναντία πράττομεν, ὡς ἔοικεν, ἢ ἃ δεῖ;

ΣΩ. Ὦ Καλλίκλεις, εἰ μή τι ἦν τοῖς ἀνθρώποις πάθος, τοῖς μὲν ἄλλο τι, τοῖς δὲ ἄλλο τι [ἢ] τὸ αὐτό, ἀλλά τις ἡμῶν ἴδιόν τι ἔπασχεν πάθος ἢ οἱ ἄλλοι, οὐκ ἂν ἦν ῥᾴδιον
d ἐνδείξασθαι τῷ ἑτέρῳ τὸ ἑαυτοῦ πάθημα. λέγω δ' ἐννοήσας ὅτι ἐγώ τε καὶ σὺ νῦν τυγχάνομεν ταὐτόν τι πεπονθότες, ἐρῶντε δύο ὄντε δυοῖν ἑκάτερος, ἐγὼ μὲν Ἀλκιβιάδου τε τοῦ Κλεινίου καὶ φιλοσοφίας, σὺ δὲ δυοῖν, τοῦ τε Ἀθη-

103. O retorno de Cálicles à cena é marcado pela mudança de seu estado de ânimo diante da conduta de Sócrates na discussão com Polo. Se, na abertura do diálogo, ele admoesta Sócrates por chegar atrasado à "exibição" (*epideixis*) de Górgias (447a-b), e, em sua segunda intervenção, manifesta deleite perante o debate entre Sócrates e Górgias (458d), Cálicles, ao assumir agora a função de interlocutor principal, expressa uma profunda desconfiança sobre a seriedade do protagonista, que culminará com a *invectiva* contra a filosofia e o filósofo (485a-486d).

104. Alcibíades aparece como personagem em alguns diálogos de Platão (*Protágoras, Banquete, Alcibíades Primeiro* e *Segundo*), referido comumente como amante de Sócrates. Na *História da Guerra do Peloponeso*, Tucídides salienta sua importante e conturbada participação como general militar, junto a Nícias e Lâmaco, na campanha de Atenas contra a Sicília em 415 a.C. (6.8). Alcibíades, segundo Tucídides, foi acusado de ter participado da ação sacrílega que mutilou as hermas de mármore existentes em Atenas (6.28-29), pouco antes da partida da expedição naval. Como ele já se encontrava na Sicília, foi expedida uma nau para buscá-lo e trazê-lo de volta a Atenas de modo que ele pudesse se defender de tal acusação (6.53). Mas ele conseguiu fugir durante a viagem (6.61) e acabou se exilando em Esparta, passando a colaborar com os que outrora eram seus inimigos (6.88). Posteriormente, em 411 a.C., foi chamado de volta do exílio pelos atenienses para comandar as tropas na ilha de Samos (8.81-82) e, em seguida, aceito novamente em Atenas (8.97). Sua morte, todavia, não é referida por Tucídides, na medida em que sua narração da guerra entre Atenas e Esparta é interrompida nos eventos do ano de 411 a.C., embora seu projeto inicial fosse narrá-la em sua completude até a derrota de Atenas em 404 a.C. A referência à sua morte em 404 é feita por Plutarco (séc. I d.C.) na obra dedicada a Alcibíades: ele teria sido assassinado na Frígia, onde se encontrava sob a proteção do sátrapa Farnábazo, por ordem do lacedemônio Lisandro, que havia instituído →

cal: Dize-me, Querefonte, Sócrates fala sério ou está de brincadeira?[103]

que: Parece-me, Cálicles, que ele fala com uma seriedade soberba; mas nada como tu a lhe perguntar!

cal: Sim, pelos deuses, almejo fazê-lo. Dize-me, Sócrates, devemos considerar que nesse momento falas com seriedade ou estás de brincadeira? Pois se falas sério e tuas palavras são verdadeiras, a vida de nós homens não estaria de ponta-cabeça e não estaríamos fazendo, como parece, tudo ao contrário do que deveríamos fazer?

soc: Cálicles, se os homens não experimentassem a mesma paixão, mas cada um a que lhe é própria, e se cada um de nós tivesse uma paixão particular que os outros não tivessem, não seria fácil mostrar a outrem aquela que lhe é própria. Digo isso pensando que tanto eu quanto tu experimentamos hoje a mesma paixão: cada um de nós tem dois amantes, eu, Alcibíades, filho de Clínias[104], e a filosofia, e tu, outros dois, o demo

→ em Atenas, depois de sua derrota frente a Esparta, o goveno conhecido como os "Trinta Tiranos" (*Alcibíades*, 38-39).

Essa íntima relação entre Sócrates e Alcibíades, ilustrada por Platão nos diálogos, é vista como algo moralmente problemático por Xenofonte nas *Memoráveis*, tendo em vista o contraste entre o exemplo de virtude moral representado pela figura de Sócrates e as ações imorais e politicamente nocivas a Atenas imputadas a Alcibíades. Xenofonte, na tentativa de justificar a relação de Sócrates com Alcibíades e Crítias (um dos integrantes do governo dos "Trinta Tiranos"), argumenta que, enquanto eles conviviam com ele, ambos se comportavam virtuosamente (*Memoráveis*, 1.2.18; 1.2.24-26), mas depois de se afastarem de Sócrates, passaram a se comportar, tanto na vida pública como na privada, de maneira insolente e desmedida. O trecho abaixo das *Memoráveis* sintetiza bem a descrição de Xenofonte com relação à figura de Alcibíades:

"Alcibíades, por sua vez, era caçado por inúmeras mulheres ilustres devido à sua beleza, e, por causa de seu poder na cidade e junto a seus aliados, era exaurido por muitos homens hábeis em adular; além disso, era estimado pelo povo e estava sempre em primeiro lugar sem esforço: assim como os atletas das competições esportivas descuram dos exercícios quando sem esforço são os primeiros, também Alcibíades descurou de si próprio. (1.2.24)

[...] 'Ἀλκιβιάδης δ' αὖ διὰ μὲν κάλλος ὑπὸ πολλῶν καὶ σεμνῶν γυναικῶν θηρώμενος, διὰ δύναμιν δὲ τὴν ἐν τῇ πόλει καὶ τοῖς συμμάχοις ὑπὸ πολλῶν καὶ δυνατῶν [κολακεύειν] ἀνθρώπων διαθρυπτόμενος, ὑπὸ δὲ τοῦ δήμου τιμώμενος καὶ ῥᾳδίως πρωτεύων, ὥσπερ οἱ τῶν γυμνικῶν ἀγώνων ἀθληταὶ ῥᾳδίως πρωτεύοντες ἀμελοῦσι τῆς ἀσκήσεως, οὕτω κἀκεῖνος ἠμέλησεν αὑτοῦ.

ναίων δήμου καὶ τοῦ Πυριλάμπους. αἰσθάνομαι οὖν σου ἑκάστοτε, καίπερ ὄντος δεινοῦ, ὅτι ἂν φῇ σου τὰ παιδικὰ καὶ ὅπως ἂν φῇ ἔχειν, οὐ δυναμένου ἀντιλέγειν, ἀλλ' ἄνω

e καὶ κάτω μεταβαλλομένου· ἔν τε τῇ ἐκκλησίᾳ, ἐάν τι σοῦ λέγοντος ὁ δῆμος ὁ 'Αθηναίων μὴ φῇ οὕτως ἔχειν, μεταβαλλόμενος λέγεις ἃ ἐκεῖνος βούλεται, καὶ πρὸς τὸν Πυριλάμπους νεανίαν τὸν καλὸν τοῦτον τοιαῦτα ἕτερα πέπονθας. τοῖς γὰρ τῶν παιδικῶν βουλεύμασίν τε καὶ λόγοις οὐχ οἷός τ' εἶ ἐναντιοῦσθαι, ὥστε, εἴ τίς σου λέγοντος ἑκάστοτε ἃ διὰ τούτους λέγεις θαυμάζοι ὡς ἄτοπά ἐστιν, ἴσως εἴποις ἂν αὐτῷ, εἰ βούλοιο τἀληθῆ λέγειν, ὅτι εἰ μή τις παύσει τὰ

482 σὰ παιδικὰ τούτων τῶν λόγων, οὐδὲ σὺ παύσῃ ποτὲ ταῦτα λέγων. νόμιζε τοίνυν καὶ παρ' ἐμοῦ χρῆναι ἕτερα τοιαῦτα ἀκούειν, καὶ μὴ θαύμαζε ὅτι ἐγὼ ταῦτα λέγω, ἀλλὰ τὴν φιλοσοφίαν, τὰ ἐμὰ παιδικά, παῦσον ταῦτα λέγουσαν. λέγει γάρ, ὦ φίλε ἑταῖρε, ἃ νῦν ἐμοῦ ἀκούεις, καί μοί ἐστιν τῶν ἑτέρων παιδικῶν πολὺ ἧττον ἔμπληκτος· ὁ μὲν γὰρ Κλεινίειος οὗτος ἄλλοτε ἄλλων ἐστὶ λόγων, ἡ δὲ φιλοσοφία ἀεὶ

---

105. Sócrates faz um jogo com a palavra *dēmos* (δῆμος), que significa "povo", mas que é também usada como nome próprio "Demo" (Δῆμος), no caso aqui, filho de Pirilampo. Ele alude assim ao envolvimento de Cálicles com as ações políticas de Atenas por meio de uma metáfora erótica, comparando sua relação afetiva com Demo à sua aspiração pelo poder no contexto da democracia ateniense (veja a referência à Assembleia, instituição soberana desse tipo de constituição política, 481e1). A beleza de Demo é referida por Aristófanes na comédia *As Vespas* de 422 a.C. ("E, por Zeus, se ele vir escrito / na porta 'Demo belo', filho de Pirilampo, / ele vem e escreve ao lado: Cemo belo", καὶ νὴ Δί' ἢν ἴδῃ γέ που γεγραμμένον / τὸ τοῦ Πυριλάμπους ἐν θύρᾳ Δῆμος καλός / ἰὼν παρέγραφε πλησίον· Κημὸς καλός, v. 97-99). Segundo Lísias, em uma de suas orações (19.25), ele serviu como trierarca em Chipre ("Demo, filho de Pirilampo, quando era trierarca em Chipre, pediu que eu procurasse Aristófanes e lhe dissesse que havia recebido do Grande Rei uma urna de ouro como garantia", Δῆμος γὰρ ὁ Πυριλάμπους, τριηραρχῶν εἰς Κύπρον, ἐδεήθη μου προσελθεῖν αὐτῷ, λέγων ὅτι ἔλαβε σύμβολον παρὰ βασιλέως τοῦ μεγάλου φιάλην χρυσῆν). Em um dos fragmentos da comédia de Êupolis de 421 a.C. (Πόλεις, fr. 213 K), Demo é chamado metaforicamente de "estúpido" ("será que há cera nos ouvidos de Demo, filho de Pirilampo?", →

de Atenas e Demo, filho de Pirilampo[105]. Em toda e qualquer ocasião percebo que tu, embora sejas prodigioso, não consegues contradizer o que quer que teus amantes digam ou sustentem, mudando de posição ora aqui, ora ali. Na Assembleia, se o demo de Atenas disser que teu discurso não procede, tu mudas de posição e dizes o que ele quer; por esse jovem e belo filho de Pirilampo, és afetado de modo similar. Pois não consegues te opor às decisões e aos discursos de teus amantes, de modo que, a alguém estupefato com o disparate que a todo momento dizes por causa deles, tu talvez lhe dirias, caso quisesses falar a verdade, que, a menos que alguém impeça teus amantes de proferirem tais discursos, tu jamais deixarás de proferi-los. Pois bem, considera que também de mim deverás ouvir coisas do gênero, e não te assombres que seja eu a dizer isso, mas impede antes a filosofia, minha amante, de dizê-lo![106] Ela diz, meu caro amigo, o que ouves de mim agora, e ela me é muito menos volúvel do que meu outro amante, pois Alcibíades, filho de Clínias, profere discursos diferentes em diferentes

→ καὶ τῷ Πυριλάμπους ἄρα Δήμῳ κυψέλη / ἔνεστιν;). Por uma referência de Antifonte (fr. 57 Blass, *apud* Ateneu 397c-d), depreende-se que Demo manteve por vários anos uma criação de aves iniciada pelo pai, quando trouxe de uma embaixada na Pérsia um par de pavões (D. Nails, op. cit., p. 124-125; E. Dodds, op. cit., p. 261). Sobre a sátira da relação "erótica" entre político democrático e o povo, ou, *grosso modo*, do "amor" do político pelo poder, ver Aristófanes, *Os Cavaleiros*, vv. 725-811.

106. A identificação de Sócrates com a filosofia tem como contraponto a identificação de Cálicles com a política democrática de Atenas: de um lado, o discurso unívoco do filósofo, que sempre diz as mesmas coisas sobre os mesmos assuntos, coerência própria de quem busca o conhecimento; e de outro, o discurso volúvel do político, cujas opiniões variam de acordo com as circunstâncias e com as expectativas do público ao qual se volta, ou seja, o corpo da Assembleia democrática. Nessa breve caracterização da personagem Cálicles, percebe-se então que se trata do confronto de Sócrates, representante máximo da filosofia, com Cálicles, representante dos políticos, os quais são referidos na *Apologia de Sócrates* (21b-d) como uma das classes dos pretensos sábios cujo conhecimento Sócrates punha à prova através de seu método de inquirição, o *elenchos* (cf. infra nota 215).

τῶν αὐτῶν, λέγει δὲ ἃ σὺ νῦν θαυμάζεις, παρῆσθα δὲ καὶ αὐτὸς λεγομένοις. ἢ οὖν ἐκείνην ἐξέλεγξον, ὅπερ ἄρτι ἔλεγον, ὡς οὐ τὸ ἀδικεῖν ἐστιν καὶ ἀδικοῦντα δίκην μὴ διδόναι ἁπάντων ἔσχατον κακῶν· ἢ εἰ τοῦτο ἐάσεις ἀνέλεγκτον, μὰ τὸν κύνα τὸν Αἰγυπτίων θεόν, οὔ σοι ὁμολογήσει Καλλικλῆς, ὦ Καλλίκλεις, ἀλλὰ διαφωνήσει ἐν ἅπαντι τῷ βίῳ. καίτοι ἔγωγε οἶμαι, ὦ βέλτιστε, καὶ τὴν λύραν μοι κρεῖττον εἶναι ἀνάρμοστόν τε καὶ διαφωνεῖν, καὶ χορὸν ᾧ χορηγοίην, καὶ πλείστους ἀνθρώπους μὴ ὁμολογεῖν μοι ἀλλ' ἐναντία λέγειν μᾶλλον ἢ ἕνα ὄντα ἐμὲ ἐμαυτῷ ἀσύμφωνον εἶναι καὶ ἐναντία λέγειν.

ΚΑΛ. Ὦ Σώκρατες, δοκεῖς νεανιεύεσθαι ἐν τοῖς λόγοις ὡς ἀληθῶς δημηγόρος ὤν· καὶ νῦν ταῦτα δημηγορεῖς ταὐτὸν παθόντος Πώλου πάθος ὅπερ Γοργίου κατηγόρει πρὸς σὲ παθεῖν. ἔφη γάρ που Γοργίαν ἐρωτώμενον ὑπὸ σοῦ, ἐὰν ἀφίκηται παρ' αὐτὸν μὴ ἐπιστάμενος τὰ δίκαια ὁ τὴν ῥητορικὴν βουλόμενος μαθεῖν, εἰ διδάξοι αὐτὸν ὁ Γοργίας, αἰσχυνθῆναι αὐτὸν καὶ φάναι διδάξειν διὰ τὸ ἔθος τῶν ἀνθρώπων, ὅτι ἀγανακτοῖεν ἂν εἴ τις μὴ φαίη—διὰ δὴ ταύτην τὴν ὁμολογίαν ἀναγκασθῆναι ἐναντία αὐτὸν αὑτῷ εἰπεῖν,

---

107. No diálogo *Alcibíades Primeiro*, em que Alcibíades é representado dramaticamente na flor de sua juventude, Sócrates expressa seu temor pela sorte do amigo, conjeturando seu iminente envolvimento com a política ateniense, como fica evidente neste trecho:

soc: Pois bem, eis a razão: somente eu sou teu amante, ao passo que os demais o são de tuas coisas, e, enquanto elas perdem seu frescor, tu começas a florescer. E daqui em diante, se o povo de Atenas não te corromper e tu não vieres a ser motivo de vergonha, possa eu não te abandonar. Esse é deveras meu maior medo: que te tornes amante do nosso povo e sejas assim corrompido. Pois inúmeros atenienses, homens bons, tiveram essa sorte. De fato, "o povo do magnânimo Erecteu" possui belo vulto, mas é preciso contemplá-lo desnudado. Então, toma a precaução a que me refiro! (131e10-132a5)

ΣΩ. Τοῦτο τοίνυν αἴτιον, ὅτι μόνος ἐραστὴς ἦν σός, οἱ δ' ἄλλοι τῶν σῶν· τὰ δὲ σὰ λήγει ὥρας, σὺ δ' ἄρχῃ ἀνθεῖν. καὶ νῦν γε ἂν μὴ διαφθαρῇς ὑπὸ τοῦ Ἀθηναίων δήμου καὶ αἰσχίων γένῃ, οὐ μή σε ἀπολίπω. τοῦτο γὰρ δὴ μάλιστα →

ocasiões¹⁰⁷, ao passo que a filosofia sempre diz as mesmas coisas, e ela diz o que agora te assombra; tu próprio estavas ali presente em seu pronunciamento. Então, dirigindo-te a ela, refuta o que há pouco eu dizia, que cometer injustiça e, uma vez cometida, não pagar a justa pena, são dentre todos os males os mais extremos! Caso contrário, se te eximires de refutá-la, pelo deus-cão dos Egípcios, Cálicles discordará de ti, ó Cálicles, e dirá coisas dissonantes por toda a vida¹⁰⁸. Aliás, ao menos eu julgo, excelente homem, que é melhor que minha lira, ou o coro do qual sou corego, seja desafinada e dissonante e que a maioria dos homens não concorde comigo e afirme o contrário do que digo, do que eu, sendo um só, dissone de mim mesmo e diga coisas contraditórias¹⁰⁹.

CAL: Sócrates, tuas palavras têm ares de insolência juvenil, como se fosses um verdadeiro orador público¹¹⁰, e ages como tal porque Polo experimentou a mesma paixão que, segundo a sua própria acusação, Górgias havia experimentado contigo. Polo dizia que, quando tu perguntaste a Górgias se ele ensinaria a pessoa que, querendo aprender a retórica, lhe procurasse sem conhecer o justo, Górgias ficou envergonhado e afirmou que o ensinaria devido ao costume dos homens, pois se enfureceriam caso afirmasse o contrário – e dizia que por causa desse consentimento ele foi constrangido a dizer coisas contrárias

→ ἐγὼ φοβοῦμαι, μὴ δημεραστὴς ἡμῖν γενόμενος διαφθαρῇς· πολλοὶ γὰρ ἤδη καὶ ἀγαθοὶ αὐτὸ πεπόνθασιν Ἀθηναίων. εὐπρόσωπος γὰρ ὁ τοῦ μεγαλήτορος δῆμος Ἐρεχθέως· ἀλλ᾽ ἀποδύντα χρὴ αὐτὸν θεάσασθαι. εὐλαβοῦ οὖν τὴν εὐλάβειαν ἣν ἐγὼ λέγω.

108. Essa afirmação de Sócrates está ancorada, por um lado, na convicção da verdade de sua tese moral (cometer injustiça é tanto pior quanto mais vergonhoso do que sofrê-la), ainda que ela entre em conflito com a opinião da "maioria dos homens" (πλείστους ἀνθρώπους, 482c1); e, por outro, no fato de Polo não ter obtido sucesso na tentativa de refutá-la. Nesse sentido, enquanto essa tese permanecer irrefutável, Sócrates pode considerá-la universalmente válida, de modo que Cálicles deverá necessariamente reconhecê-la, a menos que ele a refute. Caso contrário, ele sustentará duas opiniões contraditórias.

109. Sobre a metáfora da harmonia musical, ver Platão, *República*, 462a.

110. A imputação de "orador público" (δημηγόρος, 482c5) feita por Cálicles é aceita por Sócrates adiante na discussão: cf. 519d.

σὲ δὲ αὐτὸ τοῦτο ἀγαπᾶν—καί σου καταγελᾶν, ὥς γέ μοι δοκεῖν ὀρθῶς, τότε· νῦν δὲ πάλιν αὐτὸς ταὐτὸν τοῦτο ἔπαθεν. καὶ ἔγωγε κατ' αὐτὸ τοῦτο οὐκ ἄγαμαι Πῶλον, ὅτι σοι συνεχώρησεν τὸ ἀδικεῖν αἴσχιον εἶναι τοῦ ἀδικεῖσθαι· ἐκ

e ταύτης γὰρ αὖ τῆς ὁμολογίας αὐτὸς ὑπὸ σοῦ συμποδισθεὶς ἐν τοῖς λόγοις ἐπεστομίσθη, αἰσχυνθεὶς ἃ ἐνόει εἰπεῖν. σὺ γὰρ τῷ ὄντι, ὦ Σώκρατες, εἰς τοιαῦτα ἄγεις φορτικὰ καὶ δημηγορικά, φάσκων τὴν ἀλήθειαν διώκειν, ἃ φύσει μὲν οὐκ ἔστιν καλά, νόμῳ δέ. ὡς τὰ πολλὰ δὲ ταῦτα ἐναντί' ἀλλήλοις ἐστίν, ἥ τε φύσις καὶ ὁ νόμος· ἐὰν οὖν τις αἰσχύ-

483 νηται καὶ μὴ τολμᾷ λέγειν ἅπερ νοεῖ, ἀναγκάζεται ἐναντία λέγειν. ὃ δὴ καὶ σὺ τοῦτο τὸ σοφὸν κατανενοηκὼς κακουργεῖς ἐν τοῖς λόγοις, ἐὰν μέν τις κατὰ νόμον λέγῃ, κατὰ φύσιν ὑπερωτῶν, ἐὰν δὲ τὰ τῆς φύσεως, τὰ τοῦ νόμου.

111. Na perspectiva de Cálicles, Górgias teve *vergonha* de dizer o que realmente pensa ou faz (ou seja, que ele não ensina o justo e o injusto a seus discípulos) porque, se assim o fizesse, seria uma sentença anunciada de imoralidade, uma afronta àquela classe de atenienses hostis ao ofício dos sofistas, em geral, e dos rétores, em particular, os quais, por sua vez, estavam na condição de estrangeiros naquela cidade (C. Kahn, op. cit., p. 80-81). Cálicles se refere a um tipo de exigência moral da sociedade ateniense ("devido ao costume dos homens", διὰ τὸ ἔθος τῶν ἀνθρώπων, 482d2-3) em relação à prática educativa dos sofistas; contrangido por essa exigência expressa pelo sentimento de *vergonha*, o consentimento de Górgias não seria senão o reconhecimento dos valores morais daquela sociedade, ainda que não condizesse com a sua verdadeira prática enquanto mestre de retórica. Pois seria conveniente a Górgias, naquele contexto dialógico específico, admitir aquilo que não influenciasse negativamente a sua "reputação" (*doxa*) ou que pudesse lhe acarretar ódio e ressentimento, ainda que houvesse contradição entre o seu discurso e as suas ações (para usar a dicotomia λόγῳ / ἔργῳ comum ao pensamento ético grego).

112. Cálicles atribui à derrota de Polo a mesma causa que o próprio Polo havia entendido como motivo da refutação de Górgias: o constrangimento provocado pelo sentimento de *vergonha* (αἰσχυνθείς, 482e2), que impede o interlocutor de dizer o que realmente pensa. Em última instância, Cálicles entende que a eficácia do *elenchos* socrático se deve antes a esse elemento passional, provocado pela própria natureza da discussão (ou seja, sobre questões morais), do que propriamente à verdade do argumento de Sócrates legitimado pelo rigor lógico. Vejamos a estrutura formal da refutação de Polo (474c4-475e6):

    i. É pior sofrer injustiça do que cometê-la; →

a si mesmo, e que era precisamente isso o que te aprazia – e naquela ocasião Polo riu de ti, corretamente, como me parece[111]. Mas agora, em contrapartida, ele próprio experimentou essa mesma paixão. É por essa razão que não admiro Polo, porque concordou contigo que cometer injustiça é mais vergonhoso do que sofrê-la; a partir desse consentimento, por sua vez, teve os pés por ti atados na discussão e fechou o bico com vergonha de dizer o que pensa[112]. Tu, na verdade, Sócrates, sob a alegação de que encalças a verdade, te envolves com essas coisas típicas da oratória vulgar, as quais não são belas por natureza, mas pela lei. Pois na maior parte dos casos natureza e lei são contrárias entre si, de modo que se alguém, envergonhado, não ousar dizer o que pensa, será constrangido a dizer coisas contraditórias. E tu, ciente desse saber, és capcioso na discussão: se alguém fala sobre a lei, tu lhe perguntas sub-repticiamente sobre a natureza, e se ele fala sobre a natureza, tu tornas a lhe perguntar sobre a

---

→ ii. mas é mais vergonhoso cometê-la do que sofrê-la;

iii. o critério para julgar se as coisas são belas ou não é porque são úteis, ou porque proveem certo prazer para quem as contempla;

iv. portanto, se alguém julga que uma coisa é mais bela do que a outra, é porque ela a supera em um ou em ambos os critérios, ou seja, porque ela é mais benéfica e/ou mais aprazível;

v. da mesma forma, se alguém julga uma coisa mais vergonhosa do que a outra, é porque ela a supera em dor e/ou em mal;

vi. aquele que comete injustiça não supera em dor aquele que a sofre;

vii. mas ele o supera em mal;

viii. portanto, na medida em que cometer injustiça supera em mal o sofrê-la, é pior cometer do que sofrê-la;

ix. visto que Polo concordou que cometer injustiça é mais vergonhoso do que sofrê-la, ele deve então ou preferir um mal e uma vergonha maiores do que menores, ou admitir que cometer injustiça é também pior do que cometê-la;

x. ele não preferia um mal e uma vergonha maiores do que menores;

xi. portanto, ele deve admitir que cometer injustiça é pior do que sofrê-la (J. Beversluis, op. cit., p. 329-330).

Cálicles entende que, se Polo refizesse suas posições e assumisse as suas próprias opiniões, a discussão teria outra orientação. Ou seja, se Polo não tivesse concedido a Sócrates a disjunção entre *bem* e *mal*, de um lado, e *belo* e *vergonhoso*, de outro, e assumido que cometer injustiça é tanto pior quanto mais vergonhoso do que sofrê-la (como Cálicles se proporá a fazer), talvez Sócrates não tivesse o refutado como o refutou.

ὥσπερ αὐτίκα ἐν τούτοις, τῷ ἀδικεῖν τε καὶ τῷ ἀδικεῖσθαι, Πώλου τὸ κατὰ νόμον αἴσχιον λέγοντος, σὺ τὸν λόγον ἐδιώκαθες κατὰ φύσιν. φύσει μὲν γὰρ πᾶν αἴσχιόν ἐστιν ὅπερ καὶ κάκιον, τὸ ἀδικεῖσθαι, νόμῳ δὲ τὸ ἀδικεῖν. οὐδὲ b γὰρ ἀνδρὸς τοῦτό γ' ἐστὶν τὸ πάθημα, τὸ ἀδικεῖσθαι, ἀλλ' ἀνδραπόδου τινὸς ᾧ κρεῖττόν ἐστιν τεθνάναι ἢ ζῆν, ὅστις ἀδικούμενος καὶ προπηλακιζόμενος μὴ οἷός τέ ἐστιν αὐτὸς αὑτῷ βοηθεῖν μηδὲ ἄλλῳ οὗ ἂν κήδηται. ἀλλ' οἶμαι οἱ τιθέμενοι τοὺς νόμους οἱ ἀσθενεῖς ἄνθρωποί εἰσιν καὶ οἱ πολλοί. πρὸς αὑτοὺς οὖν καὶ τὸ αὑτοῖς συμφέρον τούς τε νόμους τίθενται καὶ τοὺς ἐπαίνους ἐπαινοῦσιν καὶ τοὺς c ψόγους ψέγουσιν· ἐκφοβοῦντες τοὺς ἐρρωμενεστέρους τῶν

113. Aristóteles comenta essa passagem do *Górgias* nas *Refutações Sofísticas*:
"Um tópico de grande apelo é fazer com que se pronuncie paradoxos, como faz Cálicles na descrição do *Górgias* a respeito do que é segundo a natureza e do que é segundo a lei, e como todos os antigos acreditavam que assim procedesse. Eles presumiam que lei e natureza são contrárias, e que a justiça segundo a lei é bela, mas segundo a natureza, não. Então, perante alguém que fala com referência à natureza, é preciso se dirigir à lei, e perante alguém que fala com referência à lei, se voltar para a natureza. Em ambos os casos, a consequência é que ele profira paradoxos. Para eles, o que concerne à natureza era verdadeiro, e o que concerne à lei era o parecer da maioria dos homens. Por conseguinte, é evidente que, aqueles antigos, assim como os contemporâneos, buscavam refutar ou fazer com que pronunciasse paradoxos aquele que responde". (173a7-18)

Πλεῖστος δὲ τόπος ἐστὶ τοῦ ποιεῖν παράδοξα λέγειν, ὥσπερ καὶ ὁ Καλλικλῆς ἐν τῷ Γοργίᾳ γέγραπται λέγων, καὶ οἱ ἀρχαῖοι δὲ πάντες ᾤοντο συμβαίνειν, παρὰ τὸ κατὰ φύσιν καὶ κατὰ τὸν νόμον· ἐναντία γὰρ εἶναι φύσιν καὶ νόμον, καὶ τὴν δικαιοσύνην κατὰ νόμον μὲν εἶναι καλόν, κατὰ φύσιν δ' οὐ καλόν. δεῖ οὖν πρὸς μὲν τὸν εἰπόντα κατὰ φύσιν κατὰ νόμον ἀπαντᾶν, πρὸς δὲ τὸν κατὰ νόμον ἐπὶ τὴν φύσιν ἄγειν· ἀμφοτέρως γὰρ συμβαίνει λέγειν παράδοξα. ἦν δὲ τὸ μὲν κατὰ φύσιν αὐτοῖς τὸ ἀληθές, τὸ δὲ κατὰ νόμον τὸ τοῖς πολλοῖς δοκοῦν. ὥστε δῆλον ὅτι κἀκεῖνοι, καθάπερ καὶ οἱ νῦν, ἢ ἐλέγξαι ἢ παράδοξα λέγειν τὸν ἀποκρινόμενον ἐπεχείρουν ποιεῖν.

114. Cálicles não entende a vergonha como única causa da refutação de Polo, mas percebe concomitantemente que Sócrates utiliza um recurso típico da técnica "erística" para refutá-lo: o jogo com o referencial semântico dos termos envolvidos na demonstração do argumento (bem e mal, belo e vergonhoso). A avaliação de Cálicles é mais profunda do que a de Polo (461b-c) quanto à estratégia argumentativa de Sócrates. Ele acusa o filósofo de usar *deliberadamente* ("ciente desse saber", τοῦτο τὸ σοφὸν κατανενοηκώς, 483a2) a técnica de gerar uma contradição "aparente" (ou uma contradição *verbal*, em oposição à contradição *genuína*, como propõe J. Gentzler, The Sophistic Cross-Examination of Calicles in the *Gorgias*, *Ancient Philosophy*, p. 21) a partir da ambiguidade semântica dos referenciais "natureza" [*phusis*] (φύσις) →

lei[113]. Por exemplo: na discussão anterior concernente a cometer e sofrer injustiça, Polo falava do que era mais vergonhoso segundo a lei, mas teu discurso encalçava o que era vergonhoso segundo a natureza[114]. Pois segundo a natureza, tudo o que é mais vergonhoso também é pior, ou seja, sofrer injustiça, ao passo que, segundo a lei, é cometê-la. Pois sofrer injustiça não é uma afecção própria do homem, mas de um escravo, cuja morte é preferível à vida, incapaz, quando injustiçado e ultrajado, de socorrer a si mesmo ou a alguém por quem zele. Eu, todavia, julgo que os promulgadores das leis são os homens fracos e a massa. Assim, em vista de si mesmos e do que lhes é conveniente, promulgam as leis e compõem os elogios e os vitupérios. Amedrontando os homens mais vigorosos e aptos a

→ e "lei" [*nomos*] (νόμος). Cálicles dissolviria a contradição de Polo se reconstituísse a estrutura silogística do argumento tendo como referência o bem e o mal, o belo e o vergonhoso segundo a "natureza" [*kata phusin*] (κατὰ φύσιν), e reformulando aquelas premissas "segundo a lei" [*kata nomon*] (κατὰ νόμον), a saber, as premissas ii. e vii. (cf. supra notas 112 e 113):

i. É pior sofrer injustiça do que cometê-la;

ii. é mais vergonhoso *sofrê-la do que cometê-la*;

iii. o critério para julgar se as coisas são belas ou não é ou porque são úteis, ou porque proveem certo prazer para quem as contempla;

iv. portanto, se alguém julga que uma coisa é mais bela do que a outra, é porque ela a supera em um ou em ambos os critérios, i.e., porque ela é mais benéfica e/ou mais aprazível;

v. da mesma forma, se alguém julga uma coisa mais vergonhosa do que a outra, é porque ela a supera em dor e/ou em mal;

vi. aquele que comete injustiça não supera em dor aquele que a sofre;

vii. *tampouco* ele o supera em mal;

viii. Portanto, na medida em que *sofrer injustiça supera em mal o cometê-la, é pior sofrer do que cometê-la*.

Na perspectiva de Cálicles, a demonstração de Sócrates não procede porque entre as premissas i. e ii. há o deslocamento do referencial semântico dos termos envolvidos, ou seja, a primeira, com relação à natureza, e a segunda, com relação à lei. Ele considera que a investigação de Sócrates buscava o bem e o mal, o belo e o vergonhoso, segundo a natureza, mas que a demonstração do argumento tinha como referência o que é prescrito pela lei. O juízo de Cálicles coloca sob suspeita, portanto, a seriedade de Sócrates como interlocutor no diálogo: se Sócrates usa capciosamente essa técnica tipicamente erística, aquela sua pretensa justificativa de que o *elenchos* visa a verdade seria enganosa, seria mero pretexto que encobriria a sua verdadeira motivação na discussão: a saber, simplesmente refutar o interlocutor, independente da verdade da conclusão. Sobre o tipo de argumentação "erística", ver o diálogo *Eutidemo*.

ἀνθρώπων καὶ δυνατοὺς ὄντας πλέον ἔχειν, ἵνα μὴ αὐτῶν
πλέον ἔχωσιν, λέγουσιν ὡς αἰσχρὸν καὶ ἄδικον τὸ πλεονεκτεῖν, καὶ τοῦτό ἐστιν τὸ ἀδικεῖν, τὸ πλέον τῶν ἄλλων
ζητεῖν ἔχειν· ἀγαπῶσι γὰρ οἶμαι αὐτοὶ ἂν τὸ ἴσον ἔχωσιν
φαυλότεροι ὄντες. διὰ ταῦτα δὴ νόμῳ μὲν τοῦτο ἄδικον καὶ
αἰσχρὸν λέγεται, τὸ πλέον ζητεῖν ἔχειν τῶν πολλῶν, καὶ
ἀδικεῖν αὐτὸ καλοῦσιν· ἡ δέ γε οἶμαι φύσις αὐτὴ ἀποφαίνει
d αὐτό, ὅτι δίκαιόν ἐστιν τὸν ἀμείνω τοῦ χείρονος πλέον
ἔχειν καὶ τὸν δυνατώτερον τοῦ ἀδυνατωτέρου. δηλοῖ δὲ
ταῦτα πολλαχοῦ ὅτι οὕτως ἔχει, καὶ ἐν τοῖς ἄλλοις ζῴοις
καὶ τῶν ἀνθρώπων ἐν ὅλαις ταῖς πόλεσι καὶ τοῖς γένεσιν,
ὅτι οὕτω τὸ δίκαιον κέκριται, τὸν κρείττω τοῦ ἥττονος ἄρχειν
καὶ πλέον ἔχειν. ἐπεὶ ποίῳ δικαίῳ χρώμενος Ξέρξης ἐπὶ

115. No Livro I da *História da Guerra do Peloponeso*, Tucídides narra o debate acontecido em Esparta entre os embaixadores de Corinto e os de Atenas sobre a legitimidade do exercício do "poder hegemônico" [arkhē] (ἀρχή) dos atenienses, no contexto que precede imediatamente o início da guerra em 431 a.C. (61-88). Os termos que regem esse debate são similares aos usados por Cálicles neste discurso no *Górgias*, envolvendo os conceitos de "justiça", "lei", "força", "natureza", "escravidão", "liberdade", "equanimidade", "interesse". Sendo assim, é possível, por meio de uma análise intertextual, compreender a reflexão da personagem Cálicles sobre a natureza política do homem, tendo em vista esse contexto do debate vigente na segunda metade do séc. V a.C. sobre o exercício da [arkhē] ἀρχή na relação entre as "cidades" (πόλεις); ou seja, se Cálicles propõe uma tese de caráter universal sobre a natureza política do homem, em Tucídides podemos ver como esse tipo de reflexão se aplicava particularmente às relações de poder entre as cidades. Em resposta às acusações dos coríntios de que Atenas, a cidade mais forte e detentora da hegemonia, agia de forma injusta pois escravizava as cidades mais fracas por meio da força (ἠδίκουν, δεδουλωμένους, βίᾳ, 68.3-4), os embaixadores atenienses recorrem ao seguinte argumento:

"Assim, nenhuma de nossas ações é assombrosa, tampouco em conflito com o comportamento humano, uma vez que aceitamos o poder que nos foi transmitido e o qual não recusamos, se vencidos por força maior: honra, medo e benefício. Nem fomos nós os primeiros a tomar tal iniciativa, mas o mais fraco ser dominado pelo mais forte é algo que sempre prevaleceu. Nós nos consideramos dignos de tal condição e vós concordáveis com isso, até o momento atual em que, tendo em mente vossos interesses, recorreis ao discurso justo, o qual ninguém proporia diante da possibilidade de se conquistar algo pela força, abrindo mão assim do acúmulo de posses. E merecem elogios aqueles que, mesmo recorrendo à natureza humana a fim de exercer o poder sobre outros, venham a ser mais justos do que as expectativas que se tem do poder que lhes cabe." (1.76.2-3)

οὕτως οὐδ' ἡμεῖς θαυμαστὸν οὐδὲν πεποιήκαμεν οὐδ' ἀπὸ τοῦ ἀνθρωπείου τρόπου, εἰ ἀρχήν τε διδομένην ἐδεξάμεθα καὶ ταύτην μὴ ἀνεῖμεν ὑπὸ <τριῶν> τῶν μεγίστων νικηθέντες, τιμῆς καὶ δέους καὶ ὠφελίας, οὐδ' αὖ πρῶτοι τοῦ τοιούτου ὑπάρξαντες, ἀλλ' αἰεὶ καθεστῶτος τὸν ἥσσω ὑπὸ τοῦ δυνατωτέρου κατείργεσθαι, →

possuir mais, eles dizem, a fim de que estes não possuam mais do que eles, que é vergonhoso e injusto esse acúmulo de posses, e que cometer injustiça consiste na tentativa de possuir mais do que os outros; pois visto que são mais débeis, eles prezam, julgo eu, ter posses equânimes[115]. Eis porque a lei diz que a tentativa de possuir mais do que a massa é injusta e vergonhosa, denominando-a cometer injustiça; mas a própria natureza, julgo eu, revela que justo é o homem mais nobre possuir mais que o pior, e o mais potente, mais do que o menos potente[116]. Está em toda parte, tanto entre os animais quanto entre os homens de todas as cidades e estirpes, a evidência de que esse é o caso, de que o justo é determinado assim: o superior domina o inferior e possui mais do que ele[117]. Pois, respaldado em qual justiça Xerxes comandou o exército contra a Hélade, ou seu pai contra a Cítia?[118]

→ ἄξιοί τε ἅμα νομίζοντες εἶναι καὶ ὑμῖν δοκοῦντες μέχρι οὗ τὰ ξυμφέροντα λογιζόμενοι τῷ δικαίῳ λόγῳ νῦν χρῆσθε, ὃν οὐδείς πω παρατυχὼν ἰσχύι τι κτήσασθαι προθεὶς τοῦ μὴ πλέον ἔχειν ἀπετράπετο. ἐπαινεῖσθαί τε ἄξιοι οἵτινες χρησάμενοι τῇ ἀνθρωπείᾳ φύσει ὥστε ἑτέρων ἄρχειν δικαιότεροι ἢ κατὰ τὴν ὑπάρχουσαν δύναμιν γένωνται.

116. Cf. supra nota 66.

117. Demócrito, fr. DK 68 B267:
"Por natureza, o poder é próprio do mais forte".
φύσει τὸ ἄρχειν οἰκήιον τῷ κρέσσονι.

118. No Livro VII das *Histórias*, Heródoto narra uma deliberação entre os conselheiros de Xerxes, rei da Pérsia, a respeito da viabilidade da expedição contra os atenienses, em particular, e contra os helenos, em geral, e dos motivos que a justificam. Mardônio, o principal general do Grande Rei, tenta persuadi-lo com argumentos que, de certa forma, se aproximam daqueles empregados por Cálicles com relação à prevalência do poder do mais forte:

"Senhor, tu não és apenas o melhor dentre os persas de outrora, mas também dentre os que estão por vir; tuas palavras foram absolutamente verídicas e excelentes, e não permitirás que os jônios, habitantes da Europa, escarneçam de nós, sendo eles homens iméritos. Seria deveras terrível se nós, depois de termos arruinado e escravizado os sacas, os hindus, os etíopes, os assírios e inúmeras outras etnias poderosas, mesmo sem ter ocorrido qualquer injustiça por parte deles contra os persas, mas movidos pela nossa vontade de acumular poder, não vingarmos os helenos que tomaram a iniciativa de agir injustamente contra nós." (7.9)

Ὦ δέσποτα, οὐ μοῦνον εἷς τῶν γενομένων Περσέων ἄριστος, ἀλλὰ καὶ τῶν ἐσομένων, ὅς τά τε ἄλλα λέγων ἐπίκεο ἄριστα καὶ ἀληθέστατα καὶ Ἴωνας τοὺς ἐν τῇ Εὐρώπῃ κατοικημένους οὐκ ἐάσεις καταγελάσαι ἡμῖν, ἐόντας ἀναξίους. Καὶ γὰρ δεινὸν ἂν εἴη πρῆγμα, εἰ Σάκας μὲν καὶ Ἰνδοὺς καὶ Αἰθίοπάς τε καὶ Ἀσσυρίους ἄλλα τε ἔθνεα πολλὰ καὶ μεγάλα, ἀδικήσαντα Πέρσας οὐδέν, ἀλλὰ δύναμιν προσκτᾶσθαι βουλόμενοι, καταστρεψάμενοι δούλους ἔχομεν, Ἕλληνας δὲ ὑπάρξαντας ἀδικίης οὐ τιμωρησόμεθα.

τὴν Ἑλλάδα ἐστράτευσεν ἢ ὁ πατὴρ αὐτοῦ ἐπὶ Σκύθας; ἢ
e ἄλλα μυρία ἄν τις ἔχοι τοιαῦτα λέγειν. ἀλλ' οἶμαι οὗτοι
κατὰ φύσιν τὴν τοῦ δικαίου ταῦτα πράττουσιν, καὶ ναὶ μὰ
Δία κατὰ νόμον γε τὸν τῆς φύσεως, οὐ μέντοι ἴσως κατὰ
τοῦτον ὃν ἡμεῖς τιθέμεθα· πλάττοντες τοὺς βελτίστους καὶ
ἐρρωμενεστάτους ἡμῶν αὐτῶν, ἐκ νέων λαμβάνοντες, ὥσπερ
λέοντας, κατεπᾴδοντές τε καὶ γοητεύοντες καταδουλούμεθα
484 λέγοντες ὡς τὸ ἴσον χρὴ ἔχειν καὶ τοῦτό ἐστιν τὸ καλὸν
καὶ τὸ δίκαιον. ἐὰν δέ γε οἶμαι φύσιν ἱκανὴν γένηται
ἔχων ἀνήρ, πάντα ταῦτα ἀποσεισάμενος καὶ διαρρήξας καὶ
διαφυγών, καταπατήσας τὰ ἡμέτερα γράμματα καὶ μαγγα-
νεύματα καὶ ἐπῳδὰς καὶ νόμους τοὺς παρὰ φύσιν ἅπαντας,
ἐπαναστὰς ἀνεφάνη δεσπότης ἡμέτερος ὁ δοῦλος, καὶ ἐνταῦθα
b ἐξέλαμψεν τὸ τῆς φύσεως δίκαιον. δοκεῖ δέ μοι καὶ Πίνδαρος
ἅπερ ἐγὼ λέγω ἐνδείκνυσθαι ἐν τῷ ᾄσματι ἐν ᾧ λέγει ὅτι—
νόμος ὁ πάντων βασιλεὺς
θνατῶν τε καὶ ἀθανάτων·
οὗτος δὲ δή, φησίν,—

119. Sobre a discussão a respeito da oposição entre "natureza" [*phusis*] (φύσις) e "lei" [*nomos*] (νόμος), ver as posições antagônicas nos fragmentos de Antifonte Sofista e Anônimo Jâmblico (ver Anexos).

120. A imagem do *leão* evocada por Cálicles pode ser entendida aqui como metáfora para a gênese do tirano no seio da democracia (T. Irwin, op. cit., p. 178), na medida em que ela implica a superação das leis e dos costumes compartilhados pela maioria dos homens, de modo a proporcionar-lhe o exercício de um poder incondicionado. Na comédia *Os Cavaleiros* de Aristófanes, vencedora do festival das Leneias de 424 a.C., o político Cléon, figura de maior renome depois da morte de Péricles em 429 a.C., é representado na peça como a personagem Paflagônio, escravo do Povo (também personagem), cujas aspirações tirânicas são satirizadas pelo poeta. No embate de oráculos com seu antagonista, o Salsicheiro, pela conquista da supremacia junto ao Povo, o Paflagônio lê um oráculo em que ele é figurado como um "leão":

PAFLAGÔNIO Meu caro, escuta este e depois julga!
"Há uma mulher que parirá um leão na sacra Atenas,
o qual lutará pelo povo contra um monte de moscas,
como em defesa de seus filhotes. Cuida tu dele,
e constrói um muro de madeira e torres de ferro!"
Entendes o que ele diz?
POVO Por Apolo, eu não.
PAFLAGÔNIO O deus disse claramente que tu hás de me salvar, →

Qualquer um poderia citar inúmeros exemplos do gênero. Eu julgo que esses homens agem assim segundo a natureza do justo, sim, por Zeus, segundo a lei da natureza – mas não, decerto, segundo essa lei por nós instituída[119]. A fim de plasmarmos os melhores e os mais vigorosos de nossos homens, nós os capturamos ainda jovens como se fossem leões, e com encantos e feitiços os escravizamos afirmando que se deve ter posses equânimes e que isso é o belo e o justo. Todavia, se o homem tiver nascido, julgo eu, dotado de uma natureza suficiente, ele demolirá, destroçará e evitará tudo isso; calcando nossos escritos, magias, encantamentos e todas as leis contrárias à natureza, nosso escravo, sublevado, se revelará déspota e o justo da natureza então reluzirá[120]. Parece-me que também Píndaro expressa o que digo em um de seus cantos com tais palavras:

> Lei, o supremo rei,
> de mortais e imortais.

E diz que:

→ Pois eu estou na condição do leão para ti.
povo E como eu não havia percebido que te tornaras Antileão?
(vv. 1036-1044)
PA. Ὦ τᾶν, ἄκουσον, εἶτα διάκρινον, τόδε·
Ἔστι γυνή, τέξει δὲ λέονθ᾽ ἱεραῖς ἐν Ἀθήναις,
ὃς περὶ τοῦ δήμου πολλοῖς κώνωψι μαχεῖται
ὥς τε περὶ σκύμνοισι βεβηκώς· τὸν σὺ φυλάξαι,
τεῖχος ποιήσας ξύλινον πύργους τε σιδηροῦς.
Ταῦτ᾽ οἶσθ᾽ ὅ τι λέγει;
ΔΗ. Μὰ τὸν Ἀπόλλω 'γὼ μὲν οὔ.
PA. Ἔφραζεν ὁ θεός σοι σαφῶς σῴζειν ἐμέ·
ἐγὼ γὰρ ἀντὶ τοῦ λέοντός εἰμί σοι.
ΔΗ. Καὶ πῶς μ᾽ ἐλελήθεις Ἀντιλέων γεγενημένος;

O jogo de palavras com "leão" e "Antileão", tirano de Cálcide, cidade da vizinha Eubeia, parece indicar que Aristófanes, em sua sátira política, busca representar Cléon como um tirano em potência, tendo em vista o tipo de prática política atribuída à personagem na peça (adulação, violência, medo). Nesse sentido, a imagem do "leão" nessa passagem do *Górgias* pode ser entendida num sentido semelhante, como figuração da gênese do tirano na democracia, tendo em vista a participação de Cálicles na política ateniense, aludida por Sócrates anteriormente (481d-e). Sobre a gênese do tirano na democracia, ver *República*, ix, 574d-575b.

ἄγει δικαιῶν τὸ βιαιότατον
ὑπερτάτᾳ χειρί· τεκμαίρομαι
ἔργοισιν Ἡρακλέος, ἐπεί—ἀπριάτας—
λέγει οὕτω πως—τὸ γὰρ ᾆσμα οὐκ ἐπίσταμαι—λέγει δ᾽ ὅτι
οὔτε πριάμενος οὔτε δόντος τοῦ Γηρυόνου ἠλάσατο τὰς βοῦς,
c ὡς τούτου ὄντος τοῦ δικαίου φύσει, καὶ βοῦς καὶ τἆλλα κτή-
ματα εἶναι πάντα τοῦ βελτίονός τε καὶ κρείττονος τὰ τῶν
χειρόνων τε καὶ ἡττόνων.

Τὸ μὲν οὖν ἀληθὲς οὕτως ἔχει, γνώσῃ δέ, ἂν ἐπὶ τὰ
μείζω ἔλθῃς ἐάσας ἤδη φιλοσοφίαν. φιλοσοφία γάρ τοί
ἐστιν, ὦ Σώκρατες, χαρίεν, ἄν τις αὐτοῦ μετρίως ἅψηται ἐν
τῇ ἡλικίᾳ· ἐὰν δὲ περαιτέρω τοῦ δέοντος ἐνδιατρίψῃ, διαφθορὰ τῶν ἀνθρώπων. ἐὰν γὰρ καὶ πάνυ εὐφυὴς ᾖ καὶ
πόρρω τῆς ἡλικίας φιλοσοφῇ, ἀνάγκη πάντων ἄπειρον γεγο-
d νέναι ἐστὶν ὧν χρὴ ἔμπειρον εἶναι τὸν μέλλοντα καλὸν
κἀγαθὸν καὶ εὐδόκιμον ἔσεσθαι ἄνδρα. καὶ γὰρ τῶν νόμων
ἄπειροι γίγνονται τῶν κατὰ τὴν πόλιν, καὶ τῶν λόγων οἷς
δεῖ χρώμενον ὁμιλεῖν ἐν τοῖς συμβολαίοις τοῖς ἀνθρώποις
καὶ ἰδίᾳ καὶ δημοσίᾳ, καὶ τῶν ἡδονῶν τε καὶ ἐπιθυμιῶν τῶν
ἀνθρωπείων, καὶ συλλήβδην τῶν ἠθῶν παντάπασιν ἄπειροι
γίγνονται. ἐπειδὰν οὖν ἔλθωσιν εἴς τινα ἰδίαν ἢ πολιτικὴν
e πρᾶξιν, καταγέλαστοι γίγνονται, ὥσπερ γε οἶμαι οἱ πολιτι-
κοί, ἐπειδὰν αὖ εἰς τὰς ὑμετέρας διατριβὰς ἔλθωσιν καὶ τοὺς

---

121. Fr. 152 Bowra = 187 Turyn = 169 Snell. Cálicles entende a ocorrência de *lei* (*nomos*) no poema de Píndaro como "lei da natureza" (483e3), ou seja, o direito natural do mais forte de prevalecer sobre os mais fracos, conforme ele apregoa. Mas, como sublinha Dodds (op. cit., p. 270-271), trata-se provavelmente de uma interpretação anacrônica da personagem, pois esse tipo de discussão sobre a natureza política do homem, como vemos, por exemplo, em Tucídides (cf. supra nota 115), em Demócrito (cf. supra nota 117), em Antifonte (ver Anexos) e depois em Platão, é característica de uma época à qual não pertenceu Píndaro. Segundo Dodds, o sentido de *nomos* no poema de Píndaro provalmente não significa nem "lei da natureza", como entende Cálicles, nem "costume", mas antes "lei do destino" que equivaleria, por sua vez, à "vontade de Zeus".

122. Este é um dos doze trabalhos de Héracles. Guérion é um monstro de triplo corpo que vivia na longínqua ilha de Eritreia, à oeste da Grécia.

123. Essa visão do filósofo como alguém apartado do mundo cotidiano, tanto nas relações públicas quanto nas privadas, é representada paradigmaticamente pela →

Com sua mão soberana, rege a violência extrema,
tornando-a justa; como testemunha,
conclamo os feitos de Héracles, pois – sem pagar[121].

Ele diz aproximadamente isso, pois não tenho decorado o canto, mas ele diz que Héracles trouxe os bois sem pagar por eles e sem tê-los ganho de Guérion, visto que o justo por natureza é que os bois, e todos os demais bens dos homens piores e inferiores, pertençam ao melhor e superior[122].

Essa é a verdade, e tu a compreenderás se abandonares agora mesmo a filosofia e te volveres para coisas de maior mérito. A filosofia, Sócrates, é decerto graciosa, contanto que se engaje nela comedidamente na idade certa; mas se perder com ela mais tempo que o devido, é a ruína dos homens. Pois se alguém, mesmo de ótima natureza, persistir na filosofia além da conta, tornar-se-á necessariamente inexperiente em tudo aquilo que deve ser experiente o homem que intenta ser belo, bom e bem reputado. Ademais, tornam-se inexperientes nas leis da cidade, nos discursos que se deve empregar nas relações públicas e privadas, nos prazeres e apetites humanos, e, em suma, tornam-se absolutamente inexperientes nos costumes dos homens. Quando então se deparam com alguma ação privada ou política, são cobertos pelo ridículo, como julgo que sucede aos políticos: quando se envolvem com vosso passatempo e vossas discussões, são absolutamente risíveis[123].

→ anedota sobre Tales de Mileto a que se referem Platão no *Teeteto* (174a) e Diógenes Laércio em sua obra:
"Dizem que [Tales], sendo levado para fora de casa por uma velha para contemplar os astros, caiu num buraco e que a velha, estando ele a se queixar, perguntou-lhe o seguinte: 'tu, ó Tales, não sendo capaz de ver as coisas a seus pés, julgas conhecer as coisas celestes?'" (1.34)
λέγεται δ' ἀγόμενος ὑπὸ γραὸς ἐκ τῆς οἰκίας, ἵνα τὰ ἄστρα κατανοήσῃ, εἰς βόθρον ἐμπεσεῖν καὶ αὐτῷ ἀνοιμώξαντι φάναι τὴν γραῦν· "σὺ γάρ, ὦ Θαλῆ, τὰ ἐν ποσὶν οὐ δυνάμενος ἰδεῖν τὰ ἐπὶ τοῦ οὐρανοῦ οἴει γνώσεσθαι;"
Sócrates responderá a essa invectiva de Cálicles mais adiante na discussão, afirmando que somente ele, senão alguns poucos, é o único homem verdadeiramente político, na medida em que todas as suas ações e todos seus discursos estão voltados precipuamente para a promoção do supremo bem, para tornar melhores ao máximo seus concidadãos (521d-522a), e não para simplesmente comprazê-los, como fazem geralmente os políticos na democracia ateniense.

λόγους, καταγέλαστοί εἰσιν. συμβαίνει γὰρ τὸ τοῦ Εὐριπί-
δου· λαμπρός τέ ἐστιν ἕκαστος ἐν τούτῳ, καὶ ἐπὶ τοῦτ'
ἐπείγεται,

νέμων τὸ πλεῖστον ἡμέρας τούτῳ μέρος,
ἵν' αὐτὸς αὑτοῦ τυγχάνει βέλτιστος ὤν·

485 ὅπου δ' ἂν φαῦλος ᾖ, ἐντεῦθεν φεύγει καὶ λοιδορεῖ τοῦτο,
τὸ δ' ἕτερον ἐπαινεῖ, εὐνοίᾳ τῇ ἑαυτοῦ, ἡγούμενος οὕτως
αὐτὸς ἑαυτὸν ἐπαινεῖν. ἀλλ' οἶμαι τὸ ὀρθότατόν ἐστιν
ἀμφοτέρων μετασχεῖν. φιλοσοφίας μὲν ὅσον παιδείας χάριν
καλὸν μετέχειν, καὶ οὐκ αἰσχρὸν μειρακίῳ ὄντι φιλοσοφεῖν·
ἐπειδὰν δὲ ἤδη πρεσβύτερος ὢν ἄνθρωπος ἔτι φιλοσοφῇ,
καταγέλαστον, ὦ Σώκρατες, τὸ χρῆμα γίγνεται, καὶ ἔγωγε
b ὁμοιότατον πάσχω πρὸς τοὺς φιλοσοφοῦντας ὥσπερ πρὸς
τοὺς ψελλιζομένους καὶ παίζοντας. ὅταν μὲν γὰρ παιδίον
ἴδω, ᾧ ἔτι προσήκει διαλέγεσθαι οὕτω, ψελλιζόμενον καὶ
παῖζον, χαίρω τε καὶ χαρίεν μοι φαίνεται καὶ ἐλευθέριον καὶ
πρέπον τῇ τοῦ παιδίου ἡλικίᾳ, ὅταν δὲ σαφῶς διαλεγομένου
παιδαρίου ἀκούσω, πικρόν τί μοι δοκεῖ χρῆμα εἶναι καὶ ἀνιᾷ
μου τὰ ὦτα καί μοι δοκεῖ δουλοπρεπές τι εἶναι· ὅταν δὲ
c ἀνδρὸς ἀκούσῃ τις ψελλιζομένου ἢ παίζοντα ὁρᾷ, καταγέλαστον φαίνεται καὶ ἄνανδρον καὶ πληγῶν ἄξιον. ταὐτὸν
οὖν ἔγωγε τοῦτο πάσχω καὶ πρὸς τοὺς φιλοσοφοῦντας. παρὰ
νέῳ μὲν γὰρ μειρακίῳ ὁρῶν φιλοσοφίαν ἄγαμαι, καὶ πρέπειν
μοι δοκεῖ, καὶ ἡγοῦμαι ἐλεύθερόν τινα εἶναι τοῦτον τὸν
ἄνθρωπον, τὸν δὲ μὴ φιλοσοφοῦντα ἀνελεύθερον καὶ οὐδέποτε οὐδενὸς ἀξιώσοντα ἑαυτὸν οὔτε καλοῦ οὔτε γενναίου
d πράγματος· ὅταν δὲ δὴ πρεσβύτερον ἴδω ἔτι φιλοσοφοῦντα
καὶ μὴ ἀπαλλαττόμενον, πληγῶν μοι δοκεῖ ἤδη δεῖσθαι,
ὦ Σώκρατες, οὗτος ὁ ἀνήρ. ὃ γὰρ νυνδὴ ἔλεγον, ὑπάρχει
τούτῳ τῷ ἀνθρώπῳ, κἂν πάνυ εὐφυὴς ᾖ, ἀνάνδρῳ γενέσθαι
φεύγοντι τὰ μέσα τῆς πόλεως καὶ τὰς ἀγοράς, ἐν αἷς ἔφη ὁ

---

124. Eurípides, *Antíope*, fr. 183 Nauck.

125. Cálicles ressalta, na sua invectiva contra o filósofo e a filosofia (484c4-
-486d1), que o domínio do discurso próprio da filosofia é o "diálogo" (διαλεγομένου, 485b5), pois ele é o índice por meio do qual é possível identificar o filósofo e →

É o que decorre de um trecho de Eurípides: "cada um reluz naquilo em que se esforça"[124],

> ocupando-se com isso a maior parte do dia,
> onde ele seja superior a si mesmo;

Ele evita e censura aquilo em que é desprezível, mas louva o contrário por benevolência própria, presumindo que dessa maneira ele louva a si mesmo. Porém julgo que o mais correto é participar de ambos. É belo e gracioso participar da filosofia com o escopo de se educar, e não é vergonhoso que um jovem filosofe. Todavia, quando o homem já está velho mas ainda continua a filosofar, aí é extremamente ridículo, Sócrates, e a experiência que tenho com os filósofos é precisamente a mesma que tenho com os balbuciantes e zombeteiros. Pois quando vejo uma criança, a quem ainda convém essa sorte de diálogo, balbuciando coisas e zombando, isso me deleita e me parece gracioso, digno de quem é livre e adequado a uma criança de tal idade. No entanto, quando ouço um menino a dialogar nitidamente, isso me soa acerbo, lacera meus ouvidos, me parece ser coisa própria de escravo[125]. E quando alguém ouve os balbucios de um homem e vê as suas zombarias, ele se mostra absolutamente ridículo, efeminado e merecedor de umas pancadas. Essa, então, é a mesma experiência que tenho com os filósofos. Pois quando a observo em um garoto novo, aprecio a filosofia; ela me parece conveniente, e considero livre esse homem, enquanto o avesso à filosofia, um homem despojado de sua liberdade, que jamais dignar-se-á de um feito belo ou nobre. Quando vejo, porém, um homem já velho mas ainda dedicado à filosofia e dela não liberto, ele me parece carecer de umas pancadas, Sócrates. Como há pouco dizia, acontece que esse homem, mesmo dotado de ótima natureza, tornar-se-á efeminado e fugirá do centro da cidade e das ágoras, onde, segundo o poeta,

---

→ distingui-lo dos demais homens. Nesse sentido, Cálicles está de acordo com Sócrates, uma vez que ele contrasta a *makrologia* do discurso retórico à *brakhulogia* do processo dialógico, que seria, em última instância, o modo do discurso próprio da filosofia (448d; 471d; 474a-b).

ποιητὴς τοὺς ἄνδρας ἀριπρεπεῖς γίγνεσθαι, καταδεδυκότι δὲ
τὸν λοιπὸν βίον βιῶναι μετὰ μειρακίων ἐν γωνίᾳ τριῶν ἢ
τεττάρων ψιθυρίζοντα, ἐλεύθερον δὲ καὶ μέγα καὶ ἱκανὸν
μηδέποτε φθέγξασθαι. ἐγὼ δέ, ὦ Σώκρατες, πρὸς σὲ ἐπιεικῶς ἔχω φιλικῶς· κινδυνεύω οὖν πεπονθέναι νῦν ὅπερ ὁ
Ζῆθος πρὸς τὸν Ἀμφίονα ὁ Εὐριπίδου, οὗπερ ἐμνήσθην.
καὶ γὰρ ἐμοὶ τοιαῦτ' ἄττα ἐπέρχεται πρὸς σὲ λέγειν, οἷάπερ
ἐκεῖνος πρὸς τὸν ἀδελφόν, ὅτι " Ἀμελεῖς, ὦ Σώκρατες, ὧν
δεῖ σε ἐπιμελεῖσθαι, καὶ φύσιν ψυχῆς ὧδε γενναίαν μειρακιώδει τινὶ διατρέπεις μορφώματι, καὶ οὔτ' ἂν δίκης βουλαῖσι προσθεῖ' ἂν ὀρθῶς λόγον, οὔτ' εἰκὸς ἂν καὶ πιθανὸν
ἂν λάβοις, οὔθ' ὑπὲρ ἄλλου νεανικὸν βούλευμα βουλεύσαιο."
καίτοι, ὦ φίλε Σώκρατες—καί μοι μηδὲν ἀχθεσθῇς· εὐνοίᾳ
γὰρ ἐρῶ τῇ σῇ—οὐκ αἰσχρὸν δοκεῖ σοι εἶναι οὕτως ἔχειν
ὡς ἐγὼ σὲ οἶμαι ἔχειν καὶ τοὺς ἄλλους τοὺς πόρρω ἀεὶ
φιλοσοφίας ἐλαύνοντας; νῦν γὰρ εἴ τις σοῦ λαβόμενος ἢ
ἄλλου ὁτουοῦν τῶν τοιούτων εἰς τὸ δεσμωτήριον ἀπάγοι,
φάσκων ἀδικεῖν μηδὲν ἀδικοῦντα, οἶσθ' ὅτι οὐκ ἂν ἔχοις ὅτι
χρήσαιο σαυτῷ, ἀλλ' ἰλιγγιῴης ἂν καὶ χασμῷο οὐκ ἔχων ὅτι
εἴποις, καὶ εἰς τὸ δικαστήριον ἀναβάς, κατηγόρου τυχὼν πάνυ
φαύλου καὶ μοχθηροῦ, ἀποθάνοις ἄν, εἰ βούλοιτο θανάτου

---

126. Homero, *Ilíada*, 9.441.
127. Como ressaltam Dodds (op. cit., p. 275) e T. Irwin (op. cit., p. 180), essa caracterização do comportamento do filósofo na sociedade é mais apropriada àqueles que eventualmente faziam parte da Academia de Platão do que a Sócrates, se levarmos em consideração a imagem que o próprio Platão constrói dele na *Apologia* ("tenho o costume de falar tanto nas mesas da ágora, onde a maioria de vós já me ouviu, como em qualquer outro lugar", δι' ὧνπερ εἴωθα λέγειν καὶ ἐν ἀγορᾷ ἐπὶ τῶν τραπεζῶν, ἵνα ὑμῶν πολλοὶ ἀκηκόασι, καὶ ἄλλοθι, 17c8). Tal imagem se conforma à descrição feita por Xenofonte nas *Memoráveis* a respeito do cotidiano de Sócrates:
"Ele estava sempre à vista. De manhã, passeava e ia aos ginásios, e quando a ágora enchia, lá estava ele à vista; no restante do dia, sempre estava onde pudesse encontrar o maior número de pessoas". (1.1.10)
Ἀλλὰ μὴν ἐκεῖνός γε ἀεὶ μὲν ἦν ἐν τῷ φανερῷ· πρῴ τε γὰρ εἰς τοὺς περιπάτους καὶ τὰ γυμνάσια ᾔει καὶ πληθούσης ἀγορᾶς ἐκεῖ φανερὸς ἦν, καὶ τὸ λοιπὸν ἀεὶ τῆς ἡμέρας ἦν ὅπου πλείστοις μέλλοι συνέσεσθαι·

os homens se tornam distintos[126]. Ele passará o resto da vida escondido a murmurar coisas pelos cantos junto a três ou quatro jovens, sem jamais proferir algo livre, valoroso e suficiente[127]. Contudo, eu, Sócrates, nutro por ti uma justa amizade; é provável que eu tenha agora o mesmo sentimento que Zeto teve por Anfíon na peça de Eurípides que rememorei[128]. Pois o que me ocorre dizer-te é semelhante ao que Zeto disse a seu irmão, que "Descuras, Sócrates, do que deves curar, e a natureza assim tão nobre de tua alma, tu a reconfiguras em uma forma juvenil; nos conselhos de justiça não acertarias o discurso, nem anuirias ao verossímil e persuasivo, tampouco proporias um conselho ardiloso no interesse de alguém"[129]. Aliás, caro Sócrates – e não te irrites comigo, pois falar-te-ei com benevolência –, não te parece vergonhoso esse comportamento que, julgo eu, tu possuis e todos os outros que se mantêm engajados na filosofia por longo tempo? Pois se hoje alguém te capturasse, ou qualquer outro homem da tua estirpe, e te encarcerasse sob a alegação de que cometeste injustiça, ainda que não a tenhas cometido, sabes que não terias o que fazer contigo mesmo, mas ficarias turvado e boquiaberto sem ter o que dizer; quando chegasses ao tribunal, diante de um acusador extremamente mísero e

---

128. Apolodoro, *Biblioteca*, 3.42-44: Cf. p. 85, nota 4.
129. Nauck propõe a seguinte reconstituição da passagem original adaptada em prosa por Cálicles (fr. 185, em E. Dodds, op. cit., p. 276):
"Descuras daquilo com que devias te preocupar;
Mesmo dotado de uma alma de nobre natureza,
O que avulta é a tua forma afeminada
.... não combaterias bem
Com o escudo côncavo, tampouco proporias
Um conselho ardiloso no interesse de outrem".
... ἀμελεῖς ὧν <σε φροντίζειν ἐχρῆν·>
ψυχῆς φύσιν <γὰρ> ὧδε γενναίαν <λαχὼν>
γυναικομίμῳ διαπρέπεις μορφώματι
...... κοὔτ' ἂν ἀσπίδος κύτει
<καλῶς> ὁμιλήσειας οὔτ' ἄλλων ὕπερ
νεανικὸν βούλευμα βουλεύσαιό <τι>.

σοι τιμᾶσθαι. καίτοι πῶς σοφὸν τοῦτό ἐστιν, ὦ Σώκρατες, ἥτις εὐφυῆ λαβοῦσα τέχνη φῶτα ἔθηκε χείρονα, μήτε αὐτὸν αὑτῷ δυνάμενον βοηθεῖν μηδ' ἐκσῶσαι ἐκ τῶν μεγίστων κινδύνων μήτε ἑαυτὸν μήτε ἄλλον μηδένα, ὑπὸ δὲ c τῶν ἐχθρῶν περισυλᾶσθαι πᾶσαν τὴν οὐσίαν, ἀτεχνῶς δὲ ἄτιμον ζῆν ἐν τῇ πόλει; τὸν δὲ τοιοῦτον, εἴ τι καὶ ἀγροικότερον εἰρῆσθαι, ἔξεστιν ἐπὶ κόρρης τύπτοντα μὴ διδόναι δίκην. ἀλλ' ὠγαθέ, ἐμοὶ πείθου, παῦσαι δὲ ἐλέγχων, πραγμάτων δ' εὐμουσίαν ἄσκει, καὶ ἄσκει ὁπόθεν δόξεις φρονεῖν, ἄλλοις τὰ κομψὰ ταῦτα ἀφείς, εἴτε ληρήματα χρὴ φάναι εἶναι εἴτε φλυαρίας, ἐξ ὧν κενοῖσιν ἐγκατοικήσεις δόμοις· ζηλῶν οὐκ ἐλέγχοντας ἄνδρας τὰ μικρὰ d ταῦτα, ἀλλ' οἷς ἔστιν καὶ βίος καὶ δόξα καὶ ἄλλα πολλὰ ἀγαθά.

ΣΩ. Εἰ χρυσῆν ἔχων ἐτύγχανον τὴν ψυχήν, ὦ Καλλίκλεις, οὐκ ἂν οἴει με ἄσμενον εὑρεῖν τούτων τινὰ τῶν λίθων ᾗ βασανίζουσιν τὸν χρυσόν, τὴν ἀρίστην, πρὸς ἥντινα ἔμελ-

130. Cálicles usa do "paradoxo patético" (οὐκ αἰσχρόν; S. Usher, *Greek Oratory, Tradition and Originality*, p. 25) como argumento contra a filosofia, em um contexto argumentativo semelhante à objeção fictícia a que Sócrates recorre na *Apologia* para defender seu modo de vida:

"Talvez alguém perguntasse: 'então não te envergonhas, Sócrates, de te envolveres com tal ocupação, a qual te põe agora em risco de morte?' E eu lhe objetaria com um argmento justo: 'tuas palavras não são belas, homem, se julgas que se deva considerar o risco de viver ou morrer, cuja utilidade é praticamente ínfima, mas deixar de observar apenas isto quando age: se suas ações são justas ou injustas, se seus gestos são próprios de um homem bom ou mau'". (28b3-9)

"Ἴσως ἂν οὖν εἴποι τις· "Εἶτ' οὐκ αἰσχύνῃ, ὦ Σώκρατες, τοιοῦτον ἐπιτήδευμα ἐπιτηδεύσας ἐξ οὗ κινδυνεύεις νυνὶ ἀποθανεῖν;" ἐγὼ δὲ τούτῳ ἂν δίκαιον λόγον ἀντείποιμι, ὅτι "Οὐ καλῶς λέγεις, ὦ ἄνθρωπε, εἰ οἴει δεῖν κίνδυνον ὑπολογίζεσθαι τοῦ ζῆν ἢ τεθνάναι ἄνδρα ὅτου τι καὶ σμικρὸν ὄφελός ἐστιν, ἀλλ' οὐκ ἐκεῖνο μόνον σκοπεῖν ὅταν πράττῃ, πότερον δίκαια ἢ ἄδικα πράττει, καὶ ἀνδρὸς ἀγαθοῦ ἔργα ἢ κακοῦ.

131. Nauck propõe a seguinte reconstituição da passagem original (fr. 186, em E. Dodds, op. cit., p. 278):

Como isto pode ser sábio, que a arte, apossando-se
De um homem de ótima natureza, torna-o pior?
πῶς γὰρ σοφὸν τοῦτ' ἔστιν, ἥτις εὐφυᾶ
λαβοῦσα τέχνη φῶτ' ἔθηκε χείρονα;

desprezível, tu morrerias, caso ele quisesse te estipular a pena de morte[130]. Ademais, como isto pode ser sábio, Sócrates, "que a arte, apossando-se de um homem de ótima natureza, torna-o pior"[131], incapaz de socorrer a si mesmo, de salvar a si mesmo ou qualquer outra pessoa dos riscos mais extremos, despojado pelos inimigos de todos os seus bens e vivendo absolutamente desonrado na cidade?[132] Para ser ainda mais rude, qualquer um poderia rachar a têmpora de um homem como esse sem pagar a justa pena. Acredita em mim, bom homem, "para de refutar os outros, aplica-te à erudição das coisas", aplica-te àquilo que te confira a reputação de homem inteligente, e "deixa para os outros essas sutilezas", sejam tolices ou bobagens o modo correto de chamá-las, "em virtude das quais habitarás uma casa erma!"[133] Não invejes os homens que vivem a refutar coisas de pequena monta, mas aqueles que possuem recursos de vida, reputação e muitos outros bens!

SOC: Se acaso eu tivesse a alma áurea, Cálicles, não julgas que eu seria afortunado caso encontrasse uma daquelas pedras, a melhor delas, com a qual se verifica o ouro e a cujo teste estaria

132. Cálicles compara a condição de Sócrates, enquanto filósofo, ao homem "desonrado" [*atimos*] (ἄτιμος), que, no sentido legal, se refere a quem, por covardia ou prostituição (ver Ésquines, 1.27-30), perde o direito de reinvindicar judicialmente uma injustiça sofrida por parte de outrem, de frequentar a ágora e os templos (ver Lísias, 6.24; Demóstenes, 21.95). Ou seja, a inabilidade de Sócrates para se defender de um ultraje dessa natureza, devido à inutilidade da filosofia para a vida pública e cotidiana, é comparável à impossibilidade do *atimos* de exigir legalmente a reparação de uma injustiça sofrida (Irwin, op. cit., p. 180).

133. Nauck propõe a seguinte reconstituição da passagem original (fr. 188, em E. Dodds, op. cit., p. 278):
Mas acredita em mim,
Para de cantar, aplica-te à erudição da guerra!
Canta coisas tais de modo a teres reputação de inteligente,
Cultivando, arando a terra, apascentando o rebanho,
Deixando para os outros esses sofismas sutis,
Em virtude dos quais habitarás uma casa vazia!
ἀλλ' ἐμοὶ πιθοῦ·
παῦσαι μελῳδῶν, πολέμων δ' εὐμουσίαν
ἄσκει· τοιαῦτ' ἄειδε καὶ δόξεις φρονεῖν,
σκάπτων, ἀρῶν γῆν, ποιμνίοις ἐπιστατῶν,
ἄλλοις τὰ κομψὰ ταῦτ' ἀφεὶς σοφίσματα,
ἐξ ὧν κενοῖσιν ἐγκατοικήσεις δόμοις.

λον προσαγαγὼν αὐτήν, εἴ μοι ὁμολογήσειεν ἐκείνη καλῶς τεθεραπεῦσθαι τὴν ψυχήν, εὖ εἴσεσθαι ὅτι ἱκανῶς ἔχω καὶ οὐδέν με δεῖ ἄλλης βασάνου;

ΚΑΛ. Πρὸς τί δὴ τοῦτο ἐρωτᾷς, ὦ Σώκρατες;

ΣΩ. Ἐγώ σοι ἐρῶ· νῦν οἶμαι ἐγὼ σοὶ ἐντετυχηκὼς τοιούτῳ ἑρμαίῳ ἐντετυχηκέναι.

ΚΑΛ. Τί δή;

ΣΩ. Εὖ οἶδ' ὅτι, ἄν μοι σὺ ὁμολογήσῃς περὶ ὧν ἡ ἐμὴ ψυχὴ δοξάζει, ταῦτ' ἤδη ἐστὶν αὐτὰ τἀληθῆ. ἐννοῶ γὰρ ὅτι τὸν μέλλοντα βασανιεῖν ἱκανῶς ψυχῆς πέρι ὀρθῶς τε ζώσης καὶ μὴ τρία ἄρα δεῖ ἔχειν ἃ σὺ πάντα ἔχεις, ἐπιστήμην τε καὶ εὔνοιαν καὶ παρρησίαν. ἐγὼ γὰρ πολλοῖς ἐντυγχάνω οἳ ἐμὲ οὐχ οἷοί τέ εἰσιν βασανίζειν διὰ τὸ μὴ σοφοὶ εἶναι ὥσπερ σύ· ἕτεροι δὲ σοφοὶ μέν εἰσιν, οὐκ ἐθέλουσιν δέ μοι λέγειν τὴν ἀλήθειαν διὰ τὸ μὴ κήδεσθαί μου ὥσπερ σύ· τὼ δὲ ξένω τώδε, Γοργίας τε καὶ Πῶλος, σοφὼ μὲν καὶ φίλω ἐστὸν ἐμώ, ἐνδεεστέρω δὲ παρρησίας καὶ αἰσχυντηροτέρω μᾶλλον τοῦ δέοντος· πῶς γὰρ οὔ; ὥ γε εἰς τοσοῦτον αἰσχύνης ἐληλύθατον, ὥστε διὰ τὸ αἰσχύνεσθαι τολμᾷ ἑκάτερος αὐτῶν αὐτὸς αὑτῷ ἐναντία λέγειν ἐναντίον πολλῶν ἀνθρώπων, καὶ ταῦτα περὶ τῶν μεγίστων. σὺ δὲ ταῦτα πάντα ἔχεις ἃ οἱ ἄλλοι οὐκ ἔχουσιν· πεπαίδευσαί τε γὰρ

---

134. Sócrates acentua metaforicamente aqui a função positiva do *elenchos* de determinar, mediante o assentimento do interlocutor, a verdade de suas convicções morais, uma vez tendo sido bem-sucedido. Como ele dirá expressamente logo adiante, "o meu e o teu consentimento, portanto, será realmente a completude da verdade" (τῷ ὄντι οὖν ἡ ἐμὴ καὶ ἡ σὴ ὁμολογία τέλος ἤδη ἕξει τῆς ἀληθείας, 487e6-7).

135. A "franqueza" atribuída a Cálicles (παρρησίαν, 487a3) é referida na *República* como uma característica do homem democrático:

"Qual é então," perguntei, "o modo de vida desses homens? E qual é, por sua vez, o tipo de constituição política? Pois é evidente que tal homem se revelará democrático".

"É evidente", disse ele.

"Então, não serão, em primeiro lugar, livres, e a cidade não virá a ser um misto de liberdade e franqueza, e não haverá nela licença para se fazer o que quiser?"

"É o que se diz", respondeu. (VIII, 557a9-b7)

Τίνα δὴ οὖν, ἦν δ' ἐγώ, οὗτοι τρόπον οἰκοῦσι; καὶ ποία τις ἡ τοιαύτη αὖ πολιτεία; δῆλον γὰρ ὅτι ὁ τοιοῦτος ἀνὴρ δημοκρατικός τις ἀναφανήσεται. →

eu pronto para submeter a minha alma? Se essa pedra me consentisse que minha alma fora bem criada, não julgas que eu saberia seguramente que ela me é suficiente, e que não careço de outra pedra de toque?[134]

CAL: Por que fazes essa pergunta, Sócrates?

SOC: Dir-te-ei: julgo que acabei de encontrar tal dádiva quando me encontrei contigo.

CAL: Por quê?

SOC: Bem sei que, se tu concordares com as opiniões da minha alma, bastará para elas próprias serem verdadeiras. Pois penso que a pessoa apta a verificar, de modo suficiente, se a alma vive ou não de forma correta, deve ter três coisas que tu possuis em absoluto: conhecimento, benevolência e franqueza[135]. Eu tenho me deparado com inúmeros homens que são incapazes de me verificar porque não são sábios como tu, ao passo que outros, embora sábios, não desejam me dizer a verdade porque não se preocupam comigo como tu te preocupas. Estes dois estrangeiros aqui presentes, Górgias e Polo, apesar de serem sábios e meus amigos, carecem de franqueza e são mais envergonhados que o devido. E como não seriam? Foram acometidos por tamanha vergonha que ambos, por causa dela, ousaram se contradizer perante uma turba de homens, e a respeito dos assuntos mais preciosos[136]. Mas tu possuis tudo de que eles carecem, pois tiveste

→ Δῆλον, ἔφη.
Οὐκοῦν πρῶτον μὲν δὴ ἐλεύθεροι, καὶ ἐλευθερίας ἡ πόλις μεστὴ καὶ παρρησίας γίγνεται, καὶ ἐξουσία ἐν αὐτῇ ποιεῖν ὅτι τις βούλεται;
Λέγεταί γε δή, ἔφη.

136. A objeção de Sócrates à análise de Cálicles sobre a refutação de Górgias e Polo é colorida pelo tom irônico do oximoro διὰ τὸ αἰσχύνεσθαι τολμᾷ ("por causa da vergonha, ousaram se contradizer", 487b3-4). Para Cálicles, a vergonha é o sentimento moral que impede as pessoas de dizerem o que realmente pensam, quando suas opiniões afrontam os valores morais instituídos pelas leis (482c-e); para Sócrates, entretanto, ela é o sentimento que motiva a ousadia de ambas as personagens de se contradizerem em público: ousado não é dizer o que realmente pensa, mas dizer coisas contraditórias. Assim, a vergonha de Górgias e Polo, na perspectiva de Sócrates, teria um sentido contrário, pois não haveria maior vergonha para o homem do que dizer coisas incoerentes sobre assuntos de suma importância para os homens. Portanto, a valoração moral a respeito do que é vergonhoso para Sócrates, de um lado, e para Cálicles, de outro, não coincidem: são duas concepções de moralidade opostas.

ἱκανῶς, ὡς πολλοὶ ἂν φήσαιεν Ἀθηναίων, καὶ ἐμοὶ εἶ εὔνους.
c τίνι τεκμηρίῳ χρῶμαι; ἐγώ σοι ἐρῶ. οἶδα ὑμᾶς ἐγώ, ὦ Καλλίκλεις, τέτταρας ὄντας κοινωνοὺς γεγονότας σοφίας, σέ τε καὶ Τείσανδρον τὸν Ἀφιδναῖον καὶ Ἄνδρωνα τὸν Ἀνδροτίωνος καὶ Ναυσικύδην τὸν Χολαργέα· καί ποτε ὑμῶν ἐγὼ ἐπήκουσα βουλευομένων μέχρι ὅποι τὴν σοφίαν ἀσκητέον εἴη, καὶ οἶδα ὅτι ἐνίκα ἐν ὑμῖν τοιάδε τις δόξα, μὴ προθυμεῖσθαι εἰς τὴν ἀκρίβειαν φιλοσοφεῖν, ἀλλὰ εὐλαβεῖσθαι
d παρεκελεύεσθε ἀλλήλοις ὅπως μὴ πέρα τοῦ δέοντος σοφώτεροι γενόμενοι λήσετε διαφθαρέντες. ἐπειδὴ οὖν σου ἀκούω ταὐτὰ ἐμοὶ συμβουλεύοντος ἅπερ τοῖς σεαυτοῦ ἑταιροτάτοις, ἱκανόν μοι τεκμήριόν ἐστιν ὅτι ὡς ἀληθῶς μοι εὔνους εἶ. καὶ μὴν ὅτι γε οἷος παρρησιάζεσθαι καὶ μὴ αἰσχύνεσθαι, αὐτός τε φῂς καὶ ὁ λόγος ὃν ὀλίγον πρότερον ἔλεγες ὁμολογεῖ σοι. ἔχει δὴ οὑτωσὶ δῆλον ὅτι τούτων πέρι νυνί·
e ἐάν τι σὺ ἐν τοῖς λόγοις ὁμολογήσῃς μοι, βεβασανισμένον τοῦτ' ἤδη ἔσται ἱκανῶς ὑπ' ἐμοῦ τε καὶ σοῦ, καὶ οὐκέτι αὐτὸ δεήσει ἐπ' ἄλλην βάσανον ἀναφέρειν. οὐ γὰρ ἄν ποτε αὐτὸ συνεχώρησας σὺ οὔτε σοφίας ἐνδείᾳ οὔτ' αἰσχύνης περιουσίᾳ, οὐδ' αὖ ἀπατῶν ἐμὲ συγχωρήσαις ἄν· φίλος γάρ μοι εἶ, ὡς καὶ αὐτὸς φῄς. τῷ ὄντι οὖν ἡ ἐμὴ καὶ ἡ σὴ ὁμολογία τέλος ἤδη ἕξει τῆς ἀληθείας. πάντων δὲ καλλίστη ἐστὶν ἡ σκέψις, ὦ Καλλίκλεις, περὶ τούτων ὧν σὺ

137. Sabe-se muito pouco sobre a vida de Tisandro, apenas que ele era filho de Cefisodoro, homem rico e renomado, que aparece citado em inscrições sobre liturgias datadas do início do séc. IV a.C. (E. Dodds, op. cit., p. 282; D. Nails, op. cit., p. 295).

138. Andron, filho de Androtíon, é mencionado por Platão também no *Protágoras* como um dos presentes na casa de Cálias, onde se encontrava o sofista que dá nome ao diálogo, além de Hípias de Élide e Pródico de Cós. A importância de Andron, do ponto de vista político, se deve ao fato de ele ter integrado o governo oligárquico de 411 a.C., conhecido como os Quatrocentos, episódio narrado por Tucídides na *História da Guerra do Peloponeso* (8.63-71). Segundo Pseudo-Plutarco (*A Vidas dos Dez Oradores*, 833d-f), com o colapso do governo oligárquico, Andron impetrou um processo contra Antifonte de Ramnunte, pessoa a ele associada, e, talvez, contra Arqueptôlemo e Onômacles (D. Nails, op. cit., p. 29). Segundo Dodds, o intuito de Andron com tais processos era salvar a própria vida (E. Dodds, op. cit., p. 295).

139. Nausícides de Colarges é provavelmente a mesma figura referida por Aristófanes (*Mulheres na Assembleia*, vv. 424-426) e Xenofonte (*Memoráveis*, 2.7.5-6), produtor de farinha e proprietário de escravos (D. Nails, op. cit., p. 210-211; →

educação suficiente, como diriam muitos atenienses, e és benevolente comigo. Que indício tenho eu disso? Dir-te-ei. Sei que vós quatro, Cálicles, fundastes uma comunidade de sábios, tu, Tisandro de Afidna[137], Andron, filho de Androtíon[138], e Nausícides de Colarges[139]. Houve um dia em que vos ouvi deliberando sobre até que ponto se deve cultivar a sabedoria, e sei que vos prevaleceu uma opinião deste tipo: não aspirar à filosofia até a sua exatidão[140]. Exortáveis uns aos outros a ter precaução de não vos tornardes mais sábios que o devido e de não perceberdes, assim, a vossa ruína. Uma vez, então, que ouço de ti os mesmos conselhos que deste aos teus melhores companheiros, isso me é indício suficiente de que és benevolente comigo de verdade. Com efeito, que és franco e não tens vergonha, tu mesmo o disseste e o discurso que acabaste de proferir concorda contigo. É evidente, então, que procedamos da mesma forma: se tu concordares comigo em algum ponto na discussão, nós já o teremos verificado suficientemente e prescindiremos de outra pedra de toque. Pois jamais darias teu assentimento por carência de sabedoria ou por excesso de vergonha, tampouco o darias para me enganar, visto que és meu amigo, como tu mesmo dizes[141]. O meu e o teu consentimento, portanto, serão realmente a completude da verdade. Dentre todas as tuas censuras volvidas contra mim, Cálicles, esta

→ E. Dodds, op. cit., p. 295).

140. Isócrates, *A Nicocles*, 39:
"Considera sábios não aqueles que disputam entre si pela exatidão relativa a coisas de pequena monta, mas aqueles que falam bem a respeito de coisas de suma importância!"

Σοφοὺς νόμιζε μὴ τοὺς ἀκριβῶς περὶ μικρῶν ἐρίζοντας, ἀλλὰ τοὺς εὖ περὶ τῶν μεγίστων λέγοντας·

141. Platão ressalva aqui, nessa asserção irônica de Sócrates, precisamente o aspecto que determina o tipo de diálogo a ser empreendido com Cálicles: a ausência de "amizade" [*philia*] (φιλία) entre os interlocutores. A estratégia argumentativa de Sócrates, bem como sua motivação no diálogo, se adapta conforme o tipo de interlocutor, pois a busca pelo "consentimento" (ὁμολογία, 487e7), em que ambas as partes contribuem para o esclarecimento do assunto em questão, depende do interesse comum dos interlocutores. Quando há, contudo, o encontro de dois interlocutores cujas convicções morais não se coadunam e cuja motivação ao dialogar não é a mesma, a busca pelo "consentimento" torna-se praticamente inviável. Sobre a distinção entre "diálogo filosófico" e "diálogo erístico", cf. supra nota 32.

δή μοι ἐπετίμησας, ποῖόν τινα χρὴ εἶναι τὸν ἄνδρα καὶ τί
ἐπιτηδεύειν καὶ μέχρι τοῦ, καὶ πρεσβύτερον καὶ νεώτερον
ὄντα. ἐγὼ γὰρ εἴ τι μὴ ὀρθῶς πράττω κατὰ τὸν βίον τὸν
ἐμαυτοῦ, εὖ ἴσθι τοῦτο ὅτι οὐχ ἑκὼν ἐξαμαρτάνω ἀλλ' ἀμαθίᾳ
τῇ ἐμῇ· σὺ οὖν, ὥσπερ ἤρξω νουθετεῖν με, μὴ ἀποστῇς,
ἀλλ' ἱκανῶς μοι ἔνδειξαι τί ἔστιν τοῦτο ὃ ἐπιτηδευτέον μοι,
καὶ τίνα τρόπον κτησαίμην ἂν αὐτό, καὶ ἐάν με λάβῃς νῦν
μέν σοι ὁμολογήσαντα, ἐν δὲ τῷ ὑστέρῳ χρόνῳ μὴ ταὐτὰ
πράττοντα ἅπερ ὡμολόγησα, πάνυ με ἡγοῦ βλᾶκα εἶναι καὶ
μηκέτι ποτέ με νουθετήσῃς ὕστερον, ὡς μηδενὸς ἄξιον ὄντα.
ἐξ ἀρχῆς δέ μοι ἐπανάλαβε πῶς φῂς τὸ δίκαιον ἔχειν καὶ
σὺ καὶ Πίνδαρος τὸ κατὰ φύσιν; ἄγειν βίᾳ τὸν κρείττω τὰ
τῶν ἡττόνων καὶ ἄρχειν τὸν βελτίω τῶν χειρόνων καὶ πλέον
ἔχειν τὸν ἀμείνω τοῦ φαυλοτέρου; μή τι ἄλλο λέγεις τὸ
δίκαιον εἶναι, ἢ ὀρθῶς μέμνημαι;

ΚΑΛ. Ἀλλὰ ταῦτα ἔλεγον καὶ τότε καὶ νῦν λέγω.

142. Esta é uma das decorrências do chamado *Paradoxo Socrático* (como referido comumente pelos estudiosos da filosofia platônica), segundo o qual o conhecimento é condição suficiente para a virtude, de modo que ninguém agiria mal voluntariamente, mas por ignorância. Tal máxima moral é atribuída ao Sócrates histórico por Aristóteles na *Ética Nicomaqueia*, quando ele discute o fenômeno moral da "incontinência" [*akrasia*] (ἀκρασία):

"Alguém poderia colocar o problema: como uma pessoa, tendo uma compreensão correta, pode agir incontinentemente? Alguns dizem que isso é impossível uma vez tendo o conhecimento; pois, havendo o conhecimento, como julgava Sócrates, seria espantoso que outra coisa o dominasse e o arrancasse de seu curso, tal como a um escravo. Pois Sócrates combatia totalmente esse argumento como se não existisse a incontinência; pois ninguém, compreendendo as razões, agiria contrariamente ao que é o melhor, mas sim por ignorância." (VII, 1145b21-27)

Ἀπορήσειε δ' ἄν τις πῶς ὑπολαμβάνων ὀρθῶς ἀκρατεύεταί τις. ἐπιστάμενον μὲν οὖν οὔ φασί τινες οἷόν τε εἶναι· δεινὸν γὰρ ἐπιστήμης ἐνούσης, ὡς ᾤετο Σωκράτης, ἄλλο τι κρατεῖν καὶ περιέλκειν αὐτὴν ὥσπερ ἀνδράποδον. Σωκράτης μὲν γὰρ ὅλως ἐμάχετο πρὸς τὸν λόγον ὡς οὐκ οὔσης ἀκρασίας· οὐθένα γὰρ ὑπολαμβάνοντα πράττειν παρὰ τὸ βέλτιστον, ἀλλὰ δι' ἄγνοιαν.

143. Sócrates não contesta a interpretação de Cálicles referente à semântica de *nomos* no poema de Píndaro (484b), mas passa a refutar a tese do interlocutor como se Píndaro dela compartilhasse. Como a personagem Sócrates salienta em certos momentos nos diálogos de Platão, não importa quem defende tal ou tal opinião, mas o exame da opinião em si mesma, se ela se sustenta ou não, uma vez sob o escrutínio do *elenchos*. Mas o exame de uma opinião não impede que, no processo do *elenchos*, →

é a mais bela investigação: de que tipo deve ser o homem, com o que deve ele se ocupar e até que ponto, seja ele velho ou jovem. Pois se eu não ajo corretamente durante minha vida, saibas tu que não erro voluntariamente, mas por ignorância própria[142]. Tu então, assim como começaste a admoestar-me, não te eximas desse posto, mas mostra-me de forma suficiente aquilo com que devo me ocupar e de que modo poderia eu conquistá-lo; se me surpreenderes concordando contigo agora, mas logo depois agindo em discordância com o que concordei, considera-me um completo estúpido e jamais me admoestes futuramente, pois nada me é digno. Porém retoma-me o princípio da discussão: como tu e Píndaro entendeis o que é o justo, o justo segundo a natureza?[143] Acaso seria o superior tomar pela força o que pertence aos inferiores, o melhor dominar os piores e o mais nobre possuir mais que o mais débil? O justo que mencionas é diferente disso, ou minha lembrança é correta?[144]

CAL: Eu afirmava isso outrora e continuo afirmando agora.

→ o próprio interlocutor seja concomitantemente investigado e posto à prova, como Sócrates afirma, por exemplo, nesta passagem do *Protágoras*:

"A quem devo, então, dirigir a palavra, à audiência ou a ti?" "Se quiseres," disse Protágoras, "discute primeiro o argumento sustentado pela maioria!" "Mas para mim não faz diferença se isso condiz ou não com a tua opinião, contanto que sejas apenas tu a responder às perguntas; pois eu examino sobretudo o argumento, embora suceda, talvez, que tanto eu, que interrogo, quanto aquele que responde, sejamos igualmente examinados". (333c3-9)

– Πότερον οὖν πρὸς ἐκείνους τὸν λόγον ποιήσομαι, ἔφην, ἢ πρὸς σέ; – Εἰ βούλει, ἔφη, πρὸς τούτων πρῶτον τὸν λόγον διαλέχθητι τὸν τῶν πολλῶν. – Ἀλλ'οὐδέν μοι διαφέρει, ἐὰν μόνον σύ γε ἀποκρίνῃ, εἴτ' οὖν δοκεῖ σοι ταῦτα εἴτε μή· τὸν γὰρ λόγον ἔγωγε μάλιστα ἐξετάζω, συμβαίνει μέντοι ἴσως καὶ ἐμὲ τὸν ἐρωτῶντα καὶ τὸν ἀποκρινόμενον ἐξετάζεσθαι.

144. Sócrates passa a refutar a tese de Cálicles a respeito da natureza política do homem a partir de um problema semântico, pois ele se refere em seu discurso (482c--484c) a um mesmo referente por meio de palavras distintas: de um lado, os "mais vigorosos" (τοὺς ἐρρωμενεστέρους, 483c1), o "mais potente" (τὸν δυνατώτερον, 483d2), o "superior" (τὸν κρείττω, 483d5), os "melhores" (τοὺς βελτίστους, 483e4, 484c2) e o "mais nobre" (τὸν ἀμείνω, 483d1); e, de outro, os "fracos" (οἱ ἀσθενεῖς, 483b5), o "menos potente" (τοῦ ἀδυνατωτέρου, 483d2), o "inferior" (τοῦ ἥττονος, 483d5), o "pior" (τοῦ χείρονος, 483d1, 484c3) e os "mais débeis" (φαυλότεροι, 483c6). A princípio, κρείττων [*kreittōn*] pode designar uma superioridade do ponto de vista da força física, mas designa também a superioridade em geral; βέλτιων [*beltiōn*], por sua vez, não designa propriamente uma superioridade física, mas social e/ou moral (T. Irwin, op. cit., p. 184).

ΣΩ. Πότερον δὲ τὸν αὐτὸν βελτίω καλεῖς σὺ καὶ κρείττω;
c οὐδὲ γάρ τοι τότε οἷός τ' ἦ μαθεῖν σου τί ποτε λέγοις. πότερον τοὺς ἰσχυροτέρους κρείττους καλεῖς καὶ δεῖ ἀκροᾶσθαι τοῦ ἰσχυροτέρου τοὺς ἀσθενεστέρους, οἷόν μοι δοκεῖς καὶ τότε ἐνδείκνυσθαι, ὡς αἱ μεγάλαι πόλεις ἐπὶ τὰς σμικρὰς κατὰ τὸ φύσει δίκαιον ἔρχονται, ὅτι κρείττους εἰσὶν καὶ ἰσχυρότεραι, ὡς τὸ κρεῖττον καὶ τὸ ἰσχυρότερον καὶ βέλτιον ταὐτὸν ὄν, ἢ ἔστι βελτίω μὲν εἶναι, ἥττω δὲ καὶ ἀσθενέστερον, καὶ κρείττω μὲν εἶναι, μοχθηρότερον δέ· ἢ ὁ αὐτὸς
d ὅρος ἐστὶν τοῦ βελτίονος καὶ τοῦ κρείττονος; τοῦτό μοι αὐτὸ σαφῶς διόρισον, ταὐτὸν ἢ ἕτερόν ἐστιν τὸ κρεῖττον καὶ τὸ βέλτιον καὶ τὸ ἰσχυρότερον;

ΚΑΛ. Ἀλλ' ἐγώ σοι σαφῶς λέγω, ὅτι ταὐτόν ἐστιν.

ΣΩ. Οὐκοῦν οἱ πολλοὶ τοῦ ἑνὸς κρείττους εἰσὶν κατὰ φύσιν; οἳ δὴ καὶ τοὺς νόμους τίθενται ἐπὶ τῷ ἑνί, ὥσπερ καὶ σὺ ἄρτι ἔλεγες.

ΚΑΛ. Πῶς γὰρ οὔ;

ΣΩ. Τὰ τῶν πολλῶν ἄρα νόμιμα τὰ τῶν κρειττόνων ἐστίν.

ΚΑΛ. Πάνυ γε.

e ΣΩ. Οὐκοῦν τὰ τῶν βελτιόνων; οἱ γὰρ κρείττους βελτίους πολὺ κατὰ τὸν σὸν λόγον.

ΚΑΛ. Ναί.

ΣΩ. Οὐκοῦν τὰ τούτων νόμιμα κατὰ φύσιν καλά, κρειττόνων γε ὄντων;

ΚΑΛ. Φημί.

ΣΩ. Ἆρ' οὖν οἱ πολλοὶ νομίζουσιν οὕτως, ὡς ἄρτι αὖ σὺ ἔλεγες, δίκαιον εἶναι τὸ ἴσον ἔχειν καὶ αἴσχιον τὸ ἀδικεῖν
489 τοῦ ἀδικεῖσθαι; ἔστιν ταῦτα ἢ οὔ; καὶ ὅπως μὴ ἁλώσῃ ἐνταῦθα σὺ αὖ αἰσχυνόμενος. νομίζουσιν, ἢ οὔ, οἱ πολλοὶ

145. Ao chamar a atenção para a "vergonha" de Cálicles (αἰσχυνόμενος, 489a2), Sócrates evidencia o aspecto *ad hominem* envolvido no processo do *elenchos*: seu intuito não é apenas refutar logicamente as opiniões de Cálicles fazendo-o se contradizer, mas testar concomitantemente se também ele, assim como Górgias e Polo, será acometido pelo sentimento de vergonha, o que, segundo o próprio Cálicles (482c-e), possibilitou o sucesso de Sócrates no confronto →

sóc: Porventura te referes ao melhor e superior como o mesmo homem? Pois não consegui compreender naquela ocasião o que dizias. Acaso te referes aos mais fortes como superiores e afirmas que os mais fracos devem ouvir o mais forte, como parecias me mostrar àquela altura, quando dizias que as grandes cidades se arrojam às pequenas segundo o justo por natureza por serem superiores e mais fortes, visto que o superior, o mais forte e o melhor são o mesmo? Ou é possível ser melhor, mas inferior e mais fraco, ou ser superior, porém mais mísero? Ou a mesma definição vale para o melhor e para o superior? Define-me este ponto claramente: se o superior, o melhor e o mais forte são o mesmo ou se são diferentes!

cal: E eu te digo claramente: são o mesmo.

sóc: Então a massa não será superior por natureza a um único homem? É ela que institui as leis contra ele, como também tu há pouco dizias.

cal: E como não?

sóc: Portanto, as leis da massa são as leis dos superiores.

cal: Com certeza.

sóc: Então, não são as leis dos melhores? Pois os superiores são muito melhores, conforme teu argumento.

cal: Sim.

sóc: Então, as leis desses homens não são belas por natureza, uma vez que são superiores?

cal: Confirmo.

sóc: Não é esta a prescrição da massa, como há pouco dizias, que justo é ter posses equânimes e que cometer injustiça é mais vergonhoso do que sofrê-la? É assim ou não é? Atenta-te para que a vergonha não se apodere de ti nesse momento![145] A massa considera ou não que justo é ter posses equânimes, e não

---

→ anterior com os dois interlocutores. Em suma, Sócrates está verificando até que ponto a "franqueza" (παρρησίαν, 487a3) arrogada por Cálicles, como uma espécie de antídoto ao *elenchos* socrático, é capaz de superar a vergonha de dizer o que realmente se pensa. O ponto culminante desse teste da "franqueza" de Cálicles se dará em 494e, com os exemplos da coceira e dos homossexuais passivos na discussão sobre o hedonismo.

τὸ ἴσον ἔχειν ἀλλ' οὐ τὸ πλέον δίκαιον εἶναι, καὶ αἴσχιον τὸ ἀδικεῖν τοῦ ἀδικεῖσθαι; μὴ φθόνει μοι ἀποκρίνασθαι τοῦτο, Καλλίκλεις, ἵν', ἐάν μοι ὁμολογήσῃς, βεβαιώσωμαι ἤδη παρὰ σοῦ, ἅτε ἱκανοῦ ἀνδρὸς διαγνῶναι ὡμολογηκότος.

ΚΑΛ. Ἀλλ' οἵ γε πολλοὶ νομίζουσιν οὕτως.

ΣΩ. Οὐ νόμῳ ἄρα μόνον ἐστὶν αἴσχιον τὸ ἀδικεῖν τοῦ ἀδικεῖσθαι, οὐδὲ δίκαιον τὸ ἴσον ἔχειν, ἀλλὰ καὶ φύσει· ὥστε κινδυνεύεις οὐκ ἀληθῆ λέγειν ἐν τοῖς πρόσθεν οὐδὲ ὀρθῶς ἐμοῦ κατηγορεῖν λέγων ὅτι ἐναντίον ἐστὶν ὁ νόμος καὶ ἡ φύσις, ἃ δὴ καὶ ἐγὼ γνοὺς κακουργῶ ἐν τοῖς λόγοις, ἐὰν μέν τις κατὰ φύσιν λέγῃ, ἐπὶ τὸν νόμον ἄγων, ἐὰν δέ τις κατὰ νόμον, ἐπὶ τὴν φύσιν.

ΚΑΛ. Οὑτοσὶ ἀνὴρ οὐ παύσεται φλυαρῶν. εἰπέ μοι, ὦ Σώκρατες, οὐκ αἰσχύνῃ τηλικοῦτος ὢν ὀνόματα θηρεύων, καὶ ἐάν τις ῥήματι ἁμάρτῃ, ἕρμαιον τοῦτο ποιούμενος; ἐμὲ γὰρ οἴει ἄλλο τι λέγειν τὸ κρείττους εἶναι ἢ τὸ βελτίους; οὐ

---

146. Vejamos a estrutura formal da refutação de Cálicles relativa ao "melhor" e "superior" (488d5-489b1):

i. Por natureza, os mais fracos, que são a maioria, são numericamente superiores aos fortes, que são poucos, e instituem as leis para refreá-los;

ii. na medida em que o superiores são o mesmo que os melhores, as leis dos superiores são as leis dos melhores;

iii. na medida em que os superiores e os melhores são melhores e superiores por natureza, as leis instituídas por eles são belas por natureza;

iv. os mais fracos acreditam que a justiça consiste em ter posses equânimes e que é mais vergonhoso cometer injustiça do que sofrê-la;

v. portanto, não é apenas pela lei, mas também por natureza, que a justiça consiste em ter posses equânimes e que é mais vergonhoso cometer injustiça do que sofrê-la (J. Beversluis, op. cit., p. 344).

147. Cálicles entende essa primeira tentativa de refutação de Sócrates como um mero jogo de palavras, que não invalidaria absolutamente a verdade da sua tese. O ponto-chave do argumento de Sócrates está na identificação do "melhor" e "superior" com "o mais forte", entendido aqui no sentido de superior em força física (ὡς τὸ κρεῖττον καὶ τὸ ἰσχυρότερον καὶ βέλτιον ταὐτὸν ὄν, 488c6-7): uma turba de escravos reunida seria, portanto, "melhor" e "superior" a um único homem, quem quer que ele seja, na medida em que o superam em força física. Ao definir a refutação socrática como uma "caça de palavras" (ὀνόματα θηρεύων, 489b8), Cálicles evidencia mais uma vez seu juízo a respeito do comportamento de Sócrates na discussão: como ele dirá a seguir, Sócrates age como quem "almeja a vitória" (φιλόνικος, 515b5). Cálicles, em suma, entende que Sócrates age como um *erístico*, como alguém que, quando discute, →

possuir mais do que outrem, e que é mais vergonhoso cometer injustiça do que sofrê-la? Não me recuses essa resposta, Cálicles, a fim de que, se concordares comigo, eu esteja assegurado por ti, visto que, em concordância comigo, és um homem competente para decidir a questão.

CAL: É essa a prescrição da massa.

SOC: Portanto, não é somente pela lei que cometer injustiça é mais vergonhoso do que sofrê-la e que justo é ter posses equânimes, mas também por natureza[146]. Por conseguinte, tu provavelmente não dizias a verdade na discussão anterior e não me acusavas corretamente ao afirmar que a lei e a natureza são contrárias, e que eu, ciente disso, era capcioso na discussão quando me referia à lei, se alguém falasse sobre a natureza, e à natureza, se falasse sobre a lei.

CAL: Esse homem não deixará de lado essas tolices! Dize-me, Sócrates, tu, nessa idade, não te envergonhas de caçar palavras, presumindo obter algum proveito se alguém erra nas expressões?[147] Porventura julgas que eu disse que ser superior é diferente de ser

→ visa exclusivamente a refutação do interlocutor, a despeito da verdade das conclusões a que chegam (cf. supra nota 114). No diálogo *Eutidemo*, Platão satiriza a "sabedoria erística" (ταύτης τῆς σοφίας τῆς ἐριστικῆς, 272b9-10) dos irmãos Eutidemo e Dionisodoro, fazendo uma caricatura cômica desses tipos de disputas verbais e jogos silogísticos, em contraste com o caráter protréptico do *elenchos* socrático, cujo escopo seria conduzir o interlocutor para o caminho da filosofia e da virtude (εἰς φιλοσοφίαν καὶ ἀρετῆς ἐπιμέλειαν, 275a2). Nesse sentido, Cálicles, no *Górgias*, estaria identificando Sócrates com esse tipo de debatedor, que Platão alcunha de "erístico". A passagem do *Eutidemo* abaixo esclarece melhor esse ponto:

"De fato, esses ensinamentos são brincadeiras – é por isso que eu afirmo que ambos os homens estão brincando contigo –, e digo brincadeira porque, se alguém aprendesse parte desses ensinamentos ou mesmo todos eles, isso não acrescentaria nada ao seu conhecimento de como as coisas são; tornar-se-ia, porém, apto a brincar com os homens fazendo-os tropeçar e revolver por meio da diferença de palavras, como quem ri e se deleita quando arranca o banco de quem está prestes a se sentar, vendo-o prostrado de costas. Considera, então, que tudo foi uma brincadeira da parte deles contigo". (278b2-c2)

ταῦτα δὴ τῶν μαθημάτων παιδιά ἐστιν–διὸ καί φημι ἐγώ σοι τούτους προσπαίζειν–παιδιὰν δὲ λέγω διὰ ταῦτα, ὅτι, εἰ καὶ πολλά τις ἢ καὶ πάντα τὰ τοιαῦτα μάθοι, τὰ μὲν πράγματα οὐδὲν ἂν μᾶλλον εἰδείη πῇ ἔχει, προσπαίζειν δὲ οἷός τ' ἂν εἴη τοῖς ἀνθρώποις διὰ τὴν τῶν ὀνομάτων διαφορὰν ὑποσκελίζων καὶ ἀνατρέπων, ὥσπερ οἱ τὰ σκολύθρια τῶν μελλόντων καθιζήσεσθαι ὑποσπῶντες χαίρουσι καὶ γελῶσιν, ἐπειδὰν ἴδωσιν ὕπτιον ἀνατετραμμένον. ταῦτα μὲν οὖν σοι παρὰ τούτων νόμιζε παιδιὰν γεγονέναι·

πάλαι σοι λέγω ὅτι ταὐτόν φημι εἶναι τὸ βέλτιον καὶ τὸ κρεῖττον; ἢ οἴει με λέγειν, ἐὰν συρφετὸς συλλεγῇ δούλων καὶ παντοδαπῶν ἀνθρώπων μηδενὸς ἀξίων πλὴν ἴσως τῷ σώματι ἰσχυρίσασθαι, καὶ οὗτοι φῶσιν, αὐτὰ ταῦτα εἶναι νόμιμα;

ΣΩ. Εἶεν, ὦ σοφώτατε Καλλίκλεις· οὕτω λέγεις;

ΚΑΛ. Πάνυ μὲν οὖν.

d ΣΩ. Ἀλλ' ἐγὼ μέν, ὦ δαιμόνιε, καὶ αὐτὸς πάλαι τοπάζω τοιοῦτόν τί σε λέγειν τὸ κρεῖττον, καὶ ἀνερωτῶ γλιχόμενος σαφῶς εἰδέναι ὅτι λέγεις. οὐ γὰρ δήπου σύ γε τοὺς δύο βελτίους ἡγῇ τοῦ ἑνός, οὐδὲ τοὺς σοὺς δούλους βελτίους σοῦ, ὅτι ἰσχυρότεροί εἰσιν ἢ σύ. ἀλλὰ πάλιν ἐξ ἀρχῆς εἰπὲ τί ποτε λέγεις τοὺς βελτίους, ἐπειδὴ οὐ τοὺς ἰσχυροτέρους; καὶ ὦ θαυμάσιε πραότερόν με προδίδασκε, ἵνα μὴ ἀποφοιτήσω παρὰ σοῦ.

e ΚΑΛ. Εἰρωνεύῃ, ὦ Σώκρατες.

ΣΩ. Μὰ τὸν Ζῆθον, ὦ Καλλίκλεις, ᾧ σὺ χρώμενος πολλὰ νυνδὴ εἰρωνεύου πρός με· ἀλλ' ἴθι εἰπέ, τίνας λέγεις τοὺς βελτίους εἶναι;

ΚΑΛ. Τοὺς ἀμείνους ἔγωγε.

ΣΩ. Ὁρᾷς ἄρα ὅτι σὺ αὐτὸς ὀνόματα λέγεις, δηλοῖς δὲ οὐδέν; οὐκ ἐρεῖς, τοὺς βελτίους καὶ κρείττους πότερον τοὺς φρονιμωτέρους λέγεις ἢ ἄλλους τινάς;

ΚΑΛ. Ἀλλὰ ναὶ μὰ Δία τούτους λέγω, καὶ σφόδρα γε.

490 ΣΩ. Πολλάκις ἄρα εἷς φρονῶν μυρίων μὴ φρονούντων κρείττων ἐστὶν κατὰ τὸν σὸν λόγον, καὶ τοῦτον ἄρχειν δεῖ, τοὺς δ' ἄρχεσθαι, καὶ πλέον ἔχειν τὸν ἄρχοντα τῶν ἀρχομένων· τοῦτο γάρ μοι δοκεῖς βούλεσθαι λέγειν—καὶ οὐ ῥήματι θηρεύω—εἰ ὁ εἷς τῶν μυρίων κρείττων.

---

148. Sócrates faz um jogo com a expressão "não, por Zeus" (ναὶ μὰ Δία), ironizando Cálicles. Sobre Zeto, cf. supra nota 128.

149. É Sócrates quem oferece a Cálicles uma definição mais precisa do que ele entende como "os melhores e superiores" (τοὺς βελτίους καὶ κρείττους, 489e7), identificando-os com os "mais inteligentes" (τοὺς φρονιμωτέρους, 489e8). Talvez →

melhor? Há tempos não afirmo que ser superior e ser melhor são o mesmo? Ou julgas que eu digo que uma turba congregada de escravos e de homens de toda sorte, todos eles sem mérito, exceto talvez pela força do corpo, o que ela ditar serão as leis?

SOC: Assim seja, sapientíssimo Cálicles! É o que afirmas?

CAL: Certamente.

SOC: Extraordinário homem, mas eu também supunha há tempos que tu dizias que o superior é algo desse tipo, e volto a perguntar por desejo de entender claramente o teu argumento. Pois, decerto, tu não consideras que dois homens sejam melhores do que um, tampouco que teus escravos sejam melhores do que tu, só porque são mais fortes. Mas, voltando novamente ao princípio, dize-me o que entendes por "os melhores", uma vez que não são os mais fortes. E, admirável homem, ensina-me com mais brandura, para que eu não abandone as tuas lições!

CAL: Ironizas, Sócrates.

SOC: Não, por Zeto[148], Cálicles, a quem há pouco recorreste inúmeras vezes para me ironizares! Mas adiante, dize-me: quem são os melhores?

CAL: Para mim, os mais nobres.

SOC: Ora, não vês que tu mesmo proferes nomes, sem nada indicar com eles? Não dirás o que entendes por "os melhores e superiores", se são eles os mais inteligentes, ou se são outros?[149]

CAL: Sim, por Zeus, refiro-me precisamente a tais homens.

SOC: Portanto, segundo teu argumento, geralmente um único homem inteligente é superior a milhares de homens estultos e ele deve dominar, enquanto os outros, serem dominados, e quem domina, possuir mais do que os dominados. É isso o que tu me pareces querer dizer – e não estou à caça de expressões –, se um único homem é superior a milhares.

→ o pronto assentimento de Cálicles se deva ao fato de ele, em sua invectiva contra o filósofo e a filosofia, ter aconselhado Sócrates a buscar a "reputação de homem inteligente" (δόξεις φρονεῖν, 486c6), referida ali pela forma verbal φρονεῖν [*phronein*], da mesma raiz de φρόνιμος [*phronimos*] (T. Irwin, op. cit., p. 187).

ΚΑΛ. Ἀλλὰ ταῦτ᾽ ἔστιν ἃ λέγω. τοῦτο γὰρ οἶμαι ἐγὼ τὸ δίκαιον εἶναι φύσει, τὸ βελτίω ὄντα καὶ φρονιμώτερον καὶ ἄρχειν καὶ πλέον ἔχειν τῶν φαυλοτέρων.

b ΣΩ. Ἔχε δὴ αὐτοῦ. τί ποτε αὖ νῦν λέγεις; ἐὰν ἐν τῷ αὐτῷ ὦμεν, ὥσπερ νῦν, πολλοὶ ἀθρόοι, καὶ ἡμῖν ᾖ ἐν κοινῷ πολλὰ σιτία καὶ ποτά, ὦμεν δὲ παντοδαποί, οἱ μὲν ἰσχυροί, οἱ δ᾽ ἀσθενεῖς, εἷς δὲ ἡμῶν ᾖ φρονιμώτερος περὶ ταῦτα, ἰατρὸς ὤν, ᾖ δέ, οἷον εἰκός, τῶν μὲν ἰσχυρότερος, τῶν δὲ ἀσθενέστερος, ἄλλο τι ἢ οὗτος, φρονιμώτερος ἡμῶν ὤν, βελτίων καὶ κρείττων ἔσται εἰς ταῦτα;

ΚΑΛ. Πάνυ γε.

c ΣΩ. Ἦ οὖν τούτων τῶν σιτίων πλέον ἡμῶν ἐκτέον αὐτῷ, ὅτι βελτίων ἐστίν, ἢ τῷ μὲν ἄρχειν πάντα ἐκεῖνον δεῖ νέμειν, ἐν τῷ δὲ ἀναλίσκειν τε αὐτὰ καὶ καταχρῆσθαι εἰς τὸ ἑαυτοῦ σῶμα οὐ πλεονεκτητέον, εἰ μὴ μέλλει ζημιοῦσθαι, ἀλλὰ τῶν μὲν πλέον, τῶν δ᾽ ἔλαττον ἐκτέον· ἐὰν δὲ τύχῃ πάντων ἀσθενέστατος ὤν, πάντων ἐλάχιστον τῷ βελτίστῳ, ὦ Καλλίκλεις; οὐχ οὕτως, ὠγαθέ;

ΚΑΛ. Περὶ σιτία, λέγεις, καὶ ποτὰ καὶ ἰατροὺς καὶ φλυα-
d ρίας· ἐγὼ δὲ οὐ ταῦτα λέγω.

ΣΩ. Πότερον οὐ τὸν φρονιμώτερον βελτίω λέγεις; φάθι ἢ μή.

ΚΑΛ. Ἔγωγε.

ΣΩ. Ἀλλ᾽ οὐ τὸν βελτίω πλέον δεῖν ἔχειν;

ΚΑΛ. Οὐ σιτίων γε οὐδὲ ποτῶν.

ΣΩ. Μανθάνω, ἀλλ᾽ ἴσως ἱματίων, καὶ δεῖ τὸν ὑφαντικώτατον μέγιστον ἱμάτιον ἔχειν καὶ πλεῖστα καὶ κάλλιστα ἀμπεχόμενον περιιέναι;

ΚΑΛ. Ποίων ἱματίων;

---

150. A discussão se volta agora para a análise semântica da ideia de "ter mais" (πλέον ἔχειν, 490a8; πλεονεκτητέον, 490c4; πλεονεκτεῖν, 490d11), e se estende até 491b4.

151. Sócrates opta pela *reductio ad absurdum* para mostrar a inconsistência do argumento de Cálicles, entendendo-o da seguinte maneira: se A é mais inteligente do que B a respeito de Fs, então A deve ter mais Fs do que B (T. Irwin, op. cit., p. 188; J. Berversluis, op. cit., p. 346). Mas o argumento, tal como formulado por Cálicles, →

CAL: Mas é isso o que afirmo. Pois o justo por natureza, julgo eu, é que o melhor e mais inteligente domine os mais débeis e possua mais do que eles.

SOC: Espera aí! O que afirmas agora?[150] Se nós, uma massa aglomerada, estivéssemos em um mesmo lugar, como agora estamos, e partilhássemos grande quantidade de comida e bebida, mas fôssemos homens de toda sorte, uns fortes, outros fracos; se um de nós fosse mais inteligente nesse assunto, no caso um médico, mas fosse ele, como é verossímil, mais forte do que uns e mais fraco do que outros, porventura não seria esse homem, por ser ele mais inteligente do que nós, o melhor e superior nesse aspecto?

CAL: Com certeza.

SOC: E esse homem não deveria ter mais comida do que nós, visto que é melhor? Ou, porque tem o domínio, deve ele distribuir toda a comida e não acumulá-la para despender e usar em prol de seu próprio corpo, porém possuir mais do que uns, e menos do que outros, caso pretenda passar impune? E se ele for o mais fraco de todos, nesse caso o melhor não deverá ter o menor quinhão, Cálicles? Não é o que acontece, bom homem?

CAL: Tu falas de comidas, bebidas, médicos e tolices, mas eu não me refiro a isso[151].

SOC: Não afirmas que o mais inteligente é o melhor? Afirmas ou não?

CAL: Sim.

SOC: Mas o melhor não deve possuir mais?

CAL: Sim, mas não comida, nem bebida.

SOC: Compreendo, mas talvez mantos, e o melhor tecelão deverá possuir o maior manto e perambular envolto nas mais belas e abundantes vestes?

CAL: Que mantos?

→ não implica essa inferência de Sócrates, pois Cálicles não determina *o que* "o melhor e mais inteligente" (τὸ βελτίω ὄντα καὶ φρονιμώτερον, 490a7) deve ter mais do que "os mais débeis" (τῶν φαυλοτέρων, 490a8); na ausência dessa determinação, Sócrates, a partir da analogia com os casos do médico, do tecelão e do sapateiro, reformula a tese de Cálicles afirmando que "o melhor e mais inteligente" deve ter mais aquilo *a respeito do que* ele é "mais inteligente".

ΣΩ. Ἀλλ' εἰς ὑποδήματα δῆλον ὅτι δεῖ πλεονεκτεῖν τὸν φρονιμώτατον εἰς ταῦτα καὶ βέλτιστον. τὸν σκυτοτόμον ἴσως μέγιστα δεῖ ὑποδήματα καὶ πλεῖστα ὑποδεδεμένον περιπατεῖν.

ΚΑΛ. Ποῖα ὑποδήματα; φλυαρεῖς ἔχων.

ΣΩ. Ἀλλ' εἰ μὴ τὰ τοιαῦτα λέγεις, ἴσως τὰ τοιάδε· οἷον γεωργικὸν ἄνδρα περὶ γῆν φρόνιμόν τε καὶ καλὸν καὶ ἀγαθόν, τοῦτον δὴ ἴσως δεῖ πλεονεκτεῖν τῶν σπερμάτων καὶ ὡς πλείστῳ σπέρματι χρῆσθαι εἰς τὴν αὑτοῦ γῆν.

ΚΑΛ. Ὡς ἀεὶ ταὐτὰ λέγεις, ὦ Σώκρατες.

ΣΩ. Οὐ μόνον γε, ὦ Καλλίκλεις, ἀλλὰ καὶ περὶ τῶν αὐτῶν.

ΚΑΛ. Νὴ τοὺς θεούς, ἀτεχνῶς γε ἀεὶ σκυτέας τε καὶ κναφέας καὶ μαγείρους λέγων καὶ ἰατροὺς οὐδὲν παύῃ, ὡς περὶ τούτων ἡμῖν ὄντα τὸν λόγον.

ΣΩ. Οὐκοῦν σὺ ἐρεῖς περὶ τίνων ὁ κρείττων τε καὶ φρονιμώτερος πλέον ἔχων δικαίως πλεονεκτεῖ; ἢ οὔτε ἐμοῦ ὑποβάλλοντος ἀνέξῃ οὔτ' αὐτὸς ἐρεῖς;

ΚΑΛ. Ἀλλ' ἔγωγε καὶ πάλαι λέγω. πρῶτον μὲν τοὺς κρείττους οἵ εἰσιν οὐ σκυτοτόμους λέγω οὐδὲ μαγείρους, ἀλλ' οἳ ἂν εἰς τὰ τῆς πόλεως πράγματα φρόνιμοι ὦσιν, ὅντινα ἂν τρόπον εὖ οἰκοῖτο, καὶ μὴ μόνον φρόνιμοι, ἀλλὰ καὶ ἀνδρεῖοι, ἱκανοὶ ὄντες ἃ ἂν νοήσωσιν ἐπιτελεῖν, καὶ μὴ ἀποκάμνωσι διὰ μαλακίαν τῆς ψυχῆς.

ΣΩ. Ὁρᾷς, ὦ βέλτιστε Καλλίκλεις, ὡς οὐ ταὐτὰ σύ τ' ἐμοῦ κατηγορεῖς καὶ ἐγὼ σοῦ; σὺ μὲν γὰρ ἐμὲ φῂς ἀεὶ ταὐτὰ λέγειν, καὶ μέμφῃ μοι· ἐγὼ δὲ σοῦ τοὐναντίον, ὅτι οὐδέποτε ταὐτὰ λέγεις περὶ τῶν αὐτῶν, ἀλλὰ τοτὲ μὲν τοὺς βελτίους τε καὶ κρείττους τοὺς ἰσχυροτέρους ὡρίζου, αὖθις δὲ τοὺς φρονιμωτέρους, νῦν δ' αὖ ἕτερόν τι ἥκεις ἔχων·

---

152. Cálicles tem em mente, portanto, o homem político, o qual se encontra, por sua vez, impedido de fazer prevalecer seu poder, que pela natureza lhe é de direito, devido às leis instituídas pela maioria dos homens (483b-494a).

SOC: Em relação a sapatos, é evidente que o melhor e mais inteligente nesse assunto deve possuir mais. Talvez o sapateiro deva possuir os maiores sapatos e passear por aí calçado com vários deles.

CAL: Que sapatos? Dizes tolices.

SOC: Mas se não te referes a coisas do gênero, talvez te refiras a estas. Por exemplo: o agricultor, que concernente à terra é inteligente, belo e bom, talvez deva possuir mais sementes e utilizá-las ao máximo em sua terra.

CAL: Como dizes sempre as mesmas coisas, Sócrates!

SOC: Não somente isso, Cálicles, mas também a respeito das mesmas coisas.

CAL: Pelos deuses! Simplesmente tu não paras de falar de sapateiros, cardadores, cozinheiros, médicos, como se a nossa discussão versasse sobre isso.

SOC: E então, não dirás a que te referes quando dizes que o superior e mais inteligente, uma vez com mais posses, acumula-as de forma justa? Não aceitarás as minhas sugestões, nem serás tu a dizê-lo?

CAL: Mas há tempos eu digo. Em primeiro lugar, não são sapateiros nem cozinheiros os homens superiores aos quais me refiro, mas aqueles que são inteligentes nos afazeres da cidade, no modo correto de administrá-la, e não somente inteligentes, mas também corajosos, suficientemente capazes de levar a cabo o que pensam, sem se abaterem pela indolência da alma[152].

SOC: Excelentíssimo Cálicles, não vês que a tua acusação contra mim não é a mesma que a minha contra ti? Pois tu dizes que eu sempre falo as mesmas coisas, e me repreendes por isso, enquanto eu digo o contrário, que jamais dizes as mesmas coisas sobre os mesmos assuntos[153], mas ora defines os melhores e superiores como os mais fortes, ora como os mais inteligentes, e agora, mais uma vez, chegas com uma nova: afirmas que os

---

153. Cf. 481d-482c.

ἀνδρειότεροί τινες ὑπὸ σοῦ λέγονται οἱ κρείττους καὶ οἱ βελτίους. ἀλλ', ὠγαθέ, εἰπὼν ἀπαλλάγηθι τίνας ποτὲ λέγεις τοὺς βελτίους τε καὶ κρείττους καὶ εἰς ὅτι.

ΚΑΛ. Ἀλλ' εἴρηκά γε ἔγωγε τοὺς φρονίμους εἰς τὰ τῆς πόλεως πράγματα καὶ ἀνδρείους. τούτους γὰρ προσήκει τῶν πόλεων ἄρχειν, καὶ τὸ δίκαιον τοῦτ' ἐστίν, πλέον ἔχειν τούτους τῶν ἄλλων, τοὺς ἄρχοντας τῶν ἀρχομένων.

ΣΩ. Τί δέ; αὐτῶν, ὦ ἑταῖρε, τί; ἢ τι ἄρχοντας ἢ ἀρχομένους;

ΚΑΛ. Πῶς λέγεις;

ΣΩ. Ἕνα ἕκαστον λέγω αὐτὸν ἑαυτοῦ ἄρχοντα· ἢ τοῦτο μὲν οὐδὲν δεῖ, αὐτὸν ἑαυτοῦ ἄρχειν, τῶν δὲ ἄλλων;

ΚΑΛ. Πῶς ἑαυτοῦ ἄρχοντα λέγεις;

ΣΩ. Οὐδὲν ποικίλον ἀλλ' ὥσπερ οἱ πολλοί, σώφρονα ὄντα καὶ ἐγκρατῆ αὐτὸν ἑαυτοῦ, τῶν ἡδονῶν καὶ ἐπιθυμιῶν ἄρχοντα τῶν ἐν ἑαυτῷ.

ΚΑΛ. Ὡς ἡδὺς εἶ· τοὺς ἠλιθίους λέγεις τοὺς σώφρονας.

ΣΩ. Πῶς γὰρ [οὔ]; οὐδεὶς ὅστις οὐκ ἂν γνοίη ὅτι οὐ τοῦτο λέγω.

ΚΑΛ. Πάνυ γε σφόδρα, ὦ Σώκρατες. ἐπεὶ πῶς ἂν εὐδαίμων γένοιτο ἄνθρωπος δουλεύων ὁτῳοῦν; ἀλλὰ τοῦτ' ἐστὶν τὸ κατὰ φύσιν καλὸν καὶ δίκαιον, ὃ ἐγώ σοι νῦν παρρησιαζόμενος λέγω, ὅτι δεῖ τὸν ὀρθῶς βιωσόμενον τὰς μὲν ἐπιθυμίας τὰς ἑαυτοῦ ἐᾶν ὡς μεγίστας εἶναι καὶ μὴ κολάζειν, ταύταις δὲ ὡς μεγίσταις οὔσαις ἱκανὸν εἶναι ὑπηρετεῖν δι' ἀνδρείαν καὶ φρόνησιν, καὶ ἀποπιμπλάναι ὧν ἂν ἀεὶ ἡ ἐπιθυμία γίγνηται. ἀλλὰ τοῦτ' οἶμαι τοῖς πολλοῖς οὐ δυνατόν· ὅθεν ψέγουσιν τοὺς τοιούτους δι' αἰσχύνην, ἀποκρυπτόμενοι

---

154. Sócrates desloca a discussão sobre "dominar" e "ser dominado" (ἤ τι ἄρχοντας ἢ ἀρχομένους, 491d3) do ponto de vista político, a que se referia Cálicles até então, para o ponto de vista do indivíduo, ou seja, do controle dos "apetites e prazeres" (τῶν ἡδονῶν καὶ ἐπιθυμιῶν, 491d11). A discussão passa a versar, portanto, sobre a "temperança" [sōphrosunē] (σωφορσύνη), uma das virtudes cardinais da filosofia platônica, definida aqui, grosso modo, como o controle sobre os apetites e prazeres.

155. Sobre a "franqueza" [parrhēsia] (παρρησία) de Cálicles, cf. supra notas 135 e 145.

superiores e melhores são certos homens mais corajosos. Bom homem, desembaraça tuas palavras e dize-me, então, quem são os melhores e superiores e em relação a quê!

CAL: Mas eu acabei de dizer que são os homens inteligentes nos afazeres da cidade e corajosos. Pois convém que tais homens dominem as cidades, e o justo é que eles possuam mais do que os outros, os dominantes mais do que os dominados.

SOC: E aí? Mais do que eles mesmos, meu caro? Eles dominam ou são dominados?

CAL: Como dizes?

SOC: Eu pergunto se cada um deles domina a si mesmo; ou ele não deve dominar a si mesmo, mas aos outros?

CAL: O que designas por "dominar a si mesmo"?

SOC: Não é nada complexo, porém é como diz a massa: ser temperante e conter a si mesmo, dominar os seus próprios prazeres e apetites[154].

CAL: Como és aprazível! Afirmas que os idiotas são os temperantes.

SOC: Como? Todos sabem que eu não digo isso.

CAL: Certamente, Sócrates. Pois como poderia ser feliz o homem que é escravo de quem quer que seja? Mas o belo e justo por natureza, para te dizer agora com franqueza[155], é o seguinte: o homem que pretende ter uma vida correta deve permitir que seus próprios apetites dilatem ao máximo e não refreá-los, e, uma vez supradilatados, ser suficiente para servir-lhes com coragem e inteligência, e satisfazer o apetite sempre que lhe advier[156]. Mas isso, julgo eu, é impossível à massa: ela, assim, vitupera tais homens por vergonha, para encobrir a sua própria impotência,

---

156. Nesse ponto do diálogo, o contraste entre as convicções morais de Sócrates e as de Cálicles encontra seu ápice: para Cálicles, ao contrário do que pensa Sócrates, a "felicidade" do homem (εὐδαίμων, 491e6) consiste na sua capacidade de permitir que os "apetites" (τὰς ἐπιθυμίας, 491e9) engrandeçam ao máximo para, assim, satisfazê-los, tendo "a coragem e a inteligência" (δι' ἀνδρείαν καὶ φρόνησιν, 492a2) suficientes para reprimir qualquer tipo de *pathos* que impeça esse processo, como a vergonha ou o medo, por exemplo. Portanto, a "intemperança" (ἀκολασίαν, 492a5) se apresenta como condição para a "felicidade" (*eudaimonia*).

τὴν αὐτῶν ἀδυναμίαν, καὶ αἰσχρὸν δή φασιν εἶναι τὴν ἀκολασίαν, ὅπερ ἐν τοῖς πρόσθεν ἐγὼ ἔλεγον, δουλούμενοι τοὺς βελτίους τὴν φύσιν ἀνθρώπους, καὶ αὐτοὶ οὐ δυνάμενοι ἐκπορίζεσθαι ταῖς ἡδοναῖς πλήρωσιν ἐπαινοῦσιν τὴν σωφρο-
b σύνην καὶ τὴν δικαιοσύνην διὰ τὴν αὐτῶν ἀνανδρίαν. ἐπεὶ ὅσοις ἐξ ἀρχῆς ὑπῆρξεν ἢ βασιλέων ὑέσιν εἶναι ἢ αὐτοὺς τῇ φύσει ἱκανοὺς ἐκπορίσασθαι ἀρχήν τινα ἢ τυραννίδα ἢ δυναστείαν, ⟨τί ἂν⟩ τῇ ἀληθείᾳ αἴσχιον καὶ κάκιον εἴη σωφροσύνης καὶ δικαιοσύνης τούτοις τοῖς ἀνθρώποις, οἷς ἐξὸν ἀπολαύειν τῶν ἀγαθῶν καὶ μηδενὸς ἐμποδὼν ὄντος, αὐτοὶ ἑαυτοῖς δεσπότην ἐπαγάγοιντο τὸν τῶν πολλῶν ἀνθρώπων νόμον τε καὶ λόγον καὶ ψόγον; ἢ πῶς οὐκ ἂν ἄθλιοι γεγονότες
c εἶεν ὑπὸ τοῦ καλοῦ τοῦ τῆς δικαιοσύνης καὶ τῆς σωφροσύνης, μηδὲν πλέον νέμοντες τοῖς φίλοις τοῖς αὐτῶν ἢ τοῖς ἐχθροῖς, καὶ ταῦτα ἄρχοντες ἐν τῇ ἑαυτῶν πόλει; ἀλλὰ τῇ ἀληθείᾳ, ὦ Σώκρατες, ἣν φῂς σὺ διώκειν, ὧδ᾽ ἔχει· τρυφὴ καὶ ἀκολασία καὶ ἐλευθερία, ἐὰν ἐπικουρίαν ἔχῃ, τοῦτ᾽ ἐστὶν ἀρετή τε καὶ εὐδαιμονία, τὰ δὲ ἄλλα ταῦτ᾽ ἐστὶν τὰ καλλωπίσματα, τὰ παρὰ φύσιν συνθήματα ἀνθρώπων, φλυαρία καὶ οὐδενὸς ἄξια.

d ΣΩ. Οὐκ ἀγεννῶς γε, ὦ Καλλίκλεις, ἐπεξέρχῃ τῷ λόγῳ παρρησιαζόμενος· σαφῶς γὰρ σὺ νῦν λέγεις ἃ οἱ ἄλλοι διανοοῦνται μέν, λέγειν δὲ οὐκ ἐθέλουσιν. δέομαι οὖν ἐγώ σου μηδενὶ τρόπῳ ἀνεῖναι, ἵνα τῷ ὄντι κατάδηλον γένηται πῶς βιωτέον. καί μοι λέγε· τὰς μὲν ἐπιθυμίας φῂς οὐ κολαστέον, εἰ μέλλει τις οἷον δεῖ εἶναι, ἐῶντα δὲ αὐτὰς ὡς μεγίστας πλήρωσιν αὐταῖς ἀμόθεν γέ ποθεν ἑτοιμάζειν, καὶ
e τοῦτο εἶναι τὴν ἀρετήν;

ΚΑΛ. Φημὶ ταῦτα ἐγώ.

157. Cf. 483b-484a.
158. Tendo em vista o deslocamento da discussão para o âmbito da "temperança" [sōphrosunē] (σωφροσύνη) conduzido por Sócrates, Cálicles a insere em sua concepção sobre a natureza política do homem (483b-484a), associando-a à "justiça" (τὴν σωφροσύνην καὶ τὴν δικαιοσύνην, 492a8-b1): assim como os mais fracos, diante da incapacidade de prevalecer sobre os mais fortes, instituíram as leis e determinaram que ter posses equânimes é o justo, da mesma forma eles, diante →

e afirma que é vergonhosa a intemperança, como eu dizia antes[157], e escraviza os melhores homens por natureza; ela própria, incapaz de prover a satisfação de seus prazeres, louva a temperança e a justiça por falta de hombridade[158]. Pois, para todos que desde o nascimento são filhos de reis, ou que são por natureza suficientes para prover algum domínio, alguma tirania ou dinastia, o que seria, na verdade, mais vergonhoso e pior do que a temperança e a justiça para tais homens?[159] Embora pudessem desfrutar as coisas boas sem qualquer empecilho, eles elevariam sobre si mesmos a lei, o discurso e a censura da massa de homens como seu déspota? E como não se tornariam infelizes sob a égide do belo da justiça e da temperança, sem conceder aos próprios amigos mais posses do que aos inimigos, ainda que possuam o domínio de sua própria cidade? Na verdade, Sócrates, o que dizes encalçar é isto: luxúria, intemperança e liberdade, uma vez asseguradas, são virtude e felicidade; o restante, o que é instituído pelos homens contra a natureza, é adorno, uma tolice desprovida de valor.

SOC: É nobre como enfrentas a discussão e falas com franqueza, Cálicles, pois agora dizes claramente o que os outros pensam, embora não desejem exprimi-lo. Rogo, então, que não relaxes de modo algum, para que realmente se esclareça como se deve viver. Dize-me: tu afirmas que, se alguém pretende ser como se deve ser, ele não tem de refrear seus apetites, porém permitir que eles se dilatem ao máximo e se prontificar a satisfazê-los em toda e qualquer circunstância, e que nisso consiste a virtude?

CAL: É o que afirmo.

→ da incapacidade de satisfazer seus apetites e de se comprazer, determinaram que a "intemperança" [*akolasia*] (ἀκολασία) é vergonhosa.

159. Cálicles, embora envolvido com a política democrática de Atenas, conforme a alusão de Sócrates (481d-e), revela aqui explicitamente sua admiração pela figura do tirano, na medida em que seu poder não está circunscrito às restrições impostas pela "temperança" e pela "justiça" (σωφροσύνης καὶ δικαιοσύνης, 492b4-5), instituídas pela maioria dos homens como meio de impedir que os mais fortes por natureza prevaleçam sobre eles. Nesse sentido, assim como para Polo (470d-471d), a vida do tirano se apresenta para Cálicles como modelo de "felicidade" [*eudaimonia*]. Sobre a "dinastia", cf. supra nota 98; sobre Cálicles como tirano em potência, cf. supra nota 120.

ΣΩ. Οὐκ ἄρα ὀρθῶς λέγονται οἱ μηδενὸς δεόμενοι εὐδαίμονες εἶναι.

ΚΑΛ. Οἱ λίθοι γὰρ ἂν οὕτω γε καὶ οἱ νεκροὶ εὐδαιμονέστατοι εἶεν.

ΣΩ. Ἀλλὰ μὲν δὴ καὶ ὥς γε σὺ λέγεις δεινὸς ὁ βίος. οὐ γάρ τοι θαυμάζοιμ' ἂν εἰ Εὐριπίδης ἀληθῆ ἐν τοῖσδε λέγει, λέγων—

τίς δ' οἶδεν, εἰ τὸ ζῆν μέν ἐστι κατθανεῖν,
τὸ κατθανεῖν δὲ ζῆν;

493 καὶ ἡμεῖς τῷ ὄντι ἴσως τέθναμεν· ἤδη γάρ του ἔγωγε καὶ ἤκουσα τῶν σοφῶν ὡς νῦν ἡμεῖς τέθναμεν καὶ τὸ μὲν σῶμά ἐστιν ἡμῖν σῆμα, τῆς δὲ ψυχῆς τοῦτο ἐν ᾧ ἐπιθυμίαι εἰσὶ τυγχάνει ὂν οἷον ἀναπείθεσθαι καὶ μεταπίπτειν

160. Essa imagem do homem, cujos apetites se encontram permanentemente satisfeitos e que de nada carece, como alguém morto em vida, aparece, por exemplo, na fala do Mensageiro da *Antígone* de Sófocles:
MENSAGEIRO [...] Pois os prazeres,
Quando os homens deles abdicam, não considero
vida, mas cadáver em vida, como penso.
(vv. 1165-7)
[...] Τὰς γὰρ ἡδονὰς
ὅταν προδῶσιν ἄνδρες, οὐ τίθημ' ἐγὼ
ζῆν τοῦτον, ἀλλ' ἔμψυχον ἡγοῦμαι νεκρόν.

No *Fédon*, Platão se refere a ela como uma opinião corrente entre os homens:
"Pois é do parecer da maioria dos homens, Símias, que quem se abstém e não se compraz com nada disso não merece viver, e que aquele que em nada se ocupa dos prazeres provenientes do corpo se encontra a um passo de estar morto." (65a4-8)
Καὶ δοκεῖ γέ που, ὦ Σιμμία, τοῖς πολλοῖς ἀνθρώποις ᾧ μηδὲν ἡδὺ τῶν τοιούτων μηδὲ μετέχει αὐτῶν οὐκ ἄξιον εἶναι ζῆν, ἀλλ' ἐγγύς τι τείνειν τοῦ τεθνάναι ὁ μηδὲν φροντίζων τῶν ἡδονῶν αἳ διὰ τοῦ σώματός εἰσιν.

161. Trata-se provavelmente de uma passagem da tragédia *Frixo* de Eurípides (fr. 833), segundo o escoliasta (E. Dodds, op. cit., p. 300). Os versos seriam estes:
Quem sabe se viver é o que chamam morrer,
E viver é morrer?
τίς δ' οἶδεν εἰ ζῆν τοῦθ' ὃ κέκληται θανεῖν,
τὸ ζῆν δὲ θνήσκειν ἐστί;

162. Segundo Dodds (op. cit., p. 300), embora seja comum considerar esse mito reportado por Sócrates como de natureza "órfica" ou "órfico-pitagórica", Sexto Empírico, todavia, atribui a Heráclito uma concepção bastante similar a essa em sua obra *Hipóteses Pirrônicas*:
Heráclito diz que viver e morrer pertencem tanto à vida quanto à morte, pois quando nós vivemos, nossas almas estão mortas e sepultadas em nós, ao passo que quando nós morremos, nossas almas tornam à vida e passam a viver. (3.230) →

SOC: Portanto, é incorreto dizer que os homens que de nada carecem são felizes.

CAL: Pois, assim, seriam felizes ao máximo as pedras e os cadáveres[160].

SOC: Todavia, como tu dizes, a vida seria prodigiosa. Pois eu não me admiraria se Eurípides diz a verdade nestes versos, ao afirmar que:

"Quem sabe se viver é morrer,

e morrer é viver?"[161]

E talvez estejamos realmente mortos, pois uma vez escutei de um sábio que nós, nesse instante, estamos mortos e o corpo [sōma] é nosso sepulcro [sēma][162], e que a parte da alma onde estão os apetites é como se fosse persuadida e se lançasse de um lado ao outro[163].

→ ὁ δὲ Ἡράκλειτός φησιν, ὅτι καὶ τὸ ζῆν καὶ τὸ ἀποθανεῖν καὶ ἐν τῷ ζῆν ἡμᾶς ἐστι καὶ ἐν τῷ τεθνάναι· ὅτε μὲν γὰρ ἡμεῖς ζῶμεν, τὰς ψυχὰς ἡμῶν τεθνάναι καὶ ἐν ἡμῖν τεθάφθαι, ὅτε δὲ ἡμεῖς ἀποθνήσκομεν, τὰς ψυχὰς ἀναβιοῦν καὶ ζῆν.

Apesar de não sabermos com precisão qual a fonte utilizada por Sexto nessa paráfrase, dois fragmentos conservados de Heráclito sugerem algo semelhante:

i. Imortais mortais, mortais imortais, vivendo a morte daqueles, e, da vida daqueles, mortos. (fr. DK 22 B62)

ἀθάνατοι θνητοί, θνητοὶ ἀθάνατοι, ζῶντες τὸν ἐκείνων θάνατον, τὸν δὲ ἐκείνων βίον τεθνεῶτες.

ii. O mesmo é estar vivendo e estar morto, estar desperto e estar dormindo, jovem e velho; pois o primeiro é o segundo quando muda, e o segundo, por sua vez, é o primeiro quando muda. (fr. DK 22 B88)

ταὐτό τ' ἔνι ζῶν καὶ τεθνηκὸς καὶ [τὸ] ἐγρηγορὸς καὶ καθεῦδον καὶ νέον καὶ γηραιόν· τάδε γὰρ μεταπεσόντα ἐκεῖνά ἐστι κἀκεῖνα πάλιν μεταπεσόντα ταῦτα.

Por fim, Dodds ressalta que o mito não poderia ser de natureza órfica, porque Platão, no *Crátilo* (400b-c), diz que os "órficos" (οἱ ἀμφὶ Ὀρφέα, 400c5) derivam σῶμα [sōma] (corpo) de σῴζω [sōizō] (salvar), em oposição àqueles que derivam σῶμα [sōma] de σῆμα [sēma], como referido aqui no *Górgias*.

163. Sócrates alude aqui à ideia de "parte da alma" (τῆς ψυχῆς τοῦτο ἐν ᾧ ἐπιθυμίαι εἰσί, 493a3; τοῦτο τῆς ψυχῆς οὗ αἱ ἐπιθυμίαι εἰσί, 493b1), embora não seja suficiente para se afirmar com segurança que Platão esteja se referindo elipticamente à concepção tripartida da alma, tal como exposta no Livro IV da *República*. Como salienta Irwin, não é possível determinar se, com essa expressão, Platão fala propriamente de "partes" ou, mais genericamente, de "aspectos" da alma (op. cit., p. 195). Todavia, J. Cooper (op. cit., p. 66) observa que, ao menos na psicologia moral sustentada por Cálicles (491e-492c), é possível vislumbrar uma noção de alma com três elementos, a saber, "apetites", "inteligência" e "coragem" [*epithumiai, phronēsis, andreia*] (ἐπιθυμίαι, φρόνησις, ἀνδρεία). De qualquer modo, não seria suficiente para se afirmar categoricamente a presença da tripartição da alma no *Górgias*.

ἄνω κάτω, καὶ τοῦτο ἄρα τις μυθολογῶν κομψὸς ἀνήρ, ἴσως Σικελός τις ἢ Ἰταλικός, παράγων τῷ ὀνόματι διὰ τὸ πιθανόν τε καὶ πειστικὸν ὠνόμασε πίθον, τοὺς δὲ ἀνοήτους ἀμυήτους, τῶν δ' ἀνοήτων τοῦτο τῆς ψυχῆς οὗ αἱ ἐπιθυμίαι εἰσί, τὸ ἀκόλαστον αὐτοῦ καὶ οὐ στεγανόν, ὡς τετρημένος εἴη πίθος, διὰ τὴν ἀπληστίαν ἀπεικάσας. τοὐναντίον δὴ οὗτος σοί, ὦ Καλλίκλεις, ἐνδείκνυται ὡς τῶν ἐν Ἅιδου—τὸ ἀιδὲς δὴ λέγων—οὗτοι ἀθλιώτατοι ἂν εἶεν, οἱ ἀμύητοι, καὶ φοροῖεν εἰς τὸν τετρημένον πίθον ὕδωρ ἑτέρῳ τοιούτῳ τετρημένῳ κοσκίνῳ. τὸ δὲ κόσκινον ἄρα λέγει, ὡς ἔφη ὁ πρὸς ἐμὲ λέγων, τὴν ψυχὴν εἶναι· τὴν δὲ ψυχὴν κοσκίνῳ ἀπήκασεν τὴν τῶν ἀνοήτων ὡς τετρημένην, ἅτε οὐ δυναμένην στέγειν δι' ἀπιστίαν τε καὶ λήθην. ταῦτ' ἐπιεικῶς μέν ἐστιν ὑπό τι ἄτοπα, δηλοῖ μὴν ὃ ἐγὼ βούλομαί σοι ἐνδειξάμενος, ἐάν πως οἷός τε ὦ, πεῖσαι μεταθέσθαι, ἀντὶ τοῦ ἀπλήστως καὶ ἀκολάστως ἔχοντος βίου τὸν κοσμίως καὶ τοῖς ἀεὶ παροῦσιν ἱκανῶς καὶ ἐξαρκούντως ἔχοντα βίον ἑλέσθαι. ἀλλὰ πότερον πείθω τί σε καὶ μετατίθεσθαι εὐδαιμονεστέρους εἶναι τοὺς κοσμίους τῶν ἀκολάστων, ἢ οὐδ' ἂν ἄλλα πολλὰ τοιαῦτα μυθολογῶ, οὐδέν τι μᾶλλον μεταθήσῃ;

ΚΑΛ. Τοῦτ' ἀληθέστερον εἴρηκας, ὦ Σώκρατες.

ΣΩ. Φέρε δή, ἄλλην σοι εἰκόνα λέγω ἐκ τοῦ αὐτοῦ γυμνασίου τῇ νῦν. σκόπει γὰρ εἰ τοιόνδε λέγεις περὶ τοῦ βίου ἑκατέρου, τοῦ τε σώφρονος καὶ τοῦ ἀκολάστου, οἷον εἰ δυοῖν ἀνδροῖν ἑκατέρῳ πίθοι πολλοὶ εἶεν καὶ τῷ μὲν ἑτέρῳ ὑγιεῖς καὶ πλήρεις, ὁ μὲν οἴνου, ὁ δὲ μέλιτος, ὁ δὲ γάλακτος, καὶ ἄλλοι πολλοὶ πολλῶν, νάματα δὲ σπάνια καὶ χαλεπὰ ἑκάστου τούτων εἴη καὶ μετὰ πολλῶν πόνων καὶ χαλεπῶν ἐκποριζόμενα· ὁ μὲν οὖν ἕτερος πληρωσάμενος μήτ' ἐποχετεύοι μήτε τι φροντίζοι, ἀλλ' ἕνεκα τούτων ἡσυχίαν ἔχοι· τῷ δ' ἑτέρῳ τὰ μὲν νάματα, ὥσπερ καὶ ἐκείνῳ, δυνατὰ μὲν πορίζεσθαι, χαλεπὰ δέ, τὰ δ' ἀγγεῖα

Pois bem, esse contador de mitos, um homem fino, talvez da Sicília ou da Itália, derivando uma palavra da outra, denominou jarro [*pithon*] essa parte por ser ela persuasiva [*pithanon*] e persuasível; os estultos [*anoētous*] denominou-os não iniciados [*amuētous*], e a parte da alma dos estultos onde estão os apetites, a parte intemperante e inestancável, figurou-a como um jarro roto devido à sua insaciabilidade. Esse homem mostra, ao contrário de ti, Cálicles, que dentre os habitantes do Hades – do Invisível [*aides*], como ele diz[164] – os não iniciados seriam os mais infelizes, e que guarneceriam de água o jarro roto com um crivo igualmente roto. Pois bem, ele diz, segundo o relato de quem me contou isso, que o crivo é a alma, e figurou como crivo a alma dos homens estultos por ser ela rota, visto que é incapaz de estancar-se devido à incredulidade e ao esquecimento. Isso é com razão um tanto absurdo; contudo, esclarece o que eu quero te mostrar a fim de, caso seja capaz, persuadir-te a mudares de ideia e a escolheres, ao invés de uma vida insaciável e intemperante, uma vida ordenada, suficiente e conformada com o que se lhe dispõe. Porventura persuado-te de algum modo a mudares de ideia e a considerares que os homens ordenados são mais felizes que os intemperantes, ou mesmo que eu te conte inúmeros mitos como esse, não mudarás de ideia absolutamente?

CAL: Acabaste de pronunciar uma grande verdade, Sócrates.

SOC: Adiante então! Vou te apresentar outra imagem proveniente da mesma escola já mencionada. Examina, então, se o que dizes sobre ambas as vidas, a do temperante e a do intemperante, é algo do gênero. Suponhamos que ambos os homens tivessem vários jarros, um deles, jarros salubres e repletos de vinho, mel, leite, e muitos outros jarros de conteúdos variados, mas que as suas respectivas fontes fossem escassas e pouco acessíveis, a muito custo extraídas; esse homem, uma vez repletos os jarros, deixaria de se preocupar com enchê-los, e por isso se acalmaria. Suponhamos, porém, que as fontes do outro homem, tal como as do primeiro, apesar de pouco acessíveis, pudessem ser extraídas, mas

---

164. Ver Platão, *Fédon*, 81c; *Crátilo*, 404b.

τετρημένα καὶ σαθρά, ἀναγκάζοιτο δ' ἀεὶ καὶ νύκτα καὶ ἡμέραν πιμπλάναι αὐτά, ἢ τὰς ἐσχάτας λυποῖτο λύπας· ἆρα τοιούτου ἑκατέρου ὄντος τοῦ βίου, λέγεις τὸν τοῦ ἀκολάστου εὐδαιμονέστερον εἶναι ἢ τὸν τοῦ κοσμίου; πείθω τί σε ταῦτα λέγων συγχωρῆσαι τὸν κόσμιον βίον τοῦ ἀκολάστου ἀμείνω εἶναι, ἢ οὐ πείθω;

ΚΑΛ. Οὐ πείθεις, ὦ Σώκρατες. τῷ μὲν γὰρ πληρωσαμένῳ ἐκείνῳ οὐκέτ' ἔστιν ἡδονὴ οὐδεμία, ἀλλὰ τοῦτ' ἔστιν, ὃ νυνδὴ ἐγὼ ἔλεγον, τὸ ὥσπερ λίθον ζῆν, ἐπειδὰν πληρώσῃ, μήτε χαίροντα ἔτι μήτε λυπούμενον. ἀλλ' ἐν τούτῳ ἐστὶν τὸ ἡδέως ζῆν, ἐν τῷ ὡς πλεῖστον ἐπιρρεῖν.

ΣΩ. Οὐκοῦν ἀνάγκη γ', ἂν πολὺ ἐπιρρέῃ, πολὺ καὶ τὸ ἀπιὸν εἶναι, καὶ μεγάλ' ἄττα τὰ τρήματα εἶναι ταῖς ἐκροαῖς;

ΚΑΛ. Πάνυ μὲν οὖν.

ΣΩ. Χαραδριοῦ τινα αὖ σὺ βίον λέγεις, ἀλλ' οὐ νεκροῦ οὐδὲ λίθου. καί μοι λέγε· τὸ τοιόνδε λέγεις οἷον πεινῆν καὶ πεινῶντα ἐσθίειν;

ΚΑΛ. Ἔγωγε.

ΣΩ. Καὶ διψῆν γε καὶ διψῶντα πίνειν;

ΚΑΛ. Λέγω, καὶ τὰς ἄλλας ἐπιθυμίας ἁπάσας ἔχοντα καὶ δυνάμενον πληροῦντα χαίροντα εὐδαιμόνως ζῆν.

165. Como resposta ao ideal do homem *intemperante* louvado por Cálicles (491e-492c), Sócrates entende que somente o *temperante* é capaz de "satisfazer" (πληρωσάμενος, 493e4) seus apetites de modo a, encontrando a quietude, se comprazer, ao passo que o intemperante é constrangido a buscar uma satisfação contínua que jamais alcançará, ficando sujeito às dores mais extremas. Sócrates, portanto, considera o prazer como o resultado da satisfação dos apetites, condição essa que o intemperante não conseguiria atingir, pois "os vasos rotos e avariados" (τὰ ἀγγεῖα τετρημένα καὶ σαρθά, 493e8) não são possíveis de serem enchidos.

166. Ao contrário do que ilustra Sócrates no mito, Cálicles situa o prazer não no *resultado* do processo de satisfação do apetite, que seria um estado de neutralidade (μήτε χαίροντα ἔτι μήτε λυπούμενον, 494b1), mas precisamente *durante* seu processo de satisfação. Portanto, a condição para a felicidade humana consistiria na máxima fluidez dos apetites e em sua insaciabilidade, conferindo ao homem um estado contínuo de prazer, enquanto a continência dos apetites seria seu obstáculo (T. Irwin, op. cit., p. 196).

167. Nos escólios do *Górgias*, é dito que a tarambola é "um pássaro que, enquanto come, defeca" (ὄρνις τις ὃς ἅμα τῷ ἐσθίειν ἐκκρίνει).

que os vasos estivessem rotos e avariados; ele seria constrangido ininterruptamente a enchê-los dia e noite, senão as dores mais pungentes o acometeriam[165]. Se assim vive cada um deles, acaso afirmas que a vida do intemperante é mais feliz que a do ordenado? Quando digo essas coisas, persuado-te de algum modo a consentir que a vida ordenada é melhor que a intemperante, ou não te persuado?

CAL: Não me persuades, Sócrates. Pois o homem cujos jarros se repletam não sente mais nenhum prazer, e isso, como há pouco dizia, é viver como uma pedra, pois, quando se sacia, nem se deleita nem sofre. Todavia, viver de forma aprazível consiste precisamente na máxima fluidez[166].

SOC: Então, não é necessário que, se o fluxo é profuso, seja também profuso o que se expele e haja grandes orifícios para sua vazão?

CAL: Com certeza.

SOC: Então, é a vida de uma tarambola[167] de que falas, e não a de um cadáver ou de uma pedra. E dize-me: te referes a algo semelhante a ter fome e, uma vez faminto, comer?

CAL: Sim.

SOC: E ter sede e, uma vez sedento, beber?

CAL: Sim, e ter todos os demais apetites e ser capaz de saciá-los, deleitar-se e viver feliz[168].

---

168. Cálicles torna categórico com essa asserção o hedonismo por ele apregoado, ao se referir a "todos os apetites" (τὰς ἄλλας ἐπιθυμίας ἁπάσας, 494c2), permitindo a Sócrates escolher os exemplos mais extremos e jocosos para mostrar as consequências de sua tese. Na primeira versão do hedonismo (491e-492c), Cálicles não diz categoricamente que o homem que pretende viver bem deve ser capaz de satisfazer a *todos* os apetites: ele diz que, quando os apetites surgem, o homem deve deixar que eles engrandeçam ao máximo para, assim, satisfazê-los, tendo a coragem e a inteligência suficientes para reprimir qualquer tipo de *pathos* que impeça esse processo, como a vergonha ou o medo. Isso não pressupõe que esse homem inteligente e corajoso deva satisfazer *todo e qualquer* apetite, pois pode acontecer que, ponderando sobre a natureza de certo apetite, ele prefira não satisfazê-lo por considerá-lo indigno ou vergonhoso, como, por exemplo, o apetite de "se coçar" ou o apetite dos homossexuais passivos a que Sócrates recorrerá para refutar o hedonismo. Mas, ao tornar sua tese categórica, Cálicles legitima, de certa forma, as inferências propostas por Sócrates na sequência do diálogo.

ΣΩ. Εὖγε, ὦ βέλτιστε· διατέλει γὰρ ὥσπερ ἤρξω, καὶ ὅπως μὴ ἀπαισχυνῇ. δεῖ δέ, ὡς ἔοικε, μηδ' ἐμὲ ἀπαισχυνθῆναι. καὶ πρῶτον μὲν εἰπὲ εἰ καὶ ψωρῶντα καὶ κνησιῶντα, ἀφθόνως ἔχοντα τοῦ κνῆσθαι, κνώμενον διατελοῦντα τὸν βίον εὐδαιμόνως ἔστι ζῆν.

ΚΑΛ. Ὡς ἄτοπος εἶ, ὦ Σώκρατες, καὶ ἀτεχνῶς δημηγόρος.

ΣΩ. Τοιγάρτοι, ὦ Καλλίκλεις, Πῶλον μὲν καὶ Γοργίαν καὶ ἐξέπληξα καὶ αἰσχύνεσθαι ἐποίησα, σὺ δὲ οὐ μὴ ἐκπλαγῇς οὐδὲ μὴ αἰσχυνθῇς· ἀνδρεῖος γὰρ εἶ. ἀλλ' ἀποκρίνου μόνον.

ΚΑΛ. Φημὶ τοίνυν καὶ τὸν κνώμενον ἡδέως ἂν βιῶναι.

ΣΩ. Οὐκοῦν εἴπερ ἡδέως, καὶ εὐδαιμόνως;

ΚΑΛ. Πάνυ γε.

ΣΩ. Πότερον εἰ τὴν κεφαλὴν μόνον κνησιῷ—ἢ ἔτι τί σε ἐρωτῶ; ὅρα, ὦ Καλλίκλεις, τί ἀποκρινῇ, ἐάν τίς σε τὰ ἐχόμενα τούτοις ἐφεξῆς ἅπαντα ἐρωτᾷ. καὶ τούτων τοιούτων ὄντων κεφάλαιον, ὁ τῶν κιναίδων βίος, οὗτος οὐ δεινὸς καὶ αἰσχρὸς καὶ ἄθλιος; ἢ τούτους τολμήσεις λέγειν εὐδαίμονας εἶναι, ἐὰν ἀφθόνως ἔχωσιν ὧν δέονται;

ΚΑΛ. Οὐκ αἰσχύνῃ εἰς τοιαῦτα ἄγων, ὦ Σώκρατες, τοὺς λόγους;

ΣΩ. Ἦ γὰρ ἐγὼ ἄγω ἐνταῦθα, ὦ γενναῖε, ἢ ἐκεῖνος ὃς ἂν φῇ ἀνέδην οὕτω τοὺς χαίροντας, ὅπως ἂν χαίρωσιν, εὐδαίμονας εἶναι, καὶ μὴ διορίζηται τῶν ἡδονῶν ὁποῖαι ἀγαθαὶ καὶ κακαί; ἀλλ' ἔτι καὶ νῦν λέγε πότερον φῂς εἶναι τὸ αὐτὸ ἡδὺ καὶ ἀγαθόν, ἢ εἶναί τι τῶν ἡδέων ὃ οὐκ ἔστιν ἀγαθόν;

ΚΑΛ. Ἵνα δή μοι μὴ ἀνομολογούμενος ᾖ ὁ λόγος, ἐὰν ἕτερον φήσω εἶναι, τὸ αὐτό φημι εἶναι.

---

169. Cf. supra nota 145.

170. Na medida em que para Cálicles o prazer não se encontra no resultado da satisfação de um apetite, mas no próprio processo de satisfação, o homem que se coça sem parar se encontra num estado de comprazimento contínuo, em que consiste a felicidade humana.

SOC: Muito bem, excelente homem! Termina como começaste, e atenta-te para não seres tomado pela vergonha! Tampouco eu, como é plausível, devo me envergonhar[169]. Em primeiro lugar, dize-me se alguém, com sarna e coceira, coagido a se coçar copiosamente, teria uma vida feliz tendo de se coçar pelo resto de seus dias![170]

CAL: Tu és absurdo, Sócrates! Simplesmente, um orador público[171].

SOC: Pois bem, Cálicles, deixei Polo e Górgias atordoados e envergonhados; tu, porém, não te atordoes nem te envergonhes, pois és corajoso. Mas apenas responde-me!

CAL: Bem, afirmo que quem se coça também teria uma vida aprazível.

SOC: Então, uma vez aprazível, também feliz?

CAL: Com certeza.

SOC: E se ele tiver coceira apenas na cabeça – ou que pergunta devo ainda te endereçar? Vê, Cálicles, qual será a tua resposta, caso alguém te inquira sobre todas as consequências, uma após a outra, do que dizes! E o ponto culminante desse gênero de coisas, a vida dos veados, não é ela terrível, vergonhosa e infeliz? Ou ousarás dizer que eles são felizes, se possuírem copiosamente aquilo de que carecem?

CAL: Não te envergonhas de conduzir a discussão a esse ponto, Sócrates?

SOC: Porventura sou eu que a conduzo a esse ponto, nobre homem, ou aquele que afirma peremptoriamente que quem se deleita, por qualquer modo que seja, é feliz, sem discernir quais são os bons e os maus prazeres? Mas dize-me novamente: afirmas que aprazível e bom são o mesmo, ou que há coisas aprazíveis que não são boas?

CAL: A fim de que a discussão não me contradiga se eu disser que são diferentes, eu afirmo que são o mesmo.

---

171. Cf. 519d6.

ΣΩ. Διαφθείρεις, ὦ Καλλίκλεις, τοὺς πρώτους λόγους, καὶ οὐκ ἂν ἔτι μετ' ἐμοῦ ἱκανῶς τὰ ὄντα ἐξετάζοις, εἴπερ παρὰ τὰ δοκοῦντα σαυτῷ ἐρεῖς.

ΚΑΛ. Καὶ γὰρ σύ, ὦ Σώκρατες.

ΣΩ. Οὐ τοίνυν ὀρθῶς ποιῶ οὔτ' ἐγώ, εἴπερ ποιῶ τοῦτο, οὔτε σύ. ἀλλ', ὦ μακάριε, ἄθρει μὴ οὐ τοῦτο ᾖ τὸ ἀγαθόν, τὸ πάντως χαίρειν· ταῦτά τε γὰρ τὰ νυνδὴ αἰνιχθέντα πολλὰ καὶ αἰσχρὰ φαίνεται συμβαίνοντα, εἰ τοῦτο οὕτως ἔχει, καὶ ἄλλα πολλά.

ΚΑΛ. Ὡς σύ γε οἴει, ὦ Σώκρατες.

ΣΩ. Σὺ δὲ τῷ ὄντι, ὦ Καλλίκλεις, ταῦτα ἰσχυρίζῃ;

ΚΑΛ. Ἔγωγε.

ΣΩ. Ἐπιχειρῶμεν ἄρα τῷ λόγῳ ὡς σοῦ σπουδάζοντος;

ΚΑΛ. Πάνυ γε σφόδρα.

ΣΩ. Ἴθι δή μοι, ἐπειδὴ οὕτω δοκεῖ, διελοῦ τάδε· ἐπιστήμην πού καλεῖς τι;—ΚΑΛ. Ἔγωγε.—ΣΩ. Οὐ καὶ ἀνδρείαν νυνδὴ ἔλεγές τινα εἶναι μετὰ ἐπιστήμης;—ΚΑΛ. Ἔλεγον γάρ.—ΣΩ. Ἄλλο τι οὖν ὡς ἕτερον τὴν ἀνδρείαν τῆς ἐπιστήμης δύο ταῦτα ἔλεγες;—ΚΑΛ. Σφόδρα γε.—ΣΩ. Τί δέ; ἡδονὴν καὶ ἐπιστήμην ταὐτὸν ἢ ἕτερον;—

172. Há dois aspectos a serem comentados quando Sócrates exige de Cálicles sinceridade nas suas respostas, ou seja, que ele revele de fato as suas reais opiniões. Por um lado, Sócrates está colocando à prova a "franqueza" que Cálicles alega ter (παρρησιαζόμενος, 491e7), em contraste com Górgias e Polo que, segundo ele, uma vez acometidos pela vergonha de dizerem o que realmente pensam, acabaram sendo refutados (482c-e); nesse sentido, os exemplos extremos referidos por Sócrates, como consequência do hedonismo categórico ("deleitar-se de qualquer modo", τὸ πάντως χαίρειν, 495b4), teriam essa função suplementar de examinar até que ponto Cálicles é imune ao sentimento de vergonha. Esse seria o aspecto *ad hominem* envolvido no processo do *elenchos* conduzido por Sócrates. Por outro lado, Sócrates exige do interlocutor um dos princípios de legitimação do *elenchos* (R. Robinson, *Plato's Earlier Dialectic*, p. 15), pois, se o interlocutor dá seu assentimento a premissas em que ele próprio desacredita, então o resultado seria a refutação de opiniões, mas não do interlocutor propriamente dito. Sobre a sinceridade do interlocutor, ver Platão, *República*, 346a; *Protágoras*, 360a.

173. Cálicles já se mostra suscetível a admitir que há prazeres que não são bons (como ele o fará expressamente em 499b), como aqueles que Sócrates mencionou anteriormente; mas, para manter a coerência do argumento, ele sustenta a opinião que prazer e bem são o mesmo. Cálicles, portanto, não participa nesse momento "seriamente" (ὡς →

SOC: Arruínas, Cálicles, a discussão precedente, e deixarias de investigar comigo de modo suficiente o que as coisas são, se falasses contrariamente a tuas opiniões[172].

CAL: Vale para ti também, Sócrates.

SOC: Pois bem, se faço isso, não o faço corretamente, tampouco tu o fazes. Mas, homem afortunado, observa se o bem não consiste em deleitar-se de qualquer modo. Pois, se assim o for, tornar-se-ão manifestas aquelas inúmeras consequências vergonhosas há pouco insinuadas, e muitas outras mais.

CAL: Segundo o teu juízo, Sócrates.

SOC: Tu, Cálicles, realmente persistes nesse ponto?

CAL: Sim.

SOC: Portanto, tentemos discutir como se falasses seriamente?[173]

CAL: Absolutamente.

SOC: Vamos lá! Visto que teu parecer é esse, define-me o seguinte: há algo que chamas conhecimento?

CAL: Sim.

SOC: E não dizias há pouco que há também certa coragem com conhecimento?[174]

CAL: Dizia sim.

SOC: Então, sendo a coragem diferente do conhecimento, não te referias a ambos como duas coisas?

CAL: Certamente.

SOC: E aí? Prazer e conhecimento são a mesma coisa, ou são diferentes?

→ σοῦ σπουδάζοντος, 495c1) da discussão, na medida em que suas reais opiniões já não estão mais em jogo. Sócrates, por sua vez, ignora o princípio da sinceridade do interlocutor (cf. supra nota 172) e não permite que Cálicles refaça as suas opiniões, passando à demonstração de que o prazer e o bem não são a mesma coisa (495c3-497a5).

174. Sócrates retoma a tese hedonista de Cálicles (491e-492c) segundo a qual o *intemperante*, por meio da "coragem e inteligência" (δι' ἀνδρείαν καὶ φρόνησιν, 492a2), é capaz de engrandecer ao máximo seus apetites e satisfazê-los. Porém ele entende aqui a "inteligência" [*phronēsis*] (φρόνησις) referida por Cálicles como "conhecimento" [*epistēmē*] (ἐπιστήμη), o que implica que ela não pode ser compreendida senão como certo conhecimento teorético (T. Irwin, op. cit., p. 199).

d KΑΛ. Έτερον δήπου, ὦ σοφώτατε σύ.—ΣΩ. Ἦ καὶ ἀνδρείαν ἑτέραν ἡδονῆς;—ΚΑΛ. Πῶς γὰρ οὔ;—ΣΩ. Φέρε δὴ ὅπως μεμνησόμεθα ταῦτα, ὅτι Καλλικλῆς ἔφη Ἀχαρνεὺς ἡδὺ μὲν καὶ ἀγαθὸν ταὐτὸν εἶναι, ἐπιστήμην δὲ καὶ ἀνδρείαν καὶ ἀλλήλων καὶ τοῦ ἀγαθοῦ ἕτερον.

ΚΑΛ. Σωκράτης δέ γε ἡμῖν ὁ Ἀλωπεκῆθεν οὐχ ὁμολογεῖ ταῦτα. ἢ ὁμολογεῖ;

e ΣΩ. Οὐχ ὁμολογεῖ· οἶμαι δέ γε οὐδὲ Καλλικλῆς, ὅταν αὐτὸς αὑτὸν θεάσηται ὀρθῶς. εἰπὲ γάρ μοι, τοὺς εὖ πράττοντας τοῖς κακῶς πράττουσιν οὐ τοὐναντίον ἡγῇ πάθος πεπονθέναι;

ΚΑΛ. Ἔγωγε.

ΣΩ. Ἆρ᾽ οὖν, εἴπερ ἐναντία ἐστὶν ταῦτα ἀλλήλοις, ἀνάγκη περὶ αὐτῶν ἔχειν ὥσπερ περὶ ὑγιείας ἔχει καὶ νόσου; οὐ γὰρ ἅμα δήπου ὑγιαίνει τε καὶ νοσεῖ ὁ ἄνθρωπος, οὐδὲ ἅμα ἀπαλλάττεται ὑγιείας τε καὶ νόσου.

ΚΑΛ. Πῶς λέγεις;

ΣΩ. Οἷον περὶ ὅτου βούλει τοῦ σώματος ἀπολαβὼν σκόπει. νοσεῖ που ἄνθρωπος ὀφθαλμούς, ᾧ ὄνομα ὀφθαλμία;—ΚΑΛ. Πῶς γὰρ οὔ;—ΣΩ. Οὐ δήπου καὶ ὑγιαίνει γε ἅμα τοὺς αὐτούς;—ΚΑΛ. Οὐδ᾽ ὁπωστιοῦν.—ΣΩ. Τί δὲ ὅταν τῆς ὀφθαλμίας ἀπαλλάττηται; ἆρα τότε καὶ τῆς ὑγιείας ἀπαλλάττεται τῶν ὀφθαλμῶν καὶ τελευτῶν ἅμα ἀμφοτέρων ἀπήλλακται;—ΚΑΛ. Ἥκιστά γε.—ΣΩ. Θαυμάσιον γὰρ
b οἶμαι καὶ ἄλογον γίγνεται· ἦ γάρ;—ΚΑΛ. Σφόδρα γε.—

---

175. O mesmo vocativo também é usado ironicamente por Sócrates no confronto com Trasímaco no Livro I da *República*, 339e5 (ὦ σοφώτατε).

176. Sócrates satiriza a fórmula geralmente empregada nos tribunais para identificar o depoente por meio de seu demo, e Cálicles retribui o gracejo da mesma forma (E. Dodds, op. cit., p. 308).

177. Cf. 482b.

CAL: Diferentes por certo, sapientíssimo homem!¹⁷⁵

SOC: E a coragem também é diferente do prazer?

CAL: E como não?

SOC: Adiante então, e não esqueçamos que Cálicles, o Acarnense¹⁷⁶, afirmou que aprazível e bom são a mesma coisa, mas que conhecimento e coragem são diferentes tanto entre si quanto do bem!

CAL: E que Sócrates, de Alopeque, não concorda conosco sobre isso, ou concorda?

SOC: Não concordo, e presumo que tampouco Cálicles há de concordar, quando ele próprio contemplar a si mesmo corretamente¹⁷⁷. Dize-me: não consideras que quem age bem experimenta uma afecção contrária a quem age mal?

CAL: Sim.

SOC: Então, visto que essas coisas são contrárias entre si, o que lhes sucede não é necessariamente semelhante ao que sucede à saúde e à doença? Pois, de fato, o homem não é simultaneamente saudável e doente, e nem perde a saúde e se livra da doença ao mesmo tempo.

CAL: Como dizes?

SOC: Por exemplo: separa alguma parte do corpo que quiseres e examina-a! O homem não pode ter uma doença óptica denominada oftalmia?

CAL: E como não poderia?

SOC: Com certeza, seus olhos não serão saudáveis simultaneamente, não é?

CAL: Nem qualquer outra coisa.

SOC: E o que ocorre quando ele se livra da oftalmia? Acaso, nessa ocasião, ele também se livra da saúde dos olhos, e, enfim, acaba por se livrar de ambas?

CAL: Improvável.

SOC: Pois, julgo eu, seria assombroso e absurdo, não é?

CAL: Absolutamente.

ΣΩ. 'Αλλ' ἐν μέρει οἶμαι ἑκάτερον καὶ λαμβάνει καὶ ἀπολλύει;—ΚΑΛ. Φημί.—ΣΩ. Οὐκοῦν καὶ ἰσχὺν καὶ ἀσθένειαν ὡσαύτως;—ΚΑΛ. Ναί.—ΣΩ. Καὶ τάχος καὶ βραδυτῆτα;— ΚΑΛ. Πάνυ γε.—ΣΩ. Ἦ καὶ τἀγαθὰ καὶ τὴν εὐδαιμονίαν καὶ τἀναντία τούτων, κακά τε καὶ ἀθλιότητα, ἐν μέρει λαμβάνει καὶ ἐν μέρει ἀπαλλάττεται ἑκατέρου;—ΚΑΛ. Πάντως δήπου.

c —ΣΩ. Ἐὰν εὕρωμεν ἄρα ἄττα ὧν ἅμα τε ἀπαλλάττεται ἄνθρωπος καὶ ἅμα ἔχει, δῆλον ὅτι ταῦτά γε οὐκ ἂν εἴη τό τε ἀγαθὸν καὶ τὸ κακόν. ὁμολογοῦμεν ταῦτα; καὶ εὖ μάλα σκεψάμενος ἀποκρίνου.—ΚΑΛ. 'Αλλ' ὑπερφυῶς ὡς ὁμολογῶ.

ΣΩ. Ἴθι δὴ ἐπὶ τὰ ἔμπροσθεν ὡμολογημένα. τὸ πεινῆν ἔλεγες πότερον ἡδὺ ἢ ἀνιαρὸν εἶναι; αὐτὸ λέγω τὸ πεινῆν. —ΚΑΛ. 'Ανιαρὸν ἔγωγε· τὸ μέντοι πεινῶντα ἐσθίειν ἡδὺ

d λέγω.—ΣΩ. Μανθάνω· ἀλλ' οὖν τό γε πεινῆν αὐτὸ ἀνιαρόν. ἢ οὐχί;—ΚΑΛ. Φημί.—ΣΩ. Οὐκοῦν καὶ τὸ διψῆν;—ΚΑΛ. Σφόδρα γε.—ΣΩ. Πότερον οὖν ἔτι πλείω ἐρωτῶ, ἢ ὁμολογεῖς ἅπασαν ἔνδειαν καὶ ἐπιθυμίαν ἀνιαρὸν εἶναι;—ΚΑΛ. Ὁμολογῶ, ἀλλὰ μὴ ἐρώτα.—ΣΩ. Εἶεν· διψῶντα δὲ δὴ πίνειν ἄλλο τι ἢ ἡδὺ φῂς εἶναι;—ΚΑΛ. Ἔγωγε.—ΣΩ. Οὐκοῦν τούτου οὗ λέγεις τὸ μὲν διψῶντα λυπούμενον δήπου ἐστίν;

sóc: Mas presumo que ele adquire ou perde cada uma delas alternadamente.
cal: Confirmo.
sóc: Não sucede o mesmo, então, à força e à fraqueza?
cal: Sim.
sóc: E também à presteza e à lentidão?
cal: Absolutamente.
sóc: E quanto aos bens e à felicidade, e aos seus contrários, os males e a infelicidade, não se adquire alternadamente e se perde alternadamente cada um deles?
cal: Absolutamente.
sóc: Portanto, se descobrirmos alguma coisa que o homem perde e possui simultaneamente, é evidente que não será o bem e o mal. Concordamos com isso? Examina bem antes de responder!
cal: Concordo extraordinariamente.
sóc: Voltemos ao que foi consentido na discussão anterior! Dizias que ter fome é aprazível ou doloroso? Refiro-me a ter fome em si.
cal: Doloroso. Todavia, afirmo que comer, uma vez faminto, é aprazível.
sóc: Compreendo. Mas, então, ter fome em si é doloroso, ou não é?
cal: É.
sóc: E não sucede o mesmo à sede?
cal: Absolutamente.
sóc: Devo continuar te perguntando, ou concordas que toda carência e apetite são dolorosos?
cal: Concordo, e para de me interrogar!
sóc: Seja! Afirmas que beber, uma vez sedento, é aprazível, ou algo diferente disso?
cal: É aprazível.
sóc: Então, conforme o teu argumento, ter sede não é decerto sofrer?

e —ΚΑΛ. Ναί.—ΣΩ. Τὸ δὲ πίνειν πλήρωσίς τε τῆς ἐνδείας καὶ ἡδονή;—ΚΑΛ. Ναί.—ΣΩ. Οὐκοῦν κατὰ τὸ πίνειν χαίρειν λέγεις;—ΚΑΛ. Μάλιστα.—ΣΩ. Διψῶντά γε.—ΚΑΛ. Φημί.—ΣΩ. Λυπούμενον;—ΚΑΛ. Ναί.—ΣΩ. Αἰσθάνῃ οὖν τὸ συμβαῖνον, ὅτι λυπούμενον χαίρειν λέγεις ἅμα, ὅταν διψῶντα πίνειν λέγῃς; ἢ οὐχ ἅμα τοῦτο γίγνεται κατὰ τὸν αὐτὸν τόπον καὶ χρόνον εἴτε ψυχῆς εἴτε σώματος βούλει; οὐδὲν γὰρ οἶμαι διαφέρει. ἔστι ταῦτα ἢ οὔ;— ΚΑΛ. Ἔστιν.—ΣΩ. Ἀλλὰ μὴν εὖ γε πράττοντα κακῶς
497 πράττειν ἅμα ἀδύνατον φῂς εἶναι.—ΚΑΛ. Φημὶ γάρ.—ΣΩ. Ἀνιώμενον δέ γε χαίρειν δυνατὸν ὡμολόγηκας.—ΚΑΛ. Φαίνεται.—ΣΩ. Οὐκ ἄρα τὸ χαίρειν ἐστὶν εὖ πράττειν οὐδὲ τὸ ἀνιᾶσθαι κακῶς, ὥστε ἕτερον γίγνεται τὸ ἡδὺ τοῦ ἀγαθοῦ.

ΚΑΛ. Οὐκ οἶδ' ἄττα σοφίζῃ, ὦ Σώκρατες.

ΣΩ. Οἶσθα, ἀλλὰ ἀκκίζῃ, ὦ Καλλίκλεις· καὶ πρόιθί γε ἔτι εἰς τὸ ἔμπροσθεν, [ὅτι ἔχων ληρεῖς] ἵνα εἰδῇς ὡς σοφὸς
b ὢν με νουθετεῖς. οὐχ ἅμα διψῶν τε ἕκαστος ἡμῶν πέπαυται καὶ ἅμα ἡδόμενος διὰ τοῦ πίνειν;

ΚΑΛ. Οὐκ οἶδα ὅτι λέγεις.

178. Vejamos o esquema completo do argumento de Sócrates para demonstrar que prazer e bem não são a mesma coisa (495c3-497a5):
  i. Há algo que se chama conhecimento;
  ii. há também certa coragem que o acompanha;
  iii. conhecimento e coragem são diferentes;
  iv. conhecimento e prazer também são diferentes;
  v. portanto, coragem e prazer são diferentes;
  vi. aqueles que são felizes estão na condição contrária daqueles que são infelizes;
  vii. na medida em que felicidade e infelicidade são opostas, elas se excluem necessariamente;
  viii. assim como uma pessoa não pode ser saudável e estar doente simultaneamente, da mesma forma ela não pode ser boa (feliz) e má (infeliz) simultaneamente;
  ix. então, se há algo que alguém possa ter e não ter simultaneamente, isso não pode ser o bem e o mal;
  x. como toda carência, fome e sede são dolorosas; mas comer e beber quando alguém tem fome e sede são aprazíveis, porque são a satisfação de uma carência;
  xi. beber quando alguém está sedento é beber quando se sente dor;
  xii. mas é também satisfazer uma carência e, portanto, é aprazível; →

CAL: Sim.

SOC: E beber não é tanto saciedade da carência quanto prazer?

CAL: Sim.

SOC: Não afirmas, então, que há deleite em beber?

CAL: Com certeza.

SOC: Quando se tem sede.

CAL: É isso.

SOC: Quando se está sofrendo?

CAL: Sim.

SOC: Percebes, assim, a consequência disso: quando dizes que alguém, uma vez sedento, bebe alguma coisa, tu não estás afirmando que ele sofre e se deleita simultaneamente? Ou isso não acontece simultaneamente no mesmo lugar e momento, seja na alma ou no corpo, como quiseres? Pois não faz diferença, julgo eu. É isso ou não?

CAL: É.

SOC: Todavia, afirmas ser impossível agir bem e mal simultaneamente.

CAL: Afirmo sim.

SOC: Mas concordaste que é possível se deleitar, mesmo em padecimento.

CAL: É claro.

SOC: Portanto, deleitar-se não é agir bem, nem sofrer, agir mal, de modo que o aprazível torna-se diferente do bem[178].

CAL: Não entendo os teus sofismas, Sócrates.

SOC: Entendes, mas dissimulas, Cálicles. Avancemos um pouco mais no argumento precedente, e verás como és sábio quando me admoestas. Ter sede e comprazer-se não cessam em cada um de nós simultaneamente pelo ato de beber?

CAL: Não entendo o que dizes.

→ xiii. portanto, quando se bebe, prazer e dor são simultâneos;

xiv. na medida em que é impossível ser feliz e infeliz simultaneamente, mas possível sentir dor e prazer simultaneamente, prazer e dor não podem ser o mesmo que felicidade e infelicidade;

xv. portanto, o bem e o prazer não são o mesmo (J. Beversluis, op. cit., p. 355).

ΓΟΡ. Μηδαμῶς, ὦ Καλλίκλεις, ἀλλ' ἀποκρίνου καὶ ἡμῶν ἕνεκα, ἵνα περανθῶσιν οἱ λόγοι.

ΚΑΛ. Ἀλλ' ἀεὶ τοιοῦτός ἐστιν Σωκράτης, ὦ Γοργία· σμικρὰ καὶ ὀλίγου ἄξια ἀνερωτᾷ καὶ ἐξελέγχει.

ΓΟΡ. Ἀλλὰ τί σοὶ διαφέρει; πάντως οὐ σὴ αὕτη ἡ τιμή, ὦ Καλλίκλεις· ἀλλ' ὑπόσχες Σωκράτει ἐξελέγξαι ὅπως ἂν βούληται.

c ΚΑΛ. Ἐρώτα δὴ σὺ τὰ σμικρά τε καὶ στενὰ ταῦτα, ἐπείπερ Γοργίᾳ δοκεῖ οὕτως.

ΣΩ. Εὐδαίμων εἶ, ὦ Καλλίκλεις, ὅτι τὰ μεγάλα μεμύησαι πρὶν τὰ σμικρά· ἐγὼ δ' οὐκ ᾤμην θεμιτὸν εἶναι. ὅθεν οὖν ἀπέλιπες ἀποκρίνου, εἰ οὐχ ἅμα παύεται διψῶν ἕκαστος ἡμῶν καὶ ἡδόμενος.—ΚΑΛ. Φημί.—ΣΩ. Οὐκοῦν καὶ πεινῶν καὶ τῶν ἄλλων ἐπιθυμιῶν καὶ ἡδονῶν ἅμα παύεται;—ΚΑΛ. Ἔστι ταῦτα.—ΣΩ. Οὐκοῦν καὶ τῶν λυπῶν d καὶ τῶν ἡδονῶν ἅμα παύεται;—ΚΑΛ. Ναί.—ΣΩ. Ἀλλὰ μὴν τῶν ἀγαθῶν γε καὶ κακῶν οὐχ ἅμα παύεται, ὡς σὺ ὡμολόγεις· νῦν δὲ οὐχ ὁμολογεῖς;—ΚΑΛ. Ἔγωγε· τί οὖν δή;

ΣΩ. Ὅτι οὐ τὰ αὐτὰ γίγνεται, ὦ φίλε, τἀγαθὰ τοῖς ἡδέσιν οὐδὲ τὰ κακὰ τοῖς ἀνιαροῖς. τῶν μὲν γὰρ ἅμα παύεται, τῶν δὲ οὔ, ὡς ἑτέρων ὄντων· πῶς οὖν ταὐτὰ ἂν εἴη τὰ ἡδέα τοῖς ἀγαθοῖς ἢ τὰ ἀνιαρὰ τοῖς κακοῖς; ἐὰν δὲ βούλῃ, καὶ τῇδε ἐπίσκεψαι (οἶμαι γάρ σοι οὐδὲ ταύτῃ e ὁμολογεῖσθαι· ἄθρει δέ) τοὺς ἀγαθοὺς οὐχὶ ἀγαθῶν παρου-

---

179. A súbita intervenção de Górgias garante o prosseguimento da discussão entre Cálicles e Sócrates, da mesma forma que a intervenção de Cálicles no 1º "Ato" do diálogo permitiu a Sócrates consumar a refutação de Górgias, quando ele demonstrava a intenção de abandonar o debate (458b-d). Se não fosse a intervenção de Górgias nesse momento, provavelmente Cálicles já teria saído de cena. O desinteresse gradativo de Cálicles pela forma com que Sócrates conduz a discussão torna-se evidente pela mudança de seu comportamento: não mais o interlocutor "franco" e defensor fervoroso de suas convicções, mas complacente, confirmando o que Sócrates espera que ele confirme para se chegar ao termo dessa conversa em vão. A atitude de Cálicles é calcada na sua desconfiança em relação à real motivação de Sócrates na prática do *elenchos*: como ele havia dito antes, Sócrates usa do pretexto da busca pela verdade para encobrir seu intuito →

GOR: De forma nenhuma, Cálicles. Responde-lhe em vista também de nós aqui presentes, para que a discussão tenha termo.

CAL: Mas Sócrates é sempre assim, Górgias, pergunta coisas pequenas, desprovidas de valor, e as refuta.

GOR: Mas que diferença faz para ti? Isso não é absolutamente de tua competência, Cálicles. Submete-te à refutação como Sócrates quiser!

CAL: Pois bem, pergunta essas coisas pequenas e tacanhas, visto que é do parecer de Górgias![179]

SOC: És um homem feliz, Cálicles, porque és iniciado nos Grandes Mistérios antes de seres nos Pequenos[180]; eu julgava, porém, que era ilícito. Partindo do ponto em que interrompeste, responde-me, então, se ter sede e comprazer-se não cessam em cada um de nós simultaneamente.

CAL: Afirmo que sim.

SOC: Então, a fome e os demais apetites e prazeres não cessam simultaneamente?

CAL: É isso.

SOC: E as dores e os prazeres, não cessam simultaneamente?

CAL: Sim.

SOC: Todavia, os bens e os males não cessam simultaneamente, como concordaste; ainda concordas?

CAL: Sim, e então?

SOC: E então? Os bens e as coisas aprazíveis, meu caro, não são os mesmos, nem os males e as coisas dolorosas. Pois uns cessam simultaneamente, enquanto os outros não, porque são diferentes. Portanto, como seriam os mesmos as coisas aprazíveis e os bens, ou as coisas dolorosas e os males? Se quiseres, examina a questão sob este prisma (presumo que não concordarás com isto, mas observa!): não chamas os bons homens de

→ primordial, que seria a simples contradição do interlocutor, uma disposição propriamente erística (φιλόνικος εἶ, 515b5).

180. Segundo Dodds (op. cit., p. 313), ninguém poderia ser iniciado nos Grandes Mistérios, realizados em Elêusis no outono, antes de ter sido iniciado nos Pequenos, realizados em Agras na primavera, como é referido nos escólios da comédia *Pluto* de Aristófanes (*Scholia in Plutum*, 845).

σίᾳ ἀγαθοὺς καλεῖς, ὥσπερ τοὺς καλοὺς οἷς ἂν κάλλος παρῇ;—ΚΑΛ. Ἔγωγε.—ΣΩ. Τί δέ; ἀγαθοὺς ἄνδρας καλεῖς ἄφρονας καὶ δειλούς; οὐ γὰρ ἄρτι γε, ἀλλὰ τοὺς ἀνδρείους καὶ φρονίμους ἔλεγες· ἢ οὐ τούτους ἀγαθοὺς καλεῖς;—ΚΑΛ. Πάνυ μὲν οὖν.—ΣΩ. Τί δέ; παῖδα ἀνόητον χαίροντα ἤδη εἶδες;—ΚΑΛ. Ἔγωγε.—ΣΩ. Ἄνδρα δὲ οὔπω εἶδες ἀνόητον χαίροντα;—ΚΑΛ. Οἶμαι ἔγωγε· ἀλλὰ τί τοῦτο;— ΣΩ. Οὐδέν· ἀλλ᾽ ἀποκρίνου.—ΚΑΛ. Εἶδον.—ΣΩ. Τί δέ; νοῦν ἔχοντα λυπούμενον καὶ χαίροντα;—ΚΑΛ. Φημί.— ΣΩ. Πότεροι δὲ μᾶλλον χαίρουσι καὶ λυποῦνται, οἱ φρόνιμοι ἢ οἱ ἄφρονες;—ΚΑΛ. Οἶμαι ἔγωγε οὐ πολύ τι διαφέρειν.—ΣΩ. Ἀλλ᾽ ἀρκεῖ καὶ τοῦτο. ἐν πολέμῳ δὲ ἤδη εἶδες ἄνδρα δειλόν;—ΚΑΛ. Πῶς γὰρ οὔ;—ΣΩ. Τί οὖν; ἀπιόντων τῶν πολεμίων πότεροί σοι ἐδόκουν μᾶλλον χαίρειν, οἱ δειλοὶ ἢ οἱ ἀνδρεῖοι;—ΚΑΛ. Ἀμφότεροι ἔμοιγε [μᾶλλον]· εἰ δὲ μή, παραπλησίως γε.—ΣΩ. Οὐδὲν διαφέρει. χαίρουσιν δ᾽ οὖν καὶ οἱ δειλοί;—ΚΑΛ. Σφόδρα γε.—ΣΩ. Καὶ οἱ ἄφρονες, ὡς ἔοικεν.—ΚΑΛ. Ναί.—ΣΩ. Προσιόντων δὲ οἱ δειλοὶ μόνον λυποῦνται ἢ καὶ οἱ ἀνδρεῖοι;—ΚΑΛ. Ἀμφότεροι.—ΣΩ. Ἆρα ὁμοίως;—ΚΑΛ. Μᾶλλον ἴσως οἱ δειλοί.—ΣΩ. Ἀπιόντων δ᾽ οὐ μᾶλλον χαίρουσιν;—ΚΑΛ.

bons devido à presença de coisas boas, assim como chamas os belos homens de belos devido à beleza neles presente?

CAL: Sim.

SOC: E então? Chamas os estultos e covardes de bons homens? Não era esse o teu juízo, pois te referias aos homens corajosos e inteligentes; ou não os chamas de bons?

CAL: Claro que sim.

SOC: E então? Já viste criança estulta se deleitando?

CAL: Sim.

SOC: E já viste algum dia homem estulto se deleitando?

CAL: Creio que sim; mas por que a pergunta?

SOC: Nada; responde!

CAL: Já vi.

SOC: E então? Já viste homem sensato sofrendo e deleitando-se?

CAL: Sim.

SOC: E qual deles se deleita e sofre mais: os inteligentes ou os estultos?

CAL: Julgo que não há grande diferença.

SOC: Isso basta. E na guerra, já viste homem covarde?

CAL: E como não teria visto?

SOC: E então? Quando os inimigos se retraíam, qual deles te parecia deleitar-se mais: os covardes ou os corajosos?

CAL: Para mim, ambos; senão, a diferença é mínima.

SOC: Não faz diferença. Então, também os covardes se deleitam?

CAL: Absolutamente.

SOC: E os estultos, como é plausível.

CAL: Sim.

SOC: Mas quando os inimigos atacam, apenas os covardes sofrem, ou os corajosos também?

CAL: Ambos sofrem.

SOC: Acaso, de modo semelhante?

CAL: Talvez sofram mais os covardes.

SOC: E quando os inimigos se retraem, não se deleitam mais?

Ἴσως.—ΣΩ. Οὐκοῦν λυποῦνται μὲν καὶ χαίρουσιν καὶ οἱ ἄφρονες καὶ οἱ φρόνιμοι καὶ οἱ δειλοὶ καὶ οἱ ἀνδρεῖοι παραπλησίως, ὡς σὺ φῄς, μᾶλλον δὲ οἱ δειλοὶ τῶν ἀνδρείων;
—ΚΑΛ. Φημί.—ΣΩ. Ἀλλὰ μὴν οἵ γε φρόνιμοι καὶ οἱ ἀνδρεῖοι ἀγαθοί, οἱ δὲ δειλοὶ καὶ ἄφρονες κακοί;—ΚΑΛ. Ναί.—ΣΩ. Παραπλησίως ἄρα χαίρουσιν καὶ λυποῦνται οἱ ἀγαθοὶ καὶ οἱ κακοί;—ΚΑΛ. Φημί.

ΣΩ. Ἆρ' οὖν παραπλησίως εἰσὶν ἀγαθοὶ καὶ κακοὶ οἱ ἀγαθοί τε καὶ οἱ κακοί; ἢ καὶ ἔτι μᾶλλον ἀγαθοὶ [οἱ ἀγαθοὶ καὶ οἱ κακοί] εἰσιν οἱ κακοί;

ΚΑΛ. Ἀλλὰ μὰ Δί' οὐκ οἶδ' ὅτι λέγεις.

ΣΩ. Οὐκ οἶσθ' ὅτι τοὺς ἀγαθοὺς ἀγαθῶν φῂς παρουσίᾳ εἶναι ἀγαθούς, καὶ κακοὺς δὲ κακῶν; τὰ δὲ ἀγαθὰ εἶναι τὰς ἡδονάς, κακὰ δὲ τὰς ἀνίας;—ΚΑΛ. Ἔγωγε.—ΣΩ. Οὐκοῦν τοῖς χαίρουσιν πάρεστιν τἀγαθά, αἱ ἡδοναί, εἴπερ χαίρουσιν;—ΚΑΛ. Πῶς γὰρ οὔ;—ΣΩ. Οὐκοῦν ἀγαθῶν παρόντων ἀγαθοί εἰσιν οἱ χαίροντες;—ΚΑΛ. Ναί.—ΣΩ. Τί δέ; τοῖς ἀνιωμένοις οὐ πάρεστιν τὰ κακά, αἱ λῦπαι;—ΚΑΛ. Πάρεστιν.
—ΣΩ. Κακῶν δέ γε παρουσίᾳ φῂς σὺ εἶναι κακοὺς τοὺς κακούς· ἢ οὐκέτι φῄς;—ΚΑΛ. Ἔγωγε.—ΣΩ. Ἀγαθοὶ ἄρα οἳ ἂν χαίρωσι, κακοὶ δὲ οἳ ἂν ἀνιῶνται;—ΚΑΛ. Πάνυ γε.—

CAL: Talvez.

SOC: Assim, tanto os estultos e os inteligentes quanto os covardes e os corajosos sofrem e se deleitam de modo semelhante, como tu afirmas, mas os covardes mais do que os corajosos, não é?

CAL: Afirmo sim.

SOC: Contudo, os inteligentes e os corajosos são bons, enquanto os covardes e os estultos, maus?

CAL: Sim.

SOC: Portanto, os bons e os maus se deleitam e sofrem de modo semelhante?

CAL: Sim.

SOC: Porventura os bons e os maus são bons e maus de modo semelhante? Ou os maus são ainda melhores?

CAL: Por Zeus, não entendo o que dizes.

SOC: Não sabes que, segundo a tua afirmação, os homens bons são bons pela presença de coisas boas, ao passo que os homens maus, pela presença de coisas más? E que as coisas boas são os prazeres, e as más, os sofrimentos?

CAL: Sei.

SOC: As coisas boas, os prazeres, não estão presentes em quem se deleita, quando se deleita?

CAL: E como não?

SOC: Então, quando as coisas boas estão presentes, não é bom quem se deleita?

CAL: Sim.

SOC: E aí? As coisas más, as dores, não estão presentes em quem padece?

CAL: Estão presentes.

SOC: E tu afirmas que, pela presença de coisas más, os homens maus são maus; ou não continuas a afirmar isso?

CAL: Continuo.

SOC: Portanto, quem se deleita é bom, e quem padece é mau?

CAL: Absolutamente.

ΣΩ. Οἱ μέν γε μᾶλλον μᾶλλον, οἱ δ' ἧττον ἧττον, οἱ δὲ παραπλησίως παραπλησίως;—ΚΑΛ. Ναί.—ΣΩ. Οὐκοῦν φῂς παραπλησίως χαίρειν καὶ λυπεῖσθαι τοὺς φρονίμους καὶ τοὺς ἄφρονας καὶ τοὺς δειλοὺς καὶ τοὺς ἀνδρείους, ἢ καὶ μᾶλλον ἔτι τοὺς δειλούς;

ΚΑΛ. Ἔγωγε.

ΣΩ. Συλλόγισαι δὴ κοινῇ μετ' ἐμοῦ τί ἡμῖν συμβαίνει ἐκ τῶν ὡμολογημένων· καὶ δὶς γάρ τοι καὶ τρίς φασιν καλὸν εἶναι τὰ καλὰ λέγειν τε καὶ ἐπισκοπεῖσθαι. ἀγαθὸν μὲν εἶναι τὸν φρόνιμον καὶ ἀνδρεῖόν φαμεν. ἢ γάρ;—ΚΑΛ. Ναί.—ΣΩ. Κακὸν δὲ τὸν ἄφρονα καὶ δειλόν;—ΚΑΛ. Πάνυ γε.—ΣΩ. Ἀγαθὸν δὲ αὖ τὸν χαίροντα;—ΚΑΛ. Ναί.— ΣΩ. Κακὸν δὲ τὸν ἀνιώμενον;—ΚΑΛ. Ἀνάγκη.—ΣΩ. Ἀνιᾶσθαι δὲ καὶ χαίρειν τὸν ἀγαθὸν καὶ κακὸν ὁμοίως, ἴσως δὲ καὶ μᾶλλον τὸν κακόν;—ΚΑΛ. Ναί.—ΣΩ. Οὐκοῦν ὁμοίως γίγνεται κακὸς καὶ ἀγαθὸς τῷ ἀγαθῷ ἢ καὶ μᾶλλον ἀγαθὸς ὁ κακός; οὐ ταῦτα συμβαίνει καὶ τὰ πρότερα ἐκεῖνα, ἐάν τις ταὐτὰ φῇ ἡδέα τε καὶ ἀγαθὰ εἶναι; οὐ ταῦτα ἀνάγκη, ὦ Καλλίκλεις;

ΚΑΛ. Πάλαι τοί σου ἀκροῶμαι, ὦ Σώκρατες, καθομολογῶν, ἐνθυμούμενος ὅτι, κἂν παίζων τίς σοι ἐνδῷ ὁτιοῦν, τούτου ἄσμενος ἔχῃ ὥσπερ τὰ μειράκια. ὡς δὴ σὺ οἴει

---

181. Sócrates apresenta mais um argumento (497e3-499b3) contra a identificação entre o prazer e o bem, de um lado, e a dor e o mal, de outro, recorrendo ao artifício da *reductio ad absurdum* com o intuito de mostrar a Cálicles as conclusões paradoxais a que leva tal identidade. Vejamos o esquema completo do argumento de Sócrates:

i. Os homens corajosos e inteligentes são bons, ao passo que os covardes e estultos são maus;

ii. os covardes e inteligentes se deleitam de modo semelhante aos corajosos e inteligentes, e talvez até mais do que eles;

iii. os covardes e inteligentes sofrem de modo semelhante aos corajosos e inteligentes, e talvez até mais do que eles;

iv. os homens bons são bons pela presença de coisas boas, ao passo que os maus são maus pela presença de coisas más; →

sóc: E quem sente mais, é melhor, quem sente menos, pior, e quem sente de modo semelhante, é semelhante?

cal: Sim.

sóc: Não afirmas, então, que tanto os inteligentes e os estultos quanto os covardes e os corajosos se deleitam e sofrem de modo semelhante, ou os covardes até mais?

cal: Sim.

sóc: Pois bem, recapitulemos, nós dois juntos, as consequências de nossos consentimentos! Pois dizem que é belo dizer e investigar o que é belo duas, três vezes. Bem, afirmamos que o homem inteligente é bom e corajoso, não é?

cal: Sim.

sóc: E que o estulto é mau e covarde?

cal: Absolutamente.

sóc: E que quem se deleita, por sua vez, é bom?

cal: Sim.

sóc: E mau, quem padece?

cal: Necessariamente.

sóc: E que o bom e o mau padecem e se deleitam de modo semelhante, mas talvez ainda mais o mau?

cal: Sim.

sóc: Portanto, o mau não se torna mau e bom de modo semelhante ao bom, ou até mesmo mais do que ele? Isso não é consequência do que foi dito antes, caso alguém afirme que coisas aprazíveis e coisas boas são as mesmas? Ou não é necessário, Cálicles?[181]

cal: Há tempos te ouço, Sócrates, concordando contigo e refletindo que, ainda que alguém te conceda algum ponto por brincadeira, te apegas a isso contente como um garoto. Pois tu

→ v. as coisas boas são os prazeres, e as más, as dores;
vi. portanto, o homem mau é bom e mau de modo semelhante ao homem bom, ou talvez seja até mesmo pior e melhor do que ele.

ἐμὲ ἢ καὶ ἄλλον ὁντινοῦν ἀνθρώπων οὐχ ἡγεῖσθαι τὰς μὲν βελτίους ἡδονάς, τὰς δὲ χείρους.

ΣΩ. Ἰοῦ ἰοῦ, ὦ Καλλίκλεις, ὡς πανοῦργος εἶ καί μοι c ὥσπερ παιδὶ χρῇ, τοτὲ μὲν τὰ αὐτὰ φάσκων οὕτως ἔχειν, τοτὲ δὲ ἑτέρως, ἐξαπατῶν με. καίτοι οὐκ ᾤμην γε κατ' ἀρχὰς ὑπὸ σοῦ ἑκόντος εἶναι ἐξαπατηθήσεσθαι, ὡς ὄντος φίλου· νῦν δὲ ἐψεύσθην, καὶ ὡς ἔοικεν ἀνάγκη μοι κατὰ τὸν παλαιὸν λόγον τὸ παρὸν εὖ ποιεῖν καὶ τοῦτο δέχεσθαι τὸ διδόμενον παρὰ σοῦ. ἔστιν δὲ δή, ὡς ἔοικεν, ὃ νῦν λέγεις, ὅτι ἡδοναί τινές εἰσιν αἱ μὲν ἀγαθαί, αἱ δὲ κακαί· ἦ γάρ;—
d ΚΑΛ. Ναί.—ΣΩ. Ἆρ' οὖν ἀγαθαὶ μὲν αἱ ὠφέλιμοι, κακαὶ δὲ αἱ βλαβεραί;—ΚΑΛ. Πάνυ γε.—ΣΩ. Ὠφέλιμοι δέ γε αἱ ἀγαθόν τι ποιοῦσαι, κακαὶ δὲ αἱ κακόν τι;—ΚΑΛ. Φημί. —ΣΩ. Ἆρ' οὖν τὰς τοιάσδε λέγεις, οἷον κατὰ τὸ σῶμα ἃς νυνδὴ ἐλέγομεν ἐν τῷ ἐσθίειν καὶ πίνειν ἡδονάς, ἢ ἄρα τούτων αἱ μὲν ὑγίειαν ποιοῦσαι ἐν τῷ σώματι, ἢ ἰσχὺν ἢ ἄλλην τινὰ ἀρετὴν τοῦ σώματος, αὗται μὲν ἀγαθαί, αἱ δὲ e τἀναντία τούτων κακαί;—ΚΑΛ. Πάνυ γε.—ΣΩ. Οὐκοῦν καὶ λῦπαι ὡσαύτως αἱ μὲν χρησταί εἰσιν, αἱ δὲ πονηραί;— ΚΑΛ. Πῶς γὰρ οὔ;—ΣΩ. Οὐκοῦν τὰς μὲν χρηστὰς καὶ ἡδονὰς καὶ λύπας καὶ αἱρετέον ἐστὶν καὶ πρακτέον;—ΚΑΛ.

182. Cálicles acaba por admitir a disjunção entre prazer e bem, de um lado, e dor e mal, de outro, como ele já estava pronto para admitir anteriormente, depois que Sócrates lhe apresentou as consequências do *hedonismo categórico* ("deleitar-se de qualquer modo", τὸ πάντως χαίρειν, 495b4) por meio dos exemplos jocosos da coceira e dos homossexuais passivos. Naquela oportunidade (495a), Cálicles assumiu as consequências do que havia dito antes (ou seja, em 494c2-3), mas já evidenciava a vontade de redefinir seu argumento; Sócrates, contudo, não permitiu que ele o fizesse àquela altura. A postura de Cálicles naquele momento, bem como agora, ao admitir tal disjunção, contradiz a formulação do *hedonismo categórico,* mas não a primeira versão do hedonismo apregoado por ele como exemplo de felicidade suprema, segundo a qual o homem virtuoso deve permitir que os apetites engrandeçam ao máximo para assim satisfazê-los, tendo a coragem e a inteligência suficientes para isso (491e-492c); Cálicles, naquele momento, não fala na satisfação de *todos* os apetites como condição para a felicidade. Nesse sentido, mesmo admitindo que há bons e maus prazeres, Cálicles mantém a coerência de sua primeira tese hedonista, pois o homem virtuoso seria aquele capaz de engrandecer ao máximo os apetites →

julgas, de fato, que eu ou qualquer outro homem não consideramos que há prazeres melhores e piores?[182]

sóc: Ah! Ah! Cálicles, como és embusteiro e me tratas como se eu fosse criança, ora afirmando que as mesmas coisas são de um modo, ora de outro, com o escopo de me enganar. Aliás, eu não julgava a princípio que seria enganado por ti voluntariamente, visto que és meu amigo[183]. Porém, acabaste de mentir, e, como é plausível, é necessário que eu, conforme o antigo ditado, "faça o melhor com o que tenho", e aceite a tua oferta. Como parece, tua afirmação agora é que há certos prazeres bons e outros maus, não é?

cal: Sim.

sóc: Porventura os prazeres bons são os benéficos, e os maus, os nocivos?

cal: Certamente.

sóc: E benéficos são os que produzem algum bem, ao passo que maus, os que produzem algum mal?

cal: Confirmo.

sóc: Acaso te referes a tais prazeres, como, por exemplo, aos prazeres da comida e da bebida referentes ao corpo, sobre os quais falávamos há pouco? Pois bem, uns, os prazeres bons, produzem saúde física, ou força ou qualquer outra virtude corpórea, enquanto outros, os prazeres maus, produzem os efeitos contrários, não é?

cal: Absolutamente.

sóc: Então, o mesmo não sucede às dores: umas são úteis e outras nocivas?

cal: E como não seriam?

sóc: Não se deve, então, escolher e usar os prazeres e as dores úteis?

→ bons, quaisquer que sejam eles, e satisfazê-los de modo a se comprazer; os maus, como o da coceira e o dos homossexuais aludidos por Sócrates, por exemplo, se fossem o caso, deveriam ser evitados por não serem dignos de serem satisfeitos. A coragem e a inteligência, enfim, conferiria a esse homem as condições de satisfação desses apetites, garantindo-lhe assim uma vida feliz (J. Cooper, op. cit., p. 72-73).

183. Sobre a amizade, cf. supra nota 141.

Πάνυ γε.—ΣΩ. Τὰς δὲ πονηρὰς οὔ;—ΚΑΛ. Δῆλον δή.—
ΣΩ. Ἕνεκα γάρ που τῶν ἀγαθῶν ἅπαντα ἡμῖν ἔδοξεν
πρακτέον εἶναι, εἰ μνημονεύεις, ἐμοί τε καὶ Πώλῳ. ἆρα
καὶ σοὶ συνδοκεῖ οὕτω, τέλος εἶναι ἁπασῶν τῶν πράξεων τὸ
ἀγαθόν, καὶ ἐκείνου ἕνεκα δεῖν πάντα τἆλλα πράττεσθαι
500 ἀλλ' οὐκ ἐκεῖνο τῶν ἄλλων; σύμψηφος ἡμῖν εἶ καὶ σὺ ἐκ
τρίτων;—ΚΑΛ. Ἔγωγε.—ΣΩ. Τῶν ἀγαθῶν ἄρα ἕνεκα δεῖ
καὶ τἆλλα καὶ τὰ ἡδέα πράττειν, ἀλλ' οὐ τἀγαθὰ τῶν ἡδέων.
—ΚΑΛ. Πάνυ γε.—ΣΩ. Ἆρ' οὖν παντὸς ἀνδρός ἐστιν
ἐκλέξασθαι ποῖα ἀγαθὰ τῶν ἡδέων ἐστὶν καὶ ὁποῖα κακά, ἢ
τεχνικοῦ δεῖ εἰς ἕκαστον;—ΚΑΛ. Τεχνικοῦ.

ΣΩ. Ἀναμνησθῶμεν δὴ ὧν αὖ ἐγὼ πρὸς Πῶλον καὶ
Γοργίαν ἐτύγχανον λέγων. ἔλεγον γὰρ αὖ, εἰ μνημονεύεις,
b ὅτι εἶεν παρασκευαὶ αἱ μὲν μέχρι ἡδονῆς, αὐτὸ τοῦτο μόνον
παρασκευάζουσαι, ἀγνοοῦσαι δὲ τὸ βέλτιον καὶ τὸ χεῖρον, αἱ
δὲ γιγνώσκουσαι ὅτι τε ἀγαθὸν καὶ ὅτι κακόν· καὶ ἐτίθην
τῶν μὲν περὶ τὰς ἡδονὰς τὴν μαγειρικὴν ἐμπειρίαν ἀλλὰ οὐ
τέχνην, τῶν δὲ περὶ τὸ ἀγαθὸν τὴν ἰατρικὴν τέχνην. καὶ
πρὸς Φιλίου, ὦ Καλλίκλεις, μήτε αὐτὸς οἴου δεῖν πρὸς ἐμὲ
παίζειν μηδ' ὅτι ἂν τύχῃς παρὰ τὰ δοκοῦντα ἀποκρίνου, μήτ'
c αὖ τὰ παρ' ἐμοῦ οὕτως ἀποδέχου ὡς παίζοντος· ὁρᾷς γὰρ ὅτι
περὶ τούτου ἡμῖν εἰσιν οἱ λόγοι, οὗ τί ἂν μᾶλλον σπουδάσειέ

---

184. Cf. 467c-468c.
185. Cf. 464b-465e.
186. O 3º "Ato" do diálogo inicia com a desconfiança de Cálicles com relação à seriedade de Sócrates, depois de ele expor as consequências aparentemente paradoxais a que chegou, na discussão com Polo, a respeito da verdadeira utilidade da retórica (481b). Diante do desinteresse gradativo evidenciado por Cálicles pela forma como a discussão é conduzida, Sócrates ressalva antecipadamente a sua seriedade, tendo em vista a própria natureza do debate: como se deve viver (ὅντινα χρὴ τρόπον ζῆν, 500c3-4), qual a melhor forma de vida. Todavia, a suspeita de que Sócrates esteja brincando, contra o que ele próprio se defende aqui (ὡς παίζοντος, 500c1), teria fundamento, na medida em que a estratégia argumentativa escolhida por ele para refutar as teses morais e políticas de Cálicles dá ensejo a isso: a refutação da tese de que "o superior e melhor deve possuir mais do que os outros" (490b-491b), por meio de um tipo específico de argumento, →

CAL: Certamente.

SOC: E os nocivos, não?

CAL: Evidentemente.

SOC: Se te recordas, pareceu-nos, a mim e a Polo, que se deve fazer tudo em vista das coisas boas[184]. Porventura compartilhas desta opinião, que o bem é o fim de todas as ações, e que em vista dele se deve fazer todas as outras coisas, e não inversamente, fazer o bem em vista das outras? Contamos com o teu terceiro voto?

CAL: Sim.

SOC: Portanto, deve-se fazer as coisas aprazíveis e todas as demais em vista das boas, e não as coisas boas em vista das aprazíveis.

CAL: Com certeza.

SOC: Será que todo e qualquer homem está apto a selecionar, dentre as coisas aprazíveis, quais são as boas e quais são as más, ou é preciso de um técnico para cada caso?

CAL: É preciso de um técnico.

SOC: Rememoremos, então, o que eu disse a Polo e a Górgias naquela ocasião![185] Eu dizia, se te recordas, que havia certas ocupações circunscritas ao prazer que somente a ele se dispunham, ignorando o que é o melhor e o pior, enquanto outras conheciam o que é bom e o que é mau. Dentre as que concernem aos prazeres, considerei a culinária como experiência, e não como arte, e, dentre as que concernem ao bem, disse que a medicina é arte. E, pelo deus da Amizade, Cálicles, não julgues que devas brincar comigo, nem venhas com respostas contrárias a tuas opiniões, tampouco acolhas as minhas palavras como se fossem brincadeira![186] Pois vês que nossos discursos

→ a *reductio ad absurdum,* cujo aspecto jocoso é patente; e a refutação do *hedonismo categórico* (493d-494e), em que Sócrates recorre a exemplos extremos para testar a "franqueza" [*parrhēsia*] (παρρησία) do interlocutor. Do ponto de vista de Cálicles, portanto, a suspeita com relação à seriedade de Sócrates seria plausível, na medida em que ele é um interlocutor que resiste ao *elenchos* socrático e não está disposto a se deixar persuadir por Sócrates, sobretudo por meio de uma estratégia argumentativa que passa pelo ridículo.

τις καὶ σμικρὸν νοῦν ἔχων ἄνθρωπος, ἢ τοῦτο, ὅντινα χρὴ τρόπον ζῆν, πότερον ἐπὶ ὃν σὺ παρακαλεῖς ἐμέ, τὰ τοῦ ἀνδρὸς δὴ ταῦτα πράττοντα, λέγοντά τε ἐν τῷ δήμῳ καὶ ῥητορικὴν ἀσκοῦντα καὶ πολιτευόμενον τοῦτον τὸν τρόπον ὃν ὑμεῖς νῦν πολιτεύεσθε, ἢ [ἐπὶ] τόνδε τὸν βίον τὸν ἐν φιλοσοφίᾳ, καὶ τί ποτ' ἐστὶν οὗτος ἐκείνου διαφέρων. ἴσως

d οὖν βέλτιστόν ἐστιν, ὡς ἄρτι ἐγὼ ἐπεχείρησα, διαιρεῖσθαι, διελομένους δὲ καὶ ὁμολογήσαντας ἀλλήλοις, εἰ ἔστιν τούτω διττὼ τὼ βίω, σκέψασθαι τί τε διαφέρετον ἀλλήλοιν καὶ ὁπότερον βιωτέον αὐτοῖν. ἴσως οὖν οὔπω οἶσθα τί λέγω.

ΚΑΛ. Οὐ δῆτα.

ΣΩ. Ἀλλ' ἐγώ σοι σαφέστερον ἐρῶ. ἐπειδὴ ὡμολογήκαμεν ἐγώ τε καὶ σὺ εἶναι μέν τι ἀγαθόν, εἶναι δέ τι ἡδύ, ἕτερον δὲ τὸ ἡδὺ τοῦ ἀγαθοῦ, ἑκατέρου δὲ αὐτοῖν μελέτην τινὰ εἶναι καὶ παρασκευὴν τῆς κτήσεως, τὴν μὲν τοῦ ἡδέος θήραν, τὴν δὲ τοῦ ἀγαθοῦ—αὐτὸ δέ μοι τοῦτο πρῶτον ἢ

e σύμφαθι ἢ μή. σύμφῃς;

ΚΑΛ. Οὕτως φημί.

ΣΩ. Ἴθι δή, ἃ καὶ πρὸς τούσδε ἐγὼ ἔλεγον, διομολόγησαί μοι, εἰ ἄρα σοι ἔδοξα τότε ἀληθῆ λέγειν. ἔλεγον δέ που ὅτι ἡ μὲν ὀψοποιικὴ οὔ μοι δοκεῖ τέχνη εἶναι ἀλλ' ἐμπειρία,

501 ἡ δ' ἰατρική, λέγων ὅτι ἡ μὲν τούτου οὗ θεραπεύει καὶ τὴν φύσιν ἔσκεπται καὶ τὴν αἰτίαν ὧν πράττει, καὶ λόγον ἔχει τούτων ἑκάστου δοῦναι, ἡ ἰατρική· ἡ δ' ἑτέρα τῆς ἡδονῆς, πρὸς ἣν ἡ θεραπεία αὕτη ἐστὶν ἅπασα, κομιδῇ ἀτέχνως ἐπ' αὐτὴν ἔρχεται, οὔτε τι τὴν φύσιν σκεψαμένη τῆς ἡδονῆς οὔτε τὴν αἰτίαν, ἀλόγως τε παντάπασιν ὡς ἔπος εἰπεῖν οὐδὲν διαριθμησαμένη, τριβῇ καὶ ἐμπειρίᾳ μνήμην μόνον σῳζομένη

---

187. Sócrates, a princípio, trata como antagônicos o modo de vida filosófico e o político, mas como se esclarecerá adiante, essa não é a resposta definitiva para o problema. Sócrates opõe aqui a vida regida pela filosofia à vida política *tal qual* vivida por Cálicles, e pelos demais políticos, naquele contexto da democracia ateniense do final do séc. v a.C. (data dramática do diálogo). Mas a construção da imagem de Sócrates no *Górgias* como o "verdadeiro homem político" (521d-522a) funde o modo de vida político no filosófico, embora pressuponha uma forma de →

versam sobre o modo como se deve viver, a que qualquer homem, mesmo de parca inteligência, dispensaria a maior seriedade: se é a vida a que me exortas, fazendo coisas apropriadas a um homem fazer, tais como falar em meio ao povo, exercitar a retórica, agir politicamente como hoje vós agis, ou se é a vida volvida à filosofia, e em que medida se diferem uma e outra. Portanto, o melhor seja talvez distingui-las, como há pouco tentei fazê-lo, e depois de distingui-las e de concordarmos entre nós que se trata de duas formas de vida, investigar em que elas se diferem e qual delas deve ser vivida[187]. Talvez ainda não compreendas o que digo.

CAL: Não mesmo.

SOC: Vou te falar com mais clareza. Uma vez que eu e tu concordamos que há algo bom e algo aprazível, e que o aprazível é diferente do bem, e que para cada um deles há uma prática e um treino para adquiri-lo, a caça ao aprazível e a caça ao bem, respectivamente – mas, primeiro, confirma-me ou não esse ponto! Confirmas?

CAL: Confirmo sim.

SOC: Adiante então, e consente tu o que eu disse também aos aqui presentes, caso te pareça ter dito a verdade naquela ocasião![188] Eu dizia que a culinária não me parece ser arte, mas experiência, enquanto a medicina, arte. Eu afirmava que a medicina perscruta tanto a natureza daquilo de que cuida quanto a causa de suas ações, e consegue dar razão a cada uma delas. Eis a medicina. A outra, sem técnica alguma, persegue o prazer, para que se volta todo o seu cuidado, e não examina absolutamente a natureza e a causa desse prazer, e de forma completamente irracional, por assim dizer, nada discerne; pela rotina e experiência, ela salvaguarda apenas a lembrança do que acontece

---

→ política distinta daquela democrática. Sobre a ideia da vida regida pela filosofia como alheia à vida pública, cf. supra nota 123; ver tb. Platão, *Teeteto*, 172c-177c; P. Lima, *Platão: Uma Poética para a Filosofia*.

188. Cf. 464b-465e.

τοῦ εἰωθότος γίγνεσθαι, ᾧ δὴ καὶ πορίζεται τὰς ἡδονάς. ταῦτ' οὖν πρῶτον σκόπει εἰ δοκεῖ σοι ἱκανῶς λέγεσθαι, καὶ εἶναί τινες καὶ περὶ ψυχὴν τοιαῦται ἄλλαι πραγματεῖαι, αἱ μὲν τεχνικαί, προμήθειάν τινα ἔχουσαι τοῦ βελτίστου περὶ τὴν ψυχήν, αἱ δὲ τούτου μὲν ὀλιγωροῦσαι, ἐσκεμμέναι δ' αὖ, ὥσπερ ἐκεῖ, τὴν ἡδονὴν μόνον τῆς ψυχῆς, τίνα ἂν αὐτῇ τρόπον γίγνοιτο, ἥτις δὲ ἢ βελτίων ἢ χείρων τῶν ἡδονῶν, οὔτε σκοπούμεναι οὔτε μέλον αὐταῖς ἄλλο ἢ χαρίζεσθαι μόνον, εἴτε βέλτιον εἴτε χεῖρον. ἐμοὶ μὲν γάρ, ὦ Καλλίκλεις, δοκοῦσίν τε εἶναι, καὶ ἔγωγέ φημι τὸ τοιοῦτον κολακείαν εἶναι καὶ περὶ σῶμα καὶ περὶ ψυχὴν καὶ περὶ ἄλλο ὅτου ἄν τις τὴν ἡδονὴν θεραπεύῃ, ἀσκέπτως ἔχων τοῦ ἀμείνονός τε καὶ τοῦ χείρονος· σὺ δὲ δὴ πότερον συγκατατίθεσαι ἡμῖν περὶ τούτων τὴν αὐτὴν δόξαν ἢ ἀντίφῃς;

ΚΑΛ. Οὐκ ἔγωγε, ἀλλὰ συγχωρῶ, ἵνα σοι καὶ περανθῇ ὁ λόγος καὶ Γοργίᾳ τῷδε χαρίσωμαι.

ΣΩ. Πότερον δὲ περὶ μὲν μίαν ψυχὴν ἔστιν τοῦτο, περὶ δὲ δύο καὶ πολλὰς οὐκ ἔστιν;

ΚΑΛ. Οὔκ, ἀλλὰ καὶ περὶ δύο καὶ περὶ πολλάς.

ΣΩ. Οὐκοῦν καὶ ἀθρόαις ἅμα χαρίζεσθαι ἔστι, μηδὲν σκοπούμενον τὸ βέλτιστον;

ΚΑΛ. Οἶμαι ἔγωγε.

ΣΩ. Ἔχεις οὖν εἰπεῖν αἵτινές εἰσιν αἱ ἐπιτηδεύσεις αἱ τοῦτο ποιοῦσαι; μᾶλλον δέ, εἰ βούλει, ἐμοῦ ἐρωτῶντος, ἡ μὲν ἄν σοι δοκῇ τούτων εἶναι, φάθι, ἡ δ' ἂν μή, μὴ φάθι. πρῶτον δὲ σκεψώμεθα τὴν αὐλητικήν. οὐ δοκεῖ σοι τοιαύτη τις εἶναι, ὦ Καλλίκλεις, τὴν ἡδονὴν ἡμῶν μόνον διώκειν, ἄλλο δ' οὐδὲν φροντίζειν;

ΚΑΛ. Ἔμοιγε δοκεῖ.

habitualmente, por meio do que ela proporciona prazer. Em b
primeiro lugar, então, examina se te parece ser suficiente esse
argumento, e haver outras atividades concernentes à alma tais
como aquelas referentes ao corpo, umas, que são técnicas e
possuem presciência do que é o supremo bem para a alma, e
outras que disso se descuram e examinam, por sua vez, como
no caso da culinária, somente o prazer da alma e o modo como
proporcioná-lo, sem investigar quais prazeres são melhores ou
piores e com a estrita preocupação de deleitá-la, seja isso melhor ou pior. A mim, Cálicles, parece que tais atividades exis- c
tam, e eu afirmo que essas últimas são adulação, seja concernente
à alma ou ao corpo ou a qualquer outra coisa de cujo prazer
alguém cuide, sem examinar o que lhe é melhor ou pior. E, sobre
isso, acresces teu assentimento à nossa opinião ou a contestas?

CAL: Eu não, mas concordo com ela para que tu concluas a discussão e eu deleite Górgias[189].

SOC: E isso é válido no caso de uma única alma, e não de d duas ou mais?

CAL: Não, também é válido no caso de duas ou mais.

SOC: Então, não é possível também deleitá-las em conjunto simultaneamente, sem examinar o supremo bem?

CAL: Eu julgo que sim.

SOC: Poderias, assim, dizer quais são as atividades que fazem isso? Ou melhor, se quiseres, eu te interrogo e tu me respondes com um "sim" àquela que te parecer inclusa nesse grupo, e com um "não" àquela que não te parecer[190]. Examinemos, primeiro, a aulética[191]: não te parece ser ela uma atividade deste tipo, Cáli- e cles, que encalça somente nosso prazer e descura do resto?

CAL: Parece-me.

---

189. Cf. 497b-c.
190. Cf. supra nota 179.
191. O *aulo* é um instrumento de sopro mais semelhante ao clarinete do que à flauta, à qual é geralmente equiparado. Era usado como acompanhamento musical no teatro, mas estava especialmente associado às festas noturnas e aos banquetes (Platão, *Teeteto*, 173d; *Banquete*, 176e), e às danças frenéticas nos rituais dionisíacos e em cultos similares (Aristóteles, *Política*, 1342b1-6) (E. Dodds, op. cit., p. 322).

ΣΩ. Οὐκοῦν καὶ αἱ τοιαίδε ἅπασαι, οἷον ἡ κιθαριστικὴ ἡ ἐν τοῖς ἀγῶσιν;

ΚΑΛ. Ναί.

ΣΩ. Τί δὲ ἡ τῶν χορῶν διδασκαλία καὶ ἡ τῶν διθυράμβων ποίησις; οὐ τοιαύτη τίς σοι καταφαίνεται; ἢ ἡγῇ τι φροντίζειν Κινησίαν τὸν Μέλητος, ὅπως ἐρεῖ τι τοιοῦτον ὅθεν ἂν οἱ ἀκούοντες βελτίους γίγνοιντο, ἢ ὅτι μέλλει χαριεῖσθαι τῷ ὄχλῳ τῶν θεατῶν;

ΚΑΛ. Δῆλον δὴ τοῦτό γε, ὦ Σώκρατες, Κινησίου γε πέρι.

ΣΩ. Τί δὲ ὁ πατὴρ αὐτοῦ Μέλης; ἦ πρὸς τὸ βέλτιστον βλέπων ἐδόκει σοι κιθαρῳδεῖν; ἢ ἐκεῖνος μὲν οὐδὲ πρὸς τὸ ἥδιστον; ἠνία γὰρ ᾄδων τοὺς θεατάς. ἀλλὰ δὴ σκόπει· οὐχὶ ἥ τε κιθαρῳδικὴ δοκεῖ σοι πᾶσα καὶ ἡ τῶν διθυράμβων ποίησις ἡδονῆς χάριν ηὑρῆσθαι;

ΚΑΛ. Ἔμοιγε.

ΣΩ. Τί δὲ δὴ ἡ σεμνὴ αὕτη καὶ θαυμαστή, ἡ τῆς τραγῳδίας ποίησις, ἐφ' ᾧ ἐσπούδακεν; πότερόν ἐστιν αὐτῆς τὸ ἐπιχείρημα καὶ ἡ σπουδή, ὡς σοὶ δοκεῖ, χαρίζεσθαι τοῖς θεαταῖς μόνον, ἢ καὶ διαμάχεσθαι, ἐάν τι αὐτοῖς ἡδὺ μὲν ᾖ καὶ κεχαρισμένον, πονηρὸν δέ, ὅπως τοῦτο μὲν μὴ ἐρεῖ, εἰ δέ τι τυγχάνει ἀηδὲς καὶ ὠφέλιμον, τοῦτο δὲ καὶ λέξει καὶ ᾄσεται, ἐάντε χαίρωσιν ἐάντε μή; ποτέρως σοι δοκεῖ παρεσκευάσθαι ἡ τῶν τραγῳδιῶν ποίησις;

192. A cítara era maior do que a lira e acabou substituindo-a nas apresentações musicais. Conforme o registro nas *Inscriptiones Graecae* (2.965), havia premiações no festival das Panatenaias para os recitais solos de cítara e para aqueles acompanhados de canto. Embora Platão argumente no *Górgias* que a cítara é empregada nesses recitais com a finalidade precípua de comprazer a audiência, tanto na *República* (399d) quanto nas *Leis* (812b-e) ele admite sua utilidade para a cidade, tendo em vista sua função educativa (E. Dodds, op. cit., p. 323).

193. Platão distingue aqui o treinamento dos coros ditirâmbicos do ditirambo em si, que compreenderia, por sua vez, a composição dos versos e da música. Nos festivais das Grandes Dionísias e das Panatenaias, os ditirambos e seus coros concorriam a prêmios (E. Dodds, op. cit., p. 323).

194. Cinésias foi um poeta ditirâmbico cuja produção se deu nas duas últimas décadas do séc. v a.C. e no início do séc. iv a.C. (E. Dodds, op. cit., p. 323). Aparece como personagem na comédia *As Aves* de Aristófanes (414 a.C.) e é satirizado por →

sóc: Então, não sucede o mesmo a todas as atividades desse tipo, tal como a citarística praticada nas competições?[192]

cal: Sim.

sóc: E quanto à direção dos coros e à poesia ditirâmbica?[193] Não te parecem ser do mesmo tipo? Consideras que Cinésias[194], filho de Meles, preocupa-se em dizer coisas tais que tornariam melhores os ouvintes, ou que ele se atenta ao deleite da turba de espectadores?

cal: É evidente que este último é o caso de Cinésias, Sócrates.

sóc: E quanto a seu pai, Meles?[195] Acaso te parecia ele tocar cítara visando o supremo bem? Ou ele a tocava nem mesmo visando o que é mais aprazível? Pois ele afligia os espectadores com seus cantos. Examina então! Não te parece que a citarística e a poesia ditirâmbica como um todo foram inventadas em prol do prazer?

cal: Sim.

sóc: E quanto à mais solene e admirável delas, a poesia trágica, pelo que ela zela? Seu intento e zelo são, segundo teu parecer, apenas deleitar os espectadores, ou também defendê-los, evitando pronunciar o que lhes for aprazível e deleitoso, porém nocivo, e dizendo e cantando o que não lhes for aprazível, porém benéfico, quer isso lhes deleite ou não? A poesia trágica te parece dispor-se a quê?

→ Ferécrates como um poeta inábil na comédia Χείρων, como vemos neste fragmento conservado (fr. 145 Kock):
 Cinésias, o ático abominável, / Compôs nuanças desarmônicas nas estrofes / E arruinou a poesia ditirâmbica, a ponto / De sua destra parecer mais hábil / No manejo do escudo.
 Κινησίας δέ μ' ὁ κατάρατος Ἀττικός, / ἐξαρμονίους καμπὰς ποιῶν ἐν ταῖς στροφαῖς, / ἀπολώλεχ' οὕτως, ὥστε τῆς ποιήσεως / τῶν διθυράμβων, καθάπερ ἐν ταῖς ἀσπίσιν, / ἀριστέρ' αὐτοῦ φαίνεται τὰ δεξιά.

195. Meles também foi satirizado por Ferécrates na comédia Ἄγριοι, como vemos neste fragmento (Fr. 6 Kock):
 Adiante então, quem é o pior citarista que já existiu?
 (B) Meles, filho de Písio. (A) E depois de Meles, quem mais?
 (A) Seguramente Quéris, penso eu.
 φέρ' ἴδω, κιθαρῳδὸς τίς κάκιστος ἐγένετο;
 Β. ὁ Πεισίου Μέλης. Α. μετὰ δὲ Μέλητα τίς;
 Β. ἔχ' ἀτρέμ', ἐγῴδα, Χαῖρις.

ΚΑΛ. Δῆλον δὴ τοῦτό γε, ὦ Σώκρατες, ὅτι πρὸς τὴν
c ἡδονὴν μᾶλλον ὥρμηται καὶ τὸ χαρίζεσθαι τοῖς θεαταῖς.

ΣΩ. Οὐκοῦν τὸ τοιοῦτον, ὦ Καλλίκλεις, ἔφαμεν νυνδὴ κολακείαν εἶναι;

ΚΑΛ. Πάνυ γε.

ΣΩ. Φέρε δή, εἴ τις περιέλοι τῆς ποιήσεως πάσης τό τε μέλος καὶ τὸν ῥυθμὸν καὶ τὸ μέτρον, ἄλλο τι ἢ λόγοι γίγνονται τὸ λειπόμενον;

ΚΑΛ. Ἀνάγκη.

ΣΩ. Οὐκοῦν πρὸς πολὺν ὄχλον καὶ δῆμον οὗτοι λέγονται οἱ λόγοι;

ΚΑΛ. Φημί.

ΣΩ. Δημηγορία ἄρα τίς ἐστιν ἡ ποιητική.

d ΚΑΛ. Φαίνεται.

ΣΩ. Οὐκοῦν ῥητορικὴ δημηγορία ἂν εἴη· ἢ οὐ ῥητορεύειν δοκοῦσί σοι οἱ ποιηταὶ ἐν τοῖς θεάτροις;

ΚΑΛ. Ἔμοιγε.

ΣΩ. Νῦν ἄρα ἡμεῖς ηὑρήκαμεν ῥητορικήν τινα πρὸς δῆμον τοιοῦτον οἷον παίδων τε ὁμοῦ καὶ γυναικῶν καὶ ἀνδρῶν, καὶ δούλων καὶ ἐλευθέρων, ἣν οὐ πάνυ ἀγάμεθα· κολακικὴν γὰρ αὐτήν φαμεν εἶναι.

ΚΑΛ. Πάνυ γε.

ΣΩ. Εἶεν· τί δὲ ἡ πρὸς τὸν Ἀθηναίων δῆμον ῥητορικὴ
e καὶ τοὺς ἄλλους τοὺς ἐν ταῖς πόλεσιν δήμους τοὺς τῶν ἐλευθέρων ἀνδρῶν, τί ποτε ἡμῖν αὕτη ἐστίν; πότερόν σοι δοκοῦσιν πρὸς τὸ βέλτιστον ἀεὶ λέγειν οἱ ῥήτορες, τούτου

---

196. Platão repõe aqui o argumento de Górgias no *Elogio de Helena* (Fr. DK 82 B11) sobre a poesia. Pela descrição dos efeitos psicológicos da experiência poética, é razoável inferir que a reflexão de Górgias se refira precipuamente à tragédia:

"É preciso que eu mostre minha opinião aos ouvintes sobre isso: toda a poesia eu considero e nomeio um discurso com metro. Os seus ouvintes são imbuídos de temeroso arrepio, de piedade plangente e de desejo condolente; a alma, através das palavras, experimenta um particular sofrimento dos infortúnios e das boas venturas de corpos e acontecimentos alheios". (§9)

δεῖ δὲ καὶ δόξῃ δεῖξαι τοῖς ἀκούουσι· τὴν ποίησιν ἅπασαν καὶ νομίζω καὶ ὀνομάζω λόγον ἔχοντα μέτρον· ἧς τοὺς ἀκούοντας εἰσῆλθε καὶ φρίκη περίφοβος καὶ ἔλεος πολύδακρυς καὶ πόθος φιλοπενθής, ἐπ᾽ ἀλλοτρίων τε πραγμάτων καὶ →

CAL: É evidente, Sócrates, que ela está volvida, sobretudo, ao prazer e ao deleite dos espectadores.

SOC: Então, Cálicles, não é isso o que há pouco afirmávamos ser a adulação?

CAL: Com certeza.

SOC: Vamos lá! Se alguém retirasse de toda a poesia o canto, o ritmo e o metro, não restariam apenas os discursos?[196]

CAL: Necessariamente.

SOC: E esses discursos não são pronunciados publicamente para uma turba numerosa?

CAL: Confirmo.

SOC: Portanto, a poesia é certa oratória pública.

CAL: É claro.

SOC: Oratória pública não seria, então, retórica? Ou os poetas nos teatros não te parecem agir como rétores?

CAL: Parecem-me.

SOC: Portanto, acabamos de descobrir certa retórica dirigida ao povo composto de crianças, homens e mulheres, de escravos e homens livres, retórica essa que não nos é de grande apreço, pois afirmamos que ela é adulação[197].

CAL: Com certeza.

SOC: Assim seja! E o que é a retórica dirigida ao povo de Atenas e a todos os outros povos de homens livres que vivem nas cidades, o que ela é, então, para nós? Porventura os rétores te parecem falar sempre visando o supremo bem e tendo-o

→ σωμάτων εὐτυχίαις καὶ δυσπραγίαις ἴδιόν τι πάθημα διὰ τῶν λόγων ἔπαθεν ἡ ψυχή. φέρε δὴ πρὸς ἄλλον ἀπ' ἄλλου μεταστῶ λόγον.

197. Isócrates faz uma comparação entre o discurso poético e o discurso retórico, em específico o judiciário, na *Antídosis*:

"Há certos homens que não são inexperientes no que eu mencionei anteriormente, no entanto preferem escrever discursos não sobre vossos compromissos, mas sobre a Hélade, a política e os panegíricos, discursos esses que todos diriam ser mais afins àqueles compostos com música e ritmo do que aos proferidos no tribunal". (46)

Εἰσὶν γάρ τινες οἳ τῶν μὲν προειρημένων οὐκ ἀπείρως ἔχουσιν, γράφειν δὲ προῄρηνται λόγους, οὐ περὶ τῶν ὑμετέρων συμβολαίων, ἀλλ' Ἑλληνικοὺς καὶ πολιτικοὺς καὶ πανηγυρικούς, οὓς ἅπαντες ἂν φήσειαν ὁμοιοτέρους εἶναι τοῖς μετὰ μουσικῆς καὶ ῥυθμῶν πεποιημένοις ἢ τοῖς ἐν δικαστηρίῳ λεγομένοις.

στοχαζόμενοι, ὅπως οἱ πολῖται ὡς βέλτιστοι ἔσονται διὰ τοὺς αὐτῶν λόγους, ἢ καὶ οὗτοι πρὸς τὸ χαρίζεσθαι τοῖς πολίταις ὡρμημένοι, καὶ ἕνεκα τοῦ ἰδίου τοῦ αὑτῶν ὀλιγωροῦντες τοῦ κοινοῦ, ὥσπερ παισὶ προσομιλοῦσι τοῖς δήμοις, χαρίζεσθαι αὐτοῖς πειρώμενοι μόνον, εἰ δέ γε βελτίους ἔσονται ἢ χείρους διὰ ταῦτα, οὐδὲν φροντίζουσιν;

ΚΑΛ. Οὐχ ἁπλοῦν ἔτι τοῦτο ἐρωτᾷς· εἰσὶ μὲν γὰρ οἱ κηδόμενοι τῶν πολιτῶν λέγουσιν ἃ λέγουσιν, εἰσὶν δὲ καὶ οἵους σὺ λέγεις.

ΣΩ. Ἐξαρκεῖ. εἰ γὰρ καὶ τοῦτό ἐστι διπλοῦν, τὸ μὲν ἕτερόν πού τούτου κολακεία ἂν εἴη καὶ αἰσχρὰ δημηγορία, τὸ δ' ἕτερον καλόν, τὸ παρασκευάζειν ὅπως ὡς βέλτισται ἔσονται τῶν πολιτῶν αἱ ψυχαί, καὶ διαμάχεσθαι λέγοντα τὰ βέλτιστα, εἴτε ἡδίω εἴτε ἀηδέστερα ἔσται τοῖς ἀκούουσιν. ἀλλ' οὐ πώποτε σὺ ταύτην εἶδες τὴν ῥητορικήν· ἢ εἴ τινα ἔχεις τῶν ῥητόρων τοιοῦτον εἰπεῖν, τί οὐχὶ καὶ ἐμοὶ αὐτὸν ἔφρασας τίς ἐστιν;

ΚΑΛ. Ἀλλὰ μὰ Δία οὐκ ἔχω ἔγωγέ σοι εἰπεῖν τῶν γε νῦν ῥητόρων οὐδένα.

ΣΩ. Τί δέ; τῶν παλαιῶν ἔχεις τινὰ εἰπεῖν δι' ὅντινα αἰτίαν ἔχουσιν Ἀθηναῖοι βελτίους γεγονέναι, ἐπειδὴ ἐκεῖνος ἤρξατο δημηγορεῖν, ἐν τῷ πρόσθεν χρόνῳ χείρους ὄντες; ἐγὼ μὲν γὰρ οὐκ οἶδα τίς ἐστιν οὗτος.

198. Na *Terceira Filípica*, de 341 a.C., Demóstenes recorre a uma distinção semelhante entre uma boa e uma má retórica no seu discurso contra Filipe e contra aqueles políticos atenienses condescendentes com a expansão do poderio macedônio na Hélade:
"A causa disso talvez sejam várias, e não é por uma ou duas que nos encontramos nessa condição. Mas, se examinardes corretamente, descobrireis que isso se deve sobretudo àqueles que preferem vos deleitar a dizer o que é melhor: parte deles, atenienses, zela por aquilo em que se baseiam seu prestígio e poder, e não possui qualquer previsão sobre as coisas futuras, tampouco julga que vós deveis fazê-lo, enquanto outra parte, inculpando e difamando aqueles que se ocupam dos afazeres públicos, não faz outra coisa senão observar o modo de a própria cidade condenar a si mesma e de se ater a isso, permitindo a Filipe dizer e fazer o que bem quer. Esse tipo de ação política, embora vos seja habitual, é causa de males". (2-3)
πολλὰ μὲν οὖν ἴσως ἐστὶν αἴτια τούτων, καὶ οὐ παρ' ἓν οὐδὲ δύ' εἰς τοῦτο τὰ πράγματ' ἀφῖκται, μάλιστα δ', ἄνπερ ἐξετάζηθ' ὀρθῶς, εὑρήσετε διὰ τοὺς χαρίζεσθαι μᾶλλον ἢ τὰ βέλτιστα λέγειν προαιρουμένους, ὧν τινες μέν, ὦ ἄνδρες Ἀθηναῖοι, ἐν οἷς →

como mira, a fim de que os cidadãos se tornem melhores ao máximo por meio de seus discursos? Ou também eles se volvem ao deleite dos espectadores, descuram do interesse comum em vista do seu em particular, e relacionam-se com os povos como se fossem eles crianças, tentando apenas deleitá-los, sem a preocupação de torná-los melhores ou piores por isso?[198]

CAL: Essa não é uma pergunta simples, pois há, de um lado, quem zele pelos cidadãos quando pronuncia seus discursos, e quem, de outro, seja do tipo a que te referes.

SOC: Isso basta! Se é dúplice, uma parte dela seria adulação e oratória pública vergonhosa, ao passo que a outra seria bela, que se dispõe para tornar melhores ao máximo as almas dos cidadãos e as defende dizendo o que é melhor, seja isso mais aprazível ou menos aprazível aos ouvintes. Mas retórica como essa jamais viste[199]; ou melhor, se podes nomear um rétor desse tipo, por que não me disseste quem ele é?

CAL: Mas, por Zeus, eu não consigo te nomear nenhum rétor contemporâneo.

SOC: E então? Podes nomear algum antigo rétor por cuja causa os atenienses tenham se tornado melhores depois de ter começado a discursar em público, homens que eram anteriormente piores? Pois eu não sei quem ele é.

→ εὐδοκιμοῦσιν αὐτοὶ καὶ δύνανται, ταῦτα φυλάττοντες οὐδεμίαν περὶ τῶν μελλόντων πρόνοιαν ἔχουσιν, οὐκοῦν οὐδ' ὑμᾶς οἴονται δεῖν ἔχειν, ἕτεροι δὲ τοὺς ἐπὶ τοῖς πράγμασιν ὄντας αἰτιώμενοι καὶ διαβάλλοντες οὐδὲν ἄλλο ποιοῦσιν ἢ ὅπως ἡ μὲν πόλις αὐτὴ παρ' αὑτῆς δίκην λήψεται καὶ περὶ τοῦτ' ἔσται, Φιλίππῳ δ' ἐξέσται καὶ λέγειν καὶ πράττειν ὅ τι βούλεται. αἱ δὲ τοιαῦται πολιτεῖαι συνήθεις μέν εἰσιν ὑμῖν, αἴτιαι δὲ τῶν κακῶν.

Sobre o contraste entre o discurso voltado para o comprazimento da audiência e aquele voltado para o bem comum, ver Tucídides, 2.65; Isócrates, *Sobre a Paz*, 3-5, 75, 126; *Antídosis*, 233-234; Demóstenes, *Terceira Filípica*, 24.

199. Sócrates admite aqui a possibilidade de uma boa retórica, ou seja, daquela retórica voltada não para o comprazimento, mas para o benefício da audiência visando o supremo bem (πρὸς τὸ βέλτιστον, 502e3), embora ele considere, como ficará evidente na discussão subsequente sobre os grandes políticos de Atenas do séc. V a.C., que ela jamais tenha existido na prática na democracia ateniense. Sócrates tornará a se referir a ela adiante como a "verdadeira retórica" (τῇ ἀληθινῇ ῥητορικῇ, 517a5), a qual somente ele, senão alguns poucos, pratica efetivamente (521d-522a). Sobre a imagem de Sócrates como "o verdadeiro homem político", cf. supra nota 187.

ΚΑΛ. Τί δέ; Θεμιστοκλέα οὐκ ἀκούεις ἄνδρα ἀγαθὸν γεγονότα καὶ Κίμωνα καὶ Μιλτιάδην καὶ Περικλέα τουτονὶ τὸν νεωστὶ τετελευτηκότα, οὗ καὶ σὺ ἀκήκοας;

ΣΩ. Εἰ ἔστιν γε, ὦ Καλλίκλεις, ἣν πρότερον σὺ ἔλεγες ἀρετήν, ἀληθής, τὸ τὰς ἐπιθυμίας ἀποπιμπλάναι καὶ τὰς αὑτοῦ καὶ τὰς τῶν ἄλλων· εἰ δὲ μὴ τοῦτο, ἀλλ' ὅπερ ἐν τῷ ὑστέρῳ λόγῳ ἠναγκάσθημεν ἡμεῖς ὁμολογεῖν—ὅτι αἳ μὲν τῶν ἐπιθυμιῶν πληρούμεναι βελτίω ποιοῦσι τὸν ἄνθρωπον, ταύτας μὲν ἀποτελεῖν, αἳ δὲ χείρω, μή, τοῦτο δὲ τέχνη τις εἴη—τοιοῦτον ἄνδρα τούτων τινὰ [γεγονέναι] οὐκ ἔχω ἔγωγε πῶς εἴπω.

ΚΑΛ. Ἀλλ' ἐὰν ζητῇς καλῶς, εὑρήσεις.

ΣΩ. Ἴδωμεν δὴ οὑτωσὶ ἀτρέμα σκοπούμενοι εἴ τις τούτων τοιοῦτος γέγονεν· φέρε γάρ, ὁ ἀγαθὸς ἀνὴρ καὶ ἐπὶ τὸ βέλτιστον λέγων, ἃ ἂν λέγῃ ἄλλο τι οὐκ εἰκῇ ἐρεῖ, ἀλλ' ἀποβλέπων πρός τι; ὥσπερ καὶ οἱ ἄλλοι πάντες δημιουργοὶ [βλέποντες] πρὸς τὸ αὑτῶν ἔργον ἕκαστος οὐκ εἰκῇ ἐκλεγόμενος προσφέρει [πρὸς τὸ ἔργον τὸ αὑτῶν,] ἀλλ' ὅπως ἂν εἶδός τι αὐτῷ σχῇ τοῦτο ὃ ἐργάζεται. οἷον εἰ βούλει ἰδεῖν τοὺς ζωγράφους, τοὺς οἰκοδόμους, τοὺς ναυπηγούς, τοὺς ἄλλους

200. Temístocles desempenhou a função de arconte epônimo em Atenas nos anos 493/492 a.C., durante a qual dirigiu a construção das longas muralhas até o Pireu (ver Tucídides, 1.93.3). Nos anos 483/482 a.C., persuadiu os atenienses a usar os lucros provenientes das minas de Láurio na ampliação da frota, adicionando-lhe no mínimo cem trirremes (ver Heródoto, 7.144; Tucídides, 1.14.3; Aristóteles, *Constituição de Atenas*, 22.7). Segundo Heródoto (Livros VII-IX), Temístocles serviu como general contra os persas por mar e por terra, adquirindo admiração e honra devido a suas estratégias tanto políticas como militares, como, por exemplo, ter ludibriado os persas a entrarem no porto de Salamina, movimento decisivo para a vitória das forças helênicas. Em 470 a.C., foi condenado ao ostracismo e se dirigiu para Argos, de onde visitou outras cidades. Segundo Tucídides (1.138), Temístocles aprendeu a língua e os costumes persas e ganhou prestígio junto a Artaxerxes, filho de Xerxes, rei da Pérsia; lá morreu por doença ou, segundo outra versão, por autoenvenenamento (D. Nails, op. cit., p. 280-281).

201. Címon II, filho de Milcíades, teve uma longa carreira política e foi um dos homens mais influentes em Atenas nas décadas de 470 e 460 a.C., em especial devido à sua rivalidade com Temístocles. Era embaixador de Atenas em Esparta no decreto de Aristides em 479 a.C. Foi também eleito repetidas vezes general (478/477- -476/475), quando no último ano teria trazido de volta a Atenas os ossos de Teseu (ver Heródoto, 7.107; Tucídides, 1.98). Entre os anos 476 e 463 a.C., junto a Aristides, →

CAL: E então? Não ouves que Temístocles[200] fora um bom homem, além de Címon[201], Milcíades[202] e Péricles[203], o qual morreu recentemente e cujos discursos também tu ouviste?

SOC: Contanto que seja verdadeira, Cálicles, esta virtude a que te referias na discussão precedente: satisfazer os apetites, tanto os próprios quanto os alheios. Porém se esse não for o caso, mas o que, na discussão posterior, fomos constrangidos a concordar – que se deve satisfazer os apetites que, uma vez saciados, tornam melhor o homem, e evitar aqueles que o tornam pior, e que isso seria uma arte –, pelo menos eu não consigo nomear algum homem que tenha sido assim.

CAL: Mas se procurares bem, descobrirás.

SOC: Vejamos então! Investiguemos, com calma, se houve outrora algum homem desse tipo. Adiante! O homem bom, que fala visando o supremo bem, não dirá aleatoriamente o que disser, mas tendo em vista alguma coisa, não é? O mesmo sucede aos demais artífices: cada um deles, tendo em vista o seu próprio ofício, não escolhe e aplica os componentes de forma aleatória, porém para conferir forma ao que é produzido. Por exemplo: se quiseres observar os pintores, os arquitetos, os construtores navais e todos os demais artífices, qualquer um à

→ Címon sustentou a Liga Delia e comandou a maioria de suas operações. No final da década de 460, seu principal rival era Efialtes, cujo associado, em ascenção na carreira política, era Péricles. Címon talvez tenha sido processado por Péricles por aceitar suborno de Alexandre da Macedônia em 463 ou 462 a.C. (ver Plutarco, *Címon*, 14.2, 15.1). Foi condenado ao ostracismo em 461, conforme registrado nos *ostrakas* encontrados em expedições arqueológicas. Por ação de Péricles, Címon retornou a Atenas em 457 a.C. (ver Plutarco, *Címon*, 17.6), e morreu em 450/449 a.C., quando servia como general na campanha contra os persas em Chipre (ver Tucídides, 1.112) (D. Nails, op. cit., p. 96-97).

202. Milcíades, pai de Címon II, desempenhou a função de arconte epônimo em Atenas nos anos 524/523 a.C. Em 516/515 a.C., foi enviado ao Quersoneso pelo tirano Hípias; serviu a Dario, rei da Pérsia, por algum tempo, e logo depois fez parte da chamada "Revolta Jônica". Com o fracasso da revolta, Milcíades retornou a Atenas, onde foi processado e absolvido da acusação de tirania no Quersoneso; logo depois foi eleito general em 490/489 a.C. Segundo Heródoto (6.109-110), teve participação decisiva na vitória contra os persas na batalha de Maratona. Morreu por causa dos ferimentos decorrentes de uma campanha militar em Paros, logo após o episódio de Maratona (D. Nails, op. cit., p. 206-207).

203. Sobre Péricles, cf. supra nota 79.

πάντας δημιουργούς, ὅντινα βούλει αὐτῶν, ὡς εἰς τάξιν τινὰ
ἕκαστος ἕκαστον τίθησιν ὃ ἂν τιθῇ, καὶ προσαναγκάζει τὸ
ἕτερον τῷ ἑτέρῳ πρέπον τε εἶναι καὶ ἁρμόττειν, ἕως ἂν τὸ
504 ἅπαν συστήσηται τεταγμένον τε καὶ κεκοσμημένον πρᾶγμα·
καὶ οἵ τε δὴ ἄλλοι δημιουργοὶ καὶ οὓς νυνδὴ ἐλέγομεν, οἱ
περὶ τὸ σῶμα, παιδοτρίβαι τε καὶ ἰατροί, κοσμοῦσί που
τὸ σῶμα καὶ συντάττουσιν. ὁμολογοῦμεν οὕτω τοῦτ' ἔχειν
ἢ οὔ;

ΚΑΛ. Ἔστω τοῦτο οὕτω.

ΣΩ. Τάξεως ἄρα καὶ κόσμου τυχοῦσα οἰκία χρηστὴ ἂν
εἴη, ἀταξίας δὲ μοχθηρά;

ΚΑΛ. Φημί.

ΣΩ. Οὐκοῦν καὶ πλοῖον ὡσαύτως;

b ΚΑΛ. Ναί.

ΣΩ. Καὶ μὴν καὶ τὰ σώματά φαμεν τὰ ἡμέτερα;

ΚΑΛ. Πάνυ γε.

ΣΩ. Τί δ' ἡ ψυχή; ἀταξίας τυχοῦσα ἔσται χρηστή, ἢ
τάξεώς τε καὶ κόσμου τινός;

ΚΑΛ. Ἀνάγκη ἐκ τῶν πρόσθεν καὶ τοῦτο συνομολογεῖν.

ΣΩ. Τί οὖν ὄνομά ἐστιν ἐν τῷ σώματι τῷ ἐκ τῆς τάξεώς
τε καὶ τοῦ κόσμου γιγνομένῳ;

ΚΑΛ. Ὑγίειαν καὶ ἰσχὺν ἴσως λέγεις.

c ΣΩ. Ἔγωγε. τί δὲ αὖ τῷ ἐν τῇ ψυχῇ ἐγγιγνομένῳ ἐκ
τῆς τάξεως καὶ τοῦ κόσμου; πειρῶ εὑρεῖν καὶ εἰπεῖν ὥσπερ
ἐκεῖ τὸ ὄνομα.

ΚΑΛ. Τί δὲ οὐκ αὐτὸς λέγεις, ὦ Σώκρατες;

ΣΩ. Ἀλλ' εἴ σοι ἥδιόν ἐστιν, ἐγὼ ἐρῶ· σὺ δέ, ἂν μέν
σοι δοκῶ ἐγὼ καλῶς λέγειν, φάθι, εἰ δὲ μή, ἔλεγχε καὶ μὴ

---

204. Platão salienta aqui os elementos que fazem o trabalho de um "artífice" (δημιουργοὶ, 503e1) se configurar como *tekhnē* (τέχνη τις, 503d1): imprimir certa "forma" (εἶδός τι, 503e4) na matéria com que trabalha, de maneira ordenada e não aleatória (οὐκ εἰκῇ, 503e2), de modo que os elementos estejam, em seu conjunto, "ordenados e arranjados" (τεταγμένον τε καὶ κεκοσμημένον, 504a1), adquirindo assim "harmonia" (ἁρμόττειν, 503e8). É interessante observar que Platão no *Górgias* considera a pintura como exemplo de atividade técnica, tendo em vista seu →

tua vontade, verás que cada um deles confere certo arranjo a cada um dos componentes, e força que uma coisa se adéque e harmonize à outra até que tudo esteja bem arranjado e ordenado em seu conjunto[204]. E os outros artífices aos quais há pouco nos referíamos[205], os que zelam pelo corpo, os treinadores e os médicos, também conferem ordem e arranjo ao corpo. Concordamos que isso é assim, ou não?

CAL: Que assim seja!

SOC: Portanto, se obtiver arranjo e ordem, a casa será útil, mas se não os obtiver, será inutilizável?

CAL: Confirmo.

SOC: Não sucede o mesmo, então, à embarcação?

CAL: Sim.

SOC: Com efeito, podemos dizer o mesmo a respeito de nossos corpos?

CAL: Absolutamente.

SOC: E quanto à alma? É a ausência de arranjo a torná-la útil, ou a presença de certo arranjo e ordem?

CAL: A partir do que foi dito antes, é inevitável que eu dê mais uma vez a minha anuência.

SOC: Que nome terá, então, aquilo que surge no corpo, advindo desse arranjo e dessa ordem?

CAL: Talvez te refiras à saúde e à força.

SOC: Sim. E que nome terá, por sua vez, aquilo que surge na alma, advindo desse arranjo e dessa ordem? Procura descobrir e dizer o nome, como no caso do corpo![206]

CAL: Mas por que não falas tu mesmo, Sócrates?

SOC: Se te for mais aprazível, dir-te-ei; mas tu o confirma, se te parecer que falo corretamente, senão, refuta-me e não cedas!

→ método sistemático e a finalidade de produzir um resultado correto (T. Irwin, op. cit., p. 214). Todavia, no Livro x da *República* (596b-598c), ela é tratada, assim como a poesia, como "imitação" deturpada do objeto representado, estando "três graus afastada do ser" (τριτὰ ἀπέχοντα τοῦ ὄντος, 599a1) (ou seja, a ideia da coisa, a coisa em particular e a coisa imitada pela pintura).

205. Cf. 464b-466a.
206. Cf. 477b-c.

ἐπίτρεπε. ἐμοὶ γὰρ δοκεῖ ταῖς μὲν τοῦ σώματος τάξεσιν ὄνομα εἶναι ὑγιεινόν, ἐξ οὗ ἐν αὐτῷ ἡ ὑγίεια γίγνεται καὶ ἡ ἄλλη ἀρετὴ τοῦ σώματος. ἔστιν ταῦτα ἢ οὐκ ἔστιν;

ΚΑΛ. Ἔστιν.

d ΣΩ. Ταῖς δέ γε τῆς ψυχῆς τάξεσι καὶ κοσμήσεσιν νόμιμόν τε καὶ νόμος, ὅθεν καὶ νόμιμοι γίγνονται καὶ κόσμιοι· ταῦτα δ᾽ ἔστιν δικαιοσύνη τε καὶ σωφροσύνη. φῂς ἢ οὔ;

ΚΑΛ. Ἔστω.

ΣΩ. Οὐκοῦν πρὸς ταῦτα βλέπων ὁ ῥήτωρ ἐκεῖνος, ὁ τεχνικός τε καὶ ἀγαθός, καὶ τοὺς λόγους προσοίσει ταῖς ψυχαῖς οὓς ἂν λέγῃ, καὶ τὰς πράξεις ἁπάσας, καὶ δῶρον ἐάν τι διδῷ, δώσει, καὶ ἐάν τι ἀφαιρῆται, ἀφαιρήσεται, πρὸς τοῦτο ἀεὶ τὸν νοῦν ἔχων, ὅπως ἂν αὐτοῦ τοῖς πολίταις
e δικαιοσύνη μὲν ἐν ταῖς ψυχαῖς γίγνηται, ἀδικία δὲ ἀπαλλάττηται, καὶ σωφροσύνη μὲν ἐγγίγνηται, ἀκολασία δὲ ἀπαλλάττηται, καὶ ἡ ἄλλη ἀρετὴ ἐγγίγνηται, κακία δὲ ἀπίῃ. συγχωρεῖς ἢ οὔ;

ΚΑΛ. Συγχωρῶ.

ΣΩ. Τί γὰρ ὄφελος, ὦ Καλλίκλεις, σώματί γε κάμνοντι καὶ μοχθηρῶς διακειμένῳ σιτία πολλὰ διδόναι καὶ τὰ ἥδιστα ἢ ποτὰ ἢ ἄλλ᾽ ὁτιοῦν, ὃ μὴ ὀνήσει αὐτὸ ἔσθ᾽ ὅτι πλέον ἢ τοὐναντίον κατά γε τὸν δίκαιον λόγον καὶ ἔλαττον; ἔστι ταῦτα;

505 ΚΑΛ. Ἔστω.

ΣΩ. Οὐ γὰρ οἶμαι λυσιτελεῖ μετὰ μοχθηρίας σώματος ζῆν ἀνθρώπῳ· ἀνάγκη γὰρ οὕτω καὶ ζῆν μοχθηρῶς. ἢ οὐχ οὕτως;

ΚΑΛ. Ναί.

ΣΩ. Οὐκοῦν καὶ τὰς ἐπιθυμίας ἀποπιμπλάναι, οἷον πεινῶντα φαγεῖν ὅσον βούλεται ἢ διψῶντα πιεῖν, ὑγιαίνοντα μὲν ἐῶσιν οἱ ἰατροὶ ὡς τὰ πολλά, κάμνοντα δὲ ὡς ἔπος

---

207. Platão vislumbra no *Górgias* a possibilidade de uma "boa retórica", que vise a promoção da "justiça" [*dikaiosunē*] (δικαιοσύνη, 504e1) e da "temperança" [*sōphrosunē*] (σωφροσύνη, 504e2) na alma dos cidadãos, e não simplesmente seu comprazimento, contudo não faz qualquer menção ao tipo de constituição política que condicionaria o →

Parece-me que os arranjos do corpo denominam-se "saudáveis", os quais são a origem da saúde e de toda e qualquer virtude do corpo. É isso ou não é?

CAL: É.

SOC: E os arranjos e ordenamentos da alma se denominam "legítimos" e "lei", com o que as almas se tornam legítimas e ordenadas. Isso é a justiça e a temperança. Confirmas ou não?

CAL: Seja.

SOC: Portanto, aquele rétor, o técnico e bom, terá isso em vista quando volver às almas os discursos que vier a proferir e todas as suas ações, e lhes presenteará, caso houver algo a ser presenteado, e lhes furtará, caso houver algo a ser furtado. Ele terá sua mente continuamente fixa nesse escopo, a fim de que a justiça surja nas almas de seus concidadãos e da injustiça se libertem, a fim de que a temperança surja e da intemperança se libertem, a fim de que toda e qualquer virtude surja e o vício parta[207]. É do teu consentimento, ou não?

CAL: É.

SOC: E que vantagem há, Cálicles, para o corpo doente e mísero, quando se lhe oferecem inúmeras comidas aprazíveis, ou bebidas ou qualquer outra coisa do gênero, se isso, conforme o argumento justo, não lhe favorece mais do que a prescrição contrária, ou até mesmo menos? Não é isso?

CAL: Sim.

SOC: Pois, julgo eu, não é vantajoso que o homem viva com o corpo mísero, pois ele terá necessariamente uma vida mísera. Não é o que acontece?

CAL: Sim.

SOC: Então, os médicos geralmente permitem que o homem saudável satisfaça seus apetites, como, por exemplo, comer o quanto quiser, quando faminto, ou beber, quando sedento, enquanto ao

---

→ surgimento desse orador "técnico e bom" (ὁ τεχνικός τε καὶ ἀγαθός, 504d6): se na própria democracia, embora Sócrates considere que em Atenas jamais houve um político dessa natureza (503b1), ou se numa outra forma de constituição política, em que o(s) governante(s) detém poder absoluto. Sobre a "boa retórica", cf. supra nota 199.

εἰπεῖν οὐδέποτ' ἐῶσιν ἐμπίμπλασθαι ὧν ἐπιθυμεῖ; συγχωρεῖς τοῦτό γε καὶ σύ;

ΚΑΛ. Ἔγωγε.

b ΣΩ. Περὶ δὲ ψυχήν, ὦ ἄριστε, οὐχ ὁ αὐτὸς τρόπος; ἕως μὲν ἂν πονηρὰ ᾖ, ἀνόητός τε οὖσα καὶ ἀκόλαστος καὶ ἄδικος καὶ ἀνόσιος, εἴργειν αὐτὴν δεῖ τῶν ἐπιθυμιῶν καὶ μὴ ἐπιτρέπειν ἀλλ' ἄττα ποιεῖν ἢ ἀφ' ὧν βελτίων ἔσται· φῂς ἢ οὔ;

ΚΑΛ. Φημί.

ΣΩ. Οὕτω γάρ που αὐτῇ ἄμεινον τῇ ψυχῇ;

ΚΑΛ. Πάνυ γε.

ΣΩ. Οὐκοῦν τὸ εἴργειν ἐστὶν ἀφ' ὧν ἐπιθυμεῖ κολάζειν;

ΚΑΛ. Ναί.

ΣΩ. Τὸ κολάζεσθαι ἄρα τῇ ψυχῇ ἄμεινόν ἐστιν ἢ ἡ ἀκολασία, ὥσπερ σὺ νυνδὴ ᾤου.

c ΚΑΛ. Οὐκ οἶδ' ἄττα λέγεις, ὦ Σώκρατες, ἀλλ' ἄλλον τινὰ ἐρώτα.

ΣΩ. Οὗτος ἀνὴρ οὐχ ὑπομένει ὠφελούμενος καὶ αὐτὸς τοῦτο πάσχων περὶ οὗ ὁ λόγος ἐστί, κολαζόμενος.

ΚΑΛ. Οὐδέ γέ μοι μέλει οὐδὲν ὧν σὺ λέγεις, καὶ ταῦτά σοι Γοργίου χάριν ἀπεκρινάμην.

ΣΩ. Εἶεν· τί οὖν δὴ ποιήσομεν; μεταξὺ τὸν λόγον καταλύομεν;

ΚΑΛ. Αὐτὸς γνώσῃ.

ΣΩ. Ἀλλ' οὐδὲ τοὺς μύθους φασὶ μεταξὺ θέμις εἶναι d καταλείπειν, ἀλλ' ἐπιθέντας κεφαλήν, ἵνα μὴ ἄνευ κεφαλῆς

208. Por meio da analogia entre o corpo saudável e a alma saudável, e entre seus estados contrários, Sócrates oferece uma objeção ulterior à tese hedonista de Cálicles (491e-492b), segundo a qual a "felicidade" do homem (εὐδαίμων, 491e6) consiste na sua capacidade de permitir que os "apetites" (τὰς ἐπιθυμίας, 491e9) engrandeçam ao máximo para, assim, satisfazê-los. Assim como o corpo doente não pode satisfazer seus apetites por causa da restrição do regime imposto pelo médico em vista da recuperação de sua saúde, também a alma intemperante não pode satifazer plenamente seus apetites devido à sua condição viciosa, se seu escopo é curar-se do mal que lhe é próprio (estultícia, intemperança, injustiça, impiedade, 505b2-3). Portanto, em resposta à tese hedonista de Cálicles, não é o intemperante, mas o temperante que se encontra na condição de satisfazer seus apetites (ἀποπιμπλάναι, 505a6), desde que tais apetites não venham a prejudicar sua alma. Nesse →

doente eles jamais permitem, por assim dizer, a satisfação do que lhe apetece, não é? Consentes mais uma vez?

CAL: Consinto.

SOC: E à alma, excelente homem, não sucede o mesmo? Enquanto for viciosa por ser estulta, intemperante, injusta e ímpia, ela deverá abster-se dos apetites e não se permitir fazer senão aquilo que a torne melhor[208]. Confirmas ou não?

CAL: Confirmo.

SOC: Pois, assim, é melhor para a própria alma, não é?

CAL: Absolutamente.

SOC: Então, abster-se daquilo que a apetece não é puni-la?

CAL: Sim.

SOC: Portanto, a punição é melhor para a alma do que a intemperança, como tu há pouco presumias[209].

CAL: Não entendo o que dizes, Sócrates, mas interroga outra pessoa qualquer!

SOC: Esse homem não tolera ser beneficiado e sofrer aquilo sobre o que discutimos: ser punido[210].

CAL: Nada do que dizes me interessa, e é por Górgias que eu respondia às tuas perguntas[211].

SOC: Seja! O que faremos então? Encerramos a discussão no meio?

CAL: Hás de saber tu.

SOC: Mas, como dizem, nem os mitos é lícito abandoná-los no meio, porém se deve acrescentar-lhes antes a cabeça, a fim de que não perambulem por aí decapitados[212]. Então,

→ sentido, tanto Cálicles quanto Sócrates acreditam que a felicidade, de uma forma ou de outra, está associada à satisfação dos apetites, mas para Sócrates, somente o temperante se encontra na condição "saudável" de satisfazê-los de modo razoável (T. Irwin, op. cit., p. 194).

209. Platão joga com a semântica do verbo κολάζειν [kolazein], que significa tanto "punir", como vem sendo traduzido, quanto "refrear", da mesma raiz de ἀκολασία [akolasia] (intemperança). Portanto, "refrear" os apetites da alma intemperante [akolastos] (ἀκόλαστος) significa "puni-la".

210. Ou seja, "ser refreado" (κολαζόμενος, 505c4) de sua intemperança.

211. Cf. 497b-c.

212. A mesma imagem é referida por Platão em outros diálogos: ver *Fedro*, 264c; *Filebo*, 66d; *Timeu*, 69b; *Leis*, 752a.

περιίῃ. ἀπόκριναι οὖν καὶ τὰ λοιπά, ἵνα ἡμῖν ὁ λόγος κεφαλὴν λάβῃ.

ΚΑΛ. Ὡς βίαιος εἶ, ὦ Σώκρατες. ἐὰν δὲ ἐμοὶ πείθῃ, ἐάσεις χαίρειν τοῦτον τὸν λόγον, ἢ καὶ ἄλλῳ τῳ διαλέξῃ.

ΣΩ. Τίς οὖν ἄλλος ἐθέλει; μὴ γάρ τοι ἀτελῆ γε τὸν λόγον καταλίπωμεν.

ΚΑΛ. Αὐτὸς δὲ οὐκ ἂν δύναιο διελθεῖν τὸν λόγον, ἢ λέγων κατὰ σαυτὸν ἢ ἀποκρινόμενος σαυτῷ;

ΣΩ. Ἵνα μοι τὸ τοῦ Ἐπιχάρμου γένηται, ἃ "πρὸ τοῦ δύο ἄνδρες ἔλεγον," εἷς ὢν ἱκανὸς γένωμαι. ἀτὰρ κινδυνεύει ἀναγκαιότατον εἶναι οὕτως. εἰ μέντοι ποιήσομεν, οἶμαι ἔγωγε χρῆναι πάντας ἡμᾶς φιλονίκως ἔχειν πρὸς τὸ εἰδέναι τὸ ἀληθὲς τί ἐστιν περὶ ὧν λέγομεν καὶ τί ψεῦδος· κοινὸν γὰρ ἀγαθὸν ἅπασι φανερὸν γενέσθαι αὐτό. δίειμι μὲν οὖν τῷ λόγῳ ἐγὼ ὡς ἄν μοι δοκῇ ἔχειν· ἐὰν δέ τῳ ὑμῶν μὴ τὰ ὄντα δοκῶ ὁμολογεῖν ἐμαυτῷ, χρὴ ἀντιλαμβάνεσθαι καὶ ἐλέγχειν. οὐδὲ γάρ τοι ἔγωγε εἰδὼς λέγω ἃ λέγω, ἀλλὰ ζητῶ κοινῇ μεθ' ὑμῶν, ὥστε, ἂν τὶ φαίνηται

---

213. Epicarmo, fr. 253 Kaibel = fr. 16 Diels. Em seu comentário ao *Górgias*, Olimpiodoro afirma que esse poeta havia composto uma comédia na qual duas personagens dialogam, mas acaba uma falando também pela outra (34.13). Dodds, contudo, considera mera conjetura de Olimpiodoro (op. cit., p. 332). No *Teeteto*, Platão se refere a Epicarmo nos seguintes termos:

SOC: [...] E sobre isso, sejam colocados em conjunto e em ordem, exceto Parmênides, todos os sábios, Protágoras, Heráclito e Empédocles, e dentre os poetas, os expoentes de uma e de outra poesia: da comédia, Epicarmo, e da tragédia, Homero. (152e2-5) →

responde-me o que resta, para que nossa discussão adquira uma cabeça!

CAL: Como és agressivo, Sócrates! Se creres em mim, dá adeus a essa discussão, ou dialoga com outro qualquer!

SOC: Quem desejaria então? Não abandonemos, de forma alguma, inconclusa a discussão!

CAL: Mas tu próprio não serias capaz de expor o argumento, ora falando, ora respondendo a ti mesmo?

SOC: Para me valer do dito de Epicarmo, eu serei suficiente, mesmo sendo um só, para o que "dois homens diziam previamente"[213]. Pois bem, é provável que isso seja absolutamente necessário. Todavia, se tomarmos essa decisão, julgo que todos nós devamos almejar a vitória em saber o que é verdadeiro e o que é falso em relação ao que dizemos, pois é um bem comum a todos que isso se esclareça[214]. Farei a exposição do argumento, então, como me parecer melhor, mas se algum de vós achar que eu concordo comigo mesmo a respeito de coisas que não são o caso, será seu dever, então, tomar a palavra e refutar-me. Pois eu, de fato, não falo como conhecedor do que falo, mas empreendo convosco uma investigação em comum, de modo que, se quem diverge de mim disser-me algo

→ καὶ περὶ τούτου πάντες ἑξῆς οἱ σοφοὶ πλὴν Παρμενίδου συμφερέσθων, Πρωταγόρας τε καὶ Ἡράκλειτος καὶ Ἐμπεδοκλῆς, καὶ τῶν ποιητῶν οἱ ἄκροι τῆς ποιήσεως ἑκατέρας, κωμῳδίας μὲν Ἐπίχαρμος, τραγῳδίας δὲ Ὅμηρος […].

214. Sócrates recorre aqui a um oximoro, associando a busca pela verdade (πρὸς τὸ εἰδέναι τὸ ἀληθὲς τί ἐστιν, 505e4), própria do diálogo de cunho filosófico, ao comportamento competitivo das disputas verbais erísticas (φιλονίκως, 505e4), cujo escopo precípuo é refutar o interlocutor por qualquer meio, independentemente da verdade das conclusões a que se chega. Sobre a distinção entre "diálogo filosófico" e "diálogo erístico", cf. supra nota 32.

λέγων ὁ ἀμφισβητῶν ἐμοί, ἐγὼ πρῶτος συγχωρήσομαι. λέγω μέντοι ταῦτα, εἰ δοκεῖ χρῆναι διαπερανθῆναι τὸν λόγον· εἰ δὲ μὴ βούλεσθε, ἐῶμεν ἤδη χαίρειν καὶ ἀπίωμεν.

ΓΟΡ. Ἀλλ' ἐμοὶ μὲν οὐ δοκεῖ, ὦ Σώκρατες, χρῆναί πω

b ἀπιέναι, ἀλλὰ διεξελθεῖν σε τὸν λόγον· φαίνεται δέ μοι καὶ τοῖς ἄλλοις δοκεῖν. βούλομαι γὰρ ἔγωγε καὶ αὐτὸς ἀκοῦσαί σου αὐτοῦ διιόντος τὰ ἐπίλοιπα.

ΣΩ. Ἀλλὰ μὲν δή, ὦ Γοργία, καὶ αὐτὸς ἡδέως μὲν ἂν Καλλικλεῖ τούτῳ ἔτι διελεγόμην, ἕως αὐτῷ τὴν τοῦ Ἀμφίονος ἀπέδωκα ῥῆσιν ἀντὶ τῆς τοῦ Ζήθου· ἐπειδὴ δὲ σύ, ὦ Καλλίκλεις, οὐκ ἐθέλεις συνδιαπερᾶναι τὸν λόγον, ἀλλ'

---

215. Visto que Cálicles nega, enfim, sua participação como interlocutor do diálogo, Sócrates recorre então ao "monólogo", desempenhando tanto a função de inquiridor quanto a de inquirido, e convida a plateia a supervisionar a condução do argumento, substituindo parcial e momentaneamente o papel até então exercido por Cálicles. O apelo de Sócrates à sua proverbial ignorância, que se dá em certos contextos específicos nos diálogos platônicos, contrasta com seu comportamento positivo no *Górgias*, em que ele se apresenta como defensor fervoroso de suas teses morais e se apoia na convicção de que, por meio de um diálogo corretamente conduzido, é possível se alcançar "a completude da verdade" (τέλος τῆς ἀληθείας, 487e7). O argumento usado por Sócrates para explicar o sentido de sua ignorância se encontra, sobretudo, nesta passagem da *Apologia*:

"Depois de ouvir isso [de Querefonte], fiz a seguinte reflexão: 'o que quer dizer o deus, qual será o enigma? Não tenho eu o mínimo conhecimento de que sou sábio; o que ele quer dizer, então, afirmando que eu sou o homem mais sábio? Pois decerto não está mentindo, não lhe é lícito'. E por longo tempo fiquei sem saber o que ele queria dizer. Tempos depois, embora relutante, volvi-me para uma investigação do gênero: dirigi-me a um homem que parecia ser sábio para, assim, refutar o oráculo e mostrar a ele que 'Esse homem é mais sábio do que eu, mas tu afirmaste que era eu'. Examinando, então, esse homem – não preciso referir seu nome, mas era um dos políticos com o qual, investigando e dialogando, ó atenienses, tive uma experiência do gênero – pareceu-me que esse homem parecia ser sábio à grande massa de homens e, sobretudo, a si mesmo, sem sê-lo. Em seguida, tentei mostrar-lhe que ele presumia ser sábio, mas não o era. Como consequência, tornei-me odiável a esse e aos demais homens que estivessem ali presentes. Depois de partir, então, refletia comigo mesmo que mais sábio do que este homem eu sou; é provável que nenhum de nós conheça algo de belo e bom, mas ele presume saber algo, embora não o saiba, enquanto eu, porque não sei, tampouco presumo saber. É plausível, portanto, que em alguma coisa, ainda que diminuta, seja eu mais sábio do que ele, precisamente porque o que não sei, não presumo sabê-lo". (21b2-d7)

ταῦτα γὰρ ἐγὼ ἀκούσας ἐνεθυμούμην οὑτωσί· "Τί ποτε λέγει ὁ θεός, καὶ τί ποτε αἰνίττεται; ἐγὼ γὰρ δὴ οὔτε μέγα οὔτε σμικρὸν σύνοιδα ἐμαυτῷ σοφὸς ὤν· τί οὖν ποτε λέγει φάσκων ἐμὲ σοφώτατον εἶναι; οὐ γὰρ δήπου ψεύδεταί γε· οὐ γὰρ →

manifesto, serei eu o primeiro a consenti-lo[215]. Digo essas coisas, contudo, se parecer melhor que eu deva concluir a discussão, mas se não quiserdes, nos despeçamos agora mesmo e partamos!

GOR: Parece-me, Sócrates, que não devemos partir agora, e que deves tu expor o argumento. Que essa é a opinião dos demais, está manifesto. De minha parte, quero te ouvir percorrendo por ti mesmo o que lhe resta[216].

SOC: Para mim, Górgias, seria um prazer continuar o diálogo com Cálicles, enquanto não tivesse lhe restituído o discurso de Anfíon em objeção ao de Zeto[217]. Mas visto que tu, Cálicles, não desejas concluir comigo a discussão, então ouve-me e toma a

→ θέμις αὐτῷ." καὶ πολὺν μὲν χρόνον ἠπόρουν τί ποτε λέγει· ἔπειτα μόγις πάνυ ἐπὶ ζήτησιν αὐτοῦ τοιαύτην τινὰ ἐτραπόμην. ἦλθον ἐπί τινα τῶν δοκούντων σοφῶν εἶναι, ὡς ἐνταῦθα εἴπερ που ἐλέγξων τὸ μαντεῖον καὶ ἀποφανῶν τῷ χρησμῷ ὅτι "Οὑτοσὶ ἐμοῦ σοφώτερός ἐστι, σὺ δ' ἐμὲ ἔφησθα." διασκοπῶν οὖν τοῦτον–ὀνόματι γὰρ οὐδὲν δέομαι λέγειν, ἦν δέ τις τῶν πολιτικῶν πρὸς ὃν ἐγὼ σκοπῶν τοιοῦτόν τι ἔπαθον, ὦ ἄνδρες 'Αθηναῖοι, καὶ διαλεγόμενος αὐτῷ–ἔδοξέ μοι οὗτος ὁ ἀνὴρ δοκεῖν μὲν εἶναι σοφὸς ἄλλοις τε πολλοῖς ἀνθρώποις καὶ μάλιστα ἑαυτῷ, εἶναι δ' οὔ· κἄπειτα ἐπειρώμην αὐτῷ δεικνύναι ὅτι οἴοιτο μὲν εἶναι σοφός, εἴη δ' οὔ. ἐντεῦθεν οὖν τούτῳ τε ἀπηχθόμην καὶ πολλοῖς τῶν παρόντων· πρὸς ἐμαυτὸν δ' οὖν ἀπιὼν ἐλογιζόμην ὅτι τούτου μὲν τοῦ ἀνθρώπου ἐγὼ σοφώτερός εἰμι· κινδυνεύει μὲν γὰρ ἡμῶν οὐδέτερος οὐδὲν καλὸν κἀγαθὸν εἰδέναι, ἀλλ' οὗτος μὲν οἴεταί τι εἰδέναι οὐκ εἰδώς, ἐγὼ δέ, ὥσπερ οὖν οὐκ οἶδα, οὐδὲ οἴομαι· ἔοικα γοῦν τούτου γε σμικρῷ τινι αὐτῷ τούτῳ σοφώτερος εἶναι, ὅτι ἃ μὴ οἶδα οὐδὲ οἴομαι εἰδέναι.

216. Assim como a intervenção de Cálicles garantiu a continuidade da discussão entre Sócrates e Górgias, quando este manifestou a vontade de abandoná-la (458b-d), Górgias intervém mais uma vez no diálogo e, com seu poder de autoridade, solicita que Sócrates prossiga no monólogo. Platão usa tanto a voz de Cálicles, naquela oportunidade, quanto a de Górgias, neste momento, para trazer à cena a plateia ("que essa é a opinião dos demais", τοῖς ἄλλοις δοκεῖν, 506b1-2), que, de uma forma ou de outra, tem uma participação importante na dinâmica dialógica. No primeiro momento (458b-d), Górgias não pôde, uma vez diante de seu próprio público, recusar o debate, pois essa atitude prejudicaria sua reputação de sábio e não seria condizente com o que ele próprio havia professado no início do diálogo (448a1-3). No segundo momento, a presença da plateia justifica de certa forma o proceder de Sócrates, pois o "*monó*logo" (506c5-509c4), pelo próprio termo, é a negação do "*diá*logo", do princípio elementar da filosofia: uma conversa entre duas pessoas, uma na função de inquiridor, e outra, na de inquirido, como Sócrates define reiteradamente na discussão com Górgias e Polo (449bc; 471e2-472d4). Nesse sentido, o interesse de Sócrates não seria mais o convencimento de Cálicles, cuja recalcitrância se manifesta indelével, mas da própria plateia, ou de parte dela, composta pelos discípulos ou admiradores de Górgias, como uma ave de rapina sobre um rebanho alheio.

217. Cf. 485e-486d.

οὖν ἐμοῦ γε ἀκούων ἐπιλαμβάνου, ἐάν τί σοι δοκῶ μὴ
καλῶς λέγειν. καί με ἐὰν ἐξελέγχῃς, οὐκ ἀχθεσθήσομαί
σοι ὥσπερ σὺ ἐμοί, ἀλλὰ μέγιστος εὐεργέτης παρ' ἐμοὶ
ἀναγεγράψῃ.

ΚΑΛ. Λέγε, ὠγαθέ, αὐτὸς καὶ πέραινε.

ΣΩ. Ἄκουε δὴ ἐξ ἀρχῆς ἐμοῦ ἀναλαβόντος τὸν λόγον.
Ἆρα τὸ ἡδὺ καὶ τὸ ἀγαθὸν τὸ αὐτό ἐστιν;—Οὐ ταὐτόν,
ὡς ἐγὼ καὶ Καλλικλῆς ὡμολογήσαμεν.—Πότερον δὲ τὸ ἡδὺ
ἕνεκα τοῦ ἀγαθοῦ πρακτέον, ἢ τὸ ἀγαθὸν ἕνεκα τοῦ ἡδέος;
—Τὸ ἡδὺ ἕνεκα τοῦ ἀγαθοῦ.—Ἡδὺ δέ ἐστιν τοῦτο οὗ
παραγενομένου ἡδόμεθα, ἀγαθὸν δὲ οὗ παρόντος ἀγαθοί
ἐσμεν;—Πάνυ γε.—Ἀλλὰ μὴν ἀγαθοί γέ ἐσμεν καὶ ἡμεῖς
καὶ τἆλλα πάντα ὅσ' ἀγαθά ἐστιν, ἀρετῆς τινος παραγενο-
μένης;—Ἔμοιγε δοκεῖ ἀναγκαῖον εἶναι, ὦ Καλλίκλεις.—
Ἀλλὰ μὲν δὴ ἥ γε ἀρετὴ ἑκάστου, καὶ σκεύους καὶ σώματος
καὶ ψυχῆς αὖ καὶ ζῴου παντός, οὐ τῷ εἰκῇ κάλλιστα παρα-
γίγνεται, ἀλλὰ τάξει καὶ ὀρθότητι καὶ τέχνῃ, ἥτις ἑκάστῳ
ἀποδέδοται αὐτῶν· ἆρα ἔστιν ταῦτα;—Ἐγὼ μὲν γάρ φημι.
—Τάξει ἄρα τεταγμένον καὶ κεκοσμημένον ἐστὶν ἡ ἀρετὴ
ἑκάστου;—Φαίην ἂν ἔγωγε.—Κόσμος τις ἄρα ἐγγενόμενος
ἐν ἑκάστῳ ὁ ἑκάστου οἰκεῖος ἀγαθὸν παρέχει ἕκαστον τῶν
ὄντων;—Ἔμοιγε δοκεῖ.—Καὶ ψυχὴ ἄρα κόσμον ἔχουσα
τὸν ἑαυτῆς ἀμείνων τῆς ἀκοσμήτου;—Ἀνάγκη.—Ἀλλὰ μὴν

palavra, se te parecer que eu não falo corretamente! E se me refutares, não me irritarei contigo como te irritaste comigo, mas terás te inscrito como o meu sumo benfeitor.

CAL: Fala por ti mesmo, bom homem, e conclui a discussão!

SOC: Escuta, então, a recapitulação do argumento desde o princípio! Porventura o aprazível e o bem são o mesmo?

– Não são o mesmo, como eu e Cálicles havíamos concordado[218].

Deve-se fazer o aprazível em vista do bem, ou o bem em vista do aprazível?

– O aprazível em vista do bem[219].

E aprazível é aquilo com cujo advento nos comprazemos, e bom, aquilo por cuja presença somos bons?[220]

– Absolutamente.

Mas decerto nós, como tudo quanto é bom, somos bons devido ao advento de alguma virtude?

– Parece-me ser necessário, Cálicles.

Contudo, a virtude de cada coisa, seja do artefato, do corpo, da alma, ou de qualquer outro vivente, não advém da maneira mais bela aleatoriamente, mas pelo arranjo, pela correção e pela arte relativa a cada uma delas[221]. Porventura não é isso?

– Confirmo.

E a virtude de cada coisa não consiste em ser arranjada e ordenada pelo arranjo?

– Eu diria que sim.

Portanto, há certa ordem, apropriada a cada coisa, que torna boa cada uma delas, quando ela lhe advém?

– Parece-me.

Portanto, a alma dotada da ordem que lhe é própria é melhor do que a desordenada?

– Necessariamente.

---

218. Cf. 499c.
219. Cf. 500a.
220. Cf. 497d-e.
221. Cf. 503e.

ἤ γε κόσμον ἔχουσα κοσμία;—Πῶς γὰρ οὐ μέλλει;—Ἡ δέ γε κοσμία σώφρων;—Πολλὴ ἀνάγκη.—Ἡ ἄρα σώφρων ψυχὴ ἀγαθή. ἐγὼ μὲν οὐκ ἔχω παρὰ ταῦτα ἄλλα φάναι, ὦ φίλε Καλλίκλεις· σὺ δ' εἰ ἔχεις, δίδασκε.

ΚΑΛ. Λέγ', ὠγαθέ.

ΣΩ. Λέγω δὴ ὅτι, εἰ ἡ σώφρων ἀγαθή ἐστιν, ἡ τοὐναντίον τῇ σώφρονι πεπονθυῖα κακή ἐστιν· ἦν δὲ αὕτη ἡ ἄφρων τε καὶ ἀκόλαστος.—Πάνυ γε.—Καὶ μὴν ὅ γε σώφρων τὰ προσήκοντα πράττοι ἂν καὶ περὶ θεοὺς καὶ περὶ ἀνθρώπους· οὐ γὰρ ἂν σωφρονοῖ τὰ μὴ προσήκοντα πράττων;—Ἀνάγκη ταῦτ' εἶναι οὕτω.—Καὶ μὴν περὶ μὲν ἀνθρώπους τὰ προσήκοντα πράττων δίκαι' ἂν πράττοι, περὶ δὲ θεοὺς ὅσια· τὸν δὲ τὰ δίκαια καὶ ὅσια πράττοντα ἀνάγκη δίκαιον καὶ ὅσιον εἶναι.—Ἔστι ταῦτα.—Καὶ μὲν δὴ καὶ ἀνδρεῖόν γε ἀνάγκη· οὐ γὰρ δὴ σώφρονος ἀνδρός ἐστιν οὔτε διώκειν οὔτε φεύγειν ἃ μὴ προσήκει, ἀλλ' ἃ δεῖ καὶ πράγματα καὶ ἀνθρώπους καὶ ἡδονὰς καὶ λύπας φεύγειν καὶ διώκειν, καὶ ὑπομένοντα καρτερεῖν ὅπου δεῖ· ὥστε πολλὴ ἀνάγκη, ὦ Καλλίκλεις, τὸν σώφρονα, ὥσπερ διήλθομεν, δίκαιον ὄντα καὶ ἀνδρεῖον καὶ ὅσιον ἀγαθὸν ἄνδρα εἶναι τελέως, τὸν δὲ ἀγαθὸν εὖ τε καὶ καλῶς πράττειν ἃ ἂν πράττῃ, τὸν δ' εὖ πράττοντα μακάριόν τε καὶ εὐδαίμονα εἶναι, τὸν δὲ πονηρὸν καὶ κακῶς πράττοντα ἄθλιον· οὗτος

---

222. Platão, *Eutífron*, 12e1-8:

SOC: Tenta, então, esclarecer-me também tu qual parte do justo é pia, a fim de dizermos a Meleto que não mais cometa injustiça contra nós e não nos acuse de irreverência, visto que tu já nos ensinaste suficientemente o que é reverente e pio e o que não é.

EUT: Pois bem, Sócrates, parece-me que a parte do justo que é reverente e pia é aquela que diz respeito ao zelo pelos deuses, ao passo que a que diz respeito ao zelo pelos homens é a parte restante do justo.

ΣΩ. Πειρῶ δὴ καὶ σὺ ἐμὲ οὕτω διδάξαι τὸ ποῖον μέρος τοῦ δικαίου ὅσιόν ἐστιν, ἵνα καὶ Μελήτῳ λέγωμεν μηκέθ' ἡμᾶς ἀδικεῖν μηδὲ ἀσεβείας γράφεσθαι, ὡς ἱκανῶς ἤδη παρὰ σοῦ μεμαθηκότας τά τε εὐσεβῆ καὶ ὅσια καὶ τὰ μή. →

Mas a alma dotada de ordem é ordenada?
– E como não seria?
E a alma ordenada é temperante?
– É absolutamente necessário.
Portanto, a alma temperante é boa. Eu não tenho nada mais a acrescentar, meu caro Cálicles. Se tiveres algo a dizer, ensina-nos!

CAL: Fala, bom homem!

SOC: Digo que, se a alma temperante é boa, aquela que se encontra no estado contrário ao da temperante é má; eis a alma estulta e intemperante.
– Com certeza.
Com efeito, o homem temperante faria o que convém fazer em relação aos deuses e aos homens, pois não seria temperante se não fizesse o que convém.
– É necessário que seja assim.
Com efeito, se fizer o que convém fazer em relação aos homens, ele fará coisas justas, e se fizer o que convém fazer em relação aos deuses, coisas pias[222]. Quem faz coisas justas e pias é necessariamente justo e pio.
– Sem dúvida.
E, além disso, é necessariamente corajoso. Pois não é próprio do homem temperante encalçar e evitar o que não é conveniente, mas encalçar e evitar o que é devido, seja isso coisas ou homens, prazeres ou dores, e persistir e resistir onde é devido fazê-lo. Por conseguinte, Cálicles, é de absoluta necessidade que o temperante, tal como o retratamos, seja um homem perfeitamente bom, visto que é justo, corajoso e pio[223], e que o homem bom aja bem e de forma correta quando age, e que quem age bem seja venturoso e feliz, enquanto quem é vicioso e age mal

→ ΕΥΘ. Τοῦτο τοίνυν ἔμοιγε δοκεῖ, ὦ Σώκρατες, τὸ μέρος τοῦ δικαίου εἶναι εὐσεβές τε καὶ ὅσιον, τὸ περὶ τὴν τῶν θεῶν θεραπείαν, τὸ δὲ περὶ τὴν τῶν ἀνθρώπων τὸ λοιπὸν εἶναι τοῦ δικαίου μέρος.

223. Sobre a unidade da(s) virtude(s), ver Platão, *Protágoras*, 328d-334c.

δ' ἂν εἴη ὁ ἐναντίως ἔχων τῷ σώφρονι, ὁ ἀκόλαστος, ὃν σὺ ἐπῄνεις.

Ἐγὼ μὲν οὖν ταῦτα οὕτω τίθεμαι καί φημι ταῦτα ἀληθῆ εἶναι· εἰ δὲ ἔστιν ἀληθῆ, τὸν βουλόμενον, ὡς ἔοικεν, εὐ-
d δαίμονα εἶναι σωφροσύνην μὲν διωκτέον καὶ ἀσκητέον, ἀκολασίαν δὲ φευκτέον ὡς ἔχει ποδῶν ἕκαστος ἡμῶν, καὶ παρασκευαστέον μάλιστα μὲν μηδὲν δεῖσθαι τοῦ κολάζεσθαι, ἐὰν δὲ δεηθῇ ἢ αὐτὸς ἢ ἄλλος τις τῶν οἰκείων, ἢ ἰδιώτης ἢ πόλις, ἐπιθετέον δίκην καὶ κολαστέον, εἰ μέλλει εὐδαίμων εἶναι. οὗτος ἔμοιγε δοκεῖ ὁ σκοπὸς εἶναι πρὸς ὃν βλέ-
ποντα δεῖ ζῆν, καὶ πάντα εἰς τοῦτο τὰ αὐτοῦ συντείνοντα καὶ τὰ τῆς πόλεως, ὅπως δικαιοσύνη παρέσται καὶ σωφρο-
e σύνη τῷ μακαρίῳ μέλλοντι ἔσεσθαι, οὕτω πράττειν, οὐκ ἐπιθυμίας ἐῶντα ἀκολάστους εἶναι καὶ ταύτας ἐπιχειροῦντα πληροῦν, ἀνήνυτον κακόν, λῃστοῦ βίον ζῶντα. οὔτε γὰρ ἂν ἄλλῳ ἀνθρώπῳ προσφιλὴς ἂν εἴη ὁ τοιοῦτος οὔτε θεῷ· κοινωνεῖν γὰρ ἀδύνατος, ὅτῳ δὲ μὴ ἔνι κοινωνία, φιλία οὐκ ἂν εἴη. φασὶ δ' οἱ σοφοί, ὦ Καλλίκλεις, καὶ οὐρανὸν καὶ

---

224. Vejamos o esquema completo do argumento de Sócrates (506c5-507c7):
   i. O aprazível e o bem não são o mesmo;
   ii. o aprazível dever ser feito em vista do bem, e não o bem em vista do aprazível;
   iii. o aprazível é aquilo que confere prazer, ao passo que o bem é aquilo que nos torna bons;
   iv. um homem é bom na medida em que a virtude está presente nele;
   v. a virtude não está presente aleatoriamente, mas pelo arranjo, correção e arte;
   vi. então, uma alma ordenada e boa é melhor do que uma desordenada e má porque ela é temperante, ao passo que a desordenada e má é intemperante;
   vii. o homem temperante faz o que é conveniente em relação a deuses e homens, i.e., ele é pio e justo; ele é também corajoso, encalçando e evitando o que deve ser encalçado e evitado;
   viii. portanto, na medida em que o temperante é justo, corajoso e pio, ele faz o que é bom e correto, e é feliz; e na medida em que o intemperante faz o que é mau e vergonhoso, ele é infeliz (J. Beversluis, op. cit., p. 361).
   225. As ações do homem intemperante têm como fim a satisfação de seus apetites, sendo ele incapaz de refreá-los. Nessa busca incessante pela satisfação, ele acaba por incorrer em atos injustos, na medida em que não é capaz de observar o interesse comum em detrimento de seus próprios interesses, quando se requer dele o refreamento de seus apetites. Portanto, o homem intemperante não consegue estabelecer relações de amizade e, por conseguinte, viver em comunidade. No mito atribuído por Platão à personagem Protágoras no diálogo homônimo, "a justiça e o →

seja infeliz. Esse seria o homem cujo estado é contrário ao do temperante, o intemperante, o qual louvavas²²⁴.

Eu, então, coloco as coisas nestes termos e afirmo que são verdadeiras. Se elas são verdadeiras, quem quer ser feliz deve, como é plausível, encalçar e exercitar a temperança, e escapar da intemperança com os pés tão céleres quanto possamos mantê-los, e dispor-se, sobretudo, para não precisar de qualquer punição. Mas se a própria pessoa ou algum parente seu, um cidadão comum ou uma cidade, dela precisar, então deverá pagar a justa pena e ser punido, caso intente ser feliz. Esse me parece ser o escopo com cuja observância se deve viver e segundo o qual se deve agir, concentrando nele todos os esforços privados e públicos para que a justiça e a temperança estejam presentes em quem pretende ser venturoso, impedindo que os apetites se destemperem e tentando saciá-los – um mal inexaurível – levando uma vida de gatuno. Pois um homem daquele tipo não nutriria amizade por outro homem, tampouco por um deus, porque é incapaz de viver em comunidade, e onde não há comunidade, não existiria amizade²²⁵. Os sábios dizem, Cálicles, que o céu e a terra, os

→ pudor" (αἰδῶ τε καὶ δίκην, 322c2) são enviados por Zeus como condição de possibilidade da vida na pólis, como ilustra bem esta passagem:

"Zeus, então, temeroso de que nossa geração perecesse por completo, envia Hermes aos homens portando justiça e pudor, para que houvesse ordem nas cidades e vínculos estreitos de amizade. Hermes pergunta então a Zeus de que modo ele daria aos homens justiça e pudor: 'assim como estão distribuídas as artes, devo distribuir também estas? As artes estão distribuídas da seguinte maneira: um único médico é suficiente para muitos homens comuns, e o mesmo se aplica aos demais artífices. É assim que devo infundir nos homens justiça e pudor, ou distribuí-los a todos?' 'A todos', disse Zeus, 'e que todos participem de ambos, pois não haveria cidades, se apenas poucos homens deles participassem, tal como sucede às demais artes. E em meu nome institui a lei segundo a qual se deve matar aquele que é incapaz de participar da justiça e do pudor, como se fosse ele uma doença da cidade!'" (322c1-d5)

Ζεὺς οὖν δείσας περὶ τῷ γένει ἡμῶν μὴ ἀπόλοιτο πᾶν, Ἑρμῆν πέμπει ἄγοντα εἰς ἀνθρώπους αἰδῶ τε καὶ δίκην, ἵν᾽ εἶεν πόλεων κόσμοι τε καὶ δεσμοὶ φιλίας συναγωγοί. ἐρωτᾷ οὖν Ἑρμῆς Δία τίνα οὖν τρόπον δοίη δίκην καὶ αἰδῶ ἀνθρώποις· "Πότερον ὡς αἱ τέχναι νενέμηνται, οὕτω καὶ ταύτας νείμω; νενέμηνται δὲ ὧδε· εἷς ἔχων ἰατρικὴν πολλοῖς ἱκανὸς ἰδιώταις, καὶ οἱ ἄλλοι δημιουργοί· καὶ δίκην δὴ καὶ αἰδῶ οὕτω θῶ ἐν τοῖς ἀνθρώποις, ἢ ἐπὶ πάντας νείμω;" "Ἐπὶ πάντας," ἔφη ὁ Ζεύς, "καὶ πάντες μετεχόντων· οὐ γὰρ ἂν γένοιντο πόλεις, εἰ ὀλίγοι αὐτῶν μετέχοιεν ὥσπερ ἄλλων τεχνῶν· καὶ νόμον γε θὲς παρ᾽ ἐμοῦ τὸν μὴ δυνάμενον αἰδοῦς καὶ δίκης μετέχειν κτείνειν ὡς νόσον πόλεως."

508 γῆν καὶ θεοὺς καὶ ἀνθρώπους τὴν κοινωνίαν συνέχειν καὶ φιλίαν καὶ κοσμιότητα καὶ σωφροσύνην καὶ δικαιότητα, καὶ τὸ ὅλον τοῦτο διὰ ταῦτα κόσμον καλοῦσιν, ὦ ἑταῖρε, οὐκ ἀκοσμίαν οὐδὲ ἀκολασίαν. σὺ δέ μοι δοκεῖς οὐ προσέχειν τὸν νοῦν τούτοις, καὶ ταῦτα σοφὸς ὤν, ἀλλὰ λέληθέν σε ὅτι ἡ ἰσότης ἡ γεωμετρικὴ καὶ ἐν θεοῖς καὶ ἐν ἀνθρώποις μέγα δύναται, σὺ δὲ πλεονεξίαν οἴει δεῖν ἀσκεῖν· γεωμετρίας γὰρ ἀμελεῖς. εἶεν· ἢ ἐξελεγκτέος δὴ οὗτος ὁ λόγος
b ἡμῖν ἐστιν, ὡς οὐ δικαιοσύνης καὶ σωφροσύνης κτήσει εὐδαίμονες οἱ εὐδαίμονες, κακίας δὲ οἱ ἄθλιοι, ἢ εἰ οὗτος ἀληθής ἐστιν, σκεπτέον τί τὰ συμβαίνοντα. τὰ πρόσθεν ἐκεῖνα, ὦ Καλλίκλεις, συμβαίνει πάντα, ἐφ' οἷς σύ με ἤρου εἰ σπουδάζων λέγοιμι, λέγοντα ὅτι κατηγορητέον εἴη καὶ αὑτοῦ καὶ ὑέος καὶ ἑταίρου, ἐάν τι ἀδικῇ, καὶ τῇ ῥητορικῇ ἐπὶ τοῦτο χρηστέον· καὶ ἃ Πῶλον αἰσχύνῃ ᾤου συγχωρεῖν, ἀληθῆ ἄρα ἦν, τὸ εἶναι τὸ ἀδικεῖν τοῦ ἀδικεῖσθαι ὅσῳπερ
c αἴσχιον τοσούτῳ κάκιον· καὶ τὸν μέλλοντα ὀρθῶς ῥητορικὸν ἔσεσθαι δίκαιον ἄρα δεῖ εἶναι καὶ ἐπιστήμονα τῶν δικαίων, ὃ αὖ Γοργίαν ἔφη Πῶλος δι' αἰσχύνην ὁμολογῆσαι.

Τούτων δὲ οὕτως ἐχόντων σκεψώμεθα τί ποτ' ἐστὶν ἃ σὺ ἐμοὶ ὀνειδίζεις, ἆρα καλῶς λέγεται ἢ οὔ, ὡς ἄρα ἐγὼ οὐχ οἷός τ' εἰμὶ βοηθῆσαι οὔτε ἐμαυτῷ οὔτε τῶν φίλων οὐδενὶ οὐδὲ τῶν οἰκείων, οὐδ' ἐκσῶσαι ἐκ τῶν μεγίστων κινδύνων, εἰμὶ δὲ ἐπὶ τῷ βουλομένῳ ὥσπερ οἱ ἄτιμοι τοῦ ἐθέλοντος,
d ἄντε τύπτειν βούληται, τὸ νεανικὸν δὴ τοῦτο τὸ τοῦ σοῦ

Na psicologia moral desenvolvida por Platão no *Górgias*, por sua vez, não apenas a justiça, mas também a temperança aparecem como condição de possibilidade da vida em comunidade, tendo em vista a relação necessária entre essas duas virtudes (ὅπως δικαιοσύνη παρέσται καὶ σωφροσύνη, 507d8-e1).

226. Sobre a função da "amizade" numa perspectiva cosmológica, ver Empédocles, DK 31 B26, em *Die Fragmente der Vorsokratiker*.

227. Segundo Dodds (op. cit., p. 339), "igualdade geométrica" significaria a igualdade das razões encontrada no que é chamado de progressão geométrica (por ex., na série 2-4-6-8 onde 2/4 = 4/8 = 8/16). Ela, por sua vez, contrastaria com a igualdade numérica e com a progressão geométrica, em que a razão obtida entre os termos menores das séries é maior do que a obtida entre os termos maiores (por ex., na série 2-4-6-8, 2/4 é maior do que 4/6, que é maior do que 6/8).

deuses e os homens, a amizade e o ordenamento, a temperança
e a justiça, constituem uma comunidade, e por essa razão, meu
caro, chamam a totalidade de *cosmos*, de ordem, e não de desordem ou de intemperança[226]. Tu, porém, não me pareces zelar por
eles, mesmo sendo sábio em assuntos do gênero, e esqueces que
a igualdade geométrica tem um poder magnífico entre deuses e
homens[227]. Mas a tua opinião é que se deve buscar possuir mais,
já que descuras da geometria. Assim seja! Devemos, então, ou
refutar este argumento, de que os homens felizes são felizes pela
aquisição da justiça e da temperança, e os infelizes, pela aquisição
do vício, ou, se for verdadeiro, examinar as suas consequências.
As consequências, Cálicles, são todas aquelas aludidas anteriormente, quando tu me perguntaste se eu falava com seriedade,
afirmando que se deve acusar a si próprio, ou a um filho ou companheiro, caso tenha cometido alguma injustiça, e que era esse
o uso devido da retórica[228]; era verdadeiro, portanto, o que, segundo teu juízo, Polo havia consentido por vergonha, que ser
injusto e cometer injustiça é tanto mais vergonhoso quanto pior
do que sofrê-la; e que, portanto, deve ser justo e conhecedor do
que é justo quem intenta ser um rétor correto, com o que Górgias, por sua vez, havia concordado por vergonha, segundo
Polo[229].

Se é isso o que sucede, investiguemos, então, em que consistem
as tuas censuras contra mim, se elas são corretas ou não: que eu
sou incapaz de socorrer a mim mesmo ou a qualquer outro amigo
ou parente, tampouco salvá-los dos perigos mais extremos; que
estou sujeito, ao modo dos homens desonrados, à vontade de qualquer um, caso ele queira "rachar a minha têmpora" – expressão
juvenil de teu discurso[230] – ou furtar meu dinheiro, ou banir-me

---

228. Cf. 480b-481b.
229. Cf. 461b.
230. Sócrates se refere à "expressão juvenil" (τὸ νεανικὸν, 508d1) empregada
anteriormente por Cálicles na sua invectiva contra o filósofo e a filosofia (484c-
-486d), respondendo na mesma moeda à acusação de Cálicles com relação à "insolência juvenil" (νεανιεύεσθαι, 482c4) de seu comportamento na discussão.

λόγου, ἐπὶ κόρρης, ἐάντε χρήματα ἀφαιρεῖσθαι, ἐάντε ἐκβάλλειν ἐκ τῆς πόλεως, ἐάντε, τὸ ἔσχατον, ἀποκτεῖναι· καὶ
οὕτω διακεῖσθαι πάντων δὴ αἴσχιστόν ἐστιν, ὡς ὁ σὸς λόγος,
ὁ δὲ δὴ ἐμὸς ὅστις, πολλάκις μὲν ἤδη εἴρηται, οὐδὲν δὲ
κωλύει καὶ ἔτι λέγεσθαι· Οὔ φημι, ὦ Καλλίκλεις, τὸ τύπτεσθαι ἐπὶ κόρρης ἀδίκως αἴσχιστον εἶναι, οὐδέ γε τὸ τέμ-
e νεσθαι οὔτε τὸ σῶμα τὸ ἐμὸν οὔτε τὸ βαλλάντιον, ἀλλὰ τὸ
τύπτειν καὶ ἐμὲ καὶ τὰ ἐμὰ ἀδίκως καὶ τέμνειν καὶ αἴσχιον
καὶ κάκιον, καὶ κλέπτειν γε ἅμα καὶ ἀνδραποδίζεσθαι καὶ
τοιχωρυχεῖν καὶ συλλήβδην ὁτιοῦν ἀδικεῖν καὶ ἐμὲ καὶ τὰ
ἐμὰ τῷ ἀδικοῦντι καὶ κάκιον καὶ αἴσχιον εἶναι ἢ ἐμοὶ τῷ
ἀδικουμένῳ. ταῦτα ἡμῖν ἄνω ἐκεῖ ἐν τοῖς πρόσθεν λόγοις
οὕτω φανέντα, ὡς ἐγὼ λέγω, κατέχεται καὶ δέδεται, καὶ
509 εἰ ἀγροικότερόν τι εἰπεῖν ἔστιν, σιδηροῖς καὶ ἀδαμαντίνοις
λόγοις, ὡς γοῦν ἂν δόξειεν οὑτωσί, οὓς σὺ εἰ μὴ λύσεις
ἢ σοῦ τις νεανικώτερος, οὐχ οἷόν τε ἄλλως λέγοντα ἢ ὡς
ἐγὼ νῦν λέγω καλῶς λέγειν· ἐπεὶ ἔμοιγε ὁ αὐτὸς λόγος
ἐστιν ἀεί, ὅτι ἐγὼ ταῦτα οὐκ οἶδα ὅπως ἔχει, ὅτι μέντοι
ὧν ἐγὼ ἐντετύχηκα, ὥσπερ νῦν, οὐδεὶς οἷός τ' ἐστὶν ἄλλως
λέγων μὴ οὐ καταγέλαστος εἶναι. ἐγὼ μὲν οὖν αὖ τίθημι
b ταῦτα οὕτως ἔχειν· εἰ δὲ οὕτως ἔχει καὶ μέγιστον τῶν κακῶν
ἐστιν ἡ ἀδικία τῷ ἀδικοῦντι καὶ ἔτι τούτου μεῖζον μεγίστου
ὄντος, εἰ οἷόν τε, τὸ ἀδικοῦντα μὴ διδόναι δίκην, τίνα ἂν
βοήθειαν μὴ δυνάμενος ἄνθρωπος βοηθεῖν ἑαυτῷ καταγέλαστος ἂν τῇ ἀληθείᾳ εἴη; ἆρα οὐ ταύτην, ἥτις ἀποτρέψει

231. Cf. 486a-c.
232. Pode parecer paradoxal o argumento de Sócrates, ao dizer que a tese de que é pior e mais vergonhoso cometer injustiça do que sofrê-la está "firme e atada por argumentos de ferro e diamante" (κατέχεται καὶ δέδεται σιδηροῖς καὶ ἀδαμαντίνως λόγοις, 509a1), e concomitantemente afirmar que ele não sabe "como essas coisas são" (ὅτι ἐγὼ ταῦτα οὐκ οἶδα ὅπως ἔχει, 509a5); ou seja, como Sócrates pode alegar ignorância sobre o assunto em questão, porém afirmar metaforicamente que seus argumentos são irrefutáveis? O fato de seus argumentos, quando postos à prova mediante interlocutores que possuem opiniões contrárias às suas (como no caso de Polo e Cálicles), mostrarem-se consistentes e imunes ao *elenchos*, enquanto os de seus interlocutores serem falíveis e contraditórios, permite a Sócrates afirmar que, ao menos enquanto eles forem irrefutáveis, é legítimo conferir-lhes valor de verdade; mas isso não implicaria *conhecimento*, pois ainda há a possibilidade de que algum interlocutor, mais qualificado →

da cidade, ou, na situação limite, matar-me; e que essa é a mais vergonhosa condição, segundo o teu argumento[231]. Contudo, o meu argumento, que já foi dito inúmeras vezes, embora nada o impeça de ser repetido, é este: eu afirmo, Cálicles, que o mais vergonhoso não é ter a têmpora rachada injustamente, ou ter a minha bolsa ou o meu corpo lacerados, mas é pior e mais vergonhoso rachar a minha têmpora e lacerar as minhas propriedades injustamente, ou roubar-me, escravizar-me, violar a minha casa; em suma, qualquer que seja a injustiça cometida contra mim ou contra minhas propriedades, é pior e mais vergonhoso para quem comete injustiça do que para mim que a sofro. Eis o que na discussão precedente ficou manifesto, e afirmo que isso está firme e atado – se não for uma expressão muito rude – por argumentos de ferro e diamante, ao menos como haveria de parecer na atual conjuntura. Assim, se tu não o desatares, ou qualquer outra pessoa ainda mais jovem e audaz do que tu, será impossível que alguém, afirmando coisas diferentes das que eu afirmo agora, fale corretamente. Pois o meu argumento é sempre o mesmo, que eu não sei como essas coisas são, mas que, das pessoas que tenho encontrado, como na ocasião presente, nenhuma é capaz de afirmar coisas diferentes sem ser extremamente ridícula[232]. Eu, portanto, coloco mais uma vez as coisas nestes termos, e se as coisas forem assim e a injustiça for o mal supremo para quem a comete, ou se houver a possibilidade de um mal ainda maior do que esse mal supremo, ou seja, não pagar a justa pena uma vez cometida a injustiça, que tipo de socorro seria esse que tornaria o homem verdadeiramente ridículo, quando incapaz de socorrer a si mesmo? Porventura não

→ do que Polo e Cálicles, possa colocá-los em xeque mediante o *elenchos* corretamente conduzido. Esse "otimismo" de Sócrates com relação à veracidade de suas convicções morais se justifica pelo que ele próprio disse no início do 3º "Ato": Cálicles possui os três atributos fundamentais, enquanto interlocutor, para verificar de modo suficiente as opiniões de sua alma ("conhecimento, benevolência e franqueza", ἐπιστήμην τε καὶ εὔνοιαν καὶ παρρησίαν, 487a2-3); se Sócrates conseguir fazer com que Cálicles, de um modo ou de outro, concorde com as suas opiniões, "bastará para elas próprias serem verdadeiras" (ταῦτ' ἤδη ἐστὶν αὐτὰ τἀληθῆ, 486e6), pois, visto que Cálicles defende opiniões contrárias, ele se configura então como aquela "pedra de toque" (βασάνου, 486d7) por meio da qual se pode distinguir o verdadeiro do falso.

τὴν μεγίστην ἡμῶν βλάβην; ἀλλὰ πολλὴ ἀνάγκη ταύτην
εἶναι τὴν αἰσχίστην βοήθειαν μὴ δύνασθαι βοηθεῖν μήτε
αὑτῷ μήτε τοῖς αὑτοῦ φίλοις τε καὶ οἰκείοις, δευτέραν δὲ

c τὴν τοῦ δευτέρου κακοῦ καὶ τρίτην τὴν τοῦ τρίτου καὶ τἆλλα
οὕτως· ὡς ἑκάστου κακοῦ μέγεθος πέφυκεν, οὕτω καὶ κάλλος
τοῦ δυνατὸν εἶναι ἐφ' ἕκαστα βοηθεῖν καὶ αἰσχύνη τοῦ μή.
ἆρα ἄλλως ἢ οὕτως ἔχει, ὦ Καλλίκλεις;

ΚΑΛ. Οὐκ ἄλλως.

ΣΩ. Δυοῖν οὖν ὄντοιν, τοῦ ἀδικεῖν τε καὶ ἀδικεῖσθαι,
μεῖζον μέν φαμεν κακὸν τὸ ἀδικεῖν, ἔλαττον δὲ τὸ ἀδικεῖσθαι.
τί οὖν ἂν παρασκευασάμενος ἄνθρωπος βοηθήσειεν αὑτῷ,

d ὥστε ἀμφοτέρας τὰς ὠφελίας ταύτας ἔχειν, τήν τε ἀπὸ τοῦ
μὴ ἀδικεῖν καὶ τὴν ἀπὸ τοῦ μὴ ἀδικεῖσθαι; πότερα δύναμιν
ἢ βούλησιν; ὧδε δὲ λέγω· πότερον ἐὰν μὴ βούληται ἀδικεῖσθαι, οὐκ ἀδικήσεται, ἢ ἐὰν δύναμιν παρασκευάσηται τοῦ
μὴ ἀδικεῖσθαι, οὐκ ἀδικήσεται;

ΚΑΛ. Δῆλον δὴ τοῦτό γε, ὅτι ἐὰν δύναμιν.

ΣΩ. Τί δὲ δὴ τοῦ ἀδικεῖν; πότερον ἐὰν μὴ βούληται
ἀδικεῖν, ἱκανὸν τοῦτ' ἐστίν—οὐ γὰρ ἀδικήσει—ἢ καὶ ἐπὶ

e τοῦτο δεῖ δύναμίν τινα καὶ τέχνην παρασκευάσασθαι, ὡς,
ἐὰν μὴ μάθῃ αὐτὰ καὶ ἀσκήσῃ, ἀδικήσει; τί οὐκ αὐτό γέ
μοι τοῦτο ἀπεκρίνω, ὦ Καλλίκλεις, πότερόν σοι δοκοῦμεν
ὀρθῶς ἀναγκασθῆναι ὁμολογεῖν ἐν τοῖς ἔμπροσθεν λόγοις
ἐγώ τε καὶ Πῶλος ἢ οὔ, ἡνίκα ὡμολογήσαμεν μηδένα
βουλόμενον ἀδικεῖν, ἀλλ' ἄκοντας τοὺς ἀδικοῦντας πάντας
ἀδικεῖν;

510 ΚΑΛ. Ἔστω σοι τοῦτο, ὦ Σώκρατες, οὕτως, ἵνα δια-
περάνῃς τὸν λόγον.

---

233. Sócrates retoma aqui a discussão sobre o querer [boulēsis] (βούλησιν, 509d3), analisada anteriormente com Polo a partir da distinção entre "fazer o que quer" (ποιεῖν ὧν βούλονται) e "fazer o que parece" (ποιεῖν ὅτι ἂν αὐτοῖς δόξῃ, 466b-469e).

234. Na medida em que a injustiça é o mal da alma (portanto, quem é prejudicado é o agente, e não quem sofre a ação injusta) e ninguém pode *querer* o mal, quem comete injustiça a comete involuntariamente, por ignorância. A mesma tese é defendida pela personagem Sócrates no diálogo *Protágoras*: →

seria aquele socorro que nos afasta do maior malefício? Porém é absolutamente necessário que o socorro mais vergonhoso seja ser incapaz de socorrer a si mesmo ou a seus amigos e parentes, e o segundo mais vergonhoso, o relativo ao segundo mal, e o terceiro, o relativo ao terceiro mal, e assim por diante. Como cada mal possui por natureza uma magnitude, a beleza de ser capaz de se socorrer contra cada um deles lhe é proporcional, bem como a vergonha de não sê-lo. Porventura é algo diferente disso o que sucede, Cálicles?

CAL: É o que sucede.

SOC: Então, se cometer injustiça e sofrer injustiça são duas coisas, afirmamos que cometê-la é um mal maior, ao passo que sofrê-la, um mal menor. Assim, dispondo de que coisa o homem socorreria a si mesmo de modo a obter ambos os benefícios, o de não cometer injustiça e o de não sofrê-la? Do poder ou do querer?[233] Digo o seguinte: ele não sofrerá injustiça se não quiser sofrê-la, ou se dispuser do poder de não sofrê-la?

CAL: Evidentemente, no caso de dispor desse poder.

SOC: E quanto a cometer injustiça? Se ele não quiser cometê-la, isso será suficiente – pois não a cometerá – ou, igualmente nesse caso, ele deve dispor de certo poder e arte, pois, a menos que os tenha aprendido e exercitado, cometerá injustiça? Por que não me respondeste, Cálicles, quando indagado se eu e Polo, segundo tua opinião, fomos constrangidos na discussão anterior a consentir de forma correta ou incorreta, ao concordarmos que ninguém quer cometer injustiça, mas que todos os que cometem injustiça a cometem involuntariamente?[234]

CAL: Que assim seja, Sócrates, a fim de que concluas o argumento!

→ SOC: Pois pelo menos eu julgo que qualquer um dentre os sábios considera que nenhum homem erra voluntariamente, nem realiza coisas vergonhosas e más voluntariamente, mas reconhece bem que todos aqueles que fazem coisas vergonhosas e más fazem-nas involuntariamente. (345d9-e4)

ἐγὼ γὰρ σχεδόν τι οἶμαι τοῦτο, ὅτι οὐδεὶς τῶν σοφῶν ἀνδρῶν ἡγεῖται οὐδένα ἀνθρώπων ἑκόντα ἐξαμαρτάνειν οὐδὲ αἰσχρά τε καὶ κακὰ ἑκόντα ἐργάζεσθαι, ἀλλ' εὖ ἴσασιν ὅτι πάντες οἱ τὰ αἰσχρὰ καὶ τὰ κακὰ ποιοῦντες ἄκοντες ποιοῦσιν·[…].

ΣΩ. Καὶ ἐπὶ τοῦτο ἄρα, ὡς ἔοικεν, παρασκευαστέον ἐστὶ δύναμίν τινα καὶ τέχνην, ὅπως μὴ ἀδικήσωμεν.

ΚΑΛ. Πάνυ γε.

ΣΩ. Τίς οὖν ποτ' ἐστὶν τέχνη τῆς παρασκευῆς τοῦ μηδὲν ἀδικεῖσθαι ἢ ὡς ὀλίγιστα; σκέψαι εἰ σοὶ δοκεῖ ἥπερ ἐμοί. ἐμοὶ μὲν γὰρ δοκεῖ ἥδε· ἢ αὐτὸν ἄρχειν δεῖν ἐν τῇ πόλει ἢ καὶ τυραννεῖν, ἢ τῆς ὑπαρχούσης πολιτείας ἑταῖρον εἶναι.

ΚΑΛ. Ὁρᾷς, ὦ Σώκρατες, ὡς ἐγὼ ἕτοιμός εἰμι ἐπαινεῖν, b ἄν τι καλῶς λέγῃς; τοῦτό μοι δοκεῖς πάνυ καλῶς εἰρηκέναι.

ΣΩ. Σκόπει δὴ καὶ τόδε ἐάν σοι δοκῶ εὖ λέγειν. φίλος μοι δοκεῖ ἕκαστος ἑκάστῳ εἶναι ὡς οἷόν τε μάλιστα, ὅνπερ οἱ παλαιοί τε καὶ σοφοὶ λέγουσιν, ὁ ὅμοιος τῷ ὁμοίῳ. οὐ καὶ σοί;

ΚΑΛ. Ἔμοιγε.

ΣΩ. Οὐκοῦν ὅπου τύραννός ἐστιν ἄρχων ἄγριος καὶ ἀπαίδευτος, εἴ τις τούτου ἐν τῇ πόλει πολὺ βελτίων εἴη, φοβοῖτο δήπου ἂν αὐτὸν ὁ τύραννος καὶ τούτῳ ἐξ ἅπαντος c τοῦ νοῦ οὐκ ἄν ποτε δύναιτο φίλος γενέσθαι;

ΚΑΛ. Ἔστι ταῦτα.

---

235. O querer [*boulēsis*] (βούλησιν, 509d3) não é condição suficiente para o agente agir de forma justa; são necessários também certo "poder" [*dunamis*] (δύναμίν, 510a4) e "arte" [*tekhnē*] (τέχνην, 510a4). Segundo Dodds (op. cit., p. 343), "poder" não consiste aqui em certo poder material, mas na capacidade de compreender nosso verdadeiro interesse, ao passo que "arte", como o próprio Platão salientou anteriormente (500a4-6; 503c7-d2), consiste no conhecimento que nos permite distinguir os prazeres e apetites bons dos maus.

236. O provérbio se encontra em Homero ("deus aproxima sempre o semelhante do semelhante", ὡς αἰεὶ τὸν ὁμοῖον ἄγει θεὸς ὡς τὸν ὁμοῖον, *Odisseia*, 17.218). No diálogo *Lísis*, Platão se refere também àqueles que escreveram "sobre a natureza" (περί φύσεως, 214b5) como sábios que compartilham da mesma máxima moral:

"Então, já não deparaste também com sábios cujos escritos afirmam a mesma coisa, que é necessário que o semelhante seja sempre amigo de seu semelhante? São eles decerto aqueles que os escrevem e conversam sobre a natureza e o todo". →

sóc: Portanto, também nessa circunstância, como é plausível, devemos dispor de certo poder e arte para que não cometamos injustiça?[235]

cal: Absolutamente.

sóc: Que arte é essa, então, que nos dispõe para não sofrermos qualquer injustiça ou o mínimo possível? Examina se tua opinião se conforma à minha, pois parece-me que seja esta: a própria pessoa deve dominar a cidade, até mesmo exercer a tirania, ou ser partidária da constituição política vigente.

cal: Vês, Sócrates, como estou pronto para tecer-te elogios, quando dizes algo correto? O que acabaste de dizer parece-me absolutamente correto.

sóc: Examina, então, se te parece ser correta também esta minha afirmação! Creio que cada um é amigo ao máximo de outrem, como dizem os antigos sábios[236], quando um é semelhante ao outro. És da mesma opinião?

cal: Sim.

sóc: Assim, se houvesse, na cidade onde um tirano selvagem e ignorante domina, alguém muito melhor do que ele, esse tirano o temeria deveras e seria incapaz de um dia tornar-se seu amigo com todo o seu ânimo, não é?

cal: É isso.

→ "Dizes a verdade," respondeu. (214b2-6)

– Οὐκοῦν καὶ τοῖς τῶν σοφωτάτων συγγράμμασιν ἐντετύχηκας ταῦτα αὐτὰ λέγουσιν, ὅτι τὸ ὅμοιον τῷ ὁμοίῳ ἀνάγκη ἀεὶ φίλον εἶναι; εἰσὶν δέ που οὗτοι οἱ περὶ φύσεώς τε καὶ τοῦ ὅλου διαλεγόμενοι καὶ γράφοντες. – 'Ἀληθῆ, ἔφη, λέγεις.

Provavelmente Platão se refira, nessa passagem do *Lísis*, a pensadores como Empédocles, em cuja doutrina cosmológica a "Amizade" [*Philotēs*] (Φιλότης) e a "Discórdia" [*Neikos*] (Νεῖκος) são princípios empregados para explicar o processo de criação do uno a partir da multiplicidade, e da multiplicidade a partir do uno, respectivamente (ver Empédocles, frs. DK 31 B17 e 26). Neste fragmento (DK 31 B90), por sua vez, pode-se observar ecos dessa máxima referida aqui no *Górgias*:

O doce do doce se apoderava, o amargo sobre o amargo se precipitou,
O ácido ao ácido se dirigiu, e o ardente montava sobre o ardente.
ὣς γλυκὺ μὲν γλυκὺ μάρπτε, πικρὸν δ' ἐπὶ πικρὸν ὄρουσεν,
ὀξὺ δ' ἐπ' ὀξὺ ἔβη, δαερὸν δ' ἐποχεῖτο δαηρῶι.

ΣΩ. Οὐδέ γε εἴ τις πολὺ φαυλότερος εἴη, οὐδ' ἂν οὗτος· καταφρονοῖ γὰρ ἂν αὐτοῦ ὁ τύραννος καὶ οὐκ ἄν ποτε ὡς πρὸς φίλον σπουδάσειεν.

ΚΑΛ. Καὶ ταῦτ' ἀληθῆ.

ΣΩ. Λείπεται δὴ ἐκεῖνος μόνος ἄξιος λόγου φίλος τῷ τοιούτῳ, ὃς ἂν ὁμοήθης ὤν, ταὐτὰ ψέγων καὶ ἐπαινῶν, ἐθέλῃ ἄρχεσθαι καὶ ὑποκεῖσθαι τῷ ἄρχοντι. οὗτος μέγα d ἐν ταύτῃ τῇ πόλει δυνήσεται, τοῦτον οὐδεὶς χαίρων ἀδικήσει. οὐχ οὕτως ἔχει;

237. Na tragédia *Íon* de Eurípides, encontramos uma posição diversa sobre a amizade entre o tirano e pessoas de condição inferior:
Seria feliz, seria afortunado,
Quem passasse a vida com medo e de olho
Na violência? Eu preferiria viver como um
cidadão comum e afortunado a ser um tirano,
O qual se compraz com ter os vis como amigos,
e odeia os nobres por temor de ser morto.
(vv. 623-628)
[...] τίς γὰρ μακάριος, τίς εὐτυχής,
ὅστις δεδοικὼς καὶ περιβλέπων βίαν
αἰῶνα τείνει; δημότης ἂν εὐτυχὴς
ζῆν ἂν θέλοιμι μᾶλλον ἢ τύραννος ὤν,
ὧι τοὺς πονηροὺς ἡδονὴ φίλους ἔχειν,
ἐσθλοὺς δὲ μισεῖ κατθανεῖν φοβούμενος.
238. Ver Aristóteles, *Ética Nicomaqueia*, 1157a10-12, 1169a9-15.
239. Como observa T. Irwin (op. cit., p. 230), essa passagem parece inconsistente com o que foi dito anteriormente sobre o homem intemperante (507e), incapaz de estabelecer relações de "amizade" [*philia*] (φιλία) e, por conseguinte, de viver em comunidade (cf. supra nota 225). O argumento, a princípio, levaria a uma conclusão paradoxal:
i. Para ser amigo de um tirano, e o tirano ser seu amigo, é preciso ser como o tirano (ὁμοήθης, 510c8);
ii. o tirano é intemperante;
iii. portanto, para ser amigo de um tirano é preciso ser intemperante;
iv. todos os homens intemperantes são incapazes de ter amigos (507e);
v. portanto, para ser amigo de um tirano é preciso ser incapaz de ter amigos.
A despeito de tal inconsistência (inadvertida por Sócrates nesse trecho do *Górgias*), parece ser um tópico do pensamento político grego considerar o tirano como um tipo de homem incapaz de estebelecer relações de amizade com outros homens, tendo em vista as condições em que se funda seu poder. Nas passagens que seguem abaixo de autores e gêneros diferentes, pode-se observar elementos de caracterização comuns da figura do tirano:
i. Eurípides, fr. 605:
Eis o que há de mais extremo e assombroso entre os homens: →

sóc: Tampouco se houvesse alguém mais desprezível, pois o tirano o menosprezaria e jamais o trataria seriamente como se fosse um amigo[237].

cal: Isso também é verdadeiro.

sóc: Só resta, então, a única pessoa, digna de menção, que seria amiga de um homem de tal tipo, aquela que tem caráter semelhante[238] e louva e vitupera as mesmas coisas, e que deseja ser dominada e se submeter a quem domina. Essa pessoa terá magnífico poder em uma cidade como essa, e ninguém se deleitará cometendo injustiça contra ela[239]. Não é isso o que acontece?

> → A tirania; não encontrarias outra coisa mais infeliz.
> É preciso arruinar e matar os amigos,
> acometido pelo medo ingente de que façam algo.
> τὸ δ' ἔσχατον δὴ τοῦτο θαυμαστὸν βροτοῖς
> τυραννίς, οὐχ εὕροις ἂν ἀθλιώτερον.
> φίλους τε πορθεῖν καὶ κατακτανεῖν χρεών,
> πλεῖστος φόβος πρόσεστι μὴ δράσωσί τι.
>
> ii. Xenofonte, *Hieron*, 3.8-9:
>
> Pois bem, se quiseres observar isso, descobrirás que os homens comuns são muito amados por essas pessoas [i.e., parentes, filhos, esposas, amigos], ao passo que, dentre os inúmeros tiranos, muitos assassinaram os próprios filhos, muitos outros pelos filhos foram mortos; outros ainda, tendo os irmãos como partícipes da tirania, acabaram matando uns aos outros; e muitos outros foram arruinados pelas suas próprias mulheres ou pelos seus companheiros, os quais pareciam ser amigos acima de tudo.
>
> εἰ τοίνυν ἐθέλεις κατανοεῖν, εὑρήσεις τοὺς μὲν ἰδιώτας ὑπὸ τούτων μάλιστα φιλουμένους, τοὺς δὲ τυράννους πολλοὺς μὲν παῖδας ἑαυτῶν ἀπεκτονότας, πολλοὺς δ' ὑπὸ παίδων αὐτοὺς ἀπολωλότας, πολλοὺς δὲ ἀδελφοὺς ἐν τυραννίσιν ἀλληλοφόνους γεγενημένους, πολλοὺς δὲ καὶ ὑπὸ γυναικῶν τῶν ἑαυτῶν τυράννους διεφθαρμένους καὶ ὑπὸ ἑταίρων γε τῶν μάλιστα δοκούντων φίλων εἶναι.
>
> iii. Isócrates, *A Nicocles,* 4:
>
> Aos tiranos não sucede tal coisa, mas são eles, mais do que os outros, que devem ser educados; quando se estabelecem no poder, passam a viver sem serem admoestados. A maioria dos homens não se aproxima deles, enquanto os que com eles convivem se lhes associam em vista de obter algum favor. De fato, apesar de adquirirem autoridade sobre grande soma de dinheiro e sobre inúmeros bens, fazem com que muitas pessoas, pelo fato de eles não usarem bem tais recursos, disputem se é digno preferir a vida de um homem comum, mas cujas ações são moderadas, à vida de um tirano.
>
> Τοῖς δὲ τυράννοις οὐδὲν ὑπάρχει τοιοῦτον, ἀλλ' οὓς ἔδει παιδεύεσθαι μᾶλλον τῶν ἄλλων, ἐπειδὰν εἰς τὴν ἀρχὴν καταστῶσιν, ἀνουθέτητοι διατελοῦσιν· οἱ μὲν γὰρ πλεῖστοι τῶν ἀνθρώπων αὐτοῖς οὐ πλησιάζουσιν, οἱ δὲ συνόντες πρὸς χάριν ὁμιλοῦσιν. Καὶ γάρ τοι κύριοι γιγνόμενοι καὶ χρημάτων πλείστων καὶ πραγμάτων μεγίστων, διὰ τὸ μὴ καλῶς χρῆσθαι ταύταις ταῖς ἀφορμαῖς πεποιήκασιν ὥστε πολλοὺς ἀμφισβητεῖν πότερόν ἐστιν ἄξιον ἑλέσθαι τὸν βίον τὸν τῶν ἰδιωτευόντων μὲν, ἐπιεικῶς δὲ πραττόντων, ἢ τὸν τῶν τυραννευόντων.

ΚΑΛ. Ναί.

ΣΩ. Εἰ ἄρα τις ἐννοήσειεν ἐν ταύτῃ τῇ πόλει τῶν νέων, "Τίνα ἂν τρόπον ἐγὼ μέγα δυναίμην καὶ μηδείς με ἀδικοῖ;" αὕτη, ὡς ἔοικεν, αὐτῷ ὁδός ἐστιν, εὐθὺς ἐκ νέου ἐθίζειν αὑτὸν τοῖς αὐτοῖς χαίρειν καὶ ἄχθεσθαι τῷ δεσπότῃ, καὶ παρασκευάζειν ὅπως ὅτι μάλιστα ὅμοιος ἔσται ἐκείνῳ. οὐχ οὕτως;

ΚΑΛ. Ναί.

ΣΩ. Οὐκοῦν τούτῳ τὸ μὲν μὴ ἀδικεῖσθαι καὶ μέγα δύνασθαι, ὡς ὁ ὑμέτερος λόγος, ἐν τῇ πόλει διαπεπράξεται.

ΚΑΛ. Πάνυ γε.

ΣΩ. Ἆρ' οὖν καὶ τὸ μὴ ἀδικεῖν; ἢ πολλοῦ δεῖ, εἴπερ ὅμοιος ἔσται τῷ ἄρχοντι ὄντι ἀδίκῳ καὶ παρὰ τούτῳ μέγα δυνήσεται; ἀλλ' οἶμαι ἔγωγε, πᾶν τοὐναντίον οὑτωσὶ ἡ παρασκευὴ ἔσται αὐτῷ ἐπὶ τὸ οἵῳ τε εἶναι ὡς πλεῖστα ἀδικεῖν καὶ ἀδικοῦντα μὴ διδόναι δίκην. ἦ γάρ;

ΚΑΛ. Φαίνεται.

ΣΩ. Οὐκοῦν τὸ μέγιστον αὐτῷ κακὸν ὑπάρξει μοχθηρῷ ὄντι τὴν ψυχὴν καὶ λελωβημένῳ διὰ τὴν μίμησιν τοῦ δεσπότου καὶ δύναμιν.

ΚΑΛ. Οὐκ οἶδ' ὅπῃ στρέφεις ἑκάστοτε τοὺς λόγους ἄνω καὶ κάτω, ὦ Σώκρατες· ἢ οὐκ οἶσθα ὅτι οὗτος ὁ μιμούμενος τὸν μὴ μιμούμενον ἐκεῖνον ἀποκτενεῖ, ἐὰν βούληται, καὶ ἀφαιρήσεται τὰ ὄντα.

ΣΩ. Οἶδα, ὠγαθὲ Καλλίκλεις, εἰ μὴ κωφός γ' εἰμί, καὶ σοῦ ἀκούων καὶ Πώλου ἄρτι πολλάκις καὶ τῶν ἄλλων ὀλίγου πάντων τῶν ἐν τῇ πόλει· ἀλλὰ καὶ σὺ ἐμοῦ ἄκουε, ὅτι ἀποκτενεῖ μέν, ἂν βούληται, ἀλλὰ πονηρὸς ὢν καλὸν κἀγαθὸν ὄντα.

iv. Aristóteles, *Política*, 1313b28-31:

O tirano é belicoso, a fim de que as pessoas matenham-se ocupadas e continuem precisando de um comandante. E a realeza é sustentada pelos amigos, ao passo que é próprio do tirano desconfiar ao máximo dos amigos, pois, embora todos queiram destitui-lo do poder, é sobretudo a eles que isso é possível.

ἔστι δὲ καὶ πολεμοποιὸς ὁ τύραννος, ὅπως δὴ ἄσχολοί τε ὦσι καὶ ἡγεμόνος ἐν χρείᾳ διατελῶσιν ὄντες. καὶ ἡ μὲν βασιλεία σῴζεται διὰ τῶν φίλων, →

CAL: Sim.

SOC: Portanto, se algum jovem dessa cidade pensasse "de que modo eu poderia ter magnífico poder e não sofrer injustiça de ninguém?", o seu caminho seria, como é plausível, desde muito jovem, habituar-se aos mesmos deleites e às mesmas aflições de seu déspota, e dispor-se para se lhe assemelhar ao máximo. Não é assim?

CAL: É.

SOC: Portanto, essa pessoa conseguirá, segundo o vosso argumento[240], não sofrer injustiça e ter magnífico poder na cidade.

CAL: Certamente.

SOC: E quanto a não cometer injustiça, porventura sucede o mesmo? Ou muito longe disso, visto que ele será semelhantemente injusto a quem o domina e terá magnífico poder ao lado dele? Mas eu creio que sucederá tudo ao contrário, que ele se disporá para ser capaz de cometer o máximo de injustiça e, quando cometida, não pagar a justa pena. Não é?

CAL: É claro.

SOC: Ele será, então, acometido pelo mal supremo, debilitando e mutilando sua alma pela imitação do déspota e pelo seu poder.

CAL: Não sei como a todo momento consegues arrastar os argumentos de um lado para outro, Sócrates; ou não sabes que o imitador do tirano matará quem não o imite e furtará suas propriedades, se ele quiser?

SOC: Eu sei, bom Cálicles, a menos que eu seja surdo; pois já ouvi isso repetidamente tanto de ti quanto de Polo momentos atrás, e de quase todos os demais habitantes dessa cidade[241]. Mas ouve também tu o que digo: se quiser, ele, um homem vicioso, matará um homem belo e bom.

→ τυραννικὸν δὲ τὸ μάλιστ᾽ ἀπιστεῖν τοῖς φίλοις, ὡς βουλομένων μὲν πάντων, δυναμένων δὲ μάλιστα τούτων.

240. Cf. 466d.

241. Sócrates considera que a admiração pela vida do tirano, expressa por Polo e Cálicles, é comum à maioria dos atenienses, ressaltando, assim, um problema que, segundo a teoria política de Platão, é inerente à própria constituição democrática: a gênese da tirania. Para uma discussão pormenorizada sobre o problema, ver o Livro VIII da *República*. Sobre a relação entre tirania e democracia no *Górgias*, cf. supra nota 120.

ΚΑΛ. Οὐκοῦν τοῦτο δὴ καὶ τὸ ἀγανακτητόν;

ΣΩ. Οὐ νοῦν γε ἔχοντι, ὡς ὁ λόγος σημαίνει. ἢ οἴει δεῖν τοῦτο παρασκευάζεσθαι ἄνθρωπον, ὡς πλεῖστον χρόνον ζῆν, καὶ μελετᾶν τὰς τέχνας ταύτας αἳ ἡμᾶς ἀεὶ ἐκ τῶν κινδύνων σῴζουσιν, ὥσπερ καὶ ἣν σὺ κελεύεις ἐμὲ μελετᾶν τὴν ῥητορικὴν τὴν ἐν τοῖς δικαστηρίοις διασῴζουσαν;

ΚΑΛ. Ναὶ μὰ Δία ὀρθῶς γέ σοι συμβουλεύων.

ΣΩ. Τί δέ, ὦ βέλτιστε; ἦ καὶ ἡ τοῦ νεῖν ἐπιστήμη σεμνή τίς σοι δοκεῖ εἶναι;

ΚΑΛ. Μὰ Δί' οὐκ ἔμοιγε.

ΣΩ. Καὶ μὴν σῴζει γε καὶ αὕτη ἐκ θανάτου τοὺς ἀνθρώπους, ὅταν εἴς τι τοιοῦτον ἐμπέσωσιν οὗ δεῖ ταύτης τῆς ἐπιστήμης. εἰ δ' αὕτη σοι δοκεῖ σμικρὰ εἶναι, ἐγώ σοι μείζω ταύτης ἐρῶ, τὴν κυβερνητικήν, ἣ οὐ μόνον τὰς ψυχὰς σῴζει ἀλλὰ καὶ τὰ σώματα καὶ τὰ χρήματα ἐκ τῶν ἐσχάτων κινδύνων, ὥσπερ ἡ ῥητορική. καὶ αὕτη μὲν προσεσταλμένη ἐστὶν καὶ κοσμία, καὶ οὐ σεμνύνεται ἐσχηματισμένη ὡς ὑπερήφανόν τι διαπραττομένη, ἀλλὰ ταὐτὰ διαπραξαμένη τῇ δικανικῇ, ἐὰν μὲν ἐξ Αἰγίνης δεῦρο σώσῃ, οἶμαι δύ' ὀβολοὺς ἐπράξατο, ἐὰν δὲ ἐξ Αἰγύπτου ἢ ἐκ τοῦ Πόντου, ἐὰν πάμπολυ, ταύτης τῆς μεγάλης εὐεργεσίας, σώσασα ἃ νυνδὴ ἔλεγον, καὶ αὐτὸν καὶ παῖδας καὶ χρήματα καὶ γυναῖκας, ἀποβιβάσασ' εἰς τὸν λιμένα δύο δραχμὰς ἐπράξατο, καὶ αὐτὸς ὁ ἔχων τὴν τέχνην καὶ ταῦτα διαπραξάμενος ἐκβὰς παρὰ τὴν θάλατταν καὶ τὴν ναῦν περιπατεῖ ἐν μετρίῳ σχήματι· λογίζεσθαι γὰρ οἶμαι ἐπίσταται ὅτι ἄδηλόν ἐστιν οὕστινάς τε ὠφέληκεν τῶν συμπλεόντων οὐκ ἐάσας καταποντωθῆναι καὶ οὕστινας ἔβλαψεν, εἰδὼς ὅτι οὐδὲν αὐτοὺς βελτίους ἐξεβίβασεν ἢ οἷοι ἐνέβησαν, οὔτε τὰ σώματα οὔτε τὰς ψυχάς. λογίζεται οὖν ὅτι οὐκ, εἰ μέν τις μεγάλοις καὶ ἀνιάτοις νοσήμασιν κατὰ τὸ σῶμα συνεχόμενος μὴ ἀπεπνίγη, οὗτος μὲν ἄθλιός ἐστιν ὅτι οὐκ ἀπέ-

CAL: E isso não é motivo de fúria?

SOC: Não para quem é inteligente, como indica o argumento. Ou julgas que o homem deve se dispor para o quanto mais viver, e praticar aquelas artes que sempre nos salvam dos perigos, tal como a retórica nos salva nos tribunais, a qual me ordenas praticar?[242]

CAL: Sim, por Zeus, e te aconselho corretamente.

SOC: E então, excelente homem? Acaso o conhecimento da natação te parece ser um conhecimento solene?

CAL: Não, por Zeus, não a mim.

SOC: Não obstante, também ele salva os homens da morte, quando se defrontam com situações que exigem esse conhecimento. Mas se ele te parece ínfimo, vou te mencionar outro conhecimento de maior mérito, a arte da navegação, que salva dos perigos mais extremos não só as almas, como também os corpos e os bens, semelhante à retórica[243]. Esse conhecimento é modesto e ordenado e não é solene porque realiza algo esplêndido; fazendo as mesmas coisas que a jurisprudência, ele cobraria dois óbolos, julgo eu, se nos trouxesse salvos de Egina para cá; se nos trouxesse salvos do Egito ou de Ponto, a cobrança seria, depois de atracar ao porto, de no máximo duas dracmas em troca desta grande benfeitoria: trazer a salvo o que há pouco mencionava, ou seja, a si mesmo, as crianças, os bens e as mulheres. Esse homem, detentor dessa arte e realizador dessas coisas, após o desembarque, caminha à margem do mar e de sua nau com aspecto moderado. Pois ele sabe ponderar, julgo eu, que não são evidentes quais tripulantes ele beneficiou e quais ele prejudicou evitando que naufragassem, ciente de que, quando os embarcou, não eram em nada melhores do que quando os desembarcou, quer em relação ao corpo, quer em relação à alma. Ele pondera, então, que se algum tripulante, cujo corpo é acometido por doenças crônicas e incuráveis, não se afogar, ele será infeliz porque não morreu, não obtendo qualquer benefício

---

242. Cf. 484c-d.
243. Ver Platão, *Epínomis*, 975e-976b.

θανεν, καὶ οὐδὲν ὑπ' αὐτοῦ ὠφέληται· εἰ δέ τις ἄρα ἐν τῷ τοῦ σώματος τιμιωτέρῳ, τῇ ψυχῇ, πολλὰ νοσήματα ἔχει καὶ ἀνίατα, τούτῳ δὲ βιωτέον ἐστὶν καὶ τοῦτον ὀνήσει, ἄντε ἐκ θαλάττης ἄντε ἐκ δικαστηρίου ἐάντε ἄλλοθεν ὁπο-
b θενοῦν σώσῃ, ἀλλ' οἶδεν ὅτι οὐκ ἄμεινόν ἐστιν ζῆν τῷ μοχθηρῷ ἀνθρώπῳ· κακῶς γὰρ ἀνάγκη ἐστὶν ζῆν.

Διὰ ταῦτα οὐ νόμος ἐστὶ σεμνύνεσθαι τὸν κυβερνήτην, καίπερ σῴζοντα ἡμᾶς, οὐδέ γε, ὦ θαυμάσιε, τὸν μηχανοποιόν, ὃς οὔτε στρατηγοῦ, μὴ ὅτι κυβερνήτου, οὔτε ἄλλου οὐδενὸς ἐλάττω ἐνίοτε δύναται σῴζειν· πόλεις γὰρ ἔστιν ὅτε ὅλας σῴζει. μή σοι δοκεῖ κατὰ τὸν δικανικὸν εἶναι; καίτοι εἰ βούλοιτο λέγειν, ὦ Καλλίκλεις, ἅπερ ὑμεῖς, σεμ-
c νύνων τὸ πρᾶγμα, καταχώσειεν ἂν ὑμᾶς τοῖς λόγοις, λέγων καὶ παρακαλῶν ἐπὶ τὸ δεῖν γίγνεσθαι μηχανοποιούς, ὡς οὐδὲν τἆλλά ἐστιν· ἱκανὸς γὰρ αὐτῷ ὁ λόγος. ἀλλὰ σὺ οὐδὲν ἧττον αὐτοῦ καταφρονεῖς καὶ τῆς τέχνης τῆς ἐκείνου, καὶ ὡς ἐν ὀνείδει ἀποκαλέσαις ἂν μηχανοποιόν, καὶ τῷ ὑεῖ αὐτοῦ οὔτ' ἂν δοῦναι θυγατέρα ἐθέλοις, οὔτ' ἂν αὐτὸς λαβεῖν τὴν ἐκείνου. καίτοι ἐξ ὧν τὰ σαυτοῦ ἐπαινεῖς, τίνι δικαίῳ λόγῳ τοῦ μηχανοποιοῦ καταφρονεῖς καὶ
d τῶν ἄλλων ὧν νυνδὴ ἔλεγον; οἶδ' ὅτι φαίης ἂν βελτίων εἶναι καὶ ἐκ βελτιόνων. τὸ δὲ βέλτιον εἰ μὴ ἔστιν ὃ ἐγὼ λέγω, ἀλλ' αὐτὸ τοῦτ' ἐστὶν ἀρετή, τὸ σῴζειν αὐτὸν καὶ τὰ ἑαυτοῦ ὄντα ὁποῖός τις ἔτυχεν, καταγέλαστός σοι ὁ ψόγος γίγνεται καὶ μηχανοποιοῦ καὶ ἰατροῦ καὶ τῶν ἄλλων

244. Sobre a superioridade da alma sobre o corpo, ver *Protágoras*, 313a; *Banquete*, 210b; *República*, 445a; *Leis*, 727d.

245. Por meio da comparação com a navegação, Sócrates pretende mostrar a Cálicles que a retórica não tem qualquer valor ao evitar que alguém seja condenado à morte, se tal pessoa não tiver levado uma vida moralmente correta. A retórica, nesse caso, não teria o poder de curar a doença da alma (ou seja, a injustiça), mas de apenas protelar uma vida viciosa indigna de ser vivida. Sendo assim, qual seria a utilidade da retórica, se o que importa é uma vida regida pela virtude, e não uma vida a qualquer preço, em que seria preferível a morte? Todavia, se supôssemos que esse discurso de Sócrates se configura como resposta à admoestação de Cálicles (486a-b), quando ele vaticina a condenação de Sócrates à morte no tribunal "diante de um acusador extremamente mísero e desprezível" (κατηγόρου τυχὼν πάνυ φαύλου καὶ μοχθηροῦ, 486b2-3), a retórica não seria assim útil e digna, na →

de sua parte; e que, para um tripulante acometido por inúmeras doenças incuráveis na alma, que vale mais que o corpo[244], a vida não lhe é digna e ele não obterá qualquer vantagem em ser salvo seja do mar, ou do tribunal, ou de qualquer outro lugar: ele sabe que não é melhor para um homem perverso persistir a viver, pois é necessário que ele viva miseravelmente[245].

Por isso, o piloto não costuma ser solene, ainda que nos traga salvos, tampouco o construtor militar, ó admirável homem, que tanto quanto o general ou qualquer outro além do piloto, é capaz de salvar-nos em certas ocasiões; pois ele salva, às vezes, cidades inteiras. O caso do jurisprudente não te parece semelhante?[246] Aliás, se ele quisesse dizer, Cálicles, as mesmas coisas que dizeis vós, ele solenizaria o seu ofício e vos amortalharia com discursos e exortações de que deveis vos tornar construtores militares e que o resto de nada vale, pois o argumento lhe é suficiente. Mas tu o desprezas tanto quanto a sua arte, e o chamarias de construtor militar como se o censurasse, e não desejarias conceder a tua filha em casamento ao filho dele, tampouco tu aceitar a sua filha. Ademais, segundo as razões pelas quais elogias as tuas próprias coisas, com que argumento justo desprezas o construtor militar e todos os outros referidos há pouco?[247] Sei que dirias que és melhor e de melhor progênie. Contudo, se o melhor não for o que eu afirmo que seja, e a virtude consistir em salvar a si mesmo e as suas propriedades, independentemente do tipo de homem que seja, tornar-se-á absolutamente ridículo o

→ medida em que poderia salvar da morte alguém que viveu corretamente? Mesmo nesse caso, a retórica seria de pouco utilidade, pois a preocupação de se viver uma vida justa está acima de qualquer preocupação com o risco de morte. Argumento semelhante é empregado por Sócrates na *Apologia* (cf. supra nota 130).

246. Sobre a crítica de Platão aos jurisprudentes, ver *Teeteto*, 172c-176a.

247. Se, na perspectiva de Cálicles, a utilidade de retórica consiste em tornar o homem apto a preservar a sua própria vida ou a de outrem, quando diante de uma acusação no tribunal (485d-486c), e se a virtude consiste precisamente em "salvar a si mesmo e as suas propriedades" (τὸ σῴζειν αὑτὸν καὶ τὰ ἑαυτοῦ ὄντα, 512d3-4), então a arte da navegação, da construção militar e da estratégia em nada seriam inferiores à retórica. Por conseguinte, o homem "melhor e superior" (τοὺς βελτίους καὶ κρείττους, 489e7) concebido por Cálicles não diferiria, do ponto de vista da virtude, de qualquer um desses técnicos que, segundo Sócrates, Cálicles desprezaria como homens inferiores.

τεχνῶν ὅσαι τοῦ σῴζειν ἕνεκα πεποίηνται. ἀλλ', ὦ μακάριε, ὅρα μὴ ἄλλο τι τὸ γενναῖον καὶ τὸ ἀγαθὸν ᾖ ἢ τὸ σῴζειν τε καὶ σῴζεσθαι. μὴ γὰρ τοῦτο μέν, τὸ ζῆν ὁποσονδὴ χρόνον, τόν γε ὡς ἀληθῶς ἄνδρα ἐατέον ἐστὶν καὶ οὐ φιλοψυχητέον, ἀλλὰ ἐπιτρέψαντα περὶ τούτων τῷ θεῷ καὶ πιστεύσαντα ταῖς γυναιξὶν ὅτι τὴν εἱμαρμένην οὐδ' ἂν εἷς ἐκφύγοι, τὸ ἐπὶ τούτῳ σκεπτέον τίν' ἂν τρόπον τοῦτον ὃν μέλλοι χρόνον βιῶναι ὡς ἄριστα βιοίη, ἆρα ἐξομοιῶν αὑτὸν τῇ πολιτείᾳ ταύτῃ ἐν ᾗ ἂν οἰκῇ, καὶ νῦν δὲ ἄρα δεῖ σὲ ὡς ὁμοιότατον γίγνεσθαι τῷ δήμῳ τῷ Ἀθηναίων, εἰ μέλλεις τούτῳ προσφιλὴς εἶναι καὶ μέγα δύνασθαι ἐν τῇ πόλει· τοῦθ' ὅρα εἰ σοὶ λυσιτελεῖ καὶ ἐμοί, ὅπως μή, ὦ δαιμόνιε, πεισόμεθα ὅπερ φασὶ τὰς τὴν σελήνην καθαιρούσας, τὰς Θετταλίδας· σὺν τοῖς φιλτάτοις ἡ αἵρεσις ἡμῖν ἔσται ταύτης τῆς δυνάμεως τῆς ἐν τῇ πόλει. εἰ δέ σοι οἴει ὁντινοῦν ἀνθρώπων παραδώσειν τέχνην τινὰ τοιαύτην, ἥτις σε ποιήσει μέγα δύνασθαι ἐν τῇ πόλει τῇδε ἀνόμοιον ὄντα τῇ πολιτείᾳ εἴτ' ἐπὶ τὸ βέλτιον εἴτ' ἐπὶ τὸ χεῖρον, ὡς ἐμοὶ δοκεῖ, οὐκ ὀρθῶς βουλεύῃ, ὦ Καλλίκλεις· οὐ γὰρ μιμητὴν δεῖ εἶναι ἀλλ' αὐτοφυῶς ὅμοιον τούτοις, εἰ μέλλεις τι γνήσιον ἀπεργάζεσθαι εἰς φιλίαν τῷ Ἀθηναίων δήμῳ καὶ ναὶ

248. Segundo Dodds (op. cit., p. 350), Platão estaria aludindo aqui antes a um ditado corrente entre as mulheres de Atenas do que às palavras de Héctor na *Ilíada* ("digo que nenhum homem pode escapar de seu destino", μοῖρα δ' οὔ τινά φημι πεφυγμένον ἔμμεναι ἀνδρῶν, 6.488), como supõem outros estudiosos, tais como Croiset e Labarbe.

249. "Purificar a lua" significa "causar um eclipse" (E. Dodds, op. cit., p. 350), poder atribuído às feiticeiras da Tessália, como afirma, por exemplo, Aristófanes na comédia *As Nuvens*:

ESTREPSÍADES Se eu comprasse uma feiticeira da Tessália
E roubasse a lua à noite, eu então a guardaria
Num cesto esférico, como se fosse um espelho,
E a manteria escondida comigo. (vv. 749-752)

ΣΤ. γυναῖκα φαρμακίδ' εἰ πριάμενος Θετταλὴν
καθέλοιμι νύκτωρ τὴν σελήνην, εἶτα δὴ
αὐτὴν καθείρξαιμ' εἰς λοφεῖον στρογγύλον
ὥσπερ κάτροπτον, κᾆτα τηροίην ἔχων.

250. A observação de Sócrates ressalta o aspecto contraditório do caráter da personagem Cálicles: de um lado, um crítico feroz aos "costumes" [*nomoi*] (νόμοι) instituídos pelo consenso dos homens naturalmente mais fracos e inferiores, →

teu vitupério ao construtor militar, ao médico ou a qualquer outra arte que se realiza em vista de nossa salvação. Mas, homem venturoso, observa se o nobre e o bem não se diferem de salvar e ser salvo! Pois o verdadeiro homem não deve se preocupar em viver o quanto tempo for nem se apegar à vida, mas, confiando essas coisas ao deus e acreditando nas mulheres quando dizem que ninguém escaparia a seu destino[248], ele deve se volver à seguinte investigação: de que modo alguém que vive por certo tempo viveria da melhor maneira possível? Acaso assemelhando-se a essa constituição política em que vive? Tu, portanto, deves agora te assemelhar ao povo de Atenas o quanto puderes, se pretendes ter-lhe amizade e magnífico poder na cidade. Observa se isso é vantajoso a ti e a mim, para que não tenhamos, homem extraordinário, o mesmo sofrimento por que passam, segundo dizem, as mulheres da Tessália, as purificadoras da lua[249]: a escolha desse poder na cidade será para nós a custo do que nos é mais caro. Porém se julgas que um homem qualquer poderá te transmitir uma arte apta a te conferir magnífico poder nessa cidade sem que te assemelhes à sua constituição política, seja para melhor ou para pior, tu, como me parece, não deliberas corretamente, Cálicles. Pois não deves ser imitador, mas naturalmente semelhante a tais homens, se intentas criar uma amizade legítima com o povo de Atenas[250]

→ movido por certo desprezo pelos valores morais da maioria dos homens (483a--484c), um homem, portanto, de espírito antidemocrático (a figura do tirano *em potência;* cf. supra notas 120 e 241); de outro, um homem envolvido com a política democrática ateniense (515a), que preza pelo ideal do homem "belo e bom" (καλὸν κἀγαθόν, 484d1-2) e "bem reputado" (εὐδόκιμον, 484d2), que valoriza a "franqueza" como virtude (παρρησίαν, 487a3), referida na *República* como uma carcaterística do homem democrático (VIII, 557a9-b7). Mas se Cálicles almeja ter efetivamente um "poder magnífico" (μέγα δύνασθαι, 513b1) em Atenas, não lhe basta apenas usar a constituição democrática em vista de seus próprios interesses, mas é preciso ser "naturalmente semelhante" (αὐτοφυῶς ὅμοιον, 513b4) ao homem democrático. Todavia, o seu desprezo manifesto pelo lema "ter posses iguais" (αὐτοὶ ἂν τὸ ἴσον ἔχωσιν, 483c5), instituído pela maioria dos homens como o belo e o justo (483b-d), conflita com o que o Sócrates estipula como condição de possibilidade para se ter "magnífico poder" em uma cidade (T. Irwin, op. cit., p. 232). Nesse sentido, o conflito interno da alma de Cálicles impediria que ele obtivesse, assim, tal poder e estabelecesse relações de amizade em Atenas.

μὰ Δία τῷ Πυριλάμπους γε πρός. ὅστις οὖν σε τούτοις ὁμοιότατον ἀπεργάσεται, οὗτός σε ποιήσει, ὡς ἐπιθυμεῖς πολιτικὸς εἶναι, πολιτικὸν καὶ ῥητορικόν· τῷ αὑτῶν γὰρ
c ἤθει λεγομένων τῶν λόγων ἕκαστοι χαίρουσι, τῷ δὲ ἀλλοτρίῳ ἄχθονται, εἰ μή τι σὺ ἄλλο λέγεις, ὦ φίλη κεφαλή. λέγομέν τι πρὸς ταῦτα, ὦ Καλλίκλεις;

ΚΑΛ. Οὐκ οἶδ' ὅντινά μοι τρόπον δοκεῖς εὖ λέγειν, ὦ Σώκρατες, πέπονθα δὲ τὸ τῶν πολλῶν πάθος· οὐ πάνυ σοι πείθομαι.

ΣΩ. Ὁ δήμου γὰρ ἔρως, ὦ Καλλίκλεις, ἐνὼν ἐν τῇ ψυχῇ τῇ σῇ ἀντιστατεῖ μοι· ἀλλ' ἐὰν πολλάκις [ἴσως καὶ] βέλτιον
d ταὐτὰ ταῦτα διασκοπώμεθα, πεισθήσῃ. ἀναμνήσθητι δ' οὖν ὅτι δύ' ἔφαμεν εἶναι τὰς παρασκευὰς ἐπὶ τὸ ἕκαστον θεραπεύειν, καὶ σῶμα καὶ ψυχήν, μίαν μὲν πρὸς ἡδονὴν ὁμιλεῖν, τὴν ἑτέραν δὲ πρὸς τὸ βέλτιστον, μὴ καταχαριζόμενον ἀλλὰ διαμαχόμενον. οὐ ταῦτα ἦν ἃ τότε ὡριζόμεθα;

ΚΑΛ. Πάνυ γε.

ΣΩ. Οὐκοῦν ἡ μὲν ἑτέρα, ἡ πρὸς ἡδονήν, ἀγεννὴς καὶ οὐδὲν ἄλλο ἢ κολακεία τυγχάνει οὖσα· ἦ γάρ;

e ΚΑΛ. Ἔστω, εἰ βούλει, σοὶ οὕτως.

ΣΩ. Ἡ δέ γε ἑτέρα, ὅπως ὡς βέλτιστον ἔσται τοῦτο, εἴτε σῶμα τυγχάνει ὂν εἴτε ψυχή, ὃ θεραπεύομεν;

ΚΑΛ. Πάνυ γε.

e, por Zeus, com o filho de Pirilampo também[251]. Assim, quem quer que te faça ao máximo semelhante a eles, essa pessoa te tornará político e rétor, visto que almejas ser político; pois cada um se deleita com os discursos tangentes ao seu próprio caráter, mas se aflige com os alheios, a não ser que tenhas algo diferente disso a dizer, meu querido. Temos algo a acrescentar, Cálicles?

CAL: Não sei como me pareces falar corretamente, Sócrates, mas experimento a mesma paixão que a maioria: tu não me persuades absolutamente.

SOC: Pois é o amor pelo povo existente na tua alma, Cálicles, que me obsta. Mas se tornarmos a examinar melhor esse mesmo assunto repetidamente, serás persuadido[252]. Relembra, então, que afirmamos haver dois modos de nos dispormos para cuidar tanto da alma quanto do corpo, um, associado ao prazer, e o outro, ao supremo bem, o qual não lhe concede graça, mas o combate[253]. Não era isso o que outrora havíamos definido?

CAL: Absolutamente.

SOC: Então, aquele modo associado ao prazer é ignóbil e não consiste em outra coisa senão em adulação, não é?

CAL: Que assim seja para ti, se quiseres.

SOC: E o outro modo não zela para que seja o quanto melhor o objeto de nossos cuidados, seja ele o corpo ou a alma?

CAL: Absolutamente.

---

251. Sobre Demo, filho de Pirilampo, cf. supra nota 105.
252. Embora Sócrates tenha conseguido, de certa forma, incitar novamente o interesse de Cálicles pela discussão por meio do argumento da semelhança entre indivíduo e constituição política, e apesar de concordar parcialmente com o que diz Sócrates, Cálicles, contudo, não se mostra convencido decisivamente pelos argumentos do filósofo. Nesse passo do diálogo, Platão nos oferece uma explicação possível para a recalcitrância de Cálicles: o "amor pelo povo" (ὁ δήμου ἔρως, 513c7), no sentido de "amor pelo poder", como sugere Dodds (op. cit., p. 352). Nesse sentido, o que impede Cálicles de compreender racionalmente a verdade das convicções morais de Sócrates seria precisamente esse "amor", fruto da proeminência do elemento apetitivo de sua alma. Todavia, Sócrates ainda vislumbra a possibilidade de Cálicles ser racionalmente persuadido, desde que ele se submeta continuamente ao *elenchos* de modo a constatar peremptoriamente a verdade moral das teses defendidas por Sócrates. Sobre o "amor pelo povo" de Cálicles, ver Ensaio Introdutório, 5. II-III.
253. Cf. 500b-d.

ΣΩ. Ἆρ' οὖν οὕτως ἐπιχειρητέον ἡμῖν ἐστιν τῇ πόλει καὶ τοῖς πολίταις θεραπεύειν, ὡς βελτίστους αὐτοὺς τοὺς πολίτας ποιοῦντας; ἄνευ γὰρ δὴ τούτου, ὡς ἐν τοῖς ἔμπροσθεν ηὑρίσκομεν, οὐδὲν ὄφελος ἄλλην εὐεργεσίαν οὐδεμίαν προσφέρειν, ἐὰν μὴ καλὴ κἀγαθὴ ἡ διάνοια ᾖ τῶν μελλόντων ἢ χρήματα πολλὰ λαμβάνειν ἢ ἀρχήν τινων ἢ ἄλλην δύναμιν ἡντινοῦν. φῶμεν οὕτως ἔχειν;

ΚΑΛ. Πάνυ γε, εἴ σοι ἥδιον.

ΣΩ. Εἰ οὖν παρεκαλοῦμεν ἀλλήλους, ὦ Καλλίκλεις, δημοσίᾳ πράξοντες τῶν πολιτικῶν πραγμάτων ἐπὶ τὰ οἰκοδομικά, ἢ τειχῶν ἢ νεωρίων ἢ ἱερῶν ἐπὶ τὰ μέγιστα οἰκοδομήματα, πότερον ἔδει ἂν ἡμᾶς σκέψασθαι ἡμᾶς αὐτοὺς καὶ ἐξετάσαι πρῶτον μὲν εἰ ἐπιστάμεθα τὴν τέχνην ἢ οὐκ ἐπιστάμεθα, τὴν οἰκοδομικήν, καὶ παρὰ τοῦ ἐμάθομεν; ἔδει ἂν ἢ οὔ;

ΚΑΛ. Πάνυ γε.

ΣΩ. Οὐκοῦν δεύτερον αὖ τόδε, εἴ τι πώποτε οἰκοδόμημα ᾠκοδομήκαμεν ἰδίᾳ ἢ τῶν φίλων τινὶ ἢ ἡμέτερον αὐτῶν, καὶ τοῦτο τὸ οἰκοδόμημα καλὸν ἢ αἰσχρόν ἐστιν· καὶ εἰ μὲν ηὑρίσκομεν σκοπούμενοι διδασκάλους τε ἡμῶν ἀγαθοὺς καὶ ἐλλογίμους γεγονότας καὶ οἰκοδομήματα πολλὰ μὲν καὶ καλὰ μετὰ τῶν διδασκάλων ᾠκοδομημένα ἡμῖν, πολλὰ δὲ καὶ ἴδια ἡμῶν ἐπειδὴ τῶν διδασκάλων ἀπηλλάγημεν, οὕτω μὲν διακειμένων, νοῦν ἐχόντων ἦν ἂν ἰέναι ἐπὶ τὰ δημόσια ἔργα· εἰ δὲ μήτε διδάσκαλον εἴχομεν ἡμῶν αὐτῶν ἐπιδεῖξαι οἰκοδομήματά τε ἢ μηδὲν ἢ πολλὰ καὶ μηδενὸς ἄξια, οὕτω δὴ ἀνόητον ἦν δήπου ἐπιχειρεῖν τοῖς δημοσίοις ἔργοις καὶ παρακαλεῖν ἀλλήλους ἐπ' αὐτά. φῶμεν ταῦτα ὀρθῶς λέγεσθαι ἢ οὔ;

---

254. Essa seria a finalidade da verdadeira arte política, como Sócrates ressalta no *Protágoras*:

"O que eu ensino é tomar boas decisões a respeito dos afazeres domésticos, a fim de que se administre a própria casa da melhor maneira possível, e a respeito dos afazeres da cidade, para que se torne apto ao máximo nas ações e nos discursos".

"Porventura, Protágoras," disse eu, "estou compreendendo tuas palavras? Parece-me que te referes à arte política e prometes tornar os homens bons cidadãos".

"É exatamente isso o que eu professo, Sócrates", respondeu. (318e5-319a7) →

sóc: Não devemos, então, tentar cuidar da cidade e dos cidadãos de modo a tornar os próprios cidadãos melhores ao máximo?²⁵⁴ Pois, como descobrimos na discussão anterior²⁵⁵, sem isso nenhuma vantagem há em oferecer-lhes qualquer benfeitoria, se não for belo e bom o pensamento de quem intenta adquirir grande soma de dinheiro, ou o domínio sobre outros, ou qualquer outro poder. Afirmemos que é isso o que sucede?

cal: Absolutamente, se assim te for mais aprazível.

sóc: Se nós, Cálicles, com o intuito de realizar publicamente as ações políticas, consultássemos um ao outro sobre obras arquitetônicas, sobre a construção de prédios magníficos, como muralhas, estaleiros, santuários, porventura não deveríamos examinar a nós mesmos e inquirir, primeiro, se conhecemos ou não a arte da arquitetura, e com quem a aprendemos? Deveríamos ou não?

cal: Absolutamente.

sóc: E, em segundo lugar, examinar se havíamos construído, outrora, alguma obra privada para um amigo ou para nós mesmos, e se essa obra é bela ou vergonhosa, não é? E se, por um lado, investigássemos e descobríssemos que nossos mestres eram bons e estimados, e que havíamos construído inúmeras belas obras sob a sua tutela, além de muitos outros prédios privados depois de termos nos separado de nossos mestres – bem, nessas condições, nos volveríamos com sensatez às obras públicas. Se, por outro lado, não tivéssemos como exibir nosso mestre, ou nenhuma obra, ou ainda que muitas obras, mas desprovidas de valor – nesse caso seria deveras estulto empreendermos obras públicas e consultarmos um ao outro sobre tal ofício. Digamos que são corretas essas afirmações, ou não?

→ τὸ δὲ μάθημά ἐστιν εὐβουλία περὶ τῶν οἰκείων, ὅπως ἂν ἄριστα τὴν αὑτοῦ οἰκίαν διοικοῖ, καὶ περὶ τῶν τῆς πόλεως, ὅπως τὰ τῆς πόλεως δυνατώτατος ἂν εἴη καὶ πράττειν καὶ λέγειν.

ⁿἆρα, ἔφην ἐγώ, ἕπομαί σου τῷ λόγῳ; δοκεῖς γάρ μοι λέγειν τὴν πολιτικὴν τέχνην καὶ ὑπισχνεῖσθαι ποιεῖν ἄνδρας ἀγαθοὺς πολίτας.

Αὐτὸ μὲν οὖν τοῦτό ἐστιν, ἔφη, ὦ Σώκρατες, τὸ ἐπάγγελμα ὃ ἐπαγγέλλομαι.
255. Cf. 504d-505b.

ΚΑΛ. Πάνυ γε.

ΣΩ. Οὐκοῦν οὕτω πάντα, τά τε ἄλλα κἂν εἰ ἐπιχειρήσαντες δημοσιεύειν παρεκαλοῦμεν ἀλλήλους ὡς ἱκανοὶ ἰατροὶ ὄντες, ἐπεσκεψάμεθα δήπου ἂν ἐγώ τε σὲ καὶ σὺ ἐμέ, Φέρε πρὸς θεῶν, αὐτὸς δὲ ὁ Σωκράτης πῶς ἔχει τὸ σῶμα πρὸς ὑγίειαν; ἢ ἤδη τις ἄλλος διὰ Σωκράτην ἀπηλλάγη νόσου, ἢ δοῦλος ἢ ἐλεύθερος; κἂν ἐγὼ οἶμαι περὶ σοῦ ἕτερα τοιαῦτα ἐσκόπουν· καὶ εἰ μὴ ηὑρίσκομεν δι' ἡμᾶς μηδένα
e βελτίω γεγονότα τὸ σῶμα, μήτε τῶν ξένων μήτε τῶν ἀστῶν, μήτε ἄνδρα μήτε γυναῖκα, πρὸς Διός, ὦ Καλλίκλεις, οὐ καταγέλαστον ἂν ἦν τῇ ἀληθείᾳ, εἰς τοσοῦτον ἀνοίας ἐλθεῖν ἀνθρώπους, ὥστε, πρὶν ἰδιωτεύοντας πολλὰ μὲν ὅπως ἐτύχομεν ποιῆσαι, πολλὰ δὲ κατορθῶσαι καὶ γυμνάσασθαι ἱκανῶς τὴν τέχνην, τὸ λεγόμενον δὴ τοῦτο ἐν τῷ πίθῳ τὴν κεραμείαν ἐπιχειρεῖν μανθάνειν, καὶ αὐτούς τε δημοσιεύειν ἐπιχειρεῖν καὶ ἄλλους τοιούτους παρακαλεῖν; οὐκ ἀνόητόν σοι δοκεῖ ἂν εἶναι οὕτω πράττειν;

ΚΑΛ. Ἔμοιγε.

515 **ΣΩ.** Νῦν δέ, ὦ βέλτιστε ἀνδρῶν, ἐπειδὴ σὺ μὲν αὐτὸς ἄρτι ἄρχῃ πράττειν τὰ τῆς πόλεως πράγματα, ἐμὲ δὲ παρακαλεῖς καὶ ὀνειδίζεις ὅτι οὐ πράττω, οὐκ ἐπισκεψόμεθα ἀλλήλους, Φέρε, Καλλικλῆς ἤδη τινὰ βελτίω πεποίηκεν τῶν πολιτῶν; ἔστιν ὅστις πρότερον πονηρὸς ὤν, ἄδικός τε καὶ ἀκόλαστος καὶ ἄφρων, διὰ Καλλικλέα καλός τε κἀγαθὸς γέγονεν, ἢ ξένος ἢ ἀστός, ἢ δοῦλος ἢ ἐλεύθερος; λέγε μοι,
b ἐάν τίς σε ταῦτα ἐξετάζῃ, ὦ Καλλίκλεις, τί ἐρεῖς; τίνα φήσεις βελτίω πεποιηκέναι ἄνθρωπον τῇ συνουσίᾳ τῇ σῇ;

---

256. O provérbio alude à tentativa de se aprender uma "arte" [*tekhnē*] (τέχνη) sem passar pelas etapas preliminares de qualquer aprendizagem, ou seja, do mais fácil para o mais difícil: assim como para se aprender a confeccionar um jarro grande se requer o aprendizado da confecção de objetos menores, para que uma pessoa esteja apta a conduzir as ações da cidade (o âmbito da política, o macrocosmo), →

CAL: Absolutamente.

SOC: Isso não vale, então, para todos os demais casos? Se empreendêssemos os afazeres públicos e consultássemos um ao outro como se fôssemos médicos qualificados, decerto nos examinaríamos reciprocamente, eu a ti, e tu a mim, da seguinte forma: "Vamos lá, pelos deuses, em que estado se encontra o corpo de Sócrates relativamente à saúde? Há alguém que já se livrou de alguma doença pela intervenção de Sócrates, seja ele escravo ou homem livre?" E eu, creio, faria contigo um exame similar. E se não descobríssemos nenhum corpo que tenha melhorado por nossa intervenção, seja de um estrangeiro ou de um cidadão, de um homem ou de uma mulher, por Zeus, Cálicles, não seria verdadeiramente o cúmulo do ridículo que os homens chegassem a tamanho desvario, a ponto de, antes de cumprirem várias ações privadamente, vacilando em umas, acertando em outras, e de exercitarem suficientemente a arte, tentar aprender "a cerâmica no jarro grande"[256], como diz o ditado, e empreender os afazeres públicos e exortar a isso outros homens igualmente desqualificados? Não te parece que seria estulto agir assim?

CAL: Parece-me.

SOC: E agora, excelentíssimo homem, visto que tu próprio começaste recentemente a realizar os afazeres da cidade, exortando-me a isso e reprovando-me porque não os realizo[257], não investigaremos um ao outro deste modo: "Vamos lá, Cálicles já tornou melhor algum cidadão? Há alguém que antes era vicioso, injusto, intemperante e estulto, e que se tornou um homem belo e bom por causa de Cálicles, seja estrangeiro ou cidadão, escravo ou homem livre?" Dize-me: se alguém te indagar sobre isso, Cálicles, o que responderás? Que homem dirás ter se tornado melhor com o teu convívio? Hesitas em responder se há

→ ela deve antes ter aprendido a conduzir corretamente as ações privadas (o âmbito do οἶκος [oikos], o microcosmo). O mesmo provérbio é referido por Platão no Laques (187b).

257. Cf. 484c-486c.

ὀκνεῖς ἀποκρίνασθαι, εἴπερ ἔστιν τι ἔργον σὸν ἔτι ἰδιωτεύοντος, πρὶν δημοσιεύειν ἐπιχειρεῖν;

ΚΑΛ. Φιλόνικος εἶ, ὦ Σώκρατες.

ΣΩ. Ἀλλ' οὐ φιλονικίᾳ γε ἐρωτῶ, ἀλλ' ὡς ἀληθῶς βουλόμενος εἰδέναι ὅντινά ποτε τρόπον οἴει δεῖν πολιτεύεσθαι ἐν ἡμῖν. ἦ ἄλλου του ἄρα ἐπιμελήσῃ ἡμῖν ἐλθὼν ἐπὶ τὰ τῆς πόλεως πράγματα ἢ ὅπως ὅτι βέλτιστοι οἱ πολῖται ὦμεν; ἢ οὐ πολλάκις ἤδη ὡμολογήκαμεν τοῦτο δεῖν πράττειν τὸν πολιτικὸν ἄνδρα; ὡμολογήκαμεν ἢ οὔ; ἀποκρίνου. ὡμολογήκαμεν· ἐγὼ ὑπὲρ σοῦ ἀποκρινοῦμαι. εἰ τοίνυν τοῦτο δεῖ τὸν ἀγαθὸν ἄνδρα παρασκευάζειν τῇ ἑαυτοῦ πόλει, νῦν μοι ἀναμνησθεὶς εἰπὲ περὶ ἐκείνων τῶν ἀνδρῶν ὧν ὀλίγῳ πρότερον ἔλεγες, εἰ ἔτι σοι δοκοῦσιν ἀγαθοὶ πολῖται γεγονέναι, Περικλῆς καὶ Κίμων καὶ Μιλτιάδης καὶ Θεμιστοκλῆς.

ΚΑΛ. Ἔμοιγε.

ΣΩ. Οὐκοῦν εἴπερ ἀγαθοί, δῆλον ὅτι ἕκαστος αὐτῶν βελτίους ἐποίει τοὺς πολίτας ἀντὶ χειρόνων. ἐποίει ἢ οὔ;

ΚΑΛ. Ναί.

ΣΩ. Οὐκοῦν ὅτε Περικλῆς ἤρχετο λέγειν ἐν τῷ δήμῳ, χείρους ἦσαν οἱ Ἀθηναῖοι ἢ ὅτε τὰ τελευταῖα ἔλεγεν;

ΚΑΛ. Ἴσως.

ΣΩ. Οὐκ ἴσως δή, ὦ βέλτιστε, ἀλλ' ἀνάγκη ἐκ τῶν ὡμολογημένων, εἴπερ ἀγαθός γ' ἦν ἐκεῖνος πολίτης.

ΚΑΛ. Τί οὖν δή;

ΣΩ. Οὐδέν· ἀλλὰ τόδε μοι εἰπὲ ἐπὶ τούτῳ, εἰ λέγονται Ἀθηναῖοι διὰ Περικλέα βελτίους γεγονέναι, ἢ πᾶν τοὐναν-

---

258. A concepção da política como uma espécie de "arte" [tekhnē] (τέχνη) também aparece na boca de Sócrates nas *Memoráveis* de Xenofonte:

"E, num primeiro momento, quando alguém quis saber se Temístocles distinguiu-se de seus concidadãos devido ao convívio com algum sábio ou devido à sua natureza, a ponto de a cidade voltar seus olhos para ele quando se requeria um homem excelente, Sócrates disse, a fim de incitar Eutidemo, que era ingênuo considerar que as artes de menor valor não adquirem excelência sem mestres competentes, mas o comando da cidade, dentre todos os ofícios o mais importante, considerar que advém aos homens automaticamente". (4.2.2)

καὶ πρῶτον μὲν πυνθανομένου τινὸς πότερον Θεμιστοκλῆς διὰ συνουσίαν τινὸς τῶν σοφῶν ἢ φύσει τοσοῦτον διήνεγκε τῶν πολιτῶν, ὥστε πρὸς ἐκεῖνον →

algum feito teu relativo a uma situação privada antes de empreenderes as ações públicas?[258]

CAL: Almejas a vitória, Sócrates[259].

SOC: Mas eu não te interrogo almejando a vitória, porém querendo verdadeiramente saber, segundo teu juízo, como se deve agir politicamente entre nós. Ou quando te volves aos afazeres da cidade, não te preocupas com outra coisa senão que nós, cidadãos, nos tornemos o quanto melhores? Já não concordamos repetidas vezes que o homem político deve agir assim? Concordamos ou não? Responde! Concordamos, eu responderei por ti. Pois bem, se o homem bom deve dispor a sua própria cidade nessa condição, relembra-me agora e dize-me se aqueles homens que mencionavas há pouco, Péricles, Címon, Milcíades, Temístocles[260], ainda te parecem ter sido bons cidadãos!

CAL: Parecem-me ter sido.

SOC: Então, se foram bons, não é evidente que cada um deles tornou melhores, e não piores, os cidadãos. Tornou-os ou não?

CAL: Sim.

SOC: Então, quando Péricles começou a falar publicamente, os atenienses não eram piores do que quando ele proferiu seus derradeiros discursos?

CAL: Talvez.

SOC: "Talvez" não, excelente homem, mas "necessariamente", segundo o que havíamos assentido, uma vez que ele era um bom cidadão.

CAL: E então?

SOC: Nada. Mas dize-me, o que se fala dos atenienses: eles se tornaram melhores por causa de Péricles, ou, pelo contrário,

---

→ ἀποβλέπειν τὴν πόλιν, ὁπότε σπουδαίου ἀνδρὸς δεηθείη, ὁ Σωκράτης βουλόμενος κινεῖν τὸν Εὐθύδημον εὔηθες ἔφη εἶναι τὸ οἴεσθαι τὰς μὲν ὀλίγου ἀξίας τέχνας μὴ γίγνεσθαι σπουδαίους ἄνευ διδασκάλων ἱκανῶν, τὸ δὲ προεστάναι πόλεως, πάντων ἔργων μέγιστον ὄν, ἀπὸ ταὐτομάτου παραγίγνεσθαι τοῖς ἀνθρώποις.

259. Sobre a ocorrência de termos da mesma raiz de φιλόνικος [philonikos], ver 457d4; 457e3; 505e4. Sobre a distinção entre o "diálogo filosófico" e o "diálogo erístico", cf. supra notas 32, 141 e 214.

260. Cf. supra notas 79, 200, 201 e 202.

τίον διαφθαρῆναι ὑπ' ἐκείνου. ταυτὶ γὰρ ἔγωγε ἀκούω, Περικλέα πεποιηκέναι 'Αθηναίους ἀργοὺς καὶ δειλοὺς καὶ λάλους καὶ φιλαργύρους, εἰς μισθοφορίαν πρῶτον καταστήσαντα.

ΚΑΛ. Τῶν τὰ ὦτα κατεαγότων ἀκούεις ταῦτα, ὦ Σώκρατες.

ΣΩ. Ἀλλὰ τάδε οὐκέτι ἀκούω, ἀλλ' οἶδα σαφῶς· καὶ ἐγὼ καὶ σύ, ὅτι τὸ μὲν πρῶτον ηὐδοκίμει Περικλῆς καὶ οὐδεμίαν αἰσχρὰν δίκην κατεψηφίσαντο αὐτοῦ 'Αθηναῖοι, ἡνίκα χείρους ἦσαν· ἐπειδὴ δὲ καλοὶ κἀγαθοὶ ἐγεγόνεσαν ὑπ' αὐτοῦ, ἐπὶ τελευτῇ τοῦ βίου τοῦ Περικλέους, κλοπὴν αὐτοῦ κατεψηφίσαντο, ὀλίγου δὲ καὶ θανάτου ἐτίμησαν,

---

261. Segundo Aristóteles na *Política*, Péricles instituiu o pagamento de dois, e posteriormente três, óbolos por dia (δικαστικὸς μισθός [*dikastikos misthos*]) para cada membro do corpo de juízes que compunha os tribunais de Atenas:

"Parece que Sólon não aboliu aquelas instituições que já existiam anteriormente, ou seja, o Conselho e a eleição dos comandantes, mas estabeleceu a participação do povo, quando criou os tribunais compostos de todos os cidadãos. Por isto, inclusive, algumas pessoas o censuram, por ter abolido uma daquelas instituições e atribuído ao tribunal, cujos membros eram escolhidos por sorteio, autoridade sobre todos os assuntos. Na medida em que isso se fortaleceu, deleitaram o povo como se fosse ele um tirano e transformaram a consituição política em democracia: Efialtes, e depois Péricles, diminuíram a importância do Conselho do Areópago, e Péricles estabeleceu pagamento para os membros dos tribunais; dessa maneira, então, agiu cada um dos demagogos de modo a fortalecer a atual democracia". (1274a1-11)

ἔοικε δὲ Σόλων ἐκεῖνα μὲν ὑπάρχοντα πρότερον οὐ καταλῦσαι, τήν τε βουλὴν καὶ τὴν τῶν ἀρχῶν αἵρεσιν, τὸν δὲ δῆμον καταστῆσαι, τὰ δικαστήρια ποιήσας ἐκ πάντων. διὸ καὶ μέμφονταί τινες αὐτῷ· λῦσαι γὰρ θάτερα, κύριον ποιήσαντα τὸ δικαστήριον πάντων, κληρωτὸν ὄν. ἐπεὶ γὰρ τοῦτ' ἴσχυσεν, ὥσπερ τυράννῳ τῷ δήμῳ χαριζόμενοι τὴν πολιτείαν εἰς τὴν νῦν δημοκρατίαν μετέστησαν· καὶ τὴν μὲν ἐν Ἀρείῳ πάγῳ βουλὴν Ἐφιάλτης ἐκόλουσε καὶ Περικλῆς, τὰ δὲ δικαστήρια μισθοφόρα κατέστησε Περικλῆς, καὶ τοῦτον δὴ τὸν τρόπον ἕκαστος τῶν δημαγωγῶν προήγαγεν αὔξων εἰς τὴν νῦν δημοκρατίαν.

262. Trata-se provavelmente de uma referência aos oligarcas, que tinham simpatia pelas instituições espartanas. As "orelhas rachadas" (τῶν τὰ ὦτα κατεαγότων, 515e8) aludem aos efeitos da prática do boxe nos atletas espartanos, característica →

foram por ele corrompidos? Pois pelo menos eu tenho escutado que Péricles tornou os atenienses preguiçosos, covardes, tagarelas e avarentos, quando instituiu ineditamente as recompensas[261].

CAL: Ouves essas coisas de pessoas com orelhas rachadas, Sócrates[262].

SOC: Não apenas ouço tais coisas, mas tanto eu quanto tu sabemos claramente que, no princípio, Péricles tinha boa reputação e nenhum processo vergonhoso contra ele foi votado pelos atenienses, quando estes eram piores. Porém, quando se tornaram homens belos e bons por causa de Péricles, já no limiar de sua vida, votaram contra ele um processo de roubo[263],

→ referida por Platão no *Protágoras* (342b) como distintiva daquele povo. O próprio Sócrates é satirizado por Aristófanes como um homem *filoespartano*, como vemos nestes versos da comédia *As Aves* de 414 a.C.:

    Antes de tu teres fundado essa cidade,
    Todos os homens de então eram loucos pelos modos lacônicos:
    De longas cabeleiras, passavam fome, eram sujos, tipo Sócrates,
    E portavam cajadinhos [...] (vv. 1280-1283)
    Πρὶν μὲν γὰρ οἰκίσαι σε τήνδε τὴν πόλιν,
    ἐλακωνομάνουν ἅπαντες ἄνθρωποι τότε,
    ἐκόμων, ἐπείνων, ἐρρύπων, ἐσωκράτων,
    σκυτάλι' ἐφόρουν· [...]

263. Informações mais específicas sobre o processo de roubo contra Péricles (ou seja, de apropriação indébita do erário público) encontramos sobretudo na historiografia tardia, pois, embora Tucídides se refira ao caso em sua obra (2.65.3), ele não oferece dados mais precisos, tampouco define qual teria sido o teor da acusação. Segundo Diodoro Sículo (12.45.4), a acusação foi retirada, sendo-lhe aplicada uma multa de oitenta talentos por questões de pouco valor; segundo Plutarco (*Péricles*, 35.4-5), a acusação foi retirada, sendo-lhe aplicada uma multa de quinze ou cinquenta talentos; segundo Idomeneu de Lâmpsaco (*FGrHist*. 338 F 9), a acusação partiu de Cléon, que se tornou, depois da morte de Péricles em 429 a.C., político de maior influência em Atenas; segundo Teofrasto (Fr. 616 Fortenbaugh) e Heráclito Pôntico (Fr. 47 Wehrli), a acusação partiu de figuras de menor renome, Símias e Lacrátides; segundo Ateneu (XII, 589e), Péricles correu risco de perder a vida ou seu patrimônio (U. Fantasia, *Tucidide*, p. 490-491).

δῆλον ὅτι ὡς πονηροῦ ὄντος.

ΚΑΛ. Τί οὖν; τούτου ἕνεκα κακὸς ἦν Περικλῆς;

ΣΩ. Ὄνων γοῦν ἂν ἐπιμελητὴς καὶ ἵππων καὶ βοῶν τοιοῦτος ὢν κακὸς ἂν ἐδόκει εἶναι, εἰ παραλαβὼν μὴ λακτίζοντας ἑαυτὸν μηδὲ κυρίττοντας μηδὲ δάκνοντας ἀπέδειξε ταῦτα ἅπαντα ποιοῦντας δι' ἀγριότητα. ἢ οὐ δοκεῖ σοι

264. Platão se refere aqui ao processo contra Péricles mencionado por Tucídides em sua obra, como vemos nesta passagem:
"Todavia, a cólera de todos contra Péricles não se arrefeceu, até que ele foi condenado a pagar uma multa em dinheiro. Não muito tempo depois, por sua vez, como a multidão adora fazer, elegeram-no general e entregaram-lhe todos os negócios, na medida em que o sofrimento de cada um se tornava menos lancinante, e toda a cidade o requeria por considerá-lo homem de grande valor. Pois, durante os tempos de paz em que comandou a cidade, ele a conduziu de forma moderada e a protegeu com segurança; a cidade tornou-se a mais grandiosa em suas mãos, e quando a guerra foi deflagrada, também nessa circunstância ele soube claramente estimar o poder que ela detinha". (2.65.3-5)

οὐ μέντοι πρότερόν γε οἱ ξύμπαντες ἐπαύσαντο ἐν ὀργῇ ἔχοντες αὐτὸν πρὶν ἐζημίωσαν χρήμασιν. ὕστερον δ' αὖθις οὐ πολλῷ, ὅπερ φιλεῖ ὅμιλος ποιεῖν, στρατηγὸν εἵλοντο καὶ πάντα τὰ πράγματα ἐπέτρεψαν, ὧν μὲν περὶ τὰ οἰκεῖα ἕκαστος ἤλγει ἀμβλύτεροι ἤδη ὄντες, ὧν δὲ ἡ ξύμπασα πόλις προσεδεῖτο πλείστου ἄξιον νομίζοντες εἶναι. ὅσον τε γὰρ χρόνον προύστη τῆς πόλεως ἐν τῇ εἰρήνῃ, μετρίως ἐξηγεῖτο καὶ ἀσφαλῶς διεφύλαξεν αὐτήν, καὶ ἐγένετο ἐπ' ἐκείνου μεγίστη, ἐπειδή τε ὁ πόλεμος κατέστη, ὁ δὲ φαίνεται καὶ ἐν τούτῳ προγνοὺς τὴν δύναμιν.

Tucídides, em seu célebre elogio em primeira pessoa à figura de Péricles (cf. supra nota 79), o considerava o homem político por excelência, cujos atributos principais eram prestígio, inteligência, incorruptibilidade e técnica oratória. Segundo ele, diferentemente dos políticos que, depois de sua morte em 429 a.C., passaram a comandar as ações da cidade durante a guerra contra Esparta (como Cléon, por exemplo), Péricles não recorria à adulação para fazer prevalecer suas deliberações, ainda que tivesse de enfrentar a cólera popular. Tucídides, mesmo quando se refere ao processo contra Péricles, parece atribuir-lhe uma função positiva dentro do mecanismo da democracia ateniense, tendo em vista o contexto crítico em que se deu tal processo: a peste, o assédio de Esparta e de seus aliados ao território ático, as más condições em que se encontrava o povo confinado dentro dos muros da cidade, os sofrimentos particulares etc. Ou seja, o processo contra Péricles, seja ele qual for, é de certa forma entendido por Tucídides como consequência da condição precária em que estava Atenas naquele momento, tendo em vista a conduta passional que é própria à multidão em tais contextos. Como Péricles era o principal político e responsável pela deflagração da guerra que parecia tender para o lado espartano, seria natural que a vítima da cólera do povo fosse ele; nesse caso, processos judiciais e aplicações de multa seriam meios de manifestação do descontentamento do povo para com a política da cidade (A. Gomme, *An Historical Commentary on Thucydides*, p. 183). Índice disso seria que o próprio Tucídides não emite qualquer juízo a respeito do processo, se ele foi justo ou injusto, tampouco define qual o seu teor: um episódio que não incide negativamente sobre o *ēthos* de Péricles, nem faz dele um homem político de menor valor. →

e não o condenaram por pouco à morte²⁶⁴. Isso é evidência de que ele era um homem vicioso.
CAL: E então? Em vista disso Péricles era um homem mau?
SOC: Comparando-o ao pastor de asnos, cavalos e bois²⁶⁵, ele pareceria mau, se recebesse animais que não recalcitram, não marram e não mordem, e depois os apresentasse com todos esses defeitos em função de sua natureza selvagem. Ou não te

→ Nesse sentido, parece-me razoável supor que Platão, neste passo do *Górgias*, esteja de certa forma respondendo ao elogio de Tucídides a Péricles como o grande homem político da democracia ateniense. Para Platão, Péricles, assim como os demais políticos democráticos de renome, não se constitui como o verdadeiro homem político, aquele que tenta "cuidar da cidade e dos cidadãos de modo a tornar os próprios cidadãos melhores ao máximo" (ἐπιχειρητέον ἡμῖν ἐστιν τῇ πόλει καὶ τοῖς πολίταις θεραπεύειν, ὡς βελτίστους αὐτοὺς τοὺς πολίτας ποιοῦντας, 513e5-7). Tal processo, que Platão afirma ser concernente a "roubo" (κλοπὴν, 516a1), seria precisamente índice de que Péricles não foi um bom político: pois se o processo foi justo, então ele agiu injustamente e isso não é próprio do verdadeiro homem político; se, por sua vez, foi injusta a sua condenação, então Péricles não tornou melhores os cidadãos, revelando sua falência como homem político. O paradoxo em que é enredado Péricles é um dos recursos usados por Platão para revelar no *Górgias* sua crítica mais profunda à democracia como um todo: nunca houve um verdadeiro homem político na história da democracia ateniense, porque o problema seria a própria constituição democrática. Embora esse tema seja tratado em sua completude apenas na *República*, Platão já delineia no *Górgias*, ainda que apenas em esboço, a figura do novo homem político, do verdadeiro homem político: o filósofo, na imagem de Sócrates (521d).

265. A metáfora do rei-pastor aparece pela primeira vez na literatura grega em Homero (*Ilíada*, 2.243), quando Agamêmnon é chamado de "pastor de povos" (ποιμὴν λαῶν). A comparação entre o homem político e o pastor de rebanhos é recorrente em Xenofonte, como vemos nesta passagem das *Memoráveis*:

"Quando os Trinta [Tiranos] mataram inúmeros homens que não eram os cidadãos mais vis e induziram inúmeros outros a praticar ações injustas, Sócrates disse que lhe pareceria espantoso se alguém, depois de se tornar pastor de rebanhos, tornasse o bois inferiores e piores e não admitisse ser um mau boiadeiro; e lhe pareceria ainda mais espantoso se alguém, depois de se tornar o comandante da cidade, tornasse os cidadãos inferiores e piores e não se envergonhasse disso, e nem se considerasse um mal comandante da cidade". (1.2.32)

ἐπεὶ γὰρ οἱ τριάκοντα πολλοὺς μὲν τῶν πολιτῶν καὶ οὐ τοὺς χειρίστους ἀπέκτεινον, πολλοὺς δὲ προετρέποντο ἀδικεῖν, εἶπέ που ὁ Σωκράτης ὅτι θαυμαστόν οἱ δοκοίη εἶναι, εἴ τις γενόμενος βοῶν ἀγέλης νομεὺς καὶ τὰς βοῦς ἐλάττους τε καὶ χείρους ποιῶν μὴ ὁμολογοίη κακὸς βουκόλος εἶναι, ἔτι δὲ θαυμαστότερον, εἴ τις προστάτης γενόμενος πόλεως καὶ ποιῶν τοὺς πολίτας ἐλάττους τε καὶ χείρους μὴ αἰσχύνεται μηδ᾽ οἴεται κακὸς εἶναι προστάτης τῆς πόλεως.

Sobre o tema do "rei-pastor", ver Platão, *Político*, 267a-268d; Aristóteles, *Ética Nicomaqueia*, VIII, 1161a14-5.

b κακὸς εἶναι ἐπιμελητὴς ὁστισοῦν ὁτουοῦν ζῴου, ὃς ἂν παραλαβὼν ἡμερώτερα ἀποδείξῃ ἀγριώτερα ἢ παρέλαβε; δοκεῖ ἢ οὔ;

ΚΑΛ. Πάνυ γε, ἵνα σοι χαρίσωμαι.

ΣΩ. Καὶ τόδε τοίνυν μοι χάρισαι ἀποκρινάμενος· πότερον καὶ ὁ ἄνθρωπος ἓν τῶν ζῴων ἐστὶν ἢ οὔ;

ΚΑΛ. Πῶς γὰρ οὔ;

ΣΩ. Οὐκοῦν ἀνθρώπων Περικλῆς ἐπεμέλετο;

ΚΑΛ. Ναί.

ΣΩ. Τί οὖν; οὐκ ἔδει αὐτούς, ὡς ἄρτι ὡμολογοῦμεν, δικαιοτέρους γεγονέναι ἀντὶ ἀδικωτέρων ὑπ' ἐκείνου, εἴπερ
c ἐκεῖνος ἐπεμελεῖτο αὐτῶν ἀγαθὸς ὢν τὰ πολιτικά;

ΚΑΛ. Πάνυ γε.

ΣΩ. Οὐκοῦν οἵ γε δίκαιοι ἥμεροι, ὡς ἔφη Ὅμηρος· σὺ δὲ τί φῄς; οὐχ οὕτως;

ΚΑΛ. Ναί.

ΣΩ. Ἀλλὰ μὴν ἀγριωτέρους γε αὐτοὺς ἀπέφηνεν ἢ οἵους παρέλαβεν, καὶ ταῦτ' εἰς αὑτόν, ὃν ἥκιστ' ἂν ἐβούλετο.

ΚΑΛ. Βούλει σοι ὁμολογήσω;

ΣΩ. Εἰ δοκῶ γέ σοι ἀληθῆ λέγειν.

ΚΑΛ. Ἔστω δὴ ταῦτα.

ΣΩ. Οὐκοῦν εἴπερ ἀγριωτέρους, ἀδικωτέρους τε καὶ χείρους;

d ΚΑΛ. Ἔστω.

ΣΩ. Οὐκ ἄρ' ἀγαθὸς τὰ πολιτικὰ Περικλῆς ἦν ἐκ τούτου τοῦ λόγου.

ΚΑΛ. Οὐ σύ γε φῄς.

ΣΩ. Μὰ Δί' οὐδέ γε σὺ ἐξ ὧν ὡμολόγεις. πάλιν δὲ λέγε μοι περὶ Κίμωνος· οὐκ ἐξωστράκισαν αὐτὸν οὗτοι οὓς

parece mau qualquer pastor de quaisquer animais que os recebesse mais mansos e depois os apresentasse mais selvagens do que quando os recebeu? Parece-te ou não?

CAL: Absolutamente, para que eu te deleite.

SOC: Pois bem, deleita-me respondendo o seguinte: se também o homem é um animal ou não!

CAL: E como não seria?

SOC: E Péricles não cuidava dos homens?

CAL: Sim.

SOC: E então? Eles não deviam, como há pouco concordamos, ter se tornado mais justos por causa de Péricles, ao invés de mais injustos, visto que ele cuidou deles e era bom nas ações políticas?

CAL: Absolutamente.

SOC: Os homens justos não são mansos, como dizia Homero?[266] E tu, o que dizes? Não é assim?

CAL: É.

SOC: Todavia, Péricles os mostrou mais selvagens do que quando os recebeu, uma selvageria contra ele próprio, contra quem ele menos haveria de querer.

CAL: Queres que eu concorde contigo?

SOC: Contanto que eu pareça te dizer a verdade.

CAL: Que assim seja!

SOC: Então, uma vez mais selvagens, mais injustos e piores, não é?

CAL: Seja!

SOC: Portanto, Péricles, segundo esse argumento, não era bom na ação política.

CAL: Não, é o que tu dizes.

SOC: Por Zeus, já que deste teu consentimento, também tu o dizes[267]. Mas fala-me sobre Címon mais uma vez: os homens de quem ele cuidava não o condenaram ao ostracismo, para

---

266. Homero, *Odisseia*, 6.120: "os violentos e selvagens e injustos" (ἤ ῥ' οἵ γ' ὑβρισταί τε καὶ ἄγριοι οὐδὲ δίκαιοι).

267. Cf. 487e.

ἐθεράπευεν, ἵνα αὐτοῦ δέκα ἐτῶν μὴ ἀκούσειαν τῆς φωνῆς· καὶ Θεμιστοκλέα ταὐτὰ ταῦτα ἐποίησαν καὶ φυγῇ προσεζημίωσαν; Μιλτιάδην δὲ τὸν Μαραθῶνι εἰς τὸ βάραθρον
e ἐμβαλεῖν ἐψηφίσαντο, καὶ εἰ μὴ διὰ τὸν πρύτανιν, ἐνέπεσεν ἄν; καίτοι οὗτοι, εἰ ἦσαν ἄνδρες ἀγαθοί, ὡς σὺ φῄς, οὐκ ἄν ποτε ταῦτα ἔπασχον. οὔκουν οἵ γε ἀγαθοὶ ἡνίοχοι κατ' ἀρχὰς μὲν οὐκ ἐκπίπτουσιν ἐκ τῶν ζευγῶν, ἐπειδὰν δὲ θεραπεύσωσιν τοὺς ἵππους καὶ αὐτοὶ ἀμείνους γένωνται ἡνίοχοι, τότ' ἐκπίπτουσιν· οὐκ ἔστι ταῦτ' οὔτ' ἐν ἡνιοχείᾳ οὔτ' ἐν ἄλλῳ ἔργῳ οὐδενί· ἢ δοκεῖ σοι;

ΚΑΛ. Οὐκ ἔμοιγε.

ΣΩ. Ἀληθεῖς ἄρα, ὡς ἔοικεν, οἱ ἔμπροσθεν λόγοι ἦσαν,
517 ὅτι οὐδένα ἡμεῖς ἴσμεν ἄνδρα ἀγαθὸν γεγονότα τὰ πολιτικὰ ἐν τῇδε τῇ πόλει. σὺ δὲ ὡμολόγεις τῶν γε νῦν οὐδένα, τῶν μέντοι ἔμπροσθεν, καὶ προείλου τούτους τοὺς ἄνδρας· οὗτοι δὲ ἀνεφάνησαν ἐξ ἴσου τοῖς νῦν ὄντες, ὥστε, εἰ οὗτοι ῥήτορες ἦσαν, οὔτε τῇ ἀληθινῇ ῥητορικῇ ἐχρῶντο—οὐ γὰρ ἂν ἐξέπεσον—οὔτε τῇ κολακικῇ.

ΚΑΛ. Ἀλλὰ μέντοι πολλοῦ γε δεῖ, ὦ Σώκρατες, μή ποτέ τις τῶν νῦν ἔργα τοιαῦτα ἐργάσηται οἷα τούτων ὅστις
b βούλει εἴργασται.

ΣΩ. Ὦ δαιμόνιε, οὐδ' ἐγὼ ψέγω τούτους ὥς γε διακόνους εἶναι πόλεως, ἀλλά μοι δοκοῦσι τῶν γε νῦν διακονικώ-

---

268. O "ostracismo" [*ostrakismos*] (ὀστρακισμός), diferentemente do "exílio" [*phugē*] (φυγή), não era uma punição por má conduta, mas por uma ação política malsucedida. Címon foi condenado ao ostracismo em 461 a.C., depois do fracasso de sua intervenção em favor dos espartanos na chamada terceira Guerra Messênica. Segundo Plutarco (*Címon*, 17.8), Címon não cumpriu os dez anos de banimento estipulados por tal punição, mas foi chamado de volta a Atenas em 457 a.C. depois da batalha de Tanagra, por um decreto proposto por Péricles (E. Dodds, op. cit., p. 359).

269. Não se sabe ao certo a data do ostracismo de Temístocles, mas supõe-se ter acontecido em 471 a.C., um ou dois anos depois de sua condenação por traição, quando os espartanos deram provas de seu envolvimento com Pausânias (ver Tucídides, 1.135), e de sua partida para a Pérsia (E. Dodds, op. cit., p. 359).

que não ouvissem por dez anos a sua voz?²⁶⁸ E não fizeram o mesmo a Temístocles e o puniram com o exílio?²⁶⁹ E Milcíades de Maratona, não votaram a favor de que ele fosse atirado ao precipício, e se não tivesse sido a intervenção do pritaneu, teria ali se precipitado?²⁷⁰ Com efeito, esses homens, se fossem bons como dizes, jamais teriam sofrido essa sorte. Os bons cocheiros não são os que, no princípio, conseguem se suster na parelha e, só tempos depois, dela caem, quando já haviam cuidado dos cavalos e se tornado, eles próprios, melhores cocheiros. Isso não acontece nem na condução de parelhas, nem em qualquer outro ofício. Ou te parece que aconteça?

CAL: Não a mim.

SOC: Portanto, como é plausível, os argumentos anteriores eram verdadeiros²⁷¹, que nós não conhecemos nenhum homem que tenha sido bom homem político nessa cidade. E tu concordavas que não havia nenhum entre os contemporâneos, mas que entre os predecessores sim, e selecionou esses homens; contudo eles se revelaram iguais aos de hoje, de modo que, se rétores eles foram, não empregaram nem a verdadeira retórica²⁷² – pois não teriam sucumbido – nem a aduladora.

CAL: Muito longe disso, Sócrates, nenhum homem contemporâneo jamais realizará feitos semelhantes aos realizados por qualquer um desses predecessores à tua escolha.

SOC: Extraordinário homem, eu não os vitupero enquanto servidores da cidade, mas eles me parecem ter sido melhores

---

270. Heródoto, a única fonte que se refere a esse episódio, diz apenas que Milcíades sofreu um processo que estipulava pena capital, mas não especifica qual seria ela (6.136). Acabou se livrando da morte, pagando, em contrapartida, uma multa de cinquenta talentos. Segundo Xenofonte (*Helênicas*, 1.7.20), ser atirado ao precipício foi, durante certo tempo, a pena determinada pelo decreto de Canono contra os inimigos do povo (E. Dodds, op. cit., p. 359).

271. Cf. 503b-c.

272. Sobre a "verdadeira retórica", cf. supra nota 199. Sobre o desenvolvimento da concepção de uma "retórica filosófica", que se constitui como "arte" [*tekhnē*] (τέχνη) e não como "adulação" [*kolakeia*] (κολακεία), ver Platão, *Fedro*, 266c-274a.

τεροι γεγονέναι καὶ μᾶλλον οἷοί τε ἐκπορίζειν τῇ πόλει ὧν ἐπεθύμει. ἀλλὰ γὰρ μεταβιβάζειν τὰς ἐπιθυμίας καὶ μὴ ἐπιτρέπειν, πείθοντες καὶ βιαζόμενοι ἐπὶ τοῦτο ὅθεν ἔμελλον ἀμείνους ἔσεσθαι οἱ πολῖται, ὡς ἔπος εἰπεῖν οὐδὲν
c τούτων διέφερον ἐκεῖνοι· ὅπερ μόνον ἔργον ἐστὶν ἀγαθοῦ πολίτου. ναῦς δὲ καὶ τείχη καὶ νεώρια καὶ ἄλλα πολλὰ τοιαῦτα καὶ ἐγώ σοι ὁμολογῶ δεινοτέρους εἶναι ἐκείνους τούτων ἐκπορίζειν. πρᾶγμα οὖν γελοῖον ποιοῦμεν ἐγώ τε καὶ σὺ ἐν τοῖς λόγοις· ἐν παντὶ γὰρ τῷ χρόνῳ ὃν διαλεγόμεθα οὐδὲν παυόμεθα εἰς τὸ αὐτὸ ἀεὶ περιφερόμενοι καὶ ἀγνοοῦντες ἀλλήλων ὅτι λέγομεν. ἐγὼ γοῦν σε πολλάκις οἶμαι ὡμολογηκέναι καὶ ἐγνωκέναι ὡς ἄρα διττὴ αὕτη τις
d ἡ πραγματεία ἔστιν καὶ περὶ τὸ σῶμα καὶ περὶ τὴν ψυχήν, καὶ ἡ μὲν ἑτέρα διακονική ἐστιν, ᾗ δυνατὸν εἶναι ἐκπορίζειν, ἐὰν μὲν πεινῇ τὰ σώματα ἡμῶν, σιτία, ἐὰν δὲ διψῇ, ποτά, ἐὰν δὲ ῥιγῷ, ἱμάτια, στρώματα, ὑποδήματα, ἄλλ' ὧν ἔρχεται σώματα εἰς ἐπιθυμίαν· καὶ ἐξεπίτηδές σοι διὰ τῶν αὐτῶν εἰκόνων λέγω, ἵνα ῥᾷον καταμάθῃς. τούτων γὰρ ποριστικὸν εἶναι ἢ κάπηλον ὄντα ἢ ἔμπορον ἢ δημιουργόν του αὐτῶν
e τούτων, σιτοποιὸν ἢ ὀψοποιὸν ἢ ὑφάντην ἢ σκυτοτόμον ἢ σκυτοδεψόν, οὐδὲν θαυμαστόν ἐστιν ὄντα τοιοῦτον δόξαι καὶ αὑτῷ καὶ τοῖς ἄλλοις θεραπευτὴν εἶναι σώματος, παντὶ τῷ

273. Essa personificação da cidade, referida como uma espécie de organismo cujos "apetites" (τὰς ἐπιθυμίας, 517b5) são satisfeitos pela ação aduladora própria da política democrática, nos remete, de certo modo, ao princípio metodológico adotado pela personagem Sócrates na construção da cidade ideal na *República* (II, 368d-369a): para encontrar a definição apropriada de justiça, Sócrates parte da cidade (macrocosmo) para chegar ao indivíduo (microcosmo), tendo em vista a similaridade de sua constituição interna. Além da analogia entre cidade e indivíduo (503c; 510c-d; 512e-513a; 517b-518a; 518e-519a), há no *Górgias* outros aspectos comuns à *República*, tais como: i. a concepção do "querer" [*boulēsis*] (βούλησις) pressuposta nos argumentos de Sócrates (460a-c; 467c-468e), mas que não é explorada a fundo no diálogo; ii. a noção de uma alma com três elementos na psicologia moral sustentada por Cálicles (ἐπιθυμίαι, φρόνησις, ἀνδρεία), como observa J. Cooper em seu artigo (op. cit., p. 66), já aludindo, de certa forma, à concepção de uma alma tripartida exposta no Livro IV da *República*; iii. a referência de Sócrates à ideia de "parte" da alma no mito siciliano reportado por ele (τῆς ψυχῆς τοῦτο ἐν ᾧ ἐπιθυμίαι εἰσί, 493a3; τοῦτο τῆς ψυχῆς οὗ αἱ ἐπιθυμίαι εἰσί, 493b1), embora ela não seja desenvolvida; iv. a presença marcante do elemento *thumos* (θυμός) na dinâmica →

servidores do que os contemporâneos e mais capazes de prover a cidade do que lhe apetecia[273]. Todavia, redirecionar seus apetites e não lhes ceder, usando a persuasão e a força[274] de modo a tornar melhores os cidadãos, nesse aspecto eles em nada se diferem dos outros, por assim dizer, e esse é o único feito de um bom político. Quanto a naus, muralhas, estaleiros e todas as demais coisas do gênero[275], eu também concordo que eles foram mais prodigiosos do que os contemporâneos em prover a cidade disso. Assim, tanto eu quanto tu agimos de modo ridículo na discussão: durante todo o tempo em que dialogávamos, não paramos de girar sempre em torno do mesmo ponto e de ignorar reciprocamente o que um ou outro dizia. De fato, creio que tu concordaste comigo repetidas vezes e compreendeste, enfim, que há duas atividades concernentes tanto ao corpo quanto à alma, e que uma delas é servidora e capaz de prover o nosso corpo de comida, se houver fome, de bebida, se houver sede, de mantos, cobertores e sapatos, se sentir frio, e de outras coisas que apetecem o corpo. E eu te falo por meio das mesmas imagens propositalmente, a fim de que tua compreensão seja mais fácil. Como o comerciante, o negociante e os artífices – entre eles o padeiro, o cozinheiro, o tecelão, o sapateiro e o curtidor – são provedores dessas coisas, não é admirável que eles, sendo como são, pareçam ser a si próprios e

→ dialógica, sobretudo com relação à *vergonha*, que aparece referida como causa concorrente da motivação humana (455c-d; 461b; 482d); v. a ideia do *thumos* aliado da razão, sugerida *en passant* por Sócrates (511b); vi. o problema do advento da tirania no seio da democracia, representado metaforicamente pela imagem do "leão" na teoria sobre a natureza política do homem sustentada por Cálicles (483e-484c); vii. as semelhanças entre os argumentos sustentados por Cálicles e Trasímaco (Livro I da *República*) sobre a natureza da justiça; e, enfim, viii. o Mito Final que nos remete ao Mito de Er que encerra a *República*.

274. Sobre a função positiva da persuação e da força (πείθοντες καὶ βιαζόμενοι, 517b6) na filosofia política de Platão, como meio para a promoção do bem comum, ver *República*, VII, 519e-520a; *Político*, 296a-297b.

275. Tanto Heródoto (7.144) quanto Tucídides (1.14.3) atribuem a Temístocles o fortalecimento da frota ateniense, fator decisivo na resistência contra a invasão persa; a construção de muralhas e estaleiros foi referida acima (455d-e) como fruto das ações de Temístocles e Péricles. O mesmo tema é referido por Sócrates, provavelmente de forma irônica, no *Menêxeno* (245a).

μὴ εἰδότι ὅτι ἔστιν τις παρὰ ταύτας ἁπάσας τέχνη γυμναστική τε καὶ ἰατρική, ἣ δὴ τῷ ὄντι γε ἐστὶν σώματος θεραπεία, ἥνπερ καὶ προσήκει τούτων ἄρχειν πασῶν τῶν τεχνῶν καὶ χρῆσθαι τοῖς τούτων ἔργοις διὰ τὸ εἰδέναι ὅτι χρηστὸν καὶ πονηρὸν τῶν σιτίων ἢ ποτῶν ἐστιν εἰς ἀρετὴν σώματος, τὰς δ' ἄλλας πάσας ταύτας ἀγνοεῖν· διὸ δὴ καὶ ταύτας μὲν δουλοπρεπεῖς τε καὶ διακονικὰς καὶ ἀνελευθέρους εἶναι περὶ σώματος πραγματείαν, τὰς ἄλλας τέχνας, τὴν δὲ γυμναστικὴν καὶ ἰατρικὴν κατὰ τὸ δίκαιον δεσποίνας εἶναι τούτων. ταὐτὰ οὖν ταῦτα ὅτι ἔστιν καὶ περὶ ψυχήν, τοτὲ μέν μοι δοκεῖς μανθάνειν ὅτι λέγω, καὶ ὁμολογεῖς ὡς εἰδὼς ὅτι ἐγὼ λέγω· ἥκεις δὲ ὀλίγον ὕστερον λέγων ὅτι ἄνθρωποι καλοὶ κἀγαθοὶ γεγόνασιν πολῖται ἐν τῇ πόλει, καὶ ἐπειδὰν ἐγὼ ἐρωτῶ οἵτινες, δοκεῖς μοι ὁμοιοτάτους προτείνεσθαι ἀνθρώπους περὶ τὰ πολιτικά, ὥσπερ ἂν εἰ περὶ τὰ γυμναστικὰ ἐμοῦ ἐρωτῶντος οἵτινες ἀγαθοὶ γεγόνασιν ἢ εἰσὶν σωμάτων θεραπευταί, ἔλεγές μοι πάνυ σπουδάζων, Θεαρίων ὁ ἀρτοκόπος καὶ Μίθαικος ὁ τὴν ὀψοποιίαν συγγεγραφὼς τὴν Σικελικὴν καὶ Σάραμβος ὁ κάπηλος, ὅτι οὗτοι θαυμάσιοι γεγόνασιν σωμάτων θεραπευταί, ὁ μὲν ἄρτους θαυμαστοὺς παρασκευάζων, ὁ δὲ ὄψον, ὁ δὲ οἶνον. ἴσως ἂν οὖν ἠγανάκτεις, εἴ σοι ἔλεγον ἐγὼ ὅτι Ἄνθρωπε, ἐπαΐεις οὐδὲν περὶ γυμναστικῆς· διακόνους μοι λέγεις καὶ ἐπιθυμιῶν παρασκευαστὰς ἀνθρώπους, οὐκ ἐπαΐοντας καλὸν κἀγαθὸν οὐδὲν περὶ αὐτῶν, οἵ, ἂν οὕτω τύχωσιν, ἐμπλήσαντες καὶ παχύναντες τὰ σώματα τῶν ἀνθρώπων, ἐπαινούμενοι ὑπ' αὐτῶν, προσαπολοῦσιν αὐτῶν καὶ τὰς ἀρχαίας σάρκας· οἱ δ' αὖ δι' ἀπειρίαν οὐ τοὺς ἑστιῶντας αἰτιάσονται τῶν νόσων αἰτίους εἶναι καὶ τῆς ἀποβολῆς τῶν ἀρχαίων σαρκῶν, ἀλλ' οἳ ἂν αὐτοῖς τύχωσι τότε παρόντες καὶ συμβουλεύοντές τι,

---

276. Cf. 464b-465e; 500b-d.
277. Cf. supra nota 56.
278. Teárion era proprietário de uma padaria em Atenas, provavelmente bastante conhecida, tendo em vista a referência de Aristófanes em uma de suas peças ("venho da padaria de Teárion", ἥκω Θεαρίωνος ἀρτοπώλιον / λιπών, fr.1), e o elogio de uma personagem de Antífanes aos "pães de composição branca" (ὁρῶν μὲν →

aos demais homens os que cuidam do corpo, a todos que ignoram que há, além de todas essas atividades, a arte da ginástica e da medicina, que cuidam realmente do corpo[276]. A ambas convém dominar todas essas artes e utilizar os seus ofícios, porque elas sabem quais comidas e bebidas são úteis ou nocivas à virtude do corpo, enquanto todas as demais o ignoram. Por esse motivo, não é admirável que estas últimas, em relação à atividade do corpo, sejam escravas, servidoras e desprovidas de liberdade, enquanto a ginástica e a medicina, conforme o que é justo, sejam as suas déspotas. O mesmo argumento, então, é válido para a alma[277]: por ora, tu me pareces entender o que digo e concordas comigo como se soubesses o que falo, mas, instantes depois, vens afirmar que certos homens foram belos e bons cidadãos na cidade. Quando te pergunto quem foram eles, tu me pareces indicar homens na política como se, inquirido, no tocante à ginástica, sobre quais homens foram ou são os que cuidam do corpo, tu me respondesses, com absoluta seriedade, que foram diligentes admiráveis do corpo Teárion, o padeiro, Miteco, escritor sobre a culinária siciliana, e Sarambo, o comerciante: um, guarnecedor de tortas admiráveis, o outro, de comida, e o outro, de vinho[278]. Assim, talvez te enfurecesses se eu dissesse que "Homem, não sabes nada a respeito da ginástica; te referes a homens servidores e guarnecedores de apetites, ignorantes de tudo o que é belo e bom sobre o assunto. Eles, quando obtêm sucesso, fazem saciar e engordar o corpo das pessoas, motivo pelo qual são louvados por elas, mas destroem a sua antiga compleição muscular. E tais pessoas, por sua vez, devido à inexperiência no assunto, não inculparão esses anfitriões de responsáveis pelas doenças e pela degeneração de sua antiga compleição muscular. Quando a saciedade lhes advier acarretando-lhes tempos depois a doença, sem a promoção de

→ ἄρτους τούσδε λευκοσωμάτους) de sua loja (fr. 176 Kock). Sobre Miteco, Máximo de Tire afirma que ele era de Siracusa e era tão bom cozinheiro quanto Fídias era bom escultor; a cozinha siracusana era famosa por sua luxúria (ver Platão, *República*, III, 404d; Aristófanes, *Comoediae*, fr. 216; Horácio, *Odes*, 3.1.18; Zenóbio, 5.94). Sobre Sarambo, Platão é provavelmente a única fonte (E. Dodds, op. cit., p. 363).

ὅταν δὴ αὐτοῖς ἥκῃ ἡ τότε πλησμονὴ νόσον φέρουσα συχνῷ ὕστερον χρόνῳ, ἅτε ἄνευ τοῦ ὑγιεινοῦ γεγονυῖα, τούτους αἰτιάσονται καὶ ψέξουσιν καὶ κακόν τι ποιήσουσιν, ἂν οἷοί τ' ὦσι, τοὺς δὲ προτέρους ἐκείνους καὶ αἰτίους τῶν κακῶν

e ἐγκωμιάσουσιν. καὶ σὺ νῦν, ὦ Καλλίκλεις, ὁμοιότατον τούτῳ ἐργάζῃ· ἐγκωμιάζεις ἀνθρώπους, οἳ τούτους εἱστιάκασιν εὐωχοῦντες ὧν ἐπεθύμουν. καί φασι μεγάλην τὴν πόλιν πεποιηκέναι αὐτούς· ὅτι δὲ οἰδεῖ καὶ ὕπουλός ἐστιν

519 δι' ἐκείνους τοὺς παλαιούς, οὐκ αἰσθάνονται. ἄνευ γὰρ σωφροσύνης καὶ δικαιοσύνης λιμένων καὶ νεωρίων καὶ τειχῶν καὶ φόρων καὶ τοιούτων φλυαριῶν ἐμπεπλήκασι τὴν πόλιν· ὅταν οὖν ἔλθῃ ἡ καταβολὴ αὕτη τῆς ἀσθενείας, τοὺς τότε παρόντας αἰτιάσονται συμβούλους, Θεμιστοκλέα δὲ καὶ Κίμωνα καὶ Περικλέα ἐγκωμιάσουσιν, τοὺς αἰτίους τῶν κακῶν· σοῦ δὲ ἴσως ἐπιλήψονται, ἐὰν μὴ εὐλαβῇ, καὶ τοῦ ἐμοῦ ἑταίρου Ἀλκιβιάδου, ὅταν καὶ τὰ ἀρχαῖα προσ-

b απολλύωσι πρὸς οἷς ἐκτήσαντο, οὐκ αἰτίων ὄντων τῶν κακῶν ἀλλ' ἴσως συναιτίων. καίτοι ἔγωγε ἀνόητον πρᾶγμα καὶ νῦν ὁρῶ γιγνόμενον καὶ ἀκούω τῶν παλαιῶν ἀνδρῶν πέρι. αἰσθάνομαι γάρ, ὅταν ἡ πόλις τινὰ τῶν πολιτικῶν ἀνδρῶν μεταχειρίζηται ὡς ἀδικοῦντα, ἀγανακτούντων καὶ σχετλιαζόντων ὡς δεινὰ πάσχουσι· πολλὰ καὶ ἀγαθὰ τὴν πόλιν πεποιηκότες ἄρα ἀδίκως ὑπ' αὐτῆς ἀπόλλυνται, ὡς ὁ τούτων λόγος. τὸ δὲ ὅλον ψεῦδός ἐστιν· προστάτης γὰρ πόλεως

c οὐδ' ἂν εἷς ποτε ἀδίκως ἀπόλοιτο ὑπ' αὐτῆς τῆς πόλεως ἧς προστατεῖ. κινδυνεύει γὰρ ταὐτὸν εἶναι, ὅσοι τε πολιτικοὶ προσποιοῦνται εἶναι καὶ ὅσοι σοφισταί. καὶ γὰρ οἱ σοφισταί, τἆλλα σοφοὶ ὄντες, τοῦτο ἄτοπον ἐργάζονται πρᾶγμα· φάσκοντες γὰρ ἀρετῆς διδάσκαλοι εἶναι πολλάκις κατηγοροῦσιν τῶν μαθητῶν ὡς ἀδικοῦσι σφᾶς [αὐτούς], τούς τε

---

279. Sócrates usa a mesma palavra ("tolices", φλυαριῶν, 519a3) para condenar as ações dos políticos democráticos que Cálicles havia usado para censurar a sua defesa da justiça e da temperança (492c7).

280. Sobre Temístocles, Címon e Péricles, cf. supra notas 200, 201 e 79, respectivamente. Segundo Tucídides (2.65), o próprio Péricles teria sido vítima da cólera do povo, que o condenou a pagar uma multa, no momento de crise em 430 a.C., →

sua saúde, elas inculparão, vituperarão e maltratarão, à medida de sua capacidade, quem estiver presente àquela ocasião e prestar algum conselho, enquanto àqueles primeiros, os responsáveis pelos males, só lhes tecerão elogios". E o que fazes agora, Cálicles, é muito semelhante: elogias homens que foram anfitriões e que empanturraram essas pessoas do que lhes apetecia. Dizem que eles tornaram a cidade grandiosa, mas não percebem que ela está intumescida e inflamada por causa desses homens de outrora. Pois sem justiça e temperança, eles saciaram a cidade de portos, estaleiros, muralhas, impostos e tolices do gênero[279], porém quando sobrevier, enfim, aquele assalto de fraqueza, inculparão os conselheiros presentes nesse momento, e elogiarão Temístocles, Címon e Péricles[280], os responsáveis pelos males. Se não tiveres precaução, talvez ataquem a ti e a meu companheiro Alcibíades[281], quando perderem tanto os bens por eles conquistados quanto os antigos bens, ainda que não sejais responsáveis pelos males, mas talvez corresponsáveis. Ademais, é estulto o que vejo acontecer hoje e o que ouço a respeito desses homens de outrora. Pois percebo que, quando a cidade surpreende alguns desses políticos cometendo injustiça, eles se enfurecem e se queixam da sorte terrível que sofrem. Eis o seu contra-argumento: que eles, depois de terem realizado inúmeros bens à cidade, são por ela arruinados. É uma completa mentira, pois jamais um líder da cidade seria arruinado injustamente pela própria cidade da qual é líder. É provável que tanto os políticos de fachada quanto os sofistas sejam os mesmos. Pois os sofistas, apesar de serem sábios em outros assuntos, incorrem no seguinte absurdo: afirmam que são mestres de virtude, mas acusam frequentemente seus discípulos de cometerem injustiças contra eles quando os privam de salários e

→ quando Atenas se encontrava assolada pela peste, pelo assédio de Esparta e de seus aliados, pelas más condições em que se encontrava o povo confinado dentro dos muros da cidade, dentre outros fatores (cf. supra nota 264).
281. Sobre Alcibíades, cf. supra notas 104 e 107. Sobre o processo contra Alcibíades em 415 a.C., quando em campanha na Sicília, a respeito da mutilação das hermas e da profanação dos mistérios, ver Tucídides, 6.28-29; 6.53; 6.61.

μισθοὺς ἀποστεροῦντες καὶ ἄλλην χάριν οὐκ ἀποδιδόντες,
d εὖ παθόντες ὑπ' αὐτῶν. καὶ τούτου τοῦ λόγου τί ἂν ἀλογώ-
τερον εἴη πρᾶγμα, ἀνθρώπους ἀγαθοὺς καὶ δικαίους γενομένους, ἐξαιρεθέντας μὲν ἀδικίαν ὑπὸ τοῦ διδασκάλου,
σχόντας δὲ δικαιοσύνην, ἀδικεῖν τούτῳ ᾧ οὐκ ἔχουσιν; οὐ
δοκεῖ σοι τοῦτο ἄτοπον εἶναι, ὦ ἑταῖρε; ὡς ἀληθῶς δημηγορεῖν με ἠνάγκασας, ὦ Καλλίκλεις, οὐκ ἐθέλων ἀποκρίνεσθαι.

ΚΑΛ. Σὺ δ' οὐκ ἂν οἷός τ' εἴης λέγειν, εἰ μή τίς σοι
ἀποκρίνοιτο;

e ΣΩ. Ἔοικά γε· νῦν γοῦν συχνοὺς τείνω τῶν λόγων,
ἐπειδή μοι οὐκ ἐθέλεις ἀποκρίνεσθαι. ἀλλ', ὠγαθέ, εἰπὲ
πρὸς Φιλίου, οὐ δοκεῖ σοι ἄλογον εἶναι ἀγαθὸν φάσκοντα
πεποιηκέναι τινὰ μέμφεσθαι τούτῳ ὅτι ὑφ' ἑαυτοῦ ἀγαθὸς
γεγονώς τε καὶ ὢν ἔπειτα πονηρός ἐστιν;

ΚΑΛ. Ἔμοιγε δοκεῖ.

ΣΩ. Οὐκοῦν ἀκούεις τοιαῦτα λεγόντων τῶν φασκόντων
παιδεύειν ἀνθρώπους εἰς ἀρετήν;

---

282. Argumento semelhante é empregado por Isócrates no seu discurso *Contra os Sofistas*:

"[5] E o que é mais ridículo: daqueles de quem é preciso receber dinheiro, aos quais pretendem transmitir a justiça, eles desconfiam, ao passo que, daqueles de quem jamais foram mestres, eles exigem as mesmas garantias exigidas aos discípulos, deliberando bem sobre a sua própria segurança, mas agindo contrariamente ao que professam. [6] Convém àqueles que ensinam outra matéria qualquer observar com acuidade os seus interesses, pois nada impede que os que se tornaram prodigiosos em outras coisas não sejam honestos quanto aos contratos. Todavia, como não seria ilógico aqueles que promovem a virtude e a temperança não confiarem sobretudo em seus discípulos? Pois, se para com os demais homens eles são virtuosos e justos, certamente não enganarão aqueles por meio dos quais vieram a ser o que são". (5-6)

"Ὁ δὲ πάντων ὅτι παρὰ μὲν ὧν δεῖ λαβεῖν αὐτούς, τούτοις μὲν ἀπιστοῦσιν οἷς μέλλουσι τὴν δικαιοσύνην παραδώσειν, ὧν δ' οὐδεπώποτε διδάσκαλοι γεγόνασιν, παρὰ τούτοις τὰ παρὰ τῶν μαθητῶν μεσεγγυοῦνται, πρὸς μὲν τὴν ἀσφάλειαν εὖ βουλευόμενοι, τῷ δ' ἐπαγγέλματι τἀναντία πράττοντες. Τοὺς μὲν γὰρ ἄλλο τι παιδεύοντας προσήκει διακριβοῦσθαι περὶ τῶν διαφερόντων· οὐδὲν γὰρ κωλύει τοὺς περὶ ἕτερα δεινοὺς γενομένους μὴ χρηστοὺς εἶναι περὶ τὰ συμβόλαια· τοὺς δὲ →

não lhes restituem outra recompensa, embora tenham obtido sucesso por causa de suas lições[282]. E o que seria mais irracional do que este argumento, de que homens que se tornaram bons e justos, que tiveram a injustiça arrancada pelo mestre e a justiça posta no lugar, cometerem injustiça com aquilo que não possuem mais? Isso não te parece absurdo, meu amigo? Tu me constrangeste a agir como um verdadeiro orador público, Cálicles, porque não desejaste responder[283].

CAL: E tu não serias capaz de falar, se alguém não respondesse às tuas perguntas?

SOC: É plausível; nesse momento, estendo-me em discursos contínuos porque não desejas responder minhas perguntas. Mas, bom homem, dize-me, pelo deus da Amizade, não te parece irracional que alguém afirme ter tornado bom outro homem e o censures porque ele é vicioso, embora ele tenha se tornado bom e seja bom por sua causa?

CAL: Parece-me.

SOC: Não escutas, então, coisas do gênero daqueles que afirmam educar os homens em vista da virtude?[284]

→ τὴν ἀρετὴν καὶ τὴν σωφροσύνην ἐνεργαζομένους πῶς οὐκ ἄλογόν ἐστιν μὴ τοῖς μαθηταῖς μάλιστα πιστεύειν; Οὐ γὰρ δή που περὶ τοὺς ἄλλους ὄντες καλοὶ κἀγαθοὶ καὶ δίκαιοι περὶ τούτους ἐξαμαρτήσονται δι' οὓς τοιοῦτοι γεγόνασιν.

283. Sócrates justifica seu recurso à *makrologia*, como tentativa de dissuasão de Cálicles da vida política, atribuindo culpa à recalcitrância do interlocutor, quando ele se negou a continuar o diálogo (505c-d). O uso do verbo "constranger" (ἠνάγκασας, 519d6) indica precisamente que a sua *perfomance* como rétor nesse momento do diálogo não se deve a um ato voluntário, mas à necessidade da ocasião. Seria esse o argumento de Sócrates para explicar seu comportamento paradoxal: no princípio do diálogo, seu intuito foi garantir que Górgias permanecesse restrito ao domínio da *brakhulogia* e evitasse a *makrologia* típica do discurso retórico (449b-c), ao passo que agora ele próprio se serve daquele mesmo modo de discurso que havia impedido seus interlocutores de usar.

284. Essa é a caracterização geral dos sofistas delineada por Platão nos diálogos: mestres de virtude, a despeito do que cada um deles em particular entende pelo termo ἀρετή [*aretē*] (ver *Protágoras*, 318e-319a, 349a; *Hípias Maior*, 283c; *Apologia*, 19d-20c; *Mênon*, 95b-c; *Eutidemo*, 273d). Sobre a peculiaridade de Górgias em relação aos demais sofistas, cf. supra nota 43.

ΚΑΛ. Ἔγωγε· ἀλλὰ τί ἂν λέγοις ἀνθρώπων πέρι οὐδενὸς ἀξίων;

ΣΩ. Τί δ' ἂν περὶ ἐκείνων λέγοις, οἳ φάσκοντες προεστάναι τῆς πόλεως καὶ ἐπιμελεῖσθαι ὅπως ὡς βελτίστη ἔσται, πάλιν αὐτῆς κατηγοροῦσιν, ὅταν τύχωσιν, ὡς πονηροτάτης; οἴει τι διαφέρειν τούτους ἐκείνων; ταὐτόν, ὦ μακάρι', ἐστὶν σοφιστὴς καὶ ῥήτωρ, ἢ ἐγγύς τι καὶ παραπλήσιον, ὥσπερ ἐγὼ ἔλεγον πρὸς Πῶλον· σὺ δὲ δι' ἄγνοιαν τὸ μὲν πάγκαλόν τι οἴει εἶναι, τὴν ῥητορικήν, τοῦ δὲ καταφρονεῖς. τῇ δὲ ἀληθείᾳ κάλλιόν ἐστιν σοφιστικὴ ῥητορικῆς ὅσῳπερ νομοθετικὴ δικαστικῆς καὶ γυμναστικὴ ἰατρικῆς· μόνοις δ' ἔγωγε καὶ ᾤμην τοῖς δημηγόροις τε καὶ σοφισταῖς οὐκ ἐγχωρεῖν μέμφεσθαι τούτῳ τῷ πράγματι ὃ αὐτοὶ παιδεύουσιν, ὡς πονηρόν ἐστιν εἰς σφᾶς, ἢ τῷ αὐτῷ λόγῳ τούτῳ ἅμα καὶ ἑαυτῶν κατηγορεῖν ὅτι οὐδὲν ὠφελήκασιν οὕς φασιν ὠφελεῖν. οὐχ οὕτως ἔχει;

ΚΑΛ. Πάνυ γε.

ΣΩ. Καὶ προέσθαι γε δήπου τὴν εὐεργεσίαν ἄνευ μισθοῦ, ὡς τὸ εἰκός, μόνοις τούτοις ἐνεχώρει, εἴπερ ἀληθῆ ἔλεγον. ἄλλην μὲν γὰρ εὐεργεσίαν τις εὐεργετηθείς, οἷον ταχὺς γενόμενος διὰ παιδοτρίβην, ἴσως ἂν ἀποστερήσειε τὴν χάριν, εἰ προοῖτο αὐτῷ ὁ παιδοτρίβης καὶ μὴ συνθέμενος αὐτῷ μισθὸν ὅτι μάλιστα ἅμα μεταδιδοὺς τοῦ τάχους λαμβάνοι τὸ ἀργύριον· οὐ γὰρ δὴ τῇ βραδυτῆτι οἶμαι ἀδικοῦσιν οἱ ἄνθρωποι, ἀλλ' ἀδικίᾳ· ἢ γάρ;

ΚΑΛ. Ναί.

---

285. Semelhante repulsa ao ofício dos sofistas é manifestada pela personagem Anito no diálogo *Mênon*:

  SOC: Decerto também tu estás ciente de que são eles os chamados sofistas pelos homens.

  AN: Por Hércules, cala-te, Sócrates! Que tamanho desvario não se apodere de nenhum parente ou amigo meu, seja ele cidadão ou estrangeiro, que o leve a procurá-los e a ser desonrado por eles, uma vez que tais homens são manifestamente a desonra e a ruína para quem com eles convive. (91b7-c4)

  ΣΩ. Οἶσθα δήπου καὶ σὺ ὅτι οὗτοί εἰσιν οὓς οἱ ἄνθρωποι καλοῦσι σοφιστάς. →

CAL: Sim. Mas o que dirias sobre homens sem mérito?[285]

SOC: E o que dirias sobre os que afirmam ser líderes e cuidar da cidade para que ela seja o quanto melhor, e em troca acusam-na, quando lhes é propício, de ser a mais viciosa? Julgas que há alguma diferença entre esses homens e aqueles? O sofista e o rétor, homem venturoso, são o mesmo, ou muito próximos e semelhantes, como eu dizia a Polo[286]; mas, devido à tua ignorância, julgas que a retórica é de todo bela, e desprezas a outra. Na verdade, a sofística é mais bela do que a retórica tanto quanto a legislação é mais bela do que a justiça, e a ginástica, do que a medicina[287]. E eu também julgava que somente aos oradores públicos e aos sofistas não é permitido censurar a pessoa que eles próprios educam alegando que ela os prejudica; senão, com esse mesmo argumento, eles acusam simultaneamente a si próprios, porque em nada beneficiaram quem eles dizem beneficiar. Não é assim?

CAL: Absolutamente.

SOC: E, decerto, somente a eles seria permitido, como é verossímil, conceder benfeitorias sem exigir salário, se é verdade o que diziam. Pois se alguém fosse beneficiado de algum outro modo, como, por exemplo, tornar-se veloz pelo trabalho do treinador, ele poderia, talvez, privá-lo da recompensa, caso o treinador confiasse nele e, sem ter fixado o salário, não recebesse o dinheiro, se possível, enquanto o treinava. Pois, julgo eu, os homens não cometem injustiça pela lentidão, mas pela injustiça, ou não?

CAL: Sim.

→ ΑΝ. Ἡράκλεις, εὐφήμει, ὦ Σώκρατες. μηδένα τῶν γ᾽ ἐμῶν μήτε οἰκείων μήτε φίλων, μήτε ἀστὸν μήτε ξένον, τοιαύτη μανία λάβοι, ὥστε παρὰ τούτους ἐλθόντα λωβηθῆναι, ἐπεὶ οὗτοί γε φανερά ἐστι λώβη τε καὶ διαφθορὰ τῶν συγγιγνομένων.

Sobre a suspeita relativa à função educativa dos sofistas, ver Platão, *Protágoras*, 316c-317c.

286. Cf. 465c.

287. A legislação é mais bela que a justiça, na medida em que a primeira tem a função de regular e garantir o funcionamento correto das relações entre os homens, enquanto a segunda, a função de corrigir as disfunções do corpo social, quando ocorre justamente a trangressão das leis previamente estabelecidas (S. Pieri, op. cit., p. 489).

ΣΩ. Οὐκοῦν εἴ τις αὐτὸ τοῦτο ἀφαιρεῖ, τὴν ἀδικίαν, οὐδὲν δεινὸν αὐτῷ μήποτε ἀδικηθῇ, ἀλλὰ μόνῳ ἀσφαλὲς ταύτην τὴν εὐεργεσίαν προέσθαι, εἴπερ τῷ ὄντι δύναιτό τις ἀγαθοὺς ποιεῖν. οὐχ οὕτω;

ΚΑΛ. Φημί.

ΣΩ. Διὰ ταῦτ' ἄρα, ὡς ἔοικε, τὰς μὲν ἄλλας συμβουλὰς συμβουλεύειν λαμβάνοντα ἀργύριον, οἷον οἰκοδομίας πέρι ἢ τῶν ἄλλων τεχνῶν, οὐδὲν αἰσχρόν.

ΚΑΛ. Ἔοικέ γε.

ΣΩ. Περὶ δέ γε ταύτης τῆς πράξεως, ὅντιν' ἄν τις τρόπον ὡς βέλτιστος εἴη καὶ ἄριστα τὴν αὐτοῦ οἰκίαν διοικοῖ ἢ πόλιν, αἰσχρὸν νενόμισται μὴ φάναι συμβουλεύειν, ἐὰν μή τις αὐτῷ ἀργύριον διδῷ. ἦ γάρ;

ΚΑΛ. Ναί.

ΣΩ. Δῆλον γὰρ ὅτι τοῦτο αἴτιόν ἐστιν, ὅτι μόνη αὕτη τῶν εὐεργεσιῶν τὸν εὖ παθόντα ἐπιθυμεῖν ποιεῖ ἀντ' εὖ ποιεῖν, ὥστε καλὸν δοκεῖ τὸ σημεῖον εἶναι, εἰ εὖ ποιήσας ταύτην τὴν εὐεργεσίαν ἀντ' εὖ πείσεται· εἰ δὲ μή, οὔ. ἔστι ταῦτα οὕτως ἔχοντα;

ΚΑΛ. Ἔστιν.

ΣΩ. Ἐπὶ ποτέραν οὖν με παρακαλεῖς τὴν θεραπείαν τῆς πόλεως, διόρισόν μοι· τὴν τοῦ διαμάχεσθαι Ἀθηναίοις ὅπως ὡς βέλτιστοι ἔσονται, ὡς ἰατρόν, ἢ ὡς διακονήσοντα καὶ πρὸς χάριν ὁμιλήσοντα; τἀληθῆ μοι εἰπέ, ὦ Καλλίκλεις· δίκαιος γὰρ εἶ, ὥσπερ ἤρξω παρρησιάζεσθαι πρὸς ἐμέ, διατελεῖν ἃ νοεῖς λέγων. καὶ νῦν εὖ καὶ γενναίως εἰπέ.

ΚΑΛ. Λέγω τοίνυν ὅτι ὡς διακονήσοντα.

ΣΩ. Κολακεύσοντα ἄρα με, ὦ γενναιότατε, παρακαλεῖς.

ΚΑΛ. Εἴ σοι Μυσόν γε ἥδιον καλεῖν, ὦ Σώκρατες· ὡς εἰ μὴ ταῦτά γε ποιήσεις—

---

288. Cf. supra nota 254.
289. Sobre a "franqueza" [*parrhēsia*] (παρρησία) de Cálicles, cf. supra notas 135 e 145.
290. Ou seja, do modo mais ofensivo: "adulador" (κολακεύσοντα, 521b1) ao invés de "servil" (διακονήσοντα, 521a8) (E. Dodds, op. cit., p. 368-369). Pieri, →

SOC: Então, se alguém elimina precisamente a injustiça, não há nenhum terrível risco de que ele sofra injustiça algum dia, mas somente ele poderá conceder essa benfeitoria com segurança, se houver alguém realmente capaz de tornar os homens bons. Não é assim?

CAL: É.

SOC: Portanto, é por esse motivo que não é vergonhoso, como parece, oferecer outros tipos de conselhos em troca de dinheiro, como sobre a arquitetura e as demais artes.

CAL: Parece que sim.

SOC: Contudo, a respeito desta ação, do modo pelo qual alguém se tornaria o quanto melhor e administraria a própria casa ou a cidade da melhor forma[288], é considerado vergonhoso recusar oferecer conselhos, se alguém não lhe der dinheiro, não é?

CAL: Sim.

SOC: Pois, evidentemente, a causa é esta: apenas essa benfeitoria faz com que quem sofreu uma boa ação almeje restituí-la, de modo que parece ser um belo sinal sofrer uma boa ação em restituição a uma benfeitoria feita. Porém, se não a sofrer, não o é. É isso o que acontece?

CAL: É.

SOC: Define-me, então, qual o modo de cuidar da cidade a que me exortas, o que luta com os atenienses para que se tornem o quanto melhores, tal como o médico o faz, ou aquele que lhes é servil e se lhes associa visando o deleite? Dize-me a verdade, Cálicles! Pois é justo que, assim como foste franco comigo desde o princípio, termines dizendo o que pensas[289]. E agora, dize-me de forma correta e nobre!

CAL: Pois bem, digo que o modo servil.

SOC: Portanto, nobre homem, tu me exortas ao modo adulador.

CAL: Se te é mais aprazível chamá-lo de Músio, Sócrates[290]; pois se não fizeres isso...

→ contudo, sugere uma leitura diversa: quem se volta ao modo adulador de se fazer política, será um servo do povo como os servos da Mísia (op. cit., p. 490).

ΣΩ. Μὴ εἴπῃς ὃ πολλάκις εἴρηκας, ὅτι ἀποκτενεῖ με ὁ βουλόμενος, ἵνα μὴ αὖ καὶ ἐγὼ εἴπω, ὅτι Πονηρός γε ὢν ἀγαθὸν ὄντα· μηδ' ὅτι ἀφαιρήσεται ἐάν τι ἔχω, ἵνα μὴ αὖ ἐγὼ εἴπω ὅτι 'Αλλ' ἀφελόμενος οὐχ ἕξει ὅτι χρήσεται αὐτοῖς, ἀλλ' ὥσπερ με ἀδίκως ἀφείλετο, οὕτως καὶ λαβὼν ἀδίκως χρήσεται, εἰ δὲ ἀδίκως, αἰσχρῶς, εἰ δὲ αἰσχρῶς, κακῶς.

ΚΑΛ. Ὥς μοι δοκεῖς, ὦ Σώκρατες, πιστεύειν μηδ' ἂν ἓν τούτων παθεῖν, ὡς οἰκῶν ἐκποδὼν καὶ οὐκ ἂν εἰσαχθεὶς εἰς δικαστήριον ὑπὸ πάνυ ἴσως μοχθηροῦ ἀνθρώπου καὶ φαύλου.

ΣΩ. Ἀνόητος ἄρα εἰμί, ὦ Καλλίκλεις, ὡς ἀληθῶς, εἰ μὴ οἴομαι ἐν τῇδε τῇ πόλει ὁντινοῦν ἂν ὅτι τύχοι, τοῦτο παθεῖν. τόδε μέντοι εὖ οἶδ' ὅτι, ἐάνπερ εἰσίω εἰς δικαστήριον περὶ τούτων τινὸς κινδυνεύων, ὃ σὺ λέγεις, πονηρός τίς μ' ἔσται ὁ εἰσάγων—οὐδεὶς γὰρ ἂν χρηστὸς μὴ ἀδικοῦντ' ἄνθρωπον εἰσαγάγοι—καὶ οὐδέν γε ἄτοπον εἰ ἀποθάνοιμι. βούλει σοι εἴπω δι' ὅτι ταῦτα προσδοκῶ;

ΚΑΛ. Πάνυ γε.

ΣΩ. Οἶμαι μετ' ὀλίγων Ἀθηναίων, ἵνα μὴ εἴπω μόνος, ἐπιχειρεῖν τῇ ὡς ἀληθῶς πολιτικῇ τέχνῃ καὶ πράττειν τὰ πολιτικὰ μόνος τῶν νῦν· ἅτε οὖν οὐ πρὸς χάριν λέγων τοὺς λόγους οὓς λέγω ἑκάστοτε, ἀλλὰ πρὸς τὸ βέλτιστον, οὐ πρὸς τὸ ἥδιστον, καὶ οὐκ ἐθέλων ποιεῖν ἃ σὺ παραινεῖς, τὰ κομψὰ

---

291. Cf. 486b; 511a-b.
292. Sobre o vaticínio da morte de Sócrates na boca de Cálicles e a sua função dramática, ver Ensaio Introdutório, 3.III.
293. Sobre Sócrates como verdadeiro homem político, cf. supra notas 187, 199 e 264. Essa imagem é, de certa forma, construída por Platão também na *Apologia*:
"Porventura julgais que eu sobreviveria tantos anos se eu me envolvesse com as ações públicas, se eu agisse como é digno que aja um homem bom em socorro do que é justo, e me dedicasse a isso acima de todas as coisas, como é devido fazer? Longe disso, atenienses, tampouco sobreviveria qualquer outro homem. Eu, contudo, durante toda a minha vida, revelo-me sempre o mesmo, seja quando me envolvi eventualmente com alguma ação pública, seja na minha vida particular: jamais fui condescendente com quem quer que tenha agido contra o justo, nem mesmo com aqueles que meus caluniadores afirmam serem meus discípulos". (32e2-33a5) →

sóc: Não me digas o que já disseste repetidas vezes[291], que minha morte está nas mãos de quem quiser, para que também eu, por minha vez, não responda que "Um vicioso matará um homem bom", nem que ele me furtará se eu tiver alguma propriedade, para que eu, por minha vez, não responda que "Mas se ele me furtar, não saberá usar o que furtou, mas, assim como me roubou injustamente, injustamente usará o que conquistou, e se injustamente, vergonhosamente, e se vergonhosamente, perversamente".

cal: Como tu me pareces, Sócrates, descrer na possibilidade de que tal sorte te acometa, como se fosse longínqua a tua morada e não pudesses ser conduzido ao tribunal pela acusação, talvez, de um homem extremamente torpe e desprezível![292]

sóc: Eu seria, portanto, verdadeiramente estulto, Cálicles, se julgasse que, nessa cidade, ninguém sofreria aquilo a que está suscetível. Todavia, estou seguro de que, se eu tiver de apresentar-me ao tribunal correndo um desses riscos mencionados por ti, o meu acusador será um homem vicioso – pois nenhuma pessoa útil acusaria um homem que não tenha cometido injustiça – e não será absurdo, se eu for condenado à morte. Queres que eu te explique porque espero isso?

cal: Absolutamente.

sóc: Julgo que eu, e mais alguns poucos atenienses – para não dizer apenas eu –, sou o único contemporâneo a empreender a verdadeira arte política e a praticá-la[293]. Assim, visto que não profiro os discursos que profiro em toda ocasião visando o deleite, mas o supremo bem e não o que é mais aprazível, e visto que não desejo fazer "essas sutilezas" aconselhadas por ti[294], eu

→ 'Ἆρ' οὖν ἂν με οἴεσθε τοσάδε ἔτη διαγενέσθαι εἰ ἔπραττον τὰ δημόσια, καὶ πράττων ἀξίως ἀνδρὸς ἀγαθοῦ ἐβοήθουν τοῖς δικαίοις καὶ ὥσπερ χρὴ τοῦτο περὶ πλείστου ἐποιούμην; πολλοῦ γε δεῖ, ὦ ἄνδρες Ἀθηναῖοι· οὐδὲ γὰρ ἂν ἄλλος ἀνθρώπων οὐδείς. ἀλλ' ἐγὼ διὰ παντὸς τοῦ βίου δημοσίᾳ τε εἴ πού τι ἔπραξα τοιοῦτος φανοῦμαι, καὶ ἰδίᾳ ὁ αὐτὸς οὗτος, οὐδενὶ πώποτε συγχωρήσας οὐδὲν παρὰ τὸ δίκαιον οὔτε ἄλλῳ οὔτε τούτων οὐδενὶ οὕς δὴ διαβάλλοντες ἐμέ φασιν ἐμοὺς μαθητὰς εἶναι.

294. Sócrates remete à citação de Cálicles de um verso da tragédia *Antíope* de Eurípides ("deixa para os outros essas sutilezas", ἄλλοις τὰ κομψὰ ταῦτα ἀφείς, 486c6).

ταῦτα, οὐχ ἔξω ὅτι λέγω ἐν τῷ δικαστηρίῳ. ὁ αὐτὸς δέ μοι ἥκει λόγος ὅνπερ πρὸς Πῶλον ἔλεγον· κρινοῦμαι γὰρ ὡς ἐν παιδίοις ἰατρὸς ἂν κρίνοιτο κατηγοροῦντος ὀψοποιοῦ. σκόπει γάρ, τί ἂν ἀπολογοῖτο ὁ τοιοῦτος ἄνθρωπος ἐν τούτοις ληφθείς, εἰ αὐτοῦ κατηγοροῖ τις λέγων ὅτι "Ὦ παῖδες, πολλὰ ὑμᾶς καὶ κακὰ ὅδε εἴργασται ἀνὴρ καὶ αὐτούς, καὶ τοὺς νεωτάτους ὑμῶν διαφθείρει τέμνων τε καὶ κάων, καὶ ἰσχναίνων καὶ πνίγων ἀπορεῖν ποιεῖ, πικρότατα πώματα διδοὺς καὶ πεινῆν καὶ διψῆν ἀναγκάζων, οὐχ ὥσπερ ἐγὼ πολλὰ καὶ ἡδέα καὶ παντοδαπὰ ηὐώχουν ὑμᾶς·" τί ἂν οἴει ἐν τούτῳ τῷ κακῷ ἀποληφθέντα ἰατρὸν ἔχειν εἰπεῖν; ἢ εἰ εἴποι τὴν ἀλήθειαν, ὅτι "Ταῦτα πάντα ἐγὼ ἐποίουν, ὦ παῖδες, ὑγιεινῶς," πόσον τι οἴει ἂν ἀναβοῆσαι τοὺς τοιούτους δικαστάς; οὐ μέγα;

ΚΑΛ. Ἴσως· οἴεσθαί γε χρή.

ΣΩ. Οὐκοῦν οἴει ἐν πάσῃ ἀπορίᾳ ἂν αὐτὸν ἔχεσθαι ὅτι χρὴ εἰπεῖν;

ΚΑΛ. Πάνυ γε.

---

295. Cf. 464d.
296. Essa imagem de Sócrates e, por conseguinte, do filósofo como "médico" (mais especificamente, como "médico da alma") aparece também no diálogo *Protágoras*:
"Cuidado para que o sofista, meu amigo, não nos engane com elogios à sua mercadoria, como aqueles envolvidos com a nutrição do corpo, o mercador e o traficante. Eles próprios, dos produtos que transportam, desconhecem o que é útil ou nocivo ao corpo, elogiando tudo quanto está à venda, como também o desconhecem os seus consumidores, exceto se houver entre eles um treinador ou um médico. Da mesma forma, os mercadores e traficantes de ensinamentos que rondam as cidades elogiam tudo quanto vendem a qualquer um que almeje comprá-lo, mas talvez haja, excelente homem, dentre eles aqueles que ignorem quais de suas mercadorias são úteis ou nocivas à alma, como também o ignoram os seus consumidores, exceto se houver entre eles um médico da alma". (313c7-e2)
καὶ ὅπως γε μή, ὦ ἑταῖρε, ὁ σοφιστὴς ἐπαινῶν ἃ πωλεῖ ἐξαπατήσῃ ἡμᾶς, ὥσπερ οἱ περὶ τὴν τοῦ σώματος τροφήν, ὁ ἔμπορός τε καὶ κάπηλος. καὶ γὰρ οὗτοί πού ὧν ἄγουσιν ἀγωγίμων οὔτε αὐτοὶ ἴσασιν ὅτι χρηστὸν ἢ πονηρὸν περὶ τὸ σῶμα, ἐπαινοῦσιν δὲ πάντα πωλοῦντες, οὔτε οἱ ὠνούμενοι παρ' αὐτῶν, ἐὰν μή τις τύχῃ γυμναστικὸς ἢ ἰατρὸς ὤν. οὕτω δὲ καὶ οἱ τὰ μαθήματα περιάγοντες κατὰ τὰς πόλεις καὶ πωλοῦντες καὶ καπηλεύοντες τῷ ἀεὶ ἐπιθυμοῦντι ἐπαινοῦσιν μὲν πάντα ἃ πωλοῦσιν, τάχα δ' ἄν τινες, ὦ ἄριστε, καὶ τούτων ἀγνοοῖεν ὧν πωλοῦσιν ὅτι χρηστὸν ἢ πονηρὸν πρὸς τὴν ψυχήν· ὡς δ' αὕτως καὶ οἱ ὠνούμενοι παρ' αὐτῶν, ἐὰν μή τις τύχῃ περὶ τὴν ψυχὴν αὖ ἰατρικὸς ὤν.

[521e-522b]

decerto não saberei o que dizer no tribunal. Mas o argumento que me ocorre é o mesmo que expus a Polo[295], pois serei julgado como se fosse um médico a ser julgado em meio a crianças sob a acusação de um cozinheiro[296]. Examina, então! Que defesa poderia fazer um homem como esse surpreendido por tal circunstância, se alguém o acusasse dizendo: "Crianças, esse homem aqui presente cometeu inúmeros males contra vós próprios, e corrompe[297] vossos entes mais jovens lacerando-os e cauterizando-os, e vos deixa embaraçados emagrecendo-vos e sufocando-vos; ele vos oferta as mais acerbas poções e vos constrange à fome e à sede, diferente de mim, que vos empanturrava de toda sorte de coisa aprazível". O que achas que o médico, surpreendido por esse mal, poderia falar? Se ele dissesse a verdade, que "Eu fazia tudo isso, crianças, saudavelmente", que tamanho alarido, segundo a tua opinião, fariam juízes como esses? Não seria enorme?

CAL: Talvez; devemos supor que sim.

SOC: Não julgas, então, que ele ficaria totalmente embaraçado sobre o que deve dizer?

CAL: Absolutamente.

297. A referência ao verbo "corromper" (διαφθείρει, 521e8) nos remete diretamente aos termos da acusação impetrada contra Sócrates por Meleto, Anito e Lícon, conforme os testemunhos de Xenofonte e Platão:

i. Xenofonte, *Memoráveis*, 1.1.1:
"Espantei-me muitas vezes por quais argumentos os acusadores de Sócrates conseguiram persuadir os atenienses de que ele merecia a pena de morte por crime contra a cidade. A acusação contra ele era mais ou menos esta: "Sócrates comete injustiça por não reconhecer os deuses que a cidade reconhece e por introduzir outras novas divindades. Ele também comete injustiça por *corromper* a juventude.""

Πολλάκις ἐθαύμασα τίσι ποτὲ λόγοις Ἀθηναίους ἔπεισαν οἱ γραψάμενοι Σωκράτην ὡς ἄξιος εἴη θανάτου τῇ πόλει. ἡ μὲν γὰρ γραφὴ κατ' αὐτοῦ τοιάδε τις ἦν· ἀδικεῖ Σωκράτης οὓς μὲν ἡ πόλις νομίζει θεοὺς οὐ νομίζων, ἕτερα δὲ καινὰ δαιμόνια εἰσφέρων· ἀδικεῖ δὲ καὶ τοὺς νέους διαφθείρων.

ii. Platão, *Apologia*, 24b6-c1:
"Como se trata de outros acusadores, tomemos novamente o juramento deles. Ei-lo em linhas gerais: afirmam que Sócrates comete injustiça por *corromper* a juventude e por não reconhecer os deuses que a cidade reconhece, mas outras novas divindades".

αὖθις γὰρ δή, ὥσπερ ἑτέρων τούτων ὄντων κατηγόρων, λάβωμεν αὖ τὴν τούτων ἀντωμοσίαν. ἔχει δέ πως ὧδε· Σωκράτη φησὶν ἀδικεῖν τούς τε νέους διαφθείροντα καὶ θεοὺς οὓς ἡ πόλις νομίζει οὐ νομίζοντα, ἕτερα δὲ δαιμόνια καινά.

ΣΩ. Τοιοῦτον μέντοι καὶ ἐγὼ οἶδα ὅτι πάθος πάθοιμι ἂν εἰσελθὼν εἰς δικαστήριον. οὔτε γὰρ ἡδονὰς ἃς ἐκπεπόρικα ἔξω αὐτοῖς λέγειν, ἃς οὗτοι εὐεργεσίας καὶ ὠφελίας νομίζουσιν, ἐγὼ δὲ οὔτε τοὺς πορίζοντας ζηλῶ οὔτε οἷς πορίζεται· ἐάν τέ τίς με ἢ νεωτέρους φῇ διαφθείρειν ἀπορεῖν ποιοῦντα, ἢ τοὺς πρεσβυτέρους κακηγορεῖν λέγοντα πικροὺς λόγους ἢ ἰδίᾳ ἢ δημοσίᾳ, οὔτε τὸ ἀληθὲς ἕξω εἰπεῖν, ὅτι Δικαίως πάντα ταῦτα ἐγὼ λέγω, καὶ πράττω τὸ ὑμέτερον δὴ τοῦτο, ὦ ἄνδρες δικασταί, οὔτε ἄλλο οὐδέν· ὥστε ἴσως, ὅτι ἂν τύχω, τοῦτο πείσομαι.

ΚΑΛ. Δοκεῖ οὖν σοι, ὦ Σώκρατες, καλῶς ἔχειν ἄνθρωπος ἐν πόλει οὕτως διακείμενος καὶ ἀδύνατος ὢν ἑαυτῷ βοηθεῖν;

ΣΩ. Εἰ ἐκεῖνό γε ἓν αὐτῷ ὑπάρχοι, ὦ Καλλίκλεις, ὃ σὺ πολλάκις ὡμολόγησας· εἰ βεβοηθηκὼς εἴη αὑτῷ, μήτε περὶ ἀνθρώπους μήτε περὶ θεοὺς ἄδικον μηδὲν μήτε εἰρηκὼς μήτε εἰργασμένος. αὕτη γάρ τῆς βοηθείας ἑαυτῷ πολλάκις ἡμῖν ὡμολόγηται κρατίστη εἶναι. εἰ μὲν οὖν ἐμέ τις ἐξελέγχοι ταύτην τὴν βοήθειαν ἀδύνατον ὄντα ἐμαυτῷ καὶ ἄλλῳ βοηθεῖν, αἰσχυνοίμην ἂν καὶ ἐν πολλοῖς καὶ ἐν ὀλίγοις ἐξελεγχόμενος καὶ μόνος ὑπὸ μόνου, καὶ εἰ διὰ ταύτην τὴν ἀδυναμίαν ἀποθνῄσκοιμι, ἀγανακτοίην ἄν· εἰ δὲ κολακικῆς ῥητορικῆς ἐνδείᾳ τελευτῴην ἔγωγε, εὖ οἶδα ὅτι ῥᾳδίως ἴδοις ἄν με φέροντα

---

298. Cf. supra nota 297.

299. Na *Apologia,* depois de terem definido a pena de morte para seu caso, Sócrates se recusa a chamar de "juízes" (δικαστὰς, 40a3) aqueles que votaram pela sua condenação, uma vez que eles o condenaram injustamente: pois, na perspectiva de Sócrates, seria uma contradição em termos o fato de um "juiz" [*dikastēs*] (δικαστής) agir de forma injusta. Vejamos as duas passagens:

i. A vós, que sois meus amigos (i.e, os que me absolveram), desejo mostrar o que penso sobre o que há pouco me ocorreu. A mim, ó juízes – pois seria uma denominação correta, se eu vos chamasse de juízes – sucedeu algo admirável. (39e5-40a3)

ὑμῖν γὰρ ὡς φίλοις οὖσιν ἐπιδεῖξαι ἐθέλω τὸ νυνί μοι συμβεβηκὸς τί ποτε νοεῖ. ἐμοὶ γάρ, ὦ ἄνδρες δικασταί–ὑμᾶς γὰρ δικαστὰς καλῶν ὀρθῶς ἂν καλοίην–θαυμάσιόν τι γέγονεν.

ii. Se alguém chegasse ao Hades, depois de ter se livrado desses homens que professam ser juízes, e se deparasse com os verdadeiros juízes, os quais, segundo dizem, também lá proferem julgamentos – Minos, Radamanto, Éaco, Triptólemo e →

SÓC: Sim, estou seguro de que também eu experimentaria uma paixão semelhante se fosse conduzido ao tribunal. Pois não poderei enumerar-lhes os prazeres de que os provi, prazeres que eles consideram benfeitoria e benefício, e tampouco hei de invejar quem lhes provê e quem por eles é provido. Se alguém afirmar que eu corrompo[298] os mais jovens por deixá-los em embaraço, ou que deprecio os mais velhos por proferir-lhes discursos acerbos, quer em privado, quer em público, não poderei dizer nem a verdade, ou seja, que "Tudo o que eu digo é de forma justa, ó juízes[299], e ajo em vosso interesse", nem qualquer outra coisa. Consequentemente, eu sofrerei o que a ocasião requerer.

CAL: Então, parece-te correto, Sócrates, um homem sujeito a essa condição na cidade e incapaz de socorrer a si mesmo?

SÓC: Contanto que ele disponha daquela única coisa, Cálicles, com a qual inúmeras vezes concordaste[300]: que ele tenha socorrido a si mesmo, sem ter incorrido em ações ou discursos injustos referentes a homens ou deuses. Pois havíamos concordado, repetidamente, que essa forma de socorrer a si mesmo é superior a todas as outras. Assim, se alguém me refutasse provando que sou incapaz de prover esse socorro a mim mesmo ou a outra pessoa, seja diante de muitas ou poucas pessoas, seja sozinho por uma só[301], seria eu tomado pela vergonha, e, se em razão dessa incapacidade eu encontrasse a morte, haveria de me enfurecer. Todavia, se eu perdesse a vida por carência de uma retórica aduladora, estou seguro de que

→ os demais semideuses que em vida vieram a ser justos – porventura seria coisa de pouca monta essa viagem? (40e7-41a5)

εἰ γάρ τις ἀφικόμενος εἰς Ἅιδου, ἀπαλλαγεὶς τουτωνὶ τῶν φασκόντων δικαστῶν εἶναι, εὑρήσει τοὺς ὡς ἀληθῶς δικαστάς, οἵπερ καὶ λέγονται ἐκεῖ δικάζειν, Μίνως τε καὶ Ῥαδάμανθυς καὶ Αἰακὸς καὶ Τριπτόλεμος καὶ ἄλλοι ὅσοι τῶν ἡμιθέων δίκαιοι ἐγένοντο ἐν τῷ ἑαυτῶν βίῳ, ἆρα φαύλη ἂν εἴη ἡ ἀποδημία;

300. Cf. 509b-c; 510a.

301. Ou seja, a "refutação" [*elenkhos*] (ἔλεγχος) praticada no tribunal e a "refutação" mediante o diálogo. Sobre a distinção entre as duas formas de *elenchos* e a prioridade da segunda em relação à primeira, cf. *supra* nota 80.

e τὸν θάνατον. αὐτὸ μὲν γὰρ τὸ ἀποθνῄσκειν οὐδεὶς φοβεῖται, ὅστις μὴ παντάπασιν ἀλόγιστός τε καὶ ἄνανδρός ἐστιν, τὸ δὲ ἀδικεῖν φοβεῖται· πολλῶν γὰρ ἀδικημάτων γέμοντα τὴν ψυχὴν εἰς Ἅιδου ἀφικέσθαι πάντων ἔσχατον κακῶν ἐστιν. εἰ δὲ βούλει, σοὶ ἐγώ, ὡς τοῦτο οὕτως ἔχει, ἐθέλω λόγον λέξαι.

ΚΑΛ. Ἀλλ' ἐπείπερ γε καὶ τἆλλα ἐπέρανας, καὶ τοῦτο πέρανον.

523 ΣΩ. Ἄκουε δή, φασί, μάλα καλοῦ λόγου, ὃν σὺ μὲν ἡγήσῃ μῦθον, ὡς ἐγὼ οἶμαι, ἐγὼ δὲ λόγον· ὡς ἀληθῆ γὰρ ὄντα σοι λέξω ἃ μέλλω λέγειν. ὥσπερ γὰρ Ὅμηρος λέγει,

me verias suportar facilmente a morte[302]. Pois ninguém que não seja absolutamente irracional e covarde teme a morte em si; teme, porém, ser injusto, pois o cúmulo de todos os males é a alma chegar ao Hades plena de inúmeros atos injustos. Se quiseres, eu desejo pronunciar um discurso sobre como isso acontece.

CAL: Como já terminaste os demais, termina esse também!

SOC: Então escuta, como dizem, um belíssimo discurso, o qual tu, suponho, terás por um mito, embora eu o tenha por um discurso, pois as coisas que estou prestes a te contar, eu as

---

302. Na *peroração* da *Apologia*, Sócrates censura o comportamento daqueles oradores que apelam às paixões dos juízes para conseguirem absolvição a qualquer preço, fazendo menção a um tipo de prática característica da retórica aduladora nos tribunais:

"Não digo isso a todos vós, mas àqueles que votaram pela pena de morte. A eles, digo ainda o seguinte. Talvez julgueis, atenienses, que eu tenha sido condenado por carência daquele tipo de discurso com o qual eu teria vos persuadido, se eu achasse devido fazer de tudo, quer em palavras ou em ações, para ser absolvido. Longe disso. Fui decerto condenado por carência, mas não de discursos, e sim de audácia, de impudência e de não querer vos dizer aquele gênero de coisas que vos comprazeria ao máximo: lamúrias e gemidos, fazendo e dizendo tudo aquilo que afirmo ser indigno de mim, coisas que estais habituados a ouvir dos outros". (38c7-e2)

λέγω δὲ τοῦτο οὐ πρὸς πάντας ὑμᾶς, ἀλλὰ πρὸς τοὺς ἐμοῦ καταψηφισαμένους θάνατον. λέγω δὲ καὶ τόδε πρὸς τοὺς αὐτοὺς τούτους. ἴσως με οἴεσθε, ὦ ἄνδρες Ἀθηναῖοι, ἀπορίᾳ λόγων ἑαλωκέναι τοιούτων οἷς ἂν ὑμᾶς ἔπεισα, εἰ ᾤμην δεῖν ἅπαντα ποιεῖν καὶ λέγειν ὥστε ἀποφυγεῖν τὴν δίκην. πολλοῦ γε δεῖ. ἀλλ' ἀπορίᾳ μὲν ἑάλωκα, οὐ μέντοι λόγων, ἀλλὰ τόλμης καὶ ἀναισχυντίας καὶ τοῦ μὴ ἐθέλειν λέγειν πρὸς ὑμᾶς τοιαῦτα οἷ' ἂν ὑμῖν μὲν ἥδιστα ἦν ἀκούειν– θρηνοῦντός τέ μου καὶ ὀδυρομένου καὶ ἄλλα ποιοῦντος καὶ λέγοντος πολλὰ καὶ ἀνάξια ἐμοῦ, ὡς ἐγώ φημι, οἷα δὴ καὶ εἴθισθε ὑμεῖς τῶν ἄλλων ἀκούειν.

διενείμαντο τὴν ἀρχὴν ὁ Ζεὺς καὶ ὁ Ποσειδῶν καὶ ὁ Πλούτων, ἐπειδὴ παρὰ τοῦ πατρὸς παρέλαβον. ἦν οὖν νόμος ὅδε περὶ ἀνθρώπων ἐπὶ Κρόνου, καὶ ἀεὶ καὶ νῦν ἔτι ἔστιν ἐν θεοῖς, τῶν ἀνθρώπων τὸν μὲν δικαίως τὸν βίον διελθόντα καὶ

303. Sócrates considera a descrição do julgamento *post mortem* que irá empreender não como "mito" [*muthos*] (μῦθος), mas como "discurso" [*logos*] (λόγος), tendo como critério a verdade contida na narração: ou seja, se ela é verdadeira, então é *logos*, pois o *muthos* seria por natureza falso. Porém em que sentido essa narração seria "verdadeira"? Dodds (op. cit., p. 376-377) sugere que a resposta mais direta para a questão Platão teria dado no *Fédon*, quando Sócrates justifica a seus amigos o sentido do mito escatológico narrado por ele:

"Afirmar com segurança que essas coisas são assim como eu acabei de contar não convém a um homem de senso. Todavia, que é assim, ou algo semelhante, o que concerne às nossas almas e à sua morada, uma vez que a alma é manifestamente imortal, parece-me conveniente considerá-lo, e digno o risco para quem supõe que seja assim – pois é belo o risco". (114d1-6)

Τὸ μὲν οὖν ταῦτα διισχυρίσασθαι οὕτως ἔχειν ὡς ἐγὼ διελήλυθα, οὐ πρέπει νοῦν ἔχοντι ἀνδρί· ὅτι μέντοι ἢ ταῦτ' ἐστὶν ἢ τοιαῦτ' ἄττα περὶ τὰς ψυχὰς ἡμῶν καὶ τὰς οἰκήσεις, ἐπείπερ ἀθάνατόν γε ἡ ψυχὴ φαίνεται οὖσα, τοῦτο καὶ πρέπειν μοι δοκεῖ καὶ ἄξιον κινδυνεῦσαι οἰομένῳ οὕτως ἔχειν–καλὸς γὰρ ὁ κίνδυνος [...].

Seguindo a leitura de Friedländer, Dodds considera o mito platônico como "extrapolação" ou prolongamento de seu projeto filosófico no âmbito do irracional (por isso a posição do "mito" no final do diálogo). Nesse sentido, essa narração do mundo *post mortem* se configuraria como *logos* porque ela seria uma expressão por imagens de uma "verdade de religião", tendo em vista o que Platão diz na *Carta Sétima*:

"Deve-se sempre acreditar verdadeiramente nos discursos antigos e sacros, que nos contam que a alma é imortal, que ela é subjugada a juízes e está sujeita a pagar as maiores penas, quando se liberta do corpo. Por isso, deve-se considerar um mal menor sofrer do que cometer grandes erros e grandes injustiças [...]". (335a2-7)

πείθεσθαι δὲ ὄντως ἀεὶ χρὴ τοῖς παλαιοῖς τε καὶ ἱεροῖς λόγοις, οἳ δὴ μηνύουσιν ἡμῖν ἀθάνατον ψυχὴν εἶναι δικαστάς τε ἴσχειν καὶ τίνειν τὰς μεγίστας τιμωρίας, ὅταν τις ἀπαλλαχθῇ τοῦ σώματος· διὸ καὶ τὰ μεγάλα ἁμαρτήματα καὶ ἀδικήματα σμικρότερον εἶναι χρὴ νομίζειν κακὸν πάσχειν ἢ δρᾶσαι [...].

No entanto, se recorrermos à *República*, encontraremos uma posição diferente de Platão com relação à classificação do "mito" do *Górgias* como *logos*. Vejamos a passagem em que Sócrates discute sobre o modelo de educação a ser adotado para os guardiães da cidade:

"Qual será então a educação? Ou seria difícil descobrir uma melhor do que aquela descoberta já há muito tempo? Ela consiste na ginástica para o corpo, e na música para a alma".

"É isso".

"Porventura não começaremos a educá-los antes pela música do que pela ginástica?"

"E como não?" →

contarei como verdadeiras[303]. Como diz Homero, Zeus, Poseidon e Pluto dividiam o domínio depois que o herdaram do pai[304]. Havia, então, a seguinte lei concernente aos homens no tempo de Crono, lei que sempre houve e que ainda hoje prevalece entre os deuses: o homem cujo curso da vida foi justo e pio,

→ "Na música", disse eu, "tu incluis os discursos, ou não?"
"Incluo".
"E não há duas espécies de discursos, os verdadeiros, de um lado, e os falsos, de outro?"
"Sim".
"E não devemos educá-los em ambos, mas primeiro nos falsos?"
"Não compreendo o que dizes", disse ele.
"Não compreendes", tornei eu, "que contamos primeiro os mitos às crianças? Como um todo, por assim dizer, eles são falsos, embora neles haja verdades. Ministramos às crianças os mitos antes dos exercícios gímnicos".
"É isso".
"Pois bem, era isso o que eu dizia, que se deve ter contato antes com a música do que com a ginástica".
"Correto", disse ele. (376e2-377a11)
Τίς οὖν ἡ παιδεία; ἢ χαλεπὸν εὑρεῖν βελτίω τῆς ὑπὸ τοῦ πολλοῦ χρόνου ηὑρημένης; ἔστιν δέ που ἡ μὲν ἐπὶ σώμασι γυμναστική, ἡ δ' ἐπὶ ψυχῇ μουσική.
Ἔστιν γάρ.
Ἆρ' οὖν οὐ μουσικῇ πρότερον ἀρξόμεθα παιδεύοντες ἢ γυμναστικῇ;
Πῶς δ' οὔ;
Μουσικῆς δ', εἶπον, τιθεῖς λόγους, ἢ οὔ;
Ἔγωγε.
Λόγων δὲ διττὸν εἶδος, τὸ μὲν ἀληθές, ψεῦδος δ' ἕτερον;
Ναί.
Παιδευτέον δ' ἐν ἀμφοτέροις, πρότερον δ' ἐν τοῖς ψευδέσιν;
Οὐ μανθάνω, ἔφη, πῶς λέγεις.
Οὐ μανθάνεις, ἦν δ' ἐγώ, ὅτι πρῶτον τοῖς παιδίοις μύθους λέγομεν; τοῦτο δέ που ὡς τὸ ὅλον εἰπεῖν ψεῦδος, ἔνι δὲ καὶ ἀληθῆ. πρότερον δὲ μύθοις πρὸς τὰ παιδία ἢ γυμνασίοις χρώμεθα.
Ἔστι ταῦτα.
Τοῦτο δὴ ἔλεγον, ὅτι μουσικῆς πρότερον ἁπτέον ἢ γυμναστικῆς.
Ὀρθῶς, ἔφη.

Enquanto *logos*, o "mito" do *Górgias* seria classificado então como "discurso falso", dentre os quais se encontram os *muthoi*. Mas enquanto *muthos*, embora ele seja por natureza falso, ele ainda pode transmitir certas verdades, que podem ser entendidas aqui no sentido de "verdade moral": em outras palavras, *o que* é contado pelos mitos é falso, mas *em vista do que* eles são contados é verdadeiro. J. Adam, contudo, em seu célebre comentário à *República* (p. 110), considera inversamente que a verdade contida no mito referida aqui por Platão diz respeito à verdade histórica, e não à verdade moral.

304. Ver Homero, *Ilíada*, 15.185-192.

ὁσίως, ἐπειδὰν τελευτήσῃ, εἰς μακάρων νήσους ἀπιόντα οἰκεῖν ἐν πάσῃ εὐδαιμονίᾳ ἐκτὸς κακῶν, τὸν δὲ ἀδίκως καὶ ἀθέως εἰς τὸ τῆς τίσεώς τε καὶ δίκης δεσμωτήριον, ὃ δὴ Τάρταρον καλοῦσιν, ἰέναι. τούτων δὲ δικασταὶ ἐπὶ Κρόνου καὶ ἔτι νεωστὶ τοῦ Διὸς τὴν ἀρχὴν ἔχοντος ζῶντες ἦσαν ζώντων, ἐκείνῃ τῇ ἡμέρᾳ δικάζοντες ᾗ μέλλοιεν τελευτᾶν· κακῶς οὖν αἱ δίκαι ἐκρίνοντο. ὅ τε οὖν Πλούτων καὶ οἱ ἐπιμεληταὶ οἱ ἐκ μακάρων νήσων ἰόντες ἔλεγον πρὸς τὸν Δία ὅτι φοιτῷέν σφιν ἄνθρωποι ἑκατέρωσε ἀνάξιοι. εἶπεν οὖν ὁ Ζεύς· "'Αλλ' ἐγώ," ἔφη, "παύσω τοῦτο γιγνόμενον. νῦν μὲν γὰρ κακῶς αἱ δίκαι δικάζονται. ἀμπεχόμενοι γάρ," ἔφη, "οἱ κρινόμενοι κρίνονται· ζῶντες γὰρ κρίνονται. πολλοὶ οὖν," ἦ δ' ὅς, "ψυχὰς πονηρὰς ἔχοντες ἠμφιεσμένοι εἰσὶ σώματά τε καλὰ καὶ γένη καὶ πλούτους, καί, ἐπειδὰν ἡ κρίσις ᾖ, ἔρχονται αὐτοῖς πολλοὶ μάρτυρες, μαρτυρήσοντες ὡς δικαίως βεβιώκασιν· οἱ οὖν δικασταὶ ὑπό τε τούτων ἐκπλήττονται, καὶ ἅμα καὶ αὐτοὶ ἀμπεχόμενοι δικάζουσι, πρὸ τῆς ψυχῆς τῆς αὑτῶν ὀφθαλμοὺς καὶ ὦτα καὶ ὅλον τὸ σῶμα προκεκαλυμμένοι. ταῦτα δὴ αὐτοῖς πάντα ἐπίπροσθεν γίγνεται, καὶ τὰ αὑτῶν ἀμφιέσματα καὶ τὰ τῶν κρινομένων. πρῶτον μὲν οὖν," ἔφη, "παυστέον ἐστὶν προειδότας αὐτοὺς τὸν θάνατον· νῦν γὰρ προΐσασι. τοῦτο μὲν οὖν καὶ δὴ εἴρηται τῷ Προμηθεῖ ὅπως ἂν παύσῃ αὐτῶν. ἔπειτα γυμνοὺς κριτέον ἁπάντων τούτων· τεθνεῶτας γὰρ δεῖ κρίνεσθαι. καὶ τὸν κριτὴν δεῖ γυμνὸν εἶναι, τεθνεῶτα, αὐτῇ τῇ ψυχῇ αὐτὴν τὴν ψυχὴν θεωροῦντα ἐξαίφνης ἀποθανόντος ἑκάστου, ἔρημον πάντων τῶν συγγενῶν καὶ καταλιπόντα ἐπὶ τῆς γῆς πάντα ἐκεῖνον τὸν κόσμον, ἵνα δικαία ἡ κρίσις ᾖ. ἐγὼ μὲν οὖν ταῦτα ἐγνωκὼς πρότερος ἢ ὑμεῖς ἐποιησάμην δικαστὰς ὑεῖς ἐμαυτοῦ, δύο μὲν ἐκ τῆς Ἀσίας, Μίνω τε καὶ Ῥαδάμανθυν,

---

305. Morada dos heróis (ver Hesíodo, *Os Trabalhos e os Dias*, vv. 166-173) e dos homens bons em geral (ver Píndaro, *Olímpicas*, 2.68-72; Platão, *República*, VII, 540b-c).

306. Em Homero, apenas os Titãs habitavam o Tártaro (*Ilíada*, 8.478-ss.), mas no séc. v a.C. havia a crença de que criminosos poderiam ser enviados para lá, como indica, por exemplo, o temor de Orestes na tragédia de Eurípides (*Orestes*, vv. 264-265). →

quando morresse iria para a Ilha dos Venturosos[305] e lá habitaria em absoluta felicidade e apartado dos males, enquanto o homem de uma vida injusta e ímpia iria para o cárcere do desagravo e da justiça, cujo nome é Tártaro[306]. Quer na época de Crono, quer na mais recente, quando Zeus passou a exercer o domínio, os juízes, ainda vivos, julgavam esses homens em vida, no dia de sua iminente morte, e, por esse motivo, os processos eram mal julgados. Pluto e os guardiões da Ilha dos Venturosos se dirigiram, então, a Zeus e lhe disseram que a ambos os lugares chegavam homens iméritos de sua sorte. E Zeus lhes disse: "Mas eu impedirei que isso aconteça. Pois hoje os processos são mal julgados porque quem julga", disse ele, "julga vestido, porque o faz em vida. Muitos", disse, "cuja alma é viciosa, estão vestidos em belos corpos, progênies e riquezas, e, no instante do julgamento, acompanham-nos inúmeras testemunhas para testemunhar a vida justa que cumpriram[307]. Os juízes, assim, aturdem-se com isso, ao mesmo tempo em que julgam vestidos, com a alma encoberta por olhos, ouvidos e pelo corpo inteiro. Todas essas coisas lhes são de obstáculos, quer as suas próprias vestes, quer as dos julgados. Em primeiro lugar, então", disse ele, "é preciso impedir que eles tenham a presciência da morte, visto que hoje a possuem. Prometeu, de fato, já havia me dito para acabar com isso[308]. Em seguida, é preciso julgá-los desnudados de todas essas coisas, pois o julgamento deve ser feito quando mortos. Também o juiz deve estar nu, já morto, e perscrutar, com sua própria alma, a própria alma de cada um assim que morrer, privado de sua família inteira e despojado de todo aquele ornato enjeitado na terra, para que, enfim, o julgamento seja justo. Então eu, ciente disso antes de vós, determinei como juízes meus filhos, dois da Ásia, Minos e Radamanto, e um da

→ Segundo Aristóteles nos *Segundos Analíticos* (94b33), o Tártaro fazia parte do conjunto de crenças pitagóricas (E. Dodds, op. cit., p. 377).

307. O procedimento do tribunal *post mortem* antes da reforma feita por Zeus reflete os mesmos problemas dos tribunais de Atenas, conforme a descrição presente no próprio *Górgias* (471e; 475e-476a) (T. Irwin, op. cit., p. 243).

308. Ver Ésquilo, *Prometeu Prisioneiro*, v. 248.

524 ἕνα δὲ ἐκ τῆς Εὐρώπης, Αἰακόν· οὗτοι οὖν ἐπειδὰν τελευτήσωσι, δικάσουσιν ἐν τῷ λειμῶνι, ἐν τῇ τριόδῳ ἐξ ἧς φέρετον τὼ ὁδώ, ἡ μὲν εἰς μακάρων νήσους, ἡ δ' εἰς Τάρταρον. καὶ τοὺς μὲν ἐκ τῆς Ἀσίας Ῥαδάμανθυς κρινεῖ, τοὺς δὲ ἐκ τῆς Εὐρώπης Αἰακός· Μίνῳ δὲ πρεσβεῖα δώσω ἐπιδιακρίνειν, ἐὰν ἀπορῆτόν τι τὼ ἑτέρω, ἵνα ὡς δικαιοτάτη ἡ κρίσις ᾖ περὶ τῆς πορείας τοῖς ἀνθρώποις."

b Ταῦτ' ἔστιν, ὦ Καλλίκλεις, ἃ ἐγὼ ἀκηκοὼς πιστεύω ἀληθῆ εἶναι· καὶ ἐκ τούτων τῶν λόγων τοιόνδε τι λογίζομαι συμβαίνειν. ὁ θάνατος τυγχάνει ὤν, ὡς ἐμοὶ δοκεῖ, οὐδὲν ἄλλο ἢ δυοῖν πραγμάτοιν διάλυσις, τῆς ψυχῆς καὶ τοῦ σώματος, ἀπ' ἀλλήλοιν· ἐπειδὰν δὲ διαλυθῆτον ἄρα ἀπ' ἀλλήλοιν, οὐ πολὺ ἧττον ἑκάτερον αὐτοῖν ἔχει τὴν ἕξιν τὴν αὑτοῦ ἥνπερ καὶ ὅτε ἔζη ὁ ἄνθρωπος, τό τε σῶμα τὴν φύσιν τὴν αὑτοῦ καὶ τὰ θεραπεύματα καὶ τὰ παθήματα ἔνδηλα

c πάντα. οἷον εἴ τινος μέγα ἦν τὸ σῶμα φύσει ἢ τροφῇ ἢ ἀμφότερα ζῶντος, τούτου καὶ ἐπειδὰν ἀποθάνῃ ὁ νεκρὸς μέγας, καὶ εἰ παχύς, παχὺς καὶ ἀποθανόντος, καὶ τἆλλα οὕτως· καὶ εἰ αὖ ἐπετήδευε κομᾶν, κομήτης τούτου καὶ ὁ νεκρός. μαστιγίας αὖ εἴ τις ἦν καὶ ἴχνη εἶχε τῶν πληγῶν οὐλὰς ἐν τῷ σώματι ἢ ὑπὸ μαστίγων ἢ ἄλλων τραυμάτων ζῶν, καὶ τεθνεῶτος τὸ σῶμα ἔστιν ἰδεῖν ταῦτα ἔχον· ἢ κατεαγότα εἴ του ἦν μέλη ἢ διεστραμμένα ζῶντος, καὶ

d τεθνεῶτος ταὐτὰ ταῦτα ἔνδηλα. ἑνὶ δὲ λόγῳ, οἷος εἶναι παρεσκεύαστο τὸ σῶμα ζῶν, ἔνδηλα ταῦτα καὶ τελευτήσαντος ἢ πάντα ἢ τὰ πολλὰ ἐπί τινα χρόνον. ταὐτὸν δή μοι δοκεῖ

---

309. Platão, *Fédon*, 64c1-9:
"Falemos entre nós mesmos", disse [Sócrates], "e dispensemos aqueles homens. Consideramos que a morte é alguma coisa?"
"Absolutamente", disse Símias, tendo compreendido a pergunta.
"Por acaso seria algo diferente da separação entre a alma e o corpo? E estar morto não seria isto: de um lado, o corpo, tendo se separado da alma, vir a ser ele próprio em si mesmo, e, de outro, a alma, tendo se separado do corpo, ser ela própria em si mesma? Por acaso seria a morte algo diferente disso?"
"Não, é isso mesmo", respondeu.   →

Europa, Éaco. Eles, quando estiverem mortos, realizarão os julgamentos no prado, na tripla encruzilhada onde se bifurcam duas estradas, uma para a Ilha dos Venturosos, e a outra para o Tártaro. Radamanto julgará os que vierem da Ásia, enquanto Éaco, os da Europa; a Minos, por sua vez, concederei o privilégio de julgar em última instância, se um ou outro não souber como fazê-lo, a fim de que o julgamento sobre o percurso dos homens seja o quanto mais justo".

Isso é o que eu, Cálicles, depois de ter ouvido, creio que seja verdade; e desses discursos, calculo que sejam estas as suas consequências. A morte consiste, como me parece, simplesmente na separação de duas coisas, da alma e do corpo, uma da outra[309]. Quando, então, se separam, cada uma delas conserva o seu estado muito próximo daquele que possuíam quando o homem ainda vivia. O corpo mantém manifestos a sua própria natureza e todos os cuidados e afecções: por exemplo, se o corpo de alguém em vida fosse grande por natureza, ou por nutrição, ou por ambas as coisas, quando morresse, seria um cadáver grande, e se fosse gordo, seria gordo também quando morresse, e assim por diante; se, por sua vez, cultivasse longos cabelos, seu cadáver também os conservaria. Se fosse um criminoso em vida e tivesse como marcas no corpo as cicatrizes das pancadas, seja dos açoites ou das úlceras, depois de morto seria possível vê-las impressas no corpo, ou, se tivesse em vida os membros fissurados ou retorcidos, depois de morto coisas desse gênero também estariam manifestas. Em suma: quaisquer disposições que o corpo tenha adquirido em vida, todas, ou a sua maior parte, estarão manifestas também depois da morte por certo

---

→ "εἴπωμεν γάρ, ἔφη, πρὸς ἡμᾶς αὐτούς, χαίρειν εἰπόντες ἐκείνοις· ἡγούμεθά τι τὸν θάνατον εἶναι;

Πάνυ γε, ἔφη ὑπολαβὼν ὁ Σιμμίας.

Ἆρα μὴ ἄλλο τι ἢ τὴν τῆς ψυχῆς ἀπὸ τοῦ σώματος ἀπαλλαγήν; καὶ εἶναι τοῦτο τὸ τεθνάναι, χωρὶς μὲν ἀπὸ τῆς ψυχῆς ἀπαλλαγὲν αὐτὸ καθ' αὑτὸ τὸ σῶμα γεγονέναι, χωρὶς δὲ τὴν ψυχὴν [ἀπὸ] τοῦ σώματος ἀπαλλαγεῖσαν αὐτὴν καθ' αὑτὴν εἶναι; ἆρα μὴ ἄλλο τι ἢ ὁ θάνατος ἢ τοῦτο;

Οὔκ, ἀλλὰ τοῦτο, ἔφη.

τοῦτ' ἄρα καὶ περὶ τὴν ψυχὴν εἶναι, ὦ Καλλίκλεις· ἔνδηλα πάντα ἐστὶν ἐν τῇ ψυχῇ, ἐπειδὰν γυμνωθῇ τοῦ σώματος, τά τε τῆς φύσεως καὶ τὰ παθήματα ἃ διὰ τὴν ἐπιτήδευσιν ἑκάστου πράγματος ἔσχεν ἐν τῇ ψυχῇ ὁ ἄνθρωπος. ἐπειδὰν οὖν ἀφίκωνται παρὰ τὸν δικαστήν, οἱ μὲν ἐκ τῆς Ἀσίας παρὰ τὸν Ῥαδάμανθυν, ὁ Ῥαδάμανθυς ἐκείνους ἐπιστήσας θεᾶται ἑκάστου τὴν ψυχήν, οὐκ εἰδὼς ὅτου ἐστίν, ἀλλὰ πολλάκις τοῦ μεγάλου βασιλέως ἐπιλαβόμενος ἢ ἄλλου ὁτουοῦν βασιλέως ἢ δυνάστου κατεῖδεν οὐδὲν ὑγιὲς ὂν τῆς ψυχῆς, ἀλλὰ διαμεμαστιγωμένην καὶ οὐλῶν μεστὴν ὑπὸ ἐπιορκιῶν καὶ ἀδικίας, ἃ ἑκάστη ἡ πρᾶξις αὐτοῦ ἐξωμόρξατο εἰς τὴν ψυχήν, καὶ πάντα σκολιὰ ὑπὸ ψεύδους καὶ ἀλαζονείας καὶ οὐδὲν εὐθὺ διὰ τὸ ἄνευ ἀληθείας τεθράφθαι· καὶ ὑπὸ ἐξουσίας καὶ τρυφῆς καὶ ὕβρεως καὶ ἀκρατίας τῶν πράξεων ἀσυμμετρίας τε καὶ αἰσχρότητος γέμουσαν τὴν ψυχὴν εἶδεν· ἰδὼν δὲ ἀτίμως ταύτην ἀπέπεμψεν εὐθὺ τῆς φρουρᾶς, οἷ μέλλει ἐλθοῦσα ἀνατλῆναι τὰ προσήκοντα πάθη. προσήκει δὲ παντὶ τῷ ἐν τιμωρίᾳ ὄντι, ὑπ' ἄλλου ὀρθῶς τιμωρουμένῳ, ἢ βελτίονι γίγνεσθαι καὶ ὀνίνασθαι ἢ παραδείγματι τοῖς ἄλλοις γίγνεσθαι, ἵνα ἄλλοι ὁρῶντες πάσχοντα

---

310. Platão recupera aqui uma ideia antiga e difundida na Grécia de que os mortos, quando aparecem para os vivos, trazem consigo as marcas e cicatrizes físicas adquiridas em vida (E. Dodds, op. cit., p. 379), como vemos, por exemplo, no Livro XI da *Odisseia*, quando Odisseu visita o Hades:
   Muitos deles, feridos por lanças de bronze,
   Homens vítimas de Ares, de armas encrustadas de sangue.
   (vv. 40-41)
      πολλοὶ δ' οὐτάμενοι χαλκήρεσιν ἐγχείῃσιν,
      ἄνδρες ἀρηΐφατοι, βεβροτωμένα τεύχε' ἔχοντες·
311. Cf. supra nota 71.
312. Sobre a dinastia e a realeza, cf. supra nota 98.

tempo³¹⁰. Portanto, parece-me que o mesmo sucede à alma, Cálicles: quando desnudada do corpo, todas essas coisas estão manifestas nela, seja o que concerne à sua natureza, seja as afecções que o homem possui na alma mediante cada atividade. Quando se apresentam, então, ao juiz – os provenientes da Ásia, a Radamanto –, Radamanto os detém e contempla a alma de cada um sem saber de quem ela é; não raro apoderou-se do Grande Rei³¹¹, ou de qualquer outro rei ou dinasta³¹², e observou que nada em sua alma era saudável, mas que ela foi açoitada e estava plena de cicatrizes pelos perjuros e pela injustiça, cujas marcas foram impressas na alma por cada uma de suas ações. Ele observou que a mentira e a jactância deixaram tudo contorcido e que nenhuma retidão havia porque fora criada apartada da verdade; e viu que, pelo poder ilimitado, pela luxúria, pela desmedida e pela incontinência de suas ações³¹³, a alma estava plena de assimetria³¹⁴ e vergonha. Depois de ter visto tais coisas, ele a enviou desonrada³¹⁵ direto à prisão, aonde se dirigiu pronta para suportar os sofrimentos que lhe cabiam.

Cabe a todos os que estão sujeitos ao desagravo, cujo desagravo por parte de outrem seja correto, tornarem-se melhores e obterem alguma vantagem, ou tornarem-se modelo aos demais, para que estes últimos, quando virem seu sofrimento,

---

313. Essa é a censura final de Sócrates, na perspectiva mitológica, ao ideal de "virtude" [*aretē*] apregoado por Cálicles anteriormente ("luxúria, intemperança e liberdade, uma vez asseguradas, são virtude e felicidade", τρυφὴ καὶ ἀκολασία καὶ ἐλευθερία, ἐὰν ἐπικουρίαν ἔχῃ, τοῦτ᾽ ἐστὶν ἀρετὴ καὶ εὐδαιμονία, 492c4-6). Vale notar, contudo, que ao invés de "liberdade", Sócrates se refere aqui a "poder ilimitado" (ἐξουσίας, 525a4), e ao invés de "intemperança", à "incontinência" (ἀκρατίας, 525a4).
314. Como foi sublinhado por Sócrates anteriormente, "assimetria" (ἀσυμμετρίας, 525a5) implica ausência de medida e de proporção (508a), e, portanto, ausência de ordem (503d-504d) (T. Irwin, op. cit., p. 244).
315. Sócrates responde aqui a um dos pontos da invectiva de Cálicles contra o filósofo e a filosofia (486c). Sobre a "desonra" [*atimia*] (ἀτιμία), cf. supra nota 132.

ἃ ἂν πάσχῃ φοβούμενοι βελτίους γίγνωνται. εἰσὶν δὲ οἱ μὲν ὠφελούμενοί τε καὶ δίκην διδόντες ὑπὸ θεῶν τε καὶ ἀνθρώπων οὗτοι οἳ ἂν ἰάσιμα ἁμαρτήματα ἁμάρτωσιν· ὅμως δὲ δι' ἀλγηδόνων καὶ ὀδυνῶν γίγνεται αὐτοῖς ἡ ὠφελία καὶ ἐνθάδε καὶ ἐν Ἅιδου· οὐ γὰρ οἷόν τε ἄλλως ἀδικίας ἀπαλ-
c λάττεσθαι. οἳ δ' ἂν τὰ ἔσχατα ἀδικήσωσι καὶ διὰ τὰ τοιαῦτα ἀδικήματα ἀνίατοι γένωνται, ἐκ τούτων τὰ παραδείγματα γίγνεται, καὶ οὗτοι αὐτοὶ μὲν οὐκέτι ὀνίνανται οὐδέν, ἅτε ἀνίατοι ὄντες, ἄλλοι δὲ ὀνίνανται οἱ τούτους ὁρῶντες διὰ τὰς ἁμαρτίας τὰ μέγιστα καὶ ὀδυνηρότατα καὶ φοβερώτατα πάθη πάσχοντας τὸν ἀεὶ χρόνον, ἀτεχνῶς παραδείγματα ἀνηρτημένους ἐκεῖ ἐν Ἅιδου ἐν τῷ δεσμωτηρίῳ, τοῖς ἀεὶ τῶν ἀδίκων ἀφικνουμένοις θεάματα καὶ νουθετήματα.
d ὧν ἐγώ φημι ἕνα καὶ Ἀρχέλαον ἔσεσθαι, εἰ ἀληθῆ λέγει Πῶλος, καὶ ἄλλον ὅστις ἂν τοιοῦτος τύραννος ᾖ· οἶμαι δὲ καὶ τοὺς πολλοὺς εἶναι τούτων τῶν παραδειγμάτων ἐκ τυράννων καὶ βασιλέων καὶ δυναστῶν καὶ τὰ τῶν πόλεων πραξάντων γεγονότας· οὗτοι γὰρ διὰ τὴν ἐξουσίαν μέγιστα καὶ ἀνοσιώτατα ἁμαρτήματα ἁμαρτάνουσι. μαρτυρεῖ δὲ τούτοις καὶ Ὅμηρος· βασιλέας γὰρ καὶ δυνάστας ἐκεῖνος πεποίηκεν
e τοὺς ἐν Ἅιδου τὸν ἀεὶ χρόνον τιμωρουμένους, Τάνταλον καὶ Σίσυφον καὶ Τιτυόν· Θερσίτην δέ, καὶ εἴ τις ἄλλος πονηρὸς

---

316. A mesma função atribuída à punição aqui por Sócrates encontramos salientada pela personagem Protágoras, no mito sobre a gênese e a função da justiça presente no diálogo homônimo. Vejamos a passagem:
"Se quiseres refletir sobre a punição, Sócrates, sobre o que ela é capaz de fazer com quem cometeu injustiça, ela mesma te ensinará que os homens consideram que a virtude pode ser adquirida. Pois ninguém, cujo desagravo não seja irracional como se fosse um animal, pune quem cometeu injustiça com a mente fixa nisto e em vista disto, ou seja, porque alguém cometeu injustiça; quem busca punir de forma racional pune não em vista do ato injusto já consumado – pois o que foi feito já aconteceu –, mas em vista do futuro, a fim de que ninguém torne a cometer injustiça, seja a pessoa punida, seja quem a viu ser punida. (324a3-b5)
εἰ γὰρ ἐθέλεις ἐννοῆσαι τὸ κολάζειν, ὦ Σώκρατες, τοὺς ἀδικοῦντας τί ποτε δύναται, αὐτό σε διδάξει ὅτι οἵ γε ἄνθρωποι ἡγοῦνται παρασκευαστὸν εἶναι ἀρετήν. οὐδεὶς γὰρ κολάζει τοὺς ἀδικοῦντας πρὸς τούτῳ τὸν νοῦν ἔχων καὶ τούτου →

fiquem amedrontados e se tornem melhores[316]. Mas os que são beneficiados e que recebem a justa pena infligida por deuses e homens são aqueles que cometeram erros curáveis; contudo, é por meio de sofrimentos e dores que eles são beneficiados, aqui como no Hades, pois não há outro modo de se livrarem da injustiça. Por outro lado, os que cometeram as injustiças mais extremas e tornaram-se incuráveis devido a esses atos injustos, tornam-se modelo, embora eles próprios jamais possam obter alguma vantagem porque são incuráveis[317]. Não obstante, são os outros que obtêm alguma vantagem disso, aqueles que os veem experimentar, ininterruptamente, os maiores, os mais dolorosos e os mais temíveis sofrimentos por causa de seus erros, dependurados no cárcere de Hades como simples modelo, espetáculo e advertência para os injustos que ali chegam a todo instante. Eu afirmo que Arquelau[318], inclusive, será um deles, se for verdadeiro o relato de Polo[319], e qualquer outro tirano que se lhe assemelhe. Creio também que a maior parte desses modelos provém de tiranos, reis, dinastas[320] e dos envolvidos com as ações da cidade, pois eles incorrem nos maiores e mais ímpios erros por causa de seu poder ilimitado. Homero é testemunha disso, pois ele fez reis e dinastas sujeitos ininterruptamente ao desagravo no Hades, como Tântalo, Sísifo e Tício[321];

→ ἕνεκα, ὅτι ἠδίκησεν, ὅστις μὴ ὥσπερ θηρίον ἀλογίστως τιμωρεῖται· ὁ δὲ μετὰ λόγου ἐπιχειρῶν κολάζειν οὐ τοῦ παρεληλυθότος ἕνεκα ἀδικήματος τιμωρεῖται – οὐ γὰρ ἂν τό γε πραχθὲν ἀγένητον θείη – ἀλλὰ τοῦ μέλλοντος χάριν, ἵνα μὴ αὖθις ἀδικήσῃ μήτε αὐτὸς οὗτος μήτε ἄλλος ὁ τοῦτον ἰδὼν κολασθέντα.

317. As almas "incuráveis" (ἀνίατοι, 525c2), para as quais as punições são ineficazes, também aparecem no Mito de Er da *República* (ἀνιάτως, X, 615e3) e no mito do *Fédon* (ἀνιάτως, 113e2). Sobre Cálicles como exemplo de uma alma "incurável", ver Ensaio Introdutório, 4.IV.

318. Sobre Arquelau da Macedônia, cf. supra nota 70.

319. Cf. 471a-c.

320. Sobre a diferença entre tirania, dinastia e realeza, cf. supra nota 98.

321. Sobre os sofrimentos de Tântalo no Hades, ver Homero, *Odisseia*, 11.583-93; sobre os sofrimentos de Sísifo no Hades, ver Homero, *Odisseia*, 11.593-600; sobre os sofrimentos de Tício no Hades, ver Homero, *Odisseia*, 11.576-581.

ἦν ἰδιώτης, οὐδεὶς πεποίηκεν μεγάλαις τιμωρίαις συνεχόμενον ὡς ἀνίατον—οὐ γὰρ οἶμαι ἐξῆν αὐτῷ· διὸ καὶ εὐδαιμονέστερος ἦν ἢ οἷς ἐξῆν—ἀλλὰ γάρ, ὦ Καλλίκλεις, ἐκ τῶν δυναμένων εἰσὶ καὶ οἱ σφόδρα πονηροὶ γιγνόμενοι ἄνθρωποι· οὐδὲν μὴν κωλύει καὶ ἐν τούτοις ἀγαθοὺς ἄνδρας ἐγγίγνεσθαι, καὶ σφόδρα γε ἄξιον ἄγασθαι τῶν γιγνομένων· χαλεπὸν γάρ, ὦ Καλλίκλεις, καὶ πολλοῦ ἐπαίνου ἄξιον ἐν μεγάλῃ ἐξουσίᾳ τοῦ ἀδικεῖν γενόμενον δικαίως διαβιῶναι. ὀλίγοι δὲ γίγνονται οἱ τοιοῦτοι· ἐπεὶ καὶ ἐνθάδε καὶ ἄλλοθι γεγόνασιν, οἶμαι δὲ καὶ ἔσονται καλοὶ κἀγαθοὶ ταύτην τὴν ἀρετὴν τὴν τοῦ δικαίως διαχειρίζειν ἃ ἄν τις ἐπιτρέπῃ· εἷς δὲ καὶ πάνυ ἐλλόγιμος γέγονεν καὶ εἰς τοὺς ἄλλους Ἕλληνας, Ἀριστείδης ὁ Λυσιμάχου· οἱ δὲ πολλοί, ὦ ἄριστε, κακοὶ γίγνονται τῶν δυναστῶν. ὅπερ οὖν ἔλεγον, ἐπειδὰν ὁ Ῥαδάμανθυς ἐκεῖνος τοιοῦτόν τινα λάβῃ, ἄλλο μὲν περὶ αὐτοῦ οὐκ οἶδεν οὐδέν, οὔθ' ὅστις οὔθ' ὧντινων, ὅτι δὲ πονηρός τις· καὶ τοῦτο κατιδὼν ἀπέπεμψεν εἰς Τάρταρον, ἐπισημηνάμενος, ἐάντε ἰάσιμος ἐάντε ἀνίατος δοκῇ εἶναι· ὁ δὲ ἐκεῖσε ἀφικόμενος

---

322. Tersites aparece na *Ilíada* como uma personagem moral e fisicamente débil, uma espécie de "anti-herói". Tinha o costume de insultar indecorosamente os reis para fazer rir os guerreiros. Esta é a sua descrição em Homero:
    Era o homem mais feio da expedição de Troia:
    Tinha as pernas tortas e era manco de um pé; os ombros
    Curvos comprimiam-se sobre o peito e, em cima deles,
    O crânio, em ponta, pendia, onde pouco cabelo se assentava.
    Era sobretudo odioso a Aquiles e a Odisseu. (2.216-220)
    αἴσχιστος δὲ ἀνὴρ ὑπὸ Ἴλιον ἦλθε·
    φολκὸς ἔην, χωλὸς δ' ἕτερον πόδα· τὼ δέ οἱ ὤμω
    κυρτὼ ἐπὶ στῆθος συνοχωκότε· αὐτὰρ ὕπερθε
    φοξὸς ἔην κεφαλήν, ψεδνὴ δ' ἐπενήνοθε λάχνη.
    ἔχθιστος δ' Ἀχιλῆϊ μάλιστ' ἦν ἠδ' Ὀδυσῆϊ·
Tersites também é referido no Mito de Er da *República* (X, 620c), escolhendo a vida de um macaco para renascer.

323. Aristides pode ter sido o general na vitória dos atenienses sobre os persas na batalha de Maratona em 490/489 a.C., como afirma Plutarco (*Aristides*, 1.1), mas foi seguramente o arconte epônimo em 489/488 a.C. (IG I 1031.23, catálogo dos arcontes; e o Mármore Pário, FGrH 239 A 49). Foi condenado ao ostracismo em 482 a.C. (Escólios Aristófanes, *Os Cavaleiros*, 855; Aristóteles, *Constituição de Atenas*, 22.7), mas foi chamado de volta para comandar a vitória das forças atenienses sobre os persas na batalha de Salamina em 480 a.C. (Heródoto, 8.95). Aristides foi de certo →

Tersites[322], no entanto, ou qualquer outro homem comum que seja vicioso, ninguém o fez submetido a grandes desagravos como se fosse incurável, pois, julgo eu, ele não possuía esse poder ilimitado; eis por que era mais feliz do que quem o possuía. Certamente, é dentre os poderosos, Cálicles, que surgem os homens fortemente viciosos. Todavia, nada impede que entre eles também surjam homens bons, e, quando isso acontece, merecem enorme admiração; pois é difícil, Cálicles, e digno de inúmeros elogios, que alguém disponha de poder ilimitado para cometer injustiças e leve uma vida inteira justa. Homens desse tipo são poucos, mas aqui e ali eles têm surgido e serão, julgo eu, homens belos e bons no tocante à virtude de gerir de forma justa o que alguém lhes confia. Houve apenas um que fora muito estimado, até mesmo pelos outros helenos, Aristides, filho de Lisímaco[323], mas a maioria dos dinastas, excelente homem, torna-se má. Pois bem, como eu dizia[324], quando aquele Radamanto se apodera de um homem desse tipo, não sabe nada a respeito dele, nem quem ele é, nem a sua progênie, mas apenas que ele é vicioso. Quando observa isso, ele o envia para o Tártaro com um signo[325] indicando se ele parece ser curável ou

→ modo o mentor de Címon II (Plutarco, *Címon*, 5.4) e trabalhou junto a Temístocles na reconstrução das forças atenienses. Serviu como embaixador em Esparta em 478/477 a.C. (Tucídides, 1.91.3; Aristóteles, *Constituição de Atenas*, 23.3). Morreu por volta de 467 a.C. (D. Nails, op. cit., p. 47-49).

324. Cf. 524e.

325. Platão, *República*, x, 614b8-d1:
"Disse que, quando sua alma partira, ela viajou junto com muitas outras; e chegaram num lugar extraordinário, onde, na terra, havia dois abismos contíguos e, no céu, por sua vez, na parte superior, dois outros, do lado oposto. Havia juízes sentados entre um e outro que, depois de julgarem, ordenavam que os justos seguissem a via superior da direita através do céu, atando os *signos* dos julgamentos na frente, ao passo que os injustos, a via inferior da esquerda, portando também esses, na parte de trás, os signos de tudo o que haviam feito".

ἔφη δέ, ἐπειδὴ οὗ ἐκβῆναι, τὴν ψυχὴν πορεύεσθαι μετὰ πολλῶν, καὶ ἀφικνεῖσθαι σφᾶς εἰς τόπον τινὰ δαιμόνιον, ἐν ᾧ τῆς τε γῆς δύ' εἶναι χάσματα ἐχομένω ἀλλήλοιν καὶ τοῦ οὐρανοῦ αὖ ἐν τῷ ἄνω ἄλλα καταντικρύ. δικαστὰς δὲ μεταξὺ τούτων καθῆσθαι, οὕς, ἐπειδὴ διαδικάσειαν, τοὺς μὲν δικαίους κελεύειν πορεύεσθαι τὴν εἰς δεξιάν τε καὶ ἄνω διὰ τοῦ οὐρανοῦ, σημεῖα περιάψαντας τῶν δεδικασμένων ἐν τῷ πρόσθεν, τοὺς δὲ ἀδίκους τὴν εἰς ἀριστεράν τε καὶ κάτω, ἔχοντας καὶ τούτους ἐν τῷ ὄπισθεν σημεῖα πάντων ὧν ἔπραξαν.

τὰ προσήκοντα πάσχει. ἐνίοτε δ' ἄλλην εἰσιδὼν ὁσίως βεβιωκυῖαν καὶ μετ' ἀληθείας, ἀνδρὸς ἰδιώτου ἢ ἄλλου τινός, μάλιστα μέν, ἔγωγέ φημι, ὦ Καλλίκλεις, φιλοσόφου τὰ αὑτοῦ πράξαντος καὶ οὐ πολυπραγμονήσαντος ἐν τῷ βίῳ, ἠγάσθη τε καὶ ἐς μακάρων νήσους ἀπέπεμψε. ταὐτὰ δὲ ταῦτα καὶ ὁ Αἰακός—ἑκάτερος τούτων ῥάβδον ἔχων δικάζει—ὁ δὲ Μίνως ἐπισκοπῶν κάθηται, μόνος ἔχων χρυσοῦν σκῆπτρον, ὥς φησιν Ὀδυσσεὺς ὁ Ὁμήρου ἰδεῖν αὐτὸν—

χρύσεον σκῆπτρον ἔχοντα, θεμιστεύοντα νέκυσσιν.

ἐγὼ μὲν οὖν, ὦ Καλλίκλεις, ὑπό τε τούτων τῶν λόγων πέπεισμαι, καὶ σκοπῶ ὅπως ἀποφανοῦμαι τῷ κριτῇ ὡς ὑγιεστάτην τὴν ψυχήν· χαίρειν οὖν ἐάσας τὰς τιμὰς τὰς τῶν πολλῶν ἀνθρώπων, τὴν ἀλήθειαν ἀσκῶν πειράσομαι τῷ ὄντι ὡς ἂν δύνωμαι βέλτιστος ὢν καὶ ζῆν καὶ ἐπειδὰν ἀποθνῄσκω ἀποθνῄσκειν. παρακαλῶ δὲ καὶ τοὺς ἄλλους πάντας ἀνθρώπους, καθ' ὅσον δύναμαι, καὶ δὴ καὶ σὲ ἀντιπαρακαλῶ ἐπὶ τοῦτον τὸν βίον καὶ τὸν ἀγῶνα τοῦτον, ὃν ἐγώ φημι ἀντὶ πάντων τῶν ἐνθάδε ἀγώνων εἶναι, καὶ ὀνειδίζω σοι ὅτι οὐχ οἷός τ' ἔσῃ σαυτῷ βοηθῆσαι, ὅταν ἡ δίκη σοι ᾖ καὶ ἡ κρίσις ἣν νυνδὴ ἐγὼ ἔλεγον, ἀλλὰ ἐλθὼν παρὰ τὸν δικαστήν,

326. A "não intromissão" do filósofo em outros afazeres (οὐ πολυπραγμονήσαντος, 526c4) que não lhe sejam próprios se contrapõe à vida do político na democracia ateniense, que requer, inversamente, o envolvimento em inúmeros assuntos e atividades. Na *República*, a "não intromissão" [*apragmosunē*] (ἀπραγμοσύνη) está associada à ideia de "fazer o que lhe é próprio" e, por conseguinte, à justiça (T. Irwin, op. cit., p. 247), como vemos neste trecho:

"Mas escuta se faz sentido o que digo", disse eu. "O que desde o princípio estabelecemos, quando começamos a fundar a cidade, ser preciso observar em tudo, é, como me parece, a justiça ou alguma forma dela. Estabelecemos deveras e afirmamos inúmeras vezes, se te recordas, que cada um deve se ocupar com uma única coisa concernente à cidade, aquela para a qual sua natureza está naturalmente mais adaptada".

"Afirmamos, de fato".

"Com efeito, que a justiça é fazer o que lhe é próprio e *não se intrometer* em outras coisas, já o ouvimos de muitas outras pessoas e nós mesmos já o dissemos inúmeras vezes".

"Já o dissemos, de fato". (IV, 433a1-b2)

Ἀλλ', ἦν δ' ἐγώ, ἄκουε εἴ τι ἄρα λέγω. ὃ γὰρ ἐξ ἀρχῆς ἐθέμεθα δεῖν ποιεῖν διὰ παντός, ὅτε τὴν πόλιν κατῳκίζομεν, τοῦτό ἐστιν, ὥς ἐμοὶ δοκεῖ, ἤτοι τούτου τι →

incurável, e este, por sua vez, chegando ali, sofre o que lhe cabe. Às vezes, quando ele vê uma alma que vivera piamente e conforme a verdade, a alma de um homem comum ou de qualquer outro homem, mas sobretudo – é o que eu afirmo, Cálicles – a de um filósofo, que fez o que lhe era apropriado e não se intrometeu em outros afazeres durante a vida[326], ele a aprecia e a envia para a Ilha dos Venturosos. E o mesmo faz Éaco – ambos realizam o julgamento com um cajado na mão –, enquanto Minos os perscruta sentado, o único a portar um cetro áureo, como diz Odisseu quando o viu, segundo Homero:

[...] portando o cetro áureo, ditando ordens entre os mortos[327].

Pois bem, Cálicles, eu estou persuadido por esses discursos, e atento-me ao modo pelo qual apresentarei ao juiz a minha alma o quanto mais saudável. Assim, dou adeus às honras da maioria dos homens e tentarei realmente, exercitando a verdade, viver de modo a ser o melhor o quanto me for possível ser, e morrer, quando a morte me acometer. E exorto a isso todos os outros homens, na medida do possível; ademais, exorto, em resposta à tua exortação, também a ti a essa vida e a essa luta, a qual afirmo ser preferível a todas as demais lutas daqui[328]. E te censuro porque serás incapaz de socorrer a ti mesmo, quando chegar a hora de teu processo e julgamento, o qual

→ εἶδος ἡ δικαιοσύνη. ἐθέμεθα δὲ δήπου καὶ πολλάκις ἐλέγομεν, εἰ μέμνησαι, ὅτι ἕνα ἕκαστον ἓν δέοι ἐπιτηδεύειν τῶν περὶ τὴν πόλιν, εἰς ὃ αὐτοῦ ἡ φύσις ἐπιτηδειοτάτη πεφυκυῖα εἴη.
'Ελέγομεν γάρ.
Καὶ μὴν ὅτι γε τὸ τὰ αὑτοῦ πράττειν καὶ μὴ πολυπραγμονεῖν δικαιοσύνη ἐστί, καὶ τοῦτο ἄλλων τε πολλῶν ἀκηκόαμεν καὶ αὐτοὶ πολλάκις εἰρήκαμεν.
Εἰρήκαμεν γάρ.
Sobre a ἀπραγμοσύνη [apragmosunē], ver Tucídides, 2.40.2; 2.63.2; 2.64.4; 6.18.6. Sobre a definição de "temperança" [sōphrosunē] (σωφροσύνη) como "fazer o que lhe é próprio" (τὰ ἑαυτοῦ πράττειν), ver Platão, Cármides, 161b-162b.

327. Homero, Odisseia, 11.569. Vale observar que Platão atribui uma função a Minos diferente da que encontramos em Homero, na medida em que no poema Minos não está designado a julgar as vidas vividas pelos mortos, mas apenas as disputas eventuais entre eles (E. Dodds, op. cit., p. 383).

328. Sócrates provavelmente se refere aqui, em específico, aos ἀγῶνες [agōnes] dos tribunais, dos quais ele próprio será vítima, episódio aludido profeticamente no Górgias.

527 τὸν τῆς Αἰγίνης υόν, ἐπειδάν σου ἐπιλαβόμενος ἄγῃ, χασμήσῃ καὶ ἰλιγγιάσεις οὐδὲν ἧττον ἢ ἐγὼ ἐνθάδε σὺ ἐκεῖ, καί σε ἴσως τυπτήσει τις καὶ ἐπὶ κόρρης ἀτίμως καὶ πάντως προπηλακιεῖ.

Τάχα δ' οὖν ταῦτα μῦθός σοι δοκεῖ λέγεσθαι ὥσπερ γραὸς καὶ καταφρονεῖς αὐτῶν, καὶ οὐδέν γ' ἂν ἦν θαυμαστὸν καταφρονεῖν τούτων, εἴ πῃ ζητοῦντες εἴχομεν αὐτῶν βελτίω καὶ ἀληθέστερα εὑρεῖν· νῦν δὲ ὁρᾷς ὅτι τρεῖς ὄντες ὑμεῖς, οἵπερ σοφώτατοί ἐστε τῶν νῦν Ἑλλήνων, σύ τε καὶ Πῶλος καὶ
b Γοργίας, οὐκ ἔχετε ἀποδεῖξαι ὡς δεῖ ἄλλον τινὰ βίον ζῆν ἢ τοῦτον, ὅσπερ καὶ ἐκεῖσε φαίνεται συμφέρων. ἀλλ' ἐν τοσούτοις λόγοις τῶν ἄλλων ἐλεγχομένων μόνος οὗτος ἠρεμεῖ ὁ λόγος, ὡς εὐλαβητέον ἐστὶν τὸ ἀδικεῖν μᾶλλον ἢ τὸ ἀδικεῖσθαι, καὶ παντὸς μᾶλλον ἀνδρὶ μελετητέον οὐ τὸ δοκεῖν εἶναι ἀγαθὸν ἀλλὰ τὸ εἶναι, καὶ ἰδίᾳ καὶ δημοσίᾳ· ἐὰν δέ τις κατά τι κακὸς γίγνηται, κολαστέος ἐστί, καὶ τοῦτο δεύτερον ἀγαθὸν μετὰ τὸ εἶναι δίκαιον, τὸ γίγνεσθαι καὶ
c κολαζόμενον διδόναι δίκην· καὶ πᾶσαν κολακείαν καὶ τὴν περὶ ἑαυτὸν καὶ τὴν περὶ τοὺς ἄλλους, καὶ περὶ ὀλίγους καὶ περὶ πολλούς, φευκτέον· καὶ τῇ ῥητορικῇ οὕτω χρηστέον ἐπὶ τὸ δίκαιον ἀεί, καὶ τῇ ἄλλῃ πάσῃ πράξει. ἐμοὶ οὖν πειθόμενος ἀκολούθησον ἐνταῦθα, οἷ ἀφικόμενος εὐδαιμονήσεις καὶ ζῶν καὶ τελευτήσας, ὡς ὁ λόγος σημαίνει. καὶ ἔασόν τινά σου καταφρονῆσαι ὡς ἀνοήτου καὶ προπηλακίσαι, ἐὰν βούληται, καὶ ναὶ μὰ Δία σύ γε θαρρῶν πατάξαι τὴν
d ἄτιμον ταύτην πληγήν· οὐδὲν γὰρ δεινὸν πείσῃ, ἐὰν τῷ ὄντι ᾖς καλὸς κἀγαθός, ἀσκῶν ἀρετήν. κἄπειτα οὕτω κοινῇ

---

329. Trata-se da ninfa epônimo da ilha de Egina, que levou Éaco para Zeus (Píndaro, *Ístmicas*, 8.19-23).

330. Esse discurso protréptico e admoestativo é a resposta de Sócrates à invectiva de Cálicles contra o filósofo e a filosofia (486a-d), usando da mesma linguagem empregada anteriormente pelo seu antagonista. Trata-se da inversão final do argumento de Cálicles.

mencionei há pouco. Quando te apresentares ao juiz, o filho de Egina[329], e ele te levar preso, ficarás turvado e boquiaberto neste lugar tanto quanto eu ficarei aqui, e talvez alguém rache também a tua têmpora de forma desonrosa e te ultraje de todos os modos[330].

Provavelmente, essas coisas parecerão a ti como um mito[331] contado por uma anciã, e tu as desprezarás. E não seria espantoso desprezá-las, se procurássemos e conseguíssemos descobrir, em outro lugar, algo melhor e mais verdadeiro. Todavia, vês neste momento que vós três, tu, Polo e Górgias, os mais sábios entre os helenos contemporâneos, não sois capazes de demonstrar que se deve viver uma vida diferente desta, a qual se revele vantajosa também no além-mundo. Entre tantos argumentos, porém, todos os demais foram refutados e somente este persiste, que é preciso ter maior precaução para não cometer injustiça do que para sofrê-la; que o homem deve, sobretudo, preocupar-se em ser bom, e não parecer sê-lo, quer privada ou publicamente[332]; que se alguém vier a se tornar mau em alguma coisa, ele deve ser punido; que tornar-se justo e, uma vez punido, pagar a justa pena, é o segundo bem depois de ser justo; que se deve evitar toda forma de adulação, em relação a si próprio ou aos outros, sejam esses poucos ou muitos; e que se deve empregar a retórica e qualquer outra ação visando sempre o justo[333].

Portanto, se fores persuadido por mim, acompanha-me até onde tu, quando chegares, serás feliz quer em vida, quer após a morte, como o discurso indica. E deixa que alguém te menospreze como se fosses estulto e te ultraje, se ele quiser, e, por Zeus, sê confiante e deixa que ele te desfira esse golpe desonroso, pois nada terrível sofrerás, se realmente fores belo e bom e exercitares

---

331. Sobre a distinção entre *muthos* e *logos*, cf. supra nota 303.
332. Ésquilo, *Sete Contra Tebas*, v. 592:
    Ele não deseja parecer excelente, mas sê-lo.
    οὐ γὰρ δοκεῖν ἄριστος, ἀλλ' εἶναι θέλει
    Sobre a discussão a respeito das vantagens e desvantagens de "parecer ser justo" e "ser justo", ver Platão, *República*, II, 362-363e.
333. Sobre a "boa retórica", cf. supra notas 199, 207 e 272.

ἀσκήσαντες, τότε ἤδη, ἐὰν δοκῇ χρῆναι, ἐπιθησόμεθα τοῖς πολιτικοῖς, ἢ ὁποῖον ἄν τι ἡμῖν δοκῇ, τότε βουλευσόμεθα, βελτίους ὄντες βουλεύεσθαι ἢ νῦν. αἰσχρὸν γὰρ ἔχοντάς γε ὡς νῦν φαινόμεθα ἔχειν, ἔπειτα νεανιεύεσθαι ὡς τὶ ὄντας, οἷς οὐδέποτε ταὐτὰ δοκεῖ περὶ τῶν αὐτῶν, καὶ ταῦτα περὶ

e τῶν μεγίστων—εἰς τοσοῦτον ἥκομεν ἀπαιδευσίας—ὥσπερ οὖν ἡγεμόνι τῷ λόγῳ χρησώμεθα τῷ νῦν παραφανέντι, ὃς ἡμῖν σημαίνει ὅτι οὗτος ὁ τρόπος ἄριστος τοῦ βίου, καὶ τὴν δικαιοσύνην καὶ τὴν ἄλλην ἀρετὴν ἀσκοῦντας καὶ ζῆν καὶ τεθνάναι. τούτῳ οὖν ἑπώμεθα, καὶ τοὺς ἄλλους παρακαλῶμεν, μὴ ἐκείνῳ, ᾧ σὺ πιστεύων ἐμὲ παρακαλεῖς· ἔστι γὰρ οὐδενὸς ἄξιος ὦ Καλλίκλεις.

a virtude. Em seguida, só depois de a exercitarmos em comum, nos envolveremos com a política, se parecer que devemos fazê-lo, ou aconselharemos o que for de nosso parecer, pois seremos melhores como conselheiros do que o somos hoje[334]. Pois é vergonhoso encontrarmo-nos nessa condição que patentemente nos encontramos, e incorrermos nessa insolência juvenil[335] como se fôssemos algo, a quem jamais as coisas parecem ser as mesmas a respeito dos mesmos assuntos, inclusive a respeito dos mais preciosos – a tamanha ignorância chegamos. Então, tomemos como nosso guia este discurso que agora se revela a nós, discurso que nos indica que o melhor modo de vida é viver e morrer exercitando a justiça e o restante da virtude. Assim, sigamos este discurso e a ele exortemos os outros homens, e não aquele no qual acreditas e ao qual me exortas, pois ele não tem qualquer valor, Cálicles.

---

334. Cf. 514a-e.
335. Sócrates, ao empregar o termo νεανιεύεσθαι [*neanieuesthai*] ("insolência juvenil", 527d6), se remonta ao início da invectiva de Cálicles contra o filósofo e a filosofia (482c4).

BIBLIOGRAFIA

1. Edições dos Textos Gregos e Latinos

ANDOCIDES

Discours. Texto estabelecido e traduzido por Georges Dalmeyda. Paris: Les Belles Lettres, 1966.

APOLODORO

The Library. Ed. James George Frazer. Cambridge: Harvard Unversity Press, 1995. (The Loeb Classical Library.)

ARISTÓFANES

Comoediae. Eds. F. W. Hall; W. M. Geldart. London: Oxford University Press, 1970.

ARISTÓTELES

Ars Rhetorica. Ed. W. D. Ross. Oxford: Oxford University Press, 1959.

De Arte Poetica Liber. Ed. Rudolf Kassel. Oxford: Clarendon, 1965.

Ethica Nicomachea. Ed. L. Bywater. Oxford: Oxford University Press, 1894.

Ethica Eudemia. Eds. Richard R. Walzer e Jean M. Mingay. New York: Oxford University Press, 1991.

Politica. Ed. W. D. Ross. Oxford: Oxford University Press, 1988.

Topica et Sophistici Elenchi. Ed. W. D. Ross. Oxford University Press, 1958.

ATENEU

The deipnosophists. Ed. Charles Burton Gulick. Cambridge: Harvard University Press, 1987. (The Loeb Classical Library.)

CÍCERO

Tusculanes. Texto estabelecido por Georges Fohlen e traduzido por Jules Humbert. Paris: Les Belles Lettres, 1931.

DEMÓSTENES

Orationes, Tomus I. Ed. S. H. Butcher. Oxford: Oxford University Press, 1903.

DIODORO SÍCULO

Bibliothèque Historique, Livre XII. Texto estabelecido e traduzido por Michel Casevitz. Paris: Les Belles Lettres, 1969.

DIÓGENES LAÉRCIO

Vite e Dottrine dei Piú Celebri Filosofi. A cura di Giovanni Reali. Milano: Bompiani, 2005

Vitae Philosophorum. Ed. Miroslav Marcovich. Stvrgardiae: Bibliotheca Teubneriana, 1999.

DIONÍSIO DE HALICARNASSO

Antiquites Romaines. Texto estabelecido e traduzido por Valerie Fromentin. Paris: Les Belles Lettres, 1998.

ÉSQUILO

Eschyle. Texto estabelecido e traduzido por Paul Mazon. Paris: Les Belles Lettres, 2000.

ÉSQUINES

Discours, Tomo I. Texto estabelecido e traduzido por Victor Martin e Guy de Budé. Paris: Les Belles Lettres, 1973.

EURÍPIDES

Tragicorum Graecorum Fragmenta. Comentários de August Nauck. Lapsiae: Bibliotheca Teubneriana, 1889.

Euripide. Texto estabelecido e traduzido por Leon Parmentier e Henri Gregoire. Paris: Les Belles Lettres, 1973.

HERÓDOTO

Histoires. Texto estabelecido e traduzido por P.-E. Legrand. Paris: Les Belles Lettres, 1946.

HOMERO

Opera. Eds. David B. Monro; Thomas W. Allen. Oxford: Oxford University Press, 1920.

HORÁCIO

Opera. Ed. E. C. Wickham (editio altera curante H. W. Garrod). Oxford: Oxford University Press, 1988.

ISÓCRATES

Opera Omnia. Ed. Basileios G. Mandilaras. Bibliotheca Teubneriana, 2003.

LÍSIAS

Orationes. Ed. Charles Hude. Oxford: Oxford University Press, 1912.

OLIMPIODORO

In Platonis Gorgiam Commentaria. Ed. Leendert Gerrit Westerink. Leipzig: Bibliotheca Teubneriana, 1970.

PÍNDARO

Isthmiques et Fragments, Tome IV. Texto estabelecido e traduzido por Aimé Puech. Paris: Les Belles Lettres, 1923.

PLATÃO

Platonis Opera. Ed. John Burnet. Oxford: Clarendon, 1968.

PLUTARCO

Péricles, Vies, Tome III. Texto estabelecido e traduzido por Robert Flacelière e Émile Chambry. Paris: Les Belles Lettres, 1969.

PRÉ-SOCRÁTICOS

Die Fragmente der Vorsokratiker. Eds. Herman Diels e Walter Kranz, Zürich: Weidmann, 1989.

SEXTO EMPÍRICO

Sextus Empiricus. Ed. R. G. Bury. Cambridge: Harvard Unversity Press, 1976. (The Loeb Classical Library)

SÓFOCLES

Fabulae. Ed. Hugh Lloyd-Jones e Nigel Guy Wilson. Oxford: Oxford University Press, 1990.

QUINTILIANO

Institutionis Oratoriae, Tomus I. Oxford: Oxford University Press, 1970.

TUCÍDIDES

Historiae. Eds. Henry Stuart Jones e J. Enoch Powell. Oxford: Oxford University Press, 1988.

XENOFONTE

Opera Omnia. Ed. Edgar Cardew Marchant. Oxford: Oxford University Press, 1921.

II. Bibliografia Crítica

ADAM, James. *The Republic of Plato*, . Cambridge: Cambridge University Press, 1979, v. I.

ADORNO, Francesco. *Introduzione a Platone*. Roma: Laterza, 1986.

_____. *Platone: Gorgia*. Tradução e introdução. Roma-Bari: Laterza, 1997.

ALLEN, Reginald. E. *The Dialogues of Plato: Euthyphro, Apology, Crito, Meno, Gorgias, Menexenus*. New Haven: Yale University Press, 1984, v. 1.

BAKHTIN, Mikhail. *Problemas da Poética de Dostoiévski*. Trad. Paulo Bezerra. Rio de Janeiro: Forense-Universitária, 1981

BELLIDO, Antonio Melro. *Sofistas Testimonios y Fragmentos*. Madri: Gredos, 1996.

BEVERSLUIS, John. Does Socrates Commit the Socratic Fallacy? In: BENSON, Hugh. H. (ed.). *Essays on the Philosophy of Socrates*. New York: Oxford University Press, 1992.

_____. *Cross-Examining Socrates: A Defense of the Interlocutors in Plato's Early Dialogues*. Cambridge/New York: Cambridge University Press, 2000.

BLONDELL, Ruby. *The Play of Character in Plato's Dialogues*. Cambridge: Cambridge University Press, 2002.

BRICKHOUSE, Thomas. C.; SMITH, Nicholas D. *Plato's Socrates*. New York: Oxford University Press, 1994.

BROCK, Roger. Plato and Comedy. In: CRAIK, Elizabeth M. (ed.). *Owls to Athens*. Oxford: Clarendon, 1990.

CAMBIANO, Giuseppe. *Platone e le Tecniche*. Torino: Giulio Einaudi, 1971.

CAMPOS, Haroldo de. *Homero: Ilíada*. Introdução de Trajano Vieira. São Paulo: Arx, 2001.

CANFORA, Luciano. *Pathos* e Storiografia "Drammatica". *Elenchos*. Roma: Bibliopolis, 1995, anno XVI, fasc. 1. (Atti del Convegno tenuto a Taormina.)

CANTO, Monique. *Platon. Gorgias*. Tradução, introdução e notas. Paris: Flammarion, 1993.

CASERTANO, Giovanni. *L'Eterna Malattia del Discorso: Quattro Studi su Platone*. Napoli: Liguori, 1991.

CASSIN, Barbara. *L'Effet sophistique*, Paris: Gallimard, 1995.

CENTRONE, Bruno. *Pathos* e *Ousia* nei Primi Dialoghi di Platone. *Elenchos*. Roma: Bibliopolis, 1995, anno XVI, fasc. 1. (Atti del Convegno tenuto a Taormina, 1994.)

CHANTRAINE, Pierre. *Dictionnaire étymologique de la langue grecque*. Paris: Klincksieck, 1968.

CHIRON, Pierre. *Pseudo-Aristote: Rhétorique à Alexandre*. Texto estabelecido e traduzido. Paris: Les Belles Lettres, 2002.

CLAY, Diskin. The Origins of the Socratic Dialogue. In: WAERDT, Paul. A. Vander. (ed.). *The Socratic Movement*. Ithaca: Cornell University Press, 1994.

COLE, Thomas. *The Origins of Rhetoric in Ancient Greece*. Baltimore: The Johns Hopkins University Press, 1991.

COOPER, John M. Notes on Xenophon's Socrates. In: COOPER, John M. (ed.). *Essays on Ancient Moral Psychology and Ethical Theory*. Princeton: Princeton University Press, 1999.

_____. Socrates and Plato in *Gorgias*. In: COOPER, J. (ed.). *Essays on Ancient Moral Psychology and Ethical Theory*. Princeton University Press, 1999b.

COPE, Edward Meredith.; SANDYS, John Edwin. *The Rhetoric of Aristotle*. Salem: Ayer, 1988, v. I, II e III.

CORNFORD, Francis MacDonald. *The Origin of Attic Comedy*. New York: Anchor, 1961.

DESCLOS, Marie-Laurence. *Structure des Dialogues de Platon*. Paris: Ellipses, 2000.

DESJARDINS, Rosemary. Why Dialogues? Plato's Serious Play. In: GRISWOLD, Charles L. (ed.). *Platonic Writings: Platonic Readings*. Londres: Routledge, 1988.

DES PLACES, Édouard. *Lexique: Platon, Oeuvres Complètes*. Paris: Les Belles Lettres, 1970, t. XIV e XV

DODDS, Eric R. [1959]. *Plato: Gorgias – A Revised Text*. Oxford: Clarendon, 1990.

DORATI, Marco. *Aristotele: Retorica*. Texto critico, tradução e notas. Milano: Mondadori, 1996.

DOVER, Keneth James. *Aristophanic Comedy*. Berkeley: University of California Press, 1972.

_____. *Aristophanes' Clouds*. Oxford: Carendon, 1989.

ERLER, M. La Felicità delle Api. Passione e Virtù nel *Fedone* e nella *Repubblica*. Trad. G. Ranocchia. In: MIGLIORI, M.; VALDITARA, L. M. N.; FERMANI, A. (eds.). *Interiorità e anima: La Psychè in Platone*. Milano: Vita e Pensiero, 2007.

FANTASIA, Ugo. *Tucidide: La Guerra del Peloponneso, libro II*. Texto, tradução, commentários e ensaio introdutório. Pisa: Ets, 2003.

FARNESS, Jay. *Missing Socrates: Problems of Plato's Writings*. University Park: The Pennsylvania State University Press, 1991.

FREDE, Michael. Plato's Arguments and the Dialogue Form. In: ANNAS, Julia. (ed.). *Oxford Studies in Ancient Philosophy: Supplementary Volume*. Oxford: Clarendon, 1992.

FUSSI, Alessandra. Why is the *Gorgias* so Bitter? *Philosophy and Rhetoric*. The Pennsylvania State University Press, v. 33, n. 1, 2000.

_____. *Logos* Filosofico e *Logos* Persuasivo nella Confutazione Socratica di Gorgias. In: BARALE, Massimo. (a cura di). *Materiali per un Lessico della Ragione*. Pisa: Ets, 2001.

_____. The Myth of the Last Judgment in the *Gorgias*. *The Review of Metaphysics*, 54, 2001.

_____. *Retorica e Potere: Una Lettura del* Gorgia *di Platone*. Pisa: Ets, 2006.

GALLOP, David. The Rhetoric of Philosophy: Socrates' Swan-song. In: MICHELINI, Ann N. (ed.). *Plato as Author: The Rhetoric of Philosophy*. Leiden-Boston: Brill, 2003.

GASTALDI, Silvia. Il Teatro delle Passioni: *Pathos* nella Retorica Antica. *Elenchos*, (Atti del Convegno tenuto a Taormina, 1994). Anno XVI, fasc. 1. Roma: Bibliopolis, 1995.

GENTZLER, Jyl. The Sophistic Cross-Examination of Calicles in the *Gorgias*. *Ancient Philosophy*, 15. Pittsburgh: Mathesis, 1995.

GIANNANTONI, Gabriele. et al. *Socrate: Tutte le Testimonianze: Da Aristofane e Senofonte ai Padri Cristiani*. Roma/Bari: Laterza, 1986.

_____. *I Presocratici Testimonianzi e Frammenti*. Roma-Bari: Laterza, 1993.

GIANNANTONI, Gabriele. *Socratis et Socraticorum Reliquiae*. Roma: Bibliopolis, 1990.

GOMME, Arnold Wycombe. *An Historical Commentary on Thucydides*. Oxford: Clarendon, 1956, v. II.

GONZALEZ, Francisco. J. Introduction: A Short History of Platonic Interpretation and the "Third Way". *The Third Way: New Directions in Platonic Studies*. Lanham: Rowman & Littlefield, 1995.

GRILLI, Alessandro. *Aristofane. Le Nuvole*. Introdução, tradução e notas. Milano: BUR, 2005.

GRIMALDI, William M. A. *Aristotle. Rhetoric I: a Commentary*. New York: Fordham University Press, 1980.

_____. *Aristotle. Rhetoric II: a Commentary*. New York: Fordham University Press, 1988.

GRISWOLD, Charles L. Style and Dialogue: The Case of Plato's Dialogue. *The Monist*. La Salle, vol. 63, n. 4, 1980.

_____. Plato's Metaphilosophy: Why Plato Wrote Dialogues. *Platonic Writings: Platonic Readings*. Londres: Routledge, 1988.

GUTHRIE, William K. C. *Los Filósofos Griegos*. Trad. Florentino M. Torner. México: Fondo de Cultura Económica, 2000.

HALLIWELL, Stephen. *Plato: Republic 10*. Tradução e comentário. Wiltshare: Aris/Phillips, 1988.

IRWIN, Terence. Coercion and Objectivity in Plato's Dialectic. *Revue Internationale de Philosophie*, Paris, n. 156-157, fasc. 1-2, 1986.

_____. *Plato: Gorgias*. Oxford: Clarendon, 1995.

_____. *Plato's Ethics*. Oxford: Oxford University Press, 1995.

JACKSON, Robin; LYCOS, Kim; TARRANT, Harold (eds.). *Olympiodorus: Commentary on Plato's Gorgias*. Leiden: Brill, 1998.

KAHN, Charles. Drama and Dialectic in Plato's *Gorgias*. *Oxford Studies in Ancient Philosophy*. Oxford: Clarendon, 1983, vol. 1.

_____. Did Plato Write Socratic Dialogues? In: BENSON, Hugh H. (ed.). *Essays on the Philosophy of Socrates*. New York: Oxford University Press, 1992.

_____. *Plato and the Socratic Dialogue*. Cambridge: Cambridge University Press, 1996.

_____. *Sobre o Verbo Grego "Ser" e o Conceito de Ser*. Trad. Maura Iglésias et al. Depto. de Filosofia: PUC-Rio, 1997.

KAUFFMAN, Charles. Enactment as Argument in the *Gorgias*. *Philosophy and Rhetoric*, University Park-PA, v. 12, n. 2, 1979.

KENNEDY, George A. *A New History of Classical Rhetoric*. Princeton: Princeton University Press, 1994.

_____. *Aristotle. On Rhetoric: a Theory of Civic Discourse*. Tradução, introdução, notas e apêndices. Oxford: Oxford University Press, 2007.

KERFERD, George B. Le Sophiste vu par Platon: un Philosophe Imparfait. In: CASSIN, Barbara (ed.). *Positions de la Sophistique Coloque de Cerisy*. Paris: Vrin, 1986.

_____. *The Sophistic Movement*. Cambridge: Cambridge University Press, 1981.

KOSMAN, Louis Arych. Silence and Imitation in the Platonic Dialogues. In: ANNAS, Julia (ed.). *Oxford Studies in Ancient Philosophy: Supplementary Volume*. Oxford, Clarendon, 1992.

KRAUT, Richard. Comments on Gregory Vlastos: "The Socratic Elenchus". *Oxford Studies in Ancient Philosophy*. Oxford: Clarendon, 1983, v. 1.

_____. Introduction to the Study of Plato. In: KRAUT, Richard (ed.). *The Cambridge Companion to Plato*. Cambridge: Cambridge University Press, 1992.

LABORDERIE, Jean. *Le Dialogue platonicien de la maturité*. Paris: Les Belles Lettres, 1978.

LANZA, Diego. *Aristotele. Poetica*. Introdução, tradução e notas. Milano: BUR, 2004.

LAUSBERG, Heinrich. *Manual de Retórica Literaria*. Trad. José Pérez Riesco. Madrid: Gredos, 1968.

LEVI, A. W. Philosophy as Literature: The Dialogue. *Philosophy and Rhetoric*, University Park-PA, vol. 9, n. 1, 1976.

LIMA, Paulo Butti. *Platão: Uma Poética para a Filosofia*. São Paulo: Perspectiva, 2004.

LONGO, Angela. *La Tecnica della domanda e le interrogazioni fittizie in Platone*. Pisa: Scuola Normale Superiore, 2000.

LOPES, Daniel Rossi Nunes. *Xenófanes: Fragmentos*. São Paulo: Olavobrás, 2003.

MAGALHÃES-VILHENA, Vasco de. *O Problema de Sócrates*. Lisboa: Fundação Calouste Gulbenkian, 1952.

MALHADAS, Daisi; SARIAN, Haiganuch. *Teofrasto: Os Caracteres*. São Paulo: Editora Pedagógica e Universitária, 1978.

MAURO, L. Eristica e Dialettica nel *Gorgia* di Platone. *Verifiche*, Vicenza, anno XIII, n. 4, 1984.

MCKIM, Richard. Shame and Truth in Plato's *Gorgias*. In: GRISWOLD, Charles L. (ed.). *Platonic Writings: Platonic Readings*. Londres: Routledge, 1988.

MITTELSTRASS, Jurgen. On Socratic Dialogue. In: GRISWOLD, Charles. L. (ed.). *Platonic Writings: Platonic Readings*. Londres: Routledge, 1988.

MORROW, Gleen. R. Plato's Conception of Persuasion. *The Philosophical Review*, Ithaca, 1953.

MOSS, Jessica. Shame, Pleasure and the Divided Soul. *Oxford Studies in Ancient Philosophy*. Oxford: Carendon, 2005.

MOST, G. W. Generating Genres: The Idea of the Tragic. In: DEPEW, Mary; OBBINK, Dirk (eds.). *Matrices of Genre: Authors, Canons, and Society*. Cambridge/Londres: Harvard University Press, 2000.

MOURELATOS, Alexander P. D. Gorgias on the Function of Language. *Philosophical Topics*, Fayetteville, vol. XV, n. 2, 1987.

MURRAY, John. S. Plato on Knowledge, Persuasion and the Art of Rhetoric: *Gorgias* 452e-455a. *Ancient Philosophy*, Pittsburgh, vol. 8, n. 1, 1988.

NAILS, Debra. *The People of Plato: A Prosopography of Plato and other Socratics*. Indianapolis: Hackett, 2002.

NEHAMAS, Alexander. Eristic, Antilogic, Sophistic, Dialectic: Plato's Demarcation of Philosophy from Sophistry. In: NEHAMAS, Alexander (ed.). *Virtues of Authenticity: Essays on Plato and Socrates*. Princeton: Princeton University Press, 1999.

NIETZSCHE, Friedrich. *Curso de Retórica*. Trad. Thelma Lessa da Fonseca. *Cadernos de Tradução*, São Paulo, n. 4, 1999.

NIGHTINGALE, Andrea. W. *Genres in Dialogue*. Cambridge: Cambridge University Press, 1995.

OWEN, Gwilym Ellis Lane. Philosophical Invective. *Oxford Studies in Ancient Philosophy*. Oxford: Clarendon, 1983, v. 1.

PATTERSON, Richard. The Platonic Art of Comedy and Tragedy. *Philosophy and Literature*, Baltimore, vol. 6, n. 1-2, 1982.

PIERI, Stefania Nonvel. *Platone. Gorgia*. Traduzione, introduzione e commento. Napoli: Loffredo, 1991.

PLOCHMANN, George Kimball; ROBINSON, F. E. *A Friendly Companion to Plato's Gorgias*. Carbondale: Southern Illinois University Press, 1988.

QUIMBY, R. W. The Growth of Plato's Perception of Rhetoric. In: ERICKSON, K. V. *Plato: True and Sophistic Rhetoric*. Amsterdam: Rodopi, 1979.

RANDALL Jr., John Herman. *Plato: Dramatist of the Life of Reason*. New York: Columbia University Press, 1970.

RANTA, Jerrald. The Drama of Plato's *Ion*. *The Journal of Aesthetics and Art Criticism*, Madison, vol. 26, n. 2, 1967.

RENDALL, Steven. Dialogue, Philosophy and Rhetoric: The Example of Plato's *Gorgias*. *Philosophy and Rhetoric*, University Park-PA, v. 10, n. 3, 1977.

ROBINSON, Richard. Plato's Consciousness of Fallacy. *Essays in Greek Philosophy*. Oxford: Clarendon Press, 1969.

_____. *Plato's Earlier Dialectic*. Londres: Oxford University Press, 1953.

ROMILLY, Jacqueline de. *Magic and Rhetoric in Ancient Greece*. Cambridge: Harvard University Press, 1975.

ROSSETTI, Livio. The Rhetoric of Socrates. *Philosophy and Rhetoric*, University Park-PA, v. 22, n. 4, 1989.

ROWE, Christopher. [1976]. *Introduccion a la Etica Griega*. Trad. Francisco González Aramburo. México: Fondo de Cultura Económica, 1993.

RUTHERFORD, R. B. *The Art of Plato*. Londres: Duckworth, 1995.

SASSI, Maria Michela. *La Scienza dell' Uomo nella Grecia Antica*. Torino: Bollati Boringhieri, 1988.

_____. La morte di Socrate. In: SETTIS, Salvatore (a cura di). *I Greci*. Torino: Einaudi, 1987.

SCHIAPPA, Edward. Did Plato Coin Rhētorikē? *The American Journal of Philology*, Baltimore, v. 111, n. 4, 1990.

SCHLEIERMACHER, F. D. E. *Introdução aos Diálogos de Platão*. Trad. George Ott. Belo Horizonte: Editora UFMG, 2002.

SCOTT, Dominic. Platonic Pessimism and Moral Education. *Oxford Studies in Ancient Philosophy*, Oxford, v. 17, 1999.

SESONSKE, A. To Make the Weaker Argument Defeat the Stronger. In: ERICKSON, K. V. (ed.). *Plato: True and Sophistic Rhetoric*. Amsterdam: Rodopi, 1979.

SILK, Michael. S. *Aristophanes and the Definition of Comedy*. Oxford: Oxford University Press, 2002.

SLINGS, Simon R.; STRYKER, Emile de. *Plato's Apology of Socrates: A Literary and Philosophy Study with a Running Commentary*. Leiden: E. J. Brill, 1994.

SMITH, Josiah Renick. *Xenophon: Memorabilia*. Introdução e comentários. New York: Arno, 1979.

SMITH, R. *Aristotle's Topics: Books I and VII*. Tradução e comentário. Oxford: Clarendon, 1997.

SPITZER, Adele. The Self-Reference of the *Gorgias*. *Philosophy and Rhetoric*, University Park-PA, vol. 8, n. 1, 1975.

TARRANT, Harold. *Plato's First Interpreters*. Londres: Duckworth, 2000.

TAYLOR, C. C. W. *Plato's Protagoras*. Oxford: Clarendon Press, 1991.

THESLEFF, Holger. *Studies in the Styles of Plato*. Acta Philosophica Fennica, Helsinki, fasc. XX, 1967.

THOMAS, C. G.; WEBB, E. K. From Orality to Rhetoric: an Intellectual Transformation. In: WORTHINGTON, Ian (ed.). *Persuasion: Greek Rhetoric in Action*. Londres: Routledge, 1994.

TRABATTONI, Franco. *Oralidade e Escrita em Platão*. Trad. Fernando Puente; Roberto Bolzani Filho. São Paulo: Discurso Editorial, 2003.

TULLI, Mauro. All'Origine del Rapporto fra la Retorica e la Filosofia: da Omero a Gorgia. *Atene e Roma*, ano XLVII, fasc. 1, 2002.

UNTERSTEINER, M. *Sofisti Testimonianze e Frammenti*. Firenze: La Nuova Italia, 1949, t II.

_____. *I Sofisti*, Milão: Ed. Bruno Mondadori, 1996.

USHER, Stephen. *Greek Oratory: Tradition and Originality*. Oxford: Oxford University Press, 1999.

VEGETTI, Mario. *Platone: La Repubblica*. Tradução e comentário. Roma: Bibliopolis, 1998.

_____. *Quindici Lezioni su Platone*. Torino, Einaudi, 2003.

VLASTOS, Gregory. The Paradox of Socrates. In: GRAHAM, Daniel W. (ed.). *Studies in Greek Philosophy*. Princeton: Princeton University Press, 1995.

_____. Was Polus Refuted? In: GRAHAM, Daniel W. (ed.). *Studies in Greek Philosophy*. Princeton: Princeton University Press, 1995.

_____. The Socratic *Elenchus*. *Oxford Studies in Ancient Philosophy*, Oxford, vol. 1, 1983.

_____. Afterthoughts on The Socratic *Elenchus*. *Oxford Studies in Ancient Philosophy*, Oxford, v. 1, 1983.

_____. Socratic Irony. In: BENSON, Hugh H. (ed.). *Essays on the Philosophy of Socrates*. New York: Oxford University Press, 1992.

WAERDT, Paul A. Vander. Socrates in the *Clouds*. In: WAERDT, Paul A. Vander (ed.). *The Socratic Movement*. Ithaca: Cornell University Press, 1994.

WARDY, Robert. *The Birth of Rhetoric*. Londres: Routledge, 1996.

WARTELLE, Andre. *Lexique de la "Rhétorique" d'Aristote*. Paris: Les Belles Lettres, 1982.

_____. *Lexique de la "Poétique" d'Aristote*. Paris: Les Belles Lettres, 1985.

WOODRUFF, Paul. The Skeptical Side of Plato's Method. *Revue Internationale de Philosophie*, Paris, n. 156-157, fasc. 1-2, 1986.

_____. Rhetoric and Relativism. *The Cambridge Companion to the Early Greek Philosophy*. Cambridge: Cambridge University Press, 1999.

WOOLF, Raphael. Callicles and Socrates: Psychic (Dis)harmony in the *Gorgias*. *Oxford Studies in Ancient Philosophy*, Oxford, v. 18, 2000.

ZEYL, Donald J. *Plato: Gorgias*. Translation with introduction and notes. Indianapolis: Hackett, 1987.

ANEXO 1

Anônimo Jâmblico
Fr. DK 6 A 89 – p. 100, 5:

p. 100, 5. (1) ἔτι τοίνυν οὐκ ἐπὶ πλεονεξίαν ὁρμᾶν δεῖ, οὐδὲ τὸ κράτος τὸ ἐπὶ τῆι πλεονεξίαι ἡγεῖσθαι ἀρετὴν εἶναι, τὸ δὲ τῶν νόμων ὑπακούειν δειλίαν· πονηροτάτη γὰρ αὕτη ἡ διάνοιά ἐστι, καὶ ἐξ αὐτῆς πάντα τἀναντία τοῖς ἀγαθοῖς γίγνεται, κακία τε καὶ βλάβη. εἰ γὰρ ἔφυσαν μὲν οἱ ἄνθρωποι ἀδύνατοι καθ' ἕνα ζῆν, συνῆλθον δὲ πρὸς ἀλλήλους τῆι ἀνάγκηι εἴκοντες, πᾶσα δὲ ἡ ζωὴ αὐτοῖς εὕρηται καὶ τὰ τεχνήματα πρὸς ταύτην, σὺν ἀλλήλοις δὲ εἶναι αὐτοὺς κἀν ἀνομίαι διαιτᾶσθαι οὐχ οἷόν τε (μείζω γὰρ αὐτοῖς ζημίαν <ἂν> οὕτω γίγνεσθαι ἐκείνης τῆς κατὰ ἕνα διαίτης), διὰ ταύτας τοίνυν τὰς ἀνάγκας τόν τε νόμον καὶ τὸ δίκαιον ἐμβασιλεύειν τοῖς ἀνθρώποις καὶ οὐδαμῆι μεταστῆναι ἂν αὐτά· φύσει γὰρ ἰσχυρὰ ἐνδεδέσθαι ταῦτα. (2) εἰ μὲν δὴ γένοιτό τις ἐξ ἀρχῆς φύσιν τοιάνδε ἔχων, ἄτρωτος τὸν χρῶτα ἄνοσός τε καὶ ἀπαθὴς καὶ ὑπερφυὴς καὶ ἀδαμάντινος τό τε σῶμα καὶ τὴν ψυχήν, τῶι τοιούτωι ἴσως ἄν τις ἀρκεῖν ἐνόμισε τὸ ἐπὶ τῆι πλεονεξίαι κράτος (τὸν γὰρ τοιοῦτον τῶι νόμωι μὴ ὑποδύνοντα δύνασθαι ἀθῶιον εἶναι), οὐ μὴν ὀρθῶς οὗτος οἴεται· (3) εἰ γὰρ καὶ τοιοῦτός τις εἴη, ὡς οὐκ ἂν γένοιτο, τοῖς μὲν νόμοις συμμαχῶν καὶ τῶι δικαίωι καὶ ταῦτα κρατύνων καὶ τῆι ἰσχύι χρώμενος ἐπὶ ταῦτά τε καὶ τὰ τούτοις ἐπικουροῦντα, οὕτω μὲν ἂν σώιζοιτο ὁ τοιοῦτος, ἄλλως δὲ οὐκ ἂν διαμένοι. (4) δοκεῖν γὰρ ἂν τοὺς ἅπαντας ἀνθρώπους τῶι τοιούτωι φύντι πολεμίους κατασταθέντας διὰ τὴν ἑαυτῶν εὐνομίαν καὶ τὸ πλῆθος ἢ τέχνηι ἢ δυνάμει ὑπερβαλέσθαι ἂν καὶ περιγενέσθαι τοῦ τοιούτου ἀνδρός. (5) οὕτω φαίνεται καὶ αὐτὸ τὸ κράτος, ὅπερ δὴ κράτος ἐστί, διά τε τοῦ νόμου καὶ διὰ τὴν δίκην σωιζόμενον.

[1] Além do mais, não se deve ansiar por ter mais posses, tampouco considerar que o poder de acumular mais seja excelência, e a obediência às leis, covardia. Esse pensamento é pernicioso ao máximo, é causa de tudo quanto é contrário às coisas boas, causa da maldade e do detrimento. Como os homens foram naturalmente incapazes de viver cada um isoladamente, e congregaram-se por força da necessidade; como eles, por causa dela, descobriram todos os recursos de vida e as técnicas, sendo impossível que eles convivessem em meio à ilegalidade (pois viver assim lhes seria uma punição maior do que aquela vida em isolamento recíproco); pois bem, é por tais constrições que a lei e o justo devem reger soberanamente os homens sem jamais serem deles subtraídas, porque estão fortemente ligadas a eles por natureza. [2] Se alguém nascesse com uma natureza tal a ponto de ter o corpo invulnerável, de ser incólume, intangível, extraordinário, dotado de corpo e alma diamantinos, poder-se-ia pensar, talvez, que, para um homem desse tipo, bastasse a supremacia fundada no acúmulo de posses (pois ele seria capaz de manter-se impune mesmo sem a submissão à lei); todavia, um juízo como esse é errôneo. [3] Pois ainda que houvesse alguém assim, ele não subsistiria; um homem desse tipo só garantiria a sua sobrevivência se lutasse pelas leis e pelo justo, reforçando-os, e empregasse sua força para esse fim e para aquilo que lhe concorre, pois, caso contrário, ele não perseveraria. [4] Bastaria que todos declarassem guerra contra esse homem de natureza excepcional, e se servissem da boa legislação e da superioridade numérica, para suplantá-lo e prevalecer sobre ele por meio do poder e da arte. [5] E é evidente que a própria supremacia, enquanto supremacia, é conservada pela lei e pela justiça.

ANEXO 2

Antifonte Sofista
Fr. DK 44 B 87 – [vgl 99B, 118s.].
Oxyrh. Pap. XI n. 1364 ed. H(unt).

Fragmento A

... Δικα[ιο]σύνη πάντα <τὰ> τῆς πό[λεω]ς νόμιμα ἐν ᾗ ἂν πολι[τεύ]ηταί τις μὴ [παρ]αβαίνειν· χρῷτ' ἂν οὖν ἄνθρωπος μάλιστα ἑαυτῷ ξυμφ[ε]ρόντως δικαιοσύνῃ εἰ μετὰ μὲν μαρτύρων τ[ο]ὺς νόμους μεγά[λο]υς ἄγοι· μονούμενος δὲ μαρτύρων, τὰ τῆς φύσεως· τὰ μὲν γὰρ τῶν νόμων [ἐπίθ]ετα, τὰ δὲ τῆς φύσεως ἀ[ναγ]καῖα· καὶ τὰ [μὲν] τῶν νό[μω]ν ὁμολογη[θέντ]α, οὐ φύν[τ' ἐστί]ν, τὰ δὲ [τῆς φύσ]εως φύν[τα, οὐχ] ὁμολογητά· τὰ οὖν νόμιμα παραβαίνων, ᾗ ἂν λάθῃ τοὺς ὁμολογήσαντας, καὶ αἰσχύνης καὶ ζημίας ἀπήλλακται, μὴ λαθὼν δ' οὔ· τῶν δὲ τῇ φύσει ξυμφύτων ἐάν τι παρὰ τὸ δυνατὸν βιάζηται, ἐάν τε πάντας ἀνθρώπους λάθῃ, οὐδὲν ἔλαττον κακόν, ἐάν τε πάντες ἴδωσιν, οὐδὲν μεῖζον· οὐ γὰρ διὰ δόξαν βλάπτεται, ἀλλὰ δι' ἀληθείαν.

῎Εστι δὲ πάντων ἕνεκα τούτων ἡ σκέψις, ὅτι τὰ πολλὰ τῶν κατὰ νόμον δικαίων πολεμίως τῇ φύσ[ει] κεῖται· νενο[μο]θ[έ]τηται γὰρ [ἐ]πί τε τοῖς ὀφ[θ]αλμοῖς ἃ δεῖ αὐτοὺς ὁρᾶν καὶ ἃ οὐ [δ]εῖ, καὶ ἐπὶ τοῖς ὠσὶν ἃ δεῖ αὐτὰ ἀκούειν καὶ ἃ οὐ δεῖ, καὶ ἐπὶ τῇ γλώττῃ ἅ τ[ε] δεῖ αὐτὴν λέγειν καὶ ἃ οὐ δεῖ, καὶ ἐπὶ ταῖς χερσὶν ἅ τε δεῖ αὐτὰς δρᾶν καὶ ἃ οὐ δεῖ, καὶ ἐπὶ τοῖς ποσὶν ἐφ' ἅ τε δεῖ αὐτοὺς ἰέναι καὶ ἐφ' ἃ οὐ δεῖ, καὶ ἐπὶ τῷ νῷ ὧν τε δεῖ αὐτὸν ἐπιθυμεῖν καὶ ὧν μή. [῎Εστι]ν οὖν οὐδὲν τῇ φύσει φιλιώτ[ερ]α οὐδ' οἰκειότε[ρα] ἀφ' ὧν οἱ νόμο[ι ἀ]ποτρέπουσι τ[οὺς] ἀν[θ]ρώπ[ους] ἢ ἐφ' ἃ προτρέπους[ιν]· τ[ὸ γὰρ] ζῆν [ἐ]στι τῆς φύσεως κ[αὶ τ]ὸ ἀποθανεῖν, καὶ τὸ μὲν ζ]ῆν αὐτ[οῖς] ἐστι[ν ἀ]πὸ τῶν ξυμ[φερό]ντων, τὸ δὲ ἀποθανεῖν ἀπὸ τῶν μὴ ξυμφερόντων· τὰ δὲ ξυμφέροντα, τὰ μὲν ὑπὸ τῶν νόμων κε[ί]μενα δεσμ[ὰ] τῆς φύσεως ἐ[στί], τὰ δ' ὑπὸ τῆς φύσεως ἐλεύθερα· οὔκουν τὰ ἀλγύνοντα ὀρθῷ γε λ[ό]γῳ ὀνίνησιν τὴ[ν] φύσιν μᾶλλον ἢ τὰ εὐφραίνοντα· οὔκουν ἂν οὐδὲ ξυμφέροντ' εἴη τὰ λυποῦ[ντα] μᾶλλον ἢ τ[ὰ ἥ]δοντ[α]· τὰ γὰρ τῷ ἀληθεῖ ξυμφέρ[ο]ντα οὐ βλάπ[τ]ειν δεῖ, ἀλλ' ὠφ[ε]λεῖν· τὰ τοίνυν τῇ φύσει ξυμφέροντα .τ...

Justiça é não transgredir as leis da cidade constituída de cidadãos. Então, o homem empregaria a justiça, sobretudo em seu interesse próprio, se, diante de testemunhas, aplicasse as leis em profusão, mas, na ausência de testemunhas, seguisse as prescrições da natureza. Pois as prescrições das leis são instituídas, enquanto as da natureza são necessárias; o acordo das leis não é inato, ao passo que as prescrições da natureza são inatas, e não acordadas. Assim, quando alguém transgredir as leis, a vergonha e a punição não o acometerão, se ele escapar aos olhos dos partícipes daquele acordo; mas, se for pego, a sorte lhe será contrária. Porém, quando alguém ultrajar além do limite alguma prescrição inata da natureza, o mal será em nada menor, se ele escapar aos olhos de todos os homens, e em nada maior, se todos o verem. Pois o seu prejuízo não se deve à opinião, mas à verdade. Eis o motivo completo desta investigação: que a maior parte do que é justo segundo a lei encontra-se em guerra com a natureza. Pois a lei institui para os olhos o que devem ver e o que não devem, para os ouvidos o que devem ouvir e o que não devem, para a língua o que deve dizer e o que não deve, para as mãos o que devem fazer e o que não devem, para os pés aonde devem ir e aonde não devem, e para a mente o que deve almejar e o que não deve. Portanto, as privações dos homens provocadas pelas leis não são menos afins nem menos familiares à natureza do que as suas ordenações. A vida e a morte são, por sua vez, propriedades da natureza, e a vida provém para os homens daquilo que lhes é vantajoso, enquanto a morte, daquilo que lhes é desvantajoso. E quanto ao vantajoso, as prescrições das leis são amarras da natureza, enquanto as da natureza são livres. Então, segundo o raciocínio correto, as coisas dolorosas não são mais proveitosas à natureza do que as aprazíveis; tampouco as dores seriam mais vantajosas do que os prazeres. Pois é necessário que o que é verdadeiramente vantajoso não seja danoso, porém benéfico.

... [Οἵτινε]ς ἂν πα[θόν]τες ἀμύνων[ται κ]αὶ μὴ αὐτοὶ ἄρχωσι τοῦ δρᾶν, [καὶ ο]ἵτινες ἂν [τοὺς] γειναμέ[νου]ς, καὶ κακοὺς ὄντας εἰς αὐτοὺς, εὖ ποιῶσιν, καὶ οἳ κατόμνυσθαι διδόντες ἑτέροις, αὐτοὶ μὴ κατομνύμε[νοι], καὶ τούτων τῶν εἰρημένων πόλλ' ἄν τις εὕροι πολέμια τῇ φύσει· ἔνι γε αὐτοῖς ἀλγύνεσθαί τε μᾶλλον, ἐξὸν ἧττω, καὶ ἐλάττω ἥδεσθαι, ἐξὸν πλείω, καὶ κακῶς πάσχειν, ἐξὸν μὴ πάσχειν· εἰ μὲν οὖν τις [τ]οῖς τοιαῦτα προ[ϊ]εμένοις ἐπικού[ρ]ησις ἐγίγνε[το] παρὰ τῶν νό[μ]ων, τοῖς δὲ μὴ προϊεμένοις, ἀλ[λ' ἐ]ναντιουμέ[ν]οις, ἐλάττωσις, οὐκ ἀν[ωφελὲς ἂν] ἦν τ[οῖς νό]μοις πεί[θεσθαι· νῦν] δὲ φαίνε[ται] τοῖς προσιεμ[ένοις] τὰ τοιαῦτα τὸ ἐ[κ] νόμου δίκαι[ον] οὐχ ἱκανὸν ἐπικουρεῖν, ὅ γε πρῶτον μὲν ἐπιτρέπει τῷ πάσχοντι παθεῖν καὶ τῷ δρῶντι δρᾶσαι, καὶ οὔτε ἐνθαῦτα διεκώλυε τὸν πάσχοντα μὴ παθεῖν οὐδὲ τὸν δρῶντα δρᾶσαι, εἴς τε τὴν τιμωρίαν ἀναφερόμενον οὐδὲν ἰδιώτερον ἐπὶ [τ]ῷ [π]επονθότι ἢ τῷ δεδρακό[τι] ... ταῦτα δὲ κ[α]ταλείπετα[ι] καὶ τῷ δράσαντ[ι ἀ]ρνεῖσθαι [ἑλομένωι ...] [... ἐ]στιν μᾶλ[λον .. ὅσηπερ τ[ῶι κατηγοροῦν[τι ἡ τῆς κατηγορ[ίας πειθὼ ἀ[μύνειν τῶι τε πε[πονθότι καὶ τῶ[ι δεδρακότι [.] γίγ[νεται γὰρ ν[ίκη καὶ ῥήμασι κ[αὶ ...

Portanto, o que é vantajoso por natureza [...]. [...] E quando alguém, ao passar por certo padecimento, se defender mas não tomar a iniciativa do ataque; e quando alguém tratar bem seus genitores, embora estes o maltratem; e quando alguém conceder juramento a outros, embora estes não o façam; pois bem, desses casos citados, qualquer um veria que a maior parte está em guerra com a natureza: a dor o acomete mais, quando é possível menos, e o prazer menos, quando é possível mais, e sofre injúria, quando se pode evitá-la. Assim, se houvesse alguma proteção das leis àqueles que se submetem a tal condição, e alguma perda para os que não se lhe submetem, não seria em vão a obediência às leis. Todavia, é deveras evidente que, aqueles que se submetem a tal condição, o justo da lei não lhes provê de proteção suficiente, pois, em princípio, admite que padeça quem padece e que ofenda quem ofende, e, depois, não impede o padecimento de quem padece, tampouco a ofensa de quem ofende; quando aplica as punições, trata tanto quem padece quanto quem ofende de forma paritária. Pois o primeiro deve persuadir de seu padecimento quem aplica as punições, e exigir que a justiça possa lhe valer; a quem ofende, resta negar o que lhe é imputado [...]. [...] A persuasão da acusação conferida ao acusador protege igualmente quem tenha padecido e quem tenha ofendido. Pois a vitória surge e com frases [...].

COLEÇÃO TEXTOS

1. *Marta, a Árvore e o Relógio*
    Jorge Andrade

2. *Antologia dos Poetas Brasileiros da Fase Colonial*
    Sérgio Buarque de Holanda

3. *A Filha do Capitão e o Jogo das Epígrafes*
    Aleksandr S. Púchkin; Helena S. Nazario

4. *Textos Críticos*
    Augusto Meyer (João Alexandre Barbosa, org.)

5. *O Dibuk*
    Sch. An-ski (J. Guinsburg, org.)

6. *Panorama do Movimento Simbolista Brasileiro (2 vols.)*
    Andrade Muricy

7. *Ensaios*
    Thomas Mann (Anatol Rosenfeld, seleção)

8. *Leone de' Sommi: Um Judeu no Teatro da Renascença Italiana*
    J. Guinsburg (org.)

9. *Caminhos do Decadentismo Francês*
    Fulvia M. L. Moretto (org.)

10. *Urgência e Ruptura*
    Consuelo de Castro

11. *Pirandello: Do Teatro no Teatro*
    J. Guinsburg (org.)

12. *Diderot: Obras I. Filosofia e Política*
    J. Guinsburg (org.)

Diderot: Obras II. Estética, Poética e Contos
J. Guinsburg (org.)

Diderot: Obras III. O Sobrinho de Rameau
J. Guinsburg (org.)

Diderot: Obras IV. Jacques, O Fatalista, e seu Amo
J. Guinsburg (org.)

Diderot: Obras V. O Filho Natural
J. Guinsburg (org.)

Diderot: Obras VI. O Enciclopedista – História da Filosofia i
J. Guinsburg e Roberto Romano (orgs.)

Diderot: Obras VI (2). O Enciclopedista – História da Filosofia ii
J. Guinsburg e Roberto Romano (orgs.)

Diderot: Obras VI (3). O Enciclopedista – Arte, Filosofia e Política
J. Guinsburg e Roberto Romano (orgs.)

Diderot: Obras VII. A Religiosa
J. Guinsburg (org.)

13. *Makunaíma e Jurupari: Cosmogonias Ameríndias*
    Sérgio Medeiros (org.)

14. *Canetti: O Teatro Terrível*
    Elias Canetti

15. *Idéias Teatrais: O Século xix no Brasil*
    João Roberto Faria

16. *Heiner Müller: O Espanto no Teatro*
    Ingrid D. Koudela (org.)

17. *Büchner: Na Pena e na Cena*
    J. Guinsburg e Ingrid D. Koudela (orgs.)

18. *Teatro Completo*
    Renata Pallottini

19. *I. A República de Platão*
    J. Guinsburg (org.)

    II. Górgias, de Platão
    Daniel R. N. Lopes (org.)

20. *Barbara Heliodora: Escritos sobre Teatro*
    Claudia Braga (org.)

21. *Hegel e o Estado*
    Franz Rosenzweig

22. *Almas Mortas*
    Nikolai Gógol

23. *Machado de Assis: Do Teatro*
    João Roberto Faria (org.)

24. *Descartes: Obras Escolhidas*
    J. Guinsburg, Roberto Romano e Newton Cunha (orgs.)

25. *Luís Alberto de Abreu: Um Teatro de Pesquisa*
    Adélia Nicolete (org.)

26. *Teatro Espanhol do Século de Ouro*
    J. Guinsburg e Newton Cunha (orgs.)

27. *Tévye, o Leiteiro*
    Scholem Aleikhem

28. *Tatiana Belinky: Uma Janela para o Mundo*
    Maria Lúcia de Souza Barros Pupo (org.)

29. *Spinoza – Obra Completa I: (Breve) Tratado e Outros Escritos*
    J. Guinsburg; Newton Cunha e Roberto Romano (orgs.)

    Spinoza – Obra Completa II: Correspondência Completa e Vida
    J. Guinsburg; Newton Cunha e Roberto Romano (orgs.)

    Spinoza – Obra Completa III: Tratado Teológico-Político
    J. Guinsburg; Newton Cunha e Roberto Romano (orgs.)

    Spinoza – Obra Completa IV: Ética e Compêndio de Gramática da Língua Hebraica
    J. Guinsburg; Newton Cunha e Roberto Romano (orgs.)

30. *Comentário Sobre a "República"*
    Averróis (Rosalie H.S. Pereira, org.)

31. *Hóspede Por uma Noite*
    Sch..I. Agnon

32. *Peter Handke: Peças Faladas*
    Samir Signeu (org.)

33. *Dramaturgia Elizabetana*
    Barbara Heliodora (org.)

34. *Lessing: Obras*
    J. Guinsburg e Ingrid D. Koudela (orgs.)

Este livro foi impresso na cidade de Cotia,
nas oficinas da Meta Brasil,
para a Editora Perspectiva.